Gerhard Löwenthal

Biographische Studien zum 20. Jahrhundert
Herausgegeben von Frank-Lothar Kroll
Bd. 1

Stefan Winckler

Gerhard Löwenthal

Ein Beitrag zur politischen Publizistik der Bundesrepublik Deutschland

Bildnachweis
Alle Abbildungen stammen aus dem Archiv für Christlich-Demokratische Politik, ACDP, der Konrad-Adenauer-Stiftung in Sankt Augustin.

Bibliografische Information der Deutschen Nationalbibliothek
Die Deutsche Nationalbibliothek verzeichnet diese Publikation in der Deutschen Nationalbibliografie; detaillierte bibliografische Daten sind im Internet über http://dnb.d-nb.de abrufbar.

KulturBrauerei Haus 2
Schönhauser Allee 37, 10435 Berlin
post@bebraverlag.de
Redaktion: Rahel-Sophie Friedel, Berlin
Umschlag, Satz und Gestaltung: typegerecht berlin
Schrift: Minion Pro 10/13pt
Printed in Germany
ISBN 978-3-937233-85-7

www.bebra-wissenschaft.de

Inhaltsverzeichnis

Vorwort

Dieses Buch entstand als Dissertation an der Technischen Universität Chemnitz, Philosophische Fakultät, Institut für Europäische Geschichte. Begutachtet wurde sie von Prof. Dr. Frank-Lothar Kroll und Prof. Dr. Eckhard Jesse. Die mündliche Prüfung fand am 19. Mai 2010 statt.

Wer eine Promotionsarbeit vorlegt, ist einer Reihe von Personen zum Dank verpflichtet. Zuerst meinem Doktorvater Professor Kroll (Lehrstuhl für Europäische Geschichte des 19. und 20. Jahrhunderts): Er begrüßte meine Absicht zu promovieren und ließ mir viel Freiheit, ein Thema zu finden und auszuarbeiten. In seinem Doktorandenkolloquium erhielt ich hilfreiche Hinweise, nicht zuletzt von dem Wissenschaftlichen Mitarbeiter Dr. Hendrik Thoß. Auch dem zweiten Gutachter Professor Jesse (Professur Politische Systeme, Politische Institutionen) gebührt Dank für seine detaillierte Kritik.

Ich bedanke mich bei Dr. Ingeborg Löwenthal, die mir den Weg zum Nachlass ihres Ehemannes Gerhard Löwenthals im Archiv für christlich-demokratische Politik ebnete, d.h. durch ein Schreiben an die Archivverwaltung eine Quellennutzung 2007/08 überhaupt erst ermöglichte. Darüber hinaus beantwortete Frau Dr. Löwenthal meine Fragen in zahlreichen Gesprächen und stellte mir für mehrere Tage die Kopien der Unterlagen zur Verfügung, die das Ministerium für Staatssicherheit der DDR über den Fernsehjournalisten Gerhard Löwenthal einst gesammelt und geschrieben hatte. Dafür ebenfalls herzlichen Dank.

Zugleich bleibt mir die angenehme Atmosphäre und die schnelle Beschaffung der Akten im Archiv für christlich-demokratische Politik in Erinnerung, wobei ich an erster Stelle dem Verantwortlichen, Dr. Manfred Agethen, danken möchte. Ohne die Nutzung des Löwenthal-Nachlasses in Sankt Augustin wäre die vorliegende Arbeit nicht zustande gekommen. Außerdem bedanke ich mich bei Hildegard Marx, die mir erlaubte, den Nachlass ihres Ehemannes Werner Marx MdB (CDU) zu nutzen, und bei Michael Mertes, der mir gestattete, das Schriftgut seines Vaters Alois Mertes MdB (CDU) auszuwerten. Des Weiteren bedanke ich mich bei Dr. Veit Scheller, der mir das Archiv des Zweiten Deutschen Fernsehens öffnete. Dort konnte ich alle gewünschten Moderations- und gegebenenfalls Beitragsprotokolle der Sendungen des *ZDF-Magazins* in 57 Aktenordnern einsehen. Alles verlief unbürokratisch und freundlich.

Auskunft erteilte mir wiederholt Prof. Dr. Klaus Hornung, der in der Konservativen Aktion ebenso Mitglied war wie Gerhard Löwenthal, und der mir seine Akten über diesen Verein überließ.

Ich danke Heiner Hofsommer für seine Auskunft über die Einstellung Löwenthals zu Ronald Schill. Bei Prof. Dr. Helmut Grieser vom Historischen Seminar der Universität Kiel und bei Dr. Arnd Klein-Zirbes bedanke ich mich für das Lesen und Erörtern des Manuskripts.

Einleitung

Warum Gerhard Löwenthal?

Recht deutlich erinnere ich mich, nach 17 Jahren, an die Verwunderung eines an der Johann-Wolfgang-Goethe-Universität Frankfurt/Main arbeitenden Doktoranden über mein damaliges Vorhaben, den Journalisten Gerhard Löwenthal zum Gegenstand einer Magisterarbeit im Fach Publizistikwissenschaft zu machen. Er antwortete sinngemäß: »Über Leo Löwenthal schreiben? Ja, sicher geht das. Richard Löwenthal erforschen? Durchaus ein dankbares Thema. Aber über den ›ZDF-Löwenthal‹ wird man doch keine wissenschaftliche Abschlussarbeit schreiben können.« Damit meinte er, der heute als Professor für Politikwissenschaft an der Universität Bielefeld wirkt, nicht etwa, relevante Akten seien unzugänglich. Vielmehr behauptete er, das Thema sei unzulänglich: Gerhard Löwenthal sei es nicht wert, im Rahmen einer Magisterarbeit (oder gar in einer Dissertation) erforscht zu werden, im Gegensatz zu dem international einflussreichen Intellektuellen Leo Löwenthal, Professor für Kultursoziologie in Berkeley und Protagonisten der Frankfurter Schule, oder im Unterschied zu Prof. Richard Löwenthal, dem Berliner Politologen und Berater der SPD. Es ließe sich erwidern: Zweifellos konnte Gerhard Löwenthal, der kein Geistes- oder Sozialwissenschaftler war, als Journalist von einer präzisen Definition oder gar einer etymologischen Aufarbeitung seiner bevorzugten Themen wie »demokratischer Verfassungsstaat« oder »Extremismus« absehen, denn seine Aufgabe war die Information eines größtenteils nichtwissenschaftlichen Publikums. Aber waren er und seine Aussagen deswegen belanglos?

Darüber hinaus bekam der Verfasser mehrfach die Meinung zu hören, Gerhard Löwenthal habe durch seine weitgehend fremdwortfreien, auf ein sehr breites Publikum abzielenden Formulierungen in Moderationen und Reden wenig intellektuelle Kraft bewiesen. Eine einfache Sprache, ein weitgehender Verzicht auf Fremdwörter und Fachjargon (mit Blick auf ein Massenpublikum, in dem Abiturienten in der Minderheit waren) schließen jedoch keineswegs immer analytische Fähigkeiten aus. Man denke nur an Konrad Adenauer und Gerald Ford, die für ihre vergleichsweise schlichte Ausdrucksweise bekannt waren, aber wenig Zweifel an ihren politischen Zielsetzungen und Einstellungen zuließen.

Eine Relevanz dieser Arbeit ist schon dadurch gegeben, dass Gerhard Löwenthal in fast 19 Jahren 585 Sendungen des *ZDF-Magazins* verantwortete (davon 468 Folgen lt. Produktionsnachweisen selbst leitete und moderierte) und sich in dieser Zeit an den großen politisch-publizistischen Debatten um Ost- und Deutschlandpolitik, Nachrüstung, Extremismus, Terrorismus, Kernkraft und Südafrika beteiligte. Demgegenüber wechselten die Redaktionsleiter und Moderatoren vergleichbarer Magazine wie *Monitor* und *Panorama* sehr viel häufiger, so dass eine derart starke Identifikation einer politisch-zeitkritischen Sendereihe (deren Sendeplatz stets der gleiche blieb) mit einem bestimmten moderierenden Redaktionsleiter in der Bundesrepublik Deutschland einmalig sein dürfte. Im Fernsehen trat Löwenthal vor einem Millionenpublikum mit vergleichsweise ausführlichen Meinungsäußerungen hervor (weswegen ihn so unterschiedliche Publikationen wie die *Welt* und der *Spiegel* als »medialen Oppositionschef gegen die SPD-FDP-Koalition« einstuften[1]), außerdem nahm er mehr als tausend Rednerauftritte vorzugsweise zugunsten freiheitlich-konservativer Zielsetzungen wahr. In konservativen Zeitschriften analysierte und kommentierte er, was ihm wichtig erschien. Mehr noch: In zwei regionalen Tageszeitungen wirkte er zeitweise als Kolumnist. Nur wenige Journalisten wie etwa Werner Höfer erreichten einen ähnlich hohen Bekanntheitsgrad. Außerdem war Löwenthal ab etwa 1970 an zahlreichen konservativen Initiativen beteiligt: Er war Mitbegründer des Bundes Freiheit der Wissenschaft, des Hessischen Elternvereins und des Instituts für Demokratieforschung, er stand an der Spitze der Deutschland-Stiftung und wirkte als Kuratoriumsvorsitzender der Konservativen Aktion – um nur einige zu nennen.[2]

Nicht zuletzt ist die politisch-publizistische Bedeutung Löwenthals anhand der Glückwunschschreiben zu seinem 75. Geburtstag erkennbar: Zu den Absendern gehörten nicht nur politisch-persönliche Freunde, sondern auch Bundespräsident Roman Herzog, Bundeskanzler Helmut Kohl, die Ministerpräsidenten Kurt Biedenkopf und Edmund Stoiber, sowie einige Bundes- und Landesminister.[3]

Eine Bedeutung als Feindobjekt im Kalten Krieg maß zuerst die sowjetische Fachzeitung *Journalist*[4] sowie später die Satirezeitung *Krokodil*, die Regierungszeitung *Iswestija* und ferner die Parteizeitung *Prawda* Löwenthal bei, obwohl das Fernsehpublikum in der UdSSR seine Sendungen nicht empfangen konnte. Im ersten der beiden sehr umfangreichen Artikel der *Iswestija* war (stellvertretend für viele Beiträge kom-

1 Giselher Schmidt, Der Mann mit dem speziellen Tele-Biß. An seinem ZDF-Magazin scheiden sich die Geister: Gerhard Löwenthal, in: *Die Welt*, 1.12.1982; N.N.: »Tief, sehr tief sind wir gesunken«, in: *Der Spiegel*, 26. Jahrgang (1972), Nr. 44, S. 75–89.

2 Vgl. Brief von Thomas Löwenthal an den Verfasser vom 4.9.2006.

3 ACDP, NL Löwenthal, 01-763-100.

4 Vgl. Tom Jemeljanow: Ein dunkler Schatten auf dem Bildschirm, in: *Journalist* (Moskau), 12/1975. MfS-HA IX/11 PA 3472 Bd.1 (Teil 1–3). Kopie BStU AR (Die Bundesbeauftragte für die Unterlagen des Staatssicherheitsdienstes der ehemaligen Deutschen Demokratischen Republik, Außenstelle Rostock) 8, Bl. (Blatt) 000114–120; Privatarchiv Dr. Ingeborg Löwenthal, Ordner GL, Stasi.

munistischer Zeitungen aus der UdSSR und der DDR) zu lesen: »Das ›ZDF-Magazin‹ dient schon lange als Tribüne der Feindhetze zwischen den Völkern, als Instrument zur Vergiftung des politischen Klimas zwischen den Völkern.«[5] Zuvor schon, am 7. und 8. Januar 1977, stellte ihn das tschechoslowakische Fernsehen als »von einer der Filialen der CIA in der BRD gelenkt« dar, der seine Vergangenheit unter Hitlers Herrschaft gefälscht habe und heute einen journalistischen Skandal nach dem anderen verursache.[6] Der DDR galt er, der Journalist und kein politischer Funktionsträger oder Nachrichtendienstoffizier war, gar als »Staatsfeind Nr. 1«. Ähnliche Bezeichnungen hatten der Staatssicherheits- und der Propagandaapparat Ost-Berlins zuvor für Konrad Adenauer und die Minister für Gesamtdeutsche Fragen, Jakob Kaiser und Ernst Lemmer, gebraucht, aber nicht für Journalisten. Denn Gerhard Löwenthal habe »sich bereits in den Jahren vor seiner Berufung als einer der willfährigsten und skrupellosesten Verfechter der Interessen der extremsten Kreise des Imperialismus in der BRD und der USA erwiesen und damit deren Vertrauen erworben.«[7]

In der Bundesrepublik selbst polarisierte Löwenthal heftig. »Wenn mittwochs die Dämmerung über Deutschland hereinbricht, dann ist die Nation in zwei Lager gespalten«[8], spitzte die *Badische Zeitung* 1971 nicht ohne Grund zu. Den einen war er, wie es der evangelische Theologe Helmut Thielicke 1970 formulierte, ein »Trost«, »weil er unbeirrbar, originell und jeglichem Konformismus nach rechts und links entrückt, kritisch informiert«.[9] Zehn Jahre später stellte die fachlich kompetentere Elisabeth Noelle-Neumann fest, Löwenthal sei beinahe der einzige Fernsehjournalist, durch den sich Teile der Bevölkerung noch vertreten fühlen, während sie ansonsten in den öffentlich-rechtlichen Medien »mundtot« gemacht würden.[10] Der CSU-Politiker Friedrich Zimmermann nannte ihn den »mutigste[n] Journalisten der gegenwärtigen

5 A. Grigorjanz: Ideologische Wühlarbeit. Hetze vom Bildschirm, in: *Iswestija*, 11.1.1983, S. 5; E. Bowkun und Ju. Sanewski: Der Tele-Gangster Löwenthal, in: *Krokodil*, 33/1984 (Nov. 84) S. 6f.; N.N.: Mit fremder Stimme, in: *Prawda*, 16.3.1984, o.S. W. Krotow: Hinter den Kulissen der Diversion: »Der schwarze Prinz« des Fernsehschirms, in: *Iswestija*, 25.3.1984. Allesamt in deutscher Übersetzung im ACDP, NL Löwenthal, 01-763-049.

6 Deutsche Übersetzung des Sendeprotokolls; ACDP, NL Löwenthal, 01-763-008.

7 Institut für internationale Politik und Wirtschaft der DDR (Hrsg.): Propaganda feindlicher Funk- und Fernsehsender (Tendenzen und Argumente). Anhang: zur Charakterisierung der Sendereihe »ZDF-Magazin« des 2. BRD-Fernsehens. Berlin (Ost), 1980, in: BStU Kopie AR 8, Bl. 00300-00303; Privatarchiv Dr. Ingeborg Löwenthal, PA 3472 Bd. 4 (Teil V/2).

8 Karl-Heinz Baum: Wenn Mittwochs die Dämmerung hereinbricht ..., in: *Badische Zeitung*, 23.6.1971; Unternehmensarchiv des ZDF, Zeitungsausschnittsammlung 6.1/1 Löwenthal, 1971.

9 Thielicke in einem Leserbrief an die *Welt*, 1970, unbekanntes Datum, zitiert in: *Die Zeit*, 24. Jahrgang (1970), Nr. 44. Online im Internet: www.zeit.de/1970/44/Gerhard-Loewenthal-ueberlebensgross.

10 Vgl. Noelle-Neumann-Zitat in: Vgl. Richard Albrecht: Hilferufe – »von drüben«?, in: *Vorgänge. Zeitschrift für Gesellschaftspolitik*, Nr. 51 (20. Jahrgang 1981, Heft 3), S. 36ff. Leider verzichtete Albrecht auf eine Quellenangabe.

politischen Landschaft«.[11] Für Herbert Wehner (SPD) war er dagegen ein »internationaler Störenfried« wegen seiner kritischen Haltung zur Ostpolitik[12], für den *Spiegel* eine Art wirkungsvoller Oppositionspolitiker mit wöchentlicher günstig plazierter Sendezeit, für *Konkret* ein Schwindler vom rechten Rand.

Dem Verfasser wurde spätestens, als er Gerhard Löwenthal 1993 persönlich kennenlernte, bewusst, dass es sich bei ihm nicht nur um einen Medienpraktiker handelte, der die journalistischen Leistungen des Recherchierens, Berichterstattens, Kommentierens beherrschte. Vielmehr erschien ihm Löwenthal, den journalistische Kollegen und Politiker immer wieder stereotyp als »Antikommunisten«, »kalten Krieger« und »Gegenspieler Karl-Eduard von Schnitzlers« bezeichneten, als ein Mensch mit ausgeprägten politischen Werten, Einstellungen und Meinungen (die hier empirisch und nicht normativ erörtert werden), herausgebildet durch intensive Lektüre, sowie zusätzlich durch vielfältige Kontakte mit der wissenschaftlichen und politischen Klasse des In- und Auslands. Löwenthals Einstellung zur europäischen Integration, die bisher trotz seiner Tätigkeit als Brüsseler Fernsehkorrespondent in keiner wissenschaftlichen Publikation ausführlich erörtert und in den Nachrufen kaum erwähnt wurde, mag besonders interessant sein. So erscheint Gerhard Löwenthal in einem Zeitalter, in dem die Massenmedien eine große Wirkung aufweisen, als historische Persönlichkeit, die zu untersuchen sich lohnt, ganz egal, ob der Biograph seinen Aussagen zustimmt oder nicht.

Hinzu kommt: Über Löwenthals Themenschwerpunkt DDR hat die interessierte Öffentlichkeit heute erheblich bessere Kenntnisse als zu Löwenthals journalistisch bedeutsamster Zeit. Wir wissen heute, dass die DDR erstens in einem wirtschaftlich weit schwächeren Zustand war, als es bis 1989 weithin, selbst von Experten, angenommen wurde. Und wir können uns zweitens informieren, welche Tätigkeit die Hauptverwaltung Aufklärung des Ministeriums für Staatssicherheit in der Bundesrepublik Deutschland entfaltete. So lohnt sich eine Auseinandersetzung mit Löwenthals Leben und Aussagen, zumal sein Hauptangriffsziel, der »real existierende Sozialismus«, untergegangen und sich die heutige politische Kultur der Bundesrepublik von jener der 1970er Jahre unterscheidet. Leitfrage wird sein, welche Werte und Einstellungen für Löwenthal die wichtigsten waren. Dabei kann von einem modernen, d. h. freiheitlichen Konservatismus ausgegangen werden. Wenn der Beitrag Löwenthals zur bundesrepublikanischen Publizistik dargestellt werden soll, so kann dies zusätzlich ge-

11 Hermann Gremliza: Wer ist Gerhard Löwenthal?, in: *Konkret*, Nr. 40/1973, S. 14–19; ACDP, NL Löwenthal, 01-763-021.

12 Michael Reufsteck/Stefan Niggemeier: Das Fernsehlexikon. München: Goldmann, 2005. Online im Internet: www.fernsehserien.de/search/ZDF-Magazin/; Gerhard Löwenthal: Ich bin geblieben. München: Herbig, 1987, S. 296.

schehen, indem seine Werte, Einstellungen und Meinungen mit den entsprechenden Daten (soweit sie vorliegen) seiner journalistischen Kollegen und jenen der Bevölkerung verglichen werden. Waren seine Aussagen typisch oder untypisch für seine Kollegen? Spiegelten seine Aussagen die Bevölkerungsmeinung wider oder nicht? Es stellt sich ferner die Frage, ob er die DDR einigermaßen zutreffend beschrieb. Nicht zuletzt kann in dieser Dissertation erstmals dargestellt werden, welchen Gewalttaten und Belästigungen – bis hin zur Morddrohung – der politische Fernsehmoderator Löwenthal durch Extremisten ausgesetzt war.

Allen diesen Einzelfragen sei die These vorangestellt: Löwenthal blieb der antitotalitären, den demokratischen Verfassungsstaat gegenüber dem Extremismus[13] klar favorisierenden Einstellung seiner Jugend bis zum Tode treu. Dabei zeigte er sich stets mit den Vereinigten Staaten eng verbunden. Innerhalb dieses Rahmens entwickelte sich Löwenthal, dem die Freiheit der wichtigste Wert war, von einem Anhänger Ernst Reuters und Willy Brandts zu einem Konservativen, der all seine bundespolitischen Hoffnungen auf Franz Josef Strauß setzte. Demgegenüber änderte ein Teil der demokratischen Linken in Politik und Journalismus, wie etwa Willy Brandt, Egon Bahr und Hanns Werner Schwarze seine antikommunistische Einstellung und setzte seine Hoffnungen auf einen ostpolitischen »Wandel durch Annäherung«.

Aufbau der Arbeit

Die vorliegende Dissertation besteht aus fünf Teilen: Der erste Abschnitt ist eine Biographie, die sich auf Löwenthals Autobiographie *Ich bin geblieben* stützt (und zwar, was seine Jugend angeht, die leider nicht archivalisch dokumentiert ist) und durch eine möglichst starke Einbeziehung von Quellen aus Löwenthals schriftlichem Nachlass (ab 1945) eine eigenständige Qualität erhält: Schon in diesem Teil wird Löwenthals geistige und vor allem politische Entwicklung verdeutlicht. Der zweite Teil stellt die Reaktionen auf Löwenthals journalistischen Output dar, und ferner, wie Löwenthal auf diese Meinungen seinerseits antwortete. Der dritte Teil ist eine Vertiefung: Löwenthals Werte, Einstellungen und Meinungen, auf die der Verfasser erst in der Lebensbeschreibung (Kapitel 2: Leben) und dann systematischer in Kapitel 4: Geistige Grundlagen einging, lassen sich anhand seiner Vortragsprotokolle, seiner Zeitungs- und Zeitschriftentexte genauer und systematischer beschreiben und erklären. Dort konnte Löwenthal seine Meinungen direkt und unverblümt äußern, während er in den Fernsehsendungen »moderater«, weniger polemisch aufzutreten hatte

13 Unter *Extremismus* ist die grundsätzliche Gegnerschaft zum demokratischen Verfassungsstaat zu verstehen.

(dennoch können aus den Sendeprotokollen seine Einstellungen und Meinungen sehr gut erschlossen werden). Dabei kann geprüft werden, ob sich Werte, Einstellungen und Meinungen vor dem Hintergrund politischer Gezeitenwechsel wandelten (gab es beispielsweise eine Hinwendung zum Konservatismus als Reaktion auf die Außerparlamentarische Opposition und den Regierungswechsel 1969?).

Der fünfte Teil ordnet Gerhard Löwenthals Haltung in das konservative Spektrum der Bundesrepublik Deutschland ein, im letzten Kapitel sind Zusammenfassung und Schlussfolgerung zu lesen.

Es war nicht meine Absicht, eine rein phänomenologische Arbeit zu verfassen, also Löwenthal Werte, Einstellungen und Meinungen nur anhand seiner eigenen Zitate nachzuzeichnen. Dies hätte zu einer vielleicht ermüdenden Sammlung von Aussagen (»Löwenthal sagte«, »Löwenthal schrieb«) geführt. Das Problem waren dabei jedoch die häufig unsachlichen, polemischen, verkürzten Aussagen unterschiedlicher Gruppen über Löwenthal, die einem zielführenden wissenschaftlichen Erkenntnisgewinn entgegenstanden.

Forschungstheoretische Maximen

Es soll in dieser Arbeit vermieden werden, Löwenthal an möglicherweise willkürlich angelegten, nachträglich geschaffenen moralischen Maßstäben zu messen. Diese Wertungen brächten ja keine neuen historiographisch relevanten Erkenntnisse über den Untersuchungsgegenstand, sondern eher über den untersuchenden Historiker und seine Wertvorstellungen. Wissenschaftlich gestützte moralische Wertungen kann der erfahrungswissenschaftlich vorgehende Historiker aus der Rekonstruktion von Taten, Einstellungen und Meinungen einer zu untersuchenden Person ohnehin nicht folgern.[14] So findet hier keine Diskussion statt, ob Löwenthals positive Einstellung zu einem vereinigten Westeuropa »gut«, »wünschenswert« bzw. »berechtigt« war oder nicht. Vielmehr wird rekonstruiert, seit wann er sich wie für derartige Zielsetzungen engagierte, oder ob seine Aussagen zutreffend, d.h. wahrheitsgemäß waren. Dem Historiker obliegt das Aufspüren von Quellen wie Briefen, Denkschriften, Vortragsmanuskripten, Notizen und Aufzeichnungen. Im vorliegenden Falle kommen zahlreiche

14 Anregend dazu: Rainer Zitelmann: Adolf Hitler. Eine politische Biographie (Reihe Persönlichkeit und Geschichte, Bd. 21/22), Göttingen: Muster-Schmidt Verlag, 1989, S. 10; Uwe Backes/Eckhard Jesse/Rainer Zitelmann: Was heißt »Historisierung« des Nationalsozialismus?, in: Dies. (Hrsg.): Die Schatten der Vergangenheit. Impulse zur Historisierung des Nationalsozialismus. Frankfurt/M., Berlin: Ullstein, 1990, S. 25–57. Jürgen W. Falter: »Anfälligkeit« der Angestellten – »Immunität der Arbeiter? Mythen über die Wähler der NSDAP, in: Backes/Jesse/Zitelmann, S. 265–290.

Sendeprotokolle hinzu – kurz: relevante Aussagen der zu erforschenden Person (und die machen einen erheblichen Teil dieser Arbeit insbesondere im zweiten Teil über Löwenthals Werte und Einstellungen aus), sowie möglichst kenntnisreiche Aussagen anderer Historiker, Kollegen und Zeitzeugen. Diese Quellen und Darstellungen sind dann mit dem Bemühen um Objektivität »einzuordnen«, d.h. gegeneinander abzuwägen: Welche Quellen beschreiben und erklären das »Untersuchungsobjekt«, welche Darstellungen basieren hingegen nur auf Unkenntnis oder falschen Annahmen und helfen nicht weiter? Gemessen werden kann Löwenthal jedoch an dem für politische Sendungen relevanten ZDF-Staatsvertrag und an den ZDF-Programmrichtlinien. Dies kann aber angesichts der Fragestellung nach seinen politischen Grundlagen und Aktionen nur ein kleinerer Teil dieser historiographischen und weniger kommunikationswissenschaftlichen Arbeit sein.

Darüber hinaus ist der Autor überzeugt, dass politische Biographien mehr als nur notwendige Ergänzungen zu strukturgeschichtlichen Untersuchungen (Gesellschaftsgeschichte, Wirtschafts- und Sozialgeschichte) sind und so auch weiterhin ihre Berechtigung haben, zumal gelungene Biographien außer den Leistungen und politischen Grundsätzen der zu untersuchenden Person immer auch Aussagen über eine Epoche oder ein politisches System enthalten. Die vorliegende Arbeit macht anhand der Lebensgeschichte des Berliners Gerhard Löwenthal deutlich, wozu Totalitarismus in Deutschland führte. Gleichzeitig wird die untersuchte Person mit all ihren Entwicklungen, Leistungen, Niederlagen oder Brüchen beschrieben und erklärt: Welche politischen Systeme und historischen Ereignisse haben sie geprägt oder doch zumindest beeinflusst? Dass politische Biographien weiterhin en vogue sind, beweisen die zahlreichen Lebensbeschreibungen aus den vergangenen fünf Jahren, beispielsweise über Helmut Schmidt (Hartmut Soell, 2008), Friedrich Ebert (Walter Mühlhausen, 2006), Wilhelm II. (John G.C. Roehl, 3. Bd. 2008) und Gustav Stresemann (Jonathan Wright, 2006).[15] Angesichts der Brüche, die einflussreiche Journalisten wie Werner Höfer, Henri Nannen und andere in ihren Lebensläufen aufweisen, erscheint die wissenschaftliche Biographie als ein geeignetes Mittel, die Veränderungen in der Publizistik der Bundesrepublik Deutschland zu erforschen. So interessieren Aktionen und Reaktionen Löwenthals nicht als isolierte Einzelfälle, sondern ob und wie sie etwas über die Nachkriegszeit in Berlin, über die Bundesrepublik Deutschland, ihre Rundfunk- und Fernsehgeschichte, über Journalisten im Kontext mit ihren Kollegen, über Extremisten gegen Demokraten und ähnliches aussagen.

15 Vgl. den ausgesprochen anregenden Beitrag von Hans-Christof Kraus: Geschichte als Lebensgeschichte. Gegenwart und Zukunft der politischen Biographie, in: ders./Thomas Nicklas (Hrsg.): Geschichte der Politik. Alte und neue Wege (Beiheft der *Historischen Zeitschrift*, Neue Folge, Bd. 44). München: Oldenbourg 2007, S. 311–332.

Forschungs- und Materiallage

Der Verfasser untersuchte in seiner publizistikwissenschaftlichen Magisterarbeit (Johannes-Gutenberg-Universität Mainz 1994) das Leben Gerhard Löwenthals in knapper Form, ausführlicher dagegen dessen Werk, und v.a. seine Methoden und sein journalistisches Selbstverständnis. Dies verglich er mit den Ergebnissen der »Mainzer Schule« der Publizistikwissenschaft. Der Historiker Albrecht Jebens, der Gerhard Löwenthal persönlich kannte, stellte nach Drucklegung fest, dass in jener Arbeit Löwenthal nur als »Medienpraktiker« und kaum als politische Persönlichkeit mit ihren Werten, Einstellungen und Meinungen vorkommt – was angesichts der primär publizistikwissenschaftlichen Fragestellungen tatsächlich zutrifft. Der Unterschied der beiden Arbeiten liegt aber nicht nur in unterschiedlichen Fragestellungen begründet, sondern auch in der viel intensiveren Recherche für die vorliegende Dissertation, die umfangreiche Quellenstudien im Archiv für christlich-demokratische Politik und dem ZDF-Unternehmensarchiv einschloss.

Am Münchener Institut für Zeitungswissenschaften entstand 1985 eine Diplomarbeit[16] über Gerhard Löwenthals wichtigste Fernsehreihe *ZDF-Magazin*: Sie setzte sich mit den Werten, Einstellungen und Meinungen Löwenthals nur marginal auseinander (S. 80–82), bot aber zahlreiche Informationen über die politischen Magazine im Allgemeinen (S. 5–53), die Sendereihe selbst und ihre Redaktion (S. 66–213). Ihr Gegenstand ist demnach von der vorliegenden Arbeit zu unterscheiden, denn zu einem beträchtlichen Teil widmete sich Schmidt der thematischen Einordnung der von den Magazinredakteuren erstellten Beiträge. Darüber hinaus fehlen in Andreas H. R. Schmidts Arbeit erstaunlicherweise die direkten Zitate aus den Moderations- und Beitragstexten fast völlig. Für diesen Verzicht führte er Platzgründe auf. Seine Arbeit speiste sich vielmehr aus den Experteninterviews und der umfangreichen Sekundärliteratur, vor allem aus einer imponierenden Sammlung von Zeitungsartikeln. Gegenüber dem Verfasser hat sich Löwenthal weder über Andreas H. R. Schmidt noch über jene Diplomarbeit geäußert, obwohl sich Schmidt über mehrere Wochen als Beobachter in der Magazinredaktion aufhalten durfte und daher mit Löwenthal ausreichend bekannt war.

Gerhard Löwenthal selbst erzählte in seiner Autobiographie nicht nur sein Leben, sondern die von ihm erlebte Zeit 1922 bis 1987.[17] Es handelt sich dabei um ein Er-

16 Andreas H. R. Schmidt: *ZDF-Magazin*. Entstehung und Entwicklung eines politischen Fernsehmagazins (unveröffentlichte Diplomarbeit im Fach Zeitungswissenschaft), München 1985.

17 Mit Bernd Neumann lassen sich Autobiographie und Memoiren voneinander unterscheiden. Memoiren beabsichtigen die genaue Rekonstruktion, ja Dokumentation eines Lebenslaufes, insbesondere einer Karriere, wobei Belege und Selbstzitate aus vorangegangenen Werken sehr stark einbezogen werden. Die Autobiographie lebt hingegen weit stärker von der Freude an der Er-

innerungsbuch, streckenweise um eine Verteidigungsschrift, stellenweise um einen Angriff auf die früheren Regierungsparteien SPD und FDP: ein Band jedenfalls, der eine wissenschaftliche Aufarbeitung nicht ersetzt (aber für die frühe Phase jedenfalls erleichtert) und der üblichen Quellenkritik (stimmen die Aussagen im Buch mit anderen Quellen, vor allem mit Dokumenten, überein?) unterzogen werden soll. Grundsätzlich sind Autobiographien und Memoiren besonders kritisch zu lesen, denn die Autoren versuchen sich in der Regel in ein günstiges Licht zu rücken. Ein Rechtfertigungsdrang mag oft sogar erst zu solchen Werken motiviert haben. So galt es, die Begebenheiten in den Erinnerungen mit den eidesstattlich abgesicherten Erklärungen Löwenthals in dessen Fragebögen von 1945/46 und in anderen Quellen zu vergleichen und dabei zu prüfen, ob der Autobiograph möglicherweise wichtige Begebenheiten verschweigt oder angebliche »Heldentaten« hochspielt. Hier und da kann er sich irren, oder (zu) ungenau erinnern. So soll der Doktorand in einer Dissertation eher das erforschen, was in den Autobiographien, Memoiren und anderen Veröffentlichungen eben nicht geschrieben steht: also jene Tatsachen, die der breiten Öffentlichkeit wenig oder gar nicht bekannt sind. Außerdem muss in Betracht gezogen werden, dass Löwenthals Erinnerungen[18] unvollständig sind, da er nach deren Fertigstellung fast auf den Tag genau noch 15 Jahre als Journalist und freier Autor arbeitete: eine Zeit, in der er den Zusammenbruch des »real existierenden Sozialismus« sowie die Wiedervereinigung erlebte; diese Lebensjahre sind noch nicht angemessen beschrieben worden. Die Schwäche der Erinnerungen Löwenthals ist die Gewichtung der einzelnen Lebensabschnitte: Über seinen sicherlich interessanten Aufenthalt in Paris 1959–63 finden sich nur acht Seiten, wovon wiederum nur ein Teil seiner hauptberuflichen Arbeit gewidmet ist. Ähnliches lässt sich über die Beschreibung der Jahre 1963 bis 1968 in Brüssel sagen. Hingegen breitete Löwenthal die Kontaktaufnahme von SPD, KPI und SED 1967/68 (von der er erst 1970 erfuhr) auf elf Seiten aus: ein außenpolitisches Ereignis, an dem er nicht beteiligt war.

innerung, nicht zuletzt an eine unbeschwerte Kindheit, an die Erfolge und schönen Seiten des Erwachsenenlebens, jedenfalls an die Situationen, in denen der Autobiograph aus schwierigen Situationen als Sieger hervorging. Natürlich gibt es nicht immer eine scharfe Trennung von Memoiren und Autobiographien, sondern oft eine Art »Grauzone« von Literatur, die beiderlei Merkmale aufweist. Löwenthals Erinnerungen erfüllen eher den Anspruch einer spannend zu lesenden Autobiographie mit einigen wenigen längeren Zitaten aus dem ZDF-Staatsvertrag und politisch relevanten Briefen, aber keinen Zitaten aus seinem eigenen umfangreichen Werk. Vgl. Bernd Neumann: Identität und Rollenzwang. Zur Theorie der Autobiographie. Frankfurt/M.: Athenäum, 1970, insbesondere S. 60 ff.

18 Ich beziehe mich in dieser Arbeit auf die Erstauflage: Gerhard Löwenthal: Ich bin geblieben. München: Herbig, 1987. Eine unveränderte Neuauflage erschien 2006 im Verlag der Wochenzeitung *Junge Freiheit*.

In der Reihe *Gegenspieler* des Fischer-Verlages veröffentlichte Kathrin Gerlof einen Band[19], der keine neue Erkenntnisse, sondern eine alte Polemik brachte: den Vergleich Löwenthals mit dem Chefkommentator des DDR-Fernsehens, Karl-Eduard von Schnitzler. Die Autorin gelang es an kaum einer Stelle, sich in die Zeit des kalten Krieges, insbesondere der Propaganda, hineinzudenken. Die großen Unterschiede – Werte und Einstellungen einerseits, Arbeitsbedingungen andererseits – blieben auf der Strecke. Beispielsweise hatte Schnitzler, der Partei-Agitator, nie einen Gegner seiner politischen Einstellungen ins Studio des *Schwarzen Kanals* geladen. Umgekehrt hatte Löwenthal, der Journalist, persönliche Schmähungen und plumpe Unwahrheiten nach Art Schnitzlers gegenüber politischen Gegnern vermieden. Ferner waren Schnitzlers Kommentare v.a. als »Argumentationshilfen« für SED-Mitglieder gedacht, also im Bereich des totalitären Agitprop angesiedelt.

Wissenschaftliche Aufsätze über Gerhard Löwenthal im Rahmen der Mediengeschichte oder der Journalismusforschung fanden sich nicht. Vielmehr war Löwenthal sehr oft Gegenstand von journalistischen Beiträgen im *Spiegel* oder *Stern*, also in den weit verbreiteten, einflussreichen Publikumszeitschriften. Diese Texte sind zumeist polemischer Natur: Sie waren gegen Löwenthal und seine Vereine gerichtet und schon durch die Auswahl des Bildmaterials als Teil eines journalistischen Kampfes gegen den Konservatismus erkennbar. Der Forscher kann diese Texte nicht ignorieren, doch findet er letztlich zu wenig über die Werte, Einstellungen und Meinungen Löwenthals.

Winzig erscheint daher die Bedeutung dieser Texte verglichen mit den Aussagen Löwenthals in dessen journalistischem *Output*. Denn diese Quellenlage ist insgesamt recht gut: Die Witwe Dr. Ingeborg Löwenthal übergab 2003 seinen schriftlichen Nachlass dem Archiv für christlich-demokratische Politik (ACDP)[20] der Konrad-Adenauer-Stiftung in Sankt Augustin, wo unter anderem auch die Dokumente des christdemokratischen Bundesministers Ernst Lemmer, seines Schwiegervaters, lagern. Der Umfang beträgt 90 Aktenordner, d.h. 20 laufende Meter, die Laufzeit reicht von 1946 bis 2002 (also von Löwenthals journalistischen Anfängen beim RIAS bis zu seinem Tode). Es handelt sich dabei erstens um Akten, die seine journalistische Tätigkeit dokumentieren: Reportagen für den RIAS, ferner Niederschriften einiger Interviews, die er führte. Mehrere Protokolle seiner Hochschulfunk-Sendungen sind vom RIAS gedruckt und vervielfältigt worden. Weit schlechter steht es hingegen mit Quellen aus Löwenthals kurzer Dienstzeit als stellvertretender Intendant des Senders Freies Berlin

19 Kathrin Gerloff: Gegenspieler. Gerhard Löwenthal, Karl-Eduard von Schnitzler. Frankfurt a.M.: Fischer Taschenbuch, 1999.

20 Archiv für christlich-demokratische Politik, Bestandssignatur 01-763. Im folgenden: ACDP, NL Löwenthal, 01-763.

(1954–1957): Löwenthal trat dort weniger durch journalistische als durch administrative Arbeit hervor, außerdem war er mit den Vorarbeiten zu der Doppelmonographie *Wir werden durch Atome leben* beschäftigt. So entstanden nur wenige Sendungen, an denen er direkt beteiligt war. Einige Sendeprotokolle sind dennoch im ACDP archiviert. Ähnlich quellenarm ist sein Lebensabschnitt als OEED-Beamter in Paris (1959–1963). Einige wenige Kommentare aus Löwenthals Korrespondentenzeit in Brüssel (1963–1968) sind im ACDP vorhanden, ebenso solche Moderationstexte des *ZDF-Magazins* (1969–1987), die er seinen persönlichen Unterlagen beifügte. Zweitens finden wir im ACDP Quellen über seine politische Initiativen ab den frühen 1970er Jahren: Briefwechsel Löwenthals mit politischen Freunden, beispielsweise mit dem Initiator der Kampagne gegen die Abkürzung »BRD« anstelle von »Bundesrepublik Deutschland«. Zwar sind zahlreiche Briefe von und an Löwenthal archiviert, doch viele politisch-publizistische Bemühungen der Recherche und des Meinungsaustausches, vor allem mit befreundeten journalistischen Kollegen und Politikern, geschahen per Telefon und können daher nicht anhand schriftlicher Quellen nachgezeichnet werden (wobei ohnehin im Zeitalter der elektronischen Massenkommunikation nicht mehr so oft Briefe geschrieben werden wie v. a. im 19. Jahrhundert). Mehrere Redemanuskripte und Vortragsnotizen Löwenthals liegen im ACDP vor. Was den Mangel an Vortragstexten im Vergleich zu den zahlreichen Rednerauftritten angeht: Löwenthal sprach in der Regel auf der Basis einiger Stichworte frei. Im ACDP lagern drittens zahlreiche Ausschnitte aus der Tagespresse: vor allem Kritiken zu Löwenthals Buch *Wir werden durch Atome leben*, zu seiner Fernsehreihe *ZDF-Magazin* und zu seinen Auftritten als Redner. Viertens beinhaltet der Nachlass Unterlagen zu Gerichtsverfahren, die Löwenthal anstrengte oder die gegen ihn ausgetragen wurden, wie zum Beispiel seine juristische Auseinandersetzung mit Henri Nannen zur Jahreswende 1970/71. Gesperrt sind insgesamt sieben Aktenpakete, davon wiederum fünf zu seiner Kontroverse mit Nannen. Fünftens befinden sich im Nachlass umfangreiche Materialsammlungen Löwenthals über die DDR-Staatssicherheit – insbesondere über deren Hauptverwaltung Aufklärung wollte er ein Buch verfassen –, über die DDR-Verfassung von 1974 und über die innerdeutsche Grenze, außerdem Bücher und Broschüren zu den Themen, die er im Fernsehen und als Vortragsredner immer wieder aufgriff: Afghanistan und Südafrika.

Die Suche nach Quellen zu Löwenthals Kindheit und Jugend im ACDP blieb vergeblich. So war der Verfasser auf den Erinnerungsband *Ich bin geblieben* und auf die Unterlagen angewiesen, die die DDR-Staatssicherheit über ihn gesammelt hatte: Vom Auszug aus dem Geburtenregister über das Abiturzeugnis, verschiedene nachkriegstypische Fragebögen (deren Angaben insbesondere über den Anti-NS-Widerstand durch Bürgen abgesichert sind) bis hin zum Austritt aus der zunehmend SED-abhängigen Journalistengewerkschaft in Berlin 1948.

Als der Verfasser im September 2006 die Anfrage an das Archiv für christlich-demokratische Politik richtete, war der Nachlass noch immer nicht archivalisch erschlossen. Dies kann wohl darauf zurückgeführt werden, dass Nachlässe von Personen grundsätzlich mit einer Sperrfrist von 50 Jahren nach ihrem Tod oder mindestens 100 Jahre nach ihrer Geburt versehen werden[21] (die Erlaubnis Frau Dr. Ingeborg Löwenthals, den Nachlass zu nutzen, ließ allerdings die Sperrfrist gegenstandslos werden).

Offenbar rechnete die Archivverwaltung nicht mit einem Forschungsprojekt in absehbarer Zeit, so dass sie anderen Archivierungen den Vorrang einräumte. Ein Findbuch entstand in den ersten vier Monaten des Jahres 2007, doch ist der Bestand nur einigermaßen und nicht einwandfrei geordnet.[22]

Was Löwenthals Moderationen im *ZDF-Magazin* angeht, so sind diese im Unternehmensarchiv des ZDF als abgeschriebene Sendeprotokolle fast vollständig vorhanden: Nur einige wenige Niederschriften der ersten Sendungen von 1969 sind nicht archiviert. Das gleiche gilt für die dazugehörigen frühen Beiträge der Sendereihe. Einige Beiträge wie das Interview Vladimir Veselys mit General Sejna (5. Juli 1972) und der Beitrag *Der ›Spiegel‹ und die Tatsachen* (19. Juli 1972) nahm Löwenthal in seinen Privatbesitz; sie sind im Nachlass in Sankt Augustin einsehbar. In den 57 Aktenordnern befindet sich ferner ein erheblicher Teil der hauptberuflichen Korrespondenz, zum Beispiel Absagen von vorgesehenen Interviewpartnern. Diese fast vollständige Archivierung der Sendeprotokolle stellt eine Ausnahme unter den vergleichbaren Fernsehreihen dar: Sie ist auf eine Weisung Löwenthals und seines Stellvertreters Fritz Schenk zurückzuführen, die angesichts der Kontroversen um das *ZDF-Magazin* im Fernsehrat (genauer: im Ausschuss für Politik und Zeitgeschichte) und in der Öffentlichkeit die Moderations- und Beitragstexte archivieren ließen.

Im ZDF-Unternehmensarchiv enthält ein Aktenordner Zeitungsausschnitte über das *ZDF-Magazin*, neun weitere Ordner umfassen Pressebeiträge über die Person Gerhard Löwenthal, darunter, um ein Beispiel zu nennen, alleine 114 zum Thema: Prozess wegen einer Ohrfeige, die sich gegen Löwenthal richtete.

21 Vgl. Archiv für christlich-demokratische Politik: Benutzungsordnung. Online im Internet: www.kas.de/wf/de/71.3767.

22 Was ist beispielsweise von einem Aktenpaket zu halten, das mit »BND 1966–90« beschriftet und das größtenteils aufschlussreiche, relevante Kommentare Löwenthals aus seiner Zeit als ZDF-Korrespondent in Brüssel enthält und ferner ein paar höfliche, inhaltlich eher belanglose Briefwechsel mit Präsidenten des Bundesnachrichtendienstes? Zumal es keinen Zusammenhang gibt zwischen jenen Schreiben des Privatmannes Löwenthal und den um etwa zehn Jahre älteren Sendeprotokollen des ZDF-Korrespondenten Löwenthal. Innerhalb der anderen zusammengebundenen Akten ist die chronologische Einordnung ebenfalls nicht immer gegeben. So befindet sich beispielsweise der Abitur-Hausaufsatz von 1946 im Ordner *Diverse Veröffentlichungen 1981–1995*.

Dagegen sind 44 Beiträge des Europa-Korrespondenten Löwenthal aus Brüssel 1963 bis 1968 für die *Heute*-Nachrichten auf Videobändern im Unternehmensarchiv des ZDF erhalten: Dort sind sie zusammen mit anderen Beiträgen für die *Heute*-Nachrichten gespeichert. Ebenso sind Beiträge Löwenthals für die Sondersendung zum Mord an Robert Kennedy und für das Wirtschaftsmagazin *Bilanz* vorhanden. Auf Video archiviert sind außerdem eine dreiteilige Reihe zur Geschichte der europäischen Gemeinschaften (1968) und eine Sondersendung aus Anlass des zehnjährigen Jubiläums der Römischen Verträge (1967) sowie eine Sondersendung über den langjährigen belgischen Außenminister und NATO-Generalsekretär Paul-Henri Spaak (1966).

Als Findbuch dient dazu eine ZDF-interne Fernsehdatenbank. Insgesamt entstanden in den Jahren 1963 bis 1968, wie aus der Datenbank des ZDF hervorgeht, rund 700 Beiträge Löwenthals, d. h. rund 150 pro Jahr.

Quellen aus den Jahren 1945 und 1946 – Abiturzeugnis, Immatrikulation, Fragebögen und Lebenslauf – sind in der Birthler-Behörde (Die Behörde der Bundesbeauftragten für die Unterlagen des Staatssicherheitsdienstes der ehemaligen Deutschen Demokratischen Republik) als Akten des Staatssicherheitsdienstes der DDR archiviert. Denn das MfS trug nachweislich von 1975 bis 1979 (höchstwahrscheinlich aber schon seit den Tagen des Hochschulfunks) alles zusammen, was sich über Löwenthal finden ließ: im Bestreben, belastendes Material gegen ihn in den Auseinandersetzungen des Kalten Krieges in die Hand zu bekommen. Kopien befinden sich im Privatarchiv von Dr. Ingeborg Löwenthal, das der Verfasser nutzen durfte. Über weitere Unterlagen verfügt die Birthler-Behörde nicht.[23] Die genutzten Quellen waren unverzichtbar, da der Verfasser bezüglich der Jugendjahre Löwenthals sonst ausschließlich auf dessen Erinnerungsbuch angewiesen gewesen wäre.

Im Nachlass von Löwenthals Schwiegervater Ernst Lemmer befinden sich keine politischen, sondern nur sehr wenige private Briefe verschiedener Personen an Gerhard Löwenthal, doch sind diese kaum aussagekräftig, die Fragestellungen der vorliegenden Arbeit betreffend. Ein politischer Briefwechsel Lemmers mit Gerhard Löwenthal, der aus dessen Dienstzeit in Paris oder Brüssel stammen könnte, fehlt ebenso wie eine Korrespondenz zwischen dem Bundesminister Lemmer und dem in Berlin ansässigen Rundfunkjournalisten Löwenthal.

Als wenig ergiebig stellte sich der Nachlass von Werner Marx MdB (Kaiserslautern) heraus, der sich ebenfalls im Archiv für christlich-demokratische Politik befindet. Marx war Leiter des Arbeitskreises für Außen-, Deutschland-, Verteidigungs-, Europa-, Entwicklungs- und Außenwirtschaftspolitik der CDU-Bundestagsfraktion

23 Auskunft des zuständigen Bearbeiters Volker Seyl an den Verfasser am 1.9.2010.

in den Jahren 1969 bis 1980, anschließend bis zu seinem Tode 1985 Vorsitzender des Auswärtigen Ausschusses des Deutschen Bundestags: Vor allem in Bezug auf die UdSSR und ihre Verbündeten behandelte er Themen, die Löwenthal aus einem sehr ähnlichen politischen Blickwinkel immer wieder aufgriff. Das weitgehende Fehlen von schriftlicher Korrespondenz und erstaunlicherweise (jedenfalls für die Jahre 1980–85) von Telefonterminen lässt sich wohl durch die häufigeren Begegnungen Löwenthals mit Marx und mit Telefonaten unter seiner Privatnummer nach Büroschluss erklären.

Den Zugang zu möglicherweise weiterführenden Akten (insbesondere Korrespondenz) im Nachlass von Alois Mertes MdB (dem anderen außenpolitischen Experten der CDU und Staatsminister im Auswärtigen Amt 1982 bis 1985) verwehrte mir das ACDP wegen darin archivierten Personalien, die der 30-Jahre-Sperrfrist unterliegen. Offenbar ist jener Nachlass ohnehin unergiebig bezüglich meiner Forschungen: Im Register des Findbuches zu Alois Mertes tauchte der Name Gerhard Löwenthal wider Erwarten nicht auf. Daher verzichtete ich auf Recherchen in den Politiker-Nachlässen des Bundesarchivs in Koblenz, die wohl auch nicht mehr erbracht hätten. Beispielsweise ist davon auszugehen, dass Löwenthal seinen vertrauensvollen Kontakt zu dem EWG-Kommissionspräsidenten Walter Hallstein in Brüssel per Telefon und in persönlichen Gesprächen pflegte, da im schnelllebigen Geschäft des Journalismus die Brieflaufzeiten viel zu lange dauerten und Informationen eines schnellen Austausches bedurften.

Recherchen über Gerhard Löwenthal lassen sehr bald Franz Josef Strauß ins Blickfeld geraten. Im Nachlass von Strauß, den die Hanns-Seidel-Stiftung aufbewahrt, befindet sich keine Korrespondenz Löwenthals mit dem CSU-Politiker aus dessen Amtszeit als Bundesatomminister in den Jahren 1955/56, während der Löwenthal-Nachlass im ACDP diesbezügliche Interviews enthält.

Ein Grund für das Fehlen mag in der seinerzeitigen Aufbauphase dieses Ministeriums zu finden sein, in der die Aktenverwaltung und Archivierung als nachrangig gegenüber dringenden Aufgaben angesehen wurde. Im Bestand der Jahre 1970 bis 1979 ist Löwenthal mehrfach erwähnt, so im Zusammenhang mit der Verkürzung der Sendezeit Löwenthals und mit der »Vierten Partei«, die Löwenthal gegenüber einer auf Bayern beschränkten CSU favorisierte. Die Akten aus den Jahren nach 1979 unterliegen derzeit der 30-Jahre-Sperrfrist für personenbezogene Angaben und konnten nicht eingesehen werden.[24] Die Erbin von Strauß, Monika Hohlmeier, beantwortete einen Antrag des Verfassers auf Einsicht in den Nachlass nicht.

Der Verfasser bemühte sich, weitere Akten aus Löwenthals kurzer Beschäftigungszeit beim Sender Freies Berlin einzusehen, und schrieb daher an das Deutsche Rund-

24 Auskunft von Herrn Brückmann, Archiv für christlich-soziale Politik, als »Vorsortierer« gegenüber dem Verfasser am 10.6.2009.

funk-Archiv in Potsdam-Babelsberg. Der zuständige Archivar teilte ihm mit, dass über diese Tätigkeit überhaupt nichts vorhanden sei, stattdessen Protokolle der RIAS-Funkuniversität einsehbar seien, die der Verfasser aber bereits kannte.[25]

Veröffentlichte Quellen über Gerhard Löwenthal existieren reichlich, in Fachzeitschriften wie der katholischen FUNK-Korrespondenz, dem Evangelischen Pressedienst epd/Kirche und Fernsehen bzw. Kirche und Rundfunk, sowie in den Publikumszeitschriften *Spiegel* und *Stern*.

25 Mitteilung vom Deutschen Rundfunkarchiv Potsdam-Babelsberg vom 22.6.2009.

Leben

Berliner Prägungen

Kindheit und Jugend

Gerhard Willy Löwenthal wurde am 8. Dezember 1922 in Berlin-Charlottenburg geboren[1]. Sein Vater, Julius Löwenthal (geboren am 4. Dezember 1886 in Stettin[2], gestorben am 5. Juli 1967[3] in Berlin-Charlottenburg), Inhaber einer Herrenkleiderfabrik[4], war während des Ersten Weltkriegs ebenso wie sein Bruder Willy Soldat und mit Orden ausgezeichnet worden. Der Onkel Willy Löwenthal war Corpsstudent in Heidelberg und leistete seinen Militärdienst in einem Eliteregiment ab. Fotos[5] zeigen die Brüder Löwenthal als selbstbewusste Bürger des kaiserlichen Deutschen Reiches. Schon die Wahl des deutschen, ja sogar aus dem Alt-Germanischen stammenden Vornamen Gerhard zeigt, wie selbstverständlich sich die Eltern rund einhundert Jahre nach dem Edikt zur Emanzipation der Juden in Preußen als »normale« Deutsche und nicht etwa als »Juden in Deutschland« fühlten. Das war typisch für Deutsche jüdischen Glaubens, denn sie waren im Gegensatz zu den Juden unter zaristischer Herrschaft assimiliert.

1 Auszug aus dem Geburtenregister vom 11.12.1922 des Standesamtes I Berlin, MfS-HA IX/11 PA 3472 Bd. 4 (Teil V/1). Kopie BStU AR 8, Bl. 000036f., dort 000037; Privatarchiv Dr. Ingeborg Löwenthal, Ordner GL Stasi. Reisepaß von Gerhard Löwenthal (1991), Kopie; Privatarchiv Dr. Ingeborg Löwenthal, Ordner GL Stasi.

2 Eintrag Julius Löwenthals auf der »Ergänzungskarte für Angaben über Abstammung und Vorbildung« zur »Volks-, Berufs- und Betriebszählung« am 17. Mai 1938. MfS-HA IX/11 PA 3472 Bd. 4 (Teil V/1). Kopie BStU AR 8, Bl. 00000036f., dort Bl. 000037; Privatarchiv Dr. Ingeborg Löwenthal, Ordner GL Stasi.

3 Mitteilung von Dr. Ingeborg Löwenthal am 23.7.2009.

4 Briefkopf: »Fabrikation feiner Herrenbekleidung«; ACDP, NL Löwenthal, 01-763-026. Angabe Gerhard Löwenthals in sämtlichen archivierten Lebensläufen, zum Beispiel jener vom 14.11.1945, MfS-HA IX/11 PA 3472, Bd. 2 (Teil 4), Kopie BStU AR 8, Bl. 000129f., dort Bl. 000129. Angabe Gerhard Löwenthals im Immatrikulationsschein, MfS-HA IX/11 PA 3472, Bd. 2 (Teil 4). Kopie BStU AR 8, Bl. 000093. Allesamt in: Privatarchiv Dr. Ingeborg Löwenthal, Ordner GL Stasi.

5 Bilder aus dem Erinnerungsband *Ich bin geblieben* sind aussagekräftig. Dort sind sie als Bildtafeln zwischen den Seiten 64 und 65. Die genutzten Archive enthalten fast keine Fotos, abgesehen von einigen wenigen Porträts Löwenthals von 1992, und Abbildungen Löwenthals aus Zeitungen und Zeitschriften.

Die Mutter Anna Pauline (genannt Grete) Löwenthal (geboren in Berlin-Friedrichshain am 6. Mai 1895[6], gestorben am 12. März 1978[7] in Berlin-Charlottenburg), eine geborene Schabel, war kurz vor der Eheschließung 1921 von der protestantischen Konfession zum jüdischen Glauben konvertiert.

Während der wirtschaftlichen Depression nach dem Ersten Weltkrieg, in der sich Julius Löwenthal als Vertreter über Wasser hielt, lebte die Familie zur Untermiete in Alt-Charlottenburg, Kirchplatz 3[8], konnte aber, nach Einführung der Rentenmark und der damit zusammenhängenden verbesserten Wirtschaftslage, um 1925 in eine geräumige Wohnung am Kurfürstendamm umziehen. Diese Wohngegend, der *Neue Westen* der Hauptstadt, war bereits in der späten Kaiserzeit zur Konkurrenz des Bezirks Mitte geworden. In der Weimarer Republik war der Kurfürstendamm sowohl Geschäftszentrum als auch Vergnügungsmeile und Treffpunkt der Intellektuellen. Julius Löwenthal war dort angesehen und in die Vereinswelt der besitzbürgerlichen Gesellschaft Berlin-Charlottenburgs integriert. Als preußischer Kaufmann, der eine Kleiderfabrik eröffnet hatte, vermied Julius Löwenthal, dessen Eltern und Großeltern Juden waren[9], ein politisches Engagement. »Jude war er des Glaubens wegen, in den er hineingeboren war, und weil sein Vater eben ein tiefgläubiger Jude war und seine Söhne in diesem Geiste erzogen hatte. In Berlin war er ein assimilierter Deutscher jüdischen Glaubens und gehörte zum gemäßigt konservativen deutschen Bürgertum«[10], dem es in der zweiten Hälfte der zwanziger Jahre wirtschaftlich wieder recht gut ging. Bis etwa 1930: Bedingt durch die Weltwirtschaftskrise zog die Familie, in die 1925 der zweite Sohn Herbert geboren wurde, in eine kleinere Mietwohnung in der Mommsenstraße 62 (zwischen Kurfürstendamm und Kantstraße gelegen). Ab April 1932 besuchte Gerhard Löwenthal das Kaiser-Friedrich-Gymnasium in der nah gelegenen Knesebeckstraße, einer Seitenstraße des Kurfürstendamms Richtung Savignyplatz. Bereits in jener Zeit hatte sich sein Berufswunsch herauskristallisiert: Er wollte Arzt werden. Auch wenn Berlin keine nationalsozialistische Hochburg war, erlebte Löwenthal ab 1933 in der Schule antisemitische Pöbeleien und Schläge durch Hitlerjungen. Daraufhin nahm er

6 Geburts- und Sterbedaten der Eltern Gerhard Löwenthals in: Stasi-Vermerk zu Löwenthal vom 31.1.1979, MfS-HA IX/11 PA 3472 Bd 2 (Teil 4), Kopie BStU AR 8, Bl. 000055 und 000046; Privatarchiv Dr. Ingeborg Löwenthal, Ordner GL Stasi.

7 Mitteilung von Ingeborg Löwenthal am 23.7.2009.

8 Auszug aus dem Geburtenregister vom 11.12.1922 des Standesamtes I Berlin, MfS-HA IX/11 PA 3472 Bd.4 (Teil V/1). Kopie BStU AR 8, BStU Bl. 000038; Privatarchiv Dr. Ingeborg Löwenthal, Ordner GL Stasi.

9 Eintrag Julius Löwenthals auf der »Ergänzungskarte für Angaben über Abstammung und Vorbildung« zur »Volks-, Berufs- und Betriebszählung« am 17. Mai 1938, MfS-HA IX/11 PA 3472 Bd. 4 (Teil V/1), Kopie BStU AR 8, Bl. 00000036f., dort 000037; Privatarchiv Dr. Ingeborg Löwenthal, Ordner GL Stasi.

10 Löwenthal: Ich bin geblieben, S. 18.

Boxunterreicht im jüdischen Sportverein Makkabi, um sich wenigstens verteidigen zu können. Tatsächlich konnte er zusammen mit seinem Bruder eine Gruppe Hitlerjungen teils in die Flucht schlagen, teils körperlich außer Gefecht setzen. Die (reguläre) Schutzpolizei stellte die Ermittlungen dazu sehr bald ein; offenbar war sie noch dem bisherigen rechtsstaatlichen Denken und nicht der Rassenideologie verpflichtet. Hätte sich die Gestapo der Sache angenommen, so Löwenthal rückblickend 1987, wäre er wohl kaum entkommen. Seine Lehrer waren mehrheitlich nicht nationalsozialistisch eingestellt, abgesehen von einem jungen Biologielehrer, der am »lebenden Objekt« die Rassenlehre demonstrieren wollte: Er rief den großgewachsenen, blonden und blauäugigen Löwenthal und einen ebenfalls »nordisch« aussehenden Jungen nach vorne, um beide als »typisch arisch« zu preisen. Als beide erklärten, sie seien Juden, beschimpfte er sie mit antisemitischen Verwünschungen. Am folgenden Tag beschwerten sich die Väter der beiden, und der blamierte Lehrer wurde an eine andere Schule versetzt.[11]

Gab es dazu Parallelen? Erich Mende, 1916 in Oberschlesien geboren und dort aufgewachsen, erzählte in seinen Erinnerungen von einem ähnlichen Erlebnis: Er sei der Klasse ebenfalls vorgeführt worden, und zwar wegen seiner dunklen Haare als »mediterraner Typ« als Gegenbild zum NS-bevorzugten »nordischen Menschen«. Mende protestierte. Fortan hatte er zwar in jenem Lehrer einen Feind, aber »die Beispiele der Rassenkunde [...] wurden nicht mehr aufgerufen«. Der rassenideologisch überzeugte Lehrer des späteren FDP-Politikers blieb zwar an der Schule, isolierte sich aber immer mehr, nachdem er schon anfangs wenig Zustimmung von seinen Kollegen erhalten hatte.[12] Dies war sicher nicht die einzige Parallele zu Löwenthals Erlebnis in jener Zeit, in der es gerade unter den Älteren bei weitem nicht nur überzeugte Nationalsozialisten und Karrieristen gab. Insgesamt überwogen bei Gerhard Löwenthal, wie er in seiner Autobiographie resümierte, aber die angenehmen Erinnerungen an die Schulzeit, zumal es sich bei den meisten Lehrern um »anständige Menschen und gute Pädagogen« handelte, bei denen er sich eine solide Grundlage für das Abitur erarbeitete.[13]

Sehr ähnlich urteilte Marcel Reich-Ranicki über seine Schulzeit in Berlin. Der später so einflussreiche Literaturkritiker, geboren 1920, besuchte das Werner-von-Siemens-Realgymnasium im Bezirk Schöneberg, ab 1935 das Fichte-Gymnasium. In seinen Erinnerungen hob er mehrere Lehrer wegen ihres Gerechtigkeitssinnes, ihrer pädagogischen Fähigkeiten oder ihrer Freundlichkeit hervor. Zwar verschlechterten sich die Kontakte zwischen jüdischen und nichtjüdischen Schülern bis 1934/35 oder endeten fast ganz (denn die Hitlerjugend bestimmte das Freizeitprogramm der meis-

11 Vgl. Löwenthal: Ich bin geblieben, S. 18–27.
12 Vgl. Erich Mende: Das verdammte Gewissen. Zeuge der Zeit 1921–1945. München: Herbig, [4]1999, S. 25.
13 Vgl. Löwenthal: Ich bin geblieben, S. 25 f.

ten Schüler, während die jüdischen Schüler auf jüdische Vereine beschränkt waren). Aber die nichtjüdischen Schüler blieben – jedenfalls gegenüber Reich-Ranicki und seinen jüdischen Klassenkameraden – »manierlich und anständig«, weil sie dem Vorbild der Lehrer folgten. Selbst zu dem NS-fanatischen Junglehrer (so klischeehaft das klingt), den Löwenthal erlebte, gab es bei Reich-Ranicki eine Parallele, nur das Schulfach war ein anderes (Deutsch). Unbeliebt machte sich jener Lehrer ebenfalls. Und ähnlich wie Löwenthal schuf sich Reich-Ranicki im Gymnasium eine hervorragende Grundlage für seine Bildung, zumal die Lehrer vorzugsweise Klassiker und nur sehr wenig NS-Tendenzliteratur behandelten. Von körperlichen Angriffen schrieb Reich-Ranicki dagegen nichts.[14]

Im Januar 1933 lebten 160.000 Juden in Berlin; das war fast ein Drittel der deutschen Juden.[15] In den Städten waren bis 1933 die jüdischen Ärzte, Anwälte, Kaufleute und Wissenschaftler im Allgemeinen anerkannt, ja geschätzt. Weitgehend unwillkommen waren dagegen Juden polnischer Herkunft, die sich von den jüdischen Deutschen durch ihre weit geringere Assimilation stark abhoben. In Berlin als einer eher liberal und sozialdemokratisch geprägten Metropole war die Wertschätzung der jüdischen Deutschen wohl etwas stärker ausgeprägt, nicht nur wegen der Anonymität der Großstadt, in die nicht wenige Juden aus anderen Teilen des Reiches zu Beginn des »Dritten Reiches« zogen. Gerade auch die sprichwörtliche preußische Toleranz im Sinne Friedrichs des Großen und die bekannten Namen von Juden in Preußen seit der Emanzipation der Reformzeit dürften antisemitischen Vorurteilen zumal im Bürgertum entgegengewirkt haben.

Am 14. Dezember 1935, kurz nach dem 13. Geburtstag, feierte Gerhard Löwenthal seine Bar-Mizwa: die Aufnahme in die jüdische Gemeinde. Spätestens ab 1936 erwogen die Löwenthals, auszuwandern, zumal der beste Freund des Vaters anlässlich der Weltausstellung einen dauerhaften Aufenthalt in Südafrika in Erwägung zog (er erforderte kein Visum). Da es kaum möglich war, die gesamte Familie mitzunehmen, gab Julius Löwenthal die Planungen wieder auf. Seine Firma konnte er im Übrigen lange Zeit weiterführen; wann die Nationalsozialisten sie enteigneten, geht aus dem Erinnerungsbuch nicht hervor. Am Abend des 9. November 1938 wurden Gerhard Löwenthal und sein Vater zunächst zum Polizeipräsidium am Alexanderplatz und dann in das Konzentrationslager Sachsenhausen verschleppt. Gerhard Löwenthal beschrieb dies wie folgt:

14 Vgl. Marcel Reich-Ranicki: Mein Leben (SPIEGEL-Edition, Bd. 40). Hamburg: Spiegel-Verlag 2007, S. 47–92.

15 Vgl. www.jg-berlin.org/ueber-uns/geschichte.html.

»Beim Runterspringen vom Wagen empfingen uns in der hereinbrechenden Dunkelheit SS-Leute mit Ohrfeigen, Fußtritten und Kolbenhieben. Dann wurden wir durch ein großes Tor auf den riesigen Lagerplatz getrieben, der durch große Scheinwerfer taghell erleuchtet war. Wir mußten die ganze Nacht bei klirrender Kälte auf dem Appellplatz stehen. Alle paar Minuten trafen neue Transporte ein. Im Morgengrauen wurden wir in eine Baracke geführt, mußten uns dort vollkommen entkleiden, Geld und Wertsachen gegen eine Quittung abgeben – Ordnung mußte schließlich sein. Wir bekamen in einem Nebenraum leichte Unterwäsche und blau-weiß gestreifte Drillichanzüge. Danach ging es zurück zum Lagerplatz, auf dem sich die SS-Wachmannschaft damit ›amüsierte‹, uns zu schlagen und zu treten. Als der Tag begann, erwachte das Leben im Lager. Was für ein Anblick: Bleiche, ausgemergelte Gestalten zogen in endlosen Kolonnen zur Zwangsarbeit. Fast den ganzen Tag mußten wir stehend auf dem Platz verbringen, denn der plötzliche Ansturm von Tausenden wahllos verhafteter Juden hatte sogar das Organisationstalent der SS-Lagerleitung überfordert. Diesem Chaos hatten es mein Vater und ich, die wir es tatsächlich fertiggebracht hatten, zusammenzubleiben, zu verdanken, daß wir bei beginnender Dunkelheit urplötzlich herausgerufen und nach Hause geschickt wurden.«[16]

Grund dafür war, dass Grete Löwenthals Schwager, »Onkel Max« genannt, eine bedeutende Stellung in den Heinkel-Flugzeugwerken innehatte, und er entsprechend Einfluss nehmen konnte. Rückblickend resümierte Löwenthal: Gott habe ihn gerettet, und Er würde ihm auch künftig helfen (mehr dazu im Kapitel 4: Geistige Grundlagen).

Am 15. November 1938 musste Gerhard Löwenthal wie alle jüdischen Deutschen die öffentliche Schule verlassen. Denn er war ein sogenannter »Geltungsjude«[17], der den nationalsozialistischen Regelungen zufolge zwar nur e i n e n jüdischen Elternteil hatte, doch der mosaischen Religion zugehörig war, demnach als Jude galt. Zunächst fand er einen Ausbildungsplatz als Zahntechniker, entschied sich aber bald, auf der Jüdischen Handelsschule Englisch und Französisch zu belegen, um seine Sprachkenntnisse mit Blick auf die Auswanderung weiter zu verbessern. Das amerikanische Generalkonsulat antwortete auf den Visumantrag, eine Einwanderung sei innerhalb der nächsten zwei Jahre nicht möglich. Immerhin konnte sein Bruder Herbert im Juli 1939 nach Großbritannien emigrieren, wo sich ein Hilfskomitee der deutsch-jüdischen Kinder annahm. Krankheitsbedingt verzögerte sich der vorgesehene Aus-

16 Löwenthal: Ich bin geblieben, S. 31 und 42 f., insbesondere S. 43 (direktes Zitat).

17 Antwort Löwenthals im Fragebogen des Magistrats der Stadt Berlin, Hauptausschuss »Opfer des Faschismus«, 30.10.1945, MfS-HA IX/11 PA Bd. 2 (Teil 4), Kopie BStU AR 8, Bl. 000123 f., dort 000123; Privatarchiv Dr. Ingeborg Löwenthal, Ordner GL Stasi.

wanderungstermin Gerhard Löwenthals um einige Tage über den 1. September 1939 hinaus, denn eine Mandeloperation sollte noch in Berlin vorgenommen werden. Zwischenzeitlich brach der Zweite Weltkrieg aus, und der Plan hatte sich zerschlagen. Im Abstand von 40 Jahren nannte Löwenthal einen weiteren Grund: Er habe seine Eltern nicht alleine lassen wollen.[18] Nach Auskunft seiner Witwe war jedoch der Operationstermin ausschlaggebend.[19]

Nachdem Gerhard Löwenthal den Sprachlehrgang im März 1940 abgeschlossen hatte, begann er im Juni des gleichen Jahres eine knapp einjährige Ausbildung in Brillenoptik und Feinmechanik in der *Privaten Jüdischen Lehranstalt für handwerkliche und gewerbliche Ausbildung auswanderungswilliger Juden des ORT in Berlin*[20] unter Leitung des Meisters Heinz Voss. Dieser hatte zusammen mit dem Geschäftsführer der Berliner Optikerinnung, Wilhelm Brandt, eine *Gemeinschaftswerkstatt Berliner Optiker* am Spittelmarkt in Berlin-Mitte eingerichtet, welche die bisherigen Lehrlinge weiterbeschäftigte. Es gelang Voss, diese Arbeit als »kriegswichtig« zu deklarieren, um seine jüdischen Beschäftigten zu retten. Es kam ihm zugute, dass die Nachfrage nach Brillen weiterhin bestand, während viele gelernte Optiker in die Wehrmacht eingezogen waren. Gerhard Löwenthal bemühte sich derweil, gefährdeten Menschen zu helfen, indem er sich einer Gruppe anschloss, die Ausweise, Pässe und Lebensmittelkarten für untergetauchte Freunde und Juden fälschte. Dies war für ihn weniger ein politisches als ein humanitäres Anliegen.[21] Er hörte ausländische Rundfunksender und verbreitete das, was er in deren Nachrichtensendungen hörte, unter seinen Vertrauten. Außerdem gehörte Löwenthal – »ferner«, wie er in den Fragebögen 1945/46 schrieb – dem Kampfverband Freies Deutschland an.[22] Welche Rolle Löwenthal in

18 Vgl. Alfred Sterzel: Juden in Deutschland, in: *Bunte*, 29. Jg. (1982), Nr. 48, S. 40–47, hier S. 44; ACDP, NL Löwenthal, 01-763-020.

19 Stellungnahme von Ingeborg Löwenthal vom 1.7.2008.

20 ORT – Organisation for Reconstruction Training ist eine internationale jüdische Ausbildungseinrichtung, die seinerzeit Juden in Berlin auf die Auswanderung vorbereitete.

21 Seine Nachbarn Marie Hennemann: »Ich bin mit dem Gerhard aufgewachsen. Politisch hat er sich nie betätigt«. Ihre Mutter: »Der hat sich nie politisch betätigt. Dazu war er ja viel zu jung«. Beide zitiert in Hermann Gremliza: Wer ist Gerhard Löwenthal?, in: *Konkret*, 13.10.1973, S. 14–19, dort S. 17f. MfS-HA IX/11 PA 3472 Bd.1 (Teil 1–3), Privatarchiv Dr. Ingeborg Löwenthal, Ordner GL Stasi. Vgl. ferner: Löwenthal: Ich bin geblieben, S. 48, 54f.

22 Gerhard Löwenthals Antworten im Fragebogen des Magistrats der Stadt Berlin, Hauptausschuss Opfer des Faschismus, mit Datum vom 30. Oktober 1945, Kopie BStU AR 8, Bl. 000124; ebenso im Fragebogen vom 5. November 1945, Kopie BStU AR 8, Bl, 000103–000106, dort 000105 sowie: Gerhard Löwenthal: Lebenslauf (Anlage zum Fragebogen vom 30.10.1945), Kopie BStU AR 8, Bl. 116–118, dort 000117, und: Lebenslauf (ohne Datum), Kopie BStU AR 8, Bl. 000112f., dort Bl. 000113, sowie im Lebenslauf, Anlage zum Fragebogen, 14.11.1945, Kopie BStU AR 8, Bl. 000129f., dort 000130, und Kopie BStU, AR 8, Bl. 000132. Alle in: MfS IX/11 PA 3472, Bd. 2

dieser antinazistischen Widerstandsgruppe spielte, ließ sich nicht ermitteln. Dass sie existierte, und dass zunächst der spätere Christdemokrat Willi Fuchs, zwei Kommunisten und später zahlreiche Sozialdemokraten hinzugehörten, und auch, dass sie sich den Namen in bewusster Anlehnung an das Nationalkomitee Freies Deutschland gab, ist der Literatur über diese wenig bekannte Gemeinschaft zu entnehmen.[23] Beim Kampfverband Freies Deutschland handelte es sich um eine Gruppe von Personen unterschiedlicher Weltanschauung, die anfangs Meldungen des Radiosenders des Nationalkomitees Freies Deutschland verschickte, unmittelbar vor der Eroberung Berlins überdies Flugblätter und angeblich sogar Plakate erstellte. Nach der Kapitulation der Wehrmacht versuchte der Kampfverband Freies Deutschland, die Wasser- und Energieversorgung in der näheren Umgebung in Gang zu setzen sowie Trümmer zu räumen. Einige Wochen nach Kriegsende fiel diese Gruppe, die zugleich am Aufbau eines Widerstandsarchivs arbeitete und, dank Wissenschaftlern in ihren Reihen, sogar Ansätze zur Wiederinbetriebnahme der Industrie erstellte, Walter Ulbrichts Weisung zur Auflösung der antifaschistischen Komitees zum Opfer. Eigenständige, selbstbewusste oder gar sendungsbewusste »Komitees« waren nicht im Interesse der Stalinisten. Wolfgang Leonhard, den Ulbricht eben damit beauftragte, beschrieb voller Erstaunen und Bewunderung das Wirken der Charlottenburger Gruppe in seinem Werk *Die Revolution entlässt ihre Kinder*.[24]

Löwenthals Angaben sind auch deshalb glaubwürdig, da er drei Bürgen (zwei waren Nachbarn) benannte, und die Antworten an Eides statt erfolgten. Unwahre Behauptungen in den Fragebögen wurden strafrechtlich geahndet.

Zurück ins Jahr 1943. Die Gestapo verhaftete Gerhard Löwenthal am 12. Februar 1943, da er Juden versteckt hatte. Gleichzeitig nahm sie seine Eltern fest, die Löwenthal aber nicht in seine Untergrund-Tätigkeit eingeweiht hatte. Zunächst war er als Einzelhäftling in einer Sammelstelle der Gestapo für die Osttransporte in der Großen Hamburger Straße in Berlin-Mitte eingekerkert. Am 27. Februar 1943 (das Datum ist durch den vor wenigen Jahren verfilmten spontanen Protest in der Rosenstraße in die Diskussion gekommen) war die *Gemeinschaftswerkstatt* aufgelöst und alle 20 jüdischen Optiker schlagartig deportiert worden. Nachdem Grete Löwenthal die In-

(Teil 4); Privatarchiv Dr. Ingeborg Löwenthal, Ordner GL, Stasi. In *Ich bin geblieben* nannte Löwenthal, der dort ansonsten wesentliches über seine Untergrundtätigkeit referierte, den Kampfverband Freies Deutschland hingegen nicht; vgl. Löwenthal: Ich bin geblieben, S. 61 f.

23 Michael Kubina: Von Utopie, Widerstand und kaltem Krieg. Das unzeitgemäße Leben des Berliner Rätekommunisten Alfred Weiland. Münster: Lit, 2001, S. 149. Ralf Thomas Baus: Die Christlich-Demokratische Union Deutschlands in der sowjetisch besetzten Zone 1945 bis 1948. Gründung, Programm, Politik. Düsseldorf: Droste, 2001, S. 79 ff.

24 Wolfgang Leonhard: Die Revolution entläßt ihre Kinder. Köln: Kiepenheuer und Witsch, 1963, S. 389–397.

haftierung ihres Sohnes bekannt war, konnte sie zusammen mit Wilhelm Brandt, der wiederum einen Optiker mit hohem SS-Ehrenrang namens Holtzbrink einschaltete, seine Freilassung mit Hilfe von Onkel Max und eines verwandten Beamten im Innenministerium bewirken. Begründung war, dass die Optikerwerkstatt nach einem Bombenangriff in Unordnung geraten war, und Löwenthal sich als einziger, da er nicht deportiert worden war, auskannte, zumal sich dort Brillen von NS-Funktionären und sogar von Heinrich Himmler befanden.[25] Löwenthal entging einem Prozess. Wilhelm Brandt führte anschließend die Gemeinschaftswerkstatt mit zwei Meistern, mit dienstverpflichteten nichtjüdischen Frauen und mit Gerhard Löwenthal fort. Eine Bescheinigung über den »kriegswichtigen Einsatz« rettete ihm über viele Kontrollen hinweg das Leben. Im März 1945 zerstörte ein Bombenangriff die Werkstatt. In jener Zeit war Löwenthal gezwungen, in der Umgebung der elterlichen Wohnung in der Mommsenstraße den gelben Stern zu tragen – der gegenüber lebende NSDAP-Ortsgruppenleiter hätte ihn sonst, so Löwenthal rückblickend, wahrscheinlich denunziert. Woanders trat er gelegentlich getarnt auf: mit Drillichanzug, Gasmaske, Stahlhelm und Armbinden mit der Aufschrift »Luftschutz« oder »Rotes Kreuz«. Er beteiligte sich inkognito an der Bergung von Verschütteten aus einem Luftschutzkeller; dafür sollte er das Kriegsverdienstkreuz erhalten, was er aber vermeiden konnte, weil er nicht erkannt werden durfte. Während die Gefahr der Verhaftung sehr groß war, erlebte er zahlreiche Gesten nicht jüdischer Berliner, die ihm das Überleben überhaupt erst ermöglichten:

»Lebensmittelgaben spielten die Hauptrolle dabei. Nicht weniger wichtig aber war die moralische Hilfe, zum Beispiel wenn ein Nichtjude sich mit einem jüdischen Mitbürger, der den Stern tragen mußte, offen und freundlich unterhielt oder nur so grüßte wie in früheren Zeiten. Dies alles war ja bereits lebensgefährlich und sollte auch manchem Helfer zum Verhängnis werden. Die Tatsache, daß, wie man heute weiß, über 5000 Juden illegal in Berlin lebten, im Untergrund von Unterschlupf zu Unterschlupf hastend [...], zeigt, daß Tausende von Berlinern dem Gebot der Menschlichkeit auch unter schwierigsten Verhältnissen folgten und halfen, wo es ging.«[26]

Ohne Lebensmittel, die der benachbarte Metzger oder der nahe Tante-Emma-Laden der Familie überließen, hätte die Familie Löwenthal nicht überleben können.[27]

25 Gerhard Löwenthal in: Jost Nolte: Wer ist Gerhard Löwenthal? In: *Deutsche Zeitung / Christ und Welt*, Nr. 43, 25.10.1974, MfS-HA IX/11 PA 3472, Bd.1 (Teil 1–3), Kopie BStU, Bl. 000111–113, Privatarchiv Dr. Ingeborg Löwenthal, Ordner GL Stasi. Der Vorname Holzbrinks war nicht zu recherchieren, da ihn Löwenthal entweder nicht erfahren oder vergessen hatte.

26 Löwenthal: Ich bin geblieben, S. 77 f.; vgl. ebd., S. 75.

27 Vgl. Aussage Löwenthals in: Alfred Sterzel: Juden in Deutschland, in: *Bunte* (wie in Anm. 18, S. 30), S. 40–47, hier S. 44; ACDP, NL Löwenthal, 01-763-020.

Eine ähnliche Erfahrung machten in Berlin Inge Deutschkron, ebenfalls 1922 geboren, und Hans Rosenthal, Jahrgang 1925. Eine nicht jüdische Berlinerin versteckte Rosenthal zwei Jahre lang in einer Laubenkolonie. Zweifellos waren solche Gesten in der Anonymität der Großstadt eher möglich als im ländlichen Raum. Der Politikwissenschaftler Konrad Löw hat im Jahre 2005 zahlreiche Erinnerungen deutscher Juden – vor allem von Viktor Klemperer – über Hilfeleistungen nicht jüdischer Deutscher in seinem Buch *›Das Volk ist ein Trost‹. Deutsche und Juden 1933 bis 1945 im Urteil jüdischer Zeitzeugen* gesammelt. Gerhard Löwenthals Aussage fand sich dabei vielfach bestätigt.

Gleichzeitig setzte die Gestapo gezielt sogenannte »Greifer« ein, die sich den verborgen lebenden Juden zum Schein als Helfer anboten, sie tatsächlich aber verrieten. Wie gefährlich sie waren, zeigt das Beispiel einer jungen Frau namens Stella Goldschlag, die zwischen 600 und 3000 jüdische Berliner an die Gestapo ausgeliefert hatte.[28]

Außer seinem Vater, der sich zeitweise verbergen[29] musste und gleichzeitig mit Gerhard Löwenthal in Gestapo-Haft saß, wurden alle seine jüdischen Verwandten in Ghettos und Konzentrationslager verschleppt und ermordet.[30]

Das Ende des Nationalsozialismus hätte für Gerhard Löwenthal beinahe mit dem Tode geendet. Am 27. April 1945 – oder kurz danach – befand sich Löwenthal, mit Stahlhelm und Gasmaske getarnt, an einer Pumpe an der Ecke Leibnitz-/Mommsenstraße, um Wasser zu holen. Dort stieß eine sowjetische Patrouille auf ihn, die Waffen in Anschlag nehmend. Löwenthal rief spontan: »Nicht schießen! Ich bin Jude!« Ein sowjetischer Leutnant erwiderte: »Du lügen, du SS, alle Juden tot«. Löwenthal war geistesgegenwärtig genug, das jüdische Glaubensbekenntnis und das Totengebet Kaddisch aufzusagen, zumal er einen jiddischen Akzent in den Worten des Offiziers zu hören glaubte. Dieser war tatsächlich Jude – oder jedenfalls jüdisch erzogen – so dass er die Worte richtig deutete und Löwenthal nicht nur am Leben ließ, sondern sogar mitbetete.[31]

Ähnliches berichtete der Schauspieler Michael Degen in seinen Erinnerungen *Nicht alle waren Mörder*. Degen, 1932 in Chemnitz geboren, kam 1933 nach Berlin, und konnte sich ab März 1943 bei Freunden und sogar bei völlig Fremden verborgen

28 Vgl. www.de.wikipedia.org/wiki/stella_goldschlag.

29 Vgl. Brief der Abteilung Gesundheits- und Sozialwesen (des Magistrats Berlin) – Referat VdN an das Sekretariat der VVN Berlin-West, 26.11.1971. Die Ost-Berliner Behörde bezieht sich dabei auf die Antworten Julius Löwenthals im Fragebogen vom 22.11.1945.

30 Gerhard Löwenthal: Lebenslauf. Anlage zum Fragebogen, 14.11.1945. Kopie BStU AR 8, Bl. 000129f., dort 000130 und (Abschrift) BStU 132; Privatarchiv Dr. Ingeborg Löwenthal, Ordner GL Stasi.

31 Vgl. Löwenthal: Ich bin geblieben, S. 78f.

halten. Ende April 1945 sah er sich plötzlich einem Offizier der Roten Armee gegenüber, der ihn für einen gewöhnlichen Hitlerjungen hielt. Alle Juden seien doch deportiert und vergast. Die Situation war bedrohlich: »›Das sollen unsere Befreier sein?‹ schrie ich Mutter zu, ›die sind ja fast genauso schlimm wie die Nazis‹«, so Degen in seinem Erinnerungswerk.[32] Um sich zu retten, sprach Degen das Kaddish und das Schemal Jisrael. Die Reaktion des Rotarmisten: »Er weinte. Er weinte ganz eigenartig. Sein Gesicht blieb fast unbewegt. [...] Plötzlich sprach er mit einem eindeutig jiddischen Akzent«. Ähnlich wie bei Löwenthal kam es hier zu einer Verbrüderungsszene mit dem Hauptmann, der Jakowlewitsch Funkelschwarz hieß: »Wir werden auf Frieden trinken und auf Tod von Hitler. Du hast Kaddish gesagt für deine Taten [...].«[33]

Es bleibt festzustellen, dass in Berlin nur 8.000 Juden die Herrschaft Hitlers überlebt haben. 55.000 wurden ermordet, 7.000 starben durch Selbstmord, 90.000 emigrierten.[34]

Die Nachkriegszeit

Nachdem es sich herausgestellt hatte, dass in der unmittelbaren Umgebung keine bewaffneten Deutschen mehr waren, die »bis zum letzten Blutstropfen« zu kämpfen bereit gewesen wären, machte Gerhard Löwenthal den Rotarmisten mit seinen Eltern bekannt. Jener »organisierte« anschließend eine ansehnliche Lebensmittellieferung für die Familie (bei Degen war es entsprechend).

Zweifellos war Löwenthals Erfahrung mit der sowjetischen Armee eine andere als die der meisten Berliner. Denn nach der Eroberung der Stadt sorgten Plünderungen und Vergewaltigungen für Angst und Schrecken. Die Menschen fühlten sich weit stärker besetzt und besiegt als befreit.

In den folgenden Wochen bemühte sich Löwenthal, seine Lebensretter wie etwa Wilhelm Brandt vor ungerechten (da seiner Meinung nach allzu schematischen, pauschalisierenden) Entnazifizierungsschuldsprüchen zu bewahren und all denen zu danken, die mit Lebensmittelgaben die Familie vor dem Untergang bewahrt oder auf andere Art und Weise Zivilcourage bewiesen hatten. Sehr schnell konnte Vater Julius Löwenthal als NS-Verfolgter eine Lizenz zur Ausübung seines Berufs als Konfektionär erhalten und wieder eine Firma aufbauen. Lebensmittelspenden, die eine ameri-

32 Michael Degen: Nicht alle waren Mörder. München: Econ Ullstein List, [2]2001, S. 277.

33 »Das jüdische Totengebet hat mir das Leben gerettet.« Ein Gespräch mit dem Schauspieler Michael Degen, in: FAZ, 31.10.2006, S. 46, sowie Degen: Nicht alle waren Mörder, S. 277–287.

34 Vgl. Chronik der jüdischen Gemeinde zu Berlin. Online im Internet: www.jg-berlin.org/ueber-uns/geschichte.html.

RIAS-Reporter Löwenthal vor der Reichstagsruine in Berlin, 1946

kanische Organisation zugunsten der überlebenden Juden gestartet hatte, erreichten ihn und seine Familie, so dass er die darin enthaltenen Zigaretten als Ersatzwährung einsetzen konnte, um Stoffe aus Sachsen – dem traditionellen Schwerpunkt der Bekleidungsindustrie – zu erhalten. Als die Geschäfte anliefen, gelang es der Familie Löwenthal schnell, sowjetische Offiziere als Kunden gewinnen, die ihrerseits wieder in Naturalien zahlten. Spätestens als die sowjetischen Militärs die Rohstoffe aus Sachsen per Lastwagen in der wiedereröffneten Kleiderfabrik (Löwenthal nennt kein Datum in seinen Erinnerungen) am Kurfürstendamm ablieferten, war eine Basis für die Zukunft gelegt. Es bahnten sich obendrein freundschaftliche Beziehungen zu verschiedenen Offizieren an, zumal von einem Kalten Krieg noch keine Rede sein konnte. Gerhard Löwenthal war nun, nachdem er überlebt hatte und die wirtschaftliche Existenz der Familie wiederhergestellt war, bestrebt, die Bildung nachzuholen, um die ihn das totalitäre Regime seit November 1938 betrogen hatte.[35] Vom 1. Juli 1945 bis zum 3. Januar 1946 holte er in einem halbjährigen *Sonderlehrgang zur Erlangung der Reife* für rassisch Verfolgte am vormaligen Staatlichen Kaiserin-Augusta-Gymnasiums (das sich nunmehr Charlottenburger Gymnasium nannte) das Abitur nach, um entweder das Rüstzeug für die Auswanderung zu haben oder aber um in Berlin Medizin zu studie-

35 Vgl. Löwenthal: Ich bin geblieben, S. 102–107.

ren. Insgesamt bestand er die Reifeprüfung mit der Note »gut«. Davon: Deutsch sehr gut, Englisch, Geschichte, Erdkunde, Mathematik, Physik, Biologie gut, Latein und Chemie befriedigend.[36] In seinem maschinengeschriebenen Abitur-Hausaufsatz, den der Autobiograph Löwenthal 1987 für verschollen hielt, hatte er ein Buch vorzustellen. Er wählte einen gedruckten Vortrag von Thomas Mann, *The coming victory of democracy*[37] aus dem Jahre 1938, den er seit wenigen Wochen kannte. Zugleich handelt es sich dabei um seine früheste politische Schrift. Löwenthal fühlte sich nicht nur von der »Aktualität des Themas« angesprochen, sondern wollte, wie er in einem Vorwort schreibt, überdies seit längerem entwickelte Gedanken in diesem Rahmen zu Papier bringen. Nicht zuletzt hätten ihn die Rundfunkreden Manns (die über BBC zu empfangen waren) in verzweifelten Momenten immer wieder aufgerichtet. Demokratie, basierend auf Wahrheit, Freiheit und Gerechtigkeit, und Faschismus, dessen Wesen die Gewalt sei, stünden sich, so entnahm Löwenthal der Schrift Manns, als Gegenpole gegenüber. Es ist bemerkenswert, dass Löwenthal hier den Begriff »Faschismus« und nicht »Nationalsozialismus« oder »Nazismus« verwendete. Zwar war unter sowjetischer Herrschaft die Bezeichnung »Nationalsozialismus« verboten, doch sprachen die westlichen Alliierten in der Regel von »Nazis«.

Nachfolgend verließ Löwenthal die Argumentation Manns und ging auf die Geschichte der Demokratie und ihrer Feinde ein, angefangen mit Athen versus Sparta, gefolgt von Napoleon als Zerstörer der aufklärerischen Ideale. Darin behielt er die Unterscheidung von »gut« und »böse« konsequent bei. Seine Kenntnisse entnahm er – wie aus den Anmerkungen hervorgeht – Julius Schwarz' *Die Demokratie in der Weltgeschichte* sowie einem Aufsatz von Adolf Menzel unter dem Titel *Protagoras, der älteste Theoretiker der Demokratie* in der *Zeitschrift für Politik*.

Zwar habe mit dem Ende des Zweiten Weltkriegs die Demokratie gesiegt, so Löwenthal in dem Abitur-Hausaufsatz, doch liege es an den Bürgern, wie dauerhaft dieser Sieg sei: »Die aber alle, die das Glueck des Sieges der Gerechtigkeit ueber die Maechte der Finsternis erleben durften, haben die Verpflichtung, alle Kraefte zur Erhaltung und Neuaufrichtung der wahren demokratischen Freiheiten und Prinzipien einzusetzen«. Dieser Satz kann durchaus als Lebensmotto des freiheitlich-konservativen Journalisten Löwenthal gelten. So formulierte er es im Jahre 2001 in einem Vortrag über sein Überleben unter Hitlers Herrschaft: »Die Verteidigung von Freiheit und Demokratie [muss] auch heute das Ziel eines jeden Bürgers sein.«[38] Die Leis-

36 Vgl. Charlottenburger-Gymnasium [sic!]: Zeugnis der Reife. MfS-HA IX/11 PA 3472, Bd. 2 (Teil 4), Kopie BStU, AR 8, Bl. 000095–00098; Privatarchiv Dr. Ingeborg Löwenthal, Ordner GL Stasi.

37 Veröffentlicht in: Thomas Mann Essays. Bd. 4: Achtung, Europa! 1933–1938 (hrsg. von Hermann Kurzke und Stephan Strachovsky), Frankfurt: S. Fischer, 1995, S. 214–245 und 409–417.

38 N.N.: Verpflichtung, für die Freiheit zu streiten, in: FAZ, 27.1.2001, Nr. 23, S. 84 (Regionalausgabe).

tung war nach dem Urteil des Schulleiters »sehr gut«.[39] In dem offenbar kurz danach für seine Universitätsbewerbung[40] entstandenen Aufsatz *Demokratie, eine Forderung und Verpflichtung*[41] beschrieb Löwenthal zunächst zwei Szenen aus Berlin: grölende SA-Trupps 1933 sowie ein orientierungsloser deutscher Soldat inmitten der Trümmer 1945. Dazwischen stand Löwenthals Charakterisierung des Kriegsendes als »Geburtsstunde einer neuen Demokratie«, also einer Befreiung aller Deutschen. Nun bestände die Verpflichtung, die Demokratie nicht nur institutionell aufzubauen, sondern in den Köpfen der Menschen zu verankern. Er sah die Medien nicht nur mit der Aufgabe der Unterhaltung betraut, sondern zusätzlich mit der politischen Erziehung. Und da wollte er sich, nunmehr eindeutig politisch, beteiligen:

»Die umfassende und vielseitige Taetigkeit beim Rundfunk und in der Presse zieht mich außerordentlich stark an; und da ich die unbedingte Notwendigkeit erkannt habe, alle demokratischen Kraefte zu wecken und zum Neuaufbau heranzuziehen und einzusetzen und der Rundfunk und die Presse hierbei eine nicht unwesentliche Rolle spielen, begann ich als Reporter fuer den Rundfunk und die Zeitungen zu arbeiten.«[42]

Löwenthal konnte, so lässt sich heute analysieren, das Kriegsende gar nicht anders deuten. Für die Häftlinge und Verfolgten war es m.E. eine Befreiung in absoluter Hinsicht, für die Deutschen und erst recht für die besetzten Nachbarstaaten war es die Beendigung von Krieg und Nationalsozialismus und damit die Chance auf einen besseren Neubeginn. Es war in der unmittelbaren Nachkriegszeit allerdings noch nicht erlaubt, die dunklen Seiten, vor allem die erbärmliche Situation der Kriegsgefangenen, Flüchtlingen und Vertriebenen, zu erörtern.

Mit Datum vom 19. März 1946 erkannte ihn der Magistrat der Stadt Berlin, Abt. Sozialwesen, als Opfer des Faschismus, d. h. als ehemaligen politischen Gefangenen an.[43]

39 Gerhard Löwenthal: THE COMING VICTORY OF DEMOCRACY (Der kommende Sieg der Demokratie). Bericht und Gedanken ueber ein Buch von Thomas Mann; ACDP, NL Löwenthal, 01-763-104.

40 Der Aufsatz befindet sich unvollständig und unkommentiert unter den Unterlagen, die das Ministerium für Staatssicherheit über Löwenthal gesammelt hatte. Er gehörte offenbar zu Löwenthals Bewerbungsunterlagen für die Berliner Universität Unter den Linden, denn neben Fragebogen, Abiturzeugnis und Lebenslauf war auch ein Aufsatz zu einem politischen Thema einzureichen. Vgl. James F. Tent: Freie Universität Berlin 1948–1988. Berlin: Colloquium Verlag, 1988, S. 49.

41 Gerhard Löwenthal: Demokratie, eine Forderung und Verpflichtung. (Ohne Datumsangabe), MfS-HA IX/11 PA 3472 Bd. 2 (Teil 4), Kopie BStU AR 8. BStU 000107–000109; Privatarchiv Ingeborg Löwenthal, Ordner GL Stasi.

42 Gerhard Löwenthal: Lebenslauf, 7.8.1946. MfS-HA IX/11 PA 3472, Bd. 2 (Teil 4), in: BStU AR 8, Bl. 000084; Privatarchiv Dr. Ingeborg Löwenthal, Ordner GL Stasi.

43 Magistrat von Berlin: Bescheinigung. MfS-HA IX/11 PA 3472 Bd. 2 (Teil 4). Kopie BStU AR 8, Bl. 000131; Privatarchiv Dr. Ingeborg Löwenthal, Ordner GL, Stasi.

Warum verließ Löwenthal Deutschland nach der tödlichen Bedrohung durch den Staat nicht? Er selbst nannte rückblickend (1982) einen politisch-gesellschaftlichen Grund: »Weil ich immer mehr merkte, du wirst hier gebraucht, damit es in diesem Land keine Nazis mehr geben darf, deswegen bin ich geblieben.«[44] Oder positiv formuliert: Er wollte »mit allen Kräften dazu beitragen, daß sich hier niemals wieder ein freiheitsfeindliches oder menschenvernichtendes System etablieren könne«.[45] Es mag ausschlaggebend gewesen sein, dass Löwenthal nicht an eine Kollektivschuld der Deutschen glaubte, sondern die Täter von den Unbeteiligten und erst recht den Freunden zu unterscheiden wusste. Sicher spielte die Haltung der Eltern eine Rolle. Und darüber hinaus war die Auswanderung nach den Vereinigten Staaten oder ins britische Mandatsgebiet Palästina eine ungewisse Angelegenheit, denn Löwenthal hatte während des Dritten Reichs keine Möglichkeit, sich über ein Leben dort zu informieren, geschweige denn, sich darauf vorzubereiten. Demgegenüber sah er wohl eine langfristige Perspektive in Berlin, nachdem der Nationalsozialismus untergegangen war. Im Gegensatz zu ihm verließ Inge Deutschkron Deutschland 1946 in Richtung Großbritannien, während Hans Rosenthal in Deutschland blieb: Dieser arbeitete erst beim Berliner Rundfunk und wechselte wegen seiner schlechten Erfahrungen mit den dortigen Kommunisten zum RIAS.

Im Sommer 1945 klingelte ein früherer Mitschüler jüdischen Glaubens an der Wohnungstür der Familie Löwenthal. Er war nach dem Novemberpogrom rechtzeitig nach Amerika entkommen und im Sommer 1945 als amerikanischer Soldat zurückgekehrt. Gegen Ende des Jahres machte er Löwenthal darauf aufmerksam, dass die Amerikaner einen eigenen Sender – zunächst als Drahtfunk – in ihrem Sektor aufbauen wollten. Ob er, Löwenthal, nicht Interesse hätte, als politisch unbelasteter junger Mann mitzuwirken?[46]

Exkurs: Die Berliner Rundfunklandschaft nach 1945

Bereits am 13. Mai 1945 begann der Sendebetrieb von Radio Berlin unter den Bedingungen der Sowjetischen Militäradministration (SMAD). Sitz des Senders, der bald den Namen *Berliner Rundfunk* trug, war das unzerstörte Haus des Rundfunks in der Masurenallee gegenüber dem Funkturm. Ein Mittelwellensender in Berlin-Tegel stand zur Ausstrahlung zur Verfügung. An die »Schaltstellen« der Rundfunkmacht setzte die SMAD zusammen mit der KPD loyale Kommunisten, die in der Sowjetunion für

44 Alfred Sterzel: Juden in Deutschland, in: *Bunte*, (wie in Anm. 18, S. 30), S. 40–47, hier S. 44.
45 Löwenthal: Ich bin geblieben, S. 109.
46 Vgl. Löwenthal: Ich bin geblieben, S. 112 f. Seinen Namen gibt Löwenthal dort nicht an.

ihre Aufgaben im besiegten Deutschland geschult worden waren und im Mai 1945 nach Berlin kamen. Ansonsten blieb das bisherige technische Personal.

Viel weniger ausgeprägt waren die Vorbereitungen auf der westalliierten Seite. Gegen eine derartige Kaderpolitik konnten Amerikaner, Briten und Franzosen nach der Übernahme ihrer Sektoren wenig unternehmen, denn in der Alliierten Kommandantur galt das Prinzip der Einstimmigkeit. Vor allem aber geschah dies etwa zwei Jahre vor Ausbruch des Kalten Kriegs; USA und UdSSR waren nach wie vor Verbündete, amerikanische Staatsbedienstete und Intellektuelle hegten durchaus Sympathien für Sowjetrussland. Einen Fuß in die Tür des Berliner Rundfunks bekamen die westlichen Alliierten nicht; Verhandlungen darüber scheiterten. Um ein eigenes Programm zu machen, mussten sie selbst eine Radiostation eröffnen. Den Amerikanern kam zugute, dass in Berlin ein Drahtfunk bestand, der vor allem Warnungen vor Luftangriffen gesendet hatte. Drahtfunksendungen konnten diejenigen empfangen, die ihr Radio mit dem Telefonanschluss (oder gegebenenfalls mit ihrem Telefonapparat selbst) über Isolierdraht verbanden[47] – was den Hörerkreis auf angeblich nur 1500[48] Hörer in Berlin beschränkte (man bedenke die Kriegszerstörungen, die die ohnehin im Vergleich mit der heutigen Wohlstandsgesellschaft niedrige Zahl von funktionierenden Telefonanschlüssen weiter verminderte). Aus diesem *Drahtfunk im amerikanischen Sektor* (DIAS) wurde im September 1946 der *Rundfunk im amerikanischen Sektor* (RIAS). Gleichzeitig erhöhte sich die Sendedauer von sieben auf 19 Stunden pro Tag.

Eine amerikanische Radiostation bedeutete einen publizistischen Machtfaktor für die USA. Der RIAS war für Amerika und nicht gegen die UdSSR ausgerichtet, denn dort hatten anfangs linksorientierte Personen wie die Koordinatorin Ruth Norden Kritik an der UdSSR verhindert oder sogar pro-sowjetische Inhalte ermöglicht.

Politische und journalistische Entwicklung Löwenthals im Spiegel seiner Arbeit beim RIAS

Da die Eröffnung der teilweise schwer zerstörten Berliner Universität, die bis Kriegsende Friedrich-Wilhelms-Universität hieß, auf sich warten ließ, bewarb sich Löwenthal Ende 1945 beim Drahtfunk im amerikanischen Sektor und war zunächst

47 Vgl. Drahtfunk im amerikanischen Sektor: Achtung! Achtung! Der Drahtfunk (Plakat zum Sendebeginn vom 7.2.1946), wiedergegeben in: Arnolf Kutsch: Rundfunk unter alliierter Besatzung, in: Jürgen Wilke (Hrsg.): Mediengeschichte der Bundesrepublik Deutschland (Schriftenreihe Bd. 361), Bonn: Bundeszentrale für politische Bildung, 1999, S. 59–90, dort S. 69.

48 Vgl. Gunther Gerhardt: Das Krisenmanagement der Vereinigten Staaten während der Berliner Blockade (1948/49). Intentionen, Strategien und Wirkungen (Historische Forschungen, Bd. 25). Berlin: Duncker & Humblot, 1984, S. 201.

als Regieassistent engagiert. Nachdem das Gebäude in der Winterfeldtstraße (Bezirk Schöneberg) einigermaßen instandgesetzt war, konnte dort am 7. Februar 1946 der Sendebetrieb beginnen. Der langjährige RIAS-Journalist Jürgen Graf erinnerte sich hingegen, Löwenthal anlässlich einer Probesendung noch vor dem Start des neuen Senders, also etwa im Dezember 1945, kennengelernt und dem Rundfunkjournalismus – zunächst beim Drahtfunk – zugeführt zu haben:

»Am Anfang war ich der einzige Reporter des Hauses – bis etwa Ende 1947. Ich habe zum Beispiel eine Sendung bei einem Abitur für rassisch Verfolgte gemacht in der Bayernallee an der Westend-Schule. Hinterher kamen zwei Herren, hörten sich das mit mir und dem Lehrer an, und der eine davon war Gerhard Löwenthal. Er sagte: ›Was Sie da machen, finde ich interessant. Mein Vater hat einen Konfektionsladen, und da würde ich eigentlich nicht so gern hin‹. Da bin ich zu meinem Chef Wilhelm Ehlers gegangen und habe gesagt: ›Ich kann nicht jede Nacht auf dem Schreibtisch schlafen und alles allein machen. Wie wär's denn mit einem zweiten Reporter?‹ Der schaute sich den Löwenthal an, und so wurde Löwenthal der zweite Reporter, blieb das aber nur kurz, weil er zu Höherem ausersehen war und mehr in die Administration bis zur Programmdirektion ging.«[49]

Löwenthal arbeitete bereits 1946 als Reporter beim RIAS, anschließend als Moderator sowie Leiter des Hochschulfunks und der Funk-Universität, so dass von »kurz« eigentlich nicht gesprochen werden kann und sich Graf hier offensichtlich in der Jahreszahl täuschte. Tatsächlich stieg Löwenthal zum stellvertretenden Programmdirektor auf. Der Leiter der Abteilung *Aktuelles*, Wilhelm Ehlers, war sein journalistischer Lehrmeister, was Löwenthal in den Erinnerungen 40 Jahre später dankend hervorhob.[50]

Überhaupt waren junge, berufsunerfahrene Journalisten in der Anfangszeit des RIAS kennzeichnend: Beispielsweise war Graf Jahrgang 1927, Herbert Kundler Jahrgang 1926, und Peter Schultze war 1923 geboren. Nach Krieg und Zusammenbruch hatten sie zunächst keine berufliche Perspektive; sie konnten an keine Ausbildung anknüpfen. Ins kalte Wasser geworfen, probten sie beim DIAS, und waren zum Start des RIAS zu sendefähigen Beiträgen bereit. Gleichzeitig war der amerikanischen Besatzungsmacht an politisch unbelastetem Personal gelegen. In der frühen Phase des Senders war die Autonomie der Redaktion begrenzt: So waren die Texte der Nachrichtensendungen den amerikanischen Rundfunkoffizieren vorzulegen.[51] Erklären ließ sich

49 Jürgen Graf: Vom DIAS zum RIAS – und dann noch mehr als drei Jahrzehnte. Online im Internet: www.riasberlin.de/rias-graf/riad-graf-inter.html.

50 Vgl. Löwenthal: Ich bin geblieben, S. 114.

51 Vgl. Thomas Riegler: Meilensteine des Rundfunks. Daten und Fakten zur Entwicklung des Radios und Fernsehens. Baden-Baden: Verlag für Technik und Handwerk, 2006, S. 67.

Gerhard Löwenthal als RIAS-Reporter, 1946

dies durch die Leitlinie, die Deutschen als ein besiegtes Feindvolk zu betrachten, mit dem es keine Fraternisierung geben dürfe. Mit Beginn des kalten Krieges einerseits, durch die gewachsenen Beziehungen untereinander andererseits, gewannen die RIAS-Mitarbeiter ein hohes Maß an beruflicher Freiheit. So erklärt sich die rückblickende Aussage Jürgen Grafs über seine Reportertätigkeit beim RIAS: »Wer das Vertrauen der Leitung hatte, konnte machen, was er wollte. Er konnte seine Meinung sagen.«[52]

Die deutschen RIAS-Angestellten waren amerikanischem Arbeitsrecht unterstellt und vom State Department bezahlt; das Programm unterstand dem United States Information Service.[53]

Nach seinem »Erstlingswerk« (der Zustand des Berliner Zoologischen Gartens, der in der Nähe des Elternhauses lag) zog Löwenthal, ebenso wie die anderen RIAS-Reporter[54] »nun täglich los, um Reportagen über all die Themen zu machen, die da-

52 Graf im Interview. Online im Internet: www.riasberlin.de.rias-graf/riad-graf-inter.html.

53 Vgl. Riegler, Meilensteine, S. 66 f.

54 Vgl. Peter Schultze: Aus der persönlichen Perspektive. Erinnerungen an die Anfänge, in: Herbert Kundler: RIAS Berlin. Eine Radio-Station in einer geteilten Stadt. Berlin: Reimer, 1994, S. 65–70. Dieser Beitrag gibt ein anschauliches Bild eines Beteiligten aus der Anfangszeit des DIAS/RIAS.

mals buchstäblich auf der Straße lagen. Als wir im Februar 1946 auf Sendung gingen, bekamen wir auch von der US-Armee ausrangierte transportable Aufnahmegeräte, so daß wir von da an kreuz und quer durch Berlin ziehen konnten. Aus der langen Liste von Beiträgen, die ich damals produzierte und von denen ich eine Reihe von Manuskripten nach über vierzig Jahren wieder las, sind inzwischen manche fast so etwas wie Zeitdokumente geworden, weil sie die Probleme des täglichen Lebens von damals widerspiegeln [...].«[55]

Eines seiner frühesten Themen war eine Explosion in der Polizeikaserne am Alexanderplatz am 16. März 1946, bei der mehrere Tote und zahlreiche Verletzte nach einem Sprengstoffunglück zu beklagen waren.[56] Vom 11. Februar bis zum 31. Dezember 1946 erstellte Löwenthal 137 Reportagen und Interviews.[57]

Zu den größten Problemen gehörte die Ernährungsfrage – sowohl was die Quantität als auch die Qualität betraf – und die Gesundheit. So widmete sich Löwenthal 1946 mehrfach diesen für die Nachkriegszeit relevanten Themen (Gespräch über Kartoffelkäferbekämpfung 25.7., Reportage von der Pilzberatungsstelle 5.9., Interview über Giftpilze 14.9., Reportage über Kochkurse 13.9., Reportage vom Institut für Ernährungswissenschaft 12.8., Reportage über eine Hausfrauenberatung 12.9., Reportage über die Ausstellung zum Thema Geschlechtskrankheiten 10.8., Reportage von der Blutspenderzentrale 27.8.1946). Es war seine Absicht, den Hörern durch diese Informationen Hilfestellungen für den Alltag zu geben. Der Beitrag über Pilze war durch die Verwechslung eines giftigen mit einem genießbaren Pilz in einer kurz zuvor erschienenen Broschüre veranlasst worden, die zahlreiche Vergiftungen nach sich zog.[58] Die Reportage über die Geschlechtskrankheiten-Ausstellung hatte ihren Grund in der hohen Rate von wöchentlich 1100 Neuansteckungen in Berlin; er sprach die Mahnung, dass eine sofortige Behandlung erforderlich sei, deutlich aus.[59]

Der erste Berliner Wahlkampf nach dem Ende der NS-Herrschaft stellte im Spätsommer und Herbst 1946 ein anspruchsvolles politisches Thema und zugleich einen Schwerpunkt dar: Löwenthal übertrug Ausschnitte von Kundgebungen der Parteien SED, SPD, CDU und LPD in der Zeit vom 29. September 1946 bis 18. Oktober 1946.

55 Löwenthal: Ich bin geblieben, S. 117 f.; zahleiche Reportagen Löwenthals sind archiviert im ACDP, NL Löwenthal, 01-763-029. Dort Übersicht aller Löwenthal-Reportagen vom 11.2.1946 (Gespräch mit dem Leiter der studentischen Arbeitsgemeinschaft, Wradzilo) bis zum 31.12.1946 (Sylvestersendung). Sie sind jedoch nicht alle im ACDP archiviert.

56 Vgl. Gerhard Löwenthal: Explosion in der Polizei-Kaserne am Alexander-Platz. ACDP, NL Löwenthal, 01-763-029.

57 Vgl. Übersicht Gerhard Löwenthal; ACDP, NL Löwenthal, 01-763-029.

58 Vgl. Gerhard Löwenthal: Hütet euch vor Giftpilzen (RIAS, Aktuelle Abt.); ACDP, NL Löwenthal, 01-763-029.

59 Vgl. RIAS, Aktuelle Abteilung, 10.8.1946; ACDP, NL Löwenthal, 01-763-029.

Die »erste öffentliche Sitzung des Stadtwahlausschusses Berlin« mit der »Verpflichtung des Stadtwahlleiters« (16.9.1946), Technische Vorbereitungen der Wahl (28.9.1946), »Kleines ABC des Wählers« (8.10.1946), Stimmungsberichte aus verschiedenen Wahllokalen und von der ersten Stadtverordnetenversammlung am 26. November 1946 bildeten einen Schwerpunkt im Herbst 1946.[60] Diese Sendungen waren im Umfang von 15 bis 60 Minuten ausgestrahlt worden. Löwenthal beschrieb zunächst im Stile des sachlichen Berichterstatters knapp den Ort der Kundgebung. Dass er aber gleichfalls die eher unpolitischen, unentschiedenen Bürger zur Wahlteilnahme drängen wollte, wurde deutlich in seiner Reportage vom 11. Oktober 1946: »Der Tag der Wahlen rückt immer näher und es wird nun allen Wählern täglich und immer wieder aufs Neue klargemacht, welche Bedeutung diese Wahlen für uns in Berlin haben, wie wichtig es ist, zur Wahlurne zu gehen.«[61] Löwenthal berichtete von einer Jugendkundgebung der SPD in Steglitz am 7. Oktober 1946:

»Die Parteien bemühen sich ja in Besonderem um die Stimmen der Jugend und es ist ja auch immer wieder interessant, die Reaktion der Jugend zu beobachten. Sie steht ja im allgemeinen allen politischen Dingen noch sehr ablehnend gegenüber und deshalb wollen wir sehen, wie sich die Versammlung heute hier entwickeln wird.«[62]

Tatsächlich ergab eine repräsentative Erhebung der amerikanischen Information Control Division: Fast 52 Prozent der Berliner im amerikanischen Sektor interessierten sich im Juni 1946 für Politik, später ging das Interesse wieder stark zurück. Dies erläuterte Löwenthal in der Reportage über die Zweijahresausstellung der amerikanischen Militärregierung am 12. Juli 1947. Ferner sind kulturelle Themen wie Theater (25.4., 13.7, 28.9., 7.10. 1946), Film (15.8.1946) und Musik (10.3.1946) nachgewiesen.[63]

Zudem umfasste Löwenthals Berichterstattung schon nach weniger als anderthalb Jahren Berufserfahrung politisch relevante Themen außerhalb Berlins: Laut seinem Erinnerungsbuch *Ich bin geblieben* berichtete er mehrfach als Reporter von den Kriegsverbrecherprozessen in Nürnberg.[64] Ein Sendeprotokoll findet sich allerdings nicht in den RIAS-Akten. Im ACDP sind ein *Bericht aus Bremen* (18.11.1946), eine Reportage von der Leipziger Messe am 9. März 1947 und ein *Reisebericht aus dem Westen* (3.12.1946) archiviert[65]: Nachweise, dass Löwenthal sich nicht nur auf die

60 Die genannten Sendungen sind archiviert: ACDP, NL Löwenthal, 01-763-029.
61 Gerhard Löwenthal: Protokoll CDU-Kundgebung in Schöneberg (RIAS, Aktuelle Abteilung); ACDP, NL Löwenthal, 01-763-029.
62 ACDP, NL Löwenthal, 01-763-029.
63 Ebd.
64 Vgl. Löwenthal: Ich bin geblieben, S. 127 f.
65 Ebd.

zahlreich vorhandenen berlinspezifischen Fragestellungen beschränkte, vielmehr als kompetent für anderweitige Themen angesehen wurde – was seinen raschen Aufstieg im Sender vom Lokalreporter zum politischen Journalisten beweist. Es war eines seiner Ziele, die Berliner Hörer über die Vorgänge und Verbesserungen in den westlichen Besatzungszonen zu informieren; zu diesem Zweck interviewten Löwenthal und Graf unter anderem Walter Kolb, den Oberbürgermeister von Frankfurt, zum Thema Trümmerbeseitigung und Wiederaufbau.[66] 1946 arbeitete Löwenthal daneben für den unter sowjetischer Aufsicht stehenden Berliner Rundfunk (der Kalte Krieg stand erst bevor) sowie für verschiedene Zeitungen und Zeitschriften wie zum Beispiel die Jugendzeitschrift *Horizont*.[67]

Wie viele Hörer 1946/47 die Beiträge Löwenthals im RIAS verfolgten, lässt sich nur schwer abschätzen. Hörerforschung wurde kaum betrieben, die Demoskopie war in Deutschland wenig entwickelt, und amerikanische sozialwissenschaftliche Erhebungen betrafen hauptsächlich rein politische Fragen. Der RIAS jedenfalls war gegen den Berliner Rundfunk zunächst nicht konkurrenzfähig. Der Rundfunk im amerikanischen Sektor war eine Neugründung, während der Berliner Rundfunk seit 1923 bestand und die Hörer dessen Unterhaltungssendungen mochten. Nicht zuletzt blieb die Sendeleistung des RIAS nach der Erweiterung vom Draht- zum Rundfunk schwach. Diese Einschätzungen, basierend auf der knapp zusammengefassten RIAS-Gründungsgeschichte durch Gunther Gerhardt, sind leicht nachzuvollziehen, während seine Behauptung, die Hörer seien fast ausschließlich amerikanische Soldaten in Berlin gewesen[68], nicht überzeugt. Was sollten diese, der deutschen Sprache nicht oder nur wenig mächtig, mit den Informationen anfangen, die deutsche Reporter wie beispielsweise Jürgen Graf und Gerhard Löwenthal zusammengestellt hatten? Und vor allem verfügten die amerikanischen Truppen mit AFN (American Forces Network) über einen eigenen englischsprachigen Sender vor Ort.

Löwenthal erfuhr, wie sowjetische Dienststellen ihre »Genossen« in der KPD und dann in der SED unterstützten, wie sie die Veröffentlichung des Wahlergebnisses 1946 behinderten, und wie sie versuchten, Politiker teils durch Drohungen, teils durch Korruption gefügig zu machen. Das Wahlergebnis von 80 Prozent für die westlich-demokratisch orientierten Parteien und die Bekanntschaft mit dem Sozialdemokraten Ernst Reuter verstärkten Löwenthals Einstellungen zusätzlich. Denn es war Löwenthal, der

66 Vgl. ACDP, NL Löwenthal, 01-763-103.

67 Vgl. Antwort Löwenthals in: Verband der Deutschen Presse: Fragebogen zur Mitgliedsaufnahme; MfS-HA IX/11. PA 3472, Bd. 2 (Teil 4) Kopie BStU AR 8, Bl. 00082 f.); Privatarchiv Dr. Ingeborg Löwenthal, Ordner GL Stasi. Beim Verband der Deutschen Presse handelte es sich um die Journalistengewerkschaft im Freien Deutschen Gewerkschaftsbund.

68 Vgl. Gunther Gerhardt: Das Krisenmanagement der Vereinigten Staaten während der Berliner Blockade (wie Anm. 48, S. 39), S. 201.

Reuter am 1. Dezember 1946 vom Bahnhof abholte und für den RIAS interviewte (zusammen mit Hans Herz, dem Leiter der politischen Abteilung des RIAS).[69]

1948, als der Alliierte Kontrollrat auseinanderbrach, sorgte der neue amerikanische Direktor des RIAS, William Heimlich, dafür, dass Sympathisanten der UdSSR diesen Sender verlassen mussten. Dies ließ sich, so Heimlich, fachlich begründen, denn jenes Personal, häufig Emigranten aus Deutschland, war ohne rundfunkjournalistische Erfahrung zum Radio gekommen.[70] In Westdeutschland kam es bereits 1947 unter dem Vorzeichen des Kalten Krieges zum Entzug der Zeitungslizenz für Kommunisten wie etwa Emil Carlebach bei der *Frankfurter Rundschau* und zur Entlassung Karl-Eduard von Schnitzlers als Leiter der politischen Abteilung beim Nordwestdeutschen Rundfunk, Funkhaus Köln. Das Auseinanderbrechen der Anti-Hitler-Koalition war zugleich eine Chance für den RIAS: Der Berliner Rundfunk verlor Hörer wegen seiner zunehmenden politischen Aussagen zugunsten der SMAD an den RIAS, der sich allmählich einen Namen gemacht hatte. In Zahlen ausgedrückt: Im Sommer 1948, zu Blockadebeginn, hörten mehr als die Hälfte aller Berliner in den Westsektoren den Berliner Rundfunk.[71] Nach dem Abbruch der Blockade konnte der RIAS auf 93 Prozent der West-Berliner als regelmäßige Hörer zählen. Es war aber wohl nicht nur die von Gunther Gerhardt behauptete Verbesserung des Unterhaltungsprogramms, sondern ein durch die Blockade herbeigeführter Wertewandel der Berliner, den der gleiche Verfasser an anderer Stelle referiert: »wirtschaftliche Sicherheit« war von Februar 1947 bis Juni 1948 für 58 bis 66 Prozent der befragten Berliner wichtiger als »Freiheit« (zwischen 29 und 38 Prozent). Ganz anders die Werte im November 1948: Für mehr als die Hälfte der Berliner hatte »Freiheit« Vorrang (54 Prozent) vor der wirtschaftlichen Sicherheit mit 40 Prozent.[72] Dies lässt sich mit dem Streben der Kommunisten erklären, die Westsektoren gegen den Willen der Bevölkerungsmehrheit zu kontrollieren.

Der RIAS profilierte sich 1948 durch sein politisches Programm als eine Stimme der freiheitlichen Demokratie gegen den stalinistischen Sozialismus. Dass die Zeitungen nur dreimal in der Woche erschienen – Papiermangel war ein Kennzeichen der Nachkriegszeit – mag die Bedeutung des täglich sendenden RIAS in der Berliner Medienlandschaft zusätzlich erhöht haben.

69 Vgl. Ernst Reuter aus der Türkei nach Berlin zurück (Rundfunk im amerikanischen Sektor, Aktuelle Abteilung Gahr); ACDP, NL Löwenthal, 01-763-029.

70 Vgl. Wolfgang Schievelbusch: In a cold Crater: Cultural and Intellectual life in Berlin 1945–1948. Berkeley. University Of California Press, 1998, S. 107–127. William »Bill« Heimlich selbst ist ein hervorragender Zeitzeuge, siehe seine Aussagen Online im Internet: www. gwu.edu/~nsarchiv/coldwar/interviews/episode-4/heimlich1.html.

71 Vgl. Riegler, Meilensteine, S. 69 ff. Anna J. /Richard L. Merritt: The OMGUS Surveys, in: Dies. (Hrsg.): Public Opinion in occupied Germany, Urbana 1970, S. 303 f.

72 Vgl. Gerhardt, (wie Anm. 48, S. 39), S. 217.

Löwenthal begann, wie geplant und seit der Kindheit erträumt, zum Wintersemester 1946/47 ein Medizinstudium an der (jedenfalls vor 1933) höchst renommierten Berliner Universität Unter den Linden: Als Schwerpunkte seiner Ausbildung sah er insbesondere »Kinderkrankheiten und innere Krankheiten«.[73] Den Arztberuf wählte er aus »ideellen Gründen«: um [...] »anderen Menschen helfen zu können, Wunden und Leiden zu lindern, im Kampf der Wissenschaft gegen Krankheit und Seuche, gegen das Leben bedrohende Kräfte mitzuarbeiten erschien mir das erstrebenswerte Ziel«.[74] Zuvor hatte er eine mündliche Befragung an der Universität zu bestehen – in Bezug auf seine politischen Einstellungen und (nachrangig) auf sein Fachwissen in Anwesenheit von vier Prüfern. So sprach er sich für die wirtschaftliche Einheit Deutschlands aus, die er sich eher von den Russen als von den Amerikanern erhoffte. Eine politische Einheit sei noch nicht möglich, da »die führenden Köpfe« fehlten. Deswegen stünde der Friedensvertrag aus. Das Protokoll liest sich wie die Zusammenfassung eines offenen Prüfungsgesprächs und nicht wie ein standardisiertes Abfragen. Löwenthal erhielt die Note 2a.[75] Die Ziffer gab die Bewertung der politischen Einstellung an: 2 bedeutete »annehmbar« (1 war »wertvoll«, 3 war »politisch nicht belastet«; politisch Belastete waren bereits aussortiert oder bewarben sich nicht). Der Buchstabe kennzeichnete die fachliche Qualität des Bewerbers: a war »sehr gut«, b »durchschnittlich« und c »unbefriedigend«. So war Löwenthal politisch akzeptiert und fachlich mit sehr guten Voraussetzungen (er hatte ja gerade mit Erfolg den Sonderlehrgang bestritten) versehen. Der namentlich aufgeführte Prüfer Furkert, ein ehemaliger Schlosser, war SED-Mitglied.[76] Ob Löwenthal das im Entscheid genannte Wort »Großkapital« tatsächlich verwendete oder diese Wortwahl alleine auf das Konto der Gutachter geht, ist aus dem Dokument nicht zu ermitteln. Insgesamt ist dieses Protokoll mit erheblicher Quellenkritik zu betrachten.

Seine freie Mitarbeit beim RIAS setzte er, wie oben beschrieben, fort. Anfangs schienen beide Tätigkeiten miteinander vereinbar zu sein, sowohl in zeitlicher wie inhaltlicher Hinsicht. Anwesenheitspflichten vor allem in höheren Semestern und die entsprechenden Prüfungen zwangen ihn aber Ende der vierziger Jahre, sich entweder für die Medizin oder für den Journalismus zu entscheiden. Nachdem Löwenthal im Dezember 1948 eine Kommilitonin – Ingeborg Lemmer, die Tochter des CDU-Politikers Ernst Lemmer – geheiratet hatte, gab er sein eigenes Medizinstudium auf

73 »Fragebogen für Studenten«, von Gerhard Löwenthal am 30.11.1945 beantwortet, Kopie BStU AR 8, BStU Bl. 00008; Privatarchiv Dr. Ingeborg Löwenthal, Ordner GL Stasi.

74 Gerhard Löwenthal: Erklärung zu Frage 3b (Anlage zum Fragebogen, November 1945). Kopie BStU AR 8, Bl. 000114; Privatarchiv Dr. Ingeborg Löwenthal, Ordner GL Stasi.

75 Entscheid nach Vorladung am 2. August 1946. Kopie BStU AR 8, BStU 000101, in: Privatarchiv Dr. Ingeborg Löwenthal, Ordner GL Stasi.

76 Vgl. James F. Tent (wie Anm. 40, S. 37), S. 51 f. Der Vorname Furkerts ist nicht bekannt.

und wandelte seine freie Mitarbeit beim RIAS 1950 in eine Festanstellung um. Dies ist leicht nachzuvollziehen, da er sich einerseits einen Namen als Journalist gemacht hatte, während andererseits die Zahl der arbeitslosen Ärzte hoch war und die Assistenzärzte schlecht bezahlt wurden.[77] 1950 war sein erstes Kind, Thomas Löwenthal, auf die Welt gekommen.

Könnten sich dennoch Nachteile durch den Verzicht auf einen akademischen Abschluss ergeben haben? Die Themen, über die Löwenthal journalistisch arbeitete – beispielsweise Kernkraft – hatte er nie im Rahmen eines Hochschulstudiums vertieft, so dass er kein Examen als Nachweis einer Kompetenz vorweisen konnte. Durch seine Kontakte zu bedeutenden Gelehrten wie etwa Karl Jaspers und Robert Havemann (deren Fachkollege er freilich nicht war) im Rahmen des Hochschulfunks, ergänzt durch Fachliteratur, hatte er allerdings einen Einstieg in den Wissenschaftsjournalismus geschafft, ja sogar eine eigene Sendereihe geleitet. Es lag an ihm, fachkompetente Äußerungen von Wissenschaftlern auszuwählen, den Rezipienten verständlich zu machen und zu kommentieren, ohne selbst das Fach studiert zu haben, ordnungsgemäß geprüft worden zu sein und Erfahrung in der Anwendung der Theorie erworben zu haben. Seit 1946 hatte er journalistische Techniken wie Recherchieren und Moderieren angewandt, sich darüber hinaus im organisatorisch-administrativen Bereich bewährt (Aufbau des Studios Bonn). Auch als Leiter des *ZDF-Magazins* holte er Wissenschaftler als Studiogäste heran, oder zitierte sie ausführlich. Im Übrigen trifft es auf viele Journalisten seiner Generation zu, dass sie ihr Studium abbrachen, um sich vollständig dem Journalismus widmen zu können, wenngleich ein Medizinstudium selten in der Biographie eines größtenteils mit Politik befassten Journalisten vorkommt: Von den bekanntesten Journalisten der Bundesrepublik aus Löwenthals Generation war es lediglich der frühere SWF-Intendant Helmut Hammerschmidt (Jahrgang 1920), der Medizin (daneben Chemie) studiert hatte. Fast alle Redaktionsleiter politischer Fernsehmagazine zu Löwenthals Magazin-Zeiten haben Geschichte, Philosophie, Politikwissenschaft, Soziologie oder eine ähnliche Wissenschaft studiert.[78]

Löwenthal war einer der Gründer des Verbandes deutscher Studentenschaften (VDS).[79] Diese Interessenvereinigung, die am 30. Januar 1949 entstanden war, bemühte sich, die soziale Lage der Studierenden allgemein zu verbessern, gerade auch was die Unterstützung der Kommilitonen in den Sowjetischen Besatzungszone und

77 Vgl. Löwenthal in: N.N.: Zum Beispiel Gerhard Löwenthal, in: *MTV. Die Programmzeitschrift für den Arzt*, 3/1974 (5.2.1974), ohne Seitenangabe; ACDP, NL Löwenthal, 01-763-090.

78 Beispiele: Peter Merseburger, der 1967 *Panorama* übernahm, studierte Germanistik, Geschichte und Soziologie, ebenso wie sein Vorgänger Joachim Fest, während Franz Alt in Politikwissenschaft promovierte (seine weitere Fächer waren Geschichte, Theologie und Philosophie).

79 Vgl. Gerhard Löwenthal wird 60 Jahre alt, in: *ZDF Presse. Aktuell* (ohne Datumsangabe); ACDP, NL Löwenthal, 01-763-020.

die Wiederbelebung von Auslandskontakten anging.[80] Damit finden sich die Anliegen Löwenthals in jenen Jahren im Verband wieder, der parteipolitisch neutral war. Dem VDS gehörte Löwenthal nach Abbruch seines Studiums weiter an.[81] 1950 war keineswegs absehbar, dass sich der VDS zu einem »sozialistisch/kommunistische[n] Kampfverband« (Löwenthal) entwickeln würde, gegen den Löwenthal 1971 im *ZDF-Magazin* Stellung bezog.[82]

Mit 24 Lebensjahren und nach nur einem Jahr Berufspraxis verfügte Löwenthal über seine eigene Sendereihe. Es ist anzunehmen, dass er sich 1946 durch seine Ratgeber-Reportagen und politischen Beiträge als außerordentlich intelligenter und fleißiger Journalist erwiesen hat, der als Student der Berliner Universität über studentische Belange und Hochschulangelegenheiten arbeiten konnte. So strahlte der RIAS am 23. Januar 1947 zum ersten Mal den *Hochschulfunk* aus, der – so Löwenthal – im Senderhythmus von zwei Wochen jeweils um 22.30 Uhr »[...] alle diejenigen, die am Hochschulleben innerhalb und außerhalb Deutschlands interessiert sind, über Universitätsfragen aller Art unterrichten soll«. Weiter sagte Löwenthal über den Inhalt:

»Die geistige Struktur unserer Studenten, ihre Probleme, ihre Wünsche werden ebenso in unserer Sendereihe behandelt werden, wie Wissenswertes von allen deutschen Hochschulen und dem Universitätsleben im Ausland. Über wichtige Fortschritte der Forschung, über das Leben und Wirken bekannter Wissenschaftler und über die Tätigkeit der internationalen Studentenorganisationen wollen wir Ihnen berichten. Verständnis für die schwierige Lage unserer heutigen akademischen Jugend zu wecken und aktuelle Ereignisse des studentischen Lebens festzuhalten soll eine unserer Hauptaufgaben sein. Die Universitäten sind die Erziehungsstätten der zukünftigen führenden geistigen Schichten unseres Landes und daher eine Angelegenheit der gesamten Öffentlichkeit. Wir wollen daher auch der breiten Öffentlichkeit einen Einblick vermitteln in die Arbeit an unseren Hochschulen, nicht zuletzt auch einen Einblick in die Problematik des deutschen Universitätslebens der Gegenwart.«

Was das Format angeht, so kündigte Löwenthal in der gleichen Sendung an: »Die Beiträge dazu sollen zu einem möglichst großen Teil von den Studierenden selbst geliefert werden. Ebenso liegt die Auswahl für die Zusammenstellung der Sendungen in Händen eines Redaktionsausschusses, der sich aus Studenten der Berliner Hochschulen zusammensetzt«. Dementsprechend rief Löwenthal die Studenten auf, »[...] zu den

80 Vgl. www.de.wikipedia.org/wiki/Verband_Deutscher_Studentenschaften.

81 Auskunft von Edmund Sawall, Vorsitzender des VDS 1954, am 25.3.2008 gegenüber dem Verfasser.

82 An- und Abmoderation VDS; Unternehmensarchiv des ZDF, Bestand *ZDF-Magazin*, Ordner Nr. 14, Sendung vom 17.3.1971.

Fragen des Hochschullebens« Themen vorzuschlagen, Meinungen abzugeben, Beiträge einzusenden. Denn »Sie helfen dadurch, den geistigen Zusammenhalt zwischen allen Hochschulen und Studenten zu fördern, das Band zwischen der Öffentlichkeit und unseren Studenten enger zu knüpfen«. Die erste Sendung enthielt Angaben über die Anzahl der deutschen Universitäten und der Studierenden, des Weiteren ein Gespräch zwischen zwei Studenten der Berliner Universität sowie ein Interview mit dem Leiter der studentischen *Arbeitsgemeinschaft*, also der damaligen einzigen Studentenvertretung, Otto Hess.[83] Rund 52 Jahre später resümierte Löwenthal:

»Ich sage noch einmal, daß viele der zum Studium Zugelassenen Verfolgte des Naziregimes waren. Und wir standen natürlich unter dem befreienden Schock des in der Diktatur Erlebten und wollten uns nun um einen demokratischen Neuaufbau kümmern, frei von Zwang und vor allen Dingen geprägt von dem Gedanken der persönlichen Freiheit, der Selbstbestimmung über unser eigenes Schicksal, also ohne jeden ideologischen Zwang. Selbstbestimmung hieß für uns: Studentenvertretung durch freie Wahlen. Da kamen die ersten Konflikte. 1946/47 ging das los.«[84]

Anfang 1947 dürfte es Gerhard Löwenthal darum gegangen sein, eine hohe Beteiligung an den Wahlen zum Studentenrat zu fördern, um den Studenten nach den Jahren der Diktatur einen gelungenen Einstieg in die praktizierte Demokratie zu ermöglichen und eine nicht totalitäre Vertretung als Gegengewicht zur kommunistischen Universitätsverwaltung zu erreichen. Dementsprechend erklärte er im Hochschulfunk vom 7. Februar 1947:

»Der große Tag der Wahlen zu einer allgemeinen Studentenvertretung an der Universität liegt hinter uns. [...] Mit dieser Wahl ist ein weiterer wichtiger Schritt zur Neuorganisation unseres studentischen Lebens getan worden. [...] Es wird eine der Aufgaben des Studentenrates sein, alle parteipolitischen Auseinandersetzungen von der Universität fernzuhalten, und eine konsequente demokratische Haltung der Studenten zu unterstützen.«[85]

83 Vgl. Gerhard Löwenthal: Der Hochschulfunk (Rundfunk im amerikanischen Sektor Berlin, Aktuelle Abteilung), 24.1.1947; ACDP, NL Löwenthal, 01-763-029. Gerhard Löwenthal: Studentenwahlen an der Berliner Universität (Rundfunk im amerikanischen Sektor Berlin), Aktuelle Abteilung; ACDP, NL Löwenthal, 01-763-029. Rundfunk im amerikanischen Sektor Berlin, Hochschulfunk; ACDP, NL Löwenthal, 01-763-029. Gerhard Löwenthal: Deutsche Universitäten und ihre Studenten (Rundfunk im amerikanischen Sektor Berlin, Hochschulfunk); ACDP, NL Löwenthal, 01-63-029.

84 Gerhard Löwenthal (Diskussionsbeitrag), in: Karol Kubicki/Siegfried Lönnendonker (Hrsg.): 50 Jahre Freie Universität Berlin, S. 27f. Online im Internet: http://web.fu-berlin.de/APO-Archiv/Online/fub50.pdf.

85 Rundfunk im amerikanischen Sektor Berlin – Hochschulfunk. Titel: Der Hochschulfunk. 7.2.1947. ACDP, NL Löwenthal, 01-763-029.

Deutlicher und kritischer konnte sich Löwenthal offenbar nicht über den SED-Einfluss äußern, denn noch waren die Siegermächte auf Konsens untereinander bedacht, und der RIAS konnte sich dieser Übereinkunft nicht entziehen. Erst im Blockadejahr 1948 bildete der Einsatz für eine freie Universität in den Westsektoren einen Themenschwerpunkt.

Die Quellenedition der Sendeprotokolle des Hochschulfunks von 1951/52 erleichtert das Herausfinden der Themenschwerpunkte und das Herausarbeiten von Löwenthals Einstellungen. Löwenthal beschäftigte sich in den meisten Sendungen mit der Lage der Universitäten in der Sowjetischen Besatzungszone. Zum Zweck des Hochschulfunks erklärte er Anfang 1951, die Sendereihe versuche seit drei Jahren den Widerstand der freiheitlich-demokratischen Studenten zu unterstützen. Das war seine Methode einer »geistig-politischen Auseinandersetzung mit dem totalitären Kommunismus«[86], die er insbesondere beim RIAS und als Leiter des *ZDF-Magazins* führte. Mit dieser Hilfe war er nicht nur ein Berichterstatter, sondern ein auf Beistand bedachter, solidarischer Akteur im Ost-West-Konflikt. Wie beschrieb er die damalige Lage der Universitäten in der DDR?

»Dieser Kampf [um die Universitäten, d.V.] wurde von der bolschewistischen Partei, die sich in der Sowjetzone sozialistische [sic!] Einheitspartei nennt, mit allen Mitteln geführt, um aus den alten, ehrwürdigen Universitäten Parteihochschulen zu machen und so jedes eigene und freie Denken, Lehren, Lernen und Forschen zu unterdrücken und auf die Dauer ganz auszurotten. Allen diesen Bemühungen einer totalen Staatsmacht blieb allerdings ein nennenswerter Erfolg versagt«,

denn sie konnte kaum Studenten für sich gewinnen, wie Löwenthal nicht nur Gesprächen mit und Briefen von Studierenden aus der DDR, sondern auch »offiziellen« SED-Verlautbarungen entnahm. Löwenthal zitierte, um die SED als totalitär zu entlarven, eine SED-»Parteientschließung«, die »Objektivismus« und »Kosmopolitismus« den Kampf ansagt, und vergleicht diese Linie mit dem nationalsozialistischen Versuch, »deutsche« Physik und »deutsche« Mathematik zu schaffen, unter gleichzeitiger Isolation von der außerdeutschen wissenschaftlichen Welt.[87] Löwenthal gelang es im Laufe des Jahres 1951 weiterhin, geflohene akademische Zeitzeugen aus der DDR sowie aus Ungarn, der Tschechoslowakei und Rumänien (am 14. August) zum Thema marxistisch-leninistische Hochschulpolitik ins Studio zu holen. Offen antitotalitär sah

86 Abmoderation zu: 17. Juni; Unternehmensarchiv des ZDF, Bestand *ZDF-Magazin*, Ordner Nr. 49, Sendung vom 15.6.1983.

87 Gerhard Löwenthal: *Studenten haben das Wort* – Aktuelles aus dem Hochschulleben, Protokoll der Sendung vom 13.2.1951, Protokoll.

Löwenthal, Leiter der RIAS-Funkuniversität 1952

er seinen Einsatz gegen die Stalinisierung mit dem Widerstand gegen Hitler (mehrfach kam er auf die Männer vom 20. Juli und insbesondere auf die Geschwister Scholl zu sprechen) in einem Zusammenhang:

»In einer Zeit, in der rechtsradikale Gruppen die Widerstandskämpfer gegen Hitler als ›gemeine Landesverräter‹ bezeichnen, gilt es, durch Aufzeigen der Gleichartigkeit des Widerstandes gegen die nationalsozialistische und die stalinistische Willkür beider in ihrem verantwortungsvollen Kampf um die Freiheit zu ehren und ihres Opfers zu gedenken.«[88]

Löwenthal wies auch deshalb auf Hans und Sophie Scholl hin, weil sich die FDJ-Hochschulgruppe München den Namen der Geschwister angeeignet hatte. Dies kennzeichnete er als unverschämten Etikettenschwindel und verlas dazu den Brief von Inge [Aicher]-Scholl mit der Aufforderung zur Unterlassung an die FDJ.[89]

88 Gerhard Löwenthal: *Studenten haben das Wort* – Aktuelles aus dem Hochschulleben, Protokoll der Sendung vom 26.6.1951, S. 2.
89 Gerhard Löwenthal: *Studenten haben das Wort* – Aktuelles aus dem Hochschulleben, Protokoll der Sendung vom 8.5.1951, ferner Sendung vom 15.5.1951.

Löwenthal wandte sich aber auch gegen »rechts«: Eine Zeitkritik an restaurativen Tendenzen übte er anlässlich der allmählich wieder auflebenden Burschenschaften in Westdeutschland. Löwenthal sprach vom »zum grossen Teil doch überholte[n] und verstaubte[n] Korporationsunwesen«, dessen »Geist« auf seine Existenzberechtigung zu überprüfen sei, und dessen »Ehrenkodex« ebenso wie die Symbole, vor allem aber das Austragen von Mensuren angesichts der Ruinen einerseits und der sozialen Umschichtung andererseits »völlig indiskutabel« sei. Für das erneute Aufkommen der Burschenschaften seien die Alten Herren verantwortlich, gegen deren »Diktatur« sich junge Korporationsstudenten erfreulicherweise wehrten. Demgegenüber zeigte sich Löwenthal erfreut über das Entstehen moderner, demokratischer Gemeinschaften als »positivem Gegengewicht«.[90] Es ist anzunehmen, dass er in einem Aufleben der Korporationen eine Verschlechterung der gerade wieder beginnenden Kontakte mit dem westlichen Ausland und zugleich eine Blöße gegenüber der SED-Propaganda (die das Thema aufgegriffen hatte) befürchtete.[91] Vielleicht mag diese Haltung Löwenthals überraschen; schließlich hielt er in späteren Jahren gelegentlich Vorträge vor Burschenschaften. Doch war 1951 nicht absehbar, welchen politischen Weg die schlagenden und farbentragenden Verbindungen einschlagen würden: Schließlich waren sie über Jahrzehnte hinweg, besonders in der Weimarer Republik, entschieden deutschnational, antidemokratisch, antisemitisch und betont elitär. In seiner Kritik stimmte Löwenthal mit der Westdeutschen Rektorenkonferenz überein. Darüber hinaus wollte die neu gegründete Freie Universität alte Zöpfe abschaffen bzw. nicht wieder zulassen: einer Entschließung des Studentenparlaments von 1949 zufolge[92] war es ordentlichen Studenten und Bediensteten nicht gestattet, schlagenden und farbentragenden Verbindungen anzugehören.

Löwenthals Bestreben gegen ein Wiederaufflackern von NS-Gruppen beschränkte sich 1950/1951 im Übrigen nicht auf den Rundfunk. Denn schließlich wollte er seine ganze Persönlichkeit gegen freiheitsfeindliche und antidemokratische Kräfte einsetzen (das war gewissermaßen sein »Schwur«). Zusammen mit Kommilitonen verhinderte Löwenthal 1950 Kundgebungen der Sozialistischen Reichspartei Ernst Otto Remers (eben jener Major a. D. Remer, der die Erhebung vom 20. Juli 1944 in Berlin militärisch niedergeschlagen hatte, und der bis zu seinem Tode ein Protagonist des westdeutschen Rechtsextremismus war) in Berlin, indem sie deren Versammlungslokal besetzten und ihre Auftritte verhinderten. Dabei kam es zu Prügeleien. Ein anderes Mal stürmten Löwenthal und seine Freunde die Wohnung des NS-Agitators

90 Gerhard Löwenthal: *Studenten haben das Wort.* Aktuelles aus dem Hochschulleben, Protokoll der Sendung vom 20.2.1951; siehe auch Protokoll der Sendung vom 11.4.1951 über die Uni München.

91 Vgl. Protokoll der Sendung vom 21.8.1951, S. 5.

92 Vgl. Tent, Freie Universität Berlin, (wie Anm. 40, S. 37) S. 227.

Erwin Schönborn und verbrannten Hakenkreuzflaggen zusammen mit Propagandamaterial auf der Straße. Anschließend zeigte sich die Gruppe um Löwenthal selbst an, um durch einen eventuellen Prozess eine Öffentlichkeitswirkung ihres Anliegens zu erzielen. Die Staatsanwaltschaft stellte das Verfahren wie erwartet sehr bald ein und erhob vielmehr Anklage gegen Schönborn wegen neonationalsozialistischer Betätigung.[93] Tatsächlich erhielt dieser 1953 eine Gefängnisstrafe von fünf Monaten ohne Bewährung;[94] der Berliner Senator für Inneres verbot den Schönborn-Verein *Arbeitsgemeinschaft Nation Europa* am 29. Januar 1953.[95] Löwenthal mag dazu eine wesentliche Hilfestellung geleistet haben. Des Weiteren beteiligte er sich an Protestaktionen gegen den Schauspieler Werner Krauss, der einst, 1940, in dem Spielfilm *Jud Süß* mehrere antisemitisch gefärbte Rollen übernommen hatte und sich nun mit dem Ensemble des Wiener Burgtheaters auf Tournee in Berlin befand. Ein weiterer Themenschwerpunkt war die Arbeit studentischer Organisationen wie insbesondere des Verbandes Deutscher Studentenschaften VDS[96] und die in Berlin stattfindenden Großveranstaltungen anlässlich des Zweiten Deutschen Studententags und Deutschen Evangelischen Studententags in Berlin.[97] Der VDS sah sich auch als Vertretung der freiheitlich denkenden Studenten in der SBZ, denen eine Mitwirkung im VDS verboten war. Der Verband versuchte ihnen durch die Gründung des Amtes für gesamtdeutsche Studentenfragen auch materiell zu helfen, wie aus zahlreichen Sendeprotokollen der Jahre 1951/52 hervorgeht.

Der RIAS-Hochschulfunk bestand so lange, wie der RIAS als eigenständige Rundfunkanstalt arbeitete: bis 1993[98], wenn auch unter wechselnden Namen wie zuletzt *Wissenschaft und Technik*.[99] Insofern hat Löwenthal über seine persönliche Mitarbeit hinaus einen Beitrag zum journalistischen Ertrag über Universitäten und Hochschulen in Deutschland geleistet.

Ein Gespräch im Hochschulfunk verdient erhöhte Aufmerksamkeit: das Interview des NS-Verfolgten Löwenthal mit dem ebenfalls NS-Verfolgten Robert Havemann,

93 Vgl. Löwenthal: Ich bin geblieben, S. 201 ff.

94 Vgl. N.N.: www.apabiz.de/archiv/material/Profile/ANE.htm.

95 Vgl.: www.verfassungsschutz-brandenburg.de/sixcms/media.php/4055/verbotene_rechtsextremistische_organisationen.pdf.

96 Vgl. Gerhard Löwenthal: *Studenten haben das Wort* – Aktuelles aus dem Hochschulleben, Sendungen vom 13.2.1951, 27.2.1951, 6.3.1951, 20.3.1951, 8.5.1951, 15.5.1951, 5.6.1951, 20.8.1951, 21.8.1951. Zu den Leistungen des VDS für Studenten in der DDR ist insbesondere das Sendeprotokoll vom 5.6.1951 aufschlussreich.

97 Sendungen vom 17.7.1951 und vom 29.4.1951, in: *Studenten haben das Wort* – Aktuelles aus dem Hochschulleben.

98 Vgl. www.dradio.de.

99 Petra Galle/Axel Schuster: Archiv- und Sammlungsgut des RIAS Berlin. Ein Findbuch zum Bestand im Deutschen Rundfunkarchiv. Potsdam: Verlag für Berlin-Brandenburg, 2000, S. 174.

nach 1945 Leiter des Kaiser-Wilhelm-Instituts für physikalische Chemie in Berlin-Dahlem. Löwenthal fragte nicht nur, sondern gab ausführlicher, als es im Interview üblich ist, seine eigene Meinung kund (das war ebenso später im *ZDF-Magazin* kennzeichnend für ihn). Es ging um Wissenschaften im Nationalsozialismus, oder allgemeiner: Wissenschaften im totalitären System. Dass Havemann als Widerstandskämpfer, 1943–45 Zuchthaushäftling und nach dem Zweiten Weltkrieg ein prominentes Mitglied der SED war, kam dabei nicht zur Sprache, auch nicht, dass die Wehrmacht den habilitierten Chemiker Havemann zu kriegswichtigen Forschungen herangezogen hatte. Löwenthal stellte in pauschalisierender Weise fest, dass die Nationalsozialisten allen naturwissenschaftlichen Forschungen »von Anfang an sehr mißtrauisch gegenüberstanden, weil sie viele Dinge nicht verstanden oder weil viele Dinge ihren Theorien, die sie aufstellten, entgegenliefen«. Havemann pflichtete dem bei und ergänzte. Als Löwenthal fortfuhr, »nach meiner Ansicht sind die physikalischen Gesetze in Australien die gleichen wie in Europa oder in Amerika. Man kann da nicht von einer nationalen Wissenschaft in diesem Sinne reden«, dachte er möglicherweise an neue Dogmen der sowjetkommunistischen Protagonisten an der zunehmend SED-beherrschten Berliner Universität, die er so offen aber (noch) nicht beim Namen nennen konnte. Abschließend erklärte Havemann, »der Wissenschaftler« solle »auf die Politik achten, und ganz besonders darüber wachen, daß die Machthaber nicht eingreifen in die Freiheit der Wissenschaft und in die Grundlagen der wissenschaftlichen Forschung«.[100]

Löwenthal verantwortete außerhalb des eigentlichen Hochschulfunks verschiedene politische Gesprächssendungen. Am 3. September 1949 strahlte der RIAS ein Interview Gerhard Löwenthals mit Ruth Fischer aus, die nach dem Ersten Weltkrieg eine der führenden kommunistischen Persönlichkeiten in Europa war, aber als »Linksabweichlerin« 1926 aus der Kommunistischen Partei ausgestoßen wurde. Als Autorin eines kritischen Buches über den Kommunismus war sie eine »Kronzeugin«, die kompetent über die stalinistische Bewegung, speziell in Bezug auf Deutschland, aussagen konnte. Nachdem Fischer erläutert hatte, dass sich die SED angesichts des geringen kommunistischen Wähleranteils nun um national und neutral orientierte Bündnispartner bürgerlicher Herkunft bemühe, spitzte Löwenthal, der der radikalen Rechten unverdächtig war, zu: »Ich glaube, es liegen bereits genügend Beweise vor, daß bei der Organisation der neuen Rechtsparteien in Westdeutschland, zum Beispiel bei der national-demokratischen Partei, der russische Geheimdienst seine Hand im Spiele gehabt hat.« Fischer: »Aber selbstverständlich. Der russische Geheimdienst hat

100 Gerhard Löwenthal: Die Wissenschaft und Forschung im 3. Reich (Rundfunk im amerikanischen Sektor Berlin. Hochschulfunk, ohne Datum). Interview mit Robert Havemann, vierte Sendung (offenbar 1947); ACDP, 01-763-029.

seit 20–25 Jahren die nationalistische Bewegung in Deutschland genau verfolgt. Er hatte ja wirklich Verbindungselemente bis in die nazistische Partei hinein […].«[101]

Während seiner Jahre als Leiter des Hochschulfunks ermöglichten ihm amerikanische und britische Dienststellen eine karrierefördernde politische Fortbildung für künftige Führungskräfte in Wilton Park unweit von London (Mai/Juni 1948). Dieser Einrichtung billigte Löwenthal noch 23 Jahre später zu, »[…] einen entscheidenden Beitrag zur Errichtung der deutschen Demokratie nach dem letzten Krieg geleistet« zu haben, »vielleicht sogar den entscheidenden Beitrag«. Durch seine Teilnahme zählte er m.E. zu den jüngeren Deutschen, die die britische und v.a die amerikanische Besatzungsmacht als förderungswürdig ansah, zumal Amerikaner und Briten eine neue Medienlandschaft in Deutschland aufbauten. Rückblickend hob er hervor, dass dies keine amerikanische re-education gewesen sei, sondern »das vielleicht einzige uneingeschränkt freie internationale Forum für Diskussionen und Meinungsaustausch von führenden Persönlichkeiten des öffentlichen Lebens aus der ganzen Welt«, denn die Grundbegriffe der Demokratie, Sachverstand, Fairness und Toleranz habe die Teilnehmerschaft dort erfahren[102]: »Die Diskussionen hier sind oft gut, oft merkt man aber noch, wie sehr der Nazi-Geist eingefressen ist auch bei Leuten, die es gar nicht wissen. Ich habe ja nun ein besonders gutes Empfinden dafür und bin oft zutiefst erschrocken. Wie soll da bloß eine Änderung kommen oder ein neuer Weg gefunden werden? Sehr lebhafte Diskussionen und Kontroversen habe ich mit unserem einzigen Kommunisten hier natürlich, selbstverständlich nur im Unterricht, sonst zum Beispiel macht es uns gar nichts aus, gemeinsam in London spazierenzugehen und uns die schönen Läden anzusehen. Toleranz und Demokratie in der Praxis! Das ist überhaupt eines der positivsten Merkmale hier. Und auch schwere Zusammenstöße habe ich mit Gewerkschaftlern und Sozialisten. Die SPD ist hier völlig in der Überzahl und in einer meiner Morgenaussprachen, 3mal in der Woche, zusammen mit Kriegsgefangenen, geht es oft hoch her. Ich bin dann der einzige Zivilist, der die so entsetzlich dummen Phrasen dieser Sozialisten und Gewerkschaftler heftig angreift und entkräftet. Na, ich meine, es geht doch wohl zu weit, wenn die hier mit ihrem Programm von vor 25 Jahren ankommen und Wahlkampf [sic!] propagieren wollen und zum Beispiel solchen Unsinn verzapfen[:] Privatunternehmer haben nur das eine Ziel, die Arbeiter auszubeuten, um höheren Gewinn zu erzielen, damit sie besser leben können auf Kosten der Gemeinschaft. Nun, ich habe den Herren schon einiges erzählt.«[103]

101 Gerhard Löwenthal: Interview mit Ruth Fischer (RIAS Berlin, Abt. Politik), 3.9.1949; ACDP, NL Löwenthal, 01-763-029.

102 An- und Abmoderation zu: Wilton Park; Unternehmensarchiv des ZDF, Bestand »ZDF-Magazin«, Ordner Nr. 16, Sendung vom 23.6.1971.

103 Löwenthal: Ich bin geblieben, S. 167. Statt »Wahlkampf« meint Löwenthal möglicherweise »Klassenkampf«.

So wird neben der anti-totalitären Einstellung gleichzeitig die freiheitliche, promarktwirtschaftliche Haltung eines selbstsicheren Gerhard Löwenthal erkennbar, die nicht durch die gefüllten Schaufenster nach der Währungsreform (Löwenthal schrieb den Brief unmittelbar vor Einführung der D-Mark), sondern durch das besitzbürgerliche Elternhaus, seine Kontakte zu amerikanischen Persönlichen in- und außerhalb des Rundfunks und die Lektüre von Fachliteratur erklärt werden kann. Heftiger als erwartet liest sich zunächst seine Kritik an der Sozialdemokratie, zumal Löwenthal in der Nachkriegszeit bis in die sechziger Jahre hinein eher als SPD-nah denn als CDU-freundlich galt.

Wilton Park war 1945 als Institution aufgebaut worden, die insbesondere 1946 bis 1948 den deutschen Kriegsgefangenen die Auseinandersetzung mit der deutschen Vergangenheit einerseits und den Möglichkeiten der Demokratie andererseits bieten wollte. Ab 1948 – Löwenthal war demnach einer der ersten – konnten sich hier deutsche Multiplikatoren, insbesondere aus Journalismus, Politik, Verbänden (nicht zuletzt Gewerkschaften) im Dialog mit einflussreichen Briten in einer akademischen Begegnungsstätte weiterbilden.[104] Zugleich traf er nach neun Jahren seinen Bruder Herbert wieder: Dieser war Adoptivsohn einer englischen Familie, diente als Offizier der britischen Armee im Zweiten Weltkrieg und kehrte bewusst nicht wieder nach Deutschland zurück.[105] Mit anderen Worten: Er fühlte sich als Brite.

Als Gerhard Löwenthal nach Deutschland zurückkam, war der kalte Krieg in eine neue, heftigere Phase übergegangen: Die Sowjetunion hatte die Berliner Blockade begonnen, nachdem in Westdeutschland und den Berliner Westsektoren die D-Mark eingeführt worden war.

Nicht zuletzt holte Gerhard Löwenthal in der Nachkriegszeit sehr vieles an politischer Bildung nach, was ihm (und anderen Deutschen) in der NS-Zeit verwehrt war: Er las Marx, Lenin und Stalin sowie marxistische Denker wie Kautsky und Bernstein, ohne dass ihn deren Lehren überzeugen konnten. Besonders abschreckend war für ihn der Begriff »Diktatur des Proletariats«, denn dieser verweise, so Löwenthal, unmittelbar auf den Totalitarismus.[106]

104 Vgl. www.wiltonpark.org.uk/en/about-wilton-park/wilton-park-history; Vgl. www.wiltonpark.de/WiltonPark.htm.

105 Vgl. Angabe Gerhard Löwenthals im Fragebogen für Studenten mit Datum vom 15.6.1946, BStU 000091, Kopie BStU sowie Auskunft von Dr. Ingeborg Löwenthal.

106 Vgl. Löwenthal im Interview mit Winckler, in: Stefan Winckler: Ein kritischer Journalist aus Berlin, Gerhard Löwenthal, Paderbon, Snayder, 1997, S. 150. Damit hat Löwenthal recht: der Marxismus-Experte Konrad Löw wies nach, dass Marx ein Theoretiker der totalitären Herrschaft war, Vgl. Konrad Löw: Totalitäre Elemente im originären Marxismus, in: Ders. (Hrsg.): Totalitarismus. Berlin: Duncker & Humblot, ^{2}1993, S. 166–184.

Bestätigend für seine politische Einstellung war das Referat des amerikanischen Publizisten Melvin Lasky als Gastredner auf dem Deutschen Schriftstellerkongress Oktober 1947 in Berlin, der ein entschiedenes Plädoyer für die Geistesfreiheit gegenüber den sowjetischen Sprechern ablieferte. Daraufhin ereigneten sich »tumultarische Szenen«.[107] Dieser erste »Gegenschlag« faszinierte Löwenthal, der zusammen mit Jürgen Graf für den RIAS berichtete, nachhaltig. Denn immer stärker schien die Freiheit, wie er sie im Sommer 1945 wahrnahm, im Sinne eines neuen, nun stalinistisch geprägten Totalitarismus zu schwinden.

Wesentlicher als politische Theorie war für Löwenthal allerdings das eigene Erleben und Erleiden totalitärer Herrschaft. Damit ist zunächst der Nationalsozialismus gemeint, dann die beginnende Herrschaft der sowjetischen und deutschen Kommunisten in Berlin. Er erlebte die allmähliche Umwandlung einer Universität in eine einseitig parteilich ausgerichtete Hochschule (um nicht zu sagen: Kaderschmiede). Denn bezeichnenderweise war die Berliner Universität[108] der sowjetzonalen Deutschen Verwaltung für Volksbildung unter Leitung des Kommunisten Paul Wandel unterstellt, nicht jedoch der Alliierten Kommandantur und dem Berliner Magistrat, dessen Stadträte verschiedenen Parteien angehörten und den die vier Siegermächte gemeinsam anleiteten. Beginnend mit einer Ausschmückung der Universität (noch vor Beginn der Vorlesungszeit) mit kommunistischen Fahnen und Losungen zum 1. Mai 1946, sich fortsetzend und steigernd mit den Verhaftungen von SED-kritischen Kommilitonen im März 1947 (die mit Löwenthal gut bekannt waren und als anerkannte Opfer des Faschismus gegen die kommunistische Verwaltung protestiert hatten), der Verschleppung des Journalisten Dieter Friede im November 1947 – eine freiheitliche und demokratische Entwicklung in Berlin schien ständig durchkreuzt zu werden, am stärksten im sowjetischen sog. »demokratischen Sektor«, gegen den Willen der Bevölkerung. Nachdem schon im Oktober 1946 die SED weniger als 20 Prozent der Stimmen zur Stadtverordnetenwahl erhalten hatte, schnitt sie bei der Wahl zur Studentenvertretung im Februar bei einer hohen Beteiligung von 80 Prozent sehr schwach ab: Nur drei von 28 Studentenrepräsentanten waren SED-Mitglieder. Demgegenüber waren polizeiliche Festnahmen durch NKWD und Volkspolizei wegen oppositioneller

107 Ausführlich: Dienstag, 7.X. 1947; ACDP, NL Löwenthal, 01-763-029. Vgl. dazu: Ursula Reinhold/Dieter Schlenstedt/Horst Tanneberger: Erster Deutscher Schriftstellerkongreß, 4.–8. Oktober 1947. Berlin: Aufbau-Verlag, 1997, dort insb. S. 48 ff. und Referat Lasky, S. 295–302.

108 Die Universitätsgeschichte in der Berliner Nachkriegszeit ist nachzulesen online im Internet: www.web.fu-berlin.de/APO-Archiv/Online/fub50.pdf mit Zeitzeugenberichten, u. a. von Gerhard Löwenthal. Ferner: www.fu-berlin.de/chronik/chronik_1945-1948.html; sowie: Uwe Wesel: Der große Coup. Wie Berliner Studenten zusammen mit 1 Journalisten, 1 Oberbürgermeister und 1 General die Freie Universität gegründet haben, in: *Die Zeit*, 53. Jg. (1998), Nr. 50, online im Internet: www.zeit.de/text/1998/50/der_große_coup.

Meinungsäußerung häufig: An einem einzigen Tag im März 1947 waren es 30 Personen. Immer wieder wurden Einwohner aus den westlichen Sektoren in den sowjetisch kontrollierten Teil Berlins gelockt und verhaftet bzw. entführt. Bis März 1948 sollen nach Erhebungen des amerikanischen Stadtkommandanten insgesamt 1600 Personen verhaftet worden sein.[109] Dazu zählte im August 1948 auch der Vorsitzende der Berliner Jüdischen Gemeinde, Erich Nelhans, der den Holocaust in Berlin im Versteck überlebt hatte: Zunächst ins »Speziallager« Sachsenhausen (das frühere NS-KZ) verschleppt, verurteilte ihn ein sowjetisches Militärgericht zu 25 Jahren Arbeitslager, weil er Rotarmisten zur Flucht nach Palästina verholfen haben soll. Eineinhalb Jahre später verstarb er.[110]

Löwenthal war selbst mehrfach von Festnahme bedroht, denn er heftete immer wieder das RIAS-Programm an das Schwarze Brett der Universität. Einmal konnte sein Dozent die Polizisten fernhalten, denn Löwenthal war gerade im Anatomiesaal der Charité, zu dem Außenstehende keinen Zugang hatten, und konnte einen Nebenausgang zur Flucht in den nahegelegenen britischen Sektor nutzen. Ein anderes Mal gelang es Löwenthal, rechtzeitig in eine S-Bahn einzusteigen und den Zug im britischen Sektor, eine Station weiter, zu verlassen.[111] Am 21. April 1948 übertrug Löwenthal eine Sondersitzung des Studentenrats aus der Universität Unter den Linden live für den RIAS – bis die Uni-Verwaltungsdirektorin Anna von Pritzbuer (SED) das Mikrophonkabel durchschnitt.[112] Der Studentenrat, ausgenommen dessen wenige SED-Mitglieder, protestierte an diesem Tag gegen die politisch motivierte Relegation von Otto Hess, Otto Stolz und Joachim Schwarz. Diese drei Studenten waren bereits im Nationalsozialismus aus politischen Gründen benachteiligt worden und wandten sich in der amerikanisch lizenzierten Studentenzeitschrift *Colloquium* gegen eine neue totalitäre Entwicklung an der Universität. In einer abendlichen Sendung spielte Löwenthal das Tonband ab und kommentierte das Ende mit den Worten: »Das ist die Form von wissenschaftlicher Freiheit und Freiheit der Diskussion, die man sich drüben vorstellt«.[113] Otto Stolz war es schließlich, der am 23. April 1948 auf einer Vollversammlung nicht kommunistischer Studenten im Hotel *Esplanade* die Schaffung einer »freien Universität« im Westen der Stadt verlangte, wenn sich die Linden-Universität nicht von der Deutschen Verwaltung für Volksbildung lösen ließe. Gleichzeitig for-

109 Vgl. Löwenthal: Ich bin geblieben, S. 151.

110 Vgl. Annette Leo: Erich Nelhans, in: Karl Wilhelm Fricke/Peter Steinbach/Johannes Tuchel (Hrsg.): Opposition und Widerstand in der DDR. Politische Lebensbilder. München: Beck, 2002, S. 43–49.

111 Vgl. Löwenthal: Ich bin geblieben, S. 151–153.

112 Vgl. Tent, (wie Anm. 55)., S. 98.

113 Löwenthal, zitiert von Lönnendonker, in: http://web.fu-berlin.de/APO-archiv/Online/fub50.pdf, S. 40.

derte auch Edwin Redslob, Professor für Kunstgeschichte und Lizenzträger des *Tagesspiegels*, eine Universität, die nicht von Kommunisten kontrolliert sein sollte. In jener Zeit setzte sich Löwenthal im RIAS-Hochschulfunk und in Gesprächen mit den maßgeblichen Politikern der Sozial-, Christ- und Liberaldemokraten für den Aufbau einer weiteren Universität in den westlichen Sektoren Berlins ein. So suchte er mit einer kleinen Gruppe Studenten Reuter im Juli 1948 – er sprach später vom »Beginn der Blockade« – auf, um ihm die Idee einer freien Universität in den Westsektoren nahezubringen. Reuter war skeptisch, denn die Lebensmittelversorgung in jener Zeit bereitete ihm Kopfzerbrechen. Löwenthal erinnerte den gewählten, aber noch nicht regierenden Oberbürgermeister an seinen Ausspruch, dass der Mensch nicht von Brot allein lebe.[114] In Gesprächen mit den Politikern und den Hochschulfunksendungen dürfte der Beitrag Löwenthals zur Gründung der FU gelegen haben. Ernst Reuter und insbesondere die amerikanische Besatzungsmacht konnten tatsächlich überzeugt werden, so dass bereits im Dezember 1948 die Freie Universität den Forschungs- und Lehrbetrieb aufnahm.[115]

Zwar ist Gerhard Löwenthal im Standardwerk Siegward Lönnendonkers[116] über die Berliner Universitätsentwicklung der Nachkriegszeit nicht als »Mitgründer« der FU, sondern nur an zwei Stellen als Gegner der SED-gesteuerten Gleichschaltung der Berliner Universität aufgeführt. Diese Minimierung seiner Rolle kann allerdings mit einer weniger offiziellen Mitwirkung Löwenthals an der FU-Gründung, genauer: einer Tätigkeit außerhalb der sich abzeichnenden Gremien, begründet werden (zumal eine Mitgliederliste des Studentischen Ausschusses zur Gründung der FU bei Lönnendonker fehlt). Eine andere Erklärung m.E. ist, dass Lönnendonker, der die Ideale der FU durch die 68er Bewegung erfüllt sah (oder noch sieht), dem späteren konservativen Fernsehmoderator Löwenthal aus politischen Gründen gezielt eine möglichst kleine Rolle an der FU-Gründung zubilligen wollte. Ähnlich wie Lönnendonker führte James F. Tent in seiner detaillierten Monographie zur Geschichte der FU *Freie Universität 1948–88* Löwenthal nicht auf: Er wird nur zweimal im Zusammenhang mit dem Widerstand an der Universität Unter den Linden und dem Protest gegen einen Aufenthalt des sowjetischen Obersten Tulpanow (zugleich Professor der Germanistik und ehemaliger Leiter der Informationsabteilung der Sowjetischen Militäradministration) an der FU mehr als 20 Jahre später erwähnt.

114 Vgl. Löwenthal als Leiter der Podiumsdiskussion zum 50. Jahrestag der FU-Gründung an der Freien Universität Berlin am 4.11.1998, in: http://web.fu-berlin.de/APO-archiv/Online/fub50.pdf, S. 59.

115 Vgl. auch: www.zeit.de/1998/50/Der_grosse_Coup.

116 Vgl. Siegward Lönnendonker: Freie Universität Berlin. Gründung einer politischen Universität. Berlin: Duncker & Humblot, 1988, S. 235 und 248.

Otto Hess, 1948 Herausgeber der Studentenzeitschrift *Colloquium* und als von der Linden-Universität relegierter Student maßgeblich an der Gründung der FU beteiligt, schrieb über Löwenthals Rolle bei der Gründung der FU:

»Jedenfalls hat er in seiner damaligen Tätigkeit beim Rias alles in seiner Macht stehende getan, um unseren Kampf gegen die kommunistische Gleichschaltung der alten Berliner Universität und die schließlich daraus folgende Gründung der Freien Universität zu unterstützen. Insofern kann er sich mit Recht oder sogar mit mehr Recht als mancher andere auch zumindest als Mitgründer der Freien Universität bezeichnen.«[117]

Sehr viel mehr Beachtung als 1988 schenkte Lönnendonker Gerhard Löwenthal zum 50-jährigen Bestehen am 21. Oktober 1998. Lönnendonker leitete eine Podiumsdiskussion, an der Gerhard Löwenthal, Ursula Besser, Horst Hartwich und Helmut Kewitz zum Thema *Linden-Universität 1945–48* teilnahmen. Die Podiumsdiskussion über die Gründung der FU im Rahmen der Ringvorlesung zur FU-Geschichte leitete Löwenthal am 4. November 1998 selbst. Teilnehmer waren die Zeitzeugen Franz Ansprenger, Georg Kotowski, Helmut Coper, Eva Furth-Heilmann, Hans-Joachim Merker und Ruth Recknagel.[118] Ein wesentlicher Grund für die »Aufwertung« Löwenthals im Rahmen der offiziellen FU-Jubiläumsveranstaltung könnte der Niedergang der linksextremistischen Hochschulgruppen gewesen sein. Es war 1998 kaum noch mit Krawallen zu rechnen, die sich bei Löwenthals Rednerauftritten in den siebziger und achtziger Jahren so oft zugetragen hatten.

Die sich allmählich vollziehende Spaltung Berlins ließ Löwenthal die letzten Brücken zu denjenigen Organisationen abbrechen, die sich immer eindeutiger auf die Seite der UdSSR und der SED schlugen. Am 15. Juli 1948 (mit Wirkung vom 29. Januar 1949) kündigte er seine Mitgliedschaft im FDGB-zugehörigen *Verband der Deutschen Presse*. Seine Schlussfolgerung sei hier auch wegen ihrer aussagekräftigen patriotischen Formulierung zitiert: »Es kann von einem anstaendigen Deutschen wohl nicht verlangt werden, daß er Worte und Taten [die Blockade Berlins] unterstuetzt oder die stillschweigend duldet, die in der ganzen zivilisierten Welt tiefste Abscheu und Empoerung hervorrufen.«[119] Am 6. September 1948 übertrugen die RIAS-Reporter Jürgen Graf und Peter Schultze die erneute gewaltsame Auflösung der Stadtverordne-

117 Leserbrief von Otto Hess, in: *Der Spiegel*, 26. Jahrgang (1972), Nr. 46, S. 10.

118 Vgl. http://web.fu-berlin.de/APO-archiv/Online/fub50.pdf.

119 Brief Löwenthals vom 6.1.1949 an Verband der Deutschen Presse »Betr.: Beitragsmahnung. Ihren Brief vom 1.12.1948«, BStU000085, und: Verband der Deutschen Presse: Fragebogen zur Mitgliedsaufnahme, dort Anmerkung zum Austritt, Kopie BStU AR 8, BStU00082; Privatarchiv Dr. Ingeborg Löwenthal, Ordner GL Stasi.

tenversammlung durch SED-Anhänger.[120] Bei diesem Ereignis, das der Spaltung der Stadt Vorschub leistete, konnte zunächst Löwenthal (der als Reporter mit der Radiosendung begann, aus dem Stadthaus neben dem Roten Rathaus im Ostsektor floh und dann vom RIAS-Funkhaus aus die Sendung fortsetzte) und seine Kollegen Schultze und Graf gerade noch rechtzeitig von einem amerikanischen Verbindungsoffizier herausgeholt werden.

Die exponierte Stellung Löwenthals an der Freien Universität (die den Kommunisten in der SBZ ein Dorn im Auge war), beim Rundfunk und im Verband Deutscher Studentenschaften wurde am 25./26. Juni 1949 bei einem gesamtdeutschen Studententreffen in Rittmarshausen deutlich. Löwenthal nahm daran als Vertreter der FU-Studenten teil. Dem Delegierten der Humboldt-Universität kam während der Mittagspause ein Notizzettel abhanden, den er dem Leipziger Delegierten geben wollte. Inhalt: »Ich würde Löwenthal herausstellen (Strafvollzug Ostzone – Volksgerichtshof). Die anderen muss man beruhigen. Löwenthal allein muss man angreifen, ihn dadurch isolieren.« Die Bekanntgabe dieser Zeilen führte zum Abbruch der Tagung.[121]

Da die Wissenschaftsfreiheit an den geistes-, wirtschafts- und sozialwissenschaftlichen Fachbereichen der ostzonalen Universitäten immer mehr zugunsten eines einseitigen, sakrosankten Marxismus-Leninismus schwand, und deren Austausch mit den Gelehrten der westlichen Länder entsprechend abnahm, schlug Löwenthal schon im Frühsommer 1947 vor, eine Funk-Universität zu starten. Vorlesungen der besten Wissenschaftler sollten dort zu hören sein. Im Spätabendprogramm war die Reihe zweimal wöchentlich zu hören – bis 1993, als der RIAS abgewickelt wurde bzw. im Deutschlandradio aufging.[122] Der RIAS strahlte die erste Sendung nach einer zweijährigen Vorbereitungszeit am 7. November 1949 aus.[123] Die Empfangsmöglichkeiten in die DDR hinein waren zu diesem Zeitpunkt durch die Nutzung eines Münchner Kurzwellensenders und eines Mittelwellensenders in Hof/Oberfranken stark verbessert[124], so dass der RIAS zusätzlich in weiten Teilen Sachsens und Thüringens zu hören

120 Deutsches Historisches Museum/Abgeordnetenhaus Berlin/ Deutsches Rundfunkarchiv: Die Teilung der Stadtverordnetenversammlung von Groß-Berlin am 6. September 1948 (Reihe: Stimmen des 20. Jahrhunderts), dort vor allem Aufnahme Nr. 2: Reportage von RIAS-Berlin, Reporter Jürgen Graf und Peter Schultze; Gerhard Löwenthal (RIAS-Funkhaus).

121 Vgl. Egon Erwin Müller/Marianne Müller: ...stürmt die Festung Wissenschaft. Die Sowjetisierung der mitteldeutschen Universitäten seit 1945 (hrsg. vom Amt für gesamtdeutsche Studentenfragen des Verbandes deutscher Studentenschaften) und *Colloquium. Zeitschrift der freien Studenten Berlins*. Berlin: Colloquium, 1953, S. 202.

122 Vgl. Andrea Lueg: Jaspers und Adorno für den Osten. Sendereihe zum 60. RIAS-Geburtstag, in: www.dradio.de/dlf/sendungen/campus 467093.

123 Vgl. Kundler, RIAS, S. 114 f.

124 Vgl. Riegler, Meilensteine, S. 68.

war und an den traditionsreichen Wissenschaftsstandorten Leipzig und Jena empfangen werden konnte.

An jenem Novembertag bot Karl Jaspers eine Einführung in die Philosophie, während Alfred Weber als Kultursoziologe – neben anderen – das Thema *Deutschland und die kulturelle und geistige Freiheit* behandelte. Neben Löwenthal initiierten Reinhold Lindemann, Otto Walter Haseloff, Herbert Stachowiak und Heinz Steinberg die Sendereihe.[125] Die Berliner Zeitung *Der Sozialdemokrat* schrieb am 4. November 1949 unter der Überschrift »Avantgardist RIAS. Zum Start der RIAS-Funk-Universität«:

»Zwar ist vom Nachtprogramm her schon mancher Ausflug des Mikrofons ins Akademische in Erinnerung [höchstwahrscheinlich eine Anspielung auf den Hochschulfunk mit Löwenthal, d.V.], aber noch niemals hat man versucht, den Hörer durch eine schrittweise vertiefende Analyse zukunftswichtiger Probleme in den Geist und die Methode wissenschaftlicher Weltorientierung einzuführen.«[126]

Mit der Vorlesungsreihe über Marxismus nahm Löwenthal gezielt den geistigen Kampf im kalten Krieg auf. Der RIAS schickte die Manuskripte an Dozenten und Interessierte in der Sowjetischen Besatzungszone, zur Tarnung verwendete die Redaktion unverdächtige Absender wie jenen der Humboldt-Universität (das war der Name der früheren Berliner Friedrich-Wilhelm-Universität Unter den Linden ab 1949). Wie ambitioniert die Sendereihe angelegt war, wird aus Löwenthals Erinnerungswerk ersichtlich:

»Durch eine enge Zusammenarbeit mit der Wissenschafts- und Erziehungsorganisation der Vereinten Nationen UNESCO wollten wir überdies ein übernationales Denken garantieren, zur Förderung der zwischenstaatlichen Beziehungen beitragen, dem ganzen Unternehmen die Aura der Universalität geben. Ich ahnte damals natürlich noch nicht, daß mein Streben nach Überwindung nationaler Grenzen später zu einer zentralen Aufgabe meiner Arbeit in den zehn Jahren werden sollte, die ich in Paris und Brüssel verbrachte.«[127]

Aber die Funk-Universität war nicht ausschließlich eine wissenschaftliche Gegenveranstaltung zum Marxismus-Leninismus oder für einen Blick über die Grenzen. Sie richtete sich sehr wohl an alle Deutschen. So stellt »die Redaktion« (deren Leiter Löwenthal war, selbst wenn er hier nicht namentlich genannt ist) in einem Vorwort zu

125 Vgl. N.N.: Jeder Hörer kann Funkstudent werden. Vorlesungsverzeichnis der RIAS-Universität – Namhafte Berliner Hochschullehrer und Gastdozenten, in: *Die Neue Zeitung*, 4.11.1949; ACDP, NL Löwenthal, 01-763-081.

126 N.N.: Avantgardist RIAS. Zum Start der RIAS-Funk-Universität, in: *Der Sozialdemokrat*, 4.11.1949; ACDP, NL Löwenthal, 01-763-081.

127 Löwenthal: Ich bin geblieben, S. 192.

einem Vortrag von Paul Tillich in einer gemeinsamen Sendung von Funk-Universität und Hochschulfunk fest: Eine »[...] leidenschaftliche Diskussion des deutschen Antisemitismus und seiner furchtbaren Tragweite« sei »oft verhindert« worden, einerseits durch die Erschütterung über »die Ermordung von sechs Millionen Juden«, andererseits durch die »[...] Illusion, dies alles sei nicht wahr gewesen«. Diese Scham und die Verdrängung (gerade auch durch die rechtsradikale Publizistik, die 1952 aber kaum erforscht war und die Löwenthal in seiner Anmoderation nicht erwähnte), sei der eine, in der unmittelbaren Nachkriegszeit wurzelnde Grund. Darüber hinaus sei Aufklärung vonnöten, »weil die nationalsozialistische Rassenpropaganda noch weiterwirkte« (dies hatte er ja schon in seinem Brief aus Wilton Park beklagt). Zum letzteren Punkt betonte die Redaktion (d.h. Löwenthal), dass es nach den wissenschaftlichen Studien der letzten Jahrzehnte keine jüdische und keine arische oder germanische Rasse gebe, und dass sich die Juden hingegen von anderen Staatsbürgern ihres Landes nur durch die Religion unterscheiden (in *Ich bin geblieben* 1987 bezeichnete sich Löwenthal dementsprechend als »deutschen Patrioten jüdischen Glaubens«).[128]

Es war Löwenthal ein wichtiges Anliegen, seinen Hörern den deutschen Widerstand gegen Hitler vorzustellen, denn »acht Jahre nach dem Untergang des Tyrannen ist es noch weithin unbekannt, welches Ausmass der deutsche Widerstand gegen Hitler hatte, welcher zähe, verbissene und opferreiche Kampf gegen das unmenschliche System des Nationalsozialismus ausgetragen wurde. Ja, es gibt sogar hier und dort Unbelehrbare oder politisch und geistige Verwirrte, die glauben, unverachtet die Motive des deutschen Widerstandskampfes verkleinern, die Taten schmälern und die führenden Männer des Widerstandes diffamieren zu können«.[129]

In diesem Zusammenhang wies Löwenthal nicht nur auf das Attentat vom 20. Juli hin, sondern auf einen »jahrelangen Kampf«, dessen Anfang er kurz vor der »Machtergreifung« datierte. »Ihr Denken und ihr Handeln gehört zum Unzerstörbaren, zum menschlich Bedeutsamen und europäisch Vorbildlichen. Darum sollte das, was in der deutschen Opposition zutage getreten ist – nach den Worten des Tübinger Historikers Hans Rothfels – : ›... ein verpflichtendes Erbe (S. 3) darstellen‹.« Als Experte erläuterte der junge Schweizer Historiker Walther Hofer, seinerzeit Assistent an der FU, den erheblichen Umfang der Literatur über die Widerstandsbewegung. Löwenthal empfahl verschiedene Schriften zum deutschen Widerstand von Rudolf Pechel, Hans Rothfels, Günther Weißenborn und Eberhard Zeller (aus denen ausführlich vorgetra-

128 ACDP, NL Löwenthal, 01-763-029, RIAS Funk-Universität und Hochschulfunk, Vorwort zur Vortragsreihe ›Zum Problem des Antisemitismus‹, 6.10.1952.

129 Gerhard Löwenthal: Der deutsche Widerstand gegen Hitler – zu einigen Publikationen über die deutsche Widerstandsbewegung, Manuskript: Gerhard Löwenthal, Red.: Herbert Kundler, 21.7.1953, S. 2; ACDP, NL Löwenthal, 01-763-029.

gen wurde). Eingehend zitierte ein Sprecher aus dem Buch *Der lautlose Aufstand* von Weißenborn, dass es sich bei der Erhebung vom 20. Juli eben nicht um Hochverrat handelte. Für Löwenthal stellte Hitler mit seinem Machtzentrum keine Person dar, die ausschließlich mit wissenschaftlicher Nüchternheit zu beschreiben und zu erklären wäre, wie es etwa Ernst Nolte und Rainer Zitelmann (weit entfernt, den Nationalsozialismus zu entschuldigen oder zu verharmlosen) unter der Leitlinie der Historisierung in den achtziger und neunziger Jahren des 20. Jahrhunderts versuchen. Für Löwenthal war Hitler schon durch sein eigenes Schicksal und das seiner Familie im Dritten Reich die Verkörperung des absolut Bösen, geradezu ein »Feind der Menschheit«:

»Der Kampf der deutschen Opposition richtete sich gegen einen Tyrannen, der ohne Rücksicht auf das Wohlergehen der Menschheit nur von dem Willen getragen, seine eigene Macht zu vergrößern, bereit war, den ganzen Erdball ins Unglück zu stürzen. Zwei Fronten standen sich in diesem Kampf gegenüber, einmal das von taumelndem Machtrausch getragene Untermenschentum [sic!] und auf der anderen Seite Persönlichkeiten, die in ihrem Handeln geleitet wurden von ihrer sittlichen und moralischen Empörung gegen ein Regime mörderischen Unrechts. Die Lektüre der mit wissenschaftlicher Genauigkeit zusammengetragenen Publikationen über die deutsche Widerstandsbewegung macht deutlich, dass die Kämpfer gegen Hitler im Interesse des deutschen Volkes handelten zur Widerherstellung rechtlicher Zustände in ganz Europa. Das deutsche Volk sollte vor dem Sturz in den tiefsten Abgrund, ja vor seiner äusseren und seiner moralischen Vernichtung bewahrt werden.«[130]

Hierbei ist die quellenkritische Anmerkung erlaubt, dass Löwenthal sicher nicht von »Untermenschentum« sprach, sondern von »Unmenschentum«, denn ersterer Ausdruck ist der rassistisch-nationalsozialistischen Denkart entsprungen. Die stenographischen Mitarbeiter irrten sich wahrscheinlich. Insgesamt wird deutlich, dass Löwenthal in Anlehnung an die konservativen Historiker Hans Rothfels und Gerhard Ritter versuchte, dem Nationalsozialismus ein anderes, moralisch besseres Deutschland entgegenzustellen, so dass von einer Kollektivschuld nicht gesprochen werden kann.

Geisteswissenschaften waren im Übrigen nur ein Themenfeld, das die Funk-Universität in ihren Sendungen montags und dienstags von 17.45 bis 18.15 Uhr ausstrahlte: »Man hat die Vortragsfolgen unter Angleichung an die verschiedenen Fakultäten in fünf Sendeabschnitte eingeteilt, und zwar werden vorerst Vorträge auf dem Gebiet der [...] Naturwissenschaften, der Sozialwissenschaften, der Psychologie und der

130 Gerhard Löwenthal: Der deutsche Widerstand gegen Hitler – zu einigen Publikationen über die deutsche Widerstandsbewegung, S. 10 (Man.: Gerhard Löwenthal, Red.: Herbert Kundler, 21.7.1953); ACDP, NL Löwenthal, 01-763-029.

Geistes- und Kulturwissenschaften gesendet.«[131] Am ehesten war die Reihe mit einem Studium Generale zu vergleichen, beginnend mit dem Abschnitt *Studium, Wissenschaft und Weltorientierung* (vier Wochen), gefolgt von der *Natur als Gegenstand der Wissenschaft* (13 Wochen), der *Mensch als Gegenstand der Wissenschaft* (13 Wochen), sowie *Mensch, Gesellschaft und Kultur* (6 Wochen). Mit Blick auf die Heterogenität des Rundfunkpublikums sollte das jeweilige Thema nicht allzusehr auf Teilgruppen der Zuhörerschaft hin zugeschnitten oder mit übermäßig vielen Fachausdrücken versehen werden.[132]

War die Gründung der Funkuniversität eine Pioniertat? Bereits im September 1947 strahlte der Südwestfunk Baden-Baden jeweils Sonntag morgens eine wissenschaftliche Vortragsreihe unter dem Titel *Die Aula. Stunde der Universität* unter Leitung von Herbert Bahlinger (Jahrgang 1896) aus. Die Reihe existiert heute (2011) noch. Die anderen Sender der drei westlichen Besatzungszonen, abgesehen von Radio Bremen und Radio Stuttgart, zogen mit spätabendlichen Kulturprogrammen für eine bildungsbürgerliche, akademische, intellektuelle Hörergruppe bis Ende 1948 nach. Löwenthal reihte sich mit der Funk-Universität in diese Kulturprogramme ein, denen die amerikanischen Militärbehörden in ihrer Schrift *One Year of Cultural Radio* insgesamt eine »Unterstützung des demokratischen Neubeginns« zubilligten. Im Gegensatz zu den Initiatoren und Redaktionsleitern der anderen Sender, die die Weimarer Republik sehr bewusst erlebt hatten, gehörte Löwenthal zur Studentengeneration.[133]

Nach der Verabschiedung des Grundgesetzes am 23. Mai 1949 in Bonn war die Zeit gekommen, sich um die Errichtung eines Korrespondentenbüros in der nun zu bestimmenden Bundeshauptstadt zu kümmern. Diese Aufgabe war Löwenthal wohl wegen seiner »Aufbau-Erfahrung« im Zusammenhang mit dem Hochschulfunk und der Funk-Universität übertragen worden. In jenem Jahr hatte er als Reporter aus der Bundeswahlzentrale berichtet und damit an seine Wahlreportagen aus Berlin 1946 angeknüpft. D.h., er gab die Zahl der Wahlberechtigten, die abgegebenen Stimmen und die Stimmenverteilung an die Nachrichtenabteilung des RIAS in Berlin durch.[134]

131 N.N.: Studium am Lautsprecher. Der RIAS eröffnet seine Funkuniversität, in: *Kurier*; ACDP, NL Löwenthal, 01-763-081.

132 N.N.: Funk-Universität im RIAS, in: *Volksblatt* Berlin. ACDP, NL Löwenthal, 01-763-081. Gerhard Löwenthal: Ein Jahr Funk-Universität, in: *Colloquium*, 5. Jahrgang (1951); S. 10f. ACDP, NL Löwenthal, 01-763-081.

133 Vgl. Monika Boll: Programmgeschichtliche Aspekte III: Rundfunkkultur und Kulturrundfunk, in: Markus Behmer/Bettina Hasselbring (Hrsg.): Radiotage, Fernsehjahre. Interdisziplinäre Studien zur Rundfunkgeschichte nach 1945. Berlin, Hamburg, Münster: Lit, 2004, S. 151–162, hier S. 153f.

134 Vgl. Gerhard Löwenthal: Hallo, hallo, liebe Hoererinnen und Hoerer, hier spricht Gerhard Löwenthal direkt aus Wiesbaden…; ACDP, NL Löwenthal, 01-763-029.

Löwenthals erster Eigenbericht aus Bonn datiert vom 6. September 1949. Es folgten die Übertragungen von der Eröffnung der ersten Bundesratssitzung und des ersten deutschen Bundestages am 7. September 1949, am 8., 9., und 11. September 1949. Weitere Eigenberichte aus Bonn, drei Übertragungen von der Eröffnung der Bundesversammlung, der Wahl des Bundespräsidenten, dessen ersten Ansprachen am 12. September 1949 und ein *Lebensbild Prof. Heuss* folgten. Ab dem 20. September 1949 berichtete Löwenthal von der konstituierenden Bundestagssitzung, der Regierungserklärung Adenauers und der mehrtägigen Debatte darüber. Insgesamt waren es 16 Übertragungen.[135]

Löwenthal kehrte im gleichen Herbst nach Berlin zurück. In der Folgezeit, zumal mit seiner Festanstellung, rückte die reine Reportertätigkeit in den Hintergrund zugunsten seiner – wie Jürgen Graf es nannte – administrativen Tätigkeit an der Seite von Programmdirektorin Ruth Gambke[136] und deren Nachfolger Eberhard Schütz[137] (die Sendereihen Hochschulfunk und Funk-Universität führte Löwenthal fort). Zu seinen weiteren Aufgaben gehörte der internationale Austausch mit anderen Sendern.

Im Rahmen eines amerikanischen Weiterbildungsprogramms für deutsche Journalisten und Führungskräfte reiste Löwenthal von September bis Dezember 1951 durch die Vereinigten Staaten bis nach Kalifornien, was ihn sehr beeindruckte.[138] Danach nahm er seine Tätigkeit beim RIAS wieder auf. Als sich die Streiks der Bauarbeiter zu einem zonenweiten Volksaufstand am 16. und 17. Juni 1953 ausweiteten, berichtete der RIAS ausführlich; bei aller Sympathie gab es jedoch keinen Versuch, den Aufstand durch Aufrufe zum Generalstreik oder zu Gewalt anzuheizen. Als am 18. Juni 1953 bekannt wurde, dass der amerikanische McCarthy-Senatsausschuss den RIAS-Direktor Gordon Ewing zur Aussage geladen hatte (demnach wurde er verdächtigt, Kommunisten zu unterstützen), solidarisierten sich die leitenden RIAS-Mitarbeiter wie Hanns Werner Schwarze, Egon Bahr und Gerhard Löwenthal mit ihm, denn sie sahen durch derartiges die RIAS-Wirkung auf die »Zone«, wie man seinerzeit sagte, beeinträchtigt. Mehr noch: Falls Ewing abberufen würde, zögen sie ihre Konsequenzen und würden kündigen. Der Protest erzielte ein internationales Echo und war erfolgreich.[139] Diese Art von Corpsgeist war typisch unter den RIAS-Mitarbeitern; das Bedrohungsgefühl in West-Berlin schweißte zusammen. Es war die Zeit, als der Kalte Krieg am eisigsten war und die DDR-Propaganda den RIAS als verhetzende Spionageorganisation bezeichnete.

135 Liste Löwenthal. Übertragungen aus Bonn; ACDP, NL Löwenthal, 01-763-029.
136 Zu Ruth Gambke siehe auch Herbert Kundler: RIAS, S. 108.
137 Vgl. Herbert Kundler: RIAS 7, S. 189.
138 Löwenthal: Ich bin geblieben, S. 218 f.
139 Vgl. Kundler, RIAS, S. 189–197.

Rückblickend faßt Herbert Kundler, Löwenthals Mitarbeiter beim RIAS und später RIAS-Programmdirektor, zusammen: Löwenthal »war ein äußerst dynamischer, glänzender Organisator, ein großer Macher«.[140] Doch war er auch, so Kundler, »skrupellos, wenn er was wollte, kannte er nicht viel Hindernisse«.[141] Was damit gemeint ist, geht aus der Quelle nicht hervor.

In jener Zeit war der RIAS der bei weitem beliebteste Sender in Berlin (West). Einer repräsentativen Erhebung zufolge erklärten im August 1950 82 Prozent der West-Berliner, sie hörten vorwiegend RIAS. Im Mai 1951 und Juli 1952 konnte dieser Wert nahezu gehalten werden (jeweils 78 Prozent, gegenüber 19 Prozent NWDR, zwei Prozent AFN Berlin und ein Prozent Berliner Rundfunk).[142] In der DDR war der RIAS, soweit Störsender nicht seinen Empfang beeinträchtigten, eine wichtige Nachrichtenquelle und ein Ratgeber für unterschiedliche Teile der Bevölkerung. Daher galt er der DDR-Propaganda als Agentenhochburg der USA. Die Stasi schätzte Gerhard Löwenthal alleine wegen dessen politisch-journalistischer Tätigkeit beim RIAS im kalten Krieg als »amerikanischen Agenten«[143] ein.

Sender Freies Berlin

Zum 1. Januar 1954 startete das Land Berlin seine eigene öffentlich-rechtliche Rundfunkanstalt: den Sender Freies Berlin (SFB). Zuvor war der Nordwestdeutsche Rundfunk mit Studio und Personal in den westlichen Sektoren vertreten gewesen; beides übernahm nun der SFB.

Auf Wunsch einiger Rundfunkräte wechselte Löwenthal am 1. Juni 1954 zum SFB. Zwar war er beim RIAS sehr zufrieden – am 1. November 1953 war ein zweites RIAS-Programm auf Sendung gegangen[144] – eine weitere Aufbauarbeit reizte ihn aber stärker: so jedenfalls seine Begründung. Gab es andere oder weitere Gründe? Inwieweit sich dadurch sein Gehalt erhöhte, geht aus den Quellen nicht hervor. Das Institut für internationale Politik und Wirtschaft der DDR sah Löwenthal als Überzeugungstäter

140 N.N.: »Tief, sehr tief sind wir gesunken«, in: *Der Spiegel*, S. 80.

141 Hermann Gremliza: Wer ist Gerhard Löwenthal?, in: *Konkret*, 19. Jahrgang (1973), Nr. 40, S. 14–19, dort S. 17; ACDP, NL Löwenthal, 01-763-021.

142 Vgl. Andreas Schmidt: Die Anfänge der Hörerforschung beim SFB 1954 bis 1957, in: Der Sender Freies Berlin in der Berliner Medienlandschaft. Eine Bestandsaufnahme. Berlin: SFB, 1986, S. 8–14, hier S. 10.

143 MfS-VSHVII/AKG. Kopie BStU; Privatarchiv Dr. Ingeborg Löwenthal, Ordner GL Stasi.

144 Chronologie: RIAS und RIAS Berlin Kommission. Online im Internet: www.riasberlin.de

und Fachmann, den seine Dienstherren an den neuen, dem RIAS in Sachen Antikommunismus kaum nachstehenden SFB »delegiert« hätten.[145]

Intendant und Programmdirektor des SFB war Alfred Braun: eine »Reporterlegende« mit hohem Bekanntheits- und Beliebtheitsgrad in den zwanziger Jahren, dem Löwenthal als stellvertretender Programmdirektor zur Seite stehen sollte. Braun sympathisierte in der Weimarer Republik mit den Sozialdemokraten, emigrierte 1933 und kehrte nach einigen Jahren zurück, um zwar nicht mehr als Rundfunkreporter zu arbeiten, aber immerhin beim Spielfilm beschäftigt zu werden. Zwar erwähnte Löwenthal, er habe wegen Brauns Regieassistenz an dem Film *Jud Süß* (1940) und seiner weiteren Zusammenarbeit mit dessen Regisseur Veit Harlan Bedenken ihm gegenüber gehabt, sie seien jedoch in einem eingehenden Gespräch ausgeräumt worden. Was Löwenthal als Autobiograph aber verschwieg, war die Nachkriegs-Vergangenheit Brauns: dieser war bis 1950 beim sowjetisch kontrollierten Berliner Rundfunk tätig und sprach unter anderem »polemische Kommentare« gegen die Luftbrücke.[146] Sein früherer RIAS-Kollege Herbert Kundler meinte rückblickend, der NS-belastete Braun habe Löwenthal als »jüdisches Feigenblatt« herangezogen.[147] Verglichen mit seiner zurückliegenden Reportertätigkeit beim RIAS entstanden nur wenige journalistische Beiträge, da sein Arbeitsschwerpunkt nun in der Verwaltung lag: Auch Wiedervereinigungsideen, deutschlandpolitische Skizzen, Ansätze zu einer geänderten oder neuen Ostpolitik, wie sie Axel Springer[148] zu jener Zeit entwarf, fehlten bei Löwenthal völlig. Fasziniert von der erst kurz zuvor wieder in Deutschland erlaubten Kernforschung, arbeitete er an dem Buch *Wir werden durch Atome leben*. Dementsprechend trat er in jenen Jahren vor allem als Wissenschaftsjournalist in Erscheinung. So lobte er Bundesatomminister Franz Josef Strauß für seine »sorgfältig formulierte und verantwortungsbewusste« Erklärung über bislang ausgebliebene radioaktive Gefährdungen[149], sprach über die Genfer Konferenz zur friedlichen Anwendung der Atomenergie und die sich daraus ergebenden Möglichkeiten für Deutschland[150], führte ein

145 Institut für internationale Politik und Wirtschaft der DDR (Hrsg.): Propaganda feindlicher Funk- und Fernsehsender (Tendenzen und Argumente). Anhang: zur Charakterisierung der Sendereihe »ZDF-Magazin« des 2. BRD-Fernsehens. Berlin (Ost), 1980, in: BStU Kopie AR 8, Bl. 00300–00303; Privatarchiv Dr. Ingeborg Löwenthal, PA 3472 Bd 4 (Teil V/2).

146 Vgl. N.N.: Alfred Braun, in: Munzinger-Archiv/Internat. Biographisches Archiv, 16/1978.

147 Kundler-Zitat in: Hermann Gremliza: Wer ist Gerhard Löwenthal, in: *Konkret*, 13.10.1973, S. 17, Kopie BStU AR 8, Bl. 00081; Privatarchiv Dr. Ingeborg Löwenthal, GL Stasi.

148 Vgl. Hans Peter Schwarz: Axel Springer. Die Biographie. Berlin: Propyläen, 2008, S. 251–270.

149 Gerhard Löwenthal: Bemerkungen zur Verlautbarung von Bundesatomminister Strauss. Ohne Datum; ACDP, NL Löwenthal, 01-763-103.

150 Gerhard Löwenthal: Wann beginnt in Deutschland das Atomzeitalter? Kommentar in SFB I, 24.8.1955 (fünf Minuten); ACDP, NL Löwenthal, 01-763-103. (S. 2 fehlt)

Gespräch mit Strauß im Rahmen des *Berichts aus Bonn*[151], zwei Interviews mit Senatsrat Gehlhoff über Atomforschung in Berlin[152] sowie ein Gespräch mit Strauß und wiederum Gehlhoff am 2. Juli 1956 zu verschiedenen Fragen der Kernkraftnutzung.[153]

Zum 31. Januar 1957 kündigte Löwenthal beim SFB. Ihn zog es heraus aus Berlin, ins westliche Ausland. Nicht etwa aus politischen Gründen – er hielt den Status West-Berlins (es war vor dem Berlin-Ultimatum Chruschtschows) für sicher und behielt dort einen Wohnsitz.[154] Konnte er eigene Vorhaben auf dem Gebiet des Wissenschaftsjournalismus nicht verwirklichen? Er war ja nach wie vor von den Fortschritten der Wissenschaft fasziniert. Der Abschied vom SFB erscheint schwer verständlich angesichts der für Löwenthals Alter von 34 Jahren beachtlichen beruflichen Position und angesichts des für 1958 terminierten Starts des SFB-Fernsehprogramms für Berlin. Gab es interne Konflikte? Sie sind jedenfalls nicht nachweisbar. Wahrscheinlich ist, dass er weniger administrative und mehr journalistische Aufgaben in einer politisch wie technisch-wissenschaftlich außerordentlich ereignisreichen Zeit außerhalb Berlins wahrnehmen wollte. Differenzen mit Alfred Braun sollen ausschlaggebend gewesen sein.[155] Außerdem fällt der Abschied vom SFB in eine Zeit privater Veränderung (Ehescheidung). Vielleicht wollte er, der sein Leben bis dahin fast ausschließlich in Berlin verbracht hatte, deshalb Abstand gewinnen.

1958 gab Löwenthal die deutsche Ausgabe von Melvin Laskys *The Hungarian Revolution* über den Ungarn-Aufstand heraus. Lasky war ein ehemaliger amerikanischer Kulturoffizier im besetzten Berlin der Nachkriegszeit, der sich mit der Zeitschrift *Der Monat* einen Namen im Ressort des politischen und kulturellen Journalismus gemacht hatte. Einen eigenen Text für diese umfangreiche Sammlung von Zeitungsberichten, Reden und Aufrufen zur ungarischen Revolution von 1956 steuerte Löwenthal nicht bei. Seine Leistung dürfte darin bestanden haben, Karl Jaspers (den er von einer Sendung der Funk-Universität persönlich kannte und dessen Schrift *Die Schuldfrage* er außerordentlich schätzte) für das Vorwort gewonnen zu haben. Als Verleger fungierte

151 Gerhard Löwenthal: Bericht aus Bonn. Gespräch mit Atomminister Franz Josef Strauß, SFB I, 12.2.1956; ACDP, NL Löwenthal, 01-763-103.

152 Gespräch mit Senatsrat Dr. Gehlhoff über die Förderung der Atomforschung in Berlin am 16.1.1956, SFB I, und am 9.4.1956 über das Atom-Institut in Berlin; ACDP, NL Löwenthal, 01-763-103. Der Vorname Gehlhoffs war nicht in Erfahrung zu bringen.

153 Gerhard Löwenthal: Atomminister Franz-Josef Strauß und Senatsrat Dr. Gehlhoff über Atomfragen, Reaktor für Berlin, Strahlenschutz, Radioaktivität aus der Luft u. a., Nobelpreisträger in Lindau; ACDP, NL Löwenthal, 01-763-103.

154 Vgl. Brief Löwenthals an Rechtsanwalt Gerhard Schwarz vom 13.März 1960; ACDP, NL Löwenthal, 01-763-047.

155 Ingeborg Löwenthal am 19.3.2008 gegenüber dem Verfasser.

Otto Hess, ein Bundesgenosse Löwenthals bei der Gründung der Freien Universität. Ihn, den Inhaber des Colloquium-Verlages, dürfte Löwenthal ausgewählt haben.

In Löwenthals journalistischem Werk ist erstaunlicherweise nichts über die wichtige Frage der Atombewaffnung der Bundeswehr zu finden, die 1958 eine große Debatte in Politik und Medien auslöste.

Öffentlichkeitsarbeit für Berlin

Löwenthal hatte sich neben seiner Tätigkeit als politischer Journalist als Wissenschaftsjournalist und ehemaliger stellvertretender Programmdirektor einen Namen gemacht. Dies ermöglichte ihm, die Stelle des Leiters der wissenschaftlichen Informationsabteilung der European Productivity Agency in Paris zu erhalten. Arbeitsbeginn sollte der 1. Januar 1959 sein. Ein politisches Ereignis verzögerte dieses Vorhaben: Der sowjetische Generalsekretär Nikita Chruschtschow erhob 1958 die Forderung, den Viermächtestatus in Berlin zu beenden; West-Berlin solle künftig eine »freie Stadt« ohne Anbindung an die Bundesrepublik Deutschland sein. Dazu verlangte die UdSSR den Abzug der westalliierten Truppen. Da Berlin (West) wegen seiner Insellage alleine kaum lebensfähig und überdies allen möglichen Erpressungsmöglichkeiten der Sowjetunion und der DDR ausgeliefert war, entstand damit eine Gefahr. Löwenthal ließ sich von seinem Bekannten Heinrich Vockel, dem Beauftragten der Bundesregierung für Berlin, überzeugen, in Zusammenarbeit mit der Berliner Vertretung von Inter Nationes e.V., ausländischen Multiplikatoren die Situation in Berlin (West) vor Ort zu erklären:

»Wenn ich mich recht erinnere, schleusten wir rund 500 Multiplikatoren aus etwa 50 Ländern in den fünf Monaten durch unser Programm und stimmten auch noch diverse Reisen des Regierenden Bürgermeisters Willy Brandt nach Kanada, in die USA, nach Japan, Indien und in eine Reihe von asiatischen Staaten mit dem Gesamtprogramm ab. Es gab Tage, an denen ich mit bis zu fünf Fernsehteams dem Regierenden auf die Pelle rücken musste. Die Gesamtkosten dieser Aktivitäten lagen bei rund drei Millionen Mark. Es war sicher gut angelegtes Geld, denn die öffentliche Meinung in vielen Ländern, vor allem bei den sogenannten Blockfreien, verbesserte sich zusehends.«[156]

156 Gerhard Löwenthal: Ich bin geblieben, S. 242.

Gerhard Löwenthal im Dienst von Inter Nationes in Berlin, 1959

Stellvertretend für andere sei an dieser Stelle das Schreiben des japanischen Fernsehjournalisten Hisanori Isomura an Löwenthal zitiert:

»Ich möchte die Gelegenheit dieses Schreibens dazu benutzen, um Ihnen nochmals meinen allerherzlichsten Dank auszusprechen für die freundliche Aufnahme, die mir in Berlin während meines dortigen Aufenthalts zuteil wurde, insbesondere aber für die grosse Hilfe und die wertvollen Ratschläge, die Sie mir zur Ausübung meiner Funktionen zukommen liessen. Ohne diese Ihre Hilfe hätte ich sicherlich nicht immer das Richtige getroffen, ich bin Ihnen deshalb ganz besonders dankbar.«[157]

Ein weiterer japanischer Rundfunkjournalist: »Dank Ihrer Unterstützung wird es dem japanischen Rundfunk in Tokio möglich sein, seinem Publikum ein klares Bild über die heutige Lage in Berlin zu geben.«[158]

Eine Tatsache erleichterte Löwenthal die Arbeit sehr stark: Willy Brandt war als ehemaliger Journalist willens und fähig, einen gewinnenden Umgang mit dieser Berufsgruppe zu pflegen. Er dürfte sich mehr Zeit als andere Politiker genommen haben,

157 Hisanori Isomura (Radio-Television Japonaise), 17.3.1959; ACDP, NL Löwenthal, 01-763-103.
158 Yukinori Yoshida, 19.3.1959; ACDP, NL Löwenthal, 01-763-103.

die Lage Berlins und seine eigenen Einstellungen zu erklären. Allerdings sollte Löwenthals Satz, er sei mit Brandt eng befreundet gewesen, nicht überschätzt werden: Matthias Walden, seit 1950 Journalist in Berlin, resümierte über den Regierenden Bürgermeister Brandt:

»Erst im abendlichen Kreise, kettenrauchend und manchen kräftigen Schluck vertragend, taute er auf, wurde er leutselig, erlaubte er seinem Schalk den Weg vom Nacken in die pfiffig werdende Mimik. Er verkürzte dann die Distanz ganz schnell und schloss im Qualm der langen Nächte Freundschaften, die es manchem erlaubten, ihn ihren Willy zu nennen.«[159]

Berufsjahre im Ausland

Beamter in Paris

Statt am 1. Januar 1959 begann Löwenthal am 1. Juni desselben Jahres mit seiner Tätigkeit als Leiter der wissenschaftlichen Informationsabteilung bei der EPA (European Productivity Agency). Diese war eine Unterorganisation der OEEC (Organisation for European Economic Cooperation), die seit ihrer Erweiterung um die Vereinigten Staaten und Kanada im Jahre 1961 OECD (Organisation für ökonomische Zusammenarbeit und Entwicklung) heißt. Die OEEC war aus der Marshallplan-Organisation hervorgegangen und umfasste die westeuropäischen Industriestaaten. Ihr Ziel war darüber hinaus eine Annäherung der Volkswirtschaften untereinander durch Abbau der Zölle und Erleichterung des Zahlungsverkehrs – Ziele, die ab 1957 in den Bereich der Europäischen Wirtschaftsgemeinschaft fielen. Löwenthals Schwiegervater Ernst Lemmer hatte die Bewerbung unterstützt – und er führte zugleich die zwischenzeitlich geschiedenen Eheleute Gerhard und Ingeborg Löwenthal wieder zusammen, die 1960 ein zweites Mal heirateten.

Löwenthal sollte die Aktionen der EPA auf dem Wissenschaftssektor bekannt machen, und die Kontakte zu den Institutionen auf nationaler Ebene pflegen: Wissenschaftsrat, Stifterverband für die deutsche Wissenschaft und Kultusministerkonferenz. So konnte Löwenthal seine Erfahrungen als Wissenschaftsjournalist zugunsten einer internationalen europäischen Organisation nutzen, was seiner pro-europäischen Einstellung entsprach.

159 Matthias Walden: Kassandrarufe, Deutsche Politik in der Krise. München, Wien: Langen-Müller, 1975, S. 219.

Seine wenigen im Nachlass erhaltenen Zeitungsberichte von 1959 bis März 1963 betrafen die OECD. Er referierte im Wirtschaftsteil des *Mannheimer Morgen* deren Deutschland-Bericht zur wirtschaftlichen Entwicklung der Bundesrepublik, und informierte über die Wahl des neuen Vorsitzenden des OECD-Ausschusses für Entwicklungshilfe.[160] Dadurch wird bereits erkennbar, dass er sich nicht ausschließlich mit Wissenschaftspolitik und -kommunikation, sondern außerdem mit wirtschaftlichen Zusammenhängen befasste. Beispielsweise nahm er 1962 an dem heute (2011) noch bestehenden, mit wechselnden hochrangigen Experten aus dem In- und Ausland besetzten Bergedorfer Gesprächskreis der Koerber-Stiftung zum Thema *Die Bewältigung des Preis-Lohn-Problems und die Autonomie der Sozialpartner* teil.[161] Dagegen liegt zu einem innenpolitisch so markanten Thema wie der Spiegel-Affäre, die eine starke Solidarität zahlreicher Journalisten mit dem Hamburger Magazin nach sich zog, keine Äußerung Löwenthals vor.

Den Fortschrittsoptimismus der 1950er und 1960er Jahre teilte Löwenthal. 1962 waren Veröffentlichungen wie die *Grenzen des Wachstums* durch den Club of Rome und die Ölkrise noch weit entfernt. Ein Text Löwenthals anlässlich der Gründung der OECD enthielt neben einer ausführlichen Beschreibung dieser Organisation einen Ausblick auf die Zukunft:

»Ein historischer Abschnitt der europaeischen Wirtschaftsentwicklung ist heute zu Ende gegangen – und gleichzeitig ist ein neuer Abschnitt durch die Unteryeichung [sic!] des Vertrages begonnen worden. Wenn auch noch manche Fragen offen bleiben, die in der praktischen Arbeit geloest werden muessen, so ist doch die Voraussetzung dafuer gegeben, dass bei gutem Willen aller Beteiligten ein neuer grosser Schritt vorwärtsgetan werden kann, um allen Menschen ein besseres Leben zu ermöglichen.«[162]

Im Oktober 1960 bewarb sich Löwenthal, obwohl er erst 15 Monate an seinem neuen Arbeitsplatz in Paris wirkte, spontan bei dem in Planung befindlichen kommerziellen Fernsehkanal Freies Fernsehen Gesellschaft mbH, um den sich Konrad Adenauer als Gegengewicht zur vermeintlich links-oppositionellen ARD bemüht hatte. Er schlug in einem Schreiben an den Geschäftsführer eine Sendereihe *Was gibt es Neues in Europa?*

160 Vgl. Gerhard Löwenthal (GL): Die Rekordjagd der Kosten, Löhne und Preise, in: *Mannheimer Morgen*, 20.2.1963, S. 17. Ders.: (gl): Wachablösung bei der OECD, in: *Mannheimer Morgen*, 26.2.1963, S. 12; ACDP, NL Löwenthal, 01-763-101.

161 Vgl. www.koerber-stiftung.de/en/international-affairs/bergedorf-round-table/database/your-search-for-results-for-a-protocol/protocol-detail/BGlist/die-bewaeltigung-des-lohn-preis-problems-und-die-autonomie-der-sozialpartner.html.

162 Gerhard Löwenthal (ohne Titel); ACDP, NL Löwenthal, 01-763-104. Näheres über Veröffentlichung war den Akten nicht zu entnehmen. Alleine die Entstehungszeit lässt sich rekonstruieren: Dezember 1960, als der OECD-Gründungsvertrag unterzeichnet wurde. Es geht aus dem Text nicht hervor, ob es sich um ein Manuskript für eine Zeitung oder für den Rundfunk handelte.

vor, was seine Europaorientierung und -erfahrung unterstreicht. Daneben schwebte dem Wissenschaftsjournalisten Löwenthal eine Reihe über »Probleme der angewandten Wissenschaft«, unterstützt vom Bundesverband der deutschen Industrie, vor.[163] Der inoffiziell meist als »Adenauer-Fernsehen« bezeichnete Kanal scheiterte jedoch an einem Urteil des Bundesverfassungsgerichts 1961, das die Rundfunkhoheit der Länder zuungunsten des Bundes festschrieb.

ZDF-Korrespondent in Brüssel

Anfang 1963 erhielt Löwenthal Besuch von Wolf Dietrich[164], dem Chefredakteur des neugegründeten Zweiten Deutschen Fernsehens. Löwenthal hatte ihn 1946 zum RIAS geholt, und wie viele andere RIAS-Mitarbeiter mit und nach ihm hatte er später den Weg zum ZDF genommen. Dietrich hätte Löwenthal gerne in seiner Nähe in der Sendezentrale gesehen, doch dieser, der ohnehin nicht mehr lange in Paris zu arbeiten beabsichtigte, unterbreitete ihm eine eigene Idee: Er wollte die Leitung eines Europa-Studios in Brüssel übernehmen, um als Journalist die Europäische Einigung zu unterstützen. Das Studio in der belgischen Hauptstadt war eines der acht Studios[165], mit denen das ZDF seine Auslandsberichterstattung begann. Dietrich willigte ein, und Löwenthal leitete es ab dem 1. Mai 1963. Dies bedeutete abermals Aufbauarbeit. Neben der Berichterstattung über die Europäische Wirtschaftsgemeinschaft waren die einzelnen Benelux-Staaten sein Thema, und nachdem 1966 der Sitz der NATO von Fontainebleau nach Mons/Hennegau verlegt worden war, zusätzlich der Nordatlantikpakt. Dabei erreichte eine hohe Bildschirmpräsenz: Rund 700 Beiträge für die ZDF-Nachrichten zwischen 1963 und 1968 sind im Unternehmensarchiv des ZDF nachgewiesen. Hinzu kam anlässlich der Zollunion eine dreiteilige Reihe zur Geschichte der europäischen Integration unter dem Titel *Europa. Traum oder Wirklichkeit*, gesendet

163 Vgl. Rüdiger Steinmetz: Freies Fernsehen. Das erste privat-kommerzielle Fernsehprogramm in Deutschland. Konstanz: UVK-Medien, 1996, S. 358 ff.

164 Dietrich, Jahrgang 1919, war nach seiner Tätigkeit beim RIAS der Bonner Korrespondent des Süddeutschen Rundfunks, wo er sich mit der Sendereihe *Links und rechts der Koblenzer Straße* über die Bundesministerien einen Namen machte. Dietrich galt als CDU-nah. 1962 zum ZDF gekommen – das aufzubauen war – wählte er zahlreiche Journalisten für die Korrespondentenstandorte im In- und Ausland aus: so beispielsweise Hanns Werner Schwarze (RIAS) für das Studio in Berlin. Schwarze ist in diesem Falle besonders interessant, denn als Redaktionsleiter und Moderator von *Kennzeichen D* ab 1971 konkurrierte er mit Löwenthal in der Behandlung des Themas DDR/innerdeutsche Beziehungen.

165 Vgl. N.N.: Berichterstattung aus den ZDF-Studios, in: Jahrbuch des Zweiten Deutschen Fernsehens, Bd. 4 (1967). Mainz: v. Hase und Köhler, 1968, S. 64.

Löwenthal mit dem belgischen Politiker und Staatsmann Paul Henri Spaak

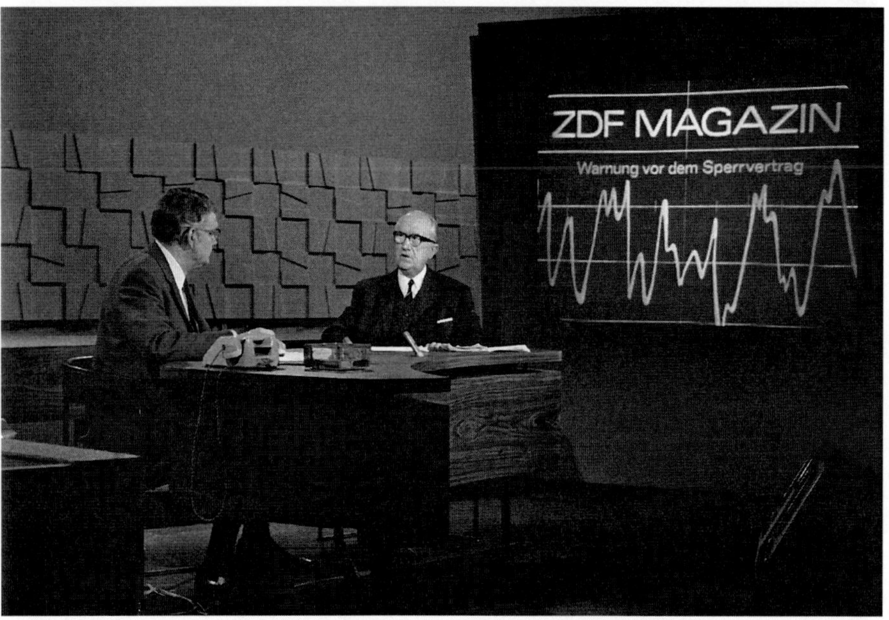

Löwenthal mit CDU-Politiker und Staatssekretär im Auswärtigen Amt Walter Hallstein

am 2., 3. und 4. Juli 1968[166], sowie Sondersendungen mit Paul Henri Spaak und Walter Hallstein.

Nicht durch Beiträge über »Obstüberschüsse und Eierpreise« (so ordnete der *Spiegel* Löwenthals Themen ein) sei er in Erscheinung getreten, sondern durch »kontinuierlich harte Kommentare über Europa-Politik«, »die nachweislich vielen Leuten in Bonn (und anderswo) sehr missfallen haben«.[167] Das Missfallen bezog sich hier höchstwahrscheinlich auf Löwenthals beharrliches Drängen, die politische Union zu verwirklichen, und auf seine ablehnende Haltung gegenüber Charles de Gaulle wegen dessen Widerstand gegen einen EWG-Beitritt des Vereinigten Königreiches. In Brüssel war er mit seiner beruflichen Position bei gleichzeitigem vorzüglichem Lebensstandard sehr zufrieden. 1967 war er erstmals im *Wer ist wer?*, dem deutschen *Who is who?*) aufgeführt.[168] Nach seinen »Lehr- und Wanderjahren« inner- und außerhalb Berlins gab es eigentlich wenig Veranlassung, Brüssel zu verlassen. Es sollte aber anders kommen.

ZDF-Magazin

Wenig bekannt ist, dass das ZDF ab Sendebeginn April 1963 eine zeitkritische Magazinsendung mit dem Titel *In diesen Tagen* unter Leitung von Heinz Metlitzky ausstrahlte, die 1964 wieder eingestellt wurde.[169] Dies war möglicherweise ein Fehler, denn die Fernsehzuschauer assoziierten das ZDF fortan mit Unterhaltung, die ARD dagegen als Programm, das sich Politik und Unterhaltung widmete. Der Ausschuss für Politik und Zeitgeschehen (P+Z) des ZDF-Fernsehrates besprach am 25. November 1966 das Ergebnis einer Erhebung, wonach die ARD wegen ihrer politischen Sendungen mehr Ansehen genieße als das ZDF. Daraus leitete das Ratsmitglied Hans Schäfer die Frage ab, ob das ZDF nicht deutlichere politische Kritik in den schon bestehenden einzelnen Sendungen oder in einer eigens dafür zu schaffenden Sendereihe üben solle.[170] Der P+Z-Ausschuss bat in der Sitzung vom 14. Juli 1967 den Intendanten Karl Holzamer um eine schriftliche Antwort auf Schäfers Antrag; Holzamer legte sie zur Sitzung des

166 Vgl. mt/FK: Das politische Magazin und sein zukünftiger Chef. Ein Gespräch mit Gerhard Löwenthal, in: *Funk-Korrespondenz*, 1.3.1968; ACDP, NL Löwenthal, 01-763-033.

167 Gerhard Löwenthal: Tages-Themen (Leserbrief), in: *Der Spiegel*, 22. Jahrgang (1968), Nr. 42, S. 17f.

168 Vgl. Walter Habel (Hrsg.): Wer ist wer? (Who is who), Berlin: Arani, 1967, S. 1173.

169 ZDF (Hrsg.): ZDF-Jahrbuch 1962/64, S. 99, ferner: Hanns Werner Schwarze: politische Fernsehmagazine – Unausgewogenheit programmiert, in: Kötterheinrich et al.: Rundfunkpolitische Kontroversen, S. 180–193, dort S. 183.

170 Niederschrift über die 4. Sitzung der II. Amtsperiode des Ausschusses für Politik und Zeitgeschehen (P+Z); ACDP, NL Löwenthal, 01-763-016.

Gerhard Löwenthal im Studio des ZDF-Magazins

Fernsehrates am 15. Dezember 1967 vor: Er sah die Möglichkeit, einen größeren Zuschauerkreis durch ein »thematisch gemischtes Magazin« anzusprechen. Dabei sollte es sich um eine wöchentliche Sendung von 45 Minuten Dauer handeln, die sich »innen- und außenpolitische, wirtschafts- und sozialpolitische, kulturpolitische und allgemeine Themen« vornimmt.[171] Der P+Z-Ausschuss stimmte unter dem Vorsitz von Waldemar Besson der Vorlage des Intendanten »einhellig« zu und bat den Fernsehrat um eine Entscheidung in diesem Sinne. Mitglieder des Fernsehrates nahmen sogleich Stellung zur inhaltlichen Ausrichtung. Staatssekretär Ernst Neumann-Silkow (CDU) wünschte eine Abgrenzung vom politischen Profil der ARD-Fernsehmagazine. Er vermisste »dort eine Kritik an jenen Kräften, die in gefährlicher Weise versuchten, die bestehende Ordnung und Gesellschaft zu demontieren [also der APO] [...]. Hier müsse eine entsprechende redaktionelle Vorsorge getroffen werden«. Will Riesenberg (Arbeitgeberverbände) begrüßte in der gleichen Sitzung die Einführung des Magazins

171 Zweites Deutsches Fernsehen. Der Intendant. Vorlage an den Fernsehrat, ausgegeben zu der Sitzung des Fernsehrates II/8. am 15. Dezember 1967; ACDP, NL Löwenthal, 01-763-016. Vgl. Nicole Prüsse: Konsolidierung, Durchsetzung und Modernisierung. Geschichte des ZDF, Teil II (1967–1977), Münster: Lit, 1995, S. 260.

ebenfalls und riet zu »kompromißloser Zeitkritik bei gleichzeitiger Vermeidung von Einseitigkeiten. Es komme darauf an, durch einen Fernsehjournalisten die politische Diskussion in der Bevölkerung anzuregen«. Die Bezugnahme auf »Einseitigkeiten« stellte eine Kritik an *Panorama* (NDR/ARD) dar: Jenes Magazin galt (zu Recht) als einseitig linksgerichtet. Der Fernsehrat schloss mit den Worten, diese Sendereihe solle mit allen Mitteln dazu beitragen, Akzente zu setzen. Dabei sei Zeitkritik nur einer der Aspekte des Magazins. Das ZDF solle an allen Lebensfragen intensiver teilnehmen und besonders dazu beitragen, die gegenwärtige Vertrauenskrise der parlamentarischen Demokratie überwinden zu helfen.[172] So ist die Einführung des *ZDF-Magazins* auf den immer deutlicher werdenden politischen Umbruch der 1960er Jahre zurückzuführen, als das Interesse der Bürger an Politik anstieg und sich auf dem Höhepunkt 1967/68 die Studentenbewegung mit ihren (für die Bundesrepublik) neuartigen Erscheinungsformen und Inhalten einerseits, die NPD andererseits zu beunruhigenden Phänomenen präsentierten. Kein Zweifel: Es hatte ein Epochenwechsel stattgefunden, dessen tiefere Ursachen zu klären waren. So gab es von Anfang an ein Motiv, das bestehende politische System mit publizistischen Mitteln zu verteidigen.

Löwenthal erinnerte sich in *Ich bin geblieben*: Weder Intendant noch Chefredakteur waren von der Einrichtung eines kritischen Magazins angetan, doch hatten sie dem Beschluss des Fernsehrates nachzukommen. Dies wird in der Diplomarbeit über das *ZDF-Magazin* von Andreas H. R. Schmidt bestätigt.

Während verschiedene Journalisten den angebotenen Posten des Redaktionsleiters ablehnten, war Löwenthal als Freund des Chefredakteurs und vor allem wegen seiner Berufserfahrung und Qualifikation als Journalist ein immer ernsthafterer Anwärter geworden. Seine Werte und Einstellungen ließen sich auf das beste mit den Leitlinien des ZDF-Staatsvertrags und der Programmrichtlinien vereinbaren (wie wir weiter unten darstellen werden). Hinzu kam: Er war parteilos und konnte so auf eine größere parteiübergreifende Zustimmung im Fernsehrat hoffen. Dem Intendanten Holzamer schien er der richtige Mann, um den auch von ihm als parteiisch charakterisierten Meinungsäußerungen in *Panorama* ein Gegengewicht setzen zu können. Dass aber auch der ZDF-Korrespondent Heinz Metlitzky zu den Initiatoren des Magazins gehört haben soll,[173] lässt sich aus den Quellen nicht erhärten.

Gerhard Löwenthal hatte angesichts seiner vorteilhaften Position in Brüssel – immerhin hatte er ein Beziehungsgeflecht im politisch-publizistischen Raum entwickelt, konnte sogar mit einem international bekannten Politiker wie Paul Henri Spaak freundschaftlich verkehren und erfreute sich eines vergleichsweise hohen Einkom-

172 Niederschrift über die 8. Sitzung der II. Amtsperiode des Fernsehrats am 15. Dezember 1967; ACDP, NL Löwenthal, 01-763-016.

173 Vgl. www.de.wikipedia.org/wiki_Heinz_Metlitzky.

mens – zunächst wenig Neigung, Konflikte mit Parteien und Verbänden auszutragen, wie es die rasch wechselnden Moderatoren insbesondere von *Panorama* erlebt hatten. Nicht zuletzt war er nach etwa neun Jahren im Ausland von manchen innenpolitischen Entwicklungen geradezu unberührt geblieben, während sein Fachwissen um die europäischen Gemeinschaften, NATO und Benelux herausragend war. Die Aussicht auf eine freie Themenauswahl bei wöchentlich 45 Minuten Sendezeit faszinierte ihn aber dennoch, so dass er ernsthaft über das Angebot nachdachte. Als zahlreiche Kollegen, von ihm befragt, abrieten, fühlte er sich umso stärker motiviert, den Posten anzunehmen.[174] Als Karrieresprungbrett sah er die Leitung des wöchentlichen Magazins angesichts der zu erwartenden Kontroversen mit den im Fernsehrat vertretenen Parteien CDU, CSU, SPD und FDP (und ihren Freundeskreisen) aber nicht an. Seitdem blieb ihm der Posten des ZDF-Chefredakteurs verwehrt.

In einem Schreiben vom 3. Februar 1968 erstellte Löwenthal ein Konzept der Sendereihe und sagte zu, den Aufbau zu übernehmen. Für den Fall eines Scheiterns behielt er sich die Rückkehr nach Brüssel vor (siehe unten).

Auf Vorschlag von Chefredakteur Wolf Dietrich wurde Gerhard Löwenthal mit der Leitung des Magazins beauftragt.[175] Der Fernsehrat nahm einstimmig die Nominierung Löwenthals an. Auch seine SPD-Vertreter und »SPD-Freunde« stimmten für ihn.

Das *ZDF-Magazin* war, wie aus den Zitaten hervorgeht, nicht das erste kritische Politmagazin im deutschen Fernsehen. Am Anfang der wöchentlichen politischen Meinungsmagazine stand Rüdiger Proske, Jahrgang 1916. Als Kampfflieger im Rang eines Hauptmanns abgeschossen, war er als Kriegsgefangener zunächst in England und dann in Kanada interniert, wo er 1942 bis 1946 Politikwissenschaft, Wirtschaftswissenschaften und Mathematik studieren konnte. Nach Tätigkeit bei politischen Zeitschriften wie den *Frankfurter Heften* ging er 1952 zum Nordwestdeutschen Rundfunk, wo er 1960 zum Hauptabteilungsleiter Zeitgeschehen aufstieg. Bereits in den fünfziger Jahren prüfte er, welche amerikanische und britische Sendeformen sich auf das deutsche Fernsehen übertragen ließen.[176] Zunächst wollte er die politisch-satirische Reihe *That the week that was* aus England nachahmen, doch deren Herstellung hierzulande erwies sich als zu teuer. An deren Stelle verwendete Proske mit seinem wichtigsten Mitarbeiter Gerd von Paczensky, Jahrgang 1925, das britische Politmagazin *Panorama* als Vorbild. Kennzeichen war dennoch eine kritische, bisweilen polemische Haltung, die *Panorama* von dem beschreibenden, erklärenden Stil der Kulturfilme des Peter

174 Vgl. Löwenthal: Ich bin geblieben, S. 266 ff.

175 Aussage von Intendant Holzamer am 1.März 1968 in der Sitzung des Richtlinien- und Koordinierungsausschusses. Niederschrift; ACDP, NL Löwenthal, 01-763-016.

176 Vgl. N.N.: Rüdiger Proske, in: Munzinger-Archiv/Internationales Biograph. Archiv 14-15/90.

von Zahn und auch von dem 1960 gestarteten, die »Hintergründe« der Nachrichten beleuchtenden Fernsehmagazin *Anno* (Bayerischer Rundfunk) abhob. Paczensky erklärte rückblickend, dass *Panorama* nicht nur andere Standpunkte als die Bundesregierung vermittelte, sondern die kritische Einstellung gelegentlich mit Hohn, Spott und grimmigen Humor unterstrich.[177] So vertrat *Panorama* in der Frage der Entkolonialisierung nicht den Standpunkt des NATO-Bündnispartners Frankreich, sondern nahm unmissverständlich Stellung auf Seiten der neuen Nationalstaaten wie insbesondere Algerien. Die Welt wurde weniger im Sinne eines Ost-West-Schemas (wie es für Löwenthals Lebenswerk typisch war) betrachtet, sondern stärker in Form von Einzelfallstudien untersucht. So sendete jenes Magazin die Aussage eines gerade aus Berlin kommenden englischen Politikers über den Mauerbau, der ein gewisses Verständnis für Walter Ulbricht enthielt. Kinder von Vertriebenen wurden in einer anderen Sendung über Rückkehrabsichten in die ehemalige Heimat gefragt – die Antworten waren ablehnend, Heimatgefühl gab es für ihre neue westdeutsche Wohnregion. Aussagekräftig in Bezug auf die Form des Magazins erschien die Anmoderation Paczenskys:

»Jetzt wollen wir uns noch ein wenig mit der Bundesregierung anlegen. Sie hat vor kurzer Zeit einen Tätigkeitsbericht über das vergangene Jahr 1962 veröffentlicht. Er trägt den großartigen, umfassenden, ehrgeizigen Titel ›Deutsche Politik 1962‹. Wir haben unseren Mitarbeiter Rudi Lauschke gezwungen, diesen Bericht ganz durchzulesen. Dabei ist ihm manches aufgefallen.«[178]

Insgesamt war *Panorama* obrigkeitskritisch und oppositionell (in dieser Hinsicht dem *Spiegel* vergleichbar), oder – um einen Modebegriff der damaligen Zeit zu verwenden: »links-intellektuell«. Proske ordnete sich selbst und Paczensky der bürgerlich-liberalen Komponente der Sozialdemokratie zu.[179] Sogar der *Spiegel*, selbst »im Zweifelsfall links« (Rudolf Augstein), stellte fest: »Alle Sendungen waren unverhüllt voreingenommen«[180], was die Zuschauer jedoch mit einer hohen Einschaltquote quittierten. War es bislang die Zielsetzung von *Panorama*, Skandale zu enthüllen, so wurde die Sendereihe selbst zum Skandal, als in einem ihrer Beiträge behauptet wurde, im Bundestag gebe es eine Abhöranlage. Nach diesem Fehler von *Panorama* kam es nicht nur zu einer politisch-publizistischen Debatte, sondern sogar zu einem Titelthema des

177 Gerhard Lampe/Heidemarie Schumacher: Das Panorama der sechziger Jahre. Berlin: Spiess, 1991, S. 245.

178 Zitiert in ebd., S. 245.

179 Gerhard Lampe: Panorama, Report und Monitor. Geschichte der politischen Fernsehmagazine 1957–1990. Konstanz: UVK Medien, 2000, S. 52.

180 N.N.: Panorama. Um Knopf und Kragen, in: *Der Spiegel*, 17. Jahrgang (1963), Nr. 43, S. 37–43, S. 38.

Spiegel: *Panorama. Geschichte einer Affäre.*[181] In der Folgezeit wechselten die Redaktionsleiter bzw. Moderatoren nicht zuletzt auf Druck des NDR-Rundfunkrates rasch: Auf Proske/Paczensky folgte Eugen Kogon, Joachim Fest (1965/66) und ab 1967 – für mehrere Jahre – Peter Merseburger. Die redaktionelle Linie änderte sich aber nur wenig, und so blieb *Panorama* weiterhin im Schussfeld konservativer Zeitungen und der CDU/CSU.

Konzept der Sendereihe *ZDF-Magazin*

Löwenthal hatte wegen seiner Auslandsaufenthalte in Paris und Brüssel und den mit der westlichen Welt und der Europäischen Wirtschaftsgemeinschaft verbundenen Fragestellungen die Auseinandersetzungen um *Panorama* nicht in allen Einzelheiten verfolgt. Er war mit Paczensky und Proske kaum persönlich bekannt. Dennoch hatte er wohl die Streitigkeiten um *Panorama* vor Augen, als er schrieb: »Nicht Schlagzeilen machen, sondern hinter sie leuchten«, sei seine Absicht. Er orientierte sich bei der Ausarbeitung eines Konzepts am Staatsvertrag über das Zweite Deutsche Fernsehen, dessen § 2 er in *Ich bin geblieben* zitiert:

»In den Sendungen der Anstalt soll dem Fernsehteilnehmer in ganz Deutschland ein objektiver Überblick über das Weltgeschehen, insbesondere ein umfassendes Bild der deutschen Wirklichkeit vermittelt werden. Die Sendungen sollen vor allem der Wiedervereinigung Deutschlands in Frieden und Freiheit dienen und der Verständigung unter den Völkern. Sie müssen der freiheitlich-demokratischen Grundordnung entsprechen und eine unabhängige Meinungsbildung ermöglichen.«[182]

In einem Interview aus dem Jahre 1985 wiederholte Löwenthal die politische Orientierung am ZDF-Staatsvertrag und den etwas präziseren Programmrichtlinien des ZDF, die ausschlaggebend für die Praxis des *ZDF-Magazins* seien. Nicht nur habe das Programm der freiheitlich-demokratischen Grundordnung zu entsprechen, vielmehr solle das ZDF »offensiv positiv« für sie eintreten.[183]

Die Grundsätze des demokratischen und sozialen Rechtsstaates im Sinne des Grundgesetzes seien im Programm überzeugend zu vertreten, stand in den Programmrichtlinien vom 11. Juli 1963 zu lesen. Es sei zu einer kritischen Haltung allen

181 Ebd.

182 Löwenthal: Ich bin geblieben, S. 270. Völlig im Wortlaut übereinstimmend mit dem Originaltext des Staatsvertrags. Vgl. Ernst W. Fuhr: ZDF-Staatsvertrag, Mainz: v. Hase und Köhler, 1972, S. 9–16, dort S. 9.

183 Löwenthal, wiedergegeben in: Schmidt, *ZDF-Magazin*, S. 98.

undemokratischen Erscheinungen gegenüber verpflichtet (III.1.). »Gemeinschaftlicher Willen zur Demokratie und übereinstimmende Überzeugungen sollten ebenso Ausdruck finden wie unterschiedliche Meinungen. Das Programm soll das Verstehen zwischen den verschiedenen politischen, sozialen und landschaftlichen Gruppierungen unseres Volkes fördern. Durch sachgemäße Information sei die politische Urteilsfähigkeit zu stärken, durch Darstellung von Aufgaben und Entscheidungsmöglichkeiten die Verantwortungsfähigkeit und die Verantwortungswilligkeit zu fördern (III.2.). Das Programm soll dem Frieden unter den Völkern dienen und die gegenseitige Achtung zwischen allen Menschen und Gruppen ohne Rücksicht auf ihre Abstammung und soziale und kulturelle Eigenart fördern (IV.1). Im Programm ist für das Selbstbestimmungsrecht der Völker einzutreten, das der im Grundgesetz begründeten Eigenverantwortlichkeit des Menschen entspricht (IV.2.). Das Programm soll der Wiedervereinigung Deutschlands in Frieden und Freiheit und der Erhaltung der Freiheit Berlins dienen. Es sind Sendungen zu veranstalten, die über die Lage in der sowjetisch besetzten Zone Deutschlands und in den Gebieten hinter der Oder und Neiße mit dem Willen zur Objektivität unterrichten (IV.3.). Das Programm soll die Bemühungen um die Einigung Europas fördern (IV.4.).«[184]

Wohlgemerkt: Diese Richtlinien, von denen hier nur der auf die Politik und nicht der sich auf Sitte, Familie und Kirche beziehende Teil wiedergegeben ist, gelten zwar für das ZDF-Programm als Ganzes. Da sich das Programm aus vielen Einzelsendungen zusammensetzt, sind die Richtlinien, soweit sie die Politik betreffen, für die einzelnen politischen Sendungen mindestens ein Maßstab, wenn nicht gar eine Richtschnur. Dies legte auch der P+Z-Fernsehratsausschuss[185] Mitte der siebziger Jahre nahe. Gerhard Löwenthal war daran um so mehr zu messen, da seine Sendung das einzige regelmäßige politische Meinungsmagazin im zweiten Programm war. Demgegenüber maß Hanns Werner Schwarze als linker Sozialdemokrat den in politischer und noch stärker in sittlich-religiöser Hinsicht konservativ geprägten Programmrichtlinien eine geringere Bedeutung bei.[186]

In einem Konzept, das er an den Intendanten Holzamer mit Datum vom 3. Februar 1968 richtete, distanzierte sich Löwenthal eingangs von den Politmagazinen der ARD:

184 Ernst W. Fuhr: Staatsvertrag für die Sendungen des »Zweiten Deutschen Fernsehens«, in: Fuhr, ZDF-Staatsvertrag, (wie Anm. 185, S. 81), S. 202–205, außerdem abgedruckt in: Hans-Dietrich Fischer (Hrsg.): Rundfunk-Intendanten – Kommunikatoren oder Manager? (Bochumer Studien zur Publizistik- und Kommunikationswissenschaft, Bd. 20: Rundfunk-Intendanten, Bochum: Studienverlag Dr. N. Brockmeyer, 1979, S. 304 ff.

185 Das Papier des Ausschusses ist wiedergegeben in Schwarze, Hanns Werner: Politische Fernsehmagazine – Unausgewogenheit programmiert?, in: Manfred Kötterheinrich (wie Anm. 169, S. 76), S. 180–193.

186 Ebd., S. 181.

»Wenn trotz mancher schlechter Erfahrung mit den ARD-Magazinen das ZDF nun gedrängt wird, kritischer zu werden [...]«, um dann auf die verstärkte Unsicherheit im Volk angesichts des APO-Aufbegehrens zurückzukommen, die wiederum die Massenmedien, vor allem das Fernsehen, vor neue Herausforderungen stellt:

»Dies gilt verstaerkt, seit die Bundesrepublik von einer grossen Koalition regiert wird, der keine wirksame parlamentarische Opposition gegenuebersteht. Die sog. ›ausserparlamentarische Opposition‹ hat sich denn auch der Situation bemaechtigt. Hierdurch entsteht die Gefahr, daß notwendige und begruendete Kritik an bestehenden Zustaenden ausschließlich von denjenigen geuebt wird, die nicht etwa nur die Beseitigung der kritikwuerdigen Tatbestaende wollen, sondern die die Beseitigung des Staates ueberhaupt fordern, also die Zerschlagung der freiheitlich-demokratischen Grundordnung, die ohne Zweifel im Gebiet der Bundesrepublik geschaffen werden konnte. An ihr festzuhalten und sie zu verteidigen ist aber nach meiner Ueberzeugung die einzige Chance für das Ueberleben der demokratischen Republik in Deutschland überhaupt. Hier hat also der Begriff Zeitkritik im Fernsehen seine tiefere Berechtigung, und hier liegt auch die Begründung für seine verstärkte Berücksichtigung im Programm.«[187]

So stand Löwenthal sehr entschieden zum politischen System der Bundesrepublik (was er später in seiner Werbung für das Grundgesetz, die Nationalhymne und den vollen Staatsnamen unterstreichen sollte) und gegen Extremismus, während Joachim Fest eine grundsätzliche Distanz der Bürger zum Staat bevorzugte: Professionelle Kritik, wie sie *Panorama* übte, sei ein Versuch gewesen, das »[...] traditionelle deutsche Dienstverhältnis des einzelnen gegenüber dem Staat umzukehren«. Damit sah Fest die Tradition einer übergroßen Staatsgläubigkeit bei vielen Deutschen ebenso wie den Ekel vor dem »schmutzigen Geschäft« Politik weiterhin verankert: ein Überbleibsel des Obrigkeitsstaates und vor allem von Hitlers Herrschaft. Demgegenüber war in Löwenthals Magazin-Konzept von derartigen Einschätzungen nicht die Rede, vielmehr war Löwenthal von der Bundesrepublik Deutschland überzeugt und wollte für diesen Staat werben. Fests Absicht, die Bürger zum politischen Diskurs zu befähigen, findet sich bei dem Journalisten Löwenthal zwar nicht explizit, gehört jedoch zu den Funktionen des politischen Magazins, das informieren und meinungsbildend wirken will. Fest sah es als Eigenheit der Magazine an, den Bürger von einem (übergroßen) Respekt vor den Politikern zu befreien – Löwenthal praktizierte dies bereits in einer seiner ersten Sendungen gegenüber Eugen Gerstenmeier und Kurt Georg Kiesinger (vgl. dazu Kapitel 4: Deutsche Fragen). Sehr leicht nachzuvollziehen ist die Aussage

187 Gerhard Löwenthal: Das woechentliche Magazin, S. 2; ACDP, NL Löwenthal, 01-763-016.

sowohl von Fest als auch von Löwenthal, ein politisches (Meinungs-) Magazin könne nicht objektiv sein[188]: Denn die politische Tendenz, vermittelt durch Themenwahl und die kommentierenden Aussagen des Moderators, sei subjektiv. Von einer geistigen Auseinandersetzung mit der DDR, der UdSSR und ihrer verbündeten Staaten schrieb Löwenthal noch nichts, und an Widerstandskämpfer in Afghanistan, für die Löwenthal ab 1980 in der Sendung eindeutig Partei nahm, war keinesfalls zu denken.

In seinem Konzept erläuterte Löwenthal weiterhin, er wolle weder konformistisch noch um jeden Preis nonkonform sein, Einseitigkeiten ebenso vermeiden wie den Versuch, es jedem recht zu machen. Mit anderen Worten: Ihm lag an einem eigenen Weg und nicht an einer *Panorama/Monitor/Report*-Kopie, und dieser Weg sollte möglichst wenig ideologisch sein.

Abschließend schrieb Löwenthal:

»Es darf nicht etwa so sein, dass in jeder Sendung Kritik um jeden Preis geübt wird. Die Kritik wird sich auch nicht etwa nur gegen die Regierung, die Parteien, den Staat richten, sondern keine gesellschaftlichen Vorgänge und Strömungen außer acht lassen (Beispiel: Frage an den Bundesbürger: Was weißt du von deinem Staat?).«[189]

Panorama-Redaktionsleiter Eugen Kogon, bekannt insbesondere als Professor für Politikwissenschaft und Mitbegründer der *Frankfurter Hefte*, hatte schon 1963 über die Konstruktivität der Kritik erklärt:

»Die Sendung hat den Sinn, ja ich möchte sagen, mit Salz die Demokratie schmackhaft zu machen. Sie hat nicht die Aufgabe, nach meiner Auffassung, nur Pfeffer in der Gegend herumzustreuen und besonders nicht jede Woche oder alle vierzehn Tage oder alle vier Wochen nicht nur [sic!] den Politikern diesen Pfeffer in die Augen und in den Mund zu streuen, nur damit Klamauk in diesem Lande sei.«[190]

Damit schien Löwenthal mit seinem eindeutigen Eintreten für das politische System und seiner Warnung, Kritik um des Nonkonformismus willen zu verbreiten, nicht sehr verschieden von den *Panorama*-Moderatoren. Tatsächlich waren aber Löwenthal und Kogon in ihrer Einschätzung der Bundesrepublik weit voneinander entfernt. Kogon fürchtete, ebenso wie Paczensky und Proske, die freiheitlich-demokratische Grundordnung der Bundesrepublik könnte, begünstigt durch die Notstandsgesetze, in ein

188 Vgl. Joachim Fest: Schwierigkeiten mit der Kritik. Die demokratische Funktion der Fernsehmagazine, in: Christian Longolius (Hrsg.): Fernsehen in Deutschland. Gesellschaftspolitische Aufgaben und Wirkungen eines Mediums. Mainz: v. Hase & Köhler, 1967, S. 105–110.

189 Gerhard Löwenthal: Das woechentliche Magazin (Brief), 3.2.1968, S. 2; ACDP, NL Löwenthal, 01-763-016. Löwenthal: Ich bin geblieben, S. 270–272.

190 Gerhard Lampe/Heidemarie Schumacher: Das Panorama der 60er Jahre. Zur Geschichte des ersten politischen Fernsehmagazins der BRD. Berlin: Volker Spiess, S. 93.

autoritäres System umschlagen. Von der politischen Klasse erhoffte er nichts, sondern fürchtete vieles, was sich unter »Restauration« subsumieren lässt. Dazu wünschte er sich neben den Verbänden (den Gewerkschaften traute er mehr als der Industrie) einflussreiche Intellektuelle, wobei er offenbar an Zeitschriften wie den *Spiegel* und Schriftsteller der Gruppe 47 dachte.

Im Gegensatz dazu sah Löwenthal in der Bundesrepublik seine politischen Ideale weitgehend verwirklicht (während Kogon gerne Sozialisierungen der Großindustrie gesehen hätte) und erkannte keine autoritären, restaurativen Tendenzen, die die Freiheit der Bürger einschränkten. Vielmehr sah er den Staat herausgefordert, von Staatsfeinden vornehmlich aus den Reihen der APO (kommunistische Symbole und Bilder von Lenin, Che und Mao waren plötzlich auf den Straßendemonstrationen zu sehen) bedroht, so dass das politische System auf jeden Fall verteidigt werden müsse. Selbst die Verabschiedung der Notstandsgesetze, die von *Panorama* erbittert bekämpft wurde, war für Löwenthal kein Missstand, sondern eine politische Notwendigkeit, weil damit deutsches Recht an die Stelle alliierter Vorbehalte trete. Die abschließende Frage Löwenthals über das politische Wissen der Bevölkerung war im Übrigen sehr berechtigt, denn Unkenntnis über einfache Begriffe und maßgebliche Politikerpersönlichkeiten waren Mitte der 1960er Jahre, wie Joachim Fest[191] beklagte, weit verbreitet.

Intendant Holzamer bekräftigte Löwenthals Vorstellungen eines Magazins, wobei hier noch stärker der staatstragende, anti-extremistische Ansatz herausgelesen werden kann:

»Die Tendenz des Magazins darf nicht destruktiv sein, sondern soll im Sinne des Grundgesetzes, des Staatsvertrags und der Programmrichtlinien der Stärkung der freiheitlich-demokratischen Grundordnung dienen. Ich gehe weiter davon aus, dass Kritik eine positive wie eine negative Auseinandersetzung mit den Problemen der Gegenwart bedeutet, und dass diese Kritik gerade in der gegenwärtigen Phase der deutschen Politik notwendig ist, um sie den demokratischen Kräften vorzubehalten und nicht anderen zu überlassen.«[192]

Während also *Panorama* in den Augen mancher Zuschauer und v.a. der CDU eine andere Republik anstrebte, sollte das *ZDF-Magazin* Information und Kritik eher aus einer Position der politischen Mitte, in jedem Falle aber staatsloyal, üben. Dies war im Übrigen journalistisch gerechtfertigt, denn ein *ZDF-Magazin* musste sich, um mit den ARD-Magazinen konkurrieren zu können, von diesen spürbar unterscheiden. Genauer: Mit dem Sendetermin am Mittwoch – zwei Tage nach den Politmagazinen im Ersten Programm – war die Notwendigkeit gegeben, sich mit anderen Themen oder

191 Vgl. Joachim Fest: Schwierigkeiten mit der Kritik, S. 105–110, hier S. 109.
192 Schreiben Holzamers an Löwenthal vom 21.2.1968, S. 2; ACDP, NL Löwenthal, 01-763-016.

zumindest durch eine andere Themenbearbeitung von *Panorama*, *Report* und *Monitor* abzuheben: Letzteres konnte durch eine andere Kommentierung geschehen (in diesem Falle eine eher rechts der Mitte einzuordnende Meinungsäußerung des Moderators) oder durch Interviewpartner aus einem anderen politischen Lager.

In seiner Organisationsanordnung vom 19. April 1968 gab Holzamer der Redaktion des *ZDF-Magazins* den »Programmauftrag«, das Zeitgeschehen in »informierender, analysierender, kommentierender und kritischer Form unter Beachtung des Staatsvertrags sowie der geltenden Richtlinien für die Sendungen des Zweiten Deutschen Fernsehens« darzustellen. »In dem Magazin sollen neben politischen Themen, vor allem aus dem innenpolitischen Bereich, auch Themen aus Wirtschafts- und Sozialpolitik, Kultur und Bildungswesen, Wissenschaft und Technik behandelt werden«.[193]

Zugleich geht aus diesem Schreiben des Intendanten die Berufung Löwenthals zum Leiter des *ZDF-Magazins* hervor; ein Gespräch Holzamers mit Dietrich und Löwenthal hatte zwei Tage zuvor auf der Basis von Löwenthals Magazin-Konzept stattgefunden. Löwenthal war, seiner Forderung vom 3. Februar 1968 entsprechend, direkt dem Chefredakteur im Rang eines Hauptabteilungsleiters unterstellt, außerdem hatte er das jederzeitige unmittelbare Vortragsrecht beim Intendanten und konnte binnen Jahresfrist auf seine vorherige Position nach Brüssel zurückkehren.[194]

Erst im November 1969 brach Löwenthal seine Brücken nach Brüssel ab, denn laut Arbeitsvertrag wurde aus seiner Abordnung zur Chefredaktion des ZDF nach Mainz/Wiesbaden nun eine Versetzung ebendort hin. Mit anderen Worten: Spätestens damit entschied er sich endgültig für das *ZDF-Magazin*, bei einem Grundgehalt vom 5300 Mark und der Zeichnungsvollmacht eines Hauptabteilungsleiters.[195] Mit sämtlichen Zulagen beliefen sich die Bezüge auf 6910 Mark.[196] Gegenüber seinen bisherigen Einkünften als Auslandskorrespondent war dies ein Rückgang um rund 40 Prozent.[197]

Was waren die Unterschiede im Konzept von *Panorama* und *ZDF-Magazin*? Löwenthal vermied es, eine von ihm kritisierte Institution oder Person ins Lächerliche zu ziehen (wie es *Panorama* – siehe oben – gelegentlich getan hatte). Vor allem verstand sich Löwenthal sehr viel stärker als Vertreter einer wehrhaften, streitbaren Demokratie (wie es ja schon aus seinem Konzepten für die Sendung hervorging und wie

193 Zweites Deutsches Fernsehen. Der Intendant. Organisationsanordnung OrgAO-Ch-1/68, 19.4.1968; ACDP, NL Löwenthal, 01-763-016.

194 Vgl. Schreiben Holzamers am 21.2.1968 an Löwenthal; ACDP, NL Löwenthal, 01-763-016, auch zitiert in: Löwenthal: Ich bin geblieben, S. 273.

195 Vgl. Arbeitsvertrag zwischen dem Zweiten Deutschen Fernsehen und Herrn Gerhard Löwenthal, 12.11.1969; Briefe Holzamers an Löwenthal vom 2.5.1968, 14.11.1969 und 1.12.1969; alle diese Akten sind archiviert; ACDP, NL Löwenthal, 01-763-098.

196 Vgl. N.N.: »Tief, sehr tief sind wir gesunken«, in: *Der Spiegel*, S. 82.

197 Löwenthal im Brief an Helmut Kohl vom 8.12.1975, dort S. 3; ACDP, NL Werner Marx, I-356- A 317.

es Holzamers Vorstellungen entsprach), so dass er eine grundsätzliche Haltung gegen staatliche Institutionen wie den Bundesnachrichtendienst und den Verfassungsschutz nahezu ausschloss. Kritik übte er an Amtsinhabern, die seiner Überzeugung nach Entscheidungen zum Schaden der Bundesrepublik getroffen hatten, wie z.B. Willy Brandt und Egon Bahr mit ihrer Ost- und Deutschlandpolitik. Bezeichnenderweise nahm er in der Frage der Terrorismusbekämpfung die Kriminalpolizei gegenüber maßgeblichen Journalistenkollegen (etwa vom *Stern* und dem *Spiegel*) in Schutz. Einen Nachteil gegenüber den *Panorama*-Redaktionsleitern von Proske/Paczensky über Kogon bis Fest hatte Löwenthal: Er, der EWG- und NATO-Kenner, war zehn Jahre lang im westlichen Ausland und konnte dort innenpolitische Vorgänge der Bundesrepublik praktisch nur am Rande beobachten und bewerten. In Brüssel entging ihm zu einem gewissen Teil das Phänomen der Außerparlamentarischen Opposition, die in Belgien sehr viel weniger sichtbar war als in den »Hauptstädten der Bewegung«[198], Berlin und Frankfurt. Die außenpolitische und wirtschaftsjournalistische Erfahrung Löwenthals war im *ZDF-Magazin* in den ersten Jahren auch gefordert, denn das ZDF verkürzte gleichzeitig 1969 das wirtschaftsorientierte Magazin *Bilanz* und strich die außenpolitische Reihe *Blickpunkt*.

Das erste Jahr *ZDF-Magazin*

Obwohl das Magazin absichtlich die Aggressivität und Polemik von *Panorama* vermied, ist Löwenthal seinen Erinnerungen zufolge auch fast 20 Jahre später stolz darauf, CDU-Politiker ebenfalls sehr kritisch untersucht bzw. befragt und damit die parteipolitische Unabhängigkeit seiner Person bewiesen zu haben (Löwenthal war während seiner Anstellung bei öffentlich-rechtlichen Anstalten stets parteilos). So hielt er dem Bundestagspräsidenten Eugen Gerstenmeier in der Sendung vom 15. Januar 1969 vor, dem Staat geschadet zu haben, nachdem eine Forderung des Politikers nach Entschädigungsgeldern im Zusammenhang mit einer unter Hitlers Herrschaft entgangenen Professur für Unruhe in der Öffentlichkeit gesorgt hatte. Um die Heftigkeit von Löwenthals Äußerung vor dem Hintergrund zu veranschaulichen, sei hier eine seiner Interviewfragen zitiert:

»Herr Präsident, ich halte ihr Verhalten deshalb für unqualifiziert, weil es die leider allgemein verbreitete Staatsverdrossenheit in diesem Lande unterstützen kann. Distanzieren Sie sich durch solche Äußerungen nicht vom demokratischen Rechtsstaat

198 Caspar von Schrenck-Notzing in einer Rede vor einem privaten Vortrags- und Diskussionszirkel 1968 in Frankfurt über die Hochburgen der studentischen Protestbewegung.

und von unserem Staat überhaupt, den Sie doch mit aufgebaut haben und den Sie an so sichtbarer Stelle repräsentieren?«[199]

Damit ging es Löwenthal darum, der Außerparlamentarischen Opposition keine weiteren Argumente gegen das Establishment zu liefern.

Demgegenüber warfen Pressekritiken die Frage auf, ob Löwenthal, der in der ersten Sendung seine Worte von der »Furchtlosigkeit«[200] auch vor einem Millionenpublikum aussprach, »Stärke nur gegenüber den Schwachen« kenne. Denn Gerstenmeier sei schon stark angeschlagen gewesen, und Wolfgang Mischnick sprach bei der Vorstellung eines deutschlandpolitischen Entwurfs, den Löwenthal für illusionär hielt, für die reichlich machtlose, mit sehr ungewissen Wahlaussichten behaftete Oppositionspartei FDP.[201] Weiterhin will Löwenthal den Staatssekretär im Verteidigungsministerium Karl-Günther von Hase und Bundeskanzler Kurt Georg Kiesinger mit unbequemen Fragen konfrontiert haben (was der Verfasser in Bezug auf das Gespräch mit von Hase nicht nachvollziehen kann. Die Fragen blieben im üblichen Rahmen des Bonner Journalismus).[202] »Allzu gefällige Fragen« warf hingegen die Tageszeitung *Der Abend* Gerhard Löwenthal vor, als dieser Kiesinger Februar 1969 im *ZDF-Magazin* u.a. zur Studentenrevolte interviewte.[203] Löwenthal fragte den christdemokratischen Bundeskanzler, warum es bisher nicht zu Reformen und zu einem verstärkten Dialog mit der jungen Generation gekommen sei, um den Staat für »die Jugend« attraktiver zu machen. Mit seiner Forderung nach einem Werben der Politiker um die Jugend für diesen Staat bewegte sich Löwenthal im Rahmen seiner freiheitlich-demokratischen Werte und der Leitlinien des ZDF-Staatsvertrages. Sehr »reformfreudig« zeigte sich Löwenthal auch im Bereich der Justizpolitik, in der er dem neuen Bundesminister Horst Ehmke zugestand, »[...] mit Heinemann in einem der wichtigsten Bonner Ressorts frischen Wind in ein Gebiet gebracht, das in Deutschland immer noch als außerordentlich konservativ, ja rückständig bezeichnet werden muss«.[204] Unter »frischem Wind« meinte Löwenthal offenbar die Große Strafrechtsreform die nach jahrzehntelangen Anläufen 1969 parlamentarisch verabschiedet wurde. Es würde allerdings

199 Unternehmensarchiv des ZDF, Bestand *ZDF-Magazin*, Ordner Nr. 1, Sendung vom 5.2.1969.

200 Unternehmensarchiv des ZDF, Bestand *ZDF-Magazin*, Ordner Nr. 1, Sendung vom 8.1.1969.

201 Vgl. Hellmut A. Lange: Stärke nur gegenüber Schwachen?, in: *Schwäbische Zeitung*, 7.2.1969; *Wiesbadener Kurier*, 31.1.1969; ACDP, NL Löwenthal, 01-763-090.

202 Gerstenmeier-Interview; Unternehmensarchiv des ZDF, Bestand *ZDF-Magazin*, Ordner Nr. 1, Sendung vom 15.1.1969; Kiesinger-Interview; Unternehmensarchiv des ZDF, Bestand *ZDF-Magazin*, Ordner Nr. 1, Sendung vom 5.2.1969; von Hase-Interview; Unternehmensarchiv des ZDF, Bestand *ZDF-Magazin*, Ordner Nr. 2, Sendung vom 12.3.1969.

203 *Der Abend*, 6.2.1969; ACDP, NL Löwenthal, 01-763-001.

204 Anmoderation zu: Neuer Justizminister in Bonn; Unternehmensarchiv des ZDF, *Bestand ZDF-Magazin*, Ordner Nr. 2, Sendung vom 26.3.1969.

Interview mit Bundeskanzler Kiesinger, 1969

zu kurz greifen, Löwenthals damaligen Wunsch nach Reformen auf bestimmten Politikfeldern als »links« oder »antikonservativ« zu interpretieren. Zum einen war eine Strafrechtsreform schon seit Jahrzehnten in der Diskussion und harrte nun der Gesetzgebung. Zum anderen war Löwenthal, selbst wenn er 1969 kein so entschiedener und ausgeprägter Konservativer war wie nach 1970, einzelnen Veränderungen aufgeschlossen, soweit sie mit seinen Werten vereinbar waren sowie dem Staat Bundesrepublik Deutschland keinen Schaden zufügten.

Das *ZDF-Magazin* war als politische Sendereihe zur besten Sendezeit begleitet von zahlreichen Pressekritiken, aus denen im folgenden nur zitiert wird, soweit sie sich auf Löwenthal direkt und nicht auf das Magazin im allgemeinen beziehen. So zog der *Mannheimer Morgen* vom 21. März 1969 einen Vergleich mit den Magazinen der ARD (»[...] daß das noch junge ›ZDF-Magazin‹ auf dem besten Weg ist, sich in Bonn unbeliebt zu machen und ein Ärgernis zu werden wie einstmals ›Panorama‹. In seiner neuesten Ausgabe packte Gerhard Löwenthal als Moderator gleich ein ganzes Bündel heißer Eisen an ...«).[205] Ein günstiges Fazit, dem Pressetenor entsprechend, für die

205 ACDP, NL Löwenthal, 01-763-001.

ersten zwei Monate zog auch die *Recklinghauser Zeitung* (28. Februar 1969): »Gerhard Löwenthal hat in seiner kurzen ›Amtszeit‹ als Moderator des ›ZDF-Magazins‹ seinen Namen als unerschrockener und mit sachlichen Argumenten arbeitender kritischer Journalist gefestigt.«[206] Insbesondere die Kritik Löwenthals an dem Obristenregime in Griechenland am 18. Juni 1969 und sein journalistischer Einsatz gegen die Verjährung von NS-Verbrechen dürfte diesen Eindruck weiter verfestigt haben. Ebenso deutlich, kaum anders als in seiner Kritik an Menschenrechtsverletzungen im sowjetischen Imperium, wurde Löwenthal anlässlich eines Umweltskandals, als zusätzliches Gift in den ohnehin schon bedenklich verschmutzten Rhein geleitet worden war: »Das unfaßbare Geschehen der letzten Wochen hat so fundamentale Mißstände aufgedeckt, daß einem fast die Worte fehlen, den Tatbestand darzustellen.«[207] Am 4. März 1970 mahnte Löwenthal in einem zweiten Beitrag zur Rhein-Verschmutzung ein »bundeseinheitliches und scharfes Wasserrecht« sowie eine »übernationale Kontrollbehörde« an; die Öffentlichkeit dürfe sich nicht mit Beschwichtigungen abfinden.[208]

Mutmaßungen über Löwenthals politischen Standort blieben während der ersten Monate des *ZDF-Magazins* in den Zeitungskritiken fast völlig aus. Sie beschränkten sich auf die Bewertung der journalistischen Leistungen in den Beiträgen und der Moderation. Dies erscheint erstaunlich angesichts der Reichweite des Magazins, das in seinem ersten Jahr zahlreiche Minister als Gäste begrüßen konnte und damit ein nicht unerheblicher Bestandteil der politischen Kommunikation in der Bundesrepublik Deutschland geworden war. Löwenthals immer wieder erhobene Forderung nach »Reformen« im Hochschulbereich (selbst wenn er diese nicht konkret ausführte) und sein soziales und demokratisches Bewusstsein (»es gibt ja sicher noch eine ganze Reihe von Ungerechtigkeiten unserer Gesellschaft und von autoritären Strukturen, die abgebaut werden sollten«, so am 5. Februar 1969 lt. Sendeprotokoll)[209] lassen ihn gelegentlich als einen Publizisten links der Mitte erscheinen (in diesem Sinne seine Äußerungen zur Großen Strafrechtsreform und zu Gustav Heinemann). Dazu passt folgendes Zitat:

»Gewiß, die Ruhe und Ordnung muß möglichst schnell wiederhergestellt werden – es muß aber genauso entschlossen und schnell reformiert werden. Der Widerstand derjenigen, die keine Reformen wollen – Reaktionäre wie Radikale – muß von den

206 Norman Gebhardt: (ohne Titel), in: *Recklinghauser Zeitung*, 28.2.1969; ACDP, NL Löwenthal, 01-763-001.

207 Anmoderation zu: Gift im Rhein; Unternehmensarchiv des ZDF, Bestand *ZDF-Magazin*, Ordner Nr. 3, Sendung vom 2.7.1969.

208 Abmoderation zu: Noch mehr Gift im Rhein; Unternehmensarchiv des ZDF, Bestand *ZDF-Magazin*, Ordner Nr. 7, Sendung vom 4.3.1970.

209 Unternehmensarchiv des ZDF, Bestand *ZDF-Magazin*, Ordner Nr. 1, Sendung vom 5.2.1969.

Vernünftigen überwunden werden. Denn unsere Zukunft hängt nicht zuletzt von funktionierenden Universitäten ab.«[210]

Damit, insbesondere mit seiner Gegnerschaft zum Linksradikalismus an den Hochschulen, befand sich Löwenthal im Einklang mit den »neokonservativen« Intellektuellen, mit denen er 1970 den Bund Freiheit der Wissenschaft gründete – Wissenschaftler, die häufig der SPD angehörten oder jedenfalls dem Godesberger Programm der SPD nahestanden. Die Verteidigung der traditionellen »Ordinarien-Universität« fand bei Löwenthal, dem Mitgründer der Reform-Universität FU in Berlin, nicht nachweisbar statt.

So sah 1969 lediglich Helger Kolipost in der Wochenzeitung *Christ und Welt* Löwenthal »rechts der Mitte«.[211] Insgesamt waren die Kritiken fair, d. h. frei von persönlichen Attacken, wie sie im Zusammenhang mit der Kritik an Löwenthal kennzeichnend für die siebziger Jahre waren, als er immer wieder angeblicher journalistischer Skandale bezichtigt und im rechten, gar rechtsradikalen Lager lokalisiert wurde. Zum einjährigen Bestehen des *ZDF-Magazins* stellte der SPD-eigene *Vorwärts* fest, Löwenthals Magazin sei kaum originell im Vergleich mit den ARD-Politmagazinen, sondern »eine Sendereihe mehr, die von anderen Leuten gemacht wird und deshalb zur Pluralität des politischen Teleangebots hierzulande beiträgt. Gewiß, das ist schon etwas. Doch hochgesteckte Erwartungen sind damit keineswegs erfüllt worden«. Das Magazin sei nicht parteipolitisch einseitig, und, wie die Beiträge über rechtsautoritäre Systeme oder auch die NPD zeigte, stehe es »an demokratischer und humaner Entschiedenheit […] den Konkurrenten von der ARD kaum nach«. Zwar sagt der *Vorwärts* Moderator Löwenthal ein »konservatives Engagement« nach, doch sei dies sein gutes Recht. Zu bemängeln sei hingegen, dass sich *Wählermeinung nicht geheim* alleine auf die Erhebungen des CDU-nahen Allensbacher Instituts für Demoskopie gestützt habe.[212]

Neben den Aussagen wirken auch die nonverbalen Eigenheiten eines Moderators auf die Zuschauer. Oder genauer: was Zuschauer über ihn denken und wie sie ihn einschätzen. Löwenthal moderierte das *ZDF-Magazin* an einem Schreibtisch sitzend, seinen Text vom Blatt im Stile der seinerzeitigen Nachrichtensprecher ablesend, vor einem Bücherbrett, das nach wenigen Jahren durch eine graue Stellwand mit der Auf-

210 Unternehmensarchiv des ZDF, Bestand *ZDF-Magazin*, Ordner Nr. 1, Sendung vom 26.2.1969.

211 Helger Kolipost: Noch ein Ärgernis mehr?, in: *Christ und Welt*, 14.3.1969, S. 31; ACDP, 01-763-001, auch im Unternehmensarchiv des ZDF, Zeitungsausschnittsammlung 11.4.6–4.53 ZDF-Magazin.

212 Klaus Voigdt: Zum Feiern zu früh. Ein Jahr ZDF-MAGAZIN, nachdenklich betrachtet, in: *Vorwärts*, 9.1.1970; Unternehmensarchiv des ZDF, Zeitungsausschnittsammlung, 11.4/6–4.53 ZDF-Magazin.

schrift *ZDF-Magazin* ersetzt wurde. Er verzichtete bewusst auf den Einsatz eines Teleprompters. Gestik fehlte fast vollkommen. Dieser Mangel an Effekten, der an *Panorama*-Moderator Joachim Fests zurückhaltenden Moderationsstil 1965/66 erinnerte, lenkte m.E. die Konzentration des Zuschauers relativ stark auf Löwenthals Aussagen. Dass ein politisches Meinungsmagazin auch anders präsentiert werden konnte, zeigte 1964 der moderierende *Panorama*-Redaktionsleiter Eugen Kogon, der auf einem Stuhl im Vordergrund sitzend und nicht durch einen Schreibtisch von den Zuschauern getrennt durchaus pathetisch seine Sicht der Dinge darlegte. Für den ehemaligen Hörfunkreporter Löwenthal war die optische Darstellung wohl kein Feld, auf dem er kreativen Ehrgeiz entfalten wollte, im Gegensatz zu Prof. Kogon, der in seinem »Hauptberuf« als Hochschullehrer vor den Studenten in ganz anderer Form rhetorisch gefordert war. Eine Fernsehkritikerin[213] betrachtete das *ZDF-Magazin* sogar als abgefilmtes Hörfunkmagazin. Trotz seines so völlig anderen Stils im Vergleich zu Kogon nannte ihn die evangelische Wochenschrift *Deutsches Allgemeines Sonntagsblatt* »Germaniens Mittwochs-Präzeptor«[214]. Allerdings hatte das zweifelhafte Kompliment vom *Praeceptor Germaniae* nachweisbar auch schon den eher sachlich informierenden *Panorama*-Leiter Joachim Fest[215] getroffen und wurde auf die meisten Moderatoren angewandt. Allmählich spitzten sich die Aussagen über Löwenthal in polemischer Weise zu: Er moderiere »mit dem Zeigefinger«[216] und zeige sogar einen Goebbels-Stil[217]. Politische Gegner, die ansonsten die deutlich vernehmbaren Einstellungen der *Panorama*- und *Monitor*-Moderatoren bevorzugten, meinten, Löwenthal zeige in jeder Sendung, wie eine Moderation nicht sein solle.[218] Häufig wurden auch Äußerlichkeiten des, im Gegensatz zu seinen Auftritten in Brüssel, sehr angespannt und ernst, wenn nicht gar grimmig wirkenden Löwenthal vermerkt: Herbert Riehl-Heyse von der *Süddeutschen Zeitung* nannte ihn »halb Kassandra, halb Leichenbitter«.[219] Möglicherweise können

213 Cornelia Zytur: Machen Köpfe schon ein Programm? Politische Magazine bei ARD und ZDF (3. Teil und Schluss), in: *FUNK-Korrespondenz* Nr. 24/1973, S. 1–7, dort S. 3.

214 Zitiert nach »Tief, sehr tief sind wir gesunken«, in: *Der Spiegel*,, S. 77. »Praeceptor Germaniae« auch in: Eckart Bethke: Streitet für Recht(s) und Gesetz, in: *Der Abend*, 4.9.1973; Unternehmensarchiv des ZDF, Zeitungsausschnittsammlung 6.1/1 Löwenthal 1972.

215 Zitat Manfred Jenke in: Lampe/Schumacher: Das Panorama der 60er Jahre, (wie Anm. 177, S. 80), S. 122.

216 Kurzbiographie Gerhard Löwenthal, in: Munzinger-Archiv/Internat. Biograph. Archiv, Ordner Lo-ME, Lieferung 10/03 10, ohne Angabe des Urhebers dieser Aussage.

217 Martin Walser: Der Gifter, in *Konkret*, 21. Jahrgang (1975), S. 24–26, dort S. 26, zitiert nach Andreas H. R. Schmidt, (wie Anm. 6, S. 16), S. 173.

218 So SPD-Medienreferent Lothar Schwartz, wiedergegeben in N.N.: Der Mann im schwarzen Kanal, in: *Ran*, Nr. 9–10/1970, o. S.; Unternehmensarchiv des ZDF, Zeitungsausschnittsammlung 6.1./1 Löwenthal 1968–70.

219 Herbert Riehl-Heyse: Journalist oder Missionar? Im Kampf gegen alles, was links von ihm steht, vergißt Gerhard Löwenthal oft die Belege für seine Meinung, in: *Süddeutsche Zeitung*, 17.5.1974, wiedergegeben in: Schmidt, *ZDF-Magazin*, S. 175.

sich Freunde und Gegner darauf einigen, dass Löwenthal eine kantige Persönlichkeit mit starkem Ego war. Dies sind m.E. aber Eigenschaften, die ein Redaktionsleiter, Fernsehmoderator und politischer Vortragsredner mit bundesweitem Anspruch unbedingt aufweisen muss; sonst könnte er eine derartige Position auf dem politisch-publizistischen »Schlachtfeld« kaum einnehmen, geschweige denn halten.

Löwenthal und Noelle-Neumann im politisch motivierten Kreuzfeuer der Bundestagsparteien

Galt das Magazin zunächst als »betulich«[220], so stellte sich nach wenigen Monaten ein erster heftiger politisch motivierter Konflikt ein. Nachdem das *ZDF-Magazin* am 26. Februar 1969 einen Beitrag des Autors Robert Stengl unter dem Titel *Mißbrauch mit der Meinungsforschung* ausgestrahlt hatte, und der Bundestagswahlkampf 1969 in Reichweite rückte, entwickelte Löwenthal die Idee, mit Hilfe der empirischen Sozialwissenschaften die Meinungsbildung der Bürger im Wahlkampf zu beschreiben und eventuell zu erklären. Schon zuvor hatte Löwenthal mehrfach Umfrageergebnisse[221], etwa zur Verjährung von Mord im Hinblick auf NS-Verbrechen, veröffentlicht. Bei dem neuen Projekt ging es aber nicht um Momentaufnahmen und Wahlprognosen – jenem kleinen und vordergründigen Teil des »Herrschaftswissens« also, das sich die großen Parteien von den Meinungsforschern zur Verfügung stellen lassen, um zielgerichtet Wahlkampf zu betreiben. Vielmehr sollte im Vierteljahr vor der Wahl dargelegt werden, wie die Bürger einzelne Spitzenpolitiker einschätzen, welche Themen ihnen besonders wichtig erscheinen, ob sich die Wahlabsicht ändert oder verfestigt. Währenddessen hatte der Arbeitskreis Deutscher Marktforschungsinstitute wegen möglicher Debatten um die Genauigkeit und die Gefahr der Manipulation beschlossen, keine repräsentativen Ergebnisse vor dem Wahltermin zu veröffentlichen. Eine Lösung war, nicht die Wahlabsicht der gesamten wahlberechtigten Bürger, sondern die sich möglicherweise wandelnden Meinungen von repräsentativ zusammengesetzten Wählergruppen (nach der Anhängerschaft der Bundestagsfraktionen gegliedert, ergänzt um die Unentschiedenen und die Jungwähler) zu untersuchen, die in regelmäßigen Abständen befragt werden sollten (Panel-Untersuchungen). Schon der erste Beitrag von *Wählermeinung nicht geheim* zeigte Diskrepanzen zwischen den Präferenzen von Parteiführungen und Anhängerschaft auf: Nur vier Prozent der befragten FDP-An-

220 Vgl. N.N.: Fernsehen. Mal zur Brust, in: *Der Spiegel*, 23. Jahrgang (1969), Nr. 37, S. 46.
221 Vgl. Darf Mord verjähren?, in: *Südkurier*, 21.3.1969; Gesehen und gewertet. Gefährliche Denkschablonen, in: *Eßlinger Zeitung*, 21.3.1969. Beide: ACDP, NL Löwenthal, 01-763-001. Die gleichen Umfrageergebnisse wurden erneut am 7.5.1969 ausgestrahlt.

hänger hielten den damaligen liberalen Spitzenkandidaten Walter Scheel für den »fähigsten deutschen Politiker«, hingegen antworteten 29 Prozent derselben: »Franz Josef Strauß« (das Feindbild der FDP-Führung spätestens seit der *Spiegel*-Affäre). Auch die SPD konnte sich nur teilweise bestätigt fühlen: Ihr Spitzenkandidat Willy Brandt blieb bei Christ- und Sozialdemokraten sowie Liberalen hinter Karl Schiller zurück. Ein anderes Beispiel: Fürsprecher und Gegner einer Fortsetzung der Großen Koalition hielten sich bei den SPD-Anhängern ungefähr die Waage (36 zu 37 Prozent).[222]

Im Juli 1969 erhob SPD-Bundesgeschäftsführer Hans-Jürgen Wischnewski Bedenken gegen die Ausstrahlung von *Wählermeinung nicht geheim* (Löwenthal hatte ihn vor Beginn der Reihe davon unterrichtet). Warum? Zum einen kann es die Fernsehanstalt an sich gewesen sein, die ihm zu wenig neutral für ein solches Projekt erschien: Das ZDF galt als CDU-nah, unter anderem wegen des konservativ-katholischen Intendanten Karl Holzamer und des CDU-Mitglieds Wolf Dietrich als Chefredakteur. Zum anderen stützte sich die Erhebung auf Daten des Instituts für Demoskopie in Allensbach, das von Elisabeth Noelle-Neumann geleitet wurde. Noelle-Neumann und ihr Ehemann, der Journalist Erich Peter Neumann, waren bereits als Berater Adenauers in Erscheinung getreten und daher als CDU-nah »abgestempelt«. Einen Eklat um Noelle-Neumann hatte es am Abend der Bundestagswahl 1965 gegeben. Die *Zeit* hatte ein Interview mit Noelle-Neumann veröffentlicht, welches die Aussage enthielt: »Ich würde mich nicht wundern, wenn die SPD gewänne.« Tatsächlich, so stellte es sich heraus, erzielte die CDU/CSU einen Vorsprung von acht Prozentpunkten gegenüber den Sozialdemokraten. Hatte die Demoskopin durch den Hinweis auf ein Kopf-an-Kopf-Rennen die christdemokratische Anhängerschaft bewusst zur Stimmabgabe motiviert?[223] Sollte kurz vor der Wahl eine Bevorzugung der Unionsparteien – absichtlich oder unabsichtlich – die Erwartungen der Sozialdemokraten auf eine relative Mehrheit der Mandate zerstören? Wischnewski und der SPD-Medienreferent Lothar Schwartz baten Löwenthal um eine ausführliche Unterredung, zu der sich Leo Bauer, ein enger Berater Willy Brandts, gesellte. *Wählermeinung – nicht geheim* müsse in Form und Inhalt geändert werden, sonst werde die SPD im Fernsehrat protestieren. Während sich Löwenthal stark unter Druck gesetzt fühlte, war das Gespräch nach SPD-Angaben in »freundschaftlich-kollegialer Weise« verlaufen.[224] Fernsehratsmitglied Hans-Dietrich Genscher forderte sogar, *Wählermeinung nicht geheim* abzuset-

222 Veröffentlichung der Ergebnisse im Buch: Institut für Demoskopie Allensbach: Wählermeinung nicht geheim. Eine Dokumentation des ZDF. Allensbach: IfD, 1969. Die Auseinandersetzung um *Wählermeinung nicht geheim* ist in zahlreichen Pressebeiträgen dokumentiert; vgl. ACDP, NL Löwenthal, 01-763-001.

223 Elisabeth Noelle-Neumann: Die Schweigespirale. München: Langen Müller, [6]2001, S. 13 f.

224 N.N.: Dietrich: Es gab keine Pressionen der Parteien. Zu den Vorgängen um *Bilanz* und »ZDF-Magazin«, in: *epd/Kirche und Fernsehen*, Nr. 34/1969, S. 7 f., zitiert in Schmidt, S. 192.

Löwenthal mit Elisabeth Noelle-Neumann und Annemarie Renger

zen, denn die FDP mit ihrem Spitzenkandidaten Walter Scheel war, den gesendeten Ergebnissen zufolge, bei der Bevölkerung weniger angesehen als in der Vergangenheit (wie oben dargestellt).[225] Dass die Parteiführungen *Wählermeinung nicht geheim* als relevant, wenn nicht gar als gefährlich einstuften, zeigte sich daran, dass die maßgeblichen Politiker Hans Jürgen Wischnewski, Helmut Kohl und Hans-Dietrich Genscher mit Gerhard Löwenthal und Elisabeth Noelle-Neumann in einer Sondersendung des ZDF am 9. September 1969 außerhalb des *ZDF-Magazins* zusammenkamen. In der letzten Sendung vor der Wahl am 19. September 1969 durfte Löwenthal zusätzlich die Erhebungen anderer Institute, die die auftraggebenden Bundestagsparteien an ihn weitergeleitet hatten, in einer weiteren Sondersendung präsentieren: Die Parteienvertreter hatten ihr Placet gegeben.[226] Löwenthal präsentierte weiterhin demoskopische

225 N.N.: Fernsehen. Mal zur Brust, in: *Der Spiegel*, 23. Jahrgang (1969), Nr. 37, S. 46. Produktionsnachweise des *ZDF-Magazins* vom 23.7.1969 bis 24.9.1969. Autoren von Wählermeinung nicht geheim« waren zunächst Jürgen R. Meyer alleine (23.7.1969), dann derselbe zusammen mit Wolfgang Weinert (6.8.1969, 13.8.69, 20.8.1969, 27.8.1969, sowie Jürgen R. Meyer und Günter Schubert (3.9.1969, 17.9.1969), lt. Produktionsnachweisen. Vgl. Unternehmensarchiv des ZDF, Bestand *ZDF-Magazin*, Ordner Nr. 2 und 3.

226 Unternehmensarchiv des ZDF, Bestand *ZDF-Magazin*, Ordner Nr. 9.

Erhebungen im *ZDF-Magazin*: Einen mit 20 Minuten sehr ausführlichen Beitrag über *Bürgermeinung – nicht geheim* erstellte er selbst (gesendet am 27. Mai 1970), gefolgt von Günter Ederers *Demoskopie im Widerstreit* am 1. Juli 1970 und erneut *Wählermeinung – nicht geheim* am 22. Juli 1970.[227]

Auf anderer Ebene kam es zu einem zweiten Konflikt um Löwenthal und Noelle-Neumann. Die Kommunikationswissenschaftlerin bemühte sich über mehrere Monate im Jahre 1970 um eine weitere Zusammenarbeit mit Gerhard Löwenthal. Am Institut für Publizistik der Johannes-Gutenberg-Universität in Mainz sollte Löwenthal – so die Absicht der Professorin – im Wintersemester 1970/71 als Lehrbeauftragter zum Themenkreis »praktischer Journalismus« wirken, mit anderen Worten: seine Erfahrungen und Fähigkeiten weiterreichen sowie den Studenten eine Brücke ins Berufsleben aufzeigen. Rudolf Heizler (Chefredakteur der *Kölnischen Rundschau*) war ihm vorausgegangen, Walter J. Schütz (Oberregierungsrat im Presse- und Informationsamt der Bundesregierung) dozierte dort schon seit einigen Semestern über Pressestatistik. Tatsächlich war das Institut auf externe Lehrbeauftragte angewiesen, denn sein Forschungs- und Lehrkörper setzte sich nur aus Prof. Elisabeth Noelle-Neumann, dem wissenschaftlichen Angestellten Dr. Kurt Reumann und dem wissenschaftlichen Assistenten Dr. Winfried Schulz zusammen. Löwenthal war willens. Während sich eine Berufungskommission aus drei Professoren, einem Assistent und einem Studenten fünf Monate beriet (im Sommersemester war bereits eine Übung *Dokumentationssendungen im Fernsehen* angekündigt, der Dozent blieb jedoch nicht benannt)[228], machte eine studentische Initiativgruppe Publizistik gegen Löwenthals wirkliche oder angebliche politische Einstellungen Front und betonte, weder Assistenten noch Studenten wollten ihn.[229] In den Tagen zuvor war ein Anti-Löwenthal-Aufruf in der Philosophischen Fakultät zu lesen: »Verhindert Lehrauftrag für Anti-Kommunisten Löwenthal (ZDF!!). Vorstellungsvortrag Dienstag, 16. Juni, 17 Uhr Wehrt Euch gegen einseitige Lehrinhalte in der Publizistik!!!«[230] In seinem »Probevortrag« sprach Löwenthal zum Thema *Politik im Fernsehen* am 16. Juni 1970[231] vor etwa 200 Hörern »über die Pflicht zur umfassenden Information, faire und offene Berichterstattung, Unabhängigkeit und Furchtlosigkeit«.[232] Daraufhin beschloss eine »Vollversammlung« am 30. Juni

227 Vgl. Produktionsnachweise des *ZDF-Magazins*.

228 Vorlesungsverzeichnis Johannes-Gutenberg-Universität Mainz, SS 1970, WS 1970/71.

229 Aufruf *Kalter Krieger am Institut* (Flugblatt); ACDP, NL Löwenthal, 01-763-006.

230 Enthalten im Schreiben von der Sekretärin des Instituts, Annelore Dudel, an Löwenthal, vom 12. Juni 1970; ACDP, NL Löwenthal, 01-763-006.

231 Vgl. Schreiben des Dekans der rechts- und wirtschaftswissenschaftlichen Fakultät vom 30.4.1970 an Löwenthal. ACDP, NL Löwenthal, 01-763-006.

232 Hans-Joachim Noack: Kein Mainzer Lehrauftrag für den Magazinmann, in: *Frankfurter Rundschau*, 17.7.1970; ACDP, NL Löwenthal, 01-763-006.

1970 bei einer Gegenstimme (Teilnehmerzahl ist nicht bekannt; Repräsentativität ist bei studentischen »Vollversammlungen« aber selten nachgewiesen) eine Erklärung mit dem Inhalt: »Die« Publizistikstudenten lehnen einen Lehrauftrag für Löwenthal ab. Begründung: Vor allem habe er es ausgeschlossen, »den Studenten konkret seine berufliche Praxis (zum Beispiel die Art seiner Recherchen) zu schildern«, und nicht einmal den Inhalt seiner Lehrveranstaltung habe er vorstellen können. Die »Einseitigkeit« in der politischen Ausrichtung der Lehrbeauftragten sei durch Löwenthal nicht »durchbrochen«, sondern fortgesetzt worden.[233] Um diese Einzelheiten bewerten zu können, müsste allerdings ein Protokoll der entsprechenden Versammlung herangezogen werden, das aber nicht in den Archiven vorliegt. Offenbar ging es denjenigen Studierenden, denen viel an den Themen der neuen Linken wie dem Kampf gegen die Pressekonzentration, marxistischer Theorie oder redaktionelle Mitbestimmung lag, um eine Niederlage Noelle-Neumanns. Gleichzeitig wollten sie einen entschiedenen Kritiker des studentischen Linksextremismus als Lehrbeauftragten nicht akzeptieren. Mit Blick auf das Votum der Studenten zog Noelle-Neumann ihren Antrag zurück.[234] Löwenthal erinnerte sich 23 Jahre später: Die Ablehnung habe ihn angesichts des politischen Klimas, das nach 1967/68 an den Universitäten herrschte, nicht überrascht.[235] Zugleich wird die Intensität sichtbar, die ihm als Feindfigur die Linke zu einem frühen Zeitpunkt seiner Magazin-Tätigkeit entgegenbrachte.

Die Einstellung zum Regierungswechsel 1969

Am Abend der Bundestagswahl 1969 war Löwenthal als einer der bekanntesten Journalisten und als live-erfahrener Reporter in der SPD-Bundeszentrale eingesetzt – auf eigenen Wunsch wie schon 1965. Dabei war er, ungeplant, nicht nur Berichterstatter, sondern versuchte sich als politischer Akteur (im weitesten Sinne), als er seinen ihm assistierenden Sohn Thomas mit einer Mitteilung zu Rainer Barzel, dem Vorsitzenden der CDU-Bundestagsfraktion, schickte: Löwenthal hatte im Laufe des Abends herausgefunden, dass das SPD-Präsidiumsmitglied Heinz Kühn mit dem FDP-Spitzen-

233 Schreiben der Fachschaftsvertretung Publizistik vom 6.7.1970 an Löwenthal. ACDP, NL Löwenthal, 01-763-006. Mit »Einseitigkeit« ist die eher konservative, CDU-nahe Haltung der bisherigen Lehrbeauftragten gemeint.

234 Vgl. N.N.: Löwenthal. Zu viele Blößen, in: *Der Spiegel*, 24. Jahrgang (1970), Nr. 34, S. 63, zu der Auseinandersetzung sind zahlreiche Artikel im Unternehmensarchiv des ZDF, Zeitungsausschnittsammlung 6.1./1 Löwenthal 1968–70 archiviert. Elisabeth Noelle-Neumann schreibt in ihren »Erinnerungen« ausführlich über die Auseinandersetzungen an der Universität Mainz um 1970, ohne Gerhard Löwenthal in diesem Zusammenhang zu erwähnen.

235 Aussage Löwenthals im Interview mit Winckler; in: *Ein kritischer Journalist aus Berlin*, S. 159.

politiker Willy Weyer zu einem langen Gespräch zusammengetroffen war. Kühn war Ministerpräsident, Weyer Innenminister in Nordrhein-Westfalen, beide waren also »Praktiker« einer sozialliberalen Koalition. Ein Omen? Inhalt der Unterredung konnte, so war Löwenthal überzeugt, angesichts des Zeitpunkts und der rechnerisch möglichen Bundestagsmehrheit beider Fraktionen nur eine künftige sozialliberale Koalition sein. »Da schrillten bei mir alle Alarmglocken [...] Zu meinem Bedauern mußte ich wenig später feststellen, daß die CDU-Führung in ihrer Siegessicherheit [...] den Machtverlust überhaupt nicht einkalkuliert hatte. [...] Als ich zur ›Siegerrunde‹ in den Keller der rheinland-pfälzischen Landesvertretung kam, nachdem ich meine Arbeit in der SPD-Zentrale beendet hatte, saß man vergnügt beim Wein und bedeutete mir auf meine besorgten Fragen, daß man erst einmal den Erfolg genießen wolle.«[236] Löwenthal favorisierte eine Fortsetzung der Großen Koalition – eine Einstellung, die er mit prominenten Sozialdemokraten wie Helmut Schmidt und Herbert Wehner teilte – und war CDU-Wähler.[237] Löwenthal war jedoch nicht der einzige Journalist, der Politikern an jenem Abend Hinweise und Ratschläge gab. Hans-Ulrich Kempski (*Süddeutsche Zeitung*) drängte Wehner (der lieber die Große Koalition fortgesetzt sehen wollte), Brandts Vorhaben eines sozialliberalen Regierungsbündnisses zu unterstützen. Kempski steckte Brandt einen Zettel mit den Worten »Jetzt oder nie!« zu.[238]

Löwenthal hatte keine Veranlassung, sein Magazin ab der ersten Sendung auf einen Oppositionskurs zur Bundesregierung zu bringen, wie es von Anfang an kennzeichnend für *Panorama* war. Ausschlaggebend war für ihn die erfolgreiche Arbeit des Kabinetts Kiesinger/Brandt in den vergangenen Jahren; daneben mochte er aus demokratietheoretischer Sicht nicht einsehen, warum die an Wählerstimmen zweitstärkste SPD dauerhaft von einer Regierungsbeteiligung ausgeschlossen bleiben sollte. Problematisch dürfte ihm dagegen ein Regierungsbündnis der zweit- und drittgrößten Partei erschienen sein: Üblicherweise gebührt dem Kandidaten der stärksten Bundestagsfraktion der Auftrag zur Regierungsbildung. Insgesamt betrachtete Löwenthal jedoch die SPD in einem weit günstigeren Licht als in den 1970er und 1980er Jahren, weil er diese Partei noch stark von den politischen Persönlichkeiten der Nachkriegsjahre wie Wilhelm Kaisen, Georg August Zinn u. a. geprägt sah, er Willy Brandt einen guten Bekannten nennen konnte, und er weder die künftige Ostpolitik noch den Zugang zahlreicher linker Akademiker (»68er«) ahnte.

236 Löwenthal: Ich bin geblieben, S. 289 f.

237 Löwenthal war CDU-Wähler lt. Mitteilung seines Sohnes Thomas gegenüber dem Verfasser, September 2006.

238 Ilka Ennen: Die Kommunikations- und Informationspolitik Willy Brandts (unveröffentlichte Magisterarbeit). Mainz 1996, S. 38.

Eine veränderte Regierungspolitik nach dem Wechsel im Palais Schaumburg blieb nicht ohne Auswirkungen auf den politischen Journalismus. Bestimmende Themen des *ZDF-Magazins* seit Anfang 1970 war die Deutschland- und Ostpolitik, nachfolgend die innere Situation der UdSSR und ihrer Verbündeten, allen voran der Zustand der DDR. Zugleich lässt sich mit den neuen vor allem ostpolitischen Themen ein anderes Image Löwenthals nachweisen. Zur Kritik an Löwenthal in jenen Jahren siehe Kapitel 3: Reaktionen auf Löwenthal, zu seinen Werten, Einstellungen und Meinungen siehe Kapitel 4.

Ab dem 1. Oktober 1973 strahlte das ZDF Löwenthals Magazin nur noch 14-tägig im Wechsel mit dem Wirtschaftsmagazin *Bilanz* aus. Für außenpolitische Themen entstand gleichzeitig das *Auslandsjournal*. Überlegungen, die Sendezeit zu verkürzen, bestanden seit 1971, nachdem das Magazin in die Schlagzeilen gekommen war und 1971/72 ein Teil der Redaktion gegen Löwenthal »rebelliert« hatte. In jenem Jahr bat der CDU-Außenpolitiker Werner Marx MdB seinen Fraktionskollegen Franz Josef Strauß, sich gegen eine Reduzierung einzusetzen, denn diese stelle einen Sieg der SPD gegen die CDU/CSU im Fernsehrat dar.[239]

Durch die Halbierung[240] des Löwenthal-Magazins sollte eine stärkere Ausgewogenheit des ZDF-Programms hergestellt werden, nachdem bereits 1971 das ebenfalls vierzehntägig ausgestrahlte politische Magazin *Kennzeichen D* startete. Von da an war das *ZDF-Magazin* weniger tages- und wochenaktuell, vielmehr traten bisherige Schwerpunktthemen noch stärker in den Vordergrund, während »bunte« oder unpolitische Beiträge verschwanden. Löwenthal beantragte, die Leitung des ZDF-Studios Bonn zu übernehmen, um ein Gegengewicht zu Hanns Werner Schwarze zu bilden, der das Studio Berlin leitete und *Kennzeichen D*-Moderator war: Schwarze, wie Löwenthal Berliner, war seit dem Mauerbau 1961 einem publizistischen kalten Krieg abgeneigt, und sogar bereit, Erfolge der DDR in seinen Sendungen zu zeigen. Während Löwenthal keine wesentlichen Änderungen der DDR-Politik sah, erkannte Schwarze einen Wandel zum Besseren, den er darüber hinaus in seinem so bezeichnend betitelten Buch *Die DDR ist keine Zone mehr* beschrieb.

Zwar sagte das ZDF Löwenthal einen Ausgleich der reduzierten Sendezeit zu, doch kam es kaum zu den Sendungen, die er als Ersatz vorschlug: Er hatte mit Datum vom 5. Januar 1976 seinem Arbeitgeber eine Interview-Reihe, eine Kommentar-Reihe, regelmäßige Buchrezensionen, eine viermal im Jahr auszustrahlende Reihe *Deutschland und Europa* sowie eine vier- bis sechsmal jährlich zu sendende Talk-Show (mit Mat-

239 Werner Marx im Brief vom 22.10.1971 an Franz Josef Strauß; ACDP, NL Werner Marx, 1-356: AO, 065.

240 Zahlreiche Presseartikel dazu: Unternehmensarchiv des ZDF, Zeitungsausschnittsammlung, 11.4/6-4.53 ZDF-Magazin.

thias Walden und ihm als Gastgeber) vorgeschlagen.[241] Alleine Löwenthals Gespräch mit Axel Springer in der Reihe *Zeugen des Jahrhunderts* wurde ausgestrahlt (zum 70. Geburtstag des Verlegers am 2. Mai 1982). In dieser Sendung erfragte Löwenthal den Lebenslauf und vor allem die maßgeblichen Prägungen und Interessen Springers. Einige Zuschauer monierten in Briefen an das ZDF, Löwenthal sei zu unkritisch gewesen, er habe insbesondere unangenehme Fragen zum Thema *Bild*-Zeitung vermieden. Tatsächlich orientierte sich Löwenthal am bisherigen Konzept der Sendereihe, sich selbst zugunsten der porträtierten Persönlichkeit zurückzunehmen, diese vielmehr anhand eines Fragerasters über Werte und biographische Wegmarken zu »öffnen«: So kamen in diesem Gespräch, aufgezeichnet in der Bibliothek des Springer-Hochhauses an der Berliner Kochstraße, politische Prägungen, die Haltung zu den totalitären Ideologien, Religion und Schicksalsschläge zur Sprache.[242] Dass Löwenthal seinem politischen Freund Springer schaden könnte oder wollte, war nicht zu erwarten.

Politisches Engagement außerhalb des Fernsehens

Nachdem die Öffentlichkeit Löwenthal in einer recht frühen Phase des *ZDF-Magazins* 1970 als CDU-nah eingestuft und Unionspolitiker sich entsprechend im ZDF-Fernsehrat für ihn eingesetzt hatten, wurden im Sommer 1971 in Bonn Überlegungen der CSU bekannt, wonach Löwenthal für ein Schattenkabinett vorgesehen sei, falls Franz Josef Strauß als CDU/CSU-Spitzenkandidat antrete. Eine Liste führte ihn als Leiter des Presse- und Informationsamtes auf. Es waren aber seinerzeit schon starke Zweifel an der Seriosität dieser Aufstellung laut geworden, die u. a. so wenig aussichtsreiche Namen wie die sudetendeutschen Funktionäre Walter Becher als Außenminister und Siegfried Zoglmann als Minister für Wirtschaftliche Zusammenarbeit aufwies.[243] Ein Vierteljahr später sah ihn ein Journalist gar als »Informationsminister«.[244] Ob Löwenthal tatsächlich ein Regierungsamt angenommen hätte, ist fraglich, denn dies hätte einen erheblichen Verlust seiner Freiheit, Themen auszuwählen, zu bearbeiten und zu kommentieren, bedeutet.

241 Vgl. Brief Löwenthals an Helmut Kohl (Vorsitzender des ZDF-Verwaltungsrats) vom 5.1.1976; ACDP, NL Löwenthal, 01-763-008.

242 Vollständiges Interviewmanuskript, Sendeprotokoll und Kritiken; ACDP, NL Löwenthal, 01-763-093.

243 Franz Josef Strauß spielt auf Zeitgewinn, in: *General-Anzeiger* (Bonn), 31.7.1971; Unternehmensarchiv des ZDF, Zeitungsausschnittsammlung 6.1./1 Löwenthal 1971.

244 Karl Stankiewitz: Löwenthal im Schattenkabinett, in: *Stuttgarter Nachrichten* 18.10.1971; Unternehmensarchiv des ZDF, Zeitungsausschnittsammlung 6.1/1 Löwenthal, 1971.

Löwenthal als Redner bei der CSU

Vor allem nach der Umstellung auf den neuen Senderhythmus 1973 beschränkte sich Löwenthal nicht auf seine hauptamtliche Tätigkeit für das ZDF als moderierender Redaktionsleiter. Er hielt als Privatmann einerseits zahlreiche Reden über Politik und seine journalistische Arbeit, andererseits war er in politischen Vereinen zumindest beratend oder gar in führender Funktion tätig. Auch andere Fernsehjournalisten konnten und können ihres Bekanntheitsgrades wegen zahlreiche Einladungen als Vortragsredner vorweisen. Bei Löwenthal fällt im Gegensatz dazu das stärkere direkte politische Engagement für CDU und CSU und vor allem für einen bestimmten Politiker auf: Franz Josef Strauß. Eine derart starke Identifikation mit einer Partei vor den Wahlen hielten andere politische Fernsehjournalisten mit ihrem Beruf für unvereinbar. Während Löwenthal argumentierte, jetzt sei es »an der Zeit, sich zu engagieren. Ich würde überall reden, wo ich eingeladen werde«, widersprach der Bonner ZDF-Studioleiter Hans Joachim Reiche (Jahrgang 1921), er werde sich »niemals lautstark für die Partei meiner Wahl stark machen. Dann würde mir doch kein Zuschauer mehr abnehmen, dass ich im Fernsehen um eine neutrale Beurteilung der Dinge bemüht bin«. Hanns Werner Schwarze betonte, ein Journalist sei »Beobachter und kein Wahlkämpfer«.[245]

In den 1960er Jahren nahm die Zahl der Prominenten, die für die Bundestagsparteien oder deren Spitzenkandidaten öffentlich warben, deutlich zu. Im Bundestagswahljahr 1961 war es Martin Walser, der einen Sammelband mit der (rhetorischen) Frage *Brauchen wir eine neue Regierung?* betitelte und mit einem vielstimmigen »Ja« beantworten ließ. Es waren insbesondere Mitglieder der Gruppe 47, linke Intellektuelle also, die sich daran beteiligten. 1965 und 1969 war es Günter Grass, der sich mit seiner Sozialdemokratischen Wählerinitiative für »Freund Willy« [Brandt] einsetzte und zur Stimmabgabe für die SPD aufrief. Die SPD hatte von jeher eine vergleichsweise große Anzahl von politisch-publizistischen Persönlichkeiten in ihren Reihen: Wilhelm Liebknecht war in der Kaiserzeit ebenso Chefredakteur einer SPD-Zeitung wie Julius Leber in der Weimarer Republik, und nach 1945 hatten Willy Brandt und Egon Bahr als Journalisten ihre politische Laufbahn begonnen. Die Liste ließe sich fortsetzen.

Demgegenüber war die CDU/CSU durch Männer und Frauen der Medien unterproportional unterstützt. Dies zeigte sich 1969 im Bundestagswahlkampf, als Prominente aus dem Unterhaltungsgeschäft – die bislang kaum politisch in Erscheinung getreten waren – sich öffentlich für die SPD und Willy Brandt aussprachen: unter vielen anderen Peter Frankenfeld, Inge Meysel, Hans-Joachim Kulenkampff. Mit anderen Worten: die beliebtesten Fernsehstars.[246] Nicht zuletzt legte der Deutsche Gewerkschaftsbund nahe, die SPD zu wählen. Dies wiederholte sich im Jahr 1972. Außer dem Moderator der *ZDF-Hitparade* Dieter Thomas Heck hatte die CDU nur wenige bekannte Unterstützer, die die Masse der Wähler ansprechen konnten. Zwar existierte die *Aktion Soziale Marktwirtschaft*, aber sie wirkte in begrenzte Wählergruppen hinein, die ohnehin der CDU/CSU nahestanden. Angesichts des großen Chors bekennender SPD-Wähler und SPD-Unterstützer nahm bei christdemokratisch und konservativ orientierten Bürgern die Neigung ab, sich zu ihren Werten, Einstellungen und Meinungen in der Öffentlichkeit zu bekennen, so dass die demokratische Linke insgesamt noch stärker erschien. Diese Tendenz, »Schweigespirale« genannt, beschrieb und erforschte Elisabeth Noelle-Neumann zunächst anhand der öffentlichen Meinung 1972.

Dies galt gerade auch für die Bürgerinitiativen. Als derartige Vereinigungen in den späten sechziger Jahren aufkamen, waren sie bei weitem eher eine Domäne der demokratischen Linken. Dementsprechend gab es 1972 mehr Wahlunterstützungs-

245 N.N.: Löwenthal als Wahlkämpfer: Kritik von Kollegen, in: *Gong*, 27. Jg. (1974), Nr. 37/1974; Unternehmensarchiv des ZDF, Zeitungsauschnittsammlung 6.1/1 Löwenthal 1972.

246 Vgl. N.N.: Wahlhilfe. Echte Töne, in: *Der Spiegel*, 23. Jahrgang (1969), Nr. 25, S. 32f.

vereine zugunsten von Bundeskanzler Willy Brandt als für den christdemokratischen Kanzlerkandidaten Rainer Barzel. Konservative Bürger engagierten sich kaum in der Öffentlichkeit für politische Anliegen – es hätte ja Kunden abschrecken oder anderen beruflichen Schaden verursachen können. Sie nahmen sich dafür keine Zeit. Nicht zuletzt verfügte die CDU über vergleichsweise wenige Mitglieder (200.000), so dass sich ihr Mobilisierungspotential in engen Grenzen hielt.

Löwenthal engagierte sich im Herbst 1972 erstmals für die CDU. Er warb mit Rednerauftritten in der Endphase des Bundestagswahlkampfs, so in Wiesbaden auf einer Veranstaltung der Bürgerinitiative *Diesmal CDU*[247] und mit seiner Unterschrift in einer Zeitungsanzeige von ZDF-Angestellten zugunsten der CDU/CSU.[248]

Gerhard Löwenthal stellte 1978 rückblickend fest: Die CDU habe vor 1972 den vorpolitischen Raum nicht durch sympathisierende Parteilose »beackern« lassen. Sein Gedanke war: Wenn die SPD fernsehbekannte Brandt-Unterstützer für sich werben lässt, dann müsste er, Löwenthal, doch entsprechendes für die CDU/CSU leisten können. Zumal Organisationsmängel bei den Unionsparteien und ihren Anhängern offenkundig geworden waren, denn das bürgerliche Lager verfügte über keine zentrale Wahlkampfstelle.[249] Löwenthal dürfte darüber hinaus durch seine Amerika-Kenntnisse und -Kontakte angeregt worden sein, im vorpolitischen und politischen Raum »seinen« Spitzenkandidaten durch Bürgerinitiativen zu unterstützen. So ist es in den USA seit langem üblich, durch berufsdefinierte Gruppen (beispielsweise *Farmers for Obama*) oder einstellungsdefinierte Vereinigungen einen Präsidentschaftskandidaten (2008 sprachen sich sogar einige republikanische Politiker für Barack Obama aus) im politischen Wettstreit zu stärken. Die Bundestagswahl 1972 ging insbesondere für die CDU, weniger für die CSU (mit der Löwenthal zunehmend übereinstimmte) verloren. Löwenthal gab gerade auch der CDU selbst die Schuld an ihrer Niederlage, denn sie habe »den Wahlkampf mit den falschen Themen geführt«.[250] Daher fühlte er sich 1973 zusammen mit politischen Freunden in Wiesbaden (*Konzentration demokrati-*

247 Dankward Bauer: »Der ist ja noch besser als Strauß«, in: *Allgemeine Zeitung*, Mainz, 16.11.1972; -nm: Kritik am Grundvertrag. Löwenthal nennt ihn »Mißgebilde«, in: *Wiesbadener Kurier*, 15.11.1972; beide in: Unternehmensarchiv des ZDF, Zeitungsausschnittsammlung 6.1/1 Löwenthal 1972.

248 Klaus Bokelmann/Jörg Wimmelmann, Wiesbaden (verantwortlich): Auch wir sagen, was wir denken, in: »Allgemeine Zeitung«, 18./19.11.1972; ACDP, NL Löwenthal, 01-763-023. Vgl. dazu auch: N.N.: SPD-Anhänger überwiegen beim Mainzer Fernsehen, in: *Die Welt*, 21.11.1972 (o. S.), hy: Rund 400 ZDF-Mitarbeiter werben für die SPD, in: *Süddeutsche Zeitung*, 18.11.1972 (o. S.), beide: ACDP, NL Löwenthal, 01-763-023. Aussage von Dr. Ingeborg Löwenthal über den Nicht-Einsatz Löwenthals vor 1972.

249 Vgl. *Playboy*-Manuskript; ACDP, NL Löwenthal, 01-763-016.

250 Oe: Löwenthal: Kaum Geheimnis um Geheimnisse. Polit-Moderator geht mit Christdemokraten hart ins Gericht/ »Kein ganz einfaches Geschäft«, in: *Wiesbadener Tageblatt*, 18.12.1972; Unternehmensarchiv des ZDF, Zeitungsausschnittsammlung 11.4/6-4.53 ZDF-Magazin.

scher Kräfte – Bürgerinitiative für Freiheit) dazu berufen, die CDU zu unterstützen (um nicht zu sagen: anzutreiben), und ersann das Motto »Freiheit oder Sozialismus in Deutschland« (im Bundestagswahlkampf 1976 setzte die CSU auf die Alternative »Deutschland vor der Entscheidung: Freiheit oder Sozialismus«, während die CDU mit »Aus Liebe zu Deutschland: Freiheit statt Sozialismus« warb). Es scheint, als hätte die Faszination der Jungsozialisten für neomarxistische Thesen, die auf den SPD-Parteitagen einen im Vergleich zu den sechziger Jahren großen Raum einnahmen, Löwenthal dazu bewogen, dem »Sozialismus« den weitgehend positiv besetzten Begriff »Freiheit« entgegenzusetzen. Der empörte SPD-Vorsitzende Willy Brandt sprach am Tag nach der Bundestagswahl 1976 von den »Kampfparolen argumentativer Falschmünzer«. Für die SPD seien beide Themen wichtig.[251] Ähnlich argumentierte Hartmut Wrocklage in der sozialdemokratischen Zeitschrift *Die neue Gesellschaft*: Freiheit sei noch vor Gerechtigkeit und Solidarität einer der Grundwerte der SPD. Gerade die sozialdemokratische Politik, die auf soziale Sicherheit angelegt sei, habe den Arbeitnehmern Freiheit gebracht.[252] Daran lässt sich die unterschiedliche Stellung des Freiheitsbegriffes veranschaulichen: »Freiheit« war für Löwenthal ein Absolutum, eben der wichtigste Wert; demgegenüber verstand die Sozialdemokratie darunter die Freiheiten von Notlagen und Missständen (Armut, Angst vor sozialem Abstieg, Ausbeutung und Ausnutzung).

Als einzigen intellektuell überzeugenden und zugkräftigen Politiker, der die Alternative *Freiheit oder Sozialismus* vor Augen führen konnte, sah Löwenthal Franz Josef Strauß an. Die Veranstaltung in der Wiesbadener Rhein-Main-Halle, die unter Löwenthals Leitung stand, zog 7000 Menschen an.[253] Unter dem Motto *Freiheit oder Sozialismus* hielt Löwenthal 1973 bis August 1976 rund 300 Vorträge in der ganzen Bundesrepublik Deutschland.[254] In seinem Leben bestritt er nach eigenen Angaben »über

251 Vgl. Martin Rupps: Troika wider Willen. Wie Brandt, Wehner und Schmidt die Republik regierten. Berlin: Propyläen, 2004, S. 252.

252 Hartmuth Wrocklage: Freiheit oder Sozialismus, in: *Die neue Gesellschaft*, 23. Jahrgang (1976), Heft 7, S. 580–583.

253 Vgl. Löwenthal: Ich bin geblieben, S. 361 ff. War Löwenthal auch schon im Wahlkampf 1972 für die CDU als Redner oder Organisator aufgetreten? Nach Auskunft von Dr. Ingeborg Löwenthal, 1.2.2008, geschah dies nicht.

254 Vgl. tz: Gegen Beugung unter kommunistisches Joch. G. Löwenthal sprach über »Freiheit und Sozialismus«, in: *Westfälisches Volksblatt*, Paderborn, 3.11.1975; ACDP, NL Löwenthal, 01-763-003; Handzettel der Kolping-Familie »ZDF-Moderator Gerhard Löwenthal spricht zu dem Thema: Freiheit oder Sozialismus, April 1975; ACDP, NL Löwenthal, 01-763-003; Einladung des CDU/CSU-Arbeitskreises im Bundesverteidigungsministerium zu Löwenthal-Vortrag: Freiheit oder Sozialismus in Deutschland, 29.9.1975; ACDP, NL Löwenthal, 01-763-003; CDU Dietenmühle, CDU Nerotal: Einladung zu Löwenthal-Rede: Freiheit oder Sozialismus in Deutschland, Wiesbaden, 20.10.1975; ACDP, NL Löwenthal, 01-763-003; Katholische Deutsche Studentenverbindung »Saarland« im CV zu Saarbrücken: Programm WS 1975/76 mit Hinweis Löwenthal-Rede: Freiheit oder Sozialismus in Deutschland am 5.12.1975; Einladung der CDU Rottweil

tausend Reden«[255], insbesondere, nachdem das Magazin lediglich alle zwei Wochen gesendet wurde und er sich die Zeit dafür nehmen konnte. Derweil verließ er sich auf einen politisch fast deckungsgleichen Stellvertreter in der Redaktion: Fritz Schenk. Durch diese Auftritte wollte er aber nicht nur der CDU/CSU helfen, sondern sich vergewissern, welche Themen das Publikum interessieren und wie er die Teilnehmer anzusprechen hatte. Denn jede Rede – soweit sie nicht in Krawallen unterging – zog eine Diskussion nach sich, und Löwenthal nutzte seine Aufzeichnungen der Zuhörerfragen über den Tag hinaus.[256] Mitte der siebziger Jahre war Löwenthal nach Strauß der konservative Redner mit den meisten Zuhörerzahlen: zwischen 500 und 5000[257], wobei er vor einem Saalpublikum seine Emotionalität und Spontaneität bei weitem besser entfalten konnte als während des durchgeplanten und abgeschirmten Fernsehauftritts.

Die Konzentration Demokratischer Kräfte, der der *Quick*-Journalist Wilfried Ahrens, der CDU-Funktionär Casimir Prinz zu Sayn-Wittgenstein, der ehemalige sozialdemokratischen Kommunalpolitiker Günter Wetzel sowie General Christian Schaeder, der Soziologe Lothar Bossle und der Unternehmer Ludwig Eckes angehörten, setzte sich laut Grundsatzprogramm für einen demokratischen Patriotismus ein.

und Schramberg, 24.6.1976 zu: Freiheit oder Sozialismus; ACDP, NL Löwenthal, 01-763-009. Schreiben des Wirtschaftsrates der CDU, Sektionen Recklinghausen, Herne-Wanne-Eickel, Gelsenkirchen-Bottrop-Gladbeck an Löwenthal vom 8.6.1976 über Auftritt am 16.6.1976 zum Thema: Freiheit oder Sozialismus – Wahlkampf-Formel der Unionsparteien; ACDP, NL Löwenthal, 01-763-009. Schreiben der Deutschland-Stiftung an Löwenthal vom 14.1.1976 über Rednerauftritt am 25.3.1976 zum Thema: Freiheit oder Sozialismus in Deutschland; ACDP, NL Löwenthal, 01-763-009. Werbezettel der CSU München-Land und Starnberg: Gerhard Löwenthal spricht: Freiheit oder Sozialismus, 20. März 1976; ACDP, NL Löwenthal, 01-763-009. Brief der Arbeitsgemeinschaft Blankstahlhandel e.V. vom 14.2.1976 an Löwenthal über Rednerauftritt am 24.3.1976 zum Thema: Freiheit oder Sozialismus; ACDP, NL Löwenthal, 01-763-009. Schreiben der Deutschland-Stiftung (Kurt Ziesel) an Löwenthal vom 14.1.1976 über einen Rednerauftritt am 25.3.1976 vor dem Industriellenkreis in Göppingen; ACDP, NL Löwenthal, 01-763-009. Schreiben von Albert Schedl MdB an Löwenthal vom 23.6.1976 über einen Rednerauftritt in Regenstauf am 27.6.1976; ACDP, NL Löwenthal, 01-763-009. Anzeige »Öffentlicher Vortragsabend. [...] Gerhard Löwenthal spricht zum Thema ›Freiheit oder Sozialismus‹ bei der CSU Bayreuth«, in *Nordbayerischen Kurier*, 13.7.1976; ACDP, NL Löwenthal, 01-763-009. Schreiben der CDU Sankt Augustin, o. D. (eingegangen 21.6.1976) an Löwenthal, Bestätigung der Vereinbarung, Vortragsthema: Freiheit oder Sozialismus; ACDP, NL Löwenthal, 01-763-009. Werbezettel des Kreises für konstruktive Politik, »Gerhard Löwenthal: Freiheit oder Sozialismus«, 12.8.1976; ACDP, NL Löwenthal, 01-763-009. sy: Gerhard Löwenthal: Sozialismus hat sich in der Praxis noch nie bewährt. Fernsehjournalist sprach bei »Hagemeyer« in Borgholzhausen, in: Haller Kreisblatt, 19.6.1976. Zum Motto »Freiheit oder Sozialismus« habe er vom Oktober 1973 bis 17.8.1976 300 mal geredet – indirektes Zitat Löwenthals im *Nordbayerischen Kurier*, Bayreuth, 17./18.8.1976; ACDP, NL Löwenthal, 01-763-009.

255 Löwenthal in: Stefan Winckler: Ein kritischer Journalist aus Berlin, (wie Anm. 106, S. 56), S. 154.

256 Vgl. Löwenthal in: Stefan Winckler: Ein kritischer Journalist aus Berlin, (wie Anm. 106, S. 56), S. 154.

257 Vgl. Claus Peter Clausen: Gerhard Löwenthal ruft zur Sammlungsbewegung für Deutschland auf, in: *Der schwarze Brief*, Nr. 22/1977 (11. Jahrgang), 3.6.1977, S. 1 ff., dort S. 2.

Die Deutschen sollten wieder stolz auf ihr Land sein können. Dem wissenschaftlichen Beirat gehörten der Informatiker Karl Steinbuch und der Philosoph Günter Rohrmoser an. So war diese Bürgerinitiative prominent besetzt. Tatsächlich war ihr Anliegen, zunächst in Hessen gegen Sozialdemokraten und Liberale Stellung zu beziehen, um den konservativen Spitzenkandidaten Alfred Dregger im Landtagswahlkampf 1974 zu unterstützen. Als Sachthema bot sich die Ablehnung der »Rahmenrichtlinien« in der Schulpolitik an, wobei die KDK mit dem Hessischen Elternverein punktuell zusammenarbeitete.[258] In jene Phase der Zeitgeschichte, in der die CDU von verschiedenen Krisen – Richtungsstreitigkeiten mit der CSU, Rainer Barzels Rücktritt von Partei- und Fraktionsvorsitz – betroffen war, fallen Rednerauftritte Löwenthals auf Einladung der CDU, so beispielsweise im Vorfeld der Kommunalwahlen in Schleswig-Holstein im Dezember 1973.[259] Zusammen mit seinem Co-Moderator Fritz Schenk engagierte sich Gerhard Löwenthal im Bund freies Deutschland, einer »Sammlungsbewegung« (Selbstbezeichnung) gegen Linksradikalismus und die Neue Ostpolitik, in Berlin. Diesem Verein gehörten einige bisherige Sozialdemokraten wie der frühere SPD-Bundestagsabgeordnete und DGB-Landesvorsitzende von Berlin, Ernst Scharnowski (Jahrgang 1897) an: Sozialdemokraten in der Tradition Ernst Reuters. Nachdem sich der BfD als Partei deklarierte und sich auf die Abgeordnetenhauswahl im März 1975 vorbereitete, beendeten Löwenthal, Schenk und Axel Springer ihre Unterstützung. Löwenthal erklärte, »mit dieser neuen vierten Partei da von dem Herrn Barner [sic!] habe ich überhaupt nichts zu tun« [gemeint war Dietrich Bahner].[260] Tatsächlich erzielte der Bund freies Deutschland 3,7 Prozent, die möglicherweise eher zu Lasten der CDU als der SPD gingen. Später unterstützte Löwenthal den BfD allerdings wieder durch Rednerauftritte, beispielsweise 1977, nachdem der überparteiliche Charakter längst wieder hergestellt war: In seiner Begrüßungsansprache für den sowjetrussischen Bürgerrechtler Wladimir Bukowskij machte Löwenthal sowohl den Wert der Freiheit als auch die Ausrichtung des BfD deutlich:

»Ihre Anwesenheit heute, hier in unserem Berlin, mein lieber Wladimir Bukowski [sic!], ist zweifellos ein besonderer Höhepunkt in unserem Bemühen, den Geist des Widerstands und den Geist der Freiheit an der vordersten Front der Auseinandersetzung mit dem aggressiven Kommunismus wachzuhalten. Der BfD will mit diesen

258 Vgl. *Der Spiegel*, 28. Jahrgang (1974), Nr. 15, S. 46–49, dort S. 47.

259 Vgl. rr/rl: Die CDU hat jetzt eine Chance, in: *Ost-Holsteinisches Tageblatt*, 4.12.1973, S. 4; ACDP, NL Löwenthal, 01-763-024. Sigrid Petersen: »Lieber Herr Löwenthal.« CDU-Kaske: ZDF-Moderator »ein Lichtblick im roten Meer Fernsehen«, in: *Lübecker Nachrichten*, 5.12.1973, S. 3; ACDP, NL Löwenthal, 01-763-024.

260 Manuskript des Interviews von H.D. *Fischer* und A. Walter für die *Hörzu* mit Löwenthal, 26.5.1976, S. 18; ACDP, NL Löwenthal, 01-763-009.

Veranstaltungen nicht nur die Berliner ermutigen, sondern vor allem auch die politisch für diese Stadt Verantwortlichen, und ich meine hier alle politischen Parteien, wachrütteln und an ihre Verantwortung mahnen! Denn wir erleben zuviel Anpassung, Kompromißfreudigkeit, Leisetreterei, ja fast möchte man sagen, Unterwürfigkeit im Umgang mit den Machthabern hinter dem Eisernen Vorhang.«[261]

Löwenthal gehörte im Jahr 1972 zu den Gründern der Gesellschaft für Menschenrechte (ab 1981: Internationale Gesellschaft für Menschenrechte).[262] Dieser Verein widmete sich den politischen Gefangenen in der DDR, die von der westdeutschen Sektion der weit größeren und bekannteren Organisation amnesty international aus satzungsrechtlichen Gründen nicht betreut werden konnten, und darüber hinaus den Bürgerrechtlern in der UdSSR und ihren Satellitenstaaten. Es gelang dem Staatssicherheitsdienst der DDR, westdeutsche Medien gegen sie zu beeinflussen, um ihr das rufschädigende Image einer rechten oder gar rechtsradikalen Organisation zu verpassen, was ihre Wirkungsmöglichkeiten (Spenden, politische Lobbyarbeit) in der Bundesrepublik Deutschland stark beschränkte. 1974 rief Löwenthal im *ZDF-Magazin* zu einer Unterschriftenaktion der Gesellschaft für Menschenrechte zugunsten sowjetischer Regimekritiker und zu Spenden an den gleichen Verein auf,[263] am 8. Dezember 1976 erwähnte er eine bevorstehende Mahnwache vor der Ständigen Vertretung der DDR[264], am 8. Juni 1977 wies er auf eine Unterschriftenaktion[265] der GfM hin, am 26. April 1978 empfahl er Demonstrationen der GfM, und am 5. Dezember 1979 zeigte ein Beitrag eine Unterschriftenaktion der Gesellschaft für Menschenrechte zugunsten von politischen Häftlingen in der DDR.[266]

Im Jahre 1975 erhielt Löwenthal den mit 10.000 Mark dotierten *Konrad-Adenauer-Preis für Publizistik* der Deutschland-Stiftung e.V.: »in dankender Anerkennung und Würdigung einer publizistischen Leistung und Haltung in dem Massenmedium unserer Zeit, getragen von dem Willen zur Bewahrung unseres freiheitlichen Rechts-

261 Gerhard Löwenthal: Bukowski in Berlin ist ein Signal für die Freiheit!, in: *BFD-Nachrichten*, Mai 1977 (die Zeitschrift erschien alle zwei Monate).

262 Aussage von Claus Peter Clausen, in: Anne-Cathrine Jürgens: Vom Helfer der Ausreisebewegung zum Verfolgten der Staatssicherheit. Die Rolle des Vereins »Hilferufe von drüben« bei der ständigen Ausreise aus der DDR (unveröffentlichte Diplomarbeit). Berlin, 2008, S. 117.

263 Abmoderation: Belaschow; Unternehmensarchiv des ZDF, Bestand *ZDF-Magazin*, Ordner Nr. 28, Sendung vom 17.4.1974. Am 12.6.1974 wiederholte Löwenthal den Aufruf.

264 Vgl. Moderation; Unternehmensarchiv des ZDF, Bestand *ZDF-Magazin*, Ordner Nr. 35, Sendung vom 8.12.1976.

265 Vgl. Unternehmensarchiv des ZDF, Bestand *ZDF-Magazin*, Ordner Nr. 36, Sendung vom 8.6.1977.

266 Vgl. J. Peters: GFM-Protestaktionen; Unternehmensarchiv des ZDF, Bestand *ZDF-Magazin*, Ordner Nr. 42, Sendung vom 5.12.1979.

staates und in kämpferischer Leidenschaft gegenüber einem selbstzerstörerischen Zeitgeist, dem er mit Charakter und Mut entgegentritt«. Die Laudatio im Ludwigsburger Schloss hielt Bundestagspräsident a. D. Eugen Gerstenmeier.[267] 1966 gegründet, machte sich diese »repräsentative Institution des Konservatismus in der BRD«[268] (so der kommunistische Historiker Ludwig Elm 1986) nach den Worten ihres Ehrenpräsidenten Konrad Adenauer zur Aufgabe, Staatsbewusstsein und Nationalgefühl der Deutschen zu fördern. Die Preisverleihungen, die größtenteils im Herkulessaal der Münchner Residenz stattfanden, waren feierlich gehalten und zogen oft über tausend Teilnehmer an; diese Vereinigung bestand aus konservativen Bildungsbürgern, Vorstandsmitgliedern großer Industrieunternehmen, Offizieren sowie Politikern der CSU und des konservativen Flügels der CDU. 1976 begann Löwenthal, für das *Deutschland-Magazin* Kommentare zu verfassen.[269] Diese Monatszeitschrift der Deutschland-Stiftung hatte eine Auflage von mehreren zehntausend Exemplaren. Im Jahr 1977 wählte die Deutschland-Stiftung e.V. Gerhard Löwenthal einstimmig als Nachfolger von General a. D. Heinz Karst zu ihrem Vorsitzenden, nachdem er ihr erst kurz zuvor beigetreten war.[270] Löwenthal erklärte in seiner Antrittsrede, die Deutschland-Stiftung werde sich um die »Bewältigung der moralischen und politischen Krise, in der sich die Bundesrepublik angesichts der ständig wachsenden Bedrohung durch den sowjetischen Kommunismus und westeuropäische Volksfrontbündnisse befindet« bemühen. Das war nichts Neues, verglichen mit den bisherigen Verlautbarungen der Deutschland-Stiftung. Am 4. Juni 1977 erläuterte Löwenthal anlässlich der Verleihung der Konrad-Adenauer-Preise an Helmut Schelsky, Otto von Habsburg und Hans Habe weiterreichende Überlegungen zur Arbeit der Stiftung: Löwenthals »Handschrift« wurde deutlich, als er die Menschen- und Bürgerrechte in der DDR verstärkt zum Thema der Deutschland-Stiftung machen wollte, die »nicht ungehört verhallen, sondern eine Welle der Solidarisierung in unserem Volke auslösen« sollten. Denn »das Schicksal der freien Welt wird sich daran entscheiden, ob es gelingt, dem Kampf um die Menschen- und Bürgerrechte zum Erfolg zu verhelfen« (Löwenthal). Neben die-

267 Vgl. Deutschland-Stiftung e.V.: Festschrift zur Verleihung der Konrad-Adenauer-Preise 1975, Breitbrunn 1975; Adenauer-Preise 1975, in: *Ostpreußenblatt*, 17.5.1975; ACDP, NL Löwenthal, 01-763-003. Silke Steinberg: Im Zeichen der gefährdeten Freiheit. Von der Verleihung des Konrad-Adenauer-Preises im Ludwigsburg, in: *Deutschland-Journal*, Mai 1975; ACDP, NL Löwenthal, 01-763-003. Die Dankesrede Löwenthals ist archiviert; ACDP, NL Löwenthal, 01-763-003.

268 Ludwig Elm (Hrsg.): Konservatismus heute. Internationale Entwicklungstrends konservativer Politik und Gesellschaftstheorien in den achtziger Jahren. Köln: Pahl-Rugenstein, 1986, S. 22.

269 Löwenthals Kommentare im *Deutschland-Magazin* sind archiviert: ACDP, NL Löwenthal, 01-763-105.

270 Vgl. unter anderen Asd: gerhard löwenthal neuer vorsitzender der deutschland-stiftung; ACDP, NL Löwenthal, 01-763-033.

sem neuartigen Ziel strebte Löwenthal eine andere Organisationsform an. Bestehende und zu gründende Arbeitskreise sollten sich allmählich zu einer antisozialistischen Sammlungsbewegung zusammenschließen, um keinen linken Bürger- und Wählerinitiativen den vorpolitischen Raum zu überlassen. Hier mag die kurz zuvor entstandene neogaullistische Bewegung RPR des Pariser Bürgermeisters Jacques Chirac ein Beispiel gegeben haben, wie aus dem Referat von Franz Josef Strauß anlässlich der gleichen Veranstaltung hervorgeht.[271] Tatsächlich hatte Löwenthal den Konservativen Chirac, den er als Freund betrachtete, seinerzeit getroffen[272], denn dessen Wahl zum Bürgermeister von Paris nach seinem Zerwürfnis mit dem liberalen Staatspräsidenten Valery Giscard d'Estaing schien eine gute Voraussetzung zu sein, um eine sozialistisch-kommunistische Zusammenarbeit in Frankreich zu verhindern.[273]

Anlässlich des 20. Jahrgangs des Vereinsorgans *Deutschland-Magazin* (1988) betonte Löwenthal, die Verantwortlichen der Zeitschrift (Chefredakteur war Hans-Jürgen Mahlitz) seien die publizistischen Nachlassverwalter Adenauers. Aus seinem Artikel tritt der Wert der Freiheit besonders hervor, gefolgt vom Patriotismus.[274] Sein Verhältnis zu dem Geschäftsführer und Vorstandsmitglied Kurt Ziesel, den Löwenthal in *Ich bin geblieben* einen »Freund« nennt, war nach Einschätzung von Ingeborg Löwenthal[275] zuweilen gespannt. Ziesel verfasste in den 1930er Jahren als überzeugter Nationalsozialist antisemitische Artikel und bezog mit einigen politischen Freunden nach dem Zweiten Weltkrieg rechts von der CDU Stellung, insbesondere mit polemischer Kulturkritik. Löwenthal blieb lange Zeit Präsident: bis 1994. Im Juni jenes Jahres sollte Helmut Kohl, dessen Erfolg bei den Bundestagswahlen im Oktober fraglich war, den Konrad-Adenauer-Preis der Deutschland-Stiftung erhalten. Kohl drohte, den Preis nicht anzunehmen. Er nahm Löwenthal übel, eine Diskussion mit dem Spitzenkandidaten der konkurrierenden Partei Bund freier Bürger, Manfred Brunner, moderiert zu haben. Auf Ziesels Vorschlag, Löwenthal möge für die Dauer der Veranstaltung zurücktreten, reagierte dieser gereizt und legte sein Amt für immer nieder.[276]

Vor der ersten Direktwahl zum Europäischen Parlament Juni 1979 bemühte sich Löwenthal zusammen mit politischen Freunden aus dem KDK wie Karl Steinbuch

271 Vgl. Claus Peter Clausen: Gerhard Löwenthal ruft zur Sammlungsbewegung für Deutschland auf, in: *Der schwarze Brief*, Nr. 22/1977 (11. Jahrgang), 3.6.1977, S. 1–4.

272 Mitteilung von Frau Dr. Ingeborg Löwenthal, 9.10.2008.

273 Gerhard Löwenthal: Die Bedrohung der Freiheit. Undatierter Vortrag an einer Universität, 1977; ACDP, NL Löwenthal, 01-763-009.

274 Vgl. Gerhard Löwenthal: Ausblick und Rückblick, in: *Deutschland-Magazin* 1/1988, S. 18; ACDP, NL Löwenthal, 01-763-105/1.

275 Aussage gegenüber dem Verfasser, 29.2.2008.

276 Mitteilung Löwenthals an den Verfasser, August 1994. Ihm war aufgefallen, dass Löwenthal seine Kolumne im *Deutschland-Magazin* eingestellt hatte. Auskunft von Hans Jürgen Mahlitz auf Anfrage des Verfassers, 11.4.2008.

und Lothar Bossle um eine bundesweite, als »nicht-sozialistisch« deklarierte Liste unter den Namen *Liberal-Konservative Europainitiative* als Gegengewicht zur »betont linken« Bundesliste der SPD. Er bat Helmut Kohl um Unterstützung.[277] Die *Liberal-Konservative Aktion*, wie sie sich auch nannte, konnte mit den Namen zweier ehemaliger Ministerpräsidenten (Heinrich Hellwege und Franz Meyers) aufwarten. Sehr schnell stellte sich aber die Frage, ob eine solche Liste nun tatsächlich ergänzend oder konkurrierend zur CDU/CSU wirke. Meyers (dem der CDU-Generalsekretär Heiner Geisler mit Ausschluss aus der CDU drohte)[278] und Hellwege traten daher von dem Vorhaben zurück, und auch Löwenthal zeigte an einer »Vierten Partei« kein Interesse mehr. Damit war das Vorhaben sehr schnell zu Ende.

Im Bundestagswahlkampf 1980 engagierte sich Löwenthal für den Unions-Kanzlerkandidaten Franz Josef Strauß, insbesondere in der Bürgeraktion Demokraten für Strauß, die er unter anderem mit der ehemaligen Leichtathletin Jutta Heine gegründet hatte. In der »heißen Wahlkampfphase« der letzten sechs Wochen vor der Stimmabgabe – also zwischen den 23. August und dem 5. Oktober 1980 – verzichtete er auf Wahlkampfauftritte. Denn ausgehend von einer erhöhten Aufmerksamkeit und Empfindlichkeit der politischen Öffentlichkeit in den letzten Wochen vor der Wahl argumentierte 1975 der Justitiar des ZDF, Ernst W. Fuhr, seien »journalistische Meinungsäußerungen bereits dann unzulässig, wenn die bloße Gefahr besteht, dass durch sie das Neutralitätsgebot der Rundfunkanstalt in den Augen der Öffentlichkeit unglaubwürdig erscheint [...]. Letzteres ist aber schon dann der Fall, wenn die Möglichkeit besteht, dass allein durch die Programm-Mitwirkung oder wiederum deren Wirkungen dem Journalisten selbst oder einer ihm nahestehenden politischen Gruppierung ein Sondervorteil entstehen könnte. [...] [falls er beispielsweise] anläßlich einer Landtags- oder Bundestagswahl selbst kandidiert oder aber eine Partei im Wahlkampf in einer so intensiven Weise, etwa als Parteiredner, unterstützt, daß dies breiten Kreisen der Bevölkerung bekannt ist«.[279] Diese Darlegung stimmt sinngemäß mit einer Anweisung des Intendanten Karl Holzamer aus dem gleichen Jahr überein. Löwenthal erklärte rückblickend, die Regelung ginge auf einen Vorschlag von ihm an den Chefredakteur zurück, und er werde sich daran halten, wenn alle fernsehbekannten ZDF-Mitarbeiter dies tun.[280]

277 Vgl. Brief Löwenthals an Helmuth Kohl vom 3.3.1979; ACDP, NL Löwenthal, 01-763-026. Vgl. rtr/dpa: Neuer Streit um vierte Partei, in: *Abendzeitung*, 1.2.1979; Unternehmensarchiv des ZDF, Zeitungsausschnittsammlung, 6.1./1 Löwenthal ab 1975.

278 Vgl. rtr/dpa: Neuer Streit um vierte Partei, in: *Abendzeitung* Nr. 25/1979 (1.2.1979); Unternehmensarchiv des ZDF, Zeitungsausschnittsammlung, 11.4/6-4.53.

279 Ernst W. Fuhr: Grenzen politischer Betätigung von ZDF-Mitarbeitern, in: *TV-Courier/Dokumentation*, Nr. 3-D (3.2.1975), S. 4 ff.

280 Löwenthal, in Schmidt, *ZDF-Magazin*, S. 83.

Um so häufiger sprach Löwenthal im Vorwahlkampf: beispielsweise anlässlich des 75-jährigen Bestehens der Volksbankfiliale Kressbronn gegen ein Honorar von 2000 Mark (plus Spesen) am 10. Juni 1980 zum Thema *Entspannungspolitik*.[281] Am 7. August 1980 erschien er vor mehr als 300 Bürgern im westfälischen Münster auf Einladung der CDU-nahen Staatspolitischen Gesellschaft zu einem Vortrag.[282] Den letzten Auftritt im Wahlkampf für Strauß hatte Löwenthal am 22. August 1980 zusammen mit Reinhard Metz MdB (CDU) in Bremen.[283] Für ihn war es, nach seiner eigenen Schätzung, ungefähr der siebzigste Rednerauftritt im Wahlkampf 1980.[284] Rein politisch betrachtet lohnten sich seine Schriften und Rednerauftritte zugunsten von Strauß nicht. Nachdem der CSU-Vorsitzende als Spitzenkandidat nominiert war, verlor die CDU entgegen dem Trend der vergangenen sechs Jahre bei sämtlichen Landtagswahlen Stimmen: insbesondere im bevölkerungsreichsten Bundesland Nordrhein-Westfalen im Mai 1980. Miserable Sympathiewerte für Strauß jenseits der weiß-blauen Landesgrenzen führten schließlich am 5. Oktober 1980 zu einem Quasi-Desaster für die Union: 44,5 Prozent. Verluste gingen fast ausschließlich zu Lasten der CDU, nicht der bayerischen Schwesterpartei. Tatsächlich erreichten Löwenthals Wahlhilfevereine nie die Bedeutung der sozialdemokratischen Wählerinitiativen – weder in ihrer Ausstrahlung auf die Wähler noch in ihrem Stellenwert bei den Medien. Unter den Intellektuellen war Golo Mann einer der wenigen, die sich für Strauß aussprachen, während sich neben den sozialdemokratischen Wählerinitiativen beispielsweise sehr bekannte deutsche Filmregisseure wie Alexander Kluge und Volker Schlöndorff zu dem Anti-Strauß-Dokumentarfilm *Der Kandidat* zusammentaten. Löwenthals Bemühungen können allerdings als ein seltener Versuch der Konservativen gesehen werden, sich in der Öffentlichkeit vor den Wahlen außerhalb der reinen Parteiarbeit Gehör zu verschaffen.

An Wahlkampfkundgebungen von CDU oder CSU beteiligte er sich entsprechend den im ZDF »geltenden Regeln« ab 1983 nicht mehr.[285] Diese Zurückhaltung kann aber sicher auch mit einer auf Meinungsunterschiede zurückzuführenden Distanz zu Helmut Kohl erklärt werden.

281 Vgl. Briefe der Volksbank Tettnang an L. vom 21.5, 18.2, 28.3., 7.10. 1980; ACDP, NL Löwenthal, 01-763-023.

282 Vgl. kh.: Löwenthal: »Strauß ist klar der bessere Mann«, in: *Münsterischer Anzeiger*, 8.8.1980, ohne Seitenangabe; ACDP, NL Löwenthal, 01-763-023.

283 Vgl. Zeitungsanzeige des Veranstalters CDU, in: *Weser-Report*, 17.8.1980, S. 4; ACDP, NL Löwenthal, 01-763-024.

284 Löwenthal lt. kh.: Löwenthal: Strauß ist klar der bessere Mann, in: *Münsterischer Anzeiger*, 8.8.1980, o. S.; ACDP, NL Löwenthal, 01-763-023.

285 Vgl. Brief Löwenthal an den Intendanten des ZDF, Dieter Stolte, 21.6.1983; ACDP, NL Löwenthal, 01-763-098.

Aus dem Wahlhilfeverein Bürgeraktion Demokraten für Strauß ging 1981 der Verein Konservative Aktion wiederum als Vorfeldorganisation zur Unterstützung der CDU und besonders der CSU hervor. Zwar hatte die CDU/CSU mit dem Spitzenkandidaten Franz Josef Strauß die absolute Mehrheit der Wählerstimmen am 5. Oktober 1980 weit verfehlt, doch richteten sich dessen Anhänger und Unterstützer wie nicht zuletzt Gerhard Löwenthal an dem Wahlsieg des entschiedenen Konservativen Ronald Reagan am 4. November 1980 in den Vereinigten Staaten rasch wieder auf. Reagan war ein Geistesverwandter, der sich bereits 1975/76 als Kritiker der »Entspannungspolitik« im Vorwahlkampf gegen Gerald Ford und Henry Kissinger profiliert hatte. Ohne den konservativen Trend in Amerika, so der Gründer und Vorsitzende Ludek Pachman[286] 1982, wäre die Konservative Aktion wahrscheinlich nicht zustande gekommen. Zugleich sollte sie ein Gegengewicht zur Friedensbewegung (d. h. genauer: zur Anti-Nachrüstungsbewegung) sein. An der Konservativen Aktion – Löwenthal unterstützte diesen Namensvorschlag gegenüber der zuerst genutzten Bezeichnung Aktion wehrhafte Demokratie, zumal in den USA die Selbstbezeichnung »konservativ« an Zustimmung gewonnen habe[287] – wirkten neben Pachman an der Spitze als dessen Stellvertreter der Bayreuther Extremismusforscher Konrad Löw, die freie Journalistin Elisabeth Motschmann und der Journalist Joachim Siegerist (Axel-Springer-Verlag) mit. Der Mitgründer Löwenthal saß dem Kuratorium vor, war Stellvertreter des Politikwissenschaftlers Klaus Hornung (Universität Hohenheim) als »Vorsitzender der Redaktions-Kommission«[288] und trat gelegentlich als Redner[289] auf, so anlässlich des Berlin-Besuchs von Reagan 1982, zum 30. Jahrestag des Volksaufstands vom 17. Juni 1953 und eines Kongresses der Nachwuchsorganisation Junge Konservative. Programmpunkte der KA wie die Sicherung eines in der NATO durch die Mittel der Abschreckung (und eben nicht mittels »Wandel durch Annäherung«) gewährten »Friedens in Freiheit«, Wiedervereinigung, das Bekenntnis zur freiheitlichen demokratischen Grundordnung bei ausdrücklicher Ablehnung von Totalitarismus und beiden Ausprägungen des Extremismus, demokratischer Patriotismus verbunden mit na-

286 Pachman, fast gleichaltrig mit Löwenthal, hatte beide Ausprägungen des Totalitarismus am eigenen Leibe verspürt: als Widerstandskämpfer gegen die deutschen Okkupanten im »Protektorat Böhmen und Mähren« verhaftete ihn die Gestapo. Als Anhänger des Prager Frühlings war er, der der sog. »Normalisierung« unter Gustav Husak nicht folgen wollte, erneut in Haft und wurde gefoltert. 1974 konnte der internationale Schachgroßmeister in die Bundesrepublik Deutschland ausreisen, wo ihn allerdings die Sowjetunion hinderte, an internationalen Schachturnieren teilzunehmen. Seitdem deutscher Staatsbürger. 2003 verstorben.

287 Vgl. Protokoll der Aktion wehrhafte Demokratie, 22.8.1981, in: Archiv der Konservativen Aktion.

288 Vgl. Konservative Aktion: Pressedienst. Willkommen Mr. President. 2. Jahrgang (3/1982), S. 2, in: Archiv der Konservativen Aktion.

289 Vgl. Brief Löwenthals an Dieter Stolte vom 21.6.1983; ACDP, NL Löwenthal, 01-763-098.

tionalem Selbstbewusstsein, die Freundschaft mit den USA, europäische Integration bei Bewahrung der kulturellen nationalen Identität, vermehrte Leistungsorientierung in Schule und Hochschule statt Nivellierung der Bildungsanforderungen, Festigung der Sozialen Marktwirtschaft gegen den demokratischen Sozialismus[290] entsprachen Löwenthals maßgeblichen Einstellungen und Interessen, ebenso der Wunsch nach einer wichtigen Rolle für Franz Josef Strauß als Vizekanzler und Außenminister in einer reinen CDU/CSU-Regierung ohne Mitwirkung der FDP (über deren »Mitschuld« an der Politik seit 1969 die Öffentlichkeit aufgeklärt werden sollte). Des Weiteren sollte die Bundesregierung die Zusammenarbeit mit ihren Nachrichtendiensten verbessern (Löwenthal hielt einen guten Kontakt zum BND), und die als völlig unzureichend angesehene Politik des Bundesinnenministers Gerhard Rudolf Baum (FDP) gegenüber Extremisten im öffentlichen Dienst müsse korrigiert werden. Weniger typisch für Löwenthal und seine Themenschwerpunkte waren Forderungen hinsichtlich der bundesdeutschen Einwanderungspolitik (wie die Rückführung integrationsunwilliger oder -unfähiger Ausländer), eine aktive, Haushaltsmittel einsetzende Bevölkerungspolitik und eine Änderung des Abtreibungsrechts. Die Finanzpolitik dürfe bei aller Notwendigkeit der Sparsamkeit nicht zu Lasten der Verteidigung gehen (im Gegenteil, deren Kosten sollen um 25 Prozent steigen), sondern marktwirtschaftliche Anreize bieten. Weiterhin machte sich die KA für die Vollprivatisierung von Unternehmen stark, die sich teilweise im Besitz der öffentlichen Hand befanden, und sah in der friedlichen Nutzung der Kernenergie eine Chance auf Schaffung einer Viertelmillion Arbeitsplätze. Insgesamt waren die Forderungen der KA stärker nationalkonservativ gestaltet als das Programm der bayerischen CSU (insbesondere wegen des Satzes, die Zahl der Ausländer in der Bundesrepublik müsse unter der Marke von zwei Millionen bleiben). Angesichts der nicht zu übersehenden CSU-Nähe mag die Zustimmung von Franz Josef Strauß nicht verwundern. Wenig glaubhaft erschien in einem Brief der KA an den CSU-Vorsitzenden (den Strauß im Übrigen zustimmend beantwortete) die Zahl von 40.000 Aktivisten, darunter 17.000 Spendern.[291]

Mittel der KA in der politisch-publizistischen Auseinandersetzung waren Flugblätter (u.a. unter dem Titel: *Moskaus Partisanen sind unter uns*, *Für's rote Sklavengas*

290 Vgl. Die 10 Grundsätze der Konservativen Aktion, in: Programm und Leitsätze der Konservativen Aktion, in: Archiv der Konservativen Aktion. Bezeichnenderweise ist im Programm der Slogan »Frieden in Freiheit« übernommen, der bereits im Bundestagswahlkampf 1980 auf den Plakaten der CSU zu lesen war.

291 Vgl. Brief von Ludek Pachman und Joachim Siegerist vom 19.7.1982 an Franz Josef Strauß mit Briefkopf *Konservative Aktion*, in: Archiv der Konservative Aktion. Ri.: Beim Wort genommen. Ausschnitte aus dem Konzept der Konservativen Aktion zur Wiederherstellung der Vollbeschäftigung, in: *Wieslocher Nachrichten*, 29.3.1982, in: Konservative Aktion Pressedienst, Archiv der Konservativen Aktion; Konservative Aktion: Beschäftigungsprogramm, 26.2.1982, in: Archiv der Konservativen Aktion.

müssen Tausende hungern, frieren, sterben), sowie Zeitungsanzeigen. Um den Status der Gemeinnützigkeit zu erreichen, waren Bildungsveranstaltungen wie zum Beispiel Seminare geplant.

Die bayerische SPD kommentierte, Strauß habe in der KA ein »neues Sprachrohr« gefunden. »Was er und seine CSU aus polit-opportunistischen Gründen nicht auszusprechen wagen, das sagt neuerdings ein Verein – reich bestückt mit Reaktionären.«[292] Der Chefredakteur des *Münchner Merkur*, der damals mit Strauß zerstrittene Paul Pucher, hielt das Programm der KA für unrealisierbar und daher nicht ernst zu nehmen.[293]

Die Streitigkeiten, die sich an der Person des Geschäftsführers Joachim Siegerist[294], dessen gelegentlich radikalen, grobschlächtigen Formulierungen und vor allem an seinem Finanzgebaren (das den Verein nach Löwenthals und Pachmans Meinung ruiniert hätte) entzündeten, ließen die Vereinigung nach heftigen Auseinandersetzungen (einschließlich persönlicher Beleidigungen Löwenthals durch den Leiter der Jugendorganisation, Michael Stange) zerbrechen.[295] Darüber hinaus wandte sich Löwenthal beispielsweise gegen das Anliegen Siegerists, die Freilassung von Rudolf Hess zu fordern.[296]

Schon 1983 hatte sich das Verhältnis der KA zu den Unionsparteien verschlechtert: Helmut Kohl nahm Rücksicht auf den Koalitionspartner FDP, deren Vorsitzender Genscher eine »Wende« gegenüber der bisherigen Regierungspolitik nur auf den Feldern der Wirtschafts- und Finanzpolitik, nicht jedoch im gesellschaftspolitischen Zusammenhang anstrebte. So war schon durch die Person des bisherigen und wieder zurückgekehrten Außenministers Hans-Dietrich Genscher eine Kontinuität in den Beziehungen zur Sowjetunion und dem Warschauer Pakt gegeben. Selbst der Kontakt zu Franz Josef Strauß ließ nach, weil Pachman den Milliardenkredit an die DDR mißbilligte, was ihm wiederum der bayerische Ministerpräsident verübelte.

292 Landtagspressedienst der Bayern-SPD spk Nr. 16, 2.3.1982, in: Archiv der Konservative Aktion.

293 Vgl. Paul Pucher: Konservatives Sektierertum, in: *Münchner Merkur*, ohne Datum (vermutlich aber Anfang März 1982), in: Archiv der Konservative Aktion.

294 Siegerist war Journalist bei *Bild* und *Hörzu*, engagierte sich bei den Christlichen Gewerkschaften, betrieb Öffentlichkeitsarbeit u. a. für Ernst Albrecht und war Geschäftsführer der Bürgeraktion Demokraten für Strauß. Nach dem Ende der Konservativen Aktion trat er aus der CDU aus und beteiligte sich mit dem Verein *Die deutschen Konservativen* 1987 an der Hamburger Bürgerschaftswahl.

295 Vgl. N.N.: Konservative. Lügen, Lügen, Lügen, in: *Der Spiegel*, 40. Jahrgang (1986), Nr. 28, S. 36–39; Vgl. N.N.: Konservative. Bund gebeutelt, in: *Der Spiegel*, 40. Jahrgang (1986), Nr. 42, S. 122–127. »Ich sehe immer im Schimpflexikon nach« (Interview mit Ludek Pachman), in: *Der Spiegel*, 40. Jahrgang 1986, Nr. 42, S. 127f.

296 Vgl. Landgericht Köln: Im Namen des Volkes. Urteil (zu Schadensersatz- und Schmerzensgeldklage Löwenthals gegen den Verlag an der Ruhr GmbH); ACDP, NL Löwenthal, 01-763-060.

Während Siegerist aus Resten der KA den noch heute (2011) bestehenden Verein Die deutschen Konservativen bildete, gründete Gerhard Löwenthal am 15. Juni 1988 zusammen mit Ursula und Winfried Döbertin (der bereits an der Konservativen Aktion mitwirkte), Liselotte und Paul Jensen sowie Jutta und Eric Wark die Deutsche Konservative Stiftung.[297] Sie wählten Gerhard Löwenthal zum Präsidenten. Der Verein mit Sitz in Wiesbaden (wo Löwenthal ansässig war) konnte ins Vereinsregister eingetragen werden und erlangte Gemeinnützigkeit. Laut Satzung trat die Deutsche Konservative Stiftung für einen »freiheitlichen, humanistischen Konservatismus, eine aktive demokratische Staatspflege, eine menschenwürdige Zukunft aller Deutschen auf der Grundlage der kulturellen, politischen und geistigen Tradition der abendländischen Philosophie und der biblischen Religionen« ein. Weiter hieß es: »Die weltweite Durchsetzung der Menschenrechte und die Realisierung des Selbstbestimmungsrechts für die Völker Ost- und Mitteleuropas sind zentrale Aufgaben der Stiftung.« Damit unterschied sich die Vereinigung von einer nationalkonservativen oder rein nationalen Ausrichtung. Die Stiftung knüpfte vielmehr unmittelbar an Gerhard Löwenthals Bestreben an, den Fernsehzuschauern die Demokratie näherzubringen (vgl. Kapitel 4: Deutsche Fragen) und erinnerte an die von Löwenthal immer wieder angemahnten Menschenrechte speziell in den benachbarten östlichen Staaten und der DDR.

Die Stiftung trat darüber hinaus gegen Totalitarismus und Extremismus, für die Bewahrung der bürgerlichen Freiheiten im Rahmen des Grundgesetzes, für die Deutsche Einheit, und für die friedliche Zusammenarbeit mit allen Völkern ein. Als Mittel dazu sah sie die Veröffentlichung ihrer politischen Analysen auf Veranstaltungen und in Medien an »mit der Zielsetzung, die demokratischen und staatsbürgerlichen Bildung des Deutschen Volkes auf der Grundlage der Prinzipien des Grundgesetzes« zu fördern, »in der Jugend das Verständnis zu wecken für einen modernen Konservatismus, der freiwilligen persönlichen Einsatz für eine lebensfähige Demokratie verlangt; den Gedanken der europäischen Einigung und echter Partnerschaft mit den Ländern der Dritten Welt zu unterstützen und zu verbreiten«, wie es in der Satzung hieß.

Zu Gerhard Löwenthals zahlreichen konservativen Vereinsprojekten gehörte der Förderverein Konservative Kultur und Bildung / Konservatives Büro e.V. in Bielefeld. Er war Sprecher des Kuratoriums, dem außerdem Pater Lothar Groppe, Hans Graf Huyn, Christa Meves, Caspar von Schrenck-Notzing und Karl Steinbuch angehörten.[298]

Schon im Jahre 1972 war Löwenthal zusammen mit Lothar Bossle, dem späteren Ehrenpräsidenten dieser Einrichtung, Mitgründer des Instituts für Demokratiefor-

297 Gründungsprotokoll und Satzung sind archiviert: ACDP, NL Löwenthal, 01-763-095.
298 Vgl. www.apabiz.de/archiv/material/Profile/IKBF.htm.

schung in Würzburg.[299] 1973 war Löwenthal stellvertretender Vorsitzender des freien deutschen Autorenverbands, Landesverband Hessen.[300]

Zu den überparteilichen Vereinigungen, an denen sich Gerhard Löwenthal beteiligte, gehörte der Bund Freiheit der Wissenschaft e.V. Löwenthal war zusammen mit Hochschullehrern, die keineswegs alle konservativ, sondern teilweise eher sozialdemokratisch oder liberal ausgerichtet waren, einer der Gründer am 19. November 1970.[301] Ihnen gemeinsam war die Ablehnung des Extremismus (den viele Professoren im Zuge der Studentenrevolte an den Universitäten zu spüren bekamen) und die Kritik an Mitbestimmungsregelungen an den Hochschulen, die unter dem Schlagwort »Demokratisierung« im Gange waren. Für Löwenthal mag ausschlaggebend gewesen sein, dass Dozenten an der von ihm einst mitgegründeten Freien Universität besonders unter Vorlesungsstörungen und Drohungen durch Linksextremisten zu leiden hatten. Unmittelbar nach seiner Gründung erklärte Löwenthal im *ZDF-Magazin* – sehr offen werbend – es sei zu »hoffen, daß sich die demokratischen Hochschullehrer und Assistenten und Studenten in ihm zu einer wirkungsvollen Organisation zusammenschließen, um den Verfall der deutschen Wissenschaft aufzuhalten«.[302]

Der Bund Freiheit der Wissenschaft sah in seinem Gründungsaufruf die freiheitliche Demokratie durch utopische Ideologien und insbesondere durch den dogmatischen Marxismus bedroht. Die Universitäten seien nur die ersten Opfer derjenigen, die aus einer Position der selbsternannten »Guten« den in geradezu pseudoreligiöser Manier als »böse« gekennzeichneten »Spätkapitalismus« bekämpfen. Offen hätten Vertreter der radikalen Studenten erklärt, die Hochschulen seien ein »Experimentierfeld zur Vorbereitung des Vernichtungskampfes gegen die spätkapitalistische Gesellschaft«. Eben dies sei aber unwissenschaftlich, weil der Feind von vornherein von denen festgelegt sei, die sich im Alleinbesitz der Wahrheit fühlen. Misstrauisch gegen linksgerichtete Kultusminister eingestellt, forderte der Bund Freiheit der Wissenschaft die Selbstbestimmung der Lehrkörper in allen Fragen der Wissenschaft und der wissenschaftlichen Qualifizierung; entsprechend erklärte er, sich gegen Stellenbesetzungen zu wenden, die allein politisch motiviert seien und einer wissenschaftliche Qualifikation entbehren. Der Bund werde sich wehren, wenn Dozenten diffamiert und

299 VWB: Filbinger und von Hase ehren ehemaligen ZDF-Magazin-Chef. »Herr Löwenthal, Sie werden gebraucht«, in: *Westfalen-Blatt*, 11.12.1992; ACDP, NL Löwenthal, 01-763-099.

300 Vgl. dpa: Autorenverband mit Gerhard Löwenthal; Unternehmensarchiv des ZDF, Zeitungsausschnittsammlung 6.1/1 Löwenthal 1972.

301 Der Gründungsaufruf vom November 1970 ist online im Internet zu finden: www.bund-freiheit-der-wissenschaft.de. Einer der Unterzeichner ist Gerhard Löwenthal. Vgl. auch: Anmoderation; Unternehmensarchiv des ZDF, Bestand *ZDF-Magazin*, Ordner Nr. 14, Sendung vom 17.2.1971.

302 Anfangsmoderation; Unternehmensarchiv des ZDF, Bestand *ZDF-Magazin*, Ordner Nr. 12, Sendung vom 21.10.1970.

boykottiert werden, und Studenten zur Seite stehen, die unfreiwillig einer Indoktrination ausgesetzt sind. So entstand der Aufruf unter dem Eindruck einer von Kommunisten betriebenen Hetzjagd auf angeblich »reaktionäre« Professoren. Dabei zeigte sich der Bund keineswegs grundsätzlich gegen »Hochschulreformen« eingestellt – Gesetzesvorhaben, die Löwenthal mehrfach im *ZDF-Magazin* gefordert hatte. Zum zehnjährigen Bestehen des Vereins strahlte Löwenthal ein Interview mit dem Vorsitzenden Erwin K. Scheuch aus. Scheuch stellte gegenüber dem Magazinredakteur Hermann Kümhoff heraus, wie notwendig es sei, dass der Verein seine Arbeit fortsetze.[303]

Darüber hinaus war Löwenthal nicht immer »offiziell« in Erscheinung getreten. Er war beratend bei der Gründung oder Unterstützung anderer Vereine wie beispielsweise dem Studienzentrum Weikersheim e.V. tätig.

Pensionierung und freiberufliche Tätigkeit

Nachdem Löwenthal am 8. Dezember 1987 65 Jahre alt geworden war, beendete das ZDF mit Wirkung vom 31. Dezember 1987 entsprechend dem Tarifvertrag »automatisch« das Arbeitsverhältnis mit ihm.[304] Seine persönlichen Gegenstände fand er in Kartons verpackt vor der Bürotür vor; ein Wort des Dankes, wie es sonst selbstverständlich gegenüber den Langzeit-Mitarbeitern ist, blieb aus.[305]

Diese Total-Pensionierung mag formal rechtmäßig gewesen sein; sie ließe sich zugleich als eine öffentlich-rechtliche Kurzsichtigkeit, wenn nicht gar als Demütigung eines verdienten Angestellten charakterisieren. Die Fernsehanstalt verzichtete auf eine weitere Beschäftigung eines ihrer dienstältesten und bekanntesten Mitarbeiter, sei es als Magazin-Redaktionsleiter und Moderator oder als Autor von Beiträgen anderer Sendungen zu denjenigen Themen, mit denen er sich in den Jahren zuvor besonders stark auseinandergesetzt hatte und die nun beinahe von Monat zu Monat stärker das öffentliche Interesse in Anspruch nahmen: die Sowjetunion unter Gorbatschow, die DDR zwischen Perestroika-Druck und »allseitiger« Depression, die Staaten des Warschauer Paktes und die Demokratiebewegungen, Südafrika im Übergang, Namibia vor der Unabhängigkeit. Löwenthal hatte im Laufe des Jahres 1987 auf seinen guten Gesundheitszustand verwiesen, der eine weitere journalistische Tätigkeit erlaubt hät-

303 Vgl. 10 Jahre BfW; Unternehmensarchiv des ZDF, Bestand *ZDF-Magazin*, Ordner Nr. 43, Sendung vom 19.11.1980.

304 Vgl. Brief des Intendanten Dieter Stolte an Kurt Ziesel, 20.3.1987. Stolte betonte, es handle sich nicht um einen Willkürakt oder eine politisch motiviere Entscheidung, vielmehr schätze er die journalistische Leistung Löwenthals. ACDP, NL Löwenthal, 01-763-050.

305 Vgl. Wilfried Ahrens: Gerhard Löwenthal zum 70, in: *Medien-Dialog*, 11/1992, S. 20; ACDP, NL Löwenthal, 01-763-099.

te. Tatsächlich war eine Weiterbeschäftigung von Fernsehmoderatoren jenseits der Pensionsgrenze, wenn auch unter geänderten arbeitsrechtlichen Bedingungen, nicht außergewöhnlich, und laut Manteltarifvertrag[306] des ZDF, Paragraph 42, Abs. 2 möglich, wenn auch als Ausnahme. So beschäftigte der Westdeutsche Rundfunk Werner Höfer als Gastgeber des *Internationalen Frühschoppens* bis zu seinem unfreiwilligen Rückzug wegen eines NS-Zeitungsartikels im 75. Lebensjahr, Jean Pütz präsentierte seine *Hobbythek* als freier Mitarbeiter des WDR über den 65. Geburtstag hinaus, und erst der Tod beendete Robert Lembkes Präsentation der Ratesendung *Was bin ich?* im Alter von 75 Jahren. Ferner geschah die Pensionierung Löwenthals exakt vier Monate vor dem 25. Jahrestag seines Arbeitsbeginns beim ZDF, so dass eine Übergangsregelung zugunsten eines »Urgesteins« der Anstalt vielleicht möglich gewesen wäre.

Demgegenüber ließe sich aber anführen, dass es vielen Leistungsträgern schwer fällt, von ihren Kommandobrücken abzutreten und den Ruhestand zu akzeptieren. Gerade Journalisten, die einem großen Publikum namentlich bekannt sind, können sich ein Leben ohne Zuschauer/Zuhörer bisweilen kaum vorstellen. Sie versuchen, möglichst lange im gewohnten Rahmen »präsent« zu bleiben. Hier ist der Arbeitgeber gefordert, Regelungen zugunsten jüngerer Nachfolger zu erlassen.

1987 schrieben Freunde Löwenthals wie der Publizist Kurt Ziesel und der Soziologe Werner Roth ebenso wie »gewöhnliche« Fernsehzuschauer an das ZDF, Löwenthal solle die Weiterführung des *ZDF-Magazins* ermöglicht werden. Tenor dieser Schreiben war, seine Sendereihe sei ein unbedingt notwendiges Korrektiv zu den vielen »linken« Sendungen, seine Pensionierung erfolge offenbar aus politischen und nicht aus rein arbeitsvertraglichen Gründen. Darüber hinaus wandte sich der republikanische Senator Strom Thurmond (South Carolina) an Helmut Kohl, der Bundeskanzler möge das ZDF von einer Pensionierung Löwenthals abbringen. Demgegenüber blieben die Briefe Löwenthals an die christdemokratischen Ministerpräsidenten Späth, Vogel und Barschel sowie an den Regierenden Bürgermeister Diepgen (CDU) mit der Bitte um Unterstützung erfolglos.[307]

Schon der Wegfall der *ZDF-Magazin*-Folge vom 8. Juli 1987 zugunsten einer Sondersendung über das schwere Tanklasterunglück in Herborn hatte einige Anhänger Löwenthals zu Protestbriefen veranlasst.[308] Im Anschluss an die letzte *ZDF-Magazin*-Sendung Löwenthals bedauerten 38 Anrufer gegenüber dem ZDF, sie seien mit der Pensionierung nicht einverstanden, und dankten ihm für die vergangenen Sendungen. Und, wie fast immer im Zusammenhang mit Löwenthal, meldeten sich außer den

306 Vgl. Löwenthal in einem Brief an Intendant Stolte vom 25.5.1987, S. 4; ACDP, NL Löwenthal, 01-763-049.

307 Vgl. die Briefwechsel; ACDP, NL Löwenthal, 01-763-049.

308 ACDP, NL Löwenthal, 01-763-050.

Anhängern die Gegner: Die Sendung sei einseitig gewesen (ein Standardargument in Zuschaueranrufen gegen Löwenthal und seine Sendereihe), Löwenthal hätte außerdem nicht für seine Buchveröffentlichung *Ich bin geblieben* werben sollen.[309]

Das *ZDF-Magazin* selbst blieb unter der Leitung Fritz Schenks mit der bisherigen Redaktion und den gewohnten Themen lediglich bis zum 30. März 1988 bestehen: obwohl sich bereits große Veränderungen in Ostmitteleuropa vollzogen oder sich zumindest ankündigten, zu deren journalistischer Verarbeitung die *ZDF-Magazin*-Redaktion unter dem ausgewiesenen DDR-Experten Schenk gut geeignet gewesen wäre. Löwenthal bedauerte das Ende seiner Sendereihe mehr als das, was er seine »Zwangs-Pensionierung« nannte, denn in zahlreichen Briefen ab Ende 1985 hatte er sich für Schenk als Nachfolger, ferner für eine Fortführung mit den bisherigen Redakteuren Ernst Martin und Friedrich Mönckmeier ausgesprochen[310] (all dies hätte die Kontinuität im inhaltlichen und personellen Sinne weitgehend gewahrt). Auf den bisherigen Sendeplatz rückte *Studio 1* mit Bodo Hauser als leitendem und Olaf Buhl als zweitem Moderator: ein eher innenpolitisch ausgerichtetes Magazin mit einer größtenteils neu zusammengestellten Redaktion. Hauser wurde seinerzeit als CDU-nah, Buhl als Anhänger der Bundestagsopposition eingestuft, so dass von einer Proporzlösung gesprochen werden kann, die dem P+Z-Ausschuss des Fernsehrats sicher einiges an Kontroversen ersparte, dem Zuschauer allerdings weniger politisches Profil bot.

Löwenthal, nunmehr 65 Jahre alt, hatte anschließend keine Angebote für eine Festanstellung. Er habe nicht danach gesucht[311], sondern sich verschiedenen Buchprojekten gewidmet.

Gleichzeitig mit seiner Pensionierung erschien Löwenthals Autobiographie *Ich bin geblieben* bei F.A. Herbig, München. Dieser Verlag gehört zur Unternehmensgruppe des bekennenden Konservativen Herbert Fleissner. Der ersten Auflage im Dezember 1987 folgte im gleichen Monat die zweite. Auf fast 400 Druckseiten beschrieb Löwenthal nicht nur seinen Lebenslauf. Erwartungsgemäß äußerte er sich außerdem zu den zeitgeschichtlichen und politischen Fragen, die ihn in seiner Karriere hauptsächlich beschäftigten, insbesondere die Deutschland- und Ostpolitik der frühen siebziger Jahre. Tatsächlich war Löwenthal an einer Aneinanderreihung von Anekdoten nicht interessiert und daher einer Autobiographie zunächst abgeneigt. Freunde überzeug-

309 Zuschauerreaktionen auf die Sendungen vom 23.12.1987, S. 2; Unternehmensarchiv des ZDF, Ordner Nr. 57.

310 Vgl. Löwenthal gegenüber Wilfried Ahrens im *Medien-Dialog*, Jahrgang (1987), Nr. 12, S. 11; ACDP, NL Löwenthal, 01-763-050; Löwenthal in: *Bunte*, o. D.; ACDP, NL Löwenthal, 01-763-050. Vgl. Briefe Löwenthals; ACDP, NL Löwenthal, 01-763-049.

311 Vgl. Löwenthal gegenüber Winckler, in: Ein kritischer Journalist aus Berlin, (wie Anm. 106, S. 56), S. 138.

ten ihn jedoch, seine Erinnerungen zu Papier zu bringen.[312] Der Verlag der Wochenzeitung *Junge Freiheit* legte im Februar 2006 *Ich bin geblieben* neu auf. Grund dafür dürfte nicht nur der Versuch sein, sich durch die Berufung auf eine deutsch-jüdische Persönlichkeit vom Geruch des Rechtsextremismus zu lösen (die JF war von 1994 bis 2005 im Verfassungsschutzbericht des Landes Nordrhein-Westfalen aufgeführt). Vielmehr ist die konservative Prägung verschiedener JF-Journalisten wie Dieter Stein (Jahrgang 1967) in den frühen achtziger Jahren gerade auch durch das *ZDF-Magazin* offensichtlich.

Zunächst sah Löwenthal seine Zukunftsaufgaben auf dem Gebiet der »internationalen Kontakte«.[313] Tatsächlich reiste er wenige Wochen später zugunsten des afghanischen Widerstands nach Washington. Sehr viel öfter – und vielleicht häufiger, als er es zum Zeitpunkt seiner Pensionierung dachte – war er 1988 jedoch als Vortragsredner in Deutschland unterwegs. So mahnte er eine »aktive und offensive Deutschlandpolitik« an (Stadtverband Herford des Bundes der Vertriebenen, 12. März 1988). Zum gleichen Thema, aber unter anderem Titel, war er am 24. April 1988 bei der CDU Bad Homburg (*Chancen und Risiken gegenwärtiger Deutschlandpolitik*), dem Demokratischen Club Berlin (*Deutschland – kein Wintermärchen. Gedanken zu einer aktiven Deutschlandpolitik*, 16. August 1988) und der katholischen Studentenverbindung K.D.St.V. Ascania in Bonn (gleiches Thema, 24. August 1988).[314] Ein studentisches, ihm eher nahe als fern stehendes Publikum hatte Löwenthal als Gast des RCDS an der FH Fulda am 23. September 1988 vor sich, als er über Linksextremismus, »kommunistische und sozialistische Unterwanderung« sowie über Deutschlandpolitik referierte.[315]

Das nordatlantische Verteidigungsbündnis – die NATO, Deutschland, unsere Sicherheit war Thema mehrerer Vorträge Löwenthals bei der Gesellschaft für Wehrkunde (heute nennt sie sich: Gesellschaft für Wehr- und Sicherheitspolitik) am 2. Juli 1988 sowie an mehreren Terminen der letzten Oktoberwoche 1988 in fünf norddeutschen Bundeswehrkasernen.[316] Für den gleichen Veranstalter trat er am 20. Oktober 1988 in Idar-Oberstein zum Thema *Die sicherheitspolitische Lage Mitteleuropas nach dem*

312 Vgl. Claus Peter Clausen: Gerhard Löwenthal. Erinnerungen an einen lebenslangen Kampf für Deutschland, in: *Der schwarze Brief. Informationen aus Kirche und Politik*, Nr. 49/1987, S. 1–3, hier S. 1; ACDP, NL Löwenthal, 01-763-050.

313 BUNTE, o. D.; ACDP, NL Löwenthal, 01-763-050.

314 N.N: Löwenthal forderte »offensive Politik der Wiedervereinigung«, in: *Lippische Landeszeitung*, 14.3.1988; ACDP, NL Löwenthal, 01-763-025.

315 ACDP, NL Löwenthal, 01-763-025.

316 Vgl. Einladung der Gesellschaft für Wehrkunde, Sektion Eutin. Schreiben der Gesellschaft für Wehrkunde an Löwenthal vom 31.7.1988; ACDP, NL Löwenthal, 01-763-025.

Gipfeltreffen im Dezember 1987 in Washington und Juni 1988 in Moskau auf.[317] Zeitgeschichtliche Themen, die er mit seinen Erinnerungen speisen konnte, waren vertreten: *40 Jahre Demokratie – politische Entwicklung in der Bundesrepublik Deutschland* anlässlich eines Seminars für amerikanische Lehrer bei der Konrad-Adenauer-Stiftung in Wesseling am 4. Mai 1988, und *Freiheit und Selbstbestärkung der Berliner als Garantie für die Zukunft aller Deutschen*, auf Einladung der christdemokratischen Politikerin Ursula Besser am 21. November 1988 in Berlin-Charlottenburg, sowie *Hans Filbinger, ein Hoffnungsträger in schwerer Zeit* am 24. September 1988 beim Institut für Demokratieforschung (Leiter: Lothar Bossle, ein Freund Filbingers) in Würzburg. Sein politisches Credo für die Republik am Kap, *Südafrika im Jahr 2000 – friedlicher Wandel statt gewalttätige Revolution* referierte er am 10. Oktober 1988 in Regensburg und am 17. November gleichen Jahres in Hamburg, jeweils auf Veranstaltungen der Deutsch-Südafrikanischen Gesellschaft.[318] Kritik an Institutionen der Medienbranche und Kollegen sprach Löwenthal beim Anholter Kreis am 11. Juni 1988 in Trier aus: *Die Medien als Schiedsrichter der Nation.* Inhaltlich schwer einzuordnen ist eine Festrede beim Kolloquium Einhundert in Boppard zum Thema *Identität in der Normalität*, denn wie fast immer fehlt ein Manuskript des bevorzugt frei redenden Löwenthal in seinem Nachlass.[319]

Löwenthals Wirkung blieb insgesamt gering, denn er predigte weitgehend der eigenen Gemeinde: Er war von denjenigen Veranstaltern eingeladen worden, die ihm nahestanden, und die keine massive Störungen befürchten mussten. Eine negative Leserbriefkritik an seinem Auftritt bei einer Menschenrechtsdiskussion auf Einladung des CDU-Bundestagsabgeordneten Klaus Jürgen Hedrich erscheint marginal verglichen mit den Krawallen früherer Tage. Löwenthal wird dort als einseitig gekennzeichnet, weil seine Äußerungen über Menschenrechtsverletzungen in Chile und Südafrika beschwichtigender Natur gewesen seien. Zugleich konnte er Werbung für *Ich bin geblieben* betreiben, einmal war er ausdrücklich zu diesem Zweck eingeladen worden (Literaturkreis Wolfsburg, 13. Oktober 1988). Medienpräsenz war 1988 die Ausnahme; nachgewiesen in seinen Akten sind nur die Auftritte in *Leute* (SDR 3 Radio; Thema unbekannt) und *Hallo Ü-Wagen* (WDR; Thema: *Was befürchten wir – Asylsuchende bei uns*).[320]

317 Schreiben der Gesellschaft für Wehrkunde, Idar-Oberstein, an Löwenthal vom 17.8.1988; ACDP, NL Löwenthal, 01-63-025.

318 Vgl. Einladung der VHS, Schriftverkehr der Deutsch-Südafrikanischen Gesellschaft; ACDP, NL Löwenthal, 01-763-025.

319 Vgl. Einladungen und Ankündigungen in ACDP, NL Löwenthal, 01-763-025.

320 Vgl. Einladung an Löwenthal und Zeitungsbericht über die Veranstaltung; ACDP, NL Löwenthal, 01-763-025.

Die Implosion der DDR und die Deutsche Einheit nahmen ihn 1989/90, wie es wohl zu erwarten war, fast völlig in Anspruch (mehr dazu im Kapitel 4: Deutsche Fragen). Gelegenheit, in einem Fernsehbeitrag oder gar einer ganzen Sendung seine journalistische Kompetenz als »ZDF-Urgestein« zu »seinen« Themen wie dem Ende der sowjetischen Besetzung Afghanistans oder Berlin nach dem Mauerfall zu nutzen, erhielt er zu seinem Bedauern nicht. Dies mag nicht zuletzt an dem neuen ZDF-Chefredakteur Klaus Bresser gelegen haben, der 1990 die Frage stellte, »Müssen wir nach dem Fall der Mauer zugeben, daß Leute wie Löwenthal recht hatten?« Seine (Bressers) Antwort: »Mit Nachdruck sage ich nein, denn sonst müßten wir ja zugeben, daß damals alte Reaktionäre weitsichtiger als Entspannungspolitiker waren«.[321] Diese Unwilligkeit, die Leistungen eines Kollegen der anderen politischen Couleur anzuerkennen, war keine Seltenheit. Lieber gestand Bresser 1990 ein, die westdeutschen Journalisten hätten die wirtschaftlichen und moralischen Schwächen des DDR-Sozialismus verkannt[322], als anzuerkennen: Einen Kollegen mit seiner Redaktion gab es, der die vielen dunklen Seiten der DDR einigermaßen zutreffend beschrieb – Gerhard Löwenthal.

Ende November 1992 verlieh Bundeskanzler Kohl Löwenthal das Bundesverdienstkreuz Erster Klasse, denn er habe in seinem *ZDF-Magazin* stets dafür gekämpft, dass »die Deutsche Frage offen bleibe« und habe sich so »um das Vaterland verdient gemacht«[323]. Zu seinem 70. Geburtstag am 8. Dezember 1992 erhielt er zahlreiche Glückwunschkarten, Telegramme und Briefe, vor allem von politischen und persönlichen Freunden, von Mitgliedern der seinerzeitigen Bundesregierung, daneben von den Liberalen Walter Scheel, Hans Dietrich Genscher und Klaus Kinkel, nicht jedoch von sozialdemokratischen Politikern. Immer wieder hoben die Gratulanten die Bemühungen Gerhard Löwenthals um die Einhaltung der Menschenrechte und sein Festhalten am Ziel der Deutschen Einheit hervor.[324]

Zusammen mit dem Unternehmensberater Udo Bosmann und dem Pädagogen Wilfried Döbertin verfasste Löwenthal einen Ratgeber für junge Menschen unter dem Titel *Ich werde 18. Mein Weg in Gesellschaft und Politik*, der Ende 1992 im Taschenbuchformat bei Ullstein erschien. Die einzelnen Kapitel sind nicht mit den

321 Christiane Götz: Die Geschichte hat ihm recht gegeben. Blick zurück im Zorn: Zum 70. Geburtstag von Gerhard Löwenthal, in: *Frankfurter Allgemeine Sonntagszeitung*, 6.12.1992, S. 8; ACDP, NL Löwenthal, 01-763-099.

322 Vgl. Klaus Bresser: Das Fernsehen als Medium und Faktor der revolutionären Prozesse in Osteuropa und der DDR, in: Peter Christian Hall (Hrsg.): Mainzer Tage der Fernsehkritik, Bd. 23: Revolutionäre Öffentlichkeit. Das Fernsehen und die Demokratisierung im Osten. Mainz: v. Hase und Köhler, 1990, S. 33–45, hier S. 37.

323 Kohl ehrt Löwenthal, in: ACP (Arbeitskreis christlicher Publizisten), o.D; ACDP, NL Löwenthal, 01-763-099. Claus Peter Clausen: Kanzler ehrt Löwenthal: »Das habe ich mir reserviert«, in: *Der Schwarze Brief*, Nr. 49/1992, S. 4; ACDP, NL Löwenthal, 01-763-099.

324 Glückwunschschreiben und Einladungen sind archiviert: ACDP, NL Löwenthal, 01-763-002.

Autorennamen gekennzeichnet, doch lassen sich anhand seiner bisherigen Themenschwerpunkte folgende Kapitel am ehesten Löwenthal zuordnen: *Wegweiser durch die Medienlandschaft*; *Soll man zur Bundeswehr gehen oder den Wehrdienst verweigern?*; *Welche Parteien stehen zur Wahl und was versprechen sie uns?*; *Soll man das Deutschlandlied singen?* Die anderen Kapitel wie *Berufsausbildung* und *Umgang mit Geld* lassen auf die Autorenschaft Bosmanns und Döbertins schließen. In persönlichen Schreiben an die Ministerpräsidenten Kurt Biedenkopf, Bernhard Vogel und Werner Münch hob Löwenthal hervor, dass »gerade in den neuen Bundesländern eine besondere Aufgabe darin liegt, den oft orientierungslosen und gegenüber den täglichen Anforderungen der Demokratie und der sozialen Marktwirtschaft weitgehend hilflosen jungen Menschen einen Leitfaden in die Hand zu geben«. Löwenthal wollte das Taschenbuch nicht nur in den einschlägigen Läden verkauft sehen, sondern dachte an einen Einsatz in Schulen und der politischen Bildung, denn in erster Linie sah er die Veröffentlichung als »Beitrag zur demokratischen Bildung der Jugend« in den östlichen Bundesländern.[325] Bereits 1990 hatte er sich angesichts des ungenügenden zeitgeschichtlich-politischen Wissensstandes in der untergehenden DDR um eine Taschenbuch-Neuauflage der Memoiren von Ernst Lemmer bemüht.[326]

Löwenthal dürfte in Diskussionen im Anschluss an seine Vortragsveranstaltungen seit geraumer Zeit in Westdeutschland und ab 1990 noch stärker in den neu beigetretenen Bundesländern Orientierungsschwierigkeiten und Bildungslücken zahlreicher Teilnehmer bemerkt haben. Hinzu kam nach 1990 eine Polarisierung des politischen Klimas in der Ex-DDR: Verlust sozialer Bindungen aus »realsozialistischer« Zeit, massive Enttäuschung der Bevölkerung, Massenarbeitslosigkeit, Gewalt gegen Ausländer. Betroffen schienen vor allem männliche Jugendliche, die in den Medien häufig als neonazistische »Skinheads« thematisiert wurden, während auf der linksextremistischen Seite ein Antifa-Potential bestand; beide Ausprägungen schaukelten sich gegenseitig hoch. Löwenthal versuchte, diesem Missstand mit der Buchveröffentlichung *Ich werde 18* abzuhelfen.

Der Sammelband *Feindzentrale Hilferufe von drüben*, den Löwenthal mit dem früheren *ZDF-Magazin*-Redakteur Helmut Kamphausen und dem befreundeten Journalisten Claus Peter Clausen 1993 verfasste, handelte von einem der wichtigsten Anliegen Löwenthals überhaupt. Clausen war Vorsitzender des Vereins Hilferufe von

325 Vgl. Briefe Löwenthals an Kurt Biedenkopf und Herbert Helmrich (beide 11.3.1993), Briefe Kurt Biedenkopfs, Bernhard Vogels (beide persönlich), und Werner Link (Leiter der Staatskanzlei Sachsen-Anhalt) an Gerhard Löwenthal vom März/April 1993. Alle sind archiviert; ACDP, NL Löwenthal, 01-763-098.

326 Brief Löwenthals vom 5.6.1990 an Staatssekretär Priesnitz, Bundesministerium für Innerdeutsche Beziehungen, zwecks staatlicher Förderung der Neuauflage; ACDP, NL Ernst Lemmer, 01-280-145/3.

drüben, Kamphausen erstellte regelmäßig Beiträge über die freigelassenen politischen Häftlinge aus der DDR, die auf Initiative des Vereins Hilferufe von drüben mit dem Nötigsten ausgestattet und beraten wurden. Löwenthal schrieb die Kapitel über die *Politische Mobilmachung gegen die ›Hilferufe von drüben‹ im ZDF-Magazin* (S. 22–32), *Rainer Bäurichs Manifest* (S. 194–211), *Feindorganisation ›Kontra‹* (S. 249–280). Das erstgenannte Kapitel Löwenthals setzt sich mit den Versuchen bundesdeutscher Gegner der Hilferufe auseinander, jenen Teil des Magazins zu ändern oder zu beenden. Rainer Bäurich hatte als überzeugter Christ dem »Arbeiter- und Bauernstaat« die Gefolgschaft aufgekündigt und dies in einem Brief an Franz Josef Strauß ausführlich begründet. *Feindorganisation ›Kontra‹* beschreibt auf der Grundlage der Stasi-Akten, wie die DDR-Organe die »Hilferufe« bekämpften. In der dritten Auflage erschien der Band März 2002 – noch zu Lebzeiten Löwenthals – unter dem Titel *Hilferufe von drüben. Eine Dokumentation wider das Vergessen.*

Gleichzeitig beabsichtigte er, eine Monographie über die Hauptverwaltung Aufklärung der DDR-Staatssicherheit, insbesondere über ihre Desinformation,[327] zu verfassen. Angesichts der großangelegten Aktenvernichtung im Spätherbst 1989 und den Schwierigkeiten, an die Rosenholz-Dateien zu kommen, gab er dieses Projekt wieder auf. Allerdings dürften die Monographien Hubertus Knabes, *Der diskrete Charme der DDR* und *Die unterwanderte Republik. Stasi im Westen*, dem sehr nahe kommen, was Löwenthal beabsichtigt hatte[328], da sie außer den umfangreichen Spionageaktivitäten der HVA die Empfänglichkeit vieler westdeutscher Journalisten für DDR-Quellen belegen. Zu diesem Thema ist ein Vortrag Löwenthals in der Erfurter Außenstelle der Gauck-Behörde nachgewiesen.[329] Möglicherweise hat ihn die Beschäftigung mit diesem Thema daran gehindert, *Ich bin geblieben* wie zunächst vorgesehen, fortzuschreiben[330], zumal in einer ergänzten Neuauflage der Zusammenbruch der DDR sowie Erfolge und Probleme der östlichen Bundesländer aus eigener Anschauung zweifellos sehr viel Stoff geboten hätten.

327 Vgl. Anne-Kathrin Einfeld (dpa): 70 Jahre und streitbar wie immer, in: *Tagesspiegel*, 8.12.1992, S. 22; ACDP, NL Löwenthal, 01-763-099. N.N.: Stasi-General Wolf: Löwenthal war mein Hauptfeind, in: ACP (Arbeitskreis Christlicher Publizisten), o.D.; S. 17; ACDP, NL Löwenthal, 01-763-077. Bernhard Rasack: Ein »Störenfried«, der Recht behielt, in: *Wiesbadener Kurier*, 27.6.2000; Unternehmensarchiv des ZDF, Zeitungsausschnittsammlung 6.1/1 Löwenthal 1975.

328 Dies wird deutlich anhand der freundlichen Rezension Löwenthals zu *Der diskrete Charme…*, siehe Gerhard Löwenthal: Mielkes und Honeckers willige Helfer, in: *Ostpreußenblatt*, 23.6.2001. Online im Internet: www.webarchiv-server.de/pin/archiv01/2501ob27.htm.

329 Flugblatt *Vortrag und Diskussion: Das Stasi-Netz in Medien und Politik im Westen Deutschlands*, 4.7.1997; Privatarchiv Dr. Ingeborg Löwenthal, Ordner GL Stasi.

330 Bernhard Rassack: Ein Störenfried, der Recht behielt, in: *Wiesbadener Kurier*, 27.6.2000, in 6.1./1 1975.

Ein sehr wichtiges Anliegen war ihm die Rehabilitierung und angemessene Entschädigung der ehemaligen politischen Häftlinge aus der DDR sowie die Strafverfolgung der dafür Hauptverantwortlichen. Für diese Ziele setzte er sich 1991 in Schreiben an den Bundesminister der Justiz, Klaus Kinkel, ein, nicht zuletzt deshalb, weil er den Entwurf des Ersten Unrechtsbereinigungsgesetzes als völlig unzureichend bezüglich der Wiedergutmachungs- und Entschädigungsansprüche der ehemaligen politischen Häftlinge empfand. So kritisierte Löwenthal anlässlich einer Anhörung von Opferverbänden (er selbst war für Hilferufe von drüben e.V. zusammen mit C.P. Clausen anwesend) im Bundesjustizministerium, dass nur diejenigen »SED-Stasi-Opfer« in den Genuss von Entschädigung kommen sollten, die vor einem bestimmten Stichtag Mai 1990 (laut Gesetzentwurf: 1. Juli 1990) in der DDR gelebt haben, aber diejenigen ausschließt, die zu diesem Zeitpunkt bereits in die Bundesrepublik Deutschland als Flüchtlinge oder Freigekaufte gekommen waren. Denn jene, so Löwenthal, hätten keine Entschädigung, sondern eine Eingliederungshilfe erhalten, so dass eine Ungleichbehandlung drohe. Stattdessen seien bereits erbrachte staatliche Zahlungen anzurechnen und die Opfer einzeln, nicht pauschal, zu rehabilitieren. Was die Kosten angehe, solle auf das Teilvermögen der PDS zurückgegriffen werden, das die Treuhandanstalt verwaltete. Diese PDS-Gelder seien einer Stiftung zur Entschädigung der SED-Opfer zuzuführen. Strafrechtlich seien die maßgeblichen politischen Funktionsträger zu belangen: ehemals verantwortliche SED-Kader wie Hans Modrow, in dessen Bezirk Dresden das Zuchthaus Bautzen II lag, und frühere Stasi-Offiziere. Zugleich rief Löwenthal die Opfer des SED-Unrechts dazu auf, die PDS mit Schadensersatzklagen zu überziehen[331], denn die PDS war die Fortsetzungsorganisation der SED, deren »führende Rolle« im Staat in der Verfassung festgelegt und deren »Schild und Schwert« das Ministerium für Staatssicherheit war.

So blieb Löwenthal nach der Wiedervereinigung weiterhin ein publizistischer Anwalt der SED-Opfer im Rahmen seines Vereins Hvd e.V. und bis 1994 als Journalist

331 Vgl. Gerhard Löwenthal: Ziele (handschriftliche Notiz); ACDP, NL Löwenthal, 01-763-076; ders.: Rückblick und Ausblick; ACDP, NL Löwenthal, 01-763-076; ders.: Fax an Minister Kinkel, ebd; ders.: Bald Entschädigung für die Opfer, in: *Deutschland-Magazin* 7-8/1991, S 43f.; ACDP, NL Löwenthal, 01-763-076; Entwurf (mit handschriftlichen Anmerkungen Löwenthals) zum Ersten Gesetz zur Bereinigung von SED-Unrecht; ACDP, NL Löwenthal, 01-763-076; Bundesministerium der Justiz: Protokoll der Anhörung vom 24. Juni 1991, dort insbesondere die Stellungnahme von *Hilferufe von drüben e.V.* und die Antwort des Ministers, S. 16ff.; ACDP, NL Löwenthal, 01-763-076. Jürgen Hensen (Hrsg.): Erstes Forum des Bundesministers der Justiz am 9. Juli 1991 in Bonn. 40 Jahre SED-Unrecht. Eine Herausforderung für den Rechtsstaat (Sonderdruck der *Zeitschrift für Gesetzgebung*). München: C.H. Beck, 1991, S. 48ff.; ACDP, NL Löwenthal, 01-763-076. Siehe dazu auch: Man hat oft den Eindruck, die Täter sind interessanter als die Opfer. Interview mit dem Journalisten Gerhard Löwenthal. Online im Internet: www.staatshehlerei.org/archiv/schwenke/scw_011200 htm. (Dez. 2000).

im *Deutschland-Magazin*. Er war sich seiner eigenen Vergangenheit als NS-Opfer bewusst, lehnte daher anlässlich des *Forums 40 Jahre SED-Unrecht* das Wort »Rehabilitation« (es klingt nach Eingliederung von Ex-Kriminellen in die Gesellschaft) ab, und redete statt dessen von »Unrechtsbereinigung«.[332] Zur Frage nach dem Umgang mit den Stasi-Akten favorisierte Löwenthal den Standpunkt der ehemaligen DDR-Bürgerrechtler, die zur Verfügung stehenden Unterlagen auszuwerten, um Täter und Methoden im Einzelfall nachzuweisen und, daraus schließend, den »Herrschaftsapparat einer kommunistischen Partei studieren zu können«.[333]

Was die »Inoffiziellen Mitarbeiter« des MfS anging, zählte Löwenthal zu den schärfsten Kritikern des damaligen brandenburgischen Ministerpräsidenten Manfred Stolpe. Dieser habe Beziehungen zu hohen Funktonären des SED-Staates unterhalten, Interna der Evangelischen Kirche an Stasi-Offiziere weitergereicht und so der Unterdrückung Vorschub geleistet. Es sei nicht einzusehen, dass ein solcher Mann (»alias IM Sekretär«, schrieb Löwenthal) Regierungschef eines Bundeslandes sei. Als Redner des Kongresses *Nachdenken über Deutschland*, veranstaltet von der Evangelischen Akademie Darmstadt, sei er schleunigst auszuladen.[334] In seiner grundsätzlichen Kritik an Stolpe wegen dessen Umgang mit den Offiziellen der DDR, vor allem wegen seiner IM-Registrierung, stimmte Löwenthal mit Marianne Birthler überein, die wegen Manfred Stolpes DDR-Vergangenheit 1992 als brandenburgische Ministerin zurücktrat. Unter den Journalisten war es Heinz Klaus Mertes (der Leiter von *Report München*), der Stolpe mit ähnlicher Entschiedenheit wie Löwenthal kritisierte.

Im November 1996 lobte Löwenthal die Entscheidung des 2. Senats des Bundesverfassungsgerichts, wonach das DDR-Grenzgesetz »die in der Völkerrechtsgemeinschaft allgemein anerkannten Menschenrechte in schwerwiegender Form mißachtet« habe und die Tötungen von Flüchtlingen materiell schwerstes Unrecht gewesen seien. Darüber hinaus forderte er jedoch, das gesamte DDR-Staatsrecht solle als Unrecht gekennzeichnet werden, denn aus der in der DDR geltenden Ordnung könne keine Tat gerechtfertigt werden. Nach Löwenthal, der darin dem Völkerrechtler Dieter Blumenwitz folgte, müsste also das Politbüro für alle Staatsverbrechen geradestehen, und könne sich nicht mit der vor 1989/90 geltenden Gesetzeslage der DDR verteidigen. Im gleichen Artikel bedauerte Löwenthal, der Entwurf der CDU/CSU-Bundestagsfraktion zu einem Entschädigungsgesetz für DDR-Opfer sei »unzulänglich«, er enthalte keine Verbesserungen gegenüber dem ersten »jämmerlichen« Entwurf. Es sei gera-

332 Gerhard Löwenthal: Die Spur des Wolfes, in: *Super!*, 26.9.1991, S. 2; ders.: IM Sekretär, in: MUT, o. D; ACDP, NL Löwenthal, 01-763-073.

333 Pro und Contra: Stasi-Akten von Helmut Kohl sperren?, in: *Junge Freiheit*, 14.4.2000. Online im Internet: www.jungefreiheit.de/Archiv/364.0.html.

334 Vgl. Gerhard Löwenthal: Stolpe ausladen!, in: FAZ (Regionalausgabe Rhein-Main), 4.3.1994, Nr. 53, S. 66 (Leserbrief).

dezu skandalös, wenn der zuständige CDU-Abgeordnete Michael Luther das Gesetz auf eine Unterstützung der Bedürftigen reduzieren wolle. Sehr viel besser gefiel Löwenthal die Aussage des Sozialdemokraten Rolf Schwanitz, Entschädigungen aus dem Vermögen der DDR-Parteien und Massenorganisationen zu zahlen (eine Forderung Löwenthals von 1991, siehe oben), anstatt ständig auf den defizitären Bundeshaushalt zu verweisen (wie es nach Angaben Löwenthals Wolfgang Schäuble und Norbert Geis MdB taten).[335]

Nicht nur die DDR-Vergangenheit, sondern auch Gegenwart und Zukunft der PDS waren für Löwenthal ein Thema. Daher unterzeichnete er kurz vor der Bundestagswahl 1994 den *Berliner Appell*, den der »demokratische Rechte« (Selbstbezeichnung) Rainer Zitelmann als Initiator zusammen mit dem konservativen Journalisten Heimo Schwilk und der Vorsitzenden der Gedenkbibliothek für die Opfer des Stalinismus, Ursula Popiolek, in der *Süddeutschen Zeitung* veröffentlichte:

»Vier Jahre nach der Wiedervereinigung erlebt der Sozialismus in Deutschland eine Wiederkehr. Große Teile der Medien und der Intellektuellen versagen sich der Notwendigkeit einer konsequenten Aufarbeitung der kommunistischen Diktatur. Vor allem steht aber die westdeutsche Vergangenheitsbewältigung aus, also die kritische Auseinandersetzung mit der über Jahrzehnte betriebenen Verharmlosung und Schönfärberei der SED-Diktatur durch Politiker, Medien und Intellektuelle der alten Bundesrepublik. In Deutschland droht endgültig der antitotalitäre Konsens zu zerbrechen, auf dem unsere Demokratie beruht. [...] Umgekehrt werden konservative Intellektuelle, Journalisten und Politiker zunehmend ausgegrenzt und in die Nähe des Rechtsextremismus gerückt. [...] Wir verteidigen den Pluralismus, der linken und rechten Demokraten gleichermaßen Raum und Entfaltung bieten muß. Wir streiten für eine Demokratie, die sich gegen Extremisten von links und rechts abwehrbereit zeigt. Wir setzen uns ein für eine Rückkehr zum antitotalitären Konsens und wenden uns entschieden gegen Bestrebungen, die freiheitlich-demokratische Grundordnung durch eine ›antifaschistisch-demokratische‹ Ordnung zu ersetzen.«[336]

Zu den rund 150 Unterzeichnern gehörten konservative CDU- und CSU-Abgeordnete, Mitglieder des rechten Flügels der Berliner FDP, ehemalige Bürgerrechtler der DDR, parteiunabhängige Konservative und politische Autoren des Ullstein-Verlages.

Es fällt allerdings auf, dass Löwenthal keine Monographie in der Paperback-Reihe Ullstein-Report (die Rainer Zitelmann als Cheflektor verantwortete) oder einen Bei-

335 Vgl. Gerhard Löwenthal: DDR-Recht ist Unrecht! Online im Internet: www.konservativ.de/hvd/hvd_sed.htm.

336 *Süddeutsche Zeitung* vom 28.9.1994, wiedergegeben in: Stefan Winckler: Die demokratische Rechte. Frankfurt/M.: Peter Lang, 2005, S. 50.

trag in Anthologien wie *Westbindung*[337] oder *Die selbstbewuße Nation*[338] veröffentlichte. Ebenso wenig war er in dem Sammelband *Von der Wiederkehr des Sozialismus*[339] als Autor präsent, obwohl dort aus freiheitlich-konservativer Sicht die Themen behandelt wurden, die Löwenthal wichtig erschienen. Möglicherweise erschien er der neuen konservativen Intelligenz um Heimo Schwilk, Ulrich Schacht und Rainer Zitelmann zu sehr als eine Fernsehberühmtheit der Vergangenheit, deren gegenwärtige Zugkraft merklich geschrumpft sei. Es kann auch sein, dass Löwenthal zu sehr mit den Arbeiten an einer eigenen Monographie oder an seinen eigenen Sammelband-Projekten *Ich werde 18* und *Feindzentrale Hilferufe von drüben* beschäftigt war. An den seinerzeitigen Debattenthemen der Politik und des vorpolitischen Raums (Zuwanderung/Asylrecht, Feminismus und *gender mainstreaming*, politische Korrektheit, Zukunft der EU und NATO) beteiligte sich Löwenthal kaum; eines der am häufigsten behandelten Themen der neuen konservativen Intelligenz, den Deutschenhass einiger Linksextremisten, spießte er in seinen Kolumnen nicht auf.

Bereits in der Reihe *Herder-Bücherei INITIATIVE* des Herausgebers Gerd-Klaus Kaltenbrunner in den siebziger Jahren fehlte der Autor Löwenthal, der sich wohl zu sehr als Praktiker und nicht als Wissenschaftler fühlte, um an einer *Rekonstruktion des Konservatismus* (Buchtitel) mitzuwirken. Ebenso fehlt sein Name unter den Autoren der Zeitschrift *Deutschland-Archiv* (Untertitel: *Zeitschrift für das vereinte Deutschland*), das recht unterschiedliche Publizisten und Wissenschaftler zum Themenschwerpunkt DDR und Deutschlandpolitik vereinte, trotz seiner Kenntnisse. Gelegentlich fand sich sein Magazin-Kollege Fritz Schenk dort gedruckt.[340]

1993 übernahm Löwenthal die Ehrenpräsidentschaft des Kongresses der *Europäischen Arbeitsgemeinschaft Mut zur Ethik* in Feldkirch/Vorarlberg.[341] Dabei handelte es sich um den internationalen Verbund von etwa 30 entschieden wertkonservativen Gruppen unter Federführung des *Vereins zur Förderung der psychologischen Menschenkenntnis e.V.* (VPM) mit Sitz in Zürich. Da der Ruf des VPM erheblich unter einer ablehnenden Presse bis hin zu dem vom Hamburger Landgericht für zulässig

337 Michael Großheim/Karlheinz Weißmann/Rainer Zitelmann (Hrsg.): Westbindung. Chancen und Risiken für Deutschland. Berlin: Propyläen, 1993.

338 Ulrich Schacht/Heimo Schwilk (Hrsg.): Die selbstbewußte Nation. »Anschwellender Bocksgesang« und weitere Beiträge zu einer deutschen Debatte. Berlin: Propyläen, 1994.

339 Christian Striefler/Wolfgang Templin (Hrsg.): Von der Wiederkehr des Sozialismus. Die andere Seite der Wiedervereinigung. Berlin: Ullstein, 1996.

340 Beispielsweise Fritz Schenk: Fernsehgespräch mit Gerhard Schürer, in: *Deutschland-Archiv*, 25. Jg. (1992), S. 144 ff. Ders.: Die Deutsche Einheit kommt nur mühsam voran, in: *Deutschland-Archiv*, 34. Jg. (2001), S. 844 ff.

341 Vgl. Gerhard Löwenthal: Aufgaben der Medien in einer Demokratie (Vortrag Sommerkongress, 25.7.1995); ACDP, NL Löwenthal, 01-763-104.

erklärten Vorwurf, er sei eine »Psychosekte«[342], litt, war dessen Einfluss in Deutschland verschwindend gering. Auf dem Kongress in Feldkirch forderte Löwenthal vor etwa tausend Teilnehmern angesichts des »katastrophalen Werteverfalls in unseren Industriegesellschaften« eine »ethisch fundierte, an den Grundpositionen der Menschenrechte und Menschenwürde orientierte Erziehung zum selbstverantwortlichen Staatsbürger«[343] (daraus lässt sich ablesen, dass Löwenthal das Argument der Menschenrechte nicht nur gegen den Kommunismus oder gegen totalitäre Herrschaft einsetzte, sondern ebenso nach 1990 als Fundamentalnorm einer jeden Gesellschaft ansah). Weitere Anliegen Löwenthals waren die Familienpolitik, die Bekämpfung des Drogenkonsums und die Medienkritik.[344] Vor allem hatte Löwenthal großen Anteil an der Gründung des Vereinsorgans *Zeit-Fragen*, das eine Auflage zwischen 20.000 und 40.000 erreichte.[345] Löwenthal gehörte zu den Unterzeichnern eines Aufrufes von *Mut zur Ethik* gegen den Österreich-Boykott der EU-Staaten nach der ÖVP-FPÖ-Regierungsbildung.[346] Eine zunehmend gegen die Außen- und Sicherheitspolitik der Vereinigten Staaten spürbare Stoßrichtung des VPM veranlasste Löwenthal einige Jahre später zum Vereinsaustritt[347] (was seine pro-amerikanische Einstellung auch nach dem Ende des Ost-West-Konflikts unterstreicht).

Zu Beginn des 21. Jahrhunderts setzte sich Löwenthal für die Wochenzeitung *Junge Freiheit* (JF) ein, ohne mit ihr in allen wichtigen Fragen wie z. B. der US-Außenpolitik übereinzustimmen. Er unterschrieb als Erstunterzeichner die *Appelle für die Pressefreiheit*. Der erste, datiert vom 30. Januar 2001, richtet sich gegen die unter dem Vorwurf des Rechtsextremismus vollzogene Kündigung des JF-Geschäftskontos durch die Postbank.[348] Der zweite wandte sich an den nordrhein-westfälischen Ministerpräsidenten Wolfgang Clement, die JF nicht mehr vom Verfassungsschutz seines Landes beobachten zu lassen.[349]

342 Vgl. www.religio.de/dialog/295/295s55.html; Holger Reile/Ingolf Efler: VPM – Die Psychosekte. Reinbek: Rowohlt, 1995; Endbericht der Enquete-Kommission Sogenannte Sekten und Psychogruppen. Bonn 1998.

343 www.zeitfragen.de/Archiv/ZF-100a/T18.htm.

344 Ein weniger normativer als vielmehr sehr polemischer Vortrag über linke Medien unter dem Titel *Aufgaben der Medien in einer Demokratie* hielt er am 25.7.1995 auf dem VPM-Sommerkongress; ACDP, NL Löwenthal, 01-763-104.

345 Vgl. Eva-Maria Föllmer/Klaudia Kruck: Ein Vorbild gelebter Menschenwürde. Zum Gedenken an Gerhard Löwenthal, in: *Zeit-Fragen*, Nr. 51/2002. Online im Internet: www.zeit-fragen.ch/ARCHIV/ZF_100a/T18.HTM

346 Vgl. Bürger europäischer Nationen protestieren gegen Österreich-Boykott, in: Ostpreußenblatt, 15.4.2000. Online im Internet: http://www.webarchiv-server.de/pin/archiv00/getdata.asp?FILE=1500ob13%2Ehtm&S1=&S2=&S3=.

347 Auskunft von Klaus Hornung, 26.5.2009.

348 Vgl. www.jf-archiv.de/archiv01/071yy60.htm.

349 Vgl. www.jf-archiv.de/archiv02/232yy67.htm.

Weiterhin finden wir seine Unterschrift unter einem Aufruf für »gutes Deutsch, gegen die Rechtschreibreform«.[350]

Ferner war Löwenthal bis zu seinem Tode mehrfach als Gast unterschiedlicher Talkshows im Fernsehen zu sehen, beispielsweise in III nach 9 (Radio Bremen) anlässlich des Mauerfalls am 10. November 1989[351]. Nachgewiesen ist ein Auftritt in der wenig politischen Reihe *Boulevard Bio* (ARD) bei Alfred Biolek am 22. September 1998 unter dem Motto *Vorsicht Reizfiguren* neben Pornoproduzentin Dolly Buster, dem Kabarettisten Ingo Appelt und dem Graphiker Klaus Staeck.[352]

Ungleich politischer war die Sendereihe *Sabine Christiansen*, wo Löwenthal zum Thema *Brennpunkt Berlin* am 8. Juli 2001 neben Christine Bergmann, Marianne Birthler, Michael Glos, Petra Pau und Klaus Staeck auftrat.[353] Anlass der Sendung war die Wahl Klaus Wowereits mit Hilfe der Grünen und der PDS zum Regierenden Bürgermeister Berlins als Nachfolger Eberhard Diepgens.

Die Zusammensetzung der Diskussionsrunden zeigt, dass es nach Beendigung des *ZDF-Magazins* »Berührungsängste« politischer Gegner mit Gerhard Löwenthal nicht mehr gab, während beispielsweise Sozialdemokraten an Streitgesprächen unter Löwenthals Leitung im *ZDF-Magazin* nicht teilnehmen mochten.[354]

Wichtiger sind Löwenthals Artikel im *Ostpreußenblatt* zu nehmen. Aus den Jahren 1998 bis 2002 sind 13 Beiträge in dessen online-Archiv nachlesbar. Sie widmen sich schwerpunktmäßig der Hauptverwaltung Aufklärung der Stasi und dem Sachbuch *Undercover – der BND und die deutschen Journalisten*, das Löwenthal wegen falscher Tatsachenbehauptungen jedenfalls auszugsweise für ein Lügengespinst hielt.

Ein Teil seiner Zeit war durch Rechtsstreitigkeiten ausgefüllt. Löwenthal verklagte den Autor von *Undercover*, Erich Schmidt-Eenbohm (siehe Kapitel 4: Deutsche Fragen), und den Verlag an der Ruhr, der 1993 das *Projekthandbuch Gewalt und Rassismus* von Ralf-Erik Posselt und Klaus Schumacher veröffentlicht hatte. Ein dort gedrucktes Schaubild, versehen mit einem Hakenkreuz, zeigte Löwenthal wegen seiner Funktionen in der Konservativen Aktion und unzutreffenderweise bei den Deutschen Konservativen als Teil eines »rechtsextremistischen Netzes« unter Einschluss der Vereinigungen Gerhard Freys, der Ludendorffianer, SS-Verbände und der NPD. Löwenthal stellte dazu fest, dass er sich von der Konservativen Aktion gerade wegen Joachim Siegerists »Rassismus« getrennt habe und diese KA seit Jahren nicht mehr

350 Vgl. www.gutes-deutsch.de/resolu2.htm; http://www.deutsche-sprachwelt.de/archiv/unterzeichner.shtml.

351 Vgl. www.radiobremen.de/fernsehen/3_nach_9/classics/kalender152_date-20091108.html.

352 Vgl. www.batzen.info/th_199809222302_ard.html.

353 Vgl. www.imdb.de/title/tt0692776.

354 Vgl. Streitgespräche im *ZDF-Magazin* lt. Produktionsnachweisen; vgl. Fritz Schenk gegenüber Winckler, Ein kritischer Journalist aus Berlin, S. 166.

existiere. Den Siegerist-Verein Die Deutschen Konservativen habe er sogar bekämpft. Er folgerte, der Verlag praktiziere »die perfide Form des Antisemitismus der Linken«, was wiederum den Verlag eine Unterlassungserklärung von Löwenthal fordern ließ. 1994 konnte Löwenthal eine Unterlassungserklärung gegen Posselt und Schumacher durchsetzen. Allerdings scheiterte Löwenthal 1996 mit einer Schadensersatz- und Schmerzensgeldforderung.[355] Seine Konsequenz daraus war, sich mit einer Beschwerde an das Bundesverfassungsgericht zu wenden: Es sollte geklärt werden, wann eine Persönlichkeitsverletzung so schwerwiegend ist, dass eine Schadensersatzleistung folgen muss.[356]

Löwenthal war auch um das Jahr 2000 bis zu seinem Tode als Vortragsredner immer wieder geladen: So sprach er am 21. Januar 1998 bei der Burschenschaft Danubia in München zum Thema *Westdeutscher Journalismus im Netz der Stasi*[357], zum gleichen Thema in der Komturei (Regionalverband) Niedersachsen des Tempelherrenorden OMCT-Deutsches Priorat (ein weltlicher Ritterorden konservativer christlicher Männer) am 14. März 1998[358] und Ende Oktober 1998 vor einem privaten Vortrags- und Diskussionszirkel in Frankfurt. Am 24. Februar 2001 trug er anlässlich des Frühjahrskonvents des OMCT-Deutsches Priorat über die *Bundesrepublik zwischen Ausbildungs- und Zuwanderungspolitik*[359] vor.

All diesen Vereinigungen ist gemeinsam, dass sie erstens erklärte konservative Zusammenschlüsse waren, zweitens nur ein sehr kleines Publikum aufbieten konnten.

Eine seiner letzten Reden hielt er am 7. Mai 2002 im Rahmen eines Gesprächsforums der *Pforzheimer Zeitung* unter dem Titel *Die Vollendung der Einheit in Freiheit, wider das Vergessen*. Sein Anliegen war, die Erinnerung an das DDR-Unrecht aufrecht zu halten.[360]

Gerhard Löwenthal verstarb am 6. Dezember 2002 nach wochenlanger Krankheit in Wiesbaden. Er ist auf dem jüdischen Friedhof Heerstraße in Berlin bestattet.

355 Archiviert sind eine umfangreiche Korrespondenz und die Urteile, vgl. insb. Rainer Rothe: Berufungsbegründung (Entwurf); ACDP, NL Löwenthal, 01-763-060.

356 Vgl. Re./tn: Justitia. Persönlichkeitsschutz und Pressefreiheit, in: *Zeitfragen* Nr. 45 (1.3.1998), S. 16. Online im Internet: www.zeit-fragen.ch/ARCHIV/ZF_45/TJU.HTM.

357 Vgl. www.brandserver.de/danubia/Upload/up/Referentenliste.pdf.

358 Vgl. Manfred Gölz: Komturei Niedersachsen, in: *Non Nobis*, 14. Jahrgang (1998), Heft 33, S. 25.

359 Vgl. Zusammenfassung seiner Rede in *Non Nobis,* 17. Jahrgang (2001), Heft 39, S. 17f.

360 Vgl. Sascha Aurich: Kämpfer wider das Vergessen, in: *Pforzheimer Zeitung,* 10.5.2002; ACDP, NL Löwenthal, 01-763-049.

Reaktionen auf Löwenthal

Publikumsakzeptanz und Publikumsreaktionen

Es liegen keine Zuschauerreaktionen auf Löwenthals Berichte und Reportagen aus Brüssel in den einschlägigen Archiven vor. Dagegen sind die Einstellungen der Zuschauer zum *ZDF-Magazin* und seinem Moderator recht gut nachgewiesen, denn das *ZDF-Magazin* war Thema der politisch-publizistischen Debatten seit 1969. Die durchschnittliche Einschaltquote belief sich 1969 auf 19 Prozent aller Fernsehgeräte. Damit übertraf Löwenthal mit seinem Magazin zwar die Werte für andere politische Sendungen im ZDF, blieb aber unter den entsprechenden Quoten der seit Jahren schon bestehenden Politmagazine der ARD.[1] Im Oktober/November 1969, nach der Diskussion um *Wählermeinung nicht geheim*, war Löwenthal 30 Prozent der Bevölkerung bekannt: ein recht niedriger Wert für einen Fernsehmoderator, der wöchentlich zur besten Sendezeit auftrat; acht Prozent schätzten ihn besonders. Zum Vergleich: Peter Merseburger, der genau zwei Jahre vor dem Start des *ZDF-Magazins Panorama* als moderierender Redaktionsleiter übernommen hatte, kam auf einen Bekanntheitswert von 37 Prozent, während ihn zehn Prozent »besonders geschätzt« haben.[2]

Das Institut für Demoskopie, Allensbach, fragte die Bevölkerung nach den meinungsbildenden Journalisten: »Von wem interessiert es Sie besonders, was er zu politischen Fragen sagt oder schreibt?« Für Löwenthal entschieden sich (in Prozent): 12 (November 1970), 22 (Januar 1971), 15 (Dezember 1971), 16 (August 1972), 17 (Januar 1974 und November 1975), 13 (Dezember 1976), 9 (August 1978), 12 (November 1979) und 9 (Februar 1983). Der relativ hohe Wert vom Januar 1971 lässt sich mit dem Streitgespräch Löwenthals mit Henri Nannen vom 16. Dezember 1970 erklären, das zum einen eine deutlich höhere Einschaltquote erzielte als die vorangegangenen *ZDF-Magazin*-Sendungen, zum anderen mit dem lebhaften Presseecho, das darauf folgte. Löwenthal zog ein deutlich höheres Interesse auf sich als die Moderatoren der ARD-Magazine Merseburger (6,3 Prozent im Durchschnitt) und Casdorff (mittlerer Wert: drei Prozent), die beide in der Aufstellung 1983 nicht mehr auftauchten. An zweiter

1 Vgl. Zweites Deutsches Fernsehen (Hrsg.): Jahrbuch des ZDF über das Jahr 1969, Mainz 1970, S. 188.
2 Institut für Demoskopie Allensbach: Repräsentative Bevölkerungsumfrage Nr. 2057; ACDP, 01-763-070.

Stelle erschien Werner Höfer als Moderator des sonntäglichen *Internationalen Frühschoppens*, mit der Ausnahme 1983: In jenem Jahr hielten 37 Prozent der Befragten Friedrich Nowottny für den interessantesten meinungsbildenden Journalisten[3] (wobei Nowottny und Löwenthal aber nur sehr bedingt miteinander zu vergleichen sind, da Nowottnys *Bericht aus Bonn* keine zeitkritische Magazinsendung war). Der Rückgang des Interesses an Löwenthal entsprach grundsätzlich dem schwindenden Interesse an anderen Magazinmoderatoren. Umfragedaten des Instituts für Demoskopie über Löwenthal ab 1983 liegen nicht vor.

Als das Institut für Demoskopie 1976 zusätzlich nach der Parteiensympathie fragte, ergab sich für Löwenthal eine Zustimmung von 23 Prozent der Unionswähler und zehn Prozent der FDP-Wähler. Nur sechs von Hundert der sozialdemokratischen Anhängerschaft »interessierte besonders, was Löwenthal zu politischen Fragen sagt«. Zum Vergleich: Vorzugsweise für Peter Merseburger interessierten sich sieben Prozent SPD- und drei Prozent CDU/CSU-Anhänger, für Claus Hinrich Casdorff fünf Prozent SPD- und ein Prozent CDU/CSU-Orientierte, und Franz Alt jeweils drei Prozent.[4] So hatte Löwenthal die meisten Anhänger, verglichen mit den anderen Magazinmoderatoren, die, abgesehen von Alt, ähnlich polarisierten. Zugleich hatte sich sein Image als Gegner der Sozialdemokratie so weit gefestigt, dass er unter deren Anhängern nur wenig Interesse wecken konnte. Dementsprechend ordneten im August 1976 54 Prozent der Befragten das *ZDF-Magazin* als »zur CDU/CSU« tendierend ein, während neun Prozent eine SPD-FDP-Orientierung und 34 Prozent eine neutrale Haltung des Magazins zu erkennen glaubten. Fast ebenso eindeutig, wenn auch auf der Seite der damaligen Regierungsparteien, verortete die bundesdeutsche Bevölkerung die konkurrierenden Magazine *Panorama* (49 Prozent sahen hier eine SPD-FDP-Tendenz, elf Prozent eine Nähe zur Union, 35 Prozent keine ausgeprägte Parteitendenz) und *Monitor* (42 von Hundert: SPD-FDP, 15 v. H.: CDU/CSU, 38 v. H.: neutral).[5]

Mochten die anderen Politjournalisten ihre interessierten Zuschauer gleichermaßen unter jüngeren, mittleren und älteren Jahrgängen haben, maß Allensbach November 1979 einen starken Überhang in der Altersgruppe über 60 Jahren von zwölf Prozent gegenüber der jüngsten Altersgruppe.[6]

3 Vgl. Allensbacher Berichte, Nr. 5 (1980), S. 3; Elisabeth Noelle-Neumann/Edgar Piel (Hrsg.): Allensbacher Jahrbuch der Demoskopie, Bd. VIII: 1978-1983, München: K.G. Saur, S. 541.

4 Elisabeth Noelle-Neumann (Hrsg.): Allensbacher Jahrbuch der Demoskopie 1976-1977, Bd. VII, München: Fritz Molden, 1977, S. 282. Zum präziseren Vergleich für die Jahre 1970 bis 1972: Elisabeth Noelle-Neumann/Edgar Piel (Hrsg.): Allensbacher Jahrbuch der Demoskopie 1968 bis 1973, Allensbach/Bonn: Verlag für Demoskopie, 1974, S. 183.

5 Ebd., S. 285.

6 Vgl. Allensbacher Berichte, Nr. 5/1980, S. 2.

Im Juni 1975 hatten einer Emnid-Studie zufolge etwa ebenso viele Zuschauer das nunmehr vierzehntägig ausgestrahlte *ZDF-Magazin* gesehen wie die nur einmal im Monat gesendeten Politmagazine *Panorama* und *Report* (39 Prozent der Befragten). Die Zustimmung zum *ZDF-Magazin* (Frage nach der besten Sendung) entsprach etwa jener zu *Panorama* und *Report* (24 Prozent vs. 23 und 21 Prozent), während *Monitor* mit geringerer Sehbeteiligung und Popularität »hinterherhinkte«. Löwenthal begründete in einem Interview Einschaltquote und Zustimmung mit der »Glaubwürdigkeit« seines Magazins und der Eigenheit, dass es Themen aufgreife, die von großen Teilen der Medien entweder gar nicht oder »nicht so kritisch« beleuchtet würden. Löwenthal erklärte in diesem Zusammenhang, er mache eine Sendung »für das Volk« und nicht für eine »Handvoll ›intellektueller‹ Ideologen«: Unter den Zuschauern, die das *ZDF-Magazin* favorisierten, seien Arbeiter etwas zahlreicher (24 Prozent) als bei *Panorama* und *Report* (jeweils 21 Prozent) und deutlich stärker vertreten als bei den *Monitor*-Zuschauern (12 Prozent)[7]. Eine Allensbacher Untersuchung über das Fernsehverhalten ergab, dass Löwenthal im Jahre 1982 73,1 Prozent der Bevölkerung bekannt war. Damit verfehlte Löwenthal den Bekanntheitsgrad der wöchentlich erscheinenden Fernsehjournalisten Friedrich Nowottny und Werner Höfer, die beide jeweils mehr als 80 Prozent der Bundesdeutschen ein Begriff waren. Vorzüglich ist seine Bekanntheit allerdings im Vergleich mit dem Redaktionsleiter von *Report Baden-Baden*, einem im Monatsrhythmus ausgestrahlten politischen zeitkritischen Magazin. Franz Alt, seit 1972 Moderator der Reihe, war nur 41,7 Prozent der Bundesdeutschen bekannt (die Umfrage datierte vor seinem Engagement in der Anti-Nachrüstungs- und Ökologiebewegung, das ihn in einen Streit mit seinem Intendanten und dann zum Gegenstand einer großen politisch-publizistischen Debatte machte). Andere Moderatoren politischer Magazine waren auf der Liste nicht aufgeführt, da ihr Bekanntheitsgrad offenbar noch niedriger, unter 30 Prozent, lag. Im Gegensatz zu den weitaus meisten aufgeführten Bildschirmprominenten aus Journalismus und Unterhaltung waren Löwenthals Sympathiewerte 1982 schwach entwickelt. 20,2 Prozent der Befragten »mochten« ihn, während 32,1 Prozent ihn »nicht mochten«. Hingegen war Alt mit 20,8 Prozent Sympathie und 6,5 Prozent Antipathie weit weniger »umstritten«.[8]

Die Einschaltquote des *ZDF-Magazins* betrug im Durchschnitt der Jahre 1969 bis 1987 rund 14 Prozent. Die höchsten Werte lassen sich für die frühen siebziger Jahre nachweisen, als die politischen Fernsehmagazine die meisten Zuschauer gewinnen konnten und die Polarisierung der beiden großen politischen Lager am heftigsten war:

7 Vgl. *Hörzu*, 40/1975, S. 16.

8 Vgl. Peter Dykhoff: Die Deutschen und ihr Fernsehen, in: *Stern*, 35. Jahrgang (1982), Nr. 47, S. 238–244, dort S. 240. Die gleichen Zahlen in: Elisabeth Noelle-Neumann/Edgar Piel (Hrsg.): Allensbacher Jahrbuch der Demoskopie 1978–1983, Bd. VIII. München: K.G. Saur, 1983, S. 548.

1969, 1971 und 1973 belief sich die Quote auf 19 Prozent, 1972 auf 18 Prozent. Demgegenüber erzielten die vergleichbaren ARD-Magazine jeweils knapp über 30 Prozent. In den folgenden Jahren ging die Quote für das *ZDF-Magazin* kontinuierlich zurück: von 18 Prozent (1974) auf 16 Prozent (1975), 14 Prozent (1976), 13 Prozent (1977, 1978, 1980). 1979, 1981 und 1982 waren es elf Prozent. Aus dem Jahr 1981 liegen präzise aufgeschlüsselte Einschaltquoten für jede einzelne Sendung ab dem 28. Januar vor. Die wenigsten Zuschauer hatte das *ZDF-Magazin* in der Altersgruppe der 14–29jährigen: zwischen zwei Prozent (242.400) und fünf Prozent (606.000). Im Durchschnitt sahen rund drei Prozent (408.825) von 12.120.000 Zuschauern jener Altersgruppe das *ZDF-Magazin*. In der Altersgruppe der 30–49jährigen sahen zwischen vier (605.200) und neun Prozent (1.361.700), also deutlich mehr, die Sendereihe. Im Durchschnitt waren es 858.850, d.h. fünf Prozent. Die meisten Zuschauer hatte jede einzelne Magazinsendung in der Altersgruppe der über 50-jährigen: zwischen sieben und 19 Prozent, im Durchschnitt elf Prozent.[9] Eine Tendenz dazu hatte sich bereits 1972 abgezeichnet, als das *ZDF-Magazin*, darin den Montagsmagazinen der ARD sehr ähnlich, von 20 Prozent der 14–29jährigen, von 34 Prozent der 30–49-jährigen und von 46 Prozent der über 49-jährigen gesehen wurde.[10] 1983 stieg die Quote auf zwölf und 1984 auf 13 Prozent – offenbar waren konservative Aussagen zu Beginn der Regierungszeit Helmut Kohls wieder mehr bzw. linke Meinungen weniger gefragt. Elf Prozent wurden 1985 und zwölf Prozent wurden 1986 und 1987 gemessen. Die sechs Magazinsendungen unter Fritz Schenks Leitung nach Löwenthals Abschied erzielten eine Einschaltquote von zehn Prozent. Die Nachfolge-Reihe *Studio eins*, geleitet von Bodo Hauser, kam ab April 1988 ebenfalls auf zehn Prozent. Das mittwochs im Wechsel mit dem *ZDF-Magazin* ausgestrahlte deutschlandpolitische Magazin *Kennzeichen D* erreichte etwas höhere Einschaltquoten (1983 und 1984: 14 Prozent, 1985: zwölf Prozent), abgesehen von 1986 (elf Prozent).[11] Die ARD setzte gegen die Politmagazine des ZDF auf Unterhaltungsfilme und gelegentlich auf Live-Übertragungen von Fußball-Europapokalbegegnungen. So sehr die Quote auch schon seinerzeit ein wichtiges Kriterium für den Erfolg einer Reihe war, so nachrangig war sie für Löwenthal: Der Zuschauerpost, Anrufen und persönlichen Gesprächen maß er eine höhere Bedeutung bei.[12]

9 Unternehmensarchiv des ZDF, Bestand *ZDF-Magazin*, Ordner Nr. 44, 45, 46.

10 Marie Luise Kiefer: Politische Sendungen im Fernsehen. Angebot, Interesse und Nutzung – eine Infratest-Analyse, in: *Media-Perspektiven*, 4. Jg. (1973), Nr. 2, S. 53–64, dort S. 61.

11 Einschaltquoten des *ZDF-Magazins* siehe ZDF-Jahrbücher 1969–1988. Einschaltquoten der Politmagazine in der ARD siehe Elisabeth Laurenz: *Monitor*. Entstehung, Entwicklung und Wirkung eines politischen Fernsehmagazins (unveröffentlichte Diplomarbeit im Fach Journalistik), München 1984, S. 40.

12 Vgl. N.N.: Tücken des Magazins. Eine Umfrage unter Moderatoren. Teil II: Gerhard Löwenthal (ZDF-Magazin) und Hanns Werner Schwarze (Kennzeichen D), in: *Rheinischer Merkur*, 28.10.1977, zitiert in: Schmidt, ZDF-Magazin, S. 106.

Unter Jugendlichen der DDR und Ost-Berlins soll das *ZDF-Magazin* jedenfalls im Jahre 1979 die meistgesehene Fernsehsendung aus »dem Westen« gewesen sein, insbesondere bei den Personen, die einen Ausreiseantrag stellen wollten. Dagegen bevorzugten ältere, in der DDR stärker etablierte Personen wie vor allem Ärzte *Kennzeichen D*.[13] Da das zutreffende Bild, das das *ZDF-Magazin* vom DDR-Sozialismus zeichnete, fast schon eine Ausnahme im deutschen Rundfunk- und Fernsehjournalismus war, dürfte es auf Dauer als Kontrastprogramm einen nennenswerten Einfluss auf die Meinungsbildung der DDR-Bevölkerung gehabt haben. Zumal sich die Zuschauer leicht ausmalen konnten, dass die SED-Funktionäre kaum einen West-Journalisten weniger ertragen konnten als Löwenthal und seine Redaktion.

Wie beurteilten die Zuschauer die Sendereihe? Das ZDF ließ die Qualität seiner Sendereihen und Sendungen anhand einer Skala von plus zehn bis minus zehn messen, wobei plus zehn bedeutete, dass alle Zuschauer eine Sendung mit »sehr gut«, und minus zehn »sehr schlecht« eingestuft hätten. Im ersten Jahr erzielte das *ZDF-Magazin* einen Beurteilungs-Mittelwert von 4,4, im zweiten (1970) waren es 3,8. Der Rückgang lässt sich mit der zunehmenden Konzentration Löwenthals auf die Bonner Politik und seine Kritik an der Bundesregierung erklären; Themen, mit denen er fast alle Zuschauer hinter sich scharen konnte, wie die Kritik an Missständen in Kinderheimen, nahmen zugunsten polarisierender Themen ab. In den folgenden Jahren verharrte das Magazin bei wenig geänderten Werten zwischen plus 4,0 (1971), plus 3,7 (1972 und 1973) und plus 3,8 (1974).[14] Seitdem wurde der Beurteilungs-Mittelwert nicht mehr erhoben oder nicht mehr veröffentlicht.

Es stellt sich neben der Zahl der Zuschauer die Frage, um wen es sich bei diesem Publikum überhaupt handelte. Der *Spiegel* nannte 1972 (ohne Quellenhinweis) »Frauen, Gymnasialabsolventen, leitende Angestellte und Beamte«, in Großstädten lebend, als »treueste Gefolgsleute«.[15] Frauen und Beamte sind als Kategorien zu weit gefasst, um auf einen bestimmten Bildungsstand zu schließen. Infratest Dimap bestätigte auf schmaler Quellenbasis (acht Magazinsendungen) den Befund eines etwas höher gebildeten Publikums im Vergleich zur Gesamtbevölkerung; es seien aber weit mehr Männer als Frauen (57 zu 43 Prozent) unter den Zuschauern[16] (ebendies ist glaubwürdiger als die Einschätzung des *Spiegels*, denn Männer waren politisch stärker interes-

13 Vgl. asd: »ddr«-Jugend bevorzugt zdf-magazin. »kennzeichen d« in der ost-berliner charite 831.10.1979); ACDP, NL Löwenthal, 01-763-033. (asd ist eine Presseagentur Axel Springers).

14 Vgl. ZDF-Jahrbücher 1969–1974.

15 Auch alle Erhebungen des Instituts für Demoskopie Allensbach seit 1947 zeigen ein höheres politisches Interesse bei Männern als bei Frauen auf. Insofern erscheint diese Angabe im Spiegel wenig glaubhaft.

16 Marie Luise Kiefer: Politische Sendungen im Fernsehen. S. 53–64.

siert als Frauen). Ebendiese Abiturienten, Akademiker und leitende Angestellte, die das *ZDF-Magazin* nach Angaben des *Spiegel* zum Zweck der politischen Information und Meinungsgewinnung einschalteten, waren im allgemeinen als höher Gebildete und besser Qualifizierte diejenigen, die als *opinion-leaders* aufgrund ihrer Persönlichkeitsstärke und ihren kommunikativen Fähigkeiten die Aussagen des *ZDF-Magazins* mit Löwenthals dezidierten Meinungsäußerungen in einem *two-step-flow of communication* (»Zwei-Stufen-Fluß der Kommunikation«) weiter in die Öffentlichkeit trugen, so dass sich die Wirkung von Löwenthals Aussagen verstärkte. Meinungsführer interessieren sich stärker als der Durchschnitt der Bevölkerung für Neuigkeiten aus der Politik, können sie besser als andere verarbeiten und diskutieren darüber in ihrem vergleichsweise großen Bekanntenkreis. Eine Erhebung aus dem Jahre 1972 zeigte, dass Zuschauer über das *ZDF-Magazin* etwas häufiger als über die Magazine der ARD und deutlich öfter als über sonstige Fernsehsendungen diskutierten: Von hundert Zuschauern diskutierten 41 über die in die Untersuchung einbezogenen acht *ZDF-Magazin*-Sendungen, während etwas weniger (38 Prozent) über den Inhalt der ARD-Magazine sprachen und deutlich weniger (34 Prozent) eine durchschnittliche Sendung diskutierten. Diese Gespräche über die Magazinfolgen waren zu einem sehr großen Teil zustimmend gehalten (81 Prozent würden die Sendungen wieder ansehen, ebenso viele haben sie vollständig angeschaut).[17] Löwenthals Aussagen fielen bei denjenigen auf fruchtbaren Boden, die sich dadurch in ihren Erfahrungen bestätigt fühlten, beispielsweise in der Konfrontation mit Linksradikalen an den Hochschulen oder in den Auseinandersetzungen mit linken Lehrern und Lehrplänen. Es kamen dann tausende Briefe mit Hinweisen auf Missstände bei Löwenthal und seiner Redaktion an.[18]

Dass Löwenthal als Moderator und Redaktionsleiter des *ZDF-Magazins* zahlreiche Zuschauerkritiken erhielt, versteht sich angesichts der hohen Einschaltquote der Sendereihe und ihrer Themen von selbst. Rückblickend sagte Löwenthal, die weitaus meisten Briefe seien zustimmend gewesen, während die Telefonanrufe, die beim ZDF und seinem Privatanschluss eingingen, größtenteils ablehnend waren.[19] Am 2. Dezember 1970 stellte Löwenthal fest, das Verhältnis von zustimmender zu ablehnender

17 Ebd.

18 Stefan Winckler: Ein »Widerstandsnest« im öffentlich-rechtlichen Fernsehen: Das ZDF-Magazin. Gespräch mit Fritz Schenk (7.1.2003), in: Hartmuth Becker/Felix Dirsch/Stefan Winckler (Hrsg.): Die 68er und ihre Gegner. Der Widerstand gegen die Kulturrevolution. Graz: Leopold Stocker, 2003, S. 208–227, dort Aussage Schenks auf S. 219.

19 Manuskript des Interviews von H.D. Fischer und A. Walter mit Löwenthal für die *Hörzu*, S. 2; ACDP, NL Löwenthal, 01-763-009. Gleiche Aussage Löwenthals über die Gesamtlaufzeit des *ZDF-Magazins* in: Stefan Winckler: Ein kritischer Journalist aus Berlin, (wie Anm. 106, S. 56), S. 143.

Zuschauerpost betrage zehn zu eins.[20] Insgesamt 29 Leserbriefe in der katholisch-konservativen *Deutschen Tagespost* von Ende Oktober und Anfang November 1970 unterstützten Löwenthal, als vor allem die SPD auf Veränderungen im *ZDF-Magazin* und angeblich auf seine Abberufung drängte.[21] Dagegen waren die abgedruckten Leserbriefe in Zeitschriften links der politischen Mitte wie *Spiegel* und *Stern* in der überwiegenden Zahl ablehnend.

Am 21. Dezember 1970 war Löwenthal zu Gast bei der *Bild*-Redaktion in Frankfurt (Lokalausgabe) im Rahmen der Aktion *Stars an der Strippe*. Das bedeutete, dass ihn Leser drei Stunden lang anrufen, fragen und kritisieren konnten. Eine Auswahl der Fragen und Antworten wurde am nächsten Tag abgedruckt. Selbst wenn unterstellt würde, dass die veröffentlichten Fragen und Antworten in der *Bild* einseitig ausgewählt worden wären (etwa nach den Kriterien »Zustimmung zu Löwenthal« oder »Unterhaltungswert«), muss Löwenthals Fazit ernst genommen werden: Er hatte Beschimpfungen erwartet und viel Zuspruch erhalten.[22] Dieser Auftritt fand kurz nach dem viel gesehenen und häufig diskutierten Streitgespräch zwischen Gerhard Löwenthal und Henri Nannen zum Thema *Vergangenheit eines Nannen-Mitarbeiters* statt, so dass mit Kritik an Löwenthal gerechnet werden konnte.

Eine sehr starke Zustimmung, ja mehr noch: aktive Unterstützung durch die Zuschauer lässt sich anhand einer Initiative nachweisen, die die »Halbierung« des *ZDF-Magazins* im Jahre 1973 zu verhindern suchte. Ab Oktober 1973 strahlte das ZDF das Magazin Löwenthals statt im Wochenrhythmus vierzehntägig im Wechsel mit dem Wirtschaftsmagazin *Bilanz* aus. Die Aktion Funk und Fernsehen sandte einer Meldung des *Spiegel* zufolge die Unterschriften von 251.530 Zuschauern ein, die das *ZDF-Magazin* im bisherigen Umfang erhalten sehen wollten; der *Bayernkurier* sah knapp

20 »Ich bin der populärste Moderator in der BRD«. Gespräch mit »ZDF-Magazin«-Moderator Gerhard Löwenthal, in: *Abendzeitung*, 2.12.1970; ACDP, NL Löwenthal, 01-763-006. Der Artikel krankt an der mißlungenen Überschrift: Löwenthal hatte nicht »BRD«, sondern »Bundesrepublik« oder »Deutschland« gesagt. Im Dezember 1971 bestritt er, sich als »populärsten Moderator« bezeichnet zu haben (vgl. »Ich streite mich gern«, in: *Hörzu*, 50/1971; Unternehmensarchiv des ZDF, Zeitungsausschnittsammlung Löwenthal, 6.1/1). Die Aussage »Während des Dritten Reichs habe ich Jahre in Zuchthäusern und Konzentrationslagern verbracht«, zitiert auch in der *Aachener Volkszeitung* vom 30.12.1970, steht im Widerspruch zu seinen übrigen Äußerungen über KZ- und Gestapohaft. Es ist zu fragen, ob hier nicht ein Irrtum des fragestellenden Journalisten und nicht nur des antwortenden Löwenthal vorliegt.

21 Vgl. »Löwenthal und sein Magazin«, in: *Deutsche Tagespost*, 29./30.10. und 4.11.1970; ACDP, NL Löwenthal, 01-763-006.

22 Vgl. wa: Geben Sie nicht klein bei, Herr Löwenthal, in: *Bild*, 22.12.1970, S. 3.

drei Wochen später gar die Marke von 300.000 Unterschriften erreicht.[23] Im deutschsprachigen Ausland hatte Löwenthal ebenfalls ein Stammpublikum, über dessen Größe der Verfasser allerdings keine Zahlen ausfindig machen konnte.[24]

Bombendrohungen gegen das ZDF, Morddrohungen gegen Intendanten und Chefredakteur und ähnliche Attacken waren (und sind) nicht selten und betrafen sogar Moderatoren, die keineswegs für Polarisierung bekannt sind, wie Reinhard Appel, der Moderator von *Bürger fragen – Politiker antworten*. Manche Drohungen konnten ignoriert werden, andere waren sehr ernst zu nehmen: Dann schaltete das ZDF das zuständige Landeskriminalamt ein. Im Nachlass Löwenthals finden wir außerordentlich feindselige, hasserfüllte Schreiben, häufig mit antisemitischen Phrasen. Eindeutig nationalsozialistisch (wegen der Begriffe »zersetzend«, »arisch« und »Rasse«) und zugleich mit starker Anteilnahme am palästinensischen Kampf erscheint der folgende Auszug, der mit einer Morddrohung endet: »Die jüdischen, mörderischen Luftpiraten von Sinai! Der einäugige jüdische Verbrecher Dayan! Die jüdische Hexe Golda Meir! Wenn Sie nicht zu dieser Verbrecherrasse gehören würden, würden Sie sich wahrscheinlich schämen, uns die ewigen israelitischen Propagandafilme vorzuführen. An Stelle der zersetzenden Versuche in arischen Dingen sollten Sie lieber die Verbrechen Ihrer jüdischen Rasse an den Tag legen. Mach daß Du rauß [sic!] kommst! Hau ab nach Israel, wo Du hingehörst! Noch mehr solcher Filme und wir machen Dich unschädlich! Kampfgruppe Hessen Schwarzer September.«[25] Löwenthal hatte am 10. März 1971 ein Interview mit der israelischen Ministerpräsidentin Golda Meir und einen aus Israel angekauften Beitrag *Raketen bedrohen Israel* ausgestrahlt. Verschiedene Morddrohungen waren ohne Hinweise auf den politischen Standort des Absenders eingegangen. Hier aber handelte es sich offenbar um einen Versuch von Nationalsozialisten oder von Palästinensern aus dem Umfeld der Terrorgruppe Schwarzer September (verantwortlich für den Überfall auf die israelischen Olympiaathleten in München 1972). Es fällt insbesondere der Begriff der »jüdischen Rasse« auf, und die Behauptung, Löwenthal gehöre als Jude nach Israel. Auf einen Zeitungsausschnitt mit Zitaten Löwenthals anlässlich eines Rednerauftrittes schrieb ein offensichtlich rechtsradikaler Leser: »Dreckiges Judenschwein!! Hau ab nach Israel.«[26]

23 Vgl. Wahrer Aufbruch, in: *Der Spiegel* 27. Jahrgang (1973), Nr. 37, S. 163 ff.; ACDP, NL Löwenthal, 01-763-021; Eine massive Kampagne, in: *Frankfurter Rundschau*, 25.9.1973, ACD, NL Löwenthal, 01-763-021; Enno von Loewenstern: Nach den Proteststimmen ein Boykott für Löwenthal geplant, in: *Die Welt*, 18.9.1973; ACDP, NL Löwenthal, 01-763-021. Der Aufruf der Aktion Funk und Fernsehen ist archiviert; ACDP, NL Löwenthal, 01-763-024.

24 Vgl. Salcia Landmann: Protest auch aus der Schweiz gegen Einschränkung des Löwenthal-Magazins, in: *Die Welt*, 26.9.1973, S. 8; ACDP, NL Löwenthal, 01-763-021.

25 eingegangen 19.12. 1973. ACDP, NL Löwenthal, 01-763-094.

26 ACDP, NL Löwenthal, 01-763-009.

Mehrfach finden wir den Vorwurf, Löwenthal wolle das deutsche Volk mit seiner stets als »Hetze« bezeichneten Kritik an der Regierung Brandt/Scheel spalten. Als tiefere Ursache dafür nennt ein Briefschreiber die Judenverfolgung unter Hitlers Herrschaft, für die sich Löwenthal nun an den Deutschen rächen wolle.[27]

Wir finden in manchen Schreiben neben antisemitischen Tiraden (vorgegaukelte?) Sympathie für Willy Brandt und Walter Scheel: »Gibt es wirklich keine Möglichkeit, diese miese Judensau, die bei Ihnen das ›Magazin‹ moderiert, auf den Mond zu schießen? Er [...] entpuppte sich schließlich als fanatischer und reaktionärer Eiferer gegen die Politik unseres Friedenskanzlers. [...] Vielleicht kommt diesmal eine Bö, die ihn – anders als unseren Volkskanzler – tatsächlich ins Tote Meer schleudert --- wo er als jiddische Leiche hingehört«.[28] Es überrascht, dass ein rechtsextremistischer Briefeschreiber den linken Demokraten Willy Brandt einen »Friedenskanzler« und »Volkskanzler« nannte. Dies war vielleicht ironisch gemeint; oder es sollte dazu dienen, Löwenthal und Brandt gegeneinander auszuspielen.

Mehrfach stoßen wir in diesem Schmähbriefen auf Informationen, die einem ausführlichen, größtenteils gegen Löwenthal gerichteten *Spiegel*-Artikel über Löwenthal vom Oktober 1972 entnommen waren und in den Hassbriefen massiv übertrieben wiederkehren. So wird Löwenthal, den ein Immatrikulationsausschuss an der Universität Unter den Linden 1946 zu seinem politischem Standpunkt vernommen hatte, im November 1972 vorgeworfen, »er war einst ein engagierter Bolschewist«[29] oder »das [sic!] Löwenthal ein eiskalter Propagandist ist, der seine Nase nach dem Wind dreht, sieht man auch an seinen Äußerungen an der Humboldt Uni in Ostberlin, wo er noch die Amis in den Hintern trat und die Russen lobte«.[30] Oder: »Löwenthal, Du Drecksau Jüdische, Du Bestie, beschnittenes Aas, lese den Spiegel Kannallie [sic!]. Bis zum 15/XI atmest noch Du Hund Ellender [sic!]. Der Ausspruch ›Desperado‹ über den Walter [Scheel] das kommt Dir teuer zu stehen. Krankenhausreif schlagen wir Dich, keine Pollente kann Dich, und wird Dich retten. Trachte bei Zeiten nach Palestijna [sic!] Du Saujud. Man mus [sic!] den ›Spiegel‹ 10 X lesen was Du für ein Niederträchtiges Bist

27 So zum Beispiel das Schreiben von Kurt Wolter, Köln, Buchenpfad 14, vom 10.3.1972: »Was er vor langer Zeit einmal unter dem Naziregime zu erleiden und erdulden hatte, darf doch niemals in einer solch cholerischen Anwandlung die Rechtfertigung geben, daß er alle Denkensarten, ausser schwarz, sprich CDU und CSU, mit seinen unwürdigen schmutzigen Manipulationen in den Dreck zieht. Jede, aber auch jede Sendung von diesem Haserdeur [sic!] ziehlt [sic!] doch nur darauf ab, eine frei gewählte, für ihn vielleicht unverständliche, Mehrheit des deutschen Volkes mit seinen Tiraden zu verunglimpfen«; ACDP, NL Löwenthal, 01-763-094. Orthographische Fehler im Original.

28 Rechtschreibfehler im Original. Unterschrift unleserlich, Datum 13.6.1973, adressiert an *ZDF-Magazin* Redaktion.

29 Im gleichen Schreiben.

30 Volker Moeseritz, 1.11.1972, an das *ZDF-Magazin*; ACDP, NL Löwenthal, 01-763-094.

[sic!] bist, so warte, warte, nur, die Rechnung bekommst Du schon. Flüchte zu Deinem Brotgeber Springer, auch eine Bestie so wie Du. Nach den Wahlen gibts Schalom«[31]

Ebenfalls von antisemitischer Tendenz ist ein Brief, adressiert an »Jude Löwenthal, 65 Mainz, II. Fernsehprogramm«, gestempelt in Oer-Erkenschwick am 10. August 1973.[32] Von ähnlicher Tendenz ist die nationalsozialistisch geprägte Behauptung, Juden seien im Grunde Ausländer und hätten in Deutschland nichts verloren: »Wie lange soll sich die Deutsche [sic!] Zuhörerschaft noch provozieren lassen. [...] Dieser Löwenstein [sic!] kann tun und lassen was er will. Dieser stinkender [sic!] vaterlandsloser Gesellen [sic!] Ausland bestimmt und hatt [!] überall seine Stinkende [sic!] Gestalt drin« (sämtliche Rechtschreibfehler im Original).[33]

Ein »Mitglied der Roten Armee Fraktion und Kämpfer für die Befreiung Palästinas« (Eigenbezeichnung) namens Peter Nazar bezichtigte Löwenthal zunächst in linksradikaler Manier, sein Magazin sei »faschistisch« (typisch für eine linksextremistische Einstellung ist der inflationäre, unzutreffende Faschismus-Vorwurf) und sein Vorbild sei Goebbels. Am Ende des Briefes finden sich rechtsextremistische Phrasen, wonach Löwenthal als »feiges Judenschwein« kein Deutscher sei und nach Israel verschwinden müsse. Darüber hinaus wurde ihm ein Genickschuss in Aussicht gestellt. Der Schreiber verhehlte nicht, Insasse der JVA Willich zu sein, die er als KZ bezeichnete.[34]

Radikal links erscheint der Telegrammtext »Faschist schaemen Sie sich = Becker«.[35] Ebenso das Schreiben (man beachte die grammatikalischen Fehler!) vom 29. Oktober 1985,

»Lieber Gerhard, ich rate Dir dringend hetze nicht so auf die Kommunisten. Dieser Ungerechtigkeitsstaat der, es kann ja nicht anders kommen, in nicht allzu ferner Zeit von einem Gerechtigkeitsstaat abgelöst wird, werden Sie [sic!] Dich sicher in Stücke zerreißen. Weißt Du, lieber Gerhard, bei den unteren Massen zieht Deine Hetzerei nicht mehr [...] Dein Gehetze zieht nur bei gewissen Halunken nicht bei der arbeitenden Bevölkerung. Mit Gruß Fritz.«[36]

31 Ohne Absender, ohne Datum; ACDP, NL Löwenthal, 01-763-094. Sprachliche Fehler und Rechtschreibschwächen im Original.

32 ACDP, NL Löwenthal, 01-763-011.

33 Postkarte, Poststempel Stuttgart, 27.7.1973; ACDP, NL Löwenthal, 01-763-011. Offenbar vom gleichen Autor mit ähnlichem Text ist eine Postkarte, Poststempel Ulm, 15.7.1973, archiviert.

34 Peter Nazar: Sehr geehrter Herr Löwenthal (Brief, in der Redaktion des *ZDF-Magazins* eingegangen am 4.9.1975); ACDP, NL Löwenthal, 01-763-008.

35 Ohne Datum; ACDP, NL Löwenthal, 01-763-094.

36 ACDP, NL Löwenthal, 01-763-094. Grammatikalische Fehler im Original.

Über eine *ZDF-Magazin*-Sendung vom 1. August 1973, in der Löwenthal Franz Josef Strauß zum Thema »Bundesverfassungsgerichtsurteil zum Grundlagenvertrag« interviewte, schrieb ein m.E. der radikalen Linken zuzurechnender Zuschauer:

»Zwei der schlimmsten Ganoven der BRD auf dem ZDF-Bildschirm, das kann nicht übersehen werden. Ganove Strauß im Gespräch mit dem Ganoven Löwenthal, der Gipfel von Demagogie und Volksverhetzung. Wir sind ja von Ihnen einiges gewohnt an üblen Verleumdungen, Unterstellungen und sonstigen Gemeinheiten. Ich möchte noch erleben, daß Sie und Ihre Genossen am wohlverdienten Galgen hängen. Wir werden sehr aufpassen, daß Sie und Ihresgleichen sich in der Stunde der Gefahr nicht absetzen können. Sie sind einer der Totengräber der jungen Demokratie, Die [sic!] sogen. freiheitlich-demokratische Grundordnung ist für Sie nur eine Farce.«[37]

Derartige Beleidigungen und Drohungen beschränkten sich aber nicht nur auf die frühen Jahre des *ZDF-Magazins*, als Gerhard Löwenthal wöchentlich auf dem Bildschirm erschien. In seinem Nachlass ist eine Karte vom 10. Juni 1987 vorhanden mit dem Text: »Als größtes Schwein im deutschem Land ist Löwenthal doch längst bekannt«. Unterzeichnet mit »Abt. Gaskammer«.[38]

Wer waren die Urheber der Droh- und Hassbriefe? Anhänger des Nationalsozialismus? Palästinenser? M.E. stammten manche Schreiben von antisemitischen, rechtsextremistischen Personen, denen ein Jude als Fernsehmoderator zu politischen Themen ein Dorn im Auge war, ganz egal, was er sagte. Für solche Personen war ein jüdischer Deutscher kein Deutscher und hatte aus Deutschland zu verschwinden. Andere stammten möglicherweise von der DDR-Staatssicherheit, dem KGB oder »befreundeten Diensten« aus den Warschauer-Pakt-Staaten, wobei der rechtsextremistische Ton aus Gründen der Irreführung und der Emotionalisierung zugleich gewählt wurde. Mit anderen Worten: Es sollte ein NS-Potential in der Bundesrepublik vorgetäuscht werden, und es war zu erwarten, dass ein ehemals NS-Verfolgter unter diesen Hasstiraden besonders leiden würde.

Bis zu 30 anonyme Anrufe und Drohungen am Telefon waren an der Tagesordnung, so dass Löwenthal auf Ratschlag des Landeskriminalamts und des polizeilichen Staatsschutzes Wiesbaden das zuständige Fernmeldeamt am 1. Juli 1975 um eine neue geheime Telefonnummer bat.[39]

37 Tup.: [An] Gerhard Löwenthal, Oberhetzer; ACDP, NL Löwenthal, 01-763-011.
38 ACDP, NL Löwenthal, 01-763-050.
39 Vgl. Brief Löwenthals an das Fernmeldeamt; ACDP, NL Löwenthal, 01-763-008.

Demgegenüber blieb sein Stellvertreter Fritz Schenk ebenso wie fast alle der einzelnen Redakteure des Magazins von Gewalt oder Gewaltdrohungen verschont.[40] Das lag an der exponierten Stellung Löwenthals, der die Redaktion leitete, bis 1971 alleiniger Moderator war und nach 1971 durch die allermeisten Sendungen führte; er verkörperte das Magazin, zog damit die Wut der Gegner ebenso wie die Zustimmung der Anhänger auf sich; der *Spiegel* setzte sich in einem langen Text mit ihm kampfschriftartig auseinander; während Schenk bei weitem nicht seinen Bekanntheitsgrad erreicht haben dürfte, von den Autoren der einzelnen Beiträge ganz zu schweigen. Lediglich der Redakteur Vladimir Vesely war bedroht: Das tschechoslowakische Fernsehen nannte ihn 1977 einen Spion und zeigte, außer seinem Wohnsitz, eine Lageskizze seiner Wohnung.[41] Was nichts anderes bedeutete, als dass der KGB oder der CSSR-Geheimdienst ihn einschüchtern wollten. Löwenthal sei, so heißt es weiter, wie Vesely von einer Filiale der CIA in Westdeutschland gelenkt.

Geheimdienstmaßnahmen

Plante die DDR-Staatssicherheit, Löwenthal zu ermorden, weil er als einer der wenigen Journalisten deren Menschenrechtsverletzungen permanent anprangerte? Nach Angaben Löwenthals schimpfte Staatssicherheitsminister Erich Mielke immer wieder am Tag nach der Ausstrahlung des *ZDF-Magazins*, »Wieso gibt's den Löwenthal überhaupt noch?«, oder: »Der Kerl muß weg«[42]. Der ZDF-Journalist Christhard Läpple erstellte 2004 bis 2006 einen zweiteiligen Fernsehfilm über die Maßnahmen der Stasi, das als »Feindzentrale« deklarierte Zweite Deutsche Fernsehen auszuspionieren. Den Beweis für einen Mordplan fand er nicht.[43]

Löwenthal war wegen seiner Tätigkeit als politischer Journalist beim RIAS nach Ausbruch des Kalten Krieges, mehr noch nach Errichtung des Ministeriums für Staatssicherheit im Februar 1950, ein »Feindobjekt«: zumal er sich mit dem Hochschulfunk und der Funk-Universität gezielt an die Hörer in der SBZ wandte. Mit Datum vom 1. Februar 1971 und vom 8. März des gleichen Jahres stellte die Stasi nachgewiesene »Überprüfungen« Löwenthals an, die keine im Kalten Krieg verwertbaren Ergebnisse

40 Vgl. Stefan Winckler: Ein »Widerstandsnest« im öffentlich-rechtlichen Fernsehen, (wie Anm. 18, S. 138), Aussage von Schenk auf S. 219.

41 Vgl. Protokoll der Fernsehsendung (übersetzt ins Deutsche) vom 9.1.1977; ACDP, 01-763-008.

42 Lothar Heinke: Operation Bagage, in: *Tagesspiegel*, 16.11.2006. Online im Internet: www.tagesspiegel.de/medien/operation-bagage/775308.html.

43 Vgl. Michael Hanfeld/Thomas Purschke: ZDF-Film *Die Feindzentrale*. Sollte Löwenthal sterben?, in: FAZ, 58. Jg. (2006), 13.11.2006 (Nr. 243), S. 38.

erbrachten.[44] In den Jahren 1975 bis 1979[45] recherchierte die Stasi, Hauptabteilung IX auf Befehl von Markus Wolf erneut über Löwenthals Leben: in der Hoffnung, sie fände Belege über eine Verwicklung in das nationalsozialistische Herrschaftssystem, insbesondere über eine Zusammenarbeit mit der Gestapo.[46] Diese Verleumdungsmethode wandte die Stasi nicht zum ersten Mal an: Schon 1959 versuchte die »Hauptverwaltung Aufklärung«, aus Willy Brandt einen ehemaligen Gestapo-Zuträger in Oslo zu machen.[47] Anlass dürfte die Kritik Löwenthals (und seiner Mitarbeiter) an der restriktiven Ausreise- und Grenzpolitik der DDR gewesen sein. Zwar stieß das MfS auf verschiedene Fragebögen, die Löwenthal 1945 und 1946 ausfüllte, seinen Lebenslauf in mehrfacher Ausfertigung, sein Abiturzeugnis und seine Immatrikulationsunterlagen. Alle Personen aus Löwenthals seinerzeitiger Umgebung wurden aufgelistet. Eine Unterstützung der NS-Verfolgungsorgane ergab sich aus den gefundenen umfangreichen Archivakten und Personenbefragungen nicht; vielmehr fand die aus 14 Offizieren bestehende Arbeitsgruppe Löwenthals Angaben im Fragebogen vom 30. Oktober 1945 (denen zufolge ihn der Magistrat als Opfer des Faschismus amtlich anerkannt hatte) bestätigt. Nachfolgend verbreitete, wie Markus Wolf in einem Brief an Minister Erich Mielke darlegte, die Stasi im September 1975 eine Broschüre unter dem Titel *Tatort ZDF-Studio Löwenthal* in der Reihe *Pressedienst demokratische Initiative*, Bd. 21. Herausgeber dieser Reihe war Kurt Hirsch, den die Stasi unter dem Namen IM Helm führte, und der zahlreiche weitere Stasi-Elaborate über konservative oder rechte und rechtsextreme Personen in der Bundesrepublik Deutschland verbreitete.

Von der Stasi geplant, aber offenbar nicht ausgeführt, war die Fälschung eines anonymen Briefs an Hellmuth Nitsche, den Vorsitzenden der Gesellschaft für Menschenrechte, um dessen Verhältnis zu Löwenthal zu belasten.[48] Die Idee, ein gefälsch-

44 Vgl. (Ministerium für Staatssicherheit, ohne Namensnennung): Löwenthal, Gerhard/kein Material vorhanden. BStU 000084. Kopie BStU AR 8; Privatarchiv Dr. Ingeborg Löwenthal, Ordner GL Stasi.

45 Vgl. Hauptabteilung IX/11 (des MfS, Unterschrift Major Stiebert): Auskunftsbericht zu dem Fernsehkommentator des ZDF Gerhard Löwenthal. MfS-HA IX/11 PA 3472 Bd.2 (Teil4). Kopie BStU AR 8, Bl. 000035; Privatarchiv Dr. Ingeborg Löwenthal, Ordner Stasi G.L.; Hauptabteilung IX: Information zur erneuten Überprüfung der Vergangenheit des Fernsehkommentators Löwenthal, Gerhard Willy, geb. am 8. 12.1922 in Berlin, sowie des Verhaltens seiner Eltern und seines Bruders während der Zeit des Faschismus (Datum: 16.9.1987, ohne Unterschrift). Kopie BStU AR 8, BStU 000001. Archiv der Zentralstelle, MfS-HA IX/11, PA 3472, Bd.4 (Teil V/1); Privatarchiv Dr. Ingeborg Löwenthal, Ordner GL Stasi.

46 Vgl. Oberstleutnant Stolze: Aktenvermerk vom 7.8.1975. MfS-HA IX/11 PA 3472 Bd. 2 (Teol 4). Kopie BStU, AR 8, Bl. 000002; Privatarchiv Dr. Ingeborg Löwenthal, Ordner GL, Stasi.

47 Vgl. Henry Leide: NS-Verbrecher und Staatssicherheit. Die geheime Vergangenheitspolitik der DDR (Analysen und Dokumente, Bd. 28). Göttingen: Vandenhoeck & Ruprecht, [2]2006, S. 409.

48 Vgl. Oberstleutnant Dieter Skiba: Hauptabteilung IX/11: Aktenvermerk vom 9.9.1987. MfS-HA IX/11 PA 3472 Bd. 4 (Teil V/1). Kopie BStU AR 8, Bl. 3 ff.; www.amazon.co.uk/Tatort-ZDF-Studio-Lowenthal-Dokumentation-Schriftenreihe/dp/3872943219.

tes Dokument im westlichen Teil Berlins zu lancieren, das Löwenthal als Gestapo-Spitzel bloßstellen sollte, verwirklichte das MfS offenbar nicht. Allerdings wurde das 24-seitige Anti-Löwenthal-Pamphlet[49] *Leben und Legenden des Gerhard Löwenthal*, verfaßt von einem anonymen Staatsbediensteten der DDR (verantwortlich: der HVA-Offizier Jaepel), 1987 zunächst zum MfS-internen Gebrauch verfasst. Löwenthal habe falsche Angaben zu seiner Verfolgung im Dritten Reich gemacht und arbeite heute für westliche Geheimdienste, so dessen Inhalt. Er sei unglaubwürdig. Typisch für totalitäre Systeme ist die dort vordringlich behandelte Frage, wer »hinter ihm« stehe: Trotz zahlreicher falscher Behauptungen sowie hohen Recherche- und Gerichtskosten könne er sich weiterhin im ZDF halten; das ginge freilich nur dank Geheimdienstunterstützung.[50] Die 2003 veröffentlichte These des Mitarbeiters der Birthler-Behörde Henry Leide, jene Schrift sei nicht veröffentlicht worden, war demnach falsch: Der Anti-Löwenthal-Artikel gelangte an verschiedene Redaktionen und ist im Nachlass Löwenthals im ACDP, Sankt Augustin, archiviert. Die Hetzschrift stimmte inhaltlich sehr stark mit den Aussagen einer tschechoslowakischen Fernsehsendung von 1973 überein. An vielen Stellen zitiert die Streitschrift des Weiteren aus den sehr umfangreichen Anti-Löwenthal-Artikeln des *Spiegel* vom 15. November 1972 und *Konkret* vom 18. Oktober 1973[51] (letzteren verwendete die Stasi, wie aus den Korrespondenzen der MfS-Offiziere hervorgeht, für ihre Zwecke). Briefbombenanschläge waren im Gespräch, die der Staatssicherheitsdienst jedoch nicht umsetzte, denn der Verdacht wäre wohl allzu schnell auf die »Normannenstraße« gefallen. Möglicherweise befürchteten die MfS-Offiziere, Löwenthal werde sie von seinen Sekretärinnen öffnen lassen.

Ein weiterer Auftrag zum Ausspionieren ist anhand einer Karteikarte[52] aus dem MfS mit Datum vom 12. Dezember 1984 nachgewiesen. Zwischenzeitlich sammelte die Stasi aber Informationen über Vereine, denen Löwenthal angehörte, wie die Kon-

49 Anonymer Staatsbediensteter der DDR: Leben und Legenden des Gerhard Löwenthal. Ein Fernsehmoderator im Zwielicht; ACDP, NL Löwenthal, 01-763-008, und: MfS-HA IX/11 PA 3472 Bd4 (Teil V/1). Kopie BStU AR 8, Bl. 000106-130; Privatarchiv Dr. Ingeborg Löwenthal. »Vermerk: Die beiliegende Dokumentation ›Leben und Legenden des Gerhard Löwenthal‹ wurde am 14.9.1987 vom Genossen Jaepel, HVA/X der HA IX/11 zu Kenntnisnahme und zum Verbleib übergeben« (ebd). Dabei handelt es sich um den Diplom-Juristen (Juristische Hochschule des MfS in Potsdam) Günter Jaepel.

50 Vgl. Henry Leide: Der schmutzige Antifaschismus der Stasi. Wie Markus Wolf und sein Dienst Gerhard Löwenthal mit gefälschten Dokumenten zum Spitzel der Gestapo machen wollten, in: *Frankfurter Allgemeine Sonntagszeitung*, 19.1.2003, Nr. 3, S. 5.

51 ACDP, NL Löwenthal, 01-763-021.

52 Vgl. Rechercheaufträge 100 101 und 103/84-ZPDB, in: ZKG/VSH-I, BStU-Kopie; Privatarchiv Dr. Ingeborg Löwenthal, Ordner GL, Stasi. (ZKG=Zentrale Koordinierungsgruppe Flucht, Übersiedlung. Hier ging es höchstwahrscheinlich um Löwenthals Aktivität im Verein *Hilferufe von drüben*, der sich alljährlich im Dezember mit neu angekommenen Übersiedlern traf.

servative Aktion und die Gesellschaft für Menschenrechte, so dass sein Name immer wieder in die Akten des MfS gelangte.[53]

Ein erneuter Versuch, belastendes Material über Löwenthal aus der NS-Zeit zu erlangen, ist anhand von MfS-Aktenvermerken vom September 1987 nachgewiesen[54] und steht möglicherweise im Zusammenhang mit Löwenthals Kritik an Erich Honeckers Besuch in der Bundesrepublik. Dass Stasi-Offiziere die Verabschiedung ihres »Staatsfeinds Nr. 1« vom Bildschirm mit Sekt feierten, wie der ehemalige MfS-Offizier Günter Bohnsack später ausgesagt hat,[55] kann wohl niemanden überraschen. Grundsätzlich galt aber für das Ministerium für Staatssicherheit: »Richtig los werden wir den Löwenthal nie. Der wird vermutlich bis zum letzten Atemzug um sich hauen.«[56] Wenn damit sein Engagement als freier Journalist, Vortragsredner und Vereins-Aktiver gemeint war, traf die Prognose zu.

Die Stasi-Akten über Löwenthal – er selbst schätzte ihren Umfang auf 30.000 Seiten – waren nach der friedlichen Revolution zunächst nicht aufzufinden, abgesehen von 17 Karteikarten. Viele aussagekräftige Unterlagen der HVA waren von MfS-Bediensteten im Herbst 1989 vernichtet worden. In Moskau befänden sich Kopien, vermutete Löwenthal wohl zu Recht.[57] Seine Bitte an Helmut Kohl, er möge sich für ihre Rückgabe einsetzen, blieb vergeblich.[58] Dass derart viel über Löwenthal zusammengetragen wurde, erscheint zunächst unglaublich. Allerdings könnten Mitschriften der Rundfunk- und Fernsehsendungen, Telefon- und Beobachtungsprotokolle tatsächlich einen derartigen Umfang erreicht haben, insbesondere, wenn die Spitzelprotokolle über Löwenthals Vereinstätigkeiten mitgerechnet werden. Nachdem die Witwe Inge-

53 Vgl. Karteikarte ohne Nummerierung oder Zuordnung, mit Angaben über KA, HvD, GfM, SV, VP, GD. BStU-Kopie, Privatarchiv Dr. Ingeborg Löwenthal, Ordner GL, Stasi.

54 Vgl. Hauptabteilung IX: Information zur erneuten Überprüfung der Vergangenheit des Fernsehkommentators Löwenthal, Gerhard Willy, geb. am 8. 12.1922 in Berlin, sowie des Verhaltens seiner Eltern und seines Bruders während der Zeit des Faschismus (Datum: 16.9.1987, ohne Unterschrift). Kopie BStU AR 8, Bl. 000001. Archiv der Zentralstelle, MfS-HA IX/11, PA 3472, Bd.4 (Teil V/1); Privatarchiv Dr. Ingeborg Löwenthal, Ordner GL Stasi. Oberst Stolze, Hauptabteilung IX/11: Aktenvermerk. Absprache beim Genossen Generalmajor Fister, 4.12.1987. Kopie BStU AR 8, Bl. 000008, sowie Oberstleutnant Dieter Skiba, Hauptabteilung IX/11: Aktenvermerk. Beide im Archiv der Zentralstelle, MfS-HA IX/11, PA 3472, Bd.4 (Teil V/1). BStU-Kopie, Bl. 000003; Privatarchiv Dr. Ingeborg Löwenthal, Ordner GL, Stasi.

55 Vgl. Andreas Förster: In eigener Sache. Die Stasi und das ZDF - ein sehenswerter Film zu nachtschlafender Zeit, in: *Berliner Zeitung*, 16.11.2006. Online im Internet: www.berlinonline.de/ berliner-zeitung/archiv/.bin/dump.fcgi/2006/1116/media/0008/index.html.

56 N.N.: Wir sind ich ihn los! Sind wir ihn los? (im MfS entstandener Aufsatz von 1981). MfS-HA IX/11. PA 3472, Bd. 1 (Teil 1–3). Kopie BStU AR 8, Bl. 000128–139, ; Privatarchiv Dr. Ingeborg Löwenthal, Ordner GL Stasi.

57 Gegenüber Ingeborg Löwenthal bestätigte Birthler, dass sich Akten über Löwenthal in Moskau befänden (Mitteilung von Ingeborg Löwenthal vom 8.11.2008).

58 Vgl. Helmut Matthies: Gerhard Löwenthal zum 75. Geburtstag (Interview), in: *Neues Bülacher Tagblatt*, 21.1.1998; ACDP, NL Löwenthal, 01-763-100.

borg Löwenthal Anfang 2003 einen neuen Antrag auf Verwendung von Stasi-Unterlagen ihres mittlerweile verstorbenen Mannes stellte, fanden sich lediglich drei Deckblätter und 239 Seiten.[59] Wie stark die DDR-Staatssicherheit in Gerhard Löwenthal den Feind wähnte, wird anhand eines Satzes von Generaloberst Markus Wolf, dem langjährigen Leiter der DDR-Hauptverwaltung Aufklärung, deutlich. Im Jahr 1991 erklärte er, er hasse Löwenthal. Dieser sei der »einzige Mensch«, bei dem er »nicht ruhig bleiben« könne.[60]

Ebenso wie das Ministerium für Staatssicherheit sah Karl-Eduard von Schnitzler (SED) in Löwenthal einen bekämpfenswerten Feind. Er, der Leiter der DDR-Fernsehreihe *Der schwarze Kanal*, erwähnte Löwenthal laut der Datenbank des Deutschen Rundfunk-Archivs in insgesamt 103 Sendungen, erstmals am 25. Dezember 1967, letztmals am 25. September 1989. Ein typischer Text Schnitzlers liest sich wie folgt:

»Herr Löwenthal vermag offenbar keinen richtigen Satz herauszubringen. Was da in Erfurt war und in Kassel sein wird [Treffen Brandt-Stoph] war natürlich weder ›innerdeutsch‹, noch ein ›Dialog‹. Es waren und sind Gespräche zwischen den Vertretern zweier selbständiger souveräner Staaten. Diese Einsicht muß natürlich einem Mann schwer fallen, der seine dümmliche Frechheit und sein ›Wissen‹ teils in der Offiziersmesse der Bundeswehr gelernt, teils im Wahlkampf erworben hat, in dessen Verlauf er als CDU-Bundestagskandidat durchgefallen ist. Dieser Löwenthal hat also schon vor Conrad Ahlers die ›unzivilisierte DDR‹ entdeckt. Und an unverschämten Verdrehungskünsten stehen die beiden einander mitnichten nach.«[61]

Gewalt gegen Löwenthal

Gewalt gegen Löwenthal gab es in erheblichem Umfang von Kommunisten an den westdeutschen Universitäten, aber (wohl) nicht direkt durch hauptamtliche Staatssicherheitsmitarbeiter. Die Gegnerschaft zu Löwenthal erschöpfte sich für Linksextre-

59 Vgl. Schreiben Dr. Volker Höffer, Außenstelle Rostock der BStU, an Dr. Ingeborg Löwenthal, 6.2.2004.

60 Markus Wolf in der Illustrierten *Bunte* am 26.9.1991; ACDP, NL Löwenthal, 01-763-077.

61 Löwenthal war nie CDU-Bundestagskandidat – 1969 wäre er schon aus Termingründen nicht dazu fähig gewesen, und zuvor war er in Berlin, Paris und Brüssel außerhalb Westdeutschlands. Da Löwenthal weder Offizier war noch ein von Bundeswehroffizieren durchgeführtes Schulungsprogramm durchlaufen hat, haben wir es mit zwei unzutreffenden Behauptungen Schnitzlers in einem Satz zu tun. Das Zitat ist ein Auszug aus der Sendung des *Schwarzen Kanals* vom 18.5.1970. Siehe: www.sk.dra.de/grape/Seite 6.htm, Signatur:E001-00-01_0002071. Die Sendeprotokolle von Karl-Eduard von Schnitzlers *Schwarzem Kanal* sind vollständig auf den oben genannten Internetseiten des Deutschen Rundfunkarchivs veröffentlicht.

misten nicht in Sprüchen wie »Die Milch wird sauer, das Bier wird schal, im Fernsehen spricht der Löwenthal«[62] (eine Liedzeile der DKP-nahen Agitationsgruppe Floh de Cologne), oder dem Ärger von Fernsehzuschauern über Aussagen in den Moderationen Löwenthals. Tatsächlich kam es immer wieder zur Gewaltanwendung, wenn Löwenthal dort auftrat, wo linksextremistische Gruppen aus politischen Gegnern Feinde machten, die sie zumindest mit Sprechchören und Trillerpfeifen zu unterdrücken versuchten: vor allem, aber nicht nur, an den Universitäten. Löwenthal war für sie wegen seiner Kritik am Linksextremismus und seiner Skepsis gegenüber der Ostpolitik ein regelrechtes Hassobjekt.

Am 7. Dezember 1972 ohrfeigte der Bremer Student Horst Wesemann Gerhard Löwenthal: Der Fernsehmoderator hatte gerade ein Lokal in der Wiesbadener Innenstadt verlassen, das der *Spiegel* in seiner Ausgabe Nr. 44/1972 als den feierabendlichen Treffpunkt Löwenthals mit den Magazinredakteuren aufgeführt hatte. Es gelang Löwenthal, den Täter festzuhalten, bis die Polizei am Tatort erschien. Vor Gericht in Wiesbaden erklärte der 24-jährige, er habe in Notwehr gehandelt, denn der Magazinleiter rufe »ungestraft zur Lynchjustiz auf« und betreibe »gemeingefährliche Hetze«. Der »kriminellen Springer-Löwenthal-Bande« sei jedes Mittel zur antikommunistischen Kampagne recht. Darüber hinaus warf der Angeklagte dem Fernsehmoderator vor, dieser habe »gedungene Schlägertrupps« gefilmt, um den linken Studenten »roten Terror« an der Heidelberger Universität vorzuwerfen. Der mitangeklagte Freund Wesemanns, Gerhard Krum, nannte Löwenthal eine »Drecksau«, neben die er sich nicht setze. Zuschauer beschimpften Löwenthal unter anderem als »Kriminellen« und weigerten sich, bei Vereidigung und Urteilsverkündung aufzustehen. Der Verteidiger Wesemanns, Helmut Riedel, warf Löwenthal vor, er missbrauche durch Hetze die Demokratie, und dagegen sei eine Ohrfeige das »adäquate Mittel«. Der Staatsanwalt argumentierte, mit der Ohrfeige sei die »Demokratie geschlagen« worden und forderte 400 Mark Geldstrafe. Die Richterin Petra Unger sah keine »Rechtfertigungsgründe«. Einem ihr zugeschriebenen Zitat, die »Erregung« des Angeklagten sei verständlich, und außerdem habe der »Fernsehzuschauer nicht viel andere Möglichkeiten, sein Mißfallen an den Sendungen des Herrn Löwenthal auszudrücken«, widersprach sie in einer Gegendarstellung. Sie verurteilte Wesemann zu 150 Mark Geldstrafe und sprach Gerhard Krum frei.[63]

62 Floh de Cologne: Der Löwenthaler (DKP-Flugblatt); Unternehmensarchiv des ZDF, Zeitungsausschnittsammlung 6.1./1 Löwenthal 1972.

63 Vgl. die Berichterstattung in: *Allgemeine Zeitung* (Mainz), 5.2.1974; *Stuttgarter Nachrichten*, 5.2.1974, *Heidelberger Tageblatt*, 5.2.1974, *Saarbrücker Zeitung*, 6.3.1974. Alle im ACDP, NL Löwenthal, 01-763-024.

Auf einer Kundgebung im Vorfeld der hessischen Landtagswahl am 29. August 1974 mit Löwenthal als Redner in Darmstadt kam es zu Krawallen. Demonstranten warfen Stühle gegen die Bühne, auf der Löwenthal stand und versuchten ihn am Reden durch das Absingen der Internationale zu hindern. Löwenthal musste aufgeben. Veranstalter war die Bürgerinitiative für freiheitliche Ordnung, die Teilnehmerzahl belief sich auf 600. Das Darmstädter Amtsgericht verurteilte einen der Werfer zu einer Geldstrafe von 200 Mark. Dieser rechtfertigte vor etwa hundert anwesenden Gesinnungsgenossen auf den Zuhörerbänken die Tat: Es müsse erlaubt sein, öffentliche Auftritte eines Mannes wie Löwenthal zu verhindern. Der zuständige Einzelrichter Roger Schramm erklärte, »es sei rechtens, sich gegen Figuren wie Löwenthal zu wehren«, aber es komme auf die Mittel an. Diese Äußerung stieß nicht nur auf heftigen Widerspruch der CDU-Fraktion im Hessischen Landtag (namentlich Friedrich Bohl als justizpolitischer Sprecher) und des CDU-Bundestagsabgeordneten Gerhard Pfeffermann (Darmstadt), sondern zog eine Presseerklärung von 13 Richtern des Amtsgerichts Frankfurt nach sich, die die Äußerung Schramms als Beleidigung Löwenthals und damit als unvereinbar mit dem Richteramt ansahen.[64]

Anlässlich der Mai-Kundgebung des Christlichen Gewerkschaftsbundes (CGB) in Bensheim/Bergstraße mit Löwenthal als Festredner 1980 störten etwa 30 Jugendliche die Veranstaltung mit Sprechchören »Nieder mit der Spaltergewerkschaft« und Buh-Rufen. Löwenthal reagierte darauf nicht nur mit konservativen Standard-Sprüchen, um seine Anhänger samt der neutralen Zuhörer hinter sich zu scharen (»Ihr bestreitet doch alles, nur nicht euren eigenen Lebensunterhalt«). Vielmehr setzte er, der seine Rede unterbrechen musste, die weiterhin lautstarken Gegner mit denjenigen gleich, die ihn in den dreißiger Jahren in Berlin verprügelt hatten: »Das ist die Hitlerjugend von heute.« Ordner des CGB und Polizisten entfernten recht bald die Demonstranten. Nach Ende der Kundgebung betonten die Gegner Löwenthals, sie seien alle Mitglieder des DGB.[65]

Rednerauftritte Löwenthals an Universitäten arteten häufig in Beschimpfungen seitens linksradikaler Studenten aus (so Oktober 1973 in Aachen, wo ihn der Ost-

64 Vgl. zur Veranstaltung selbst dpa-Meldung: »Löwenthal kapitulierte« vor den Demonstranten in Darmstadt, 29.8.1974. Zu Richter Schramm siehe Berichterstattung u. a. im *Darmstädter Echo, Abendpost, Wiesbadener Tagblatt, Offenbach Post, Fuldaer Zeitung, Hanauer Anzeiger, Wetzlarer Neue Presse, Hessische Allgemeine* am 20/21./22.5.1975; ACDP, NL Löwenthal, 01-763-024.

65 Vgl. N.N.: Tumulte bei Löwenthal. Polizei mußte eingreifen, in: *Südhessische Post*, 2.5.1980; Krawalle bei Löwenthal-Rede. Christlicher Gewerkschaftsbund hatte eingeladen, in: *Darmstädter Echo*, 3.5.1980; hil: »Gewerkschaften sind kommunistisch unterwandert«. Tumulte gestern Nachmittag bei CGB-Veranstaltung in Bensheim, in: *Odenwälder Zeitung*, 2.5.1980; »DGB unterwandert«. Tumult bei der Löwenthal-Kundgebung im Bensheimer Bürgerhaus/ gegen die Koalition gewettert, in: *Bergsträßer Anzeiger*, 3.5.1980. Alle Zeitungsbeiträge (ohne Seitenangabe) sind archiviert im ACDP, NL Löwenthal, 01-763-023.

politische Deutsche Studentenverband in den Festsaal der Katholischen Studentengemeinde geladen hatte: »Löwenthal ist fleißig für ein neues 33«, »Halt doch die Schnauze«).[66] Löwenthal war in jenen Jahren aber nicht das einzige Opfer derartiger Störungen, sondern befand sich in einer Reihe mit Politikern wie Helmut Kohl.

Ein Vierteljahr vor der Bundestagswahl 1980 ereigneten sich an der Universität in München schwere Krawalle, als Löwenthal auf Einladung des RCDS am 25. Juni vor insgesamt 700 Teilnehmern einen Vortrag über *Entspannung – Realität oder Illusion* hielt – oder zu halten versuchte. Etwa 300 Angehörige der K-Gruppen waren es, die mit Trillerpfeifen und Sprechchören, Eiern und Buttersäure-Stinkbomben Löwenthal daran hinderten, zu allen Zuhörern durchzudringen. Dabei beschimpften ihn Linksextremisten als »Nazi«. Löwenthal fühlte sich angesichts dieses Extremismus an Hitlers Herrschaft erinnert: »Das sind die dieselben Methoden und ich sehe dieselben Physiognomien wie damals zurzeit der Nationalsozialisten.« Als sich Löwenthal mit interessierten Hörern in einen kleineren Saal zurückzog, kam es zu Schlägereien zwischen Linksextremisten und RCDS-Ordnern.[67]

Eine Veranstaltung des Rings Freiheitlicher Studenten an der Universität Münster mit Ludek Pachman und Gerhard Löwenthal unter dem Titel *Moskaus Partisanen sind unter uns – die Strategie des Sowjetkommunismus* musste vorzeitig beendet werden. Etwa 350 eher sympathisierende Teilnehmer hatten Platz genommen, als hunderte Gegendemonstranten in den Saal eindrangen und die Redner mit Trillerpfeifen und Sprechchören am Vortrag zu hindern versuchten. Nach Abschluss stellte sich heraus, dass im gesamten Gebäude 20 Türschlösser sowie ein Tisch und ein Stuhl im Saal zerstört worden waren. Dort – und sinngemäß wohl auch in anderen Orten bei gleichartigen Vorfällen – rief Löwenthal: »Ihr gehört zu genau dem Pöbel, der mich unter den Nazis ins KZ gebracht hat und der jetzt Deutschland zerstören will.«[68]

Durch diese Antworten zeigte sich Löwenthal der Totalitarismustheorie verbunden, die Kommunisten wie Nationalsozialisten gleiche Wesensmerkmale – in diesem Falle das massive, gewaltsame Stören, Beleidigen und Unterdrücken des politischen Gegners – nachsagt (beispielsweise nannte er das Ministerium für Staatssicherheit der DDR die »rote Gestapo«[69]). Was Löwenthal angeht, so hat seine Aussage Gewicht, da

66 Unabhängige Hochschulgruppe [Aachen]: Ist Wahrheit machbar?; ACDP, NL Löwenthal, 01-763-011.

67 Vgl. Berichterstattung im *Münchner Merkur*, *Süddeutsche Zeitung*, *Welt*, *Bild*, *Abendzeitung* vom 26.6.1980. Flugblätter des MSB Spartakus und des RCDS. Alle archiviert: ACDP, NL Löwenthal, 01-763-023.

68 *Frankfurter Rundschau* vom 16.1.1982, sowie Berichterstattung in den *Westfälischen Nachrichten*, der *Münsterschen Zeitung* und der *Neuen Osnabrücker Zeitung* vom 15.1.1982, Leserbriefe dazu, sowie die Flugblätter des rfs und des MSB Spartakus; ACDP, NL Löwenthal, 01-763-023.

69 Abmoderation Obst; Unternehmensarchiv des ZDF, Bestand *ZDF-Magazin*, Ordner Nr. 43, Sendung vom 27.8.1980.

er unter Hitlers Herrschaft, wie er selbst sagte, nur durch Gottes Willen dem KZ-Tod entgangen war. Hier war sich Löwenthal mit dem Unions-Spitzenkandidaten Franz Josef Strauß weitgehend einig, der den seiner Ansicht nach aufgehetzten und herbei gekarrten Störern anlässlich einer Kundgebung in Essen entgegensetzte: »Ihr wärt die besten Schüler von Joseph Goebbels gewesen! [...] Ihr seid die besten Nazis, die es je gegeben hat.«[70]

In der Tat war Löwenthals NS-Vorwurf an Studenten, die ihn niederschrien oder gar Gewalt anwandten, nicht abwegig. In den frühen dreißiger Jahren waren es nationalsozialistische Studenten, die in eben jenen Formen – Stören, Umfunktionieren und Sprengen von Vorlesungen – gegen linke oder jüdische Dozenten vorgingen. Der Politikwissenschaftler Ernst Fraenkel, der dies ebenso explizit beim Namen nannte wie sein Kollege Richard Löwenthal, erwog wie auch der Philosoph Helmut Kuhn erneut eine Emigration.

Löwenthal erklärte rückblickend, er habe als einziger Konservativer an allen (namhaften) Universitäten geredet, »natürlich immer nur unter massivem Polizeischutz«, »tausend Brüllaffen« gegenüber. Aus dem bürgerlichen Lager hätte nur Heiner Geißler derartiges unternommen, jedoch weit seltener.[71]

Interaktion mit Kollegen

Wie reagierten andere politische Journalisten auf seine zunehmende Polarisierung im *ZDF-Magazin*? Während seiner Korrespondentenzeit in Brüssel und zuvor in Paris war das Verhältnis zwischen Löwenthal und den dort wirkenden Journalisten kollegial, nicht selten freundschaftlich. Seine Witwe nennt die Namen Günter Lukas (dpa), Elmar Mundt (WDR-Hörfunk) und Carl Erhardt (*Handelsblatt*).[72] Das gilt auch für Löwenthals Begegnungen mit Peter Merseburger, der bis Ende 1966 in der belgischen Hauptstadt für den *Spiegel* arbeitete und anschließend die Redaktionsleitung von *Panorama* übernahm. Die Auseinandersetzungen nach 1969 in der Bundesrepublik wandelten dieses Einvernehmen völlig. Dies lag insbesondere an den Mehrheitsverhältnissen im Bundestag, die die Bundesregierung Brandt/Scheel auf eine sehr schmale parlamentarische Grundlage stellten und eine entsprechende Nervosität des sozialliberalen Lagers mit sich brachte, vor allem, nachdem die Regierungsfraktionen von

70 Franz Josef Strauß: »Brüllhaufen, Rowdybanden«, in: *Die Zeit*, 35. Jg. (1979) Nr. 39 (ohne Seitenangabe). Online im Internet: www.zeit.de/1979/39/bruellhaufen-rowdybanden.html.
71 Löwenthal gegenüber Winckler, in: Winckler: Ein kritischer Journalist aus Berlin, S. 158f.
72 Aussage von Dr. Ingeborg Löwenthal am 1.8.2008.

Gerhard Löwenthal mit ZDF-Chefredakteur Reinhard Appel

1970 bis 1972 den Abgang von Gegnern Willy Brandts und seiner Ostpolitik zu verkraften hatten.

Im Zuge der politisch-publizistischen Auseinandersetzung um die Neue Ostpolitik im allgemeinen und die Darstellung der Ostpolitik durch Löwenthal im besonderen, und nicht zuletzt veranlasst durch die Beiträge über Henri Nannen im *ZDF-Magazin*, gingen einige Redakteure des ZDF in eine offene Konfrontation mit Gerhard Löwenthal.

Zunächst forderten im Dezember 1970, nach dem Streitgespräch Nannen-Löwenthal, 137 ZDF-Redakteure auf Antrag von Jochen Schweizer den Intendanten Karl Holzamer auf, den Namen des *ZDF-Magazins* zu ändern. Sie wollten vermeiden, dass das ZDF mit den politischen Meinungen Löwenthals identifiziert werde. Löwenthal verzichtete fortan auf seine Mitgliedschaft in der Vollversammlung der ZDF-Redakteure.[73] Den Redakteuren dürfte es zu einem erheblichen Teil nicht um die Form, sondern die Inhalte des *ZDF-Magazins* gegangen sein. Denn im Gegensatz zum

73 Vgl. Jürgen Blicker: (Ohne Überschrift), in: *FFM-Post. Mitteilungen und Informationen der überparteilichen Interessengemeinschaft Funk- und Fernsehmitgestaltung (FFM)*, Nr. 5/1971 (13.3.1971), S. 1.

häufig kolportierten Image des Zweiten Deutschen Fernsehens waren viele ZDF-Journalisten Anhänger oder Mitglieder der Sozialdemokratie, wie sich aus Wahlkampfaufrufen von ZDF-Bediensteten zugunsten von Willy Brandt 1972 entnehmen lässt. Die Magazin-Mannschaft selbst war in den ersten Jahren keineswegs politisch homogen. Für die Sendereihe arbeiteten festangestellte Magazin-Redakteure neben den Auslandskorrespondenten des ZDF und freien Mitarbeitern. Löwenthal hatte zum Auftakt des Magazins keinen der Redakteure, die Holzamer dorthin versetzte oder die er anschließend selbst heranholte, nach ihren politischen Einstellungen gefragt. Vielmehr entschied er anhand ihrer journalistischen Fähigkeiten.[74] So kann von einer einheitlichen politischen Stoßrichtung im ersten Magazinjahr, sei es gegen die DDR oder gegen die SPD, nicht die Rede sein. Im Februar 1971 entluden sich, zeitgleich übrigens mit ähnlichen Kontroversen beim *Spiegel*[75] die schon seit Monaten schwelenden Gegensätze in einem Streit um politische Äußerungen zweier *ZDF-Magazin*-Redakteure, die nicht etwa in einem Fernsehbeitrag oder einer schriftlichen Veröffentlichung, sondern in der Kantine gefallen waren. Dort hatte Redakteur Günter Ederer dem freien Mitarbeiter Helmut Kamphausen die Frage gestellt, für welche Vereinigung er sich »notfalls« (was immer dies bedeuten mag) entscheide: NPD oder Jusos. Kamphausen und Redakteur Hermann Kümhoff sollen der NPD den Vorzug gegeben haben. Kamphausen wies aber die Schilderung seines Kollegen Ekkehard Kuhn zurück, er (Kamphausen) habe in der NPD eine demokratische Partei gesehen. Einmal in Gang gekommen, spann sich die Debatte weiter um die Frage »Griechenland oder Sowjetunion?« (mit anderen Worten: rechte Militärjunta versus sozialistisch-totalitäre Kaderherrschaft). Kamphausen bevorzugte Griechenland, welches zwar autoritär regiert, aber als NATO-Land mit der Bundesrepublik verbündet war. Redakteur Günter Schubert, von Löwenthal und seinem Mitarbeiter Wolfgang Weinert als der »Kopf« der Rebellengruppen eingeschätzt, nutzte den möglicherweise gezielt herbeigeführten Disput zu einer wenig kollegialen Aufforderung: »Uns geht es darum, ob eine derartige politische Gesinnung, wie sie sich in den Äußerungen der Herren Kamphausen und Dr. Kümhoff offenbart, in dieser Redaktion vertretbar ist und wie Sie sich als Redaktionsleiter dazu stellen«. Löwenthal lehnte ab, weil er weder als Sympathisant der Rechtspartei noch als Gegner seiner Reporter Kümhoff und Kamphausen gelten wollte; im Übrigen hatte er an der Kantinendiskussion nicht teilgenommen.[76] Daraufhin verließen elf Redakteure demonstrativ die Konferenz. Um die Probleme zu beheben,

74 Vgl. Löwenthal, wiedergegeben in: Andreas H. R. Schmidt: *ZDF-Magazin*, (wie Anm. 16, S. 16), S. 92 f.

75 Vgl. p/sp: Streit beim *Spiegel* und im ZDF, in: *Hannoversche Allgemeine Zeitung*; Unternehmensarchiv des ZDF, Zeitungsausschnittsammlung 6.1./1 Löwenthal 1971.

76 Vgl. N.N.: Fernsehen/ZDF. Hundertprozentig korrekt, in: *Der Spiegel*, 25. Jahrgang (1971), Nr. 11.

schlugen die unzufriedenen Redakteure in einem Schreiben an Intendant Holzamer ein neues Redaktionsstatut vor: Löwenthal solle zwar Redaktionsleiter bleiben, aber es möge ihm ein zweiter Moderator und ein »Vermittler« zu den Redakteuren zur Seite gestellt werden. Holzamer sagte Veränderungen zu. Im Juni 1971 baten neun der 13 Magazin-Redakteure den Intendanten vergeblich um die zeitweilige Abordnung an einen anderen Arbeitsplatz innerhalb des ZDF, um dort ihre journalistische Kompetenz einzubringen, denn der »Gang der Dinge« sei »nicht mehr zu ertragen«. Löwenthal würge ihre Themenvorschläge brüsk ab (»das untergräbt den Rechtsstaat« sei seine häufige Erwiderung) oder konterkariere die Aussagen des Beitrags in seiner Moderation. So spiegelten die Sendungen nicht die Meinungsvielfalt in der Redaktion als vielmehr die Meinungen Löwenthals wider.[77] Löwenthal selbst berief sich auf sein Weisungsrecht, nach den erwünschten ausgiebigen Diskussionen über die zu sendenden Beiträge zu entscheiden, um sie rechtzeitig am Mittwochabend präsentieren zu können. Als Redaktionsleiter verantwortete er die Sendung und wurde durch seine Moderation von den Zuschauern mit ihr identifiziert. Den »Aufstand« der Redakteure sah er im Zusammenhang mit dem allgemeinen Verfall der Autoritäten[78] nach »1968«. Der Streit eskalierte, weil die Gruppe nicht nur intern, sondern auch extern in Erscheinung trat, indem sie Informationen aus dem Redaktionsalltag, soweit sie nicht schmeichelhaft für Löwenthal zu sein schienen, an politisch befreundete Kollegen wie Olaf Ihlau in der *Süddeutschen Zeitung* weiterreichte, die sie druckten. Damit verstießen sie gegen die dienstliche Verpflichtung, keine Redaktionsinterna in die Öffentlichkeit zu bringen. Intendant Holzamer kam dem Versetzungswunsch der Redakteure nicht nach. Andererseits sah er keine Möglichkeit, Löwenthal zu unterstützen. Löwenthal selbst erinnerte sich im Abstand von mehr als 20 Jahren, er habe die Mitarbeiter aus der Redaktion vergrault, indem er sie fortwährend auf Fehler in ihren Beitragsfilmen hinwies.[79]

77 Olaf Ihlau: »Wenn Holzamer nicht handelt, kommt es zum Kladderadatsch«, in: *Süddeutsche Zeitung*, 16.6.1971; N.N.: ZDF-Magazin. Im Mahlwerk, in: *Der Spiegel*, 26/1971, S. 143; A.G.: Putsch gegen Löwenthal beim ZDF, in: *Neue Ruhr-Zeitung* (Essen), 15.6.1971; Renate Schramm: Fernsehen. »Löwenthal ist ein hartes Stück Holz«, in: *Abendzeitung*, 15.6.1971; Olaf Ihlau: Moderator Löwenthal wird »Polit-Terror« vorgeworfen, in: *Süddeutsche Zeitung*, 2.7.1971; Reinhold Noll: ZDF-Intendant Holzamer muß sich bald entscheiden. Wer tritt neben Löwenthal?, in: *Mannheimer Morgen*, 22.6.1971. Olaf Ihlau: Holzamer weist Versetzungswunsch der »Magazin«-Redakteure ab, in: *Süddeutsche Zeitung*, 22.6.1971. Sämtliche aufgeführten Zeitungsbeiträge sind archiviert im ACDP, NL Löwenthal, 01-763-011. Zahlreiche Zeitungsartikel dazu auch im Unternehmensarchiv des ZDF, Zeitungsauschnittsammlung 6.1/1 Löwenthal, 1971 und ebd. 1972.

78 Vgl. Löwenthal, wiedergegeben in Andreas H. R. Schmidt, *ZDF-Magazin*, (wie Anm. 16, S. 16), S. 97.

79 Vgl. Löwenthal, in: Stefan Winckler, Ein kritischer Journalist aus Berlin, (wie Anm. 106, S. 56), S. 153 f.

Wie lässt sich die redaktionsinterne Opposition gegen Löwenthal charakterisieren? Weder in Alter, Ausbildung noch in parteipolitischer Präferenz war sie homogen. Günter Schubert, Jahrgang 1929, war promovierter Historiker. Günter Ederer, zehn Jahre jünger, war CDU-Mitglied und galt als links-katholisch, Knut Terjung, Jahrgang 1941, arbeitete wenig später als Pressesprecher der SPD sowie als Auslandskorrespondent und Leiter des ZDF-Landesstudios Hamburg. Persönliche Verletzungen mögen den Ausschlag gegeben haben, wenn es in den Redaktionssitzungen Streit gab und die Lautstärke nach oben schnellte. Als die Rebellen schließlich in andere Redaktionen versetzt worden waren, bemerkten sie – so Löwenthals Freund und Kollege Fritz Schenk – dass im *ZDF-Magazin* eine liberale, diskussionsfreudige Atmosphäre geherrscht hatte, während anderswo nachtragende Vorgesetzte und mobbende Kollegen das Redaktionsklima eintrübten. Neben diesen persönlichen Schwierigkeiten miteinander standen politische Meinungsänderungen. So suchte der damalige ZDF-Korrespondent in Warschau, Günther Schubert, Löwenthal 1980 auf, um im *ZDF-Magazin* seine Beiträge über die freie polnische Gewerkschaft Solidarnosc ausstrahlen zu lassen. Schubert hatte sich Löwenthals Einschätzung des »real existierenden Sozialismus« angenähert. Auch wenn sich weitere Magazinbeiträge von Löwenthals einstigen redaktionsinternen Gegnern nicht nachweisen lassen, sollen die ehemaligen »Rebellen« in späteren Jahren gelegentlich sogar Löwenthals vorweihnachtlichen Stammtisch besucht haben.[80] Ob Löwenthal wirklich so autoritär verfuhr, wie es seine redaktionsinternen Gegner behaupteten, erscheint zweifelhaft: Der Redakteur Hans-Joachim Peters, der Jahre später zum Magazin stieß und mit Löwenthal politisch grundsätzlich übereinstimmte, sprach 1985 nur von minimalen Eingriffen des Redaktionsleiters, die sich in Kürzungen und Textkorrekturen erschöpften: was m. E. exakt dem Redaktionsalltag auch in den Zeitungen entspricht. Löwenthal habe die redaktionelle Linie bestimmt, sich in jenem Rahmen aber sehr liberal verhalten: »Ich habe aber noch nie erlebt, dass einer meiner Filme nicht gesendet oder total verändert wurde.«[81]

Die Gründe für die redaktionsinternen Auseinandersetzungen dürften nicht zuletzt in dem für die Jahre 1969–71 charakteristischen Streben nach redaktioneller Mitbestimmung und der Schaffung von Redaktionsstatuten, die die Rechte der Redakteure gegenüber Chefredakteur und Intendant (in der Privatwirtschaft: Verleger) festschreiben, zu finden sein. Diese Forderung nach verbrieften Rechten und Ansprüchen konnte eine politische Redaktion wie jene des *ZDF-Magazin* nicht unberührt

80 Vgl. Fritz Schenk im Interview gegenüber Winckler, in: Stefan Winckler: Ein kritischer Journalist aus Berlin, (wie Anm. 106, S. 56), S. 164 f. Der Verfasser kann bestätigen, dort bei einer Geburtstagseinladung im Dezember 1997 dem Ex-Redakteur Wolfram Pabel begegnet zu sein.

81 Peters-Zitat in Schmidt, *ZDF-Magazin*, S. 100.

lassen. Tatsächlich kam es zum 1. Dezember 1972 zu *Grundregeln für die Zusammenarbeit im ZDF*[82], die die Rechte der Mitarbeiter gegenüber den Vorgesetzten präzisierten und zu denen der Streit um und mit Löwenthal m.E. beigetragen hatte.

Löwenthal wehrte sich gegen Gustav Trampes (ZDF-Studio Bonn) Berufung als zweiten Moderator, während den Redakteuren eine »Beförderung« von Löwenthals Ablaufregisseur Wolfgang Weinert zum Co-Moderator nicht genehm war. Löwenthal setzte schließlich Fritz Schenk, einen freien Journalisten mit SPD-Parteibuch, durch. Schenk (1930–2006), stimmte weitgehend mit Löwenthals politischen Einstellungen überein, vor allem in Fragen der Deutschland- und Ostpolitik. Er sah die SPD in einem Wandlungsprozess zuungunsten der ursprünglichen anti-totalitären Linie, mit anderen Worten: in einem Linksruck. Schenk moderierte erstmals am 1. Dezember 1971 eine Sendung des *ZDF-Magazins*, blieb bis 1987 zweiter Moderator und folgte Löwenthal zur Jahreswende 1987/88 als moderierender Redaktionsleiter nach. Er trat 1972 aus der SPD aus, nachdem die Partei seine ablehnende Haltung zur Neuen Ostpolitik nicht mehr toleriert hatte.

Die Redaktions-Rebellen verließen die Redaktion, und fortan blieben bis zu Löwenthals Verabschiedung 1987 nennenswerte Streitigkeiten aus.

Im Bundestagswahljahr 1972 ergaben sich Meinungsverschiedenheiten mit seinem direkten Vorgesetzten Rudolf Woller, der im Jahr zuvor Wolf Dietrich als ZDF-Chefredakteur nachgefolgt war. Anlässlich einer um acht Minuten »überzogenen« Sendezeit und eines als »mißlungen« angesehenen Interviews, rügte Woller Löwenthal nicht etwa wegen dessen Überzeugungen, sondern wegen der Form, in der Löwenthal seine politischen Inhalte ausspreche: Er vernachlässige »elementarste redaktionelle Regeln«. Woller schrieb weiter, er sei »sogar mit vielen Zuschauern und Kollegen gleicher Denkart darin einig, daß Sie [Löwenthal] aufgrund sehr undifferenzierter journalistischer Arbeit wenig dazu beitragen, möglicherweise für Ihre Meinung zu gewinnende Gruppen aus dem Potential der politischen Mitte zu überzeugen. Vielleicht kommt dies daher, weil Sie in zunehmendem Maße aus der Rolle des Meinungsjournalisten in die Rolle des agierenden – und manchmal auch agitierenden – Politikers übergewechselt sind«. Dies schrieb kein politischer Gegner, sondern ein CDU-Mitglied. Eine Antwort Löwenthals ist nicht archiviert. Jedenfalls wird aus Wollers Worten deutlich, dass er Löwenthal nicht nur als informierenden Journalisten, sondern als politische Opposition wahrnahm. Unmittelbar vor der Bundestagswahl 1972 kam es zu einer Auseinandersetzung um die Veröffentlichung von Meinungsumfragen, wobei Woller die Weisung ausgab, Umfragen eines Instituts (hier meinte er offenbar das von Löwenthal bevorzugte Institut für Demoskopie Allensbach) ausschließlich zusammen mit ver-

82 Karl Holzamer: Grundregeln der Zusammenarbeit im ZDF (Leitordnung), in: ZDF-Jahrbuch 1972, S. 31–34.

gleichbaren Erhebungen eines anderen Instituts zu veröffentlichen. Dies sei im letzten *ZDF-Magazin* nicht in dieser Weise geschehen, trotz Absprache. Löwenthal erwiderte, er habe die Weisung nicht so verstanden, und grundsätzlich sei sie nicht umzusetzen. Empört zeigte sich Woller, dass Löwenthal in der Magazinsendung vom 8. November 1972 den Grundvertrag (Grundlagenvertrag) der Bundesrepublik mit der DDR als »Wahl-Grundvertrag« bezeichnete. Schließlich habe er ihn zuvor um »besondere Sorgfalt und Zurückhaltung« in der letzten Sendung vor den Bundestagswahlen am 19. November 1972 gebeten. Löwenthal antwortete darauf, verschiedene Zeitungskommentare hätten jenen Vertrag wegen der Paraphierung kurz vor Wahlen als einen »Wahlvertrag« etikettiert, so dass eine Rüge gegen ihn verfehlt sei. Im September 1973 zeigte sich Löwenthal empört: Woller hatte ihm in einem Schreiben an den Vorsitzenden der Aktion Funk und Fernsehen, Lothar Lohrisch, unterstellt, die psychische und physische Belastung, wöchentlich eine Magazinsendung zu erstellen, sei an ihm (Löwenthal) nicht spurlos vorübergegangen. Ferner ließe sich die Sendereihe verbessern, wenn sie nur noch im Zweiwochenrhythmus ausgestrahlt werde. Lohrisch hatte das Schreiben an Löwenthal weitergeleitet. Löwenthal erwartete von Woller eine Erklärung für diese »rufschädigenden Äußerungen«, zumal der Chefredakteur mit ihm bis September keine einzige Unterredung über das *ZDF-Magazin* geführt hatte.[83]

Als Löwenthal im Oktober 1971 den »geselligen Teil« eines CSU-Parteitags im Hofbräuhaus besuchte, um als Reporter Informationen zu gewinnen, applaudierten ihm die Delegierten derart, als sei er einer ihrer Spitzenpolitiker. Rudolf Woller, der ebenfalls im ZDF-Auftrag anwesend war und keinen Beifall erhielt, nahm ihm dieses Erlebnis übel: »So was soll der gefälligst vermeiden.« Löwenthal bestand jedoch darauf, er habe nicht nach Jubel gesucht (wie es ihm der *Zeit*-Journalist Rolf Zundel andeutungsweise unterstellte), sondern sei davon überrascht worden.[84] Dazu stellte der ehemalige BBC-Generaldirektor Hugh Greene fest, in »England würde der Moderator eines politischen Fernsehprogramms, der sich bei der Versammlung einer politischen Partei feiern ließe, am nächsten Tag feststellen müssen, daß er arbeitslos ist«.[85] Unzu-

83 Die aufgeführten Briefwechsel Woller-Löwenthal sind archiviert im ACDP, NL Löwenthal, 01-763-023. Der Vollständigkeit wegen sei angemerkt, dass sich später eine freundschaftliche Beziehung zwischen Woller und Löwenthal ergab; vgl. Briefwechsel Woller-Löwenthal von Oktober/November 1981; ACDP, NL Löwenthal, 01-763-010. Woller hatte dem »lieben Gerhard«, wie er ihn anredete, 1981 einen Beitrag aus einer kanadischen Zeitung zugesandt.

84 Löwenthal im Interview mit Winckler, 16.8.1993, in: Stefan Winckler: Ein kritischer Journalist aus Berlin, (wie Anm. 106, S. 56), S. 148 f. Zum Ereignis selbst u. a.: afd: CSU-Parteitag ein persönlicher Erfolg für Löwenthal, in: Aktueller Fernsehdienst – Im Blickpunkt, 19.10.1971; Unternehmensarchiv des ZDF, Zeitungsausschnittsammlung 6.1/1 Löwenthal 1971. Rolf Zundel: Strauß-Festival mit Barzel, in: *Die Zeit*, 22.10.1971, Nr. 43. Online im Internet: www.zeit.de/1971/43/strauss-festival-mit-barzel.

85 Epd: (ohne Überschrift), in: *epd Kirche und Fernsehen*, Nr. 40/1971.

treffend ist hingegen die Behauptung[86] der Historikerin Daniela Münkel, Löwenthal sei sogar als Parteitagsredner der Union aufgetreten.

Ein persönlich und dienstlich gutes Verhältnis hatte Löwenthal zu seinem letzten Chefredakteur Reinhard Appel – und zwar sowohl Löwenthals als auch Appels Aussage zufolge.[87] Dieser wurde 1976 Nachfolger Wollers als Chefredakteur des ZDF.

Ausgesprochen gut war auch Löwenthals Beziehung zu dem Intendanten Karl Holzamer, einem katholischen Philosophen, und zu dessen Nachfolger Karl-Günther von Hase, dem Staatssekretär a. D. und ehemaligen Regierungssprecher. Mit Dieter Stolte, dem Nachfolger von Hases, verstand sich Löwenthal kaum: Stolte lehnte eine Fortsetzung des *ZDF-Magazins* über das Frühjahr 1988 hinaus ab, eine freie Mitarbeit Löwenthals kam für ihn nicht in Frage. Davon kündet ein nicht allzu freundlicher Briefwechsel Stoltes mit und über Löwenthal von 1987. Nachdem Löwenthal in der letzten *ZDF-Magazin*-Sendung unter seiner Leitung am 23. Dezember 1987 sein Buch *Ich bin geblieben* präsentierte und auf seine Autorenschaft im *Deutschland-Magazin* hinwies, rügte ihn Dieter Stolte, er habe die ZDF-Sendezeit, die ihm »treuhänderisch überlassen war, unzulässigerweise für [seine] rein persönlichen wirtschaftlichen Interessen ausgenutzt«. Dies sei unredlich.[88]

Gegnerschaft muss sich jedoch nicht ausschließlich in Worten äußern. Sie kann beispielsweise darin bestehen, dass der Kollege bei zufälligen Begegnungen, etwa in der Kantine, »geschnitten« wird. Er wird isoliert, indem sich niemand mit ihm im Gespräch zeigen will (oder zu zeigen getraut). Derartiges haben Löwenthal und Schenk im ZDF erlebt.[89]

Unmittelbar vor der Bundestagswahl 1972 veröffentlichte der *Spiegel* einen neunseitigen Beitrag[90] über Löwenthal, der teilweise aus dem bereits im Oktober 1970 erschienenen Artikel der DGB-Jugendzeitschrift *ran* unter dem Titel »Der Mann im schwarzen Kanal« (eine Anspielung auf die vermutete CDU-Nähe des ZDF) zitiert. Nicht nur dieser Umfang sagt einiges über die Relevanz aus, die der *Spiegel* Löwenthal – zumal in der heißen Wahlkampfphase – zubilligte. Denn der Magazinmoderator sei nach seiner Brüsseler Korrespondentenzeit mit sachlichen Reportagen

86 Vgl. Daniela Münkel: Willy Brandt und die »Vierte Gewalt«. Politik und Massenmedien in den 50er bis 70er Jahren. Frankfurt: Campus, 2005, S. 151.

87 Vgl. handgeschriebener Brief Appels an Löwenthal anlässlich dessen Pensionierung mit Datum vom 22.12.1987; ACDP, NL Löwenthal, 01-763-050.

88 Brief von Dieter Stolte an Gerhard Löwenthal vom 6.1.1988; ACDP, NL Löwenthal, 01-763-049.

89 Fritz Schenk: Kämpfer für die Einheit Deutschlands. Feindbild aller Linken. Gerhard Löwenthal feiert seinen achtzigsten Geburtstag. Ein enger Weggefährte erinnert sich, in: *Junge Freiheit*, 6.12.2002. Online im Internet: www.jungefreiheit.de/Archiv.364.0.html.

90 N.N.: »Tief, sehr tief sind wir gesunken«, in: *Der Spiegel*, S. 75–89. Im Titel ist Löwenthal falsch zitiert. Der *ZDF-Magazin*-Moderator sprach 14.7.1971 lt. Sendeprotokoll: »Tief, tief sind wir gesunken«.

und einem politisch ausgewogenen ersten Magazin-Jahr ab dem Regierungswechsel von 1969 zur »Vaterfigur aller heimatlosen Rechten« mutiert, der »endlich wieder die rechten Männer ans Ruder bringen« wolle und daher dem Publikum »das politische Alphabet der Konservativen und Reaktionäre« lange genug eingebläut hätte. Dazu ließ sich einwenden, dass Löwenthal möglicherweise tatsächlich »Beifall von der falschen Seite«, in diesem Fall von Medien und Gruppen rechts von der Union, erhielt, allerdings finden sich dafür keine Belege, etwa Artikel der *Nationalzeitung* in seinem Nachlass oder in der Zeitungsausschnittssammlung des ZDF-Unternehmensarchivs. Mit seinen Aussagen im Fernsehen, so der *Spiegel* weiter, sei Löwenthal nach eigenem Dafürhalten auf dem Bildschirm »wichtiger für das deutsche Volk als im Bundestag«. Mit anderen Worten: Löwenthal sei ein Politiker mit anderen Mitteln (wie es auch Woller andeutete). Neben charakterlichen Zuschreibungen (»lässig im Umgang mit der Wahrheit« bezüglich seiner Inhaftierung 1943) und Mutmaßungen über sein Temperament (»cholerisch«, »herrisch«) findet sich die Andeutung des Faschismus-Vorwurfs (»der gefeierte Fernseh-Held der Aktion Widerstand«) und die Vorhaltung, er habe 1949 einen Zeitschriftenaufsatz über Robert Koch plagiiert.[91] Insgesamt handelte es sich um einen tendenziell rufschädigenden Artikel, auf den sich sogar antisemitische Drohbriefschreiber beriefen. Bezeichnend erscheint, dass er die geheime Telefonnummer Löwenthals und die Privatadresse aufführte. Auffallend erscheint auch, dass der *Spiegel* das Immatrikulationsprotokoll Löwenthals und Angaben zur Gestapo-Haft aus dem etwa gleichzeitig beantworteten Fragebogen nannte. Der Beitrag ist außergewöhnlich, da Journalisten sehr selten andere Journalisten namentlich in großer Ausführlichkeit negativ kennzeichnen. Die *Spiegel*-Autoren sahen in ihm offenbar längst keinen Kollegen mehr, sondern einen Oppositionsführer, der weniger wegen Verstößen gegen die Berufsethik (dazu gab es keinen Anlass, als der *Spiegel*-Text »Tief, sehr tief sind wir gesunken« entstand), sondern wegen seiner ausgeprägten politischen Meinung in Verbindung mit seiner Publikumswirkung stand.

Auch die Wochenzeitung *Die Zeit* kritisierte Löwenthal als einen groben Schwarz-Weiß-Maler, dessen Sendung die Guten von den Bösen in noch einfacherer Manier trenne als ein US-Krimi oder ein Ufa-Film vor dem Kriege: als einen, der »[…] Zweifel, Skrupel und kritisches Wägen nicht kennt, Simplicissimus aus Mainz, mit der einfachen Lehre, den klaren Fronten, den Guten und Bösen, den Eigenen hier und den Fremden da drüben, den treuherzigen Bürgern und den schlimmen Verschwörern, den Schlichten mit ihrem reinen Gewissen und den eifernden Denkern, den sachlichen Verteidigern des Bestehenden und den anderen, die weltfremd aufs Bessere pochen, den Sanften der Mitte und den finsteren Heilsverkündern am Rand der Gesell-

91 Ein Text über Robert Koch fand sich in keinem der ausgewerteten Archive, so dass hier eine genauere Erörterung nicht stattfinden kann.

schaft, den lieben Industriellen mit ihrem Realitätssinn und den bösen Sozialisten mit ihrem Radikalismus«.[92]

Zwar sei Löwenthal zurückhaltender als die *Panorama*-Moderatoren der 1960er Jahre und gebe sich weniger Blößen; wenn er nach eigener Auskunft in seinen ersten 91 Sendungen (Stand: Oktober 1970) keine Tatsachenbehauptung zu berichtigen hatte, war dies wohl zutreffend. Und doch leide er »[...] an jener partiellen Blindheit, die missionarisch veranlagte Menschen charakterisiert«.[93]

Löwenthal seinerseits übte immer wieder grundsätzliche Kritik an *Spiegel* und *Stern* wegen journalistischer Fehler und – wie er es behauptete – weil sie dem freiheitlichen demokratischen Rechtsstaat bewusst Schaden zufügten. So sah er 1983 im Zusammenhang mit der journalistischen Bearbeitung des Flick-Spendenskandals *Spiegel* und *Stern* auf einem »Feldzug gegen diesen Staat, seine Ordnung und seine Amtsträger«, indem sie die Bundesrepublik Deutschland wie eine Bananenrepublik erscheinen ließen.[94] Ausführlich widmete er sich mit seiner Redaktion auch dem Skandal des *Stern*-Ressorts Zeitgeschichte um die Hitler-Tagebücher im gleichen Jahr. Löwenthals Behauptung, der *Stern* verbreite nolens volens KGB-Informationen, zog einen Prozess vor dem Frankfurter Oberlandesgericht nach sich, der mit einem Vergleich endete.[95]

Die ausgeprägt linksorientierte Zeitschrift *Konkret* veröffentlichte am 18. Oktober 1973 (Nr. 40) einen ausführlichen Beitrag über – oder besser: gegen – Löwenthal. Darin bezichtigte ihn Chefredakteur Hermann Gremliza zahlreicher Lügen über seine Biographie.[96] Dieser Artikel enthielt mehrere Aussagen des *Spiegel*-Textes *Tief, sehr tief sind wir gesunken*: so zum Beispiel das Otto Hess zugeschriebene Zitat, er könne sich an Löwenthal als Mitgründer der FU nicht erinnern, während die Richtigstellung von Hess in der *Spiegel*-Ausgabe 46/1972, S. 10 verschwiegen wurde. Einige Behauptungen waren sachlich falsch, so der Satz, Löwenthal habe »bis 1945 ein Konzentrationslager weder von außen noch von innen gesehen« (S. 17), und er sei CDU-Mitglied (S. 18). An jenem umfangreichen journalistischen Beitrag fällt erneut auf, dass er heftige per-

92 Simplicissimus aus Mainz, in: *Die Zeit*, 26. Jahrgang (1972), Nr. 10. Online im Internet: www.zeit.de/1972/10/Simplicissimus-aus-Mainz.

93 Rolf Zundel: Gerhard Löwenthal, überlebensgroß, in: *Die Zeit*, 24. Jahrgang (1970), Nr. 44. Online im Internet: www.zeit.de/1970/44/Gerhard-Loewentha-ueberlebensgross.

94 Anmoderation zu »Wie lief die Steuerbefreiung Flick?«; Unternehmensarchiv des ZDF, Bestand *ZDF-Magazin*, Ordner Nr. 50, Sendung vom 14.12.1983.

95 Dpa: Vergleich im Rechtsstreit »Stern« gegen »ZDF-Magazin«, in: *Süddeutsche Zeitung*, 21.8.1975; Unternehmensarchiv des ZDF, Zeitungsausschnittsammlung 6.1./1 Löwenthal 1975.

96 Hermann Gremliza: Wer ist Gerhard Löwenthal?, in: *Konkret*, 40/1973, 18.10.1973, o.S.; ACDP, NL Löwenthal, 01-763-021. Wie sieht es mit der Biographie Gremlizas aus? Ein Ermittlungsverfahren des Generalbundesanwalts wurde 1996 aus Mangel an Beweisen eingestellt. Dies kann auch damit zusammenhängen, dass das MfS umfangreiche Aktenbestände im Winterhalbjahr 1989/90 vernichtete. Vgl. Hubertus Knabe: Der diskrete Charme der DDR, S. 325.

sönliche Kritik an einem Kollegen und unpolitische »Enthüllungen« enthält wie die Geschichte eines von Löwenthal verschuldeten Verkehrsunfalls, die auch in der Ost-Berliner Zeitung *Der Morgen* 1956 nachzulesen war.

Eine bemerkenswerte Solidarität unter journalistischen Kollegen äußerte hingegen der seinerzeitige Moderator des Politmagazins *Panorama*, Peter Merseburger (ein SPD-Mitglied) nicht nur in Anbetracht der persönlichen Bekanntschaft mit dem Kollegen Löwenthal, sondern auch in Kenntnis der Angriffe auf *Panorama* seitens der Regierungspartei CDU wenige Jahre zuvor: Die »öffentliche Journalistenschelte« von SPD-Funktionären an journalistischen Kollegen des ZDF müsse jeden Journalisten beunruhigen. Es sei »[...] zutiefst bedauerlich, wenn der schlechte Stil im Umgang mit Kritikern [...] nach dem Machtwechsel nun auch bei den neuen Herren in Bonn Schule macht«.[97] Zuvor war das Gerücht umgegangen, die SPD-Vertreter im Fernsehrat hätten die Ablösung Löwenthals verlangt. Ebendiese, namentlich Wilhelm Berkhan, betonten jedoch, neben Löwenthal müsse ein zweiter, politisch unterscheidbarer Moderator gestellt werden.

Ganz ähnlich schrieb der ehemalige *Panorama*-Moderator Gerd von Paczensky, im *Stern* unter dem Titel *Hände weg von Löwenthal*.[98] Das geschah zu dem Zeitpunkt, als die SPD-Mitglieder im ZDF-Fernsehrat das *ZDF-Magazin* in Frage stellten, was wiederum die CDU/CSU als »Abschaffung« der Sendereihe interpretierte und als Anschlag auf die Pressefreiheit darstellte. Paczensky erinnerte sich in seinem Artikel für den *Stern* Herbst 1970 (vor Löwenthals Vorwürfen gegenüber Nannen in der sogenannten »Bevilacqua-Affäre«) im Zusammenhang mit der sozialdemokratischen Kritik an Löwenthal, welche Auseinandersetzungen sich um sein eigenes Magazin *Panorama* und seine Person in den frühen sechziger Jahren zugetragen hatten. Die Opposition habe gleichfalls Anspruch auf eine Plattform im Fernsehen, daher solle Löwenthal weiterhin wie bisher wirken dürfen. Wenn Löwenthal unwahre Behauptungen aufstelle, hätte die SPD Gelegenheit, sie sachlich richtigzustellen.

Wie sah der Journalist Löwenthal seine Kollegen? Welche Kritik übte er, der selbst einer heftigen Kollegenkritik ausgesetzt war? Umgekehrt sah sich Löwenthal mit seiner Magazinredaktion in einer komplementären Rolle: Themen, die von anderen Journalisten überhaupt nicht mehr aufgegriffen worden seien oder jedenfalls »nicht mehr so« behandelt wurden, habe er im *ZDF-Magazin* mit seiner Redaktion bearbeitet, schrieb er 1975.[99] Von dieser Akzentuierung war beim Start des Magazins 1969, als Löwenthal seine späteren Themenschwerpunkte noch nicht gesetzt hatte und er vor

97 Moderationstext Peter Merseburgers in *Panorama* vom 26.1.1970; ACDP, NL Löwenthal, 01-763-070.

98 Gerd von Paczensky: Hände weg von Löwenthal, in: *Stern*, 23. Jahrgang (1970), Nr. 46, S. 222 ff.

99 Vgl. Löwenthal in: ZDF-Jahrbuch 1975, S. 47 und im ZDF-Jahrbuch 1976, S. 69;

allem kein Zielobjekt vehementer Kollegenkritik war, keine Rede, sondern von einer Vielfalt an »Informationen und Meinungen«[100]. Der Zugang linker Akademiker in die Medien als Teil des »Marsches durch die Institutionen« stand 1969 eben noch bevor.

Löwenthal machte aus dieser Distanz zu zahlreichen seiner Kollegen gar eine Tugend: »Als alle nach links abgeschwommen sind und der Linkskonformismus in der deutschen Publizistik seine große Blüte erlebte, habe ich gesagt: Kommt gar nicht in Frage! Vertreten wir einmal die andere Position.«[101] Dazu ließe sich anmerken: Viele, aber keineswegs »alle« veränderten um 1970 ihre politischen Positionen in Richtung Sozialdemokratie oder Linksliberalismus; dass es unter den Journalisten aber eine vergleichsweise starke Übereinstimmung der politischen Einstellungen und Meinungen gab, und sich insgesamt ihre Position links der Mitte verorten ließ, ist nachgewiesen.[102]

Zu dieser »anderen Position« gehörte seine Kritik an Medien und Journalisten, die auf überregionaler Ebene entgegengesetzte politische Einstellungen verfochten und nachweislich Einfluss ausübten. Das war für ihn insbesondere die Hamburger Illustrierte *Stern*, neben dem *Spiegel*. Denn Löwenthal war keineswegs nur das passive Opfer der publizistischen Konflikte. Der *Stern* nahm sich in den sechziger Jahren mehr und mehr politischer Themen an und war gegen Ende der Dekade ein Wortführer im Kampf für eine neue Ostpolitik. Gleichzeitig warf der *Stern*, nicht zuletzt dessen Chefredakteur Henri Nannen, dem Bundespräsidenten Heinrich Lübke vor, als Mitarbeiter eines Architektenbüros Baracken für nationalsozialistische Konzentrationslager entworfen zu haben. Diese Kampagne gegen Lübke ging auf Fälschungen der entsprechenden Baupläne durch das Ministerium für Staatssicherheit der DDR zurück. Als der Abgeordnete Franz Weigl (CSU) eine parlamentarische Anfrage[103] an Bundesinnenminister Genscher richtete, ob es zutreffe, dass die Bundesregierung dem Berliner Senat eine Unterstützung der *Stern*-Aktion Jugend trainiert für Olympia trotz der NS-Funktionärsvergangenheit von deren Leiter Hans Weidemann empfehle, nahmen sich Löwenthal und der *ZDF-Magazin*-Redakteur Jürgen R. Meyer des Themas an. Vorausgegangen waren bereits Recherchen des Axel-Springer-Auslandsdienstes (asd) über ein deutsches Kriegsverbrechen in dem norditalienischen Dorf Bevilacqua[104] 1944, wo Weidemann Standortkommandant war; Verleger Springer lehnte jedoch eine Veröffentlichung ab, sei es, weil ihm die Vorwürfe gegen Nannen auf zu wackligen Füßen

100 Gerhard Löwenthal: *ZDF-Magazin*, in: ZDF-Jahrbuch 1969, S. 66f., hier S. 67.

101 Löwenthal in: Andreas H. R. Schmidt, *ZDF-Magazin*, (wie Anm. 16, S. 16), S. 160.

102 Vgl. u.a. Hans Mathias Kepplinger: Massenkommunikation. Rechtsgrundlagen. Medienstrukturen. Kommunikationspolitik. Stuttgart: Teubner, 1982, S. 128.

103 Siehe Verhandlungen des Deutschen Bundestages, 6. Wahlperiode 1969, Bd. 74: Stenographische Berichte 72.-94. Sitzung 1970/71, S. 4264.

104 Dazu finden sich reichlich Quellen im ACDP und im ZDF-Unternehmensarchiv; im letzteren: drei Aktenordner in der Zeitungsausschnittsammlung 6.1./1 Löwenthal.

standen oder weil sein Verlag eine Konfrontation mit dem Verlag des *Stern*, Gruner und Jahr, vermeiden wollte. Weil Meyer vor Ort Unstimmigkeiten der von Löwenthal an eine italienische Zeitung lancierten Rechercheergebnisse, die er dennoch sehr viel zitierte, feststellte, bat er Löwenthal – so die Behauptung Henri Nannens lt. dessen Biograph Hermann Schreiber – am Abend vor der Ausstrahlung im *ZDF-Magazin* auf diesen Beitrag zu verzichten. Das verweigerte Löwenthal jedoch, der ihn mit einem langen, insgesamt sechsseitigen Moderationstext mehr als nur ankündigte.[105] Daraus wird deutlich, wie stark er diese publizistisch-politische Auseinandersetzung zu seiner eigenen Angelegenheit gemacht hatte. In dieser Anmoderation dieses Beitrags am 2. Dezember 1970 urteilte Löwenthal, »hier haben wir einen Aktivisten vor uns, dessen heutige Tätigkeit mit seiner derart belasteten Vergangenheit nicht in Einklang zu bringen ist«. Weidemann war NSDAP-Mitglied seit 1928, u. a. SS-Obersturmführer und stellvertretender Gauleiter. In einem mit fast zwanzig Minuten Länge außergewöhnlich ausführlichen *ZDF-Magazin*-Beitrag Meyers über die Partisanenbekämpfung im norditalienischen Dorf Bevilacqua waren diese Vorwürfe erstmals erhoben worden, wobei sehr rasch der bekannte Journalist Henri Nannen als dort anwesender Kriegsberichterstatter in der näheren Umgebung Weidemanns und damit als Mitwisser ins Blickfeld geriet. Eine Woche später kam Löwenthal in einem Interview mit einem italienischen Journalisten, bezeichnenderweise der *Fall Henri Nannen* betitelt, darauf zurück.[106] Löwenthal bot Nannen an, dazu Stellung zu beziehen, doch dieser war wegen einer Polen-Reise aus Anlass der Unterzeichnung des Warschauer Vertrags verhindert, vor allem aber ließ er *Stern*-Mitarbeiter in Italien zu seiner und Weidemanns Verteidigung unter hohem finanziellen Aufwand recherchieren, was einige Tage mehr in Anspruch nahm. So stellte Nannen am 16. Dezember 1970 Strafantrag wegen Verleumdung und Beleidigung gegen Karl Holzamer (den Verantwortlichen für das Programm des ZDF), Gerhard Löwenthal und Jürgen R. Meyer. Zwischenzeitlich hatte sich Nannen mit einigen *Stern*-Mitarbeitern als »Sparringspartnern« auf die Diskussion vorbereitet; Es soll sogar kurzzeitig eine Ohrfeigendrohung Nannens gegen Löwenthal diskutiert[107] worden sein. Am gleichen Abend trat Nannen im *ZDF-Magazin*-Studio zu einem Streitgespräch mit Löwenthal und Meyer auf, das sich über mehr als 39 Minuten – und damit fast doppelt so lange wie vorgesehen – hinzog. Diese Auseinandersetzung geriet sehr heftig: Nannen schrie Löwenthal an, »Sie sind

105 Vgl. Hermann Schreiber: Henri Nannen. Drei Leben. Gütersloh: C. Bertelsmann, 1999, S. 329.

106 Vgl. Sendeprotokoll: Zum Fall Henri Nannen; *ZDF-Magazin* vom 2.12.1970. Vgl. Sendeprotokoll: Ein Mann namens Weidemann; *ZDF-Magazin* vom 9.1.1970. Briefe zum Thema, Dokumentation Nannens zum Thema; ACDP, NL Löwenthal, 01-763-046. Die gleichen Sendeprotokolle sind auch archiviert im Unternehmensarchiv des ZDF, Bestand *ZDF-Magazin*, Ordner Nr. 12 und 13, Sendungen vom 2.12.1970 und 9.12.1970.

107 Vgl. Hermann Schreiber: Henri Nannen. Drei Leben, S. 331.

ein Verleumder«, und »halten Sie den Mund jetzt«. Dass Löwenthal, wie er in seiner Autobiographie behauptet, erwiderte, letztmalig habe er derartige Umgangsformen beim Verhör durch die Gestapo erlebt, lässt sich weder aus den Sendeprotokollen im Unternehmensarchiv des ZDF noch aus der Dokumentation der Debatte in der wissenschaftlichen Zeitschrift *Rundfunk und Fernsehen* belegen.[108] Löwenthal antwortete vielmehr, »Herr Nannen, Sie verlieren die Nerven, Herr Nannen, bleiben Sie ruhig«. Nannen bekannte, Weidemann habe ihn vor einem Militärgerichtsverfahren gerettet, so dass er ihm dafür dankbar sei. Weidemann habe keine Verbrechen begangen, so Nannen, der einige »Persilscheine« zugunsten Weidemanns verlas. Die Täter seien von außerhalb gekommen, Weidemann als der Kommandant in Bevilacqua habe damit nichts zu tun gehabt. Auch wenn keine Untersuchung über die Wirkung von Beitrag und Moderation vorliegt, kann angenommen werden, dass Löwenthal und Meyer dies möglicherweise absichtlich zu knapp benannten, um es den meisten Zuschauern nicht bewusst zu machen. Im Nachhinein sprach Löwenthal von einem Recherchefehler Meyers.[109]

Wer war der Sieger nach Ansicht der Zuschauer? Im Januar 1971 befragte das Meinungsforschungsinstitut Emnid in eigener Regie einen als repräsentativ angesehenen Teil der Bevölkerung, wer das Streitgespräch zwischen Löwenthal und Nannen gesehen habe und welcher der Kontrahenten recht behalten habe. Insgesamt verfolgten fast zwei Fünftel der Bevölkerung die Auseinandersetzung – ein sehr hoher Wert für eine politisch-zeitgeschichtliche Sendung. Davon antworteten 37 Prozent: Löwenthal, 21 Prozent Nannen, 14 Prozent: keiner von beiden habe recht behalten, während sich 29 Prozent der Antwort enthielten. Während Löwenthal Anhänger der CDU/CSU und Personen ohne Angabe der parteipolitischen Präferenz deutlich stärker für sich gewinnen konnte als Nannen, war die Zustimmung von SPD-Anhängern auf beide Kontrahenten fast gleichmäßig verteilt; bei FDP-Anhängern kam Nannen etwas besser an, bei Anhängern anderer Parteien war Löwenthal im Vorteil.[110] Offenbar hielten Löwenthal-Anhänger den Fernsehmoderator für den besseren der beiden Diskutanten, während Nannen-Anhänger in dem *Stern*-Chefredakteur den Überlegenen sahen. Drei Viertel der zahlreichen Telegramme, die die *Stern*-Redaktion erhielt, seien zu seinen Gunsten ausgefallen, schätzte Nannen, und selbst beim ZDF waren die meisten Anrufer auf der Seite des Hamburger Journalisten. Manche ZDF-Mitarbeiter stimmten Nannen und nicht Löwenthal zu. Demgegenüber erhielt Löwenthal zahl-

108 *ZDF-Magazin* vom 16.12.1970 (Streitgespräch Nannen-Löwenthal), in: *Rundfunk und Fernsehen*, 19. Jahrgang (1971), S. 113–134; Text Streitgespräch; Unternehmensarchiv des ZDF, Bestand *ZDF-Magazin*, Ordner Nr. 13, Sendung vom 16.12.1970.

109 Vgl. Löwenthal: Ich bin geblieben, S. 282.

110 Vgl. Emnid: Auseinandersetzung zwischen Löwenthal und Nannen im ZDF (dem Bundeskanzler vom Presse- und Informationsamt am 2.3.1971 vorgelegt); ACDP, NL Löwenthal, 01-763-011.

reiche Komplimente von Lesern der *Bild*-Zeitung, als er wenige Tage später in deren Frankfurter Redaktion zu Gast war und angerufen werden konnte. Briefe an Löwenthal zum Thema jener Kontroverse liegen in keinem der genutzten Archive vor, so dass eine präzise Gegenüberstellung der Reaktionen unmöglich ist. Zwischenzeitlich soll sich Meyer innerlich von Löwenthal abgewandt und das Dossier aus dem Hause Springer der Gegenseite übergeben haben; er fühlte sich von Löwenthal getäuscht, der ihm von jenem Dossier nichts gesagt hatte, und versorgte die Gegenseite mit nützlichen Hinweisen.[111]

Das nachfolgende Gerichtsverfahren vor der 24. Zivilkammer des Landgerichts in Hamburg endete aber nicht mit einer Niederlage Löwenthals, wie die Fotos im *Stern* Nr. 3/1971 suggerieren, sondern mit einem Vergleich. Dem ZDF, so das Urteil, blieb es gestattet, zu behaupten, Weidemann sei an Vorgängen in Bevilacqua beteiligt gewesen, und Nannen könne aus seiner Kenntnis des damaligen Geschehens und Weidemanns *Stern*-Mitarbeit ein Vorwurf gemacht werden. Damit war das Hauptanliegen Löwenthals, die NS-Funktionärsvergangenheit Weidemanns aufzudecken, zwar erfüllt, auch wenn er nicht vollständig recht bekam: Das Gericht untersagte dem ZDF, zu behaupten, »Weidemann sei in Bevilacqua für Verhör und Hinrichtung von Partisanen verantwortlich gewesen« und »Weidemann trage die Verantwortung für den Tod eines unbeteiligten jungen Mannes«, nachdem Partisanen dort eine Brücke gesprengt hatten. Henri Nannen kam nicht umhin, zuzugestehen, dass »der ›Stern‹ dem ZDF und seinen Mitarbeitern Fälschung und Manipulation zum Zweck der politischen Diffamierung nicht mehr vorwirft«. Die Verfahrenskosten hatten je zur Hälfte der *Stern* und das ZDF zu tragen.[112] Zwischenzeitlich empörten sich einige *Stern*-Redakteure über die Anstellung Hans Weidemanns, der nach den Veröffentlichungen zurücktrat.

Nach 1970 nutzte Löwenthal verschiedene Gelegenheiten, in seiner Sendung Kritik am *Stern* zu üben: *Die ›Stern‹-Affäre* war ein Beitrag von Helmut Kamphausen im *ZDF-Magazin* vom 28. Juni 1972 betitelt. Am 25. April 1973 war im *ZDF-Magazin* ein Beitrag zu sehen, in dem der übergelaufene CSSR-Geheimdienstoffizier Bittman der DDR-Staatssicherheit nachsagt, sie habe Bundespräsident Heinrich Lübke mit gefälschten Dokumenten verleumdet, die der *Stern* abdruckte. 1975 erinnerte das *ZDF-Magazin* an eine KGB-Fälschung im *Stern*, wonach die USA westdeutsche Städte im Kriegsfall atomar zerstören werden – eine freie Erfindung des sowjetischen Geheimdienstes. 1977 folgte die *Analyse einer Illustrierten* über den *Stern* anlässlich

111 Norbert Sakowski, ehem. Leiter der Nachrichtenredaktion des *Stern*, in einer Hausmitteilung an Nannen. Zitiert in: Hermann Schreiber: Henri Nannen. Drei Leben, S. 327.

112 Vgl. Hang von Kuenheim: Löwenthal hißte die weiße Fahne, in: *Die Zeit*, 29.10.1971, Nr. 44/71 (www.zeit.de/1971/44/Loewenthal-hisste-die-weisse-Fahne?page=all.) Siehe auch: Anmoderation Löwenthal; Unternehmensarchiv des ZDF, Bestand *ZDF-Magazin*, Ordner Nr. 13, Sendung vom 30.12.1970.

einer Buchveröffentlichung von Löwenthals Bekannten aus RIAS-Zeiten, Otto Walter Haseloff (Löwenthal war Verfasser des Beitrags). Ein Beitrag des Redakteurs Ernst Martin unter dem Titel *Bundesregierung mißbrauchte Geheimdienst – Stern-Affäre* war am 7. Mai 1980 im *ZDF-Magazin* zu sehen. *Der Stern und die Wahrheit: Moskau inszeniert Friedenskampagne* mit Sendedatum 8. April 1981 war Löwenthals Antwort auf die Unterstützung der Anti-Nachrüstungsbewegung durch den *Stern*. Anlässlich der Hitler-Tagebuch-Affäre präsentierte Löwenthal die Zusammenfassung der hier aufgeführten Beiträge des *ZDF-Magazins* aus den vergangenen Jahren über journalistische Fehlschläge des *Stern*.[113] Anlass war Nannens Satz, der Redaktion sei derartiges zum ersten Mal unterlaufen. *Die Fälschung in Stern* (22. August 1984, Autor: Franz Tartarotti) und *Stern-Journalismus auf der Anklagebank* (3. April 1985, Autor: F. Tartarotti) folgten.

Wie der *Spiegel* einige Jahre später, nachdem die Konflikte nachgelassen hatten, über Gerhard Löwenthal urteilte, zeigt der *Fall Bahro*. Rudolf Bahro, geboren 1935, war ein SED-Funktionär, der sich zunehmend von der Linie seiner Partei entfernte, und diesen Vorgang in seinem Buchmanuskript *Die Alternative* 1977 beschrieb. Dies war in den Augen der SED umso verwerflicher, da der *Spiegel Die Alternative* im Vorabdruck veröffentlichte. Am 25. August 1977 wurde Bahro verhaftet und im Gefängnis Bautzen II inhaftiert. Am 5. Juli 1978 sendete Löwenthal im *ZDF-Magazin* einen Beitrag *Terrorurteil gegen SED-Kritiker Bahro* von Fritz Schenk, der ein Interview mit dem ehemaligen politischen Häftling Hellmuth Nitsche enthielt. Im Oktober 1979 schob die DDR Rudolf Bahro in die Bundesrepublik Deutschland ab. Am 5. Dezember 1979 behauptete der ehemalige DDR-Häftling Kurt Michaelis in dem Beitrag *Hilferufe von drüben* des Redakteurs Helmut Kamphausen im *ZDF-Magazin*, Bahro habe ihn in Bautzen zu überreden versucht, seinen Ausreiseantrag zurückzuziehen (mit der Begründung, er werde in Westdeutschland »untergehen«). Einen anderen Häftling habe Bahro verraten (was jenem zweimal drei Wochen Einzelhaft einbrachte), und darüber hinaus habe er kaum gearbeitet, aber stets kontrolliert.[114]

Zwei Tage vor Ausstrahlung widersprach ein anderer Mithäftling Michaelis: Dieser sei woanders, nämlich in Bautzen I, gewesen, und außerdem könne die Denunziation so nicht stimmen. Löwenthal glaubte jedoch an den Wahrheitsgehalt der Michaelis-Aussage und sendete, obwohl vermutlich genügend Zeit zum Verzicht auf den Beitrag vorhanden gewesen wäre. Kurz darauf bekräftigte Michaelis seine Aussage in der *Bild*

113 Vgl. Moderation Löwenthals zum Beitrag *Stern-Affaire* von Christian Reichel; Unternehmensarchiv des ZDF, Bestand *ZDF-Magazin*, Ordner Nr. 48, Sendung vom 18.5.1983.

114 Vgl. *Hilferufe von drüben* – Interview Kurt Michaelis u. a.; Unternehmensarchiv des ZDF, Bestand *ZDF-Magazin*, Ordner Nr. 42, Sendung vom 5.12.1979.

am Sonntag. Daraufhin erwirkte Bahro Gegendarstellungen[115] im *ZDF-Magazin* und der BamS. Löwenthal traf sich Anfang 1980 mit ehemaligen Häftlingen in Berlin; dort überkamen Michaelis Zweifel an seiner Aussage im Magazin. Bei einer Gegenüberstellung am 1. Juli 1980 – Bahro hatte Strafantrag gestellt – war Michaelis dagegen wieder überzeugt, Bahro sei der Denunziant gewesen. Bahros Rechtsanwalt Otto Schily und der Justitiar des ZDF, Ernst Fuhr, einigten sich drauf, dass das ZDF die Aussagen Michaelis' aus der Magazinsendung vom 5. Dezember 1979 nicht wiederholen werde. Darüber war im *Spiegel* vom 28. Juli 1980 ein ausführlicher Beitrag zu lesen. Der *Spiegel*-Autor fragte nicht, ob die Motivation Michaelis im Geldverdienen lag (wie Löwenthal, danach gefragt, dem Verfasser 1993 nahelegte). Vielmehr charakterisierte der *Spiegel* Löwenthal als »Eiferer aus Mainz, der links von sich überall kommunistischen Unrat wittert«[116], und der aus einem politischen Motiv heraus (dem Linken Bahro zu schaden) eine journalistische Unterlassungssünde begangen habe. Dass Löwenthal schon 1978 einen Beitrag zugunsten des politischen Häftlings Bahro ausstrahlte, war dem *Spiegel* nicht zu entnehmen.

Während Löwenthal insbesondere in den siebziger Jahren einen erheblichen Teil der politisch interessierten Fernsehzuschauer für sich gewinnen konnte, wurde er bei seinen Kollegen zu einem Außenseiter, insbesondere bei jüngeren Journalisten. Journalisten ab 45 Jahren interessierten sich für Löwenthals Magazin stärker (31 Prozent) als ihre Kollegen der Altersgruppe von 35 bis 44 Jahre (23 Prozent) und sehr viel stärker als Journalisten im Alter von 18 bis 34 Jahre (17 Prozent). Die Frage, »Welche [politischen Fernsehmagazine] verfolgen Sie häufiger oder regelmäßig?« beantworteten westdeutsche und Berliner Journalisten im Juni 1980 gemäß ihrer eher linksorientierten Einstellung kaum zugunsten Löwenthals: 24 Prozent sahen häufig das *ZDF-Magazin*. Was die innenpolitischen Meinungsmagazine anging: 66 Prozent zogen *Report* vor, 58 Prozent gaben *Panorama* und 57 Prozent *Monitor* an. Bezeichnenderweise rangierte das konkurrierende Ost-West-Magazin *Kennzeichen D* (ZDF) mit einem Zuschauerinteresse von 42 Prozent der Journalisten weit vor dem *ZDF-Magazin*. Löwenthal blieb mit seiner Sendung weit hinter den Werten für die wöchentlich ausgestrahlten außenpolitischen Magazine *Auslandsjournal* und *Weltspiegel* (jeweils 57 Prozent) zurück. Eine Faktorenanalyse zeigte eine starke Korrelation der Nutzung des *ZDF-Magazins* mit dem Interesse an der FAZ, der *Welt*, der *Neuen Zürcher Zeitung* und dem *Rheinischen Merkur*[117] – den einflussreichen deutschsprachigen Zeitungen

115 Vgl. Rudolf Bahro: Gegendarstellung (verlesen von Löwenthal); Unternehmensarchiv des ZDF, Bestand *ZDF-Magazin*, Ordner Nr. 42, Sendung vom 19.12.1979.

116 N.N.: Übel mitgespielt, in: *Der Spiegel*, 34. Jahrgang (1980), Nr. 31, S. 26.

117 Vgl. Renate Köcher: Spürhund und Missionar – eine vergleichende Untersuchung über Berufsethik und Aufgabenverständnis britischer und deutscher Journalisten. München 1985, S. 58 ff.

mit konservativer, jedenfalls bürgerlicher Ausrichtung. So waren Löwenthals Anhänger unter den Kollegen eher auf die mehr oder weniger Konservativen oder Freiheitlichen rechts der Mitte konzentriert (gewissermaßen die ohnehin schon »Bekehrten«), während er Linke, Sozialliberale oder Unentschiedene kaum ansprechen oder gar für sich gewinnen konnte.

Eine Befragung von Mai/Juni 1984 unterstrich das mangelnde Interesse anderer Journalisten an den Aussagen Löwenthals. Das *ZDF-Magazin* war lediglich für 14 Prozent der Zeitungsjournalisten, sieben Prozent der bei Zeitschriften arbeitenden Journalisten, sechs Prozent der Hörfunkjournalisten (n = 49) und neun Prozent der Fernsehjournalisten (n = 61) ein »sehr wichtiges« Medium; insgesamt: zehn Prozent der Journalisten. Demgegenüber waren die Fernsehmagazine *Report*, *Monitor* und *Panorama* insgesamt für fast dreißig Prozent der Journalisten »sehr wichtig«.[118] Es lässt sich demnach annehmen, dass die Themenauswahl Löwenthals und seine Meinungsäußerungen entweder weitgehend uninteressant für seine Kollegen waren oder dass seine Kollegen zu einem großen Teil die im *ZDF-Magazin* behandelten Probleme aus einer völlig anderen Perspektive betrachteten, die sie durch Löwenthals Einstellungen nicht beeinflusst sehen wollten.

Das geringe Interesse der Journalisten an Löwenthal ist auf die Unterschiede in ihren Werten, Einstellungen, Meinungen und Prioritäten zurückzuführen. Dies lässt sich schon anhand der Parteineigung von Journalisten vermuten. »Wenn am nächsten Sonntag Bundestagswahl wäre«, hätte sich sowohl 1976 als auch 1980/81 nur ein Fünftel der befragten Journalisten wie Löwenthal für die CDU/CSU entschieden. Die SPD konnte auf eine sehr stabile absolute Mehrheit unter der Journalisten zählen (1976: 55 Prozent; 1980/81: 54 Prozent), während die FDP 1976 24 und 1981 25 Prozent gewonnen hätte.[119]

Konservative Forderungen, wie sie Löwenthal aussprach, fanden bei seinen Berufskollegen vergleichsweise wenig Anklang. So bestätigt sich die Erwartung. Der Antwortvorgabe »nicht zu nachgiebig gegenüber dem Osten sein, keine Zusage ohne Gegenleistung« stimmten 37 Prozent der befragten Journalisten (n = 100) und 55 Prozent der Bürger zu. »Die NATO und die Bundeswehr stärken, damit die Russen keinen immer größeren Vorsprung vor dem Westen bekommen«, war nur 15 Prozent der Journalisten gegenüber 40 Prozent der Bevölkerung »besonders wichtig«.

118 Hans Mathias Kepplinger: Die Mediatisierung der Politik, in: Bürger fragen Journalisten e.V. (Hrsg.): Die Rechte und Die Linke in den deutschen Medien, S. 75–87, hier S. 78.

119 Vgl. Elisabeth Noelle-Neumann: Die Entfremdung, in Hans Mathias Kepplinger (Hrsg.): Angepaßte Außenseiter, Freiburg 1979, S. 260–280, hier S. 268 ; Renate Köcher: Spürhund und Missionar, (wie Anm. 117, S. 168), S. 49.

In innenpolitischen Fragen unterschied sich die Problemwahrnehmung Löwenthals noch deutlicher von der seiner Kollegen.

»Verhindern, dass sich bei uns ein Sozialismus in der Art der DDR durchsetzt«, fanden 1976 einer Allensbach-Befragung zufolge 37 Prozent der Journalisten, aber 56 Prozent der Bevölkerung »besonders wichtig«.

Eine »einseitig[e] politische Beeinflussung der Kinder im Schulunterricht« sahen 36 Prozent der Journalisten, aber 53 Prozent der befragten Bürger als »besonders wichtiges« Negativum an. Dass »Radikale im öffentlichen Dienst beschäftigt« werden, wollten ausdrücklich 15 Prozent der Journalisten, aber etwa jeder zweite Bürger verhindert sehen. »Keine Zusammenarbeit mit kommunistischen Gruppen in der Bundesrepublik« hatte für 46 Prozent der Bevölkerung, aber nur 14 Prozent der Journalisten eine hohe Priorität.[120]

So zeigte sich eine Übereinstimmung der Bevölkerungsmehrheit mit Löwenthal anhand dieser Schwerpunktthemen des *ZDF-Magazins* insbesondere in der Einstellung zu Kommunisten und Neomarxisten, während Journalisten diesbezüglich in der Minderheit blieben. Dass er sich mit seiner Themenauswahl der Bevölkerungsmehrheit annäherte oder diese gar vertrat – im Unterschied zu vielen Fernsehjournalisten – war auch die Überzeugung des ZDF-Intendanten Karl Holzamer: »Es ist oft so, dass in dem Bestreben, gewisse Minderheiten nicht zu übersehen und sie zu Wort kommen zu lassen – was durchaus seine Berechtigung hat – große Mehrheiten innerhalb der Bevölkerung in dieser oder jener Hinsicht im Rundfunk und Fernsehen unterschlagen werden. Dazu bietet das Magazin ein notwendiges Gegengewicht«.[121] Löwenthal selbst behauptete, wohl mit Blick auf seine Begegnungen als Vortragsredner und die hier referierten demoskopischen Befunde, er »vertrete die Meinung von gut und gerne über 50 Prozent der Leute«, sprich: eine Bevölkerungsmehrheit.[122] Als Journalist einer öffentlich-rechtlichen Anstalt, dessen Bezüge aus den Fernsehgebühren bezahlt wurden, fühlte sich Löwenthal zu einer Publikumsnähe, die sich im Inhalt der gesamten Sendereihe widerspiegeln sollte, verpflichtet – eine Publikumsnähe, die sich zweifellos nicht in jeder Sendung oder in jedem Beitrag realisieren ließ.[123] Im Gegensatz zu vielen seiner Kollegen glaubte er sich in Anlehnung an den ZDF-Staatsvertrag aufgerufen, den Deutschen in der DDR Informationen und Meinungen zu liefern, die sie sonst nicht bekommen konnten.

120 Noelle-Neumann: Die Entfremdung, in: Hans Mathias Kepplinger (Hrsg.): Angepaßte Außenseiter, Freiburg: Alber 1979, S. 264. Vgl. auch Wolfgang Donsbach: Legitimationsprobleme des Journalismus. Freiburg, München: Alber, 1982, S. 195–211.

121 Karl Holzamer in Andreas H. R. Schmidt: *ZDF-Magazin*, (wie Anm. 16, S. 16), S. 68.

122 Vgl. Andreas H. R. Schmidt: *ZDF-Magazin*, (wie Anm. 16, S. 16), S. 112.

123 Vgl. Löwenthal im Interview mit Winckler, in: Stefan Winckler: Ein kritischer Journalist aus Berlin, (wie Anm. 106, S. 56), S. 154.

Geistige Grundlagen und politische Positionen

Glaube und Werte

Löwenthal bekannte sich zu einem starken Glauben an den »Gott des Alten Testaments«[1], »[...] denn sonst hätte man das, was man in seinem Leben mitgemacht hat, sicher nicht überstehen können. Gläubig nicht in dem Sinne, daß man nun unbedingt alle strikten Gebote der Religion einhalten muß, daß man aber doch irgendwo eine Kraftquelle braucht. Und die liegt teilweise ganz sicher bei mir in der Verankerung der jüdischen Religion, die ja in der Geschichte des jüdischen Volkes einem ungeheuer viel gibt, wenn man sie immer wieder studiert. Wenn Sie an den Stamm der Makkabäer denken, die damals diejenigen waren, die den Judenstaat wehrhaft verteidigt haben, dann ist das so etwas, was einem Kraft gibt«.[2]

Den festen Glauben führte er auf die elterliche Erziehung und nicht erst auf die »Begegnung« mit den ersten sowjetischen Soldaten zurück. Die Bibel war für ihn das Buch, das ihn nachhaltig beeinflusst hat.[3]

Nach Löwenthals Überzeugung »hält Gott das Schicksal der Menschen stets und ständig in Händen«. Gott ließ ihn demnach die Verfolgung unter Hitlers Herrschaft überstehen und rettete ihm erneut das Leben, als ihn ein Sowjetsoldat Ende April 1945 für einen SS-Mann hielt. Eine Über-Interpretation an dieser Stelle ist ausgeschlossen, denn Löwenthal resümierte im Abstand von mehr als 40 Jahren: »Mir hat damals Gott höchstpersönlich geholfen.«[4] Dem ließe sich hinzufügen: Wer sich von Gott selbst errettet glaubt, der verfügt über ein weit höheres Sendungsbewusstsein als der Durchschnittsbürger; wer auf eine solche Extremsituation zurückschauen kann, wird in der Regel »furchtloser« (ein Ausdruck, den Löwenthal gerne in Bezug auf seine Magazin-Tätigkeit verwendete) sein als Menschen ohne vergleichbare Erlebnisse bzw. Erleidnisse.

Löwenthal bezeichnete sich in einem Vortrag in der Gedenkbibliothek zu Ehren der Opfer des Stalinismus kurz nach dem 11. September 2001 als »Angehöriger des

1 So seine Formulierung im Fragebogen der Wochenzeitung *Junge Freiheit* vom 4.12.1998.

2 *Playboy*-Manuskript, (wie Anm. 250, S. 103).

3 Vgl. Löwenthal im JF-Fragebogen, in: *Junge Freiheit* Nr. 50 vom 4.12.1998. Online im Internet: www.jungefreiheit.de/Archiv.611.0.html.

4 Löwenthal: Ich bin geblieben, S. 12.

Volkes des Alten Testaments«, der den Satz Moses' »Auge um Auge, Zahn um Zahn« dem Bergpredigt-Zitat von der geschlagenen rechten und der hingehaltenen linken Wange vorzieht. Denn: »Hätte das jüdische Volk 5762 Jahre – dieses Jahr hat übrigens gestern für die Juden begonnen – nach der zweiten und nicht nach der ersten Handlungsmaxime gelebt, würde es heute nicht mehr existieren.«[5] So sah sich Löwenthal als gläubiger Jude mit der Geschichte der Israeliten eng verbunden, wobei der Begriff »Volk« im Sinne einer Religions-Gemeinschaft zu verstehen ist. Dementsprechend fiel es ihm als gläubigen Juden leicht, den jüdischen Neujahrstag zu erwähnen.

Löwenthal besuchte bei seinen Berlin-Aufenthalten stets eine Synagoge – das gleiche Gotteshaus, das sein Vater nach 1945 wieder aufzubauen half.[6] Er gehörte der jüdischen Gemeinde in Berlin an, ebenso wie sein Vater. Seinen ersten – beruflich bedingten – Besuch in Israel 1969 nutzte Löwenthal zum Gebet an der Klagemauer.[7]

Eine starke Religiosität kommt bei politischen Fernsehjournalisten selten vor: Franz Alt, als Moderator von *Report Baden-Baden* (ARD) eine Fernsehpersönlichkeit der siebziger und achtziger Jahre, stellt eine Ausnahme dar. Er verfasste aus einer progressiv-katholischen Sicht Bücher über Jesus Christus und begründete politische Meinungen zunehmend unter Bezug auf das Christentum. In seinem 1999 erschienen Buch *Der ökologische Jesus* und den dazu gehörigen Thesenveröffentlichungen versuchte Alt, die Ökologie im allgemeinen und die wirtschaftliche Nutzung der Sonnenenergie unter Bezug auf Jesus und insbesondere dessen Bergpredigt ethisch zu untermauern.[8] Er bemühte sich schon seit seinen Jahren als *Report*-Moderator, Jesus als den *ersten neuen Mann* (Buchtitel) zu porträtieren und ihn damit mit der Feminismus- und der Friedensbewegung in Einklang zu bringen.

Eine derartige expressive, nach außen gekehrte Religiosität und insbesondere deren Nutzung für diesseitige gesellschaftliche Zielvorstellungen lag Löwenthal fern. Er hätte darin wohl einen Missbrauch der Religion gesehen. Seine politischen Werte, Einstellungen und Meinungen begründete Löwenthal nicht mit dem Alten Testament und dem Sittengesetz, sondern mit der eigenen Erfahrung von Unfreiheit und Verfolgung im 20. Jahrhundert. Religion war ihm eine Privatangelegenheit.

5 Aussage Löwenthals in: Hans Brückl: »Die deutsche Einheit vollenden«. Gerhard Löwenthal sprach am 20. September 2001 in der Berliner »Gedenkbibliothek zu Ehren der Opfer des Stalinismus«. Online im Internet: www.tellus-international.de/discus_gedenkbibliothek/messages/14/64html?1031065797.

6 Aussage Löwenthal in *Weltbild*, o. D. (offenbar Dez. 1987 aus Anlaß seiner Pensionierung); ACDP, 01-763-050.

7 Vgl. Löwenthal: Ich bin geblieben, S. 189.

8 vgl. Franz Alt in: www.bad-bad.de/f_alt/f_alt_01.htm.

Löwenthal, der sich selbst der »radikalen Mitte« zuordnete[9] (was heißen sollte: kompromissloser Einsatz für den Wesenskern der freiheitlich-demokratischen Grundordnung und gegen deren extremistische, vor allem totalitäre Gegner, Äquidistanz zu Links- und Rechtsextremisten), sah in der Freiheit den zentralen Wert.[10] Nicht nur als Vortragsredner, sondern ebenso als Moderator des *ZDF-Magazins* versuchte Löwenthal »[...] immer wieder den Menschen den Freiheitsgedanken klar zu machen, was diese freiheitlich demokratische Grundordnung für jeden einzelnen bedeutet. Im Hinblick auf geschichtliche Erfahrungen in diesem Lande wollen wir bestimmte Ideen wachhalten, die sonst untergehen könnten«.[11] Damit bezog sich Löwenthal auf die klassischen bürgerlichen Freiheitsrechte im Grundgesetz: das Recht auf freie Entfaltung der Persönlichkeit (Art. 2), Glaubens-, Bekenntnis- und Gewissensfreiheit (Art. 4), Meinungs-, Informations- und Pressefreiheit, Freiheit von Kunst und Wissenschaft (Art. 5), Versammlungsfreiheit, Vereinigungs- und Koalitionsfreiheit, Freizügigkeit, Berufsfreiheit.

Er sah sich als Konservativen, der um die Bewahrung und nicht um die Ausweitung der Freiheit (wie die Liberalen) kämpft: Nicht nur gegen Kommunisten, sondern auch gegen Sozialisten, die ein Rätesystem an die Stelle der freiheitlich-demokratischen Grundordnung setzen wollten[12] – und bis in die SPD vorgedrungen seien. Eine wahrhaft freiheitliche Politik könne daher die »Blockpartei« FDP nicht für sich in Anspruch nehmen, wenn sie mit der »sozialistischen« SPD das Regierungsbündnis fortsetze.[13] Es überrascht, dass er, der sonst die Unterschiede beider deutscher Staaten so stark betonte, einen Begriff des DDR-Parteiensystems auf eine bundesrepublikanische Partei übertrug.

Die Freiheit schien ihm Mitte der siebziger Jahre von außen und von innen bedroht. Von außen sowohl durch den Sowjetkommunismus als auch durch Volksfrontbündnisse zwischen Sozialisten und Kommunisten in Westeuropa. Im Inneren sah er eine »Erosion der Abgrenzung«[14] von Teilen der Sozialdemokratie gegenüber

9 Vgl. Gerhard Löwenthal: »Ich bin der populärste Moderator in der BRD«, in: *Abendzeitung*, 2.12.1970; ACDP, NL Löwenthal, 01-01-763-006; H.M.: Der Mann von jedem zweiten Mittwoch, in: *Bildpost*, 6.6.1976; ACDP, NL Löwenthal, 01-763-033; N:N.: »Tief, sehr tief sind wir gesunken«, in: *Der Spiegel*, S. 75. Rolf Zundel: Gerhard Löwenthal, überlebensgroß, in: *Die Zeit*, 26. Jahrgang (1970), Nr. 44. Online im Internet: www.zeit.de/1970/44/Gerhard-Loewenthal-ueberlebensgross.

10 Vgl. Gerhard Löwenthal: Freiheit oder Sozialismus (Vortrag vor der Ordentlichen Mitgliederversammlung der Arbeitsgemeinschaft Blankstahlhandel e.V. am 24.3.1976 in Düsseldorf, S. 1); ACDP, NL Löwenthal, 01-763-021.

11 Löwenthal in: Andreas H. R. Schmidt, *ZDF-Magazin*, (wie Anm. 16, S. 16), S. 118.

12 Vgl. Vortrag Löwenthals in Uhingen am 25.3.1976; ACDP, NL Löwenthal, 01-763-022.

13 Vgl. Gerhard Löwenthal: Freiheit oder Sozialismus (Vortrag vor der Ordentlichen Mitgliederversammlung der Arbeitsgemeinschaft Blankstahlhandel e.V. am 24.3.1976 in Düsseldorf); ACDP, NL Löwenthal, 01-763-021, dort S. 3 f.

14 Wolfgang Rudzio: Erosion der Abgrenzung. Opladen: Westdeutscher Verlag, 1988.

dem »real existierenden Sozialismus« und dessen linksextremistischen Fürsprechern. Innerhalb der Sozialdemokratie strebten Neomarxisten »eine andere Republik« an (hier berief sich Löwenthal auf Karl Schiller), während Abgrenzungsbeschlüsse gegenüber Kommunisten nicht mehr wahrgenommen würden. Einer solchen Tendenz setzte er als Ideal den Freiheitswillen der Berliner Sozialdemokratie nach dem Zweiten Weltkrieg, wie ihn vor allem die Regierenden Bürgermeister Ernst Reuter und Willy Brandt verkörperten, entgegen. Die entscheidende Frage nicht nur für die Bundesrepublik Deutschland, sondern für die Europäische Gemeinschaft (hier begegnet uns wieder der europäisch-supranational denkende Löwenthal) könne auch nach der Bundestagswahl 1976 nur lauten: Freiheit oder Sozialismus.[15] Diese Alternative war für ihn weit mehr als eine Wahlkampfparole, vielmehr die entscheidende Alternative der europäischen und bundesdeutschen Politik.

Dass Löwenthal der Freiheit vor der Gleichheit den Vorzug gab, lässt sich leicht aus zahlreichen Äußerungen schließen. Freiheit blieb jedoch bei Löwenthal – soweit dies den Protokollen seiner Reden entnommen werden kann – immer im Grundsätzlichen, anders ausgedrückt: stets vage. Er erläuterte in seinen Reden und Schriften nie, wie Freiheit zu verwirklichen sei. Wir finden zwar die Warnung vor einem »totalen Steuer- und Abgaben-Staat« und einer ebenfalls »totalen Verbürokratisierung« sowie einem »Gesetz- und Verordnungschaos« im Bauwesen[16], aber beispielsweise keinen Katalog von Verwaltungsvorschriften, die abzubauen seien, weil sie im vermeintlichen Arbeitnehmer- oder Umweltinteresse die Wirtschaft behindern. Es zeigte sich: Löwenthal sah sich nicht als Theoretiker, sondern als Journalisten an. So präsentierte er keinen Gegenentwurf zu der von ihm kritisierten »Demokratisierung« der Hochschulen, obwohl er als Mitgründer und Kenner der Freien Universität dafür prädestiniert gewesen wäre: sei es als Ideengeber, sei es als Autor zusammen mit Juristen und anderen Experten. Zusammenfassend kann angenommen werden, dass Löwenthal als freiheitlicher Konservativer keine schrankenlose Liberalisierung, sondern einen Abgleich von Freiheit mit dem Sicherheits- und Ordnungsauftrag des Staates favorisierte sowie die Verantwortung des einzelnen Staatsbürgers mit der Freiheit in Einklang zu bringen versuchte.

Präziser war er mit seiner Definition des »Sozialismus«. Sozialismus beginne, indem seine Vertreter das Privateigentum an Produktionsmitteln sowie an Grund und Boden beseitigen – was nur mit Gewalt gehe und eine Freiheitsbeschränkung darstel-

15 Vgl. Löwenthal-Rede am 21.5.1977 vor der Jungen Union in Möhnesee-Körbecke; ACDP, NL Löwenthal, 01-763-009.

16 Anmoderation zu: Verordnungswut; Unternehmensarchiv des ZDF, Bestand *ZDF-Magazin*, Ordner Nr. 49, Sendung vom 29.6.1983.

le, der weitere folgen werden.[17] Damit orientierte er sich an der traditionellen marxistischen Definition des Sozialismus aus dem Kommunistischen Manifest. Der Sozialismus, der auf den ungefähr hundert Jahre zurückliegenden Thesen von Marx aufbaue, habe seitdem überall in der Praxis versagt. Reaktionär sei daher derjenige, der heute noch für den Sozialismus kämpfe. Sozialismus sei nach Lenin das erste Stadium des Kommunismus.[18]

Indem Löwenthal die Alternative Freiheit oder Sozialismus gegenüber anderen Leitfragen favorisierte, zählte er zu einer Minderheit unter seinen Berufskollegen. Das Institut für Demoskopie stellte repräsentativ ausgewählten Teilen der Bevölkerung und der Journalisten im Sommer 1976 die Frage »Wie gefällt Ihnen der Slogan der CDU: ›Freiheit statt Sozialismus‹? Dabei entschieden sich 36 Prozent der Bürger, aber nur 12 Prozent der Journalisten für »gut« (+2 bis +5 auf einer Skala von –5 bis +5). Zu einer neutralen Beurteilung (-1 bis +1) kamen 26 Prozent der Bevölkerung und 14 Prozent der Journalisten. 37 Prozent der Bevölkerung, aber 72 Prozent der Journalisten »gefiel die Parole nicht gut« (-5 bis –2).[19] Während sich also insgesamt Fürsprecher und Gegner die Waage hielten, waren die Journalisten nahezu mit einer Dreiviertelmehrheit dagegen.

Der Gegenpol zur Freiheit war für Löwenthal auf globaler Ebene der Marxismus-Leninismus der Sowjetunion (in Westdeutschland dürfte er eine kommunistische Machtübernahme als sehr unwahrscheinlich im Vergleich mit einem allmählich sich herausbildenden Sozialismus angesehen haben). Im Herbst 1977, anlässlich des 60. Jahrestages der Oktoberrevolution bezifferte er die Todesopfer in Archipel Gulag, den amerikanischen Gewerkschaftsbund zitierend, auf 23 Millionen in den Jahren 1918 bis 1975. Weiterhin zitierte er den Bürgerrechtler Alexander Galitsch mit seiner Schätzung von 60 Millionen Opfern des Kommunismus seit Lenins Machtübernahme – hier bleibt offen, ob die Volksrepublik China mitberücksichtigt ist. Mit diesen Zahlen befindet sich Löwenthal im ungefähren Einklang mit den Schätzungen von Stephane Courtois im *Schwarzbuch des Kommunismus*, der die Gesamtzahl der Opfer kommunistischer Herrschaft 1998 auf etwa einhundert Millionen bezifferte. Des Weiteren ist Löwenthals Aussage, bei der Oktoberrevolution habe es sich um einen Putsch der wenigen Anhänger Lenins gehandelt, nach dem Ende der »orthodoxen« marxistisch-leninistischen Herrschaft allgemein anerkannt. Es mag nicht überraschen, dass

17 Gerhard Löwenthal: Freiheit oder Sozialismus (ohne Orts- und Datumsangabe); ACDP, NL Löwenthal, 01-763-009.

18 Vgl. Gerhard Löwenthal: Freiheit oder Sozialismus, Rede vor einer öffentlichen Kreisversammlung der CSU München und Starnberg am 20.3.1976, S. 3 f.; ACDP, NL Löwenthal, 01-763-021.

19 Vgl. Elisabeth Noelle-Neumann: Die Entfremdung, in: Hans Mathias Kepplinger (Hrsg.): Angepaßte Außenseiter, Freiburg: Alber 1979, S. 260–280, hier S. 275.

Löwenthal im *ZDF-Magazin* auch Marxismus-kritische Literatur empfahl, etwa das Buch des »Kronzeugen«, Ex-Ministers, Ex-Häftlings Eugen Loebl mit dem Titel *Marxismus – Wegweiser und Irrweg* und Kurt Pentzlins *Marxisten überwinden Marxisten.*[20]

Deutsche Fragen. Einstellung zu Vergangenheit und Gegenwart in der Bundesrepublik Deutschland

Umgang mit der NS-Vergangenheit

Löwenthal lehnte es ab, die Deutschen einer Kollektivschuld an den nationalsozialistischen Verbrechen zu bezichtigen, wie es die westlichen Alliierten in der unmittelbaren Nachkriegszeit taten. Dies hätte seiner Erfahrung widersprochen, denn er hatte anständiges Verhalten und Hilfeleistungen von Bürgern einerseits, Vernichtungswahn der Gestapo und der SS andererseits und vielfältige Verhaltensweisen zwischen diesen Extremen erlebt. So schien ihm die Schuld auf verschiedene Personen und Gruppen sehr unterschiedlich verteilt. Löwenthal widersprach in einer *ZDF-Magazin*-Sendung am 11. November 1987 der These, »die Deutschen hätten noch für viele Generationen die Schuld zu bekennen und zu büßen, die entstanden ist durch die millionenfachen Massenmorde, begangen von Hitler und seinen Mordgesellen«. Denn »Schuld [...] kann immer nur individuell sein, sie kann nicht den Kindern und Kindeskindern angelastet werden«. Löwenthal zitierte dazu den britischen Verleger Victor Gollancz, der 1947 sagte: »Ich hasse den Gedanken der Kollektivschuld. Ich halte ihn für einen unsinnigen, unliberalen, antichristlichen, beklagenswert nazistischen Gedanken.« Gollancz war, wie Löwenthal, Jude. Eine Ablehnung der Kollektivschuld finden wir ebenso bei Michel Friedman, dem wohl seit den 1990er Jahren bekanntesten jüdischen Publizisten in Deutschland. Grundsätzlich, so der antitotalitär ausgerichtete Löwenthal, dürfe nicht zweierlei Maß angelegt werden: Auch den Russen werde niemand eine Kollektivschuld nachsagen, trotz der millionenfachen Verbrechen der Kommunisten. Aus den NS-Massenmorden ergebe sich – hier zitiert Löwenthal Karl Jaspers – eine Kollektivhaftung, und die Kollektivscham (Theodor Heuss) werde weiterhin Bestand haben. Löwenthal sah sich nicht nur in der Nachkriegszeit, sondern erneut durch die, wie er sagte, »Diffamierungskampagne« gegen die Historiker Ernst Nolte, Andreas Hillgruber und Michael Stürmer veranlasst, den Begriff der Kollektivschuld zurückzuweisen. Der Soziologe und Philosoph Jürgen Habermas hatte 1986

20 An- und Abmoderation Loebl; Unternehmensarchiv des ZDF, Bestand *ZDF-Magazin*, Sendung vom 9.11.1977.

den genannten Geschichtswissenschaftlern »apologetische Tendenzen« bezüglich der Shoah vorgeworfen und eine Kollektivhaftung für die dritte Generation geltend gemacht.[21] Daraus entstand der sogenannte »Historikerstreit«. Verbrechen der Nationalsozialisten, so Löwenthal, könnten nicht mit Verbrechen an Deutschen, insbesondere während der Vertreibung aus den ehemals deutschen Ostgebieten 1945 und danach, »aufgerechnet« werden. Sehr wohl aber sei »die auf industrieller Basis organisierte Ermordung von Millionen Menschen, nur weil sie einem anderen Glauben angehören«, jedenfalls »in der neuen Geschichte ohne Beispiel«, also singulär. Löwenthal hielt es aber für wichtig, dass junge Deutsche von den NS-Verbrechen wissen, damit »sie ihre Aufgabe als bewußte Glieder einer neuen europäischen Gemeinschaft wahrnehmen« können.[22] Die NS-Verbrechen dürften »nicht vergessen oder verkleinert« werden.[23] Das Gedenken an die Opfer des NS-Antisemitismus solle, wie es jüdischer Brauch sei, auf den Friedhöfen und nicht an immer mehr Gedenkstätten wie dem zentralen Mahnmal für die ermordeten Juden Europas in Berlin stattfinden.[24]

Der Zentralrat der Juden in Deutschland nahm dazu eine differenzierte Stellung ein: Zwar stammte die Idee für das Mahnmal nicht von ihm, ja nicht einmal von Juden. Es sollte jedoch gebaut werden, obwohl im Allgemeinen die Orte von Leid und Mord die natürlichen Gedenkstätten sind.[25]

Da Löwenthal keinen Unterschied zwischen NS- und SED-Opfern machte, stellt sich zusätzlich die Frage nach dem Umgang mit den Schuldigen an den staatlich sanktionierten Verbrechen in der SBZ und der DDR. Hier vertrat Löwenthal eine entsprechende Haltung: weder gebe es eine Kollektivschuld der SED-Mitglieder, noch solle eine Generalamnestie gewährt werden.[26]

21 An- und Abmoderation am 11.11.1987 im *ZDF-Magazin* zu dem Beitrag: Kollektivschuld; ACDP, NL Löwenthal, 01-763-007; auch archiviert in: Unternehmensarchiv des ZDF, Bestand *ZDF-Magazin*, Ordner Nr. 57, Sendung vom 11.11.1987.

22 Gerhard Löwenthal: Anmoderation zu dem Beitrag von Helmut Kamphausen und Vladimir Vesely: Mordkonferenz vor 30 Jahren; Unternehmensarchiv des ZDF, Bestand *ZDF-Magazin*, Ordner Nr. 19, Sendung vom 26.1.1972.

23 Anmoderation »Massenmord von Katyn aufgeklärt«; Unternehmensarchiv des ZDF, Bestand *ZDF-Magazin*, Ordner Nr. 21, Sendung vom 19.7.1972.

24 Löwenthal in: *Junge Freiheit*, 29.9.2000, www.jungefreiheit.de/Archiv.364.0.html .

25 Vgl. Presseerklärung vom 14.2.2004: Zentralrat steht unmissverständlich zum Mahnmal für die ermordeten Juden Europas, in: http://zentralratjuden.de/de/article/223.html.

26 Vgl. Löwenthal im Interview mit der Wochenzeitung *Junge Freiheit* gegenüber Jörg Fischer am 29.9.2000. Online im Internet: www.jungefreiheit.de/Archiv.364.0.html.

Löwenthal vertrat unter dem Eindruck des Terrorismus und der Stasi-Unterwanderung (die zuletzt Hubertus Knabe ausführlich in seinen Monographien beschrieb) in der Bundesrepublik die Meinung: Statt von »Innerer Sicherheit« müsse von »Innerer Verteidigung«[27] gesprochen werden. Demnach sah er einen heftigen Kampf gegen »unser[en] Rechtsstaat«[28] bereits im Gange. Im *ZDF-Magazin* stellte er sich uneingeschränkt auf die Seite »unserer Polizei«. Ihre Lage sei »katastrophal«, es fehle an technischer Ausstattung wie Computern, die Zuständigkeiten seien durch einen missverstandenen Föderalismus zersplittert. Fazit: »Die Hüter unserer Ordnung und Sicherheit fühlen sich – wie ich meine mit vollem Recht – benachteiligt.« Abhilfe schaffe nicht zuletzt eine stärkere Unterstützung durch die Politik und eine bessere Bezahlung.[29] Als skandalös charakterisierte Löwenthal, der gute Beziehungen zu Behördenchefs wie Horst Herold (Bundeskriminalamt) oder General Gerhard Wessel (Bundesnachrichtendienst) unterhielt, »Kampagnen« gegen die Sicherheitsorgane, wie sie beispielsweise der *Stern* unter dem Titel *Freiheit 78* in den späten 1970er Jahren betrieb. Denn diese hätten zur Verunsicherung der Behördenmitarbeiter und zur Beeinträchtigung der Polizeiarbeit geführt: »Es gehört selbstverständlich zur Aufgabe der Publizistik, in einem freiheitlich demokratischen Staat kritisch auch die Sicherheitsorgane unter die Lupe zu nehmen. Mißstände dort, wo es sie gibt, anzuprangern, Fehler aufzudecken.« Gegenüber der Dämonisierung – Stichworte: George Orwell, Überwachungsstaat, Bespitzelung – hätten er und seine Magazinredaktion sich nicht unkritisch, doch »mit Verantwortung für den Staat und seine Bürger zu den Sicherheitsorganen bekannt«.[30] Dazu gehörte die zweifellos oft zu treffende Entscheidung, als vertraulich oder gar sicherheitsrelevant angesehene Gegebenheiten nicht bekannt zu machen, selbst wenn sie einen hohen Nachrichtenwert beinhalteten – etwa im Zusammenhang mit dem Bundesnachrichtendienst, der 1971 das Thema einer Serie im *Spiegel* unter dem Titel *Pullach intern* war (die Geschichte des BND, seine Erfolge und

27 Gerhard Löwenthal: Freiheit oder Sozialismus, Rede anlässlich der öffentlichen Kreisversammlung der CSU-Kreisverbände München und Starnberg am 20.3.1976, S. 16; ACDP, NL Löwenthal, 01-763-021.

28 Anmoderation zu: Baader-Meinhof-Opfer vergessen; Unternehmensarchiv des ZDF, Bestand *ZDF-Magazin*, Ordner Nr. 30, Sendung vom 5.2.1975.

29 Vgl. Anmoderation Polizei; Unternehmensarchiv des ZDF, Bestand *ZDF-Magazin*, Ordner Nr. 12, Sendung vom 7.10.1970, und: Abmoderation Kripo; Unternehmensarchiv des ZDF, Bestand *ZDF-Magazin*, Ordner Nr. 12, Sendung vom 21.10.1970; ferner: An- und Abmoderation Polizei; Unternehmensarchiv des ZDF, Bestand *ZDF-Magazin*, Ordner Nr. 12, Sendung vom 25.11.1970.

30 Gerhard Löwenthal: Schutz oder Demontage des Rechtsstaates – Der Bundesgrenzschutz und die Medien, in: Bundesgrenzschutz-Verband (Hrsg.): Amtshilfe und Datenschutz. Konfliktfelder der Polizei im freiheitlichen Rechtsstaat (BGV-Kolleg), Bonn 1981, S. 12–22.

Misserfolge, einige seiner Methoden, sein führendes Personal betreffend). Löwenthal, der wegen seines Auslandsaufenthaltes erst 1969 von der Existenz des BND erfahren haben will, sah durch den Zwölfteiler der Autoren Heinz Höhne und Hermann Zolling die Arbeit des Auslandsgeheimdienstes massiv geschädigt (damit stimmte er mit BND-Gründer Reinhard Gehlen und dessen Nachfolger Gerhard Wessel überein[31]), denn der Inhalt von *Pullach intern* habe zu einer »großen Unruhe, zu Aufregung und Beunruhigung im Dienst selbst, aber auch in der breiten Öffentlichkeit geführt« und so eine Debatte entfacht, die »skandalös, die blamabel, die gefährlich und absurd« sei. Deren Folge: die Sicherheit werde gefährdet.[32] Grundsätzlich stimmte er darin mit dem Vorsitzenden des Bundestags-Unterausschusses für die Geheimdienste Fritz Baier (CDU) überein, den er zu diesem Thema für ein Interview gewonnen hatte.[33] Löwenthal beließ es aber nicht bei journalistischer Kritik, sondern beschaffte vor Drucklegung das gesamte Manuskript von *Pullach intern* und stellte es dem Generalbundesanwalt zur Verfügung.[34] Löwenthal gab also der Sicherheit des Staates (wie er meinte) den Vorzug vor einer Solidarität mit Kollegen, woran einmal mehr seine hohe Identifikation mit dem Staat Bundesrepublik Deutschland und einer seiner Institutionen abgelesen werden kann. Zugleich ist diese Handlungsweise unter Journalisten ungewöhnlich, unkollegial und denunziatorisch. Die Ablehnung von *Pullach intern* war für Löwenthal kein Einzelfall. So sprach er 1979 davon, bestimmte Medien (dabei dürfte er an den *Stern* gedacht haben) hätten sich auf »Enthüllungsgeschichten spezialisiert, die unter Bruch aller Geheimhaltungsvorschriften rücksichtslos Sicherheitsinteressen verletzen und geeignet sind, die Sicherheitsdienste der Bundesrepublik Deutschland lahmzulegen«.[35]

Zuvor schon, 1970, vertrat Löwenthal die Meinung, der beste Geheimdienst sei der, über den am wenigsten geredet werde.[36] Ein Auslandsnachrichtendienst sei unbedingt erforderlich, seine Tätigkeit, seine Arbeitsweise müsse zwangsläufig geheim bleiben.[37] Er neigte also zur Zurückhaltung, gegebenenfalls zum Verzicht auf die journalistische

31 Reinhard Gehlen: Verschlußsache. Mainz: v. Hase und Koehler, 1980, S. 69–71.

32 Anmoderation BND; Unternehmensarchiv des ZDF, Bestand *ZDF-Magazin*, Ordner Nr. 14, Sendung vom 17.3.1971.

33 Vgl. Interview Löwenthal – Baier, Beitrag: Geheimdienst in der Krise; Unternehmensarchiv des ZDF, Bestand *ZDF-Magazin*, Ordner Nr. 14, Sendung vom 17.3.1971.

34 Vgl. Löwenthal: Ich bin geblieben, S. 343.

35 Anmoderation: Krach um palästinensische Terroristen; Unternehmensarchiv des ZDF, Bestand *ZDF-Magazin*, Ordner Nr. 41, Bestand *ZDF-Magazin*, Sendung vom 7.11.1979.

36 Interview Löwenthal – Ehmke, *ZDF-Magazin*, 15.4.1970; ACDP, NL Löwenthal, 01-763-061. Löwenthal wiederholte diesen Satz in: Anmoderation BND; Unternehmensarchiv des ZDF, Bestand *ZDF-Magazin*, Ordner Nr. 14, Sendung vom 17.3.1971.

37 Vgl. Anmoderation BND; Unternehmensarchiv des ZDF, Bestand *ZDF-Magazin*, Ordner Nr. 14, Sendung vom 17.3.1971.

Erörterung sicherheitsrelevanter Bereiche der Politik. Dem stand ein gewisses Misstrauen der Bundesregierung Brandt/Scheel gegen den noch stark von seinem Gründer Reinhard Gehlen geprägten BND und eine sehr kritische, wenn nicht ablehnende Haltung einflussreicher Journalisten wie etwa Henri Nannen entgegen.

Löwenthal rügte allerdings an der Bundesregierung Brandt/Scheel, sie habe weniger wichtige Vorgänge als »geheim«[38] deklariert, um sie vor kritischen Journalisten zu bewahren. Grundsätzlich galt für ihn:

»Ich habe niemals Geheimvorgänge veröffentlicht, die die Sicherheit des Staates berührten, sondern da ging es um politische Informationen um die Ostverträge, die von den politisch Verantwortlichen geheim gestempelt wurden, und vor der deutschen Öffentlichkeit zurückgehalten werden sollten, obwohl sie im Ostblock längst diskutiert wurden. In solchen Fällen haben wir uns nach sorgfältiger Abwägung jedes einzelnen Falles u. U. zur Veröffentlichung entschlossen. Großen Wert lege ich darauf, daß wir noch nie etwas veröffentlicht haben, was im weitesten Sinne als Geheimnisverrat im Sinne von staatsgefährdend angesehen werden kann. Die Regierung gefährdend – das kann durchaus sein.«[39]

Angesichts der Anzeige beim Generalbundesanwalt ließe sich fragen: Verfügte Löwenthal über eine besondere Nähe zum Bundesnachrichtendienst? 1998 behauptete der Journalist Erich Schmidt-Eenbohm in seinem Buch *Undercover – Der BND und die deutschen Journalisten*, der Bundesnachrichtendienst verfüge über außerordentlich enge Beziehungen zu einigen Journalisten, darunter zu Gerhard Löwenthal. So sei Löwenthal, der »BND-Vertrauensjournalist«, unter dem Decknamen LOEBEN geführt worden.[40] Durch diese Tatsachenbehauptung konnte der Eindruck entstehen, Löwenthal sei zumindest zeitweilig ein »Sprachrohr« des BND gewesen. Auf eine Anfrage Löwenthals vom 29. September 1998 erklärte der BND sehr rasch (mit Datum vom 2. Oktober 1998), Ende der sechziger Jahre habe eine Dienststelle des Bundesnachrichtendienstes die Gesprächskontakte zu Journalisten wahrgenommen, die organisatorisch der Beschaffungs-Abteilung zugeordnet war, denn eine eigenständige Pressestelle habe noch nicht bestanden. Diese Dienststelle hatte die üblichen »Regularien« der Abteilung einzuhalten, so dass auch der Gesprächsfaden zu Löwenthal unter einer Verwaltungsnummer registriert worden war und er den Decknamen »Loeben« erhielt. Es könne, so der BND in einem Antwortbrief an Löwenthal weiter,

38 An- und Abmoderation zu dem Beitrag: Maulkorb; Unternehmensarchiv des ZDF, Bestand *ZDF-Magazin*, Ordner Nr. 26, Sendung von 12.9.1973.

39 Löwenthal in: Andreas H. R. Schmidt: *ZDF-Magazin*, (wie Anm. 16, S. 16), S. 194.

40 Erich Schmidt-Eenbohm: Undercover. Der BND und die deutschen Journalisten. Köln: Kiepenheuer & Witsch, 1998, S. 182, S. 299, S. 422.

»aus dieser formalen Verfahrensweise keineswegs der Schluss gezogen werden, der Kontakt mit Ihnen [Löwenthal] hätte einen nachrichtendienstlichen Charakter gehabt. Die Durchsicht der aus der damaligen Zeit noch vorhandenen Akte ergab auch materiell keinen Hinweis darauf, dass die Verbindung zu Ihnen operativ genutzt worden wäre. Auch sind keine Versuche ersichtlich, auf Ihre journalistische Tätigkeit Einfluß zu nehmen.«[41]

Eine Klage Löwenthals gegen Schmidt-Eenbohm wegen des möglicherweise missverständlichen Begriffs »BND-Vertrauensjournalist« blieb Ende 1998 ohne Erfolg; hingegen untersagte das Landgericht München I dem Beklagten Schmidt-Eenbohm drei falsche Tatsachenbehauptungen.[42] Im Übrigen hatte der *Stern* bereits Februar 1978 behauptet, Löwenthal sei immer wieder bei Wessel zu Gast.[43]

Löwenthal zeigte im *ZDF-Magazin* am 8. April 1981 einen Beitrag über den Bundesnachrichtendienst. Anlass war dessen 25jähriges Bestehen. Zustimmend zitierte er Bundeskanzler Schmidt: Die BND-Mitarbeiter dienten dem Frieden. »Kein Staat der Welt« könne, so Löwenthal, »auf die Arbeit der Geheimdienste in der Auslandsaufklärung verzichten – sie ist zu einem unverzichtbaren Hilfsmittel der Außenpolitik geworden, weil sie den Regierungen Kenntnisse über Stärken und Absichten fremder Staaten bringt, die durch offene Quellen nicht zu erlangen sind. Der BND leistet dazu mit seiner integrierten Form der politischen, militärischen, wirtschaftlichen und wissenschaft-technischen [sic!] Aufklärung einen wichtigen Beitrag.«[44]

Extremismus

Zu den nachhaltigsten politischen Debattenthemen der 1970er Jahre gehörte der »Extremistenbeschluss«, den seine Gegner fast durchweg als »Radikalenerlass« schmähten und in ihrem Sinne erfolgreich zur Agitation nutzten. Gemeint ist damit eine Übereinkunft der Ministerpräsidenten der Bundesrepublik Deutschland mit Bundeskanzler Willy Brandt vom 28. Januar 1972. Sie bekräftigten die Regelung des Beamtengesetzes, wonach in das Beamtenverhältnis nur aufgenommen werden dürfe, »wer die Gewähr dafür bietet, daß er jederzeit für die freiheitlich demokratische Grundordnung im Sinne des Grundgesetzes eintritt«. Der Beamte habe sich in- und außerhalb

41 Koller (BND) an Löwenthal; ACDP, NL Löwenthal, 01-763-028.
42 Vgl. Landgericht München I: Im Namen des Volkes! Urteil; ACDP, NL Löwenthal, 01-763-028.
43 Vgl. N.N.: Einsteiger der Woche. Gerhard Wessel, in: *Stern*, 31. Jahrgang (1978), Nr. 8, S. 17.
44 Gerhard Löwenthal: Anmoderation zu 25 Jahre BND; Unternehmensarchiv des ZDF, Bestand *ZDF-Magazin*, Ordner Nr. 44, Sendung vom 8.4.1981.

des Dienstes für die Erhaltung dieser Grundordnung einzusetzen. Jede Bewerbung sei einzeln zu prüfen. Nicht nur dem, der verfassungsfeindliche Aktivitäten entwickelt, sei die Einstellung zu verweigern. Darüber hinaus führe die Mitgliedschaft in einer Organisation, die verfassungsfeindliche Ziele verfolgt, zur Ablehnung der Bewerbung, weil dann ausreichende Zweifel an der Verfassungstreue bestünden.[45]

Löwenthal sah diese Übereinkunft der Ministerpräsidenten mit Bundeskanzler Willy Brandt als »Versuch von Demokraten [an], zu verhindern, daß solche, die das Grundgesetz und unsere freiheitliche Ordnung abschaffen wollen, auch noch aus Steuergeldern bezahlt werden«.[46] Eines »Extremistenbeschlusses« habe es aber nicht bedurft, vielmehr seien alle Bestimmungen bereits durch das Grundgesetz und das seit 1952 bestehende Bundesbeamtengesetz längst gegeben[47] (eine Auffassung, die er unter anderem mit Helmut Schmidt teilte). Denn eben dort stehe, so Löwenthal, der Beamte habe jederzeit, auch außerhalb seiner Arbeitszeit, für die freiheitliche demokratische Grundordnung einzutreten.[48] Im *ZDF-Magazin* vertrat Löwenthal darüber hinaus die Ansicht: Hätte es einen Extremistenbeschluss in der Weimarer Republik gegeben, dann wäre dadurch ein Reichskanzler Hitler verhindert worden. Denn erst mit dessen Einstieg in den öffentlichen Dienst als Regierungsrat des Freistaates Braunschweig war ihm der formal legale Weg zur Kanzlerschaft überhaupt erst möglich.[49] Mit Bedauern sah Löwenthal die Abschaffung der Regelanfrage der öffentlichen Arbeitgeber beim Verfassungsschutz anlässlich jeder Einstellung 1979. Um seine Meinung zu untermauern, befragte er im *ZDF-Magazin* die gleichgesinnten Sozialdemokraten Martin Kriele und Herbert Weichmann.[50]

45 Ministerialblatt Nordrhein-Westfalen, 1972 S. 342. Online im Internet: www.dhm.de/lemo/html/dokumente/KontinuitaetUndWandel_verordnungExtremistenbeschluss/index.html. Siehe dazu auch Gerhard Löwenthal: An- und Abmoderation Radikale; Unternehmensarchiv des ZDF, Bestand *ZDF-Magazin*, Sendung vom 10.5.1978.

46 Gerhard Löwenthal: Extremisten in den Gewerkschaften. Vortrag, Heidelberg, 28.2.1980; ACDP, NL Löwenthal, 01-763-026.

47 Vgl. Gerhard Löwenthal: Schutz oder Demontage des Rechtsstaates – Der Bundesgrenzschutz und die Medien, in: Bundesgrenzschutz-Verband (Hrsg.): Amtshilfe und Datenschutz. Konfliktfelder der Polizei im freiheitlichen Rechtsstaat (BGV-Kolleg), Bonn 1981, S. 12–22, ähnlich in: Freiheit oder Sozialismus. Rede vor der öffentlichen Versammlung der CSU München und Starnberg am 20.3.19766; ACDP, NL Löwenthal, 01-763-021.

48 Vgl. Gerhard Löwenthal: Meine Damen und Herren! (Redemanuskript ohne Orts- und Datumsangabe); ACDP, 01-763-009 (aus dem Kontext geht hervor, dass er diesen Vortrag 1978/79 gehalten hatte), S. 8.

49 Vgl. Überleitung zu SPD Brühl; Unternehmensarchiv des ZDF, Bestand *ZDF-Magazin*, Ordner Nr. 34, Sendung vom 9.6.1976.

50 Vgl. Unternehmensarchiv des ZDF, Bestand *ZDF-Magazin*, Ordner Nr. 40, Sendung vom 17.1.1979.

»Berufsverbote« gebe es, so Löwenthal in einer Rede vom März 1976, in der Bundesrepublik Deutschland »natürlich nicht«. So habe er nichts dagegen, wenn ein Kommunist Lehrer an einer von der DKP betriebenen Privatschule ist: an einer Schule, von der jedermann weiß, wer dort das Sagen hat, und der ausgewichen werden könne. Anders aber ist es, so Löwenthal, wenn Kinder in öffentlichen Schulen unerwartet und unfreiwillig auf kommunistische Lehrer treffen oder erklärte Staatsfeinde als Beamte aus »unseren Steuergeldern« bezahlt werden. Gegen ihre Berufsausübung als Juristen in der Privatwirtschaft, d. h. wenn sie als Rechtsanwälte zugelassen sind, wandte er sich nicht, da sich jeder Klient frei für einen kommunistischen oder nicht-kommunistischen Anwalt entscheiden konnte. Zur Vertiefung des Themas empfahl Löwenthal das Urteil des Bundesgerichtshofes, das den Begriff »Berufsverbot« zurückgewiesen habe.[51]

Die Überprüfung von Anwärtern für den öffentlichen Dienst, so Löwenthal, durch den Verfassungsschutz sei ein Akt der »Fürsorge des Staates für seine Bürger«, der sich jeder unterziehen könne, der reinen Gewissens sei. Es handle sich um das demokratischste Verfahren in der westlichen Welt, im Gegensatz zu den Regelungen in Frankreich, Schweden und Großbritannien, wo es Listen mit Positionen des öffentlichen Dienstes gebe, die keinesfalls mit Kommunisten zu besetzen seien. Während hierzulande der Staat begründen müsse, warum er einem Bewerber eine Einstellung verweigere, sei in den genannten Ländern der Staat keineswegs zur Rechenschaft aufgefordert.[52]

Im *ZDF-Magazin* vom 2. August 1978 strahlte Löwenthal einen Beitrag des Redakteurs Ernst Martin über den Verfassungsschutz aus, der sich wie eine Gegendarstellung zu den kurz davor erschienenen Texten der Reihe *Freiheit 78* im *Stern* liest. Löwenthal hob in seiner Moderation lobend die Interview-Äußerungen des Innenministers von Nordrhein-Westfalen, Burkhard Hirsch (FDP), hervor, der sich, so Löwenthal, »erfreulich eindeutig« vor jene gestellt habe, die »den Schutz unserer freiheitlichen Ordnung zu ihrem Arbeitsgebiet gemacht haben« – während es sein Parteifreund

51 Vgl. Gerhard Löwenthal: Freiheit oder Sozialismus. Vortrag am 24.3.1976 anlässlich der ordentlichen Mitgliederversammlung der Arbeitsgemeinschaft Blankstahlhandel e.V. in Düsseldorf; ACDP, NL Löwenthal, 01-763-021, S. 14 f. Die gleiche Meinung, aber in knapper Form, äußerte Löwenthal über Berufsverbote auch in seinem Vortrag: »Schon einmal haben Extremisten einen Staat kaputt gemacht«, in: *BFD-Nachrichten*, Nov. 1977, S. 1–6, hier S. 2. Zur Ablehnung des Begriffs »Berufsverbote« siehe, stellvertretend für mehrere Moderationsstücke im *ZDF-Magazin* auch: Abmoderation: Russel-Tribunal; Unternehmensarchiv des ZDF, Bestand *ZDF-Magazin*, Ordner Nr. 38, Sendung vom 29.3.1978.

52 Vgl. Gerhard Löwenthal: Meine Damen und Herren! (Redemanuskript ohne Orts- und Datumsangabe); ACDP, 01-763-009 (aus dem Kontext geht hervor, dass er diesen Vortrag 1978/79 gehalten hatte), S. 9 f.

Bundesinnenminister Gerhard Rudolf Baum in der *ZDF-Magazin*-Sendung zwei Wochen zuvor versäumt habe, »energisch und schützend« den Verfassungsschutz zu verteidigen[53] (zutreffender wäre: Baum verteidigte zwar den Verfassungsschutz, aber nicht so direkt und entschieden, wie es Löwenthal offenbar für nötig hielt).[54] Den Verfassungsschutz, aus dessen Berichten über Extremismus er gelegentlich zitierte, hätte Löwenthal gerne in personeller und materieller Hinsicht gestärkt gesehen,[55] »denn eine wehrhafte und verteidigungsbereite Demokratie braucht Instrumente zu ihrem Schutz«.[56] Dass er im Konfliktfall zwischen Zeitschriftenveröffentlichungen und dem amtlichen Verfassungsschutz auf der Seite der Behörde stand, machte er am 2. März 1977 deutlich, als er einen Artikel im *Spiegel* des Verrats von sicherheitsrelevanten Geheimnissen bezichtigte.[57] Die grundsätzliche journalistische Unterstützung des amtlichen Verfassungsschutzes bedeutete aber keine völlige »Beißhemmung« Löwenthals: Das Vorrücken kommunistischer Betriebsräte auf sicherheitsrelevante Stellungen, wie es in der Frankfurter Flughafen AG um 1979/80 geschah, sei leider nicht in den Verfassungsschutzberichten der Bundesregierung vermerkt, die unter parteipolitischen Vorzeichen in einer kaum vertretbaren Weise geschönt würden.[58]

In Bezug auf Spionage wiederholte Löwenthal den Aufruf des Bundesinnenministers Hans Dietrich Genscher an Agenten ausländischer Dienste in Deutschland, sich zu stellen. Dazu nannte er die Telefonnummer des Bundesamtes für Verfassungsschutz in Köln, an die sich ebenso all diejenigen wenden sollten, die von gegnerischen Diensten angesprochen wurden.[59] Im Laufe der darauffolgenden sechs Tage gingen tatsächlich 102 Anrufe ein, so dass Löwenthal in der nächsten Sendung von einem Erfolg sprach und die Nummer wiederholte.[60]

Löwenthal war, wie wir bereits aus seinen Überlegungen zum Konzept des *ZDF-Magazins* gesehen haben, der gleichen Meinung wie der BR-Journalist Udo Reiter, ein

53 An- und Abmoderation Löwenthals im *ZDF-Magazin* am 2.8.1978 zum Beitrag von Ernst Martin: Verfassungsschutz unter Beschuß; Unternehmensarchiv des ZDF, Bestand *ZDF-Magazin*, Ordner Nr. 39, Sendung vom 2.8.1978.

54 Vgl. Stellungnahme Baums im Beitrag von Ernst Martin, *ZDF-Magazin*; Unternehmensarchiv des ZDF, Bestand *ZDF-Magazin*, Ordner Nr. 39, Sendung vom 19.7.1978.

55 Vgl. Überleitung zu Interview Genscher; Unternehmensarchiv des ZDF, Bestand *ZDF-Magazin*, Ordner Nr. 22, Sendung vom 13.9.1972.

56 Anmoderation zu: Verfassungsschutz; Unternehmensarchiv des ZDF, Bestand *ZDF-Magazin*, Ordner Nr. 36, Sendung vom 2.3.1977.

57 Gerhard Löwenthal: »Spiegel«-Affäre II; Unternehmensarchiv des ZDF, Bestand *ZDF-Magazin*, Ordner Nr. 36, Sendung vom 2.3.1977.

58 *Heidelberger Tageblatt*, 29.2.1980, *Rhein-Neckar-Zeitung*, 1.3.1980 und 6.3.1980, ohne Autoren- und Seitenangabe; ACDP, NL Löwenthal, 01-763-023

59 Abmoderation Spionage; Unternehmensarchiv des ZDF, Bestand *ZDF-Magazin*, Ordner Nr. 16, Sendung vom 23.6.1971.

60 Moderation; Unternehmensarchiv des ZDF, Bestand *ZDF-Magazin*, Ordner Nr. 16, Sendung vom 30.6.1971.

Journalist habe in Krisenzeiten – er dachte offenbar an Phasen des Werteverfalls, der extremistischen Bedrohung und der Unterwanderung durch Radikale – eine gewandelte Aufgabe: »Ich meine eine bewußt praktizierte Verantwortung für den demokratischen Rechtsstaat und eine erkennbare Solidarität mit dem Staat.«[61]

1972 sah Löwenthal den Rechtsextremismus »durch die Bemühungen aller demokratischen Parteien [...] zur Bedeutungslosigkeit herabgesunken«, während er gleichzeitig den Linksradikalismus im Aufschwung sah. Um dessen Gefährlichkeit zu unterstreichen, zitierte er ausführlich aus dem Bericht des Bundesamtes für Verfassungsschutz.[62]

Gewalt von Neonazis, die er ebenso wie die Baader-Meinhof-Bande als extremistische »Terrorszene« einstufte, sah er durch die Brille des Ost-West-Konflikts: Häufig stammten, so Löwenthal, jüngere Neonazis aus der DDR. Er fragte sich, ob ihre Ideologie und ihre Gewalttaten auf ihren schlechten Erfahrungen im DDR-Sozialismus beruhen oder eine Reaktion auf den von ihnen als zu wenig antikommunistisch und zu schlapp eingeschätzten Westen darstellen. Löwenthal stellte außerdem die Frage, ob denn die DDR den Rechtsextremismus wenigstens zum Teil steuere. Enge Verbindungen bestünden darüber hinaus zwischen Rechtsextremisten und den Terrororganisationen der Palästinenser (die wiederum vom KGB gestützt seien), die ohnehin beide den Judenhass gemeinsam hätten.[63]

Terrorismus

In den 1970er Jahren machte Löwenthal den Terrorismus zu einem Schwerpunktthema im *ZDF-Magazin*. Es ging ihm um die sonst weniger diskutierten geistigen Wurzeln und personellen Verbindungen. Die Delikte der Baader-Meinhof-Bande alias Rote Armee Fraktion selbst waren eines der innenpolitisch wichtigsten und meistdiskutierten Themen der ganzen Dekade. Aus einem Selbstbezichtigungsschreiben der RAF zitierte er, dass sie einen »Krieg gegen die freiheitliche rechtsstaatliche Ordnung der parlamentarischen Demokratie« führe.[64] Mehr als einmal widersprach Löwenthal der These, der RAF-Terrorismus sei nicht »links«. Dazu zitierte er als »Kronzeugen«

61 Zitiert in: Vortrag Löwenthals an der Ruhr-Universität Bochum, 19.1.1982; ACDP, NL Löwenthal, 01-763-020, S. 9.

62 Vgl. Nach Abmoderation Schulz; Unternehmensarchiv des ZDF, Bestand *ZDF-Magazin*, Ordner Nr. 20, Sendung vom 12.4.1972.

63 Vgl. Anmoderation zum Fall Albrecht; Unternehmensarchiv des ZDF, Bestand *ZDF-Magazin*, Ordner Nr. 45, Sendung vom 21.10.1981.

64 Moderation; Unternehmensarchiv des ZDF, Bestand *ZDF-Magazin*, Ordner Nr. 36, Sendung vom 13.4.1977.

den RAF-Anwalt Klaus Croissant, der das Ziel der Terroristen als »zutiefst sozialistisch kommunistisch [...] gegen eine[n] versteckten Faschismus« beschrieb.[65]

Löwenthal sah den Terrorismus als weltweit agierend und als ein sehr stark von der UdSSR gelenktes Instrument an, das ideologisch deutlich auf dem Marxismus[66] basiere. Tatsächlich lässt sich Terrorismus auch aus den Schriften von Karl Marx ableiten, denn er schrieb unter dem Eindruck der staatlichen Reaktion auf das Aufbegehren von 1848, es gäbe nur ein Mittel, »die mörderischen Todeswehen der alten Gesellschaft, die blutigen Geburtswehen der neuen Gesellschaft abzukürzen, zu vereinfachen, zu konzentrieren [...] – den revolutionären Terrorismus«.[67] Ob Löwenthal diesen Satz kannte, lässt sich nicht nachweisen. Löwenthal: »Terrorismus hat seinen festen Platz in der langfristigen sowjetischen Strategie, den Westen zu überwältigen, zusammen mit Subversion und Desinformation, der halsbrecherischen sowjetischen Rüstung und dem systematischen Versuch, den Westen seiner Zugänge zu den Hauptenergiequellen im Golf und den strategisch wichtigen Rohstoffen in Zentral- und Südafrika zu berauben.«[68] Eine Tagung über internationalen Terrorismus, veranstaltet vom Jonathan Institute in Jerusalem für Politiker, Wissenschaftler und Journalisten, vertiefte und erweiterte Löwenthals Kenntnisse und Thesen, so dass er für das *Deutschland-Magazin* die Ergebnisse ausführlich referierte. Auf Initiative des KGB unterstützen, so Löwenthal, kommunistische Staaten die sog. »nationalen Befreiungsbewegungen« (für Löwenthal waren das »Terrororganisationen«[69]) und den Terrorismus durch Geld, Waffen, Ausbildung (Lumumba-Universität in Moskau, militärische Ausbildung in der UdSSR) und politische Anerkennung (hier nannte Löwenthal ausdrücklich die PLO). Ziel sei es, das militärische Gleichgewicht in der Welt ohne einen offenen Krieg zu ihren Gunsten zu verändern. Beispielsweise sei die Guerilla in den portugiesischen Kolonien Angola und Mosambik von »Moskau« angeleitet, in der UdSSR ausgebildet und von der KP Portugals vorangetrieben worden. Löwenthal fasste zusammen, es gäbe eine »Doppelstrategie Moskaus, sich nur dort mit Terror zu identifizieren, wo er als ›nationaler Befreiungskampf‹ getarnt werden kann und östliche kommunistische Belange nicht gefährdet werden, andernorts aber geheim zu operieren, um den kommunistischen Parteien die Möglichkeit zu geben, sich von Gewalt zu distanzieren.

65 Croissant im französischen Fernsehen, im *ZDF-Magazin* ausgestrahlt; Unternehmensarchiv des ZDF, Bestand *ZDF-Magazin*, Ordner Nr. 37, Sendung vom 14.9.1977.

66 Vortrag in Tutzing, 28.1.1978, dort S. 18; ACDP, NL Löwenthal, 01-763-026.

67 Karl Marx: Sieg der Kontrerevolution zu Wien, in: *Neue Rheinische Zeitung* Nr. 136 vom 7.11.1848, wiedergegeben in: Institut für Marxismus-Leninismus beim ZK der SED (Hrsg.): Karl Marx/ Friedrich Engels: Werke (MEW). Berlin (Ost): Dietz Verlag, 1969, S. 455 ff., dort S. 457.

68 Gerhard Löwenthal: Am langen Arm des KGB, in: *Deutschland-Magazin*, September 1979; ACDP, NL Löwenthal, 01-763-026.

69 Anmoderation: Schwarzer Terror; Unternehmensarchiv des ZDF, Bestand *ZDF-Magazin*, Ordner Nr. 49, Sendung vom 1.6.1983.

Die RAF sei in der Bundesrepublik durch die DDR heimlich unterstützt worden (wie recht Löwenthal hatte, wurde spätestens 1990 mit der Verhaftung von westdeutschen Terroristen in der DDR offenkundig). Selbst die Waffen, die Libyen von der UdSSR erworben habe, kamen an Terrororganisation in aller Welt, von der Baader-Meinhof-Bande bis zu Guerillas in Eritrea.[70]

Im *ZDF-Magazin* präsentierte Löwenthal wiederholt Experten, die die Lenkung des internationalen Terrorismus durch die UdSSR erläuterten: beispielsweise Brian Crozier und Ray Cline am 18. Juli 1979.[71] Von dieser Unterstützung waren rein anarchistische oder trotzkistische Gruppen ausgeschlossen, mit anderen Worten: die Sowjetunion half nur denjenigen, die orthodox-kommunistisch waren oder mit deren Hilfe der sowjetrussische Einfluss in einer bestimmten Region zuungunsten der USA gesteigert werden konnte.

Es war Löwenthal ein wichtiges Anliegen, nicht nur über Aktionen von Terroristen (er sprach von »Banditen«[72], bezogen auf die Baader-Meinhof-Bande 1972) zu reden, sondern die Sympathisanten, die er unter den Intellektuellen zu erkennen glaubte, beim Namen zu nennen und ihre Aussagen diesbezüglich klar zu missbilligen. Im Jahre 1977, kurz nach der Ermordung von Generalbundesanwalt Siegfried Buback, bezifferte er den »harten Kern« des deutschen Terrorismus auf 30 Täter, unterstützt von 400 Personen, um die sich wiederum 5000 Sympathisanten gruppieren.[73] Diese Unterstützer- und Sympathisantentätigkeit äußerte sich, so Löwenthal, in der Rechtfertigung des Terrorismus und sogar in der Anleitung zum Guerillakampf, die die stark angewachsene radikale Literatur aus zahlreichen Verlagen, Vertrieben und Buchhandlungen anbiete, sowie in der Unterstützung durch die Anwälte der Terroristen wie insbesondere Klaus Croissant.[74]

Der wohl heftigste publizistische Konflikt Löwenthals nach der Kontroverse mit Nannen entstand im Januar 1972 mit Heinrich Böll. Der Kölner Schriftsteller hatte ausführlich im *Spiegel* Nr. 3 vom 10. Januar 1972 auf eine Schlagzeile der *Bild*-Zeitung vom 23. Dezember 1971 Bezug genommen. Sie lautete: »Bankraub: Polizist erschossen« und darüber etwas kleiner gesetzt: »Baader-Meinhof-Bande mordet weiter.« Böll stellte der *Bild*-Behauptung die Aussage der zuständigen Kripo Kaiserslautern

70 Vgl. ebd.

71 Vgl. *ZDF-Magazin*-Sendung vom 18.7.1979; ACDP, NL Löwenthal, 01-763-012.

72 Moderation; Unternehmensarchiv des ZDF, Bestand *ZDF-Magazin*, Sendung vom 21.6.1972; Moderation; Unternehmensarchiv des ZDF, Bestand *ZDF-Magazin*, Sendung vom 13.4.1977.

73 Moderation; Unternehmensarchiv des ZDF, Bestand *ZDF-Magazin*, Ordner Nr. 36, Sendung vom 13.4.1977.

74 Beitrag Löwenthal: Terrorismus: Kreuz- und Querverbindungen; Unternehmensarchiv des ZDF, Bestand *ZDF-Magazin*, Ordner Nr. 36, Sendung vom 3.8.1976; An- und Abmoderation Croissant; Unternehmensarchiv des ZDF, Bestand *ZDF-Magazin*, Ordner Nr. 37, Sendung vom 12.10.1977.

als beispielhaft sachlich entgegen: Konkrete Anhaltspunkte für eine Beteiligung der Baader-Meinhof-Bande lägen nicht vor, man ermittle aber auch in diese Richtung. Nach einer Bestandsaufnahme über den als »schlecht bezahlt« charakterisierten Polizistenberuf zitierte Böll sehr ausführlich die Verlautbarungen von Terroristen – wohl aus dem Grund des »audiatur et altera pars«. Die Opferrolle, die sich die Terroristen zuschreiben (nicht sie, sondern die Polizei habe gezielt geschossen) nahm Böll allerdings sehr ernst, er übernahm sie und kam zu dem Ergebnis, bei dem Baader-Meinhof-»Manifest« mit dem Titel *Den bewaffneten Kampf unterstützen. Sieg im Volkskrieg* handle es sich um »eine Kriegserklärung von verzweifelten Theoretikern, von inzwischen Verfolgten und Denunzierten, die sich in die Enge begeben haben, in die Enge getrieben worden sind und deren Theorien weitaus gewalttätiger klingen als die Praxis«. Zwar hielt Böll den »Krieg der sechs [Terroristen] gegen 60 Millionen« schon im theoretischen Ansatz für »aussichtslos«, doch kam er nach dieser Aussage nicht etwa zu einer generellen Verurteilung des Terrorismus hier und weltweit, sondern zu einer für die Bundesrepublik wenig schmeichelhaften Betrachtung des bundesdeutschen Verhältnisses zur NS-Vergangenheit. Der von einer »gnadenlosen Gesellschaft [...] gehetzten« Ulrike Meinhof müsse Gnade oder besser freies Geleit angeboten werden, um überhaupt erst ihre Anwesenheit in einem Gerichtsprozess zu ermöglichen. Mitleid mit den Opfern kam in seinem Aufsatz nicht explizit vor. Der Essay enthielt vielmehr mehrere sehr aggressive Äußerungen Bölls. So sei *Bild* »nicht mehr kryptofaschistisch, nicht mehr faschistoid, das ist nackter Faschismus, Verhetzung, Lüge, Dreck«. Über Axel Springer, dem er eine Anklage wegen Volksverhetzung wünschte, schrieb der spätere Literaturnobelpreisträger: »Ich hoffe, daß Herrn Springer und seinen Helfershelfern dieser Witz im Hals steckenbleibt mit den Gräten ihres Weihnachtskarpfens.«[75]

Der Aufsatz löste eine heftige Debatte in den Medien aus. Bundesinnenminister Hans Dietrich Genscher warnte bereits zwei Tage nach Erscheinen des Böll-Textes vor einer Verharmlosung. Der Schriftsteller Hans Habe kritisierte am 16. Januar 1972 in der *Welt am Sonntag*, Böll vertrete zwar »die Freiheit der Terroristin Meinhof, nicht aber die des Dissidenten Vladimir Bukowskij« (tatsächlich hatte Böll gesagt, als PEN-Präsident sei er zu einer Erklärung über das Urteil gegen Bukowskij nicht ermächtigt, ohnehin halte er eine öffentliche Erklärung für ungeeignet). Das sei doch in Wahrheit Faschismus, so Habe.[76] Der nordrhein-westfälische Minister Diether Posser (SPD)

75 Heinrich Böll: Will Ulrike Gnade oder freies Geleit?, in: *Der Spiegel*, 26. Jahrgang (1972), Nr. 3, S. 54–57.

76 Vgl. Hans Mathias Kepplinger/Michael Hachenberg/Hermann Frühauf: Struktur und Funktion eines politischen Konflikts. Die Auseinandersetzung um Heinrich Bölls Artikel »Will Ulrike Gnade oder freies Geleit? in: *Publizistik*, 22. Jg. (1977), S. 15–35, dort S. 17.

antwortete auf den Böll-Artikel am 24. Januar 1972 ebenfalls im *Spiegel*. Posser, ein langjähriger Rechtsanwalt, rügte eingangs den *Bild*-Artikel. Wenn aber Böll, der sich nicht mit den Terroristen identifiziere, die Darstellung der Baader-Meinhof-»Gruppe« übernehme, irre er: Die Bande habe stets zuerst geschossen. Sie könne sich nicht, wie Böll nahelegt, mit der Polizei auf eine Stufe stellen. Böll verharmlose »in gefährlicher Weise die Tätigkeit der Gruppe« mit ihren Morden, Totschlagsdelikten, Banküberfällen usw. Sie könne nicht mit den Verfolgten des NS-Regimes verglichen werden. Die von Böll festgestellte »Gnadenlosigkeit« konnte Posser nicht erkennen. Abschließend belehrte er Böll über die juristischen Begriffe »Gnade« und »freies Geleit«.[77] Ebenfalls am 24. Januar 1972 kommentierte der Chefredakteur der *Deutschen Zeitung*, Ulrich Frank-Planitz, unter dem Titel *Letzte Parole ›verhaftet oder tot‹* im Südwestfunk, Böll habe sich zum »Anwalt der anarchistischen Gangster aufgeschwungen«. Sympathisanten seien »Salonanarchisten«.[78] Daraufhin verweigerte Böll dem SWF jede künftige Zusammenarbeit, denn jener Kommentar sei »faschistisch verleumderisch«.[79] Der publizistische Konflikt um Böll entfachte gleichzeitig eine heftige Debatte in den überregionalen Zeitungen, die fast sieben Wochen dauerte.[80] Dass sich Gerhard Löwenthal als Moderator des politischen Wochenmagazins im ZDF ebenfalls äußern würde, verstand sich angesichts der Heftigkeit und Dauer der Kontroverse von selbst. Er zog am 26. Januar 1972 in der Moderation zu einem Beitrag über den Psychologie-Professor Peter Brückner, den die niedersächsische Landesregierung wegen Verbindungen zum Terrorismus zu spät suspendiert habe, einen Vergleich zwischen dem Nationalsozialismus und dem Linksextremismus (»roter Faschismus«):

»Der rote Faschismus, wie der linksstehende Frankfurter Soziologe Jürgen Habermas den Linksradikalismus nannte, unterscheidet sich in nichts von dem, was wir schon einmal erlebten. Und die Sympathisanten des Linksfaschismus, diese Bölls und Brückners und all die anderen sogenannten Linksintellektuellen sind keinen Deut besser als die geistigen Schrittmacher der Nazis, die schon einmal so viel Unglück über uns brachten.«[81]

77 Vgl. Diether Posser: »Diese Praxis ist verheerend«, in: *Der Spiegel*, 26. Jahrgang (1972), Nr. 5, S. 40 f.

78 Vollständig zitiert in: *epd/Kirche und Fernsehen* Nr. 4 /1972, S. 6.

79 Vgl. Hans Mathias Kepplinger/Michael Hachenberg/Hermann Frühauf: Struktur und Funktion eines publizistischen Konflikts. Die Auseinandersetzung um Heinrich Bölls Artikel »Will Ulrike Gnade oder freies Geleit?«, in: *Publizistik*, 22. Jahrgang (1977), S. 14–34, dort S. 18.

80 Vgl. ebd., S. 15.

81 Löwenthal in der Anmoderation der *ZDF-Magazin*-Sendung vom 26.1.1972; Unternehmensarchiv des ZDF, Bestand *ZDF-Magazin*, Ordner Nr. 19, Sendung vom 26.1.1972.

Damit war Löwenthal mit seiner entschieden anti-totalitären Kritik nicht nur in grundsätzlicher Übereinstimmung mit Ulrich Frank-Planitz und Hans Habe. Vielmehr setzte er heterogene demokratiefeindliche Kräfte der Weimarer Republik mit denjenigen in Beziehung, die sich selbst als Feinde rechten, autoritären, ja selbst konservativen Denkens sahen. Nicht zuletzt bestand zwischen Böll und Löwenthal ein grundsätzlicher Gegensatz in Bezug auf die Bundesrepublik Deutschland. Böll war bereits seit den frühen fünfziger Jahren ein entschiedener Gesellschaftskritiker, der eine gesellschaftliche »Restauration« in der Bundesrepublik zu erkennen glaubte: einen konservativen Zeitgeist im politischen Sinne und einen Wiederaufstieg NS-belasteter Personen in Wirtschaft und Verwaltung. Löwenthal sah im Gegensatz dazu sehr viel stärker die Vorzüge (insbesondere die Freiheit) und die Chancen (in wirtschaftlich-technischer Hinsicht) der bundesdeutschen Verhältnisse. Für ihn wurden die Nationalsozialisten mehr und mehr Vergangenheit.

Schon 14 Tage zuvor hatte Löwenthal Böll wegen dessen mangelnder Kritik an der Verfolgung oppositioneller Schriftsteller in der UdSSR, speziell an der Verhaftung und Verurteilung Vladimir Bukowskijs, in einer abfällig klingenden Weise gerügt: »[...] ein gewisser Herr Böll, der als Präsident des Pen-Clubs noch immer nicht weiß, ob er seine Pflicht zur Verteidigung der Meinungsfreiheit erfüllen soll.«[82] Was Löwenthal 1972 nicht wissen konnte: Böll setzte sich nach 1972 für sowjetische Dissidenten ein und gewährte Alexander Solschenizyn nach dessen Ausweisung 1974 ein erstes Asyl.

Böll beantragte am 9. Februar 1972 eine einstweilige Verfügung gegen Löwenthal zur Unterlassung derartiger Äußerungen. Löwenthal erklärte am 16. Februar 1972 im *ZDF-Magazin*, er habe Böll nicht diffamieren wollen. Er betonte die »Gleichartigkeit des roten und des braunen Faschismus« als Feinde der parlamentarischen Demokratie. Sein Anliegen sei gewesen, vor der Verharmlosung gewalttätiger politischer Gruppen (der Begriff Extremismus war seinerzeit noch nicht in Gebrauch), wie sie vor allem durch Intellektuelle geschehe, zu warnen. Dabei erinnerte er an 1932, als verschiedene Intellektuelle (die er nicht weiter zuordnete oder benannte) die NS-Gefahr negierten. Jetzt dürfte eine derartige Verharmlosung krimineller Gruppen nicht noch einmal erfolgen, schon gar nicht durch einen renommierten und dadurch einflussreichen Schriftsteller.[83] Damit belegte Löwenthal erneut, dass er – Stichwort roter und brauner Faschismus! – die Totalitarismustheorie bejahte, die Nationalsozialismus und Kommunismus anhand zentraler Merkmale als wesensähnlich (aber nicht als gleichartig) charakterisierte.

82 Abmoderation zu: Der Fall Bukowskij; Unternehmensarchiv des ZDF, Bestand *ZDF-Magazin*, Ordner Nr. 19, Sendung vom 12.1.1972.

83 Vgl. Auszug aus der Moderation von Herrn Löwenthal im *ZDF-Magazin* vom 16.2.1972; Unternehmensarchiv des ZDF, Bestand *ZDF-Magazin*, Ordner Nr. 19, Sendung vom 16.2.1972.

Eine weitere Mäßigung der Debatte lässt sich der Böll-Replik auf Posser im *Spiegel* Nr. 6/1972 entnehmen. Sein Artikel »Will Ulrike ...« habe, so der Kölner Schriftsteller, völlig anders gewirkt als beabsichtigt. Ihm sei es um eine Entspannung gegangen, er habe sogar die Baader-Meinhof-Bande implizit zum Aufgeben auffordern wollen.[84]

Vor der Zivilkammer des Kölner Landgerichts kamen Böll und Löwenthal am 31. März 1972 überein, dass eine Wiederholungsgefahr der Äußerungen Löwenthals nicht gegeben sei. Dies bedeutete das Ende des Rechtsstreits.[85]

Im Zusammenhang mit der Auseinandersetzung Löwenthal – Böll rügte am 6. Dezember 1972 die turnusmäßig zuständige Hessische Landesregierung im Rahmen ihrer Rechtsaufsicht über das ZDF Gerhard Löwenthal. Der Moderator habe, so der verantwortliche Ministerialdirigent Helmut Lenz, die Stellungnahmen des niedersächsischen Ministerpräsidenten Alfred Kubel und des Kultusministers Peter von Oertzen, die dem ZDF zur Verfügung standen, nicht gesendet. Zwar habe, so Lenz, Löwenthal das Recht, an der Tätigkeit von Staatsorganen »schonungslos Kritik zu üben und auch mit polemisch tendenziöser Schärfe Stellung zu nehmen«, allerdings ohne »Tatsachen [zu] verstellen und ein verzerrtes Bild der Wirklichkeit zu zeichnen«. Diese Auseinandersetzung stand unter parteipolitischen Vorzeichen, da die niedersächsische ebenso wie die hessische Landesregierung von der SPD gestellt wurde, während Löwenthal als CDU-Sympathisant galt. Keineswegs unerwartet erhielt Löwenthal Schützenhilfe vom christdemokratischen Ministerpräsidenten des Landes Rheinland-Pfalz, Helmut Kohl: Dieser sprach von »Rundfunkzensur«.[86] Sicher hätte es einen »Mittelweg« gegeben, um auf die Magazinsendung zu reagieren: insbesondere eine Gegendarstellung, falls unwahre Tatsachenbehauptungen ausgestrahlt worden wären, oder eine Kritik an der Sendung im Fernsehrat.[87] Dass eine Landesregierung eine offizielle Rüge auf Antrag einer anderen Landesregierung ausspricht, die wohl parteiintern vorbereitet worden war, verdeutlicht die übergroßen Empfindlichkeiten im Bundestagswahljahr 1972. Das Verwaltungsgericht Mainz hob in seinem Urteil von 2. Februar 1979 (!)

84 Vgl. Heinrich Böll: Verfolgt war nicht nur Paulus, in: *Der Spiegel*, 26. Jahrgang (1972), Nr. 6, S. 60.

85 Vgl. N.N.: Böll gegen Löwenthal vor dem Kölner Landgericht. Zivilkammer hält Wiederholungsgefahr für nicht gegeben, in: *epd/Kirche und Fernsehen*, Nr. 13/1972 (8.4.1972), S. 6.

86 N.N.: »ZDF-Magazin« gerügt, in: *Der Journalist*, 23. Jahrgang (1973), Nr. 1, S. 22f.; N.N.: Fernsehen. Dumme Sachen, in: *Der Spiegel*, 26. Jahrgang (1972), Nr. 51, S. 65. Rolf Lamprecht: Bock und Anstand, in: *Der Spiegel*, 26. Jahrgang (1972), Nr. 52, S. 102. Zahlreiche weitere Berichte im Unternehmensarchiv des ZDF, Zeitungsausschnittsammlung 11.4/6-4.53 ZDF-Magazin, dort insbesondere Günter Leicher: Zuviel Zorn über »manipuliertes Magazin«? Niedersachsen-Wut alarmierte die Hessen und in Löwenthals Löwengrube glänzte der Lenz, in: *Allgemeine Zeitung Mainz*, 9.12.1972; Unternehmensarchiv des ZDF, Zeitungsausschnittsammlung *ZDF-Magazin* 11.4/6-4.53.

87 Vgl. Karl-Heinz Janßen: Kein Vorbild, in: *Die Zeit*, 26. Jahrgang (1972), Nr. 50. Online im Internet: www.zeit.de/1972/50/Kein-Vorbild.

den Rechtsaufsichtsbescheid auf, denn die »anstaltsinterne Kontrolle durch den Fernsehrat« habe Vorrang vor der staatlichen Rechtsaufsicht: Letztere dürfte erst dann tätig werden, wenn der Fernsehrat diesbezüglich versage.[88]

1978, unter dem Eindruck der Morde an Siegfried Buback, Jürgen Ponto, Hanns Martin Schleyer und ihren Begleitern, äußerte Löwenthal: Ohne das sympathisierende Umfeld der Terroristen wäre »unsere Polizei mit diesem Problem längst fertig geworden«. Böll, Grass und Gollwitzer zählte Löwenthal zu der »riesigen Schar von Einflußreichen, die geistige Schuld auf sich geladen haben, weil sie zügelloser Kritik mißverstandener Liberalität und überzogener Toleranz den Weg gebahnt haben. Dies kann man nicht«.[89]

1976 sprach er vom

»Problem eines breiten Sympathisantenfeldes ohne das eine kleine Gruppe raubender und mordender sogenannter Weltverbesserer nie zu einer Gefahr geworden wäre. Diese erstaunlich große und einflußreiche Schar von Sympathisanten, von Begünstigern, von Mitläufern, von Komplicen, die mobilisiert worden ist und die besteht aus sogenannten Intellektuellen, aus Professoren, aus Journalisten, aus Schriftstellern, aus Dichtern und solchen, die sich dafür halten [Beifall] bis hin zu Geistlichen, die sich dazu hergeben, Handlangerdienste für Terroristen zu leisten. Hier, meine Damen und Herren, diese Sympathisanten, das ist das Wasser, in dem die Fische schwimmen, dieses Sympathisantenfeld muß trockengelegt werden. Dazu gehört, daß man sich energisch mit jenen Anwälten auseinandersetzt, Rechtsanwälte kann man dazu nicht sagen, mit jenen Linksanwälten auseinandersetzt, die hier zu Komplicen geworden sind. Hier müssen die gesetzlichen Möglichkeiten geschaffen werden, auch gegen jene Art von Literatur vorzugehen, die Gewalt verherrlicht, die die Konzepte der Stadtguerilla detailliert verbreitet. [Beifall]«[90]

In der Magazinsendung vom 4. August 1976 zeigte Löwenthal einen Beitrag über Anwälte der Terroristen, den er mit sehr ähnlichen Worten über die »kleinen, aber zu allem entschlossenen Banden raubender und mordender angeblicher ›Weltverbesserer‹« und die »große und vor allem einflußreiche Schar von Sympathisanten, von Unterstützern und Komplizen« einleitete.[91] 1977 folgten weitere Beiträge über die RAF-

88 Vgl. Andreas H. R. Schmidt: *ZDF-Magazin*, (wie Anm. 16, S. 16), S. 197 .

89 Vortrag in Tutzing, 28.1.1978, dort S. 14, 16f. ACDP, NL Löwenthal, 01-763-026; ähnlich: Gerhard Löwenthal: Schon einmal haben Extremisten einen Staat kaputt gemacht, in: *BFD Nachrichten*, November 1977, S. 1–6, hier S. 2.

90 Gerhard Löwenthal: Freiheit oder Sozialismus. Rede auf der öffentlichen Kreisversammlung der CSU-Kreisverbände München und Starnberg am 20.3.1976, S. 17f.

91 In: Unternehmensarchiv des ZDF, Bestand *ZDF-Magazin*, Sendung vom 4.8.1976, Ordner Nr. 34.

Anwälte, denen die immer wieder sympathisierende, über die Advokatentätigkeit weit hinausgehende Unterstützung für die Terroristen zu entnehmen war.[92]

Bei anderer Gelegenheit zitierte Löwenthal die Feststellung des BKA-Präsidenten Horst Herold, dass Fernsehen, Rundfunk und die für Politiker und Journalisten maßgeblichen überregionalen Druckschriften *Der Spiegel, Die Zeit, Süddeutsche Zeitung, Frankfurter Rundschau* und ferner der *Vorwärts* in völligem Gegensatz zu den Regionalzeitungen die Fahndungsmaßnahmen des Bundeskriminalamts kritisieren.[93] Löwenthal sprach an anderer Stelle offen von den »publizistischen Helfershelfern« des Terrorismus. Anhand zahlloser Beiträge des *Stern, Konkret* und *Das da* könne er dies belegen. Der *Spiegel* habe, »um nur den eklatantesten Fall zu nennen«, der Baader-Meinhof-Bande Gelegenheit gegeben, ihre Ansichten in einem Interview darzulegen, das deren Anwalt Croissant aus der JVA Stammheim schmuggelte, dessen Bearbeitung unter Aufsicht eines Vertrauten der Terrorgruppe geschah, und für das der *Spiegel* 15.000 Mark Honorar zahlte.[94]

Der *Spiegel* reagierte auf Löwenthals Vorwurf, das Nachrichtenmagazin sei wegen einiger Gastbeiträge von Heinrich Böll, Jean Paul Sartre und Jean Genet sowie von gedruckten Aussagen der Baader-Meinhof-Bande die »Hauspostille« der deutschen Terroristen, die »gewollt und ungewollt potentiellen Mördern Amtshilfe leistet«: die Dokumentation verschiedener Meinungen von Terroristen sage nichts über die Einstellung der Redaktion über Terrorismus aus, sondern über die notwendige Aufgabe eines Nachrichtenmagazins, Denken und Handeln der Terroristen nachzuzeichnen.[95]

Damit stoßen zwei Auffassungen von politischem Journalismus in Krisenzeiten aufeinander: Löwenthal solidarisierte sich mit dem Rechtsstaat, während der *Spiegel* es für notwendig ansah, möglichst alle relevanten Auffassungen zu dem entspre-

92 Vgl. Beiträge des *ZDF-Magazins*; Unternehmensarchiv des ZDF, Bestand *ZDF-Magazin*, Ordner Nr. 35.

93 Vgl. Löwenthal bei der Deutsch-Atlantischen Gesellschaft, ohne Datumsangabe; ACDP, NL Löwenthal, 01-763-021.

94 Vgl. Gerhard Löwenthal: »Schon einmal haben Extremisten einen Staat kaputt gemacht«, in: *BFD-Nachrichten*, Nov. 1977, S. 1–6, hier S. 2. ACDP, NL Löwenthal, 01-763-021; schon zwei Jahre zuvor hatte sich Löwenthal entsprechend über den *Spiegel* im Zusammenhang mit dem Magazinbeitrag von Friedrich Merz geäußert: Der SPIEGEL als Forum der Baader-Meinhof-Bande. Vgl. Unternehmensarchiv des ZDF, Bestand *ZDF-Magazin*, Ordner Nr. 30, Sendung vom 19.3.1975. Abmoderation zu »B/M-Opfer«; Unternehmensarchiv des ZDF, Bestand *ZDF-Magazin*, Ordner Nr. 30, Sendung vom 5.2.1975; vgl. auch: Meinungsfreiheit unter Polizeischutz, in: *Deutschland-Magazin* Nr. 2/1975; S. 6–8, dort S. 2; ACDP, NL Löwenthal, 01-763-024. Im Übrigen hatte der *Spiegel*, 24. Jahrgang (1970), Nr. 25, am 15.6.1970 auf S. 74f. einen Text Ulrike Meinhofs gedruckt, der die Sätze enthielt: »(…) Wir sagen, natürlich, die Bullen sind Schweine, wir sagen, der Typ in der Uniform ist ein Schwein, das ist kein Mensch, und so haben wir uns mit ihm auseinanderzusetzen. Das heißt, wir haben nicht mit ihm zu reden, und es ist falsch überhaupt mit diesen Leuten zu reden, und natürlich kann geschossen werden«.

95 Vgl. Hausmitteilung. Betr.: Sympathisanten, in: *Der Spiegel*, 31. Jahrgang (1977), Nr. 41, S. 3.

chenden Thema zu veröffentlichen – selbst wenn die Angehörigen der Opfer dadurch seelisch verletzt werden. So waren dem *Spiegel* die Äußerungen politisch engagierter Schriftsteller willkommen, während sich Löwenthal im Sinne einer Verteidigung des Staates auf Experten aus Polizei und Justiz stützte.

Im Übrigen hatte die Polizei während der Entführung Hanns Martin Schleyers September 1977 Gerhard Löwenthal in die höchste Gefährdungsstufe »Sicherheitsstufe 1« eingeordnet – für die nächsten zehn Jahre. Dies bedeutete Personenschutz.[96] Unbegründet war die Maßnahme wohl nicht: Wiesbaden und Umgebung galten als ein Zentrum der RAF.[97]

Schon seit einigen Jahren war Löwenthal im Besitz einer Pistole mit Waffenschein[98], zumal ihm ein Zuschauer nach dem Fernsehduell mit Nannen Dezember 1970 mit Mord gedroht hatte. Möglicherweise hatte sich Löwenthal aber schon nach Ausbruch des kalten Krieges eine Waffe beschafft, denn in jener Zeit waren Versuche der DDR-Staatssicherheit, politische »Feinde« aus West-Berlin zu entführen, keine Seltenheit (Beispiel: der Journalist Karl Wilhelm Fricke).

Ferner setzte sich Löwenthal mit den »Autonomen« (Selbstbezeichnung) als neuer Generation von Linksextremisten auseinander. Er zählte ihre Opfer – Tote und Verletzte, vor allem Polizisten – auf, und charakterisierte die Autonomen als Nachwuchsreservoir für die Rote Armee Fraktion. Die Gewaltbereitschaft wachse, »der auf unseren Straßen mindestens einmal wöchentlich zu beobachtende Straßenterrorismus nähert sich bürgerkriegsähnlichen Zuständen«. Damit meinte Löwenthal das Auftreten vermummter (er sprach von »maskierten«) Linksextremisten als schwarzer Block innerhalb von Demonstrationen, aber auch – ohne explizit davon zu reden – die Revolutionären Zellen, die wegen Delikten wie Sprengstoff- und Brandanschlägen einen besonders aggressiven Teil der autonomen Bewegung darstellten. Warum er die Revolutionären Zellen nicht ausdrücklich bei ihrem Namen nannte, erscheint in diesem Zusammenhang rätselhaft. Ursachen dieser neuen linksterroristischen Generation sieht er – typisch für die konservative Einstellung – in der »Konflikt- und Konfrontationspädagogik« (die er bereits in den siebziger Jahren kritisierte) und dem damit verbundenen Wertewandel jener Zeit: das Unrechtsbewusstsein sei verschwunden. Folgender Satz verdeutlicht, dass Löwenthal eindimensionale, monokausale Erklä-

96 Vgl. Löwenthal: Ich bin geblieben, S. 356 f. Briefe Löwenthals an Joachim Gauck vom 22.7.1991 und 26.10.1992; Privatarchiv Ingeborg Löwenthal, Ordner GL Stasi; Löwenthal in: www.staatshehlerei.org/archiv/schwenke/scw_011200.htm.

97 Vgl. N.N.: Sympathisanten. Viele Jemand, in: *Der Spiegel*, 31. Jahrgang (1977), Nr. 39, S. 33 f.

98 Vgl. N.N.: Personalien, in: *Der Spiegel*, 27. Jahrgang (1973), Nr. 17, S. 178; ACDP, NL Löwenthal, 01-763-021. dpa: Hand ausgerutscht, in: *Stuttgarter Nachrichten*, 5.2.1974, o. S; ACDP, NL Löwenthal, 01-763-024. Peter Juppenlatz: Körperverletzung. Herr Löwenthal und die Ohrfeige, in: *Stern*, 27. Jahrgang (1974), 14.2.1974, o. S.; ACDP, NL Löwenthal, 01-763-003.

rungen nicht gelten ließ: »Auch der nicht ausreichend geführte Dialog zwischen den Generationen gehört zu den Ursachen der schlimmen Klimaveränderung in unserem Land, weil auf dem Hintergrund des totalen Zusammenbruchs von 1945 das Streben nach materieller Existenzsicherung Vorrang hatte vor der offenen Auseinandersetzung über das finstere Kapitel der Vergangenheit.«[99]

Wirtschaft

Die Politikfelder Wirtschaft und Soziales blieben hinter Löwenthals »großen« Themen wie der Verteidigung des freiheitlichen Rechtsstaates hierzulande und der Verteidigung der »freien Welt« gegen den Sowjetimperialismus zurück. Dies kann nach 1969 mit den bereits vorhandenen Sendereihen des ZDF, *Bilanz* und später *WiSo*, begründet werden, die sich ausschließlich der Wirtschaftsthemen annahmen. Dennoch sollen hier mit Blick auf die Relevanz einer funktionierenden Wirtschafts- und Sozialordnung die ordnungspolitischen Grundsätze Löwenthals skizziert werden.

Löwenthal bezeichnete sich als »überzeugte[n] Anhänger der sozialen Marktwirtschaft«. Sie habe »dazu geführt, daß wir diese Bundesrepublik Deutschland von Null auf zu einem solchen, hervorragenden, in der Welt einzigartig dastehenden Wohlstand entwickeln konnten«.[100] Deutlicher war er am 10. Mai 1971 als Kolumnist im *Westfalen-Blatt*: Die »Überlegenheit« der Sozialen Marktwirtschaft »über andere Systeme hat sich längst erwiesen. Nur Narren können Bewährtes so permanent in Frage stellen, wie es bei uns Mode geworden ist. Diese Ordnung ständig zu verbessern, sie auszubauen, ist das Gebot der Stunde. Dazu gehört aber, daß die Grundsätze vehement verteidigt werden. Das kann nur geschehen, wenn klare Prioritäten gesetzt werden. Stabilität schließt anomale Steigerungsraten von Einkommen und Konsum aus«.[101] Das *ZDF-Magazin* beinhaltete zahlreiche Beiträge mit explizit wirtschaftlicher Thematik. Löwenthal selbst bekannte sich 1970 im Anschluss an ein Interview mit Hermann Josef Abs zur Sozialen Marktwirtschaft:

»[...] Abs empfiehlt also die Stabilität als Priorität in der Wirtschaftspolitik. Und er hält nach wie vor nichts von einer Aufwertung als Mittel zur Bekämpfung wirtschaftlicher Schwierigkeiten. Bemerkenswert erscheinen mir auch seine Äußerungen zur Mitbestimmung [...]. Seine Argumente gegen Vergesellschaftungs- und Verstaatli-

99 Anmoderation zu: Demo-Terror führt zum Mord; Unternehmensarchiv des ZDF, Bestand *ZDF-Magazin*, Ordner Nr. 57, Sendung vom 11.11.1987.

100 Interview Löwenthals in der Zeitschrift *Student*, Nov. 1979; ACDP, NL Löwenthal, 01-764-026.

101 Gerhard Löwenthal: Zeit zum Handeln, in: *Westfalen-Blatt*, 10.5.1971; ACDP, NL Löwenthal, 01-763-021.

chungsexperimente sollte man aufmerksam zur Kenntnis nehmen. Unseren Wohlstand und unsere wirtschaftliche Stellung in der Welt verdanken wir schließlich dem System der sozialen Marktwirtschaft – wer daran rüttelt, rüttelt an dem Fundament, auf dem wir alle stehen. Keine Frage, daß wir unser Wirtschafts- und Gesellschaftssystem ständig verbessern müssen, den sozialen Errungenschaften weitere hinzufügen müssen, noch mehr für die soziale Gerechtigkeit tun müssen – wer das aber übertreibt oder gar mit Gewalt zu ändern versucht, der gefährdet uns alle.«[102]

Es mag verwundern, dass der freiheitliche Konservative Löwenthal Begriffe wie »soziale Errungenschaften« und »soziale Gerechtigkeit« verwendete. Derartige Wortschöpfungen entstammen den Schriften der Sozialdemokratie und der Gewerkschaften, wenn nicht gar dem Klassenkampf, in dem »Kapital« und »Arbeit« miteinander »ringen«. Löwenthal war nicht nur gegen Sozialisierungen eingestellt, sondern auch gegen eine Einschränkung unternehmerischer Freiheiten (im dazugehörigen Magazinbeitrag ist vom Kartellrecht, Fusionskontrolle und dem Betriebsverfassungsgesetz die Rede) und gegen solche Steuererhöhungen, die Unternehmergewinne fast vollständig in die Staatskasse überführen, oder den Gewinn sogar übertreffen (wie ebenfalls aus dem Beitrag hervorgeht).[103] 1972 forderte Löwenthal, es müssten die »wirklich notwendigen Reformen durchgeführt werden können, damit diese Bundesrepublik Deutschland noch sozialer, noch freiheitlicher werden kann«.[104] Es blieb jedoch offen, was er genau unter »Reformen« (einem der Mode-Schlagwörter der späten sechziger und frühen siebziger Jahre) verstand, und welchen er den Vorrang vor anderen gab. Wichtig war ihm stets die Einigkeit der Demokraten über Parteigrenzen hinweg gegenüber Extremisten.[105] Die Forderung nach einem besseren Zustand des Landes in sozialer und freiheitlicher Hinsicht muss tatsächlich nicht auf eine kostenträchtige Ausweitung des Sozialstaats und auf schrankenlose Freiheit abzielen. Es ging ihm wohl darum, der radikalen Linken den Wind aus den Segeln zu nehmen, also rechtzeitig die »schadhaften Stellen des Hauses« zu reparieren, bevor Extremisten sich dieses Thema zu eigen machen können.

1984 forderte Löwenthal ein Privatisierungskonzept der Bundesregierung, um die Staatsbeteiligungen, beispielsweise an der Lufthansa, zurückzufahren. Der Staat

102 ZDF-Unternehmensarchiv, Bestand *ZDF-Magazin*, Ordner Nr. 11, Moderation vom 30.9.1970.

103 Vgl. Gerhard Löwenthal: Moderation zu dem Beitrag: Steuerlast gefährdet Wohlstand von Friedrich Merz; Unternehmensarchiv des ZDF, Bestand *ZDF-Magazin*, Ordner Nr. 19, Sendung vom 19.1.1972. Friedrich Merz: Steuerlast gefährdet Wohlstand, ebd.

104 Abmoderation Löwenthals zu: Der Fall Brückner; Unternehmensarchiv des ZDF, Bestand *ZDF-Magazin*, Ordner Nr. 19, Sendung vom 26.1.1972.

105 Vgl. Brief Löwenthals an Karl Holzamer und Rudolf Woller vom 13.2.1972; Unternehmensarchiv des ZDF, Bestand *ZDF-Magazin*, Ordner Nr. 19, Akte 26.1.1972.

dürfe nicht als Unternehmer Steuergelder ausgeben, wenn private Firmen die gleiche Leistung ebenso gut oder billiger erbringen können. Es liege an der Bundesregierung, ihre »marktwirtschaftlichen Grundsätze« möglichst bald in die Tat umzusetzen.[106] Mit Sorge sah Löwenthal, ähnlich wie die Arbeitgeberverbände und viele mittelständische Unternehmer, die Verteuerung der Arbeit durch Lohnnebenkosten und Lohnerhöhungen sogar noch während der Rezession. Dadurch würden Arbeitslosigkeit und Schwarzarbeit gefördert, so Löwenthal 1983.[107] Insgesamt bewegte sich Löwenthal weitgehend im Rahmen einer angebotsorientierten Wirtschaftspolitik: moderate Tarifabschlüsse, eine Begrenzung der Lohnnebenkosten, ohne dass der Sozialstaat dadurch beeinträchtigt wird.[108]

Politische Symbolik

Löwenthal versuchte stärker als andere Fernsehjournalisten, den Zuschauern die politische Symbolik der Bundesrepublik Deutschland näherzubringen: 20 Jahre nach Verabschiedung des Grundgesetzes präsentierte Gerhard Löwenthal im *ZDF-Magazin* eine Umfrage, deren Ergebnisse er als »erstaunlich und außerordentlich positiv« lobte: 82 Prozent der Befragten meinten, das GG sei »für unser Leben wesentlich«. 53 Prozent wussten, dass die Grundrechte der Bürger im GG stehen. Den Bürgern war die Relevanz der Freiheit im Vergleich zu den nach 1949 geschaffenen materiellen Werten sehr stark bewusst. Löwenthal bot den Zuschauern an, sich ein Exemplar des Grundgesetzes beim ZDF zu bestellen. Von Mai bis Mitte Oktober 1969 konnten mehr als 84.000 Exemplare, die die Bundeszentrale für politische Bildung zur Verfügung stellte, verschickt werden.[109]

Mitte der siebziger Jahre bemerkte der konservative CDU-Bundestagsabgeordnete Wilfried Böhm (Melsungen/Hessen), dass keine einzige Schallplattenaufnahme des Deutschlandliedes – immerhin die Nationalhymne der Bundesrepublik Deutsch-

106 Vgl. An- und Abmoderation: LH-Privatisierung; Unternehmensarchiv des ZDF, Bestand *ZDF-Magazin*, Ordner Nr. 51, Sendung vom 19.9.1984.

107 Vgl. Anmoderation: Schwarzarbeit; Unternehmensarchiv des ZDF, Bestand *ZDF-Magazin*, Ordner Nr. 49, Sendung vom 15.6.1983.

108 An- und Abmoderation zu: Lohnkostenlawine gefährdet Arbeitsplätze; Unternehmensarchiv des ZDF, Bestand *ZDF-Magazin*, Ordner Nr. 56, Sendung vom 18.3.1987.

109 Vgl. N.N.: Außerordentlich positiv (Zur ZDF-Sendung vom 21.5./20.15 Uhr), in: *Fernseh- und Rundfunkspiegel*, 24.5.1969 (ohne Seitenangabe); Pressemeldung vom 20.10.1969. Sonderdruck des Grundgesetzes fand reißenden Absatz, in: Zweites Deutsches Fernsehen, Informations- und Presseabteilung, Nr. 198, Pressespiegel vom 21. Oktober 1969, ohne Seitenangabe. Beide: ACDP, NL Löwenthal, 01-763-001. Löwenthal sprach rückblickend von über 100000 Exemplaren (in: Manuskript des Interviews in der *Hörzu*, 26.5.1976, S. 4; ACDP, NL Löwenthal, 01-763-009.

land – im Handel erhältlich war. Gerhard Löwenthal lud daraufhin das Musikkorps der 1. Gebirgsjägerdivision ins *ZDF-Magazin* (14. April 1976) und sprach vier Wochen später im Studio mit deren Kapellmeister Oberstleutnant Zimmermann. Eine Schallplatte konnte aufgenommen werden.[110] Damit folgte Löwenthal § 2 des ZDF-Staatsvertrages, der das aktive Eintreten für die Bundesrepublik Deutschland, wozu unter anderem die Popularisierung ihrer Symbole gehört, verlangt. 1983 veröffentlichte die Konservative Aktion das Deutschlandlied in allen drei Strophen auf einer Single-Schallplatte, auf deren B-Seite Gerhard Löwenthal die Geschichte des Deutschlandliedes vortrug.[111]

In den siebziger und achtziger Jahren war recht häufig die Abkürzung »BRD« anstelle von »Bundesrepublik Deutschland« zu hören und zu lesen. Handelte es sich dabei um die Übernahme des amtlichen Sprachgebrauchs der DDR? Einem Beitrag der *Welt* zufolge soll Karl-Eduard von Schnitzler das Kürzel gegen die Bundesrepublik in die Auseinandersetzungen des kalten Krieges eingebracht haben.[112] Die Gesellschaft für deutsche Sprache entdeckte »BRD« aber schon 1952 im Buch der Abkürzungen, und anschließend in offiziellen Sprachregelungen der Bundesrepublik selbst.[113] Oder war »BRD« ohne politischen Sinngehalt? Jedenfalls empfahlen der Bundeskanzler und die Ministerpräsidenten der Bundesländer Mai 1974, im amtlichen und schriftlichen Verkehr die volle Bezeichnung »Bundesrepublik Deutschland« zu gebrauchen. Entsprechend erklärte das Senatsamt für den Verwaltungsdienst der Freien und Hansestadt Hamburg im Juli 1974: »Das Grundgesetz hat mit dem Begriff ›Bundesrepublik Deutschland‹ eine gezielte geschichtlich-politische Aussage bezweckt, die in der abgekürzten Form ›BRD‹ ihren Sinngehalt verlieren würde.«[114] Löwenthal unterstützte das Anliegen des Studiendirektors Klaus Gehrmann, auf das Kürzel BRD zu verzichten und an dessen Stelle gezielt für die volle Staatsbezeichnung »Bundesrepublik Deutschland« zu werben, indem er den Autoaufkleber »BRD – Nein! Bundesrepublik Deutschland – Ja« in der Anmoderation des Magazinbeitrags von Hans-Joachim Peters *Kampf gegen Kürzel ›BRD‹* vom 9. November 1977 präsentierte. Bei der Redaktion

110 Vgl. Löwenthal: Ich bin geblieben, S. 384. Unternehmensarchiv des ZDF, Bestand *ZDF-Magazin*, Ordner Nr. 33, Sendungen am 14.4.1976 und am 26.5.1976; N.N.: Nationalhymne. Deutschlandlied – Stiefkind der Nation?, in: *Deutschland-Magazin*, 3/1976, S. 50.

111 Vgl. Konservative Aktion (Joachim Siegerist): Das Lied der Deutschen. Hamburg 1983.

112 Vgl. N.N.: Lob für Ulbricht für Kürzel BRD, in: *Die Welt*, 3.1.1979; ACDP, NL Löwenthal, 01-763-071.

113 Vgl. N.N.: »BRD« ist keine Erfindung der DDR, in: FAZ, 1.8.1978; ACDP, NL Löwenthal, 01-763-071.

114 E.N.: Schwindel mit Etiketten, in: *Die Welt*, 3.1.1984; ACDP, 01-763-071; Vgl. ddp: »Bundesrepublik Deutschland« bleibt amtliche Bezeichnung, in: *Wetzlarer Neue Zeitung*, 8.3.1979; ACDP, NL Löwenthal, 01-763-071; Klaus D. Schulze: Was gilt, Herr Baum? (Leserbrief), in: *Die Welt*, 19.2.1979, o. S.; ACDP, NL Löwenthal, 01-763-071.

des *ZDF-Magazins* könne er kostenlos bestellt werden.[115] Zu diesem Thema entstanden drei weitere, inhaltlich ähnliche Beiträge desselben Redakteurs am 5. Januar 1977, am 24. Mai 1978 und 22. November 1978.[116] Das persönliche Interesse Löwenthals wird deutlich anhand der Briefe, die Gehrmann ihm »zu unserem gemeinsamen Thema« (so Gehrmann am 8. April 1978) schrieb.[117]

Ferner setzte sich Löwenthal in einem Brief an den Intendanten Dieter Stolte dafür ein, »unser Staat« möge in allen ZDF-Sendungen als »Bundesrepublik Deutschland« vollständig bei seinem offiziellen Namen genannt werden, denn die oft gehörte Bezeichnung »Bundesrepublik« spare den Begriff »Deutschland« aus. Deutschland dürfe aber nicht aus der Sprache und dem Bewusstsein ausgelöscht werden. Außerdem sei die Wendung von den »beiden deutschen Staaten« zu vermeiden, da es sich um die »beiden Staaten in Deutschland« handle.[118] Demnach sah Löwenthal, der in seinem Brief auf eine nähere Erläuterung verzichtete, die DDR als Teil Deutschlands, aber nicht als deutschen, sondern als anationalen Staat an. Die DDR war für Löwenthal nicht nur der »andere Teil«, sondern »der unfreie Teil unseres Landes«[119], oder schlicht »drüben«.[120] Die »Einheit der Nation«, gleichwohl »oberstes Verfassungsgebot«[121] war für Löwenthal nur im Rahmen einer Wiedervereinigung in Frieden und Freiheit (als Beitritt nach Art. 43 GG) zu verwirklichen, und nicht als Mischung aus Bundesrepublik Deutschland und DDR, wie die Stalin-Note von 1952 interpretiert wurde.

Im Jahre 1983 lobte Löwenthal, dass Bundesminister Ignaz Kiechle sowie die Ministerpräsidenten Holger Börner und Uwe Barschel die Deutschlandfahne in ihren Amtszimmern aufgestellt hatten. Denn auch der demokratische Staat könne nicht auf Symbole verzichten. Flagge und Nationalhymne als Repräsentationsmittel von Staat, Volk und geschichtlicher Vergangenheit dienten dem »Zusammenhalt einer Nation«.[122]

115 Vgl. Produktionsnachweis, 337. Sendung: 9.11.1977, das Protokoll des Beitrags von J. Peters: Kampf gegen Kürzel BRD, ist archiviert im ACDP, NL Löwenthal, 01-763-071.

116 Produktionsnachweis des *ZDF-Magazin* vom 24.5.1978.

117 Brief Gehrmanns an Löwenthal; ACDP, NL Löwenthal, 01-763-071.

118 Brief Löwenthals an Intendant Dieter Stolte vom 28.5.1985; ACDP, NL Löwenthal, 01-763-049.

119 Unternehmensarchiv des ZDF, Bestand *ZDF-Magazin*, Ordner Nr. 32, Sendungen vom 21.1.1976, 26.11.1976.

120 ZUM BEISPIEL Überleitung ehemalige Häftlinge II; Unternehmensarchiv des ZDF, Bestand *ZDF-Magazin*, Ordner Nr. 42, Sendung vom 5.12.1979. Schlussmoderation; Unternehmensarchiv des ZDF, Bestand *ZDF-Magazin*, Ordner Nr. 42, Sendung vom 19.12.1979; Abmoderation Obst; Unternehmensarchiv des ZDF, Bestand *ZDF-Magazin*, Ordner Nr. 43, Sendung vom 27.8.1980.

121 Abmoderation: Grundvertrag; Unternehmensarchiv des ZDF, Bestand *ZDF-Magazin*, Ordner Nr. 23, Sendung vom 13.12.1972.

122 An- und Abmoderation: Staatssymbole; Unternehmensarchiv des ZDF, Bestand *ZDF-Magazin*, Ordner Nr. 50, Sendung vom 28.12.1983.

Zu den Symbolen für Freiheit und Demokratie zählte der Magazinredakteur Helmut Kamphausen den Reichstag in Berlin: zumal er neben seiner Vergangenheit als Parlamentsgebäude und als Ort der vielbesuchten Ausstellung *Fragen an die deutsche Geschichte* aus seinen östlichen Fenstern den kontrastreichen Blick auf den Todesstreifen bot. Löwenthal hatte dem nichts hinzuzufügen. Vielmehr meinte er, ausdrücklich als Berliner, der Bundestagspräsident möge dem Gesuch des Verhüllungskünstlers Christo aus Gründen des Geschmacks und der Würde eine endgültige Absage erteilen. Wäre es da nicht eine bessere Idee, so Löwenthal, die Berliner Mauer einzupacken – Christo wäre die Unterstützung zahlreicher Berliner Freiwilliger sicher. [123]

Deutschlandpolitik

Innerhalb des Themenfeldes *Ost-West-Konflikt* war die *Neue Ostpolitik* eine Herausforderung, zu der sich Löwenthal immer wieder explizit äußerte. An Bundeskanzler Willy Brandt bemängelte er, die Kontinuität der Deutschland- und Ostpolitik der vorangegangenen beiden Jahrzehnten aufgegeben zu haben – obwohl dieser sie in seiner ersten Regierungserklärung am 28. Oktober 1969 unter das Motto »Kontinuität und Erneuerung« gestellt hatte. Brandt sprach am gleichen Tag von »zwei Staaten in Deutschland«, verzichtete auf die Erwähnung der »Wiedervereinigung als grundgesetzlich verankerte Verpflichtung«, und kam auch auf die Zielvorstellung der »politischen Einigung Europas« nicht zu sprechen. Kennzeichnend war für Löwenthal, dass für ihn das Grundgesetz ein Maßstab war und dass er auf die politische Union als Ziel verwies! Nach dem Zustandekommen der kleinen Koalition aus SPD und FDP stieß Löwenthal damit auf einen weiteren gewichtigen Kritikpunkt. Einen mindestens ebenso großen Bruch mit der bisherigen Deutschlandpolitik sah Löwenthal darin, dass Brandt die Beziehungen zur DDR »auf der Grundlage der Nichtdiskriminierung und der Gleichberechtigung« entwickeln wollte, »daß niemand für den anderen handeln kann und daß keiner von uns den anderen Teil Deutschlands draußen vertreten kann«. Es ließe sich, so Brandt, auch von »zwischendeutschen Beziehungen« reden.[124] Dementsprechend bedauerte Löwenthal, dass dem Bericht zur Lage der Nation der Zusatz *im gespaltenen Deutschland* schon seit 1971 fehle, und nun, Anfang 1973, durch einen *Bericht über die Entwicklung der Beziehungen zwi-*

123 Vgl. Beitrag von Helmut Kamphausen: Firlefanz um Deutschen Reichstag sowie An- und Abmoderation Löwenthals dazu im Unternehmensarchiv des ZDF, Bestand *ZDF-Magazin*, Ordner Nr. 53, am 22.1.1986.

124 Rede Löwenthals vor der Deutsch-Atlantischen Gesellschaft, ohne Datum, S. 17; ACDP, 01-763-021.

schen der Bundesrepublik Deutschland und der Deutschen Demokratischen Republik ersetzt werden soll. Jetzt seien, im völligen Gegensatz zu den bisherigen Gepflogenheiten, »rechtsstaatliche Demokratie« und »menschenverachtende Diktatur« in einem amtlichen Dokument gleichgesetzt.[125] Als »katastrophal« rügte Löwenthal im *ZDF-Magazin* vom 7. Januar 1970 Willy Brandts Ausspruch gegenüber einer amerikanischen Zeitschrift, er »habe aufgehört, über die deutsche Wiedervereinigung zu sprechen«. Löwenthal erinnerte daran, dass die Deutsche Einheit als Staatsziel im Grundgesetz verankert ist.[126] Diesen »Kontinuitätsbruch« sprach Löwenthal im Interview mit Egon Bahr anderthalb Jahre später im *ZDF-Magazin* an: »Herr Bahr, bei allem, was Sie bis jetzt gesagt haben, gehen Sie von der absoluten Gleichwertigkeit der beiden Systeme in Deutschland aus. Ist das nicht ein völliger Bruch mit der Politik früherer Zeiten, ist es einfach möglich, diese beiden Staaten wie zwei gleichartige deutsche Staaten zu behandeln?« Worauf Bahr, ganz der Realpolitiker, antwortete, zwei deutsche Staaten säßen sich in der Tat einander gleichberechtigt gegenüber.[127] Für Löwenthal konnte es hingegen keine Gleichberechtigung von Bundesrepublik Deutschland und DDR geben: Für ihn handelte es sich bei Westdeutschland und Berlin (West) stets um einen demokratisch legitimierten freiheitlichen Rechtsstaat, der befugt ist, für diejenigen Deutschen zu sprechen, denen in der DDR die demokratischen Mindeststandards und damit die Mitwirkungsrechte vorenthalten blieben. Im Gegensatz dazu war »Pankow«[128], wie Löwenthal die DDR noch 1969 im Stile der fünfziger Jahre nannte, ein Unrechtsstaat. Die »DDR«, die er stets in Anführungszeichen[129] setzte, als »den anderen Teil unseres Landes«[130], den »sogenannten Arbeiter- und Bauernstaat«[131] und als »Mitteldeutschland«[132] bezeichnete, sei nicht unabhängig

125 Anmoderation zu: Tod eines Flüchtlings; Unternehmensarchiv des ZDF, Bestand *ZDF-Magazin*, Ordner Nr. 23, Sendung vom 24.1.1973.

126 In: Bundespresseamt (BPA): Deutsche Ostpolitik; ACDP, NL Löwenthal, 01-763-070.

127 Vgl. Interview mit Bahr, *ZDF-Magazin* vom 19.5.1971, S. 4; ACDP, NL Löwenthal, 01-763-086 und in: Unternehmensarchiv des ZDF, Bestand *ZDF-Magazin*, Ordner Nr. 16, Sendung vom 19.5.1971.

128 Löwenthal anlässlich der Bundespräsidentenwahl am 5.3.1969 im Gespräch mit Willy Brandt, Manuskripttext S. 7; ACDP, NL Löwenthal, 01-763-057.

129 So ist es in seinen Kolumnen für das *Deutschland-Magazin* nachzulesen ebenso wie beispielsweise in seiner Zwischenmoderation zu dem Beitrag »Schikanen«; Unternehmensarchiv des ZDF, Bestand *ZDF-Magazin*, Ordner Nr. 48, Sendung vom 4.5.1983.

130 So zum Beispiel am 6.12.1972; Unternehmensarchiv des ZDF, Bestand *ZDF-Magazin*, Ordner Nr. 23, Sendung vom 6.12.1972.

131 Abmoderation: Tod eines Flüchtlings; Unternehmensarchiv des ZDF, Bestand *ZDF-Magazin*, Ordner Nr. 23, Sendung vom 24.1.1973.

132 Unter anderem: Moderation; Unternehmensarchiv des ZDF, Bestand *ZDF-Magazin*, Ordner Nr. 38, Sendung vom 1.3.1978. Zwischenmoderation zu Beitrag: Lippstadt; Unternehmensarchiv des ZDF, Bestand *ZDF-Magazin*, Ordner Nr. 50, Sendung vom 30.11.1983, sowie: Moderation; Unternehmensarchiv des ZDF. Bestand *ZDF-Magazin*, Ordner Nr. 52, Sendung vom 9.1.1985.

und souverän, vielmehr sei Honecker von seinen »Aufsehern«[133], also der UdSSR, abhängig.

Wenn auch das Transitabkommen den Verkehr von und nach Berlin erleichterte, gebe es auf anderen Gebieten nach wie vor ungelöste Schwierigkeiten, die weit weniger in der öffentlichen Diskussion stünden: Verweigerung der Einreise in die DDR bzw. Ostberlin für »mißliebige« Journalisten, mangelnde Einbeziehung des West-Berliner Sports in die Ost-West-Sportbegegnungen, Kennzeichnung West-Berlins als »besondere politische Einheit« und nicht als Teil der Bundesrepublik unter deren Flagge; darüber werde weit weniger öffentlich debattiert.[134] Wenn Verbesserungen in Aussicht gestellt werden, dann geschehe dies vor Wahlen, um SPD und FDP zu begünstigen.[135] Löwenthal war der Überzeugung, ein Vertrag, sei es ein Verkehrsabkommen oder ein Grundlagenvertrag, könne das politische System der DDR nicht von seiner Unmenschlichkeit abbringen. Anstatt Vorleistungen zu erbringen, solle die Bundesregierung eine Aufhebung des Schießbefehls, im Sinne des Gewaltverzichts, zur Bedingung machen.[136]

Eine sehr frühe Kritik von Löwenthal an Ideen der Neuen Ostpolitik datiert vom Januar 1969, als der Magazinmoderator einen Entwurf der FDP zur Deutschlandpolitik als »sehr wenig konkret« und mit »sehr viele[n] Illusionen« behaftet kennzeichnete. Die DDR bestehe auf Anerkennung und verweigere menschliche Erleichterungen.[137] Dieser Entwurf, bereits am 24. Januar 1969 veröffentlicht, bildete die Grundlage eines Antrags der FDP-Bundestagsfraktion, wonach die Bundesregierung der DDR-Regierung den Abschluss eines Vertrags über die langfristige »Lösung der nationalen Frage« vorschlagen möge. Beide Regierungen sollten ständige Beauftragte austauschen und auf Gewalt verzichten. Sie sollten sich »ständig konsultieren, wie dem Frieden der Welt am besten gedient werden kann«. Vereinbarungen zum Zwecke des »geregelten friedlichen Nebeneinanders« sollten auf den »Gebieten der Wirtschaft, des Finanz-, des Post- und Fernmeldewesens, des Verkehrs, der Kultur, der Wissenschaft und des Handels« abgeschlossen werden, zur Vorbereitung und Durchführung sollten gesamtdeutsche, paritätisch besetzte Kommissionen gebildet werden. Wegen Grenzvergehen

133 Löwenthals Anmoderation zu: Schikanen auf Transitstrecken nach drüben von F.J. Schreiber; Unternehmensarchiv des ZDF, Bestand *ZDF-Magazin*, Ordner Nr. 48, Sendung vom 4.5.1983.

134 Löwenthal anlässlich der Bundespräsidentenwahl am 5.3.1969 im Gespräch mit Willy Brandt; ACDP, NL Löwenthal, 01-763-057.

135 Vgl. Gerhard Löwenthal: Ostpolitik als Wahlpropaganda. Der Gastkommentar, in: *Wetzlarer Neue Zeitung*, 28.9.1974. ACDP, NL Löwenthal, 01-763-020.

136 Vgl. Abmoderation Löwenthals zum Beitrag von Helmut Kamphausen: Von drüben geflüchtet; Unternehmensarchiv des ZDF, Bestand *ZDF-Magazin*, Ordner Nr. 19, Sendung vom 5.1.1972.

137 Unternehmensarchiv des ZDF, Bestand *ZDF-Magazin*, Ordner Nr. 1, Sendung vom 29.1.1969. Vgl. auch *Westdeutsche Rundschau*, 30.1.1969; *Düsseldorfer Nachrichten*, 31.1.1969; *Rheinischer Merkur*, 7.2.1969; ACDP, 01-763-001.

verurteilte Menschen seien dorthin zu entlassen, wohin sie es wünschen. Besuchsreisen seien zu erleichtern. Beide vertragsschließende Seiten mögen anerkennen, dass die westlichen drei Alliierten in Berlin (West) die oberste Gewalt innehaben, und dass ebendort weitgehend das Rechts-, Wirtschafts- und Finanzsystem der Bundesrepublik gelte. Die DDR-Regierung sollte den Transitverkehr von Hindernissen befreien und die Abfertigung beschleunigen. Die Einwohner West-Berlins mögen die gleichen Vorteile erhalten, die dieser Vertrag allen anderen Deutschen verschafft.[138] Welche »Illusionen« sah Löwenthal? Für ihn war, wie er im Zusammenhang mit den Ostverträgen 1994 dem Verfasser erklärte, der ideologische Gegensatz der entscheidende Stolperstein auf dem Weg zu gutnachbarlichen Beziehungen, d. h. die Feindschaftserklärung der Kommunisten an den »Kapitalismus« und die politischen Systeme des »Westens«. So könne es einfach keinen großen Ausgleich der Kommunisten mit dem »Klassenfeind«, der »imperialistischen Bundesrepublik« geben. Außerdem empörte sich Löwenthal an der stillschweigend angenommenen Äquivalenz der beiden Verhandlungspartner (wie oben im Zusammenhang mit Bahr zitiert), zumal die DDR kaum über demokratische Legitimation und Souveränität verfügte, im Gegensatz zur Bonner Republik, und daher ein umfassendes Gesprächsangebot an Ost-Berlin weniger dort als vielmehr in Moskau beantwortet würde. Im Übrigen hatte die Bundesregierung, dazu am 21. April 1969 von der FDP-Fraktion befragt, wenig Hoffnung, wie die »Verantwortlichen im anderen Teil Deutschlands« (Bundesminister Herbert Wehner) zur Änderung ihrer politischen Strafjustiz, zur Lockerung der Reisebeschränkungen und anderer Restriktionen bewegt werden können.[139]

Löwenthal lehnte Gespräche mit DDR-Politikern nicht grundsätzlich ab. So verteidigte er Willy Brandts Entscheidung, sich mit Willi Stoph in Erfurt zu treffen, der Bundeskanzler habe die Einladung zu Recht angenommen, »weil festgestellt werden muß, ob die andere Seite es überhaupt zu Verhandlungen kommen lassen will und unter welchen Voraussetzungen«.[140] Anlässlich des Stoph-Besuchs in Kassel erklärte Löwenthal sogar, »daß die Anerkennung der DDR [eine zentrale Forderung der Ostberliner Regierung] als Preis dann diskutabel werden kann, wenn aus der Mauer und der Zonengrenze eine halbwegs normale, d. h. nach beiden Seiten durchlässige Gren-

138 FDP-Entwurf eines Vertrags zwischen der Bundesrepublik Deutschland und der DDR, in: Bundesministerium für innerdeutsche Beziehungen (Hrsg.): Texte zur Deutschlandpolitik, Bd. III, Wolfenbüttel 1970, S. 143 f.; Hintergründe dazu sind nachzulesen bei: Arnulf Baring: Machtwechsel, Die Ära Brandt/Scheel. Stuttgart: dva, 1982, S. 226–229.

139 Vgl. Große Anfrage der FDP zur Deutschlandpolitik und Antwort der Bundesregierung, in: Bundesministerium für innerdeutsche Beziehungen (Hrsg.): Texte zur Deutschlandpolitik, Bd. III, Wolfenbüttel 1970, S. 167–182.

140 Moderation Löwenthals zu *Bericht aus dem anderen Teil Deutschlands*; Unternehmensarchiv des ZDF, Bestand *ZDF-Magazin*, Ordner Nr. 7, Sendung vom 18.2.1970.

ze würde. Wenn es eine unzweideutige, östliche Garantie für Westberlin und seine gewachsenen Bindungen an die Bundesrepublik, wie für einen freien und ungehinderten Zugang nach Berlin gäbe«. Komme es nicht dazu, sei eine Anerkennung der DDR überhaupt nicht einzusehen.[141] Mit der Idee einer Anerkennung der DDR gegen Durchlässigkeit der Grenze stand Löwenthal, bewusst oder unbewusst, dem Plan von Adenauers Staatssekretär Hans Globke von 1959/60 nahe, der ebenfalls eine Änderung des Status quo in Richtung friedliche Wiedervereinigung zu einem freiheitlich-demokratischen Staat im Sinn hatte. Dass Löwenthal keineswegs ein grundsätzlicher Gegner einer Vertragspolitik mit der DDR war, verdeutlichte er auch 1983 durch seine Unterstützung des »Milliardenkredits«, den ein Bankenkonsortium der DDR zur Verfügung stellte. Löwenthal verteidigte Form und Inhalt des Abkommens nicht nur wegen seiner Freundschaft mit Franz Josef Strauß im *ZDF-Magazin*, im *Deutschland-Magazin* und in seinen Erinnerungen, sondern weil sich durch die Verhandlungen nachweisbare Verbesserungen an der Grenzabfertigung, Abbau von Selbstschussautomaten und die Freilassungen politischer Gefangener durch die DDR eingestellt hätten. Als Gegenleistungen[142] konnte sich Löwenthal, wie er es unmittelbar nach Abschluss des Kreditvertrages aussprach, wenigstens einen Abbau der feindseligen Propaganda und eine Zunahme der menschlichen Begegnungen vorstellen. Demgegenüber ließe sich erwidern, dass die DDR-Grenzpolizei die abgebauten Selbstschussgeräte angeblich durch modernere Apparate ersetzte.[143] Zwar verstand Löwenthal die Verwunderung, Verwirrung und Aufregung in der CSU über diese Übereinkunft. Aber ohne Gegenleistungen der DDR sei dies das erste und letzte Geschäft zwischen Kohl/Strauß und Honecker. Eine freundlichere Abfertigung der Transitreisenden war bereits vorausgegangen, nachdem Strauß im Vorfeld der Verhandlungen den Todesfall eines Westdeutschen an einem innerdeutschen Grenzübergang als »Mord« bezeichnete.[144] Vor allem aber erbrachte die DDR eine Vorleistung, und zwar die Freilassung bestimmter politischer Gefangener, die Löwenthal anhand der *Hilferufe von drüben* für

141 Moderation Löwenthals aus Kassel; Unternehmensarchiv des ZDF, Bestand *ZDF-Magazin*, Ordner Nr. 9, Sendung vom 20.5.1970.

142 Löwenthal in der Absage zum Gespräch mit Franz Josef Strauß; Unternehmensarchiv des ZDF, Bestand *ZDF-Magazin*, Ordner Nr. 49, Sendung vom 27.7.1983.

143 Vgl. Dieter Stein: Franz Josef Strauß: Ein Gespräch mit Franz Handlos, der 1983 enttäuscht die CSU verließ. Er machte Kohl das Leben schwer, in: *Junge Freiheit*, 2.10.1998. Online im Internet: www.jf-archiv.de/archiv98/418aa13.htm.

144 Vgl. Gerhard Löwenthal: Das Risiko mit dem Milliarden-Kredit, in: *Deutschland-Magazin*, 8/1983, S. 14; ACDP, NL Löwenthal, 01-763-105/2; Löwenthals Brief an Strauß vom 4.9.1987; ACDP, NL Löwenthal, 01-763-049.

die Verhandlungen von Strauß aufgelistet und ihm übergeben hatte.[145] Löwenthal hob in seiner Rechtfertigung des Milliardenkredits stets hervor, dass dieses Geschäft nicht zu Lasten des Steuerzahlers gegangen sei.[146] Allerdings gelang es der DDR, die nach den Worten ihres Unterhändlers Alexander Schalck-Golodkowski pleite war, noch mehr als sechs Jahre weiterzubestehen. Auch nach 1983 betonte Löwenthal die Notwendigkeit von politischen Gesprächen und Wirtschaftskontakten mit der DDR, um das Lebensgefühl von deren Bewohnern zu verbessern – aber die Vielzahl von Treffen westdeutscher Politikern mit Erich Honecker schien ihm übertrieben.[147]

Mehr als Berichterstattung – Hilferufe von drüben

Löwenthal war ursprünglich ein Gegner der Konferenz für Sicherheit und Zusammenarbeit in Europa, die für ihn zunächst ein langjähriges Projekt der UdSSR (»Gesamteuropäische Konferenz«) war, und die die Vereinigten Staaten und Kanada nicht als Partner vorsah. Er fürchtete, die Sowjetunion könne ihren Einfluss nutzen, eine gesamteuropäische Institution auf dem Feld der Sicherheitspolitik zu schaffen. Das könne dazu führen, die westeuropäische Integration (hier bemerkt der Leser wiederum den überzeugten Europäer Löwenthal) »zu bremsen oder gar zu unterminieren«.[148] In diesem Zusammenhang stützte er sich unter anderem – wie so oft in den siebziger Jahren – auf einen Beitrag der *Neuen Zürcher Zeitung*. Von Chancen redete er zunächst nicht.

Am 1. August 1975 unterzeichneten 33 europäische Staaten sowie die NATO-Mitglieder USA und Kanada die Schlussakte der Konferenz über Sicherheit und Zusammenarbeit in Europa (KSZE) in Helsinki. Diese Übereinkunft enthielt neben der Anerkennung der bestehenden Grenzen und einem verstärkten Wirtschafts- und Technikaustausch (was im Interesse der UdSSR und ihrer Verbündeten lag) Bestimmungen zu menschlichen Begegnungen über den Eisernen Vorhang hinweg: Die Teilnehmerstaaten bekundeten ihre Absicht, »Gesuche auf Reisen wohlwollend [zu] prüfen mit dem Ziel, Personen zu erlauben, in ihr Territorium zeitweilig und, wenn

145 Vgl. Aussage von Claus Peter Clausen, in: Anne-Cathrine Jürgens: Vom Helfer der Ausreisebewegung zum Verfolgten der Staatssicherheit. Die Rolle des Vereins *Hilferufe von drüben* bei der ständigen Ausreise aus der DDR. Unveröffentlichte Diplomarbeit, 2008, S. 113.

146 Vgl. Gerhard Löwenthal: Das Risiko mit dem Milliarden-Kredit, in: *Deutschland-Magazin*, 8/1983, S. 14; ACDP, NL Löwenthal, 01-763-105/2, und: Löwenthal: Ich bin geblieben, S. 377.

147 Vgl. Anmoderation zu: Leipzig-Tourismus von drüben gesehen; Unternehmensarchiv des ZDF, Bestand *ZDF-Magazin*, Ordner Nr. 56, Sendung vom 18.3.1987.

148 Vgl. An- und Abmoderation zu: Brüsseler Konferenz; Unternehmensarchiv des ZDF, Bestand *ZDF-Magazin*, Ordner Nr. 21, Sendung vom 7.6.1972.

Löwenthal als Redner bei Hilferufe von drüben e. V.

gewünscht, regelmäßig einzureisen oder aus ihm auszureisen, um Mitglieder ihrer Familien zu besuchen«. Reiseanträge dürften nicht zu Nachteilen für die Antragsteller führen. Familienzusammenführungen sollten ebenso erleichtert werden wie Reisen aus anderen privaten oder aus beruflichen Gründen.[149]

Neues Deutschland veröffentlichte vertragsgemäß diesen Teil der KSZE-Schlussakte im Wortlaut, doch war die Ausgabe sehr schnell vergriffen (möglicherweise kauften Staats- und Parteiorganisationen der DDR die Exemplare gezielt auf, um der Öffentlichkeit die Informationen vorzuenthalten). Es zeigte sich in den folgenden Monaten rasch, dass Reiseantragsteller schikaniert und in ihren Berufen zurückgestuft oder auf andere Weise benachteiligt wurden. In der Regel erhielten nur Rentner, wie bisher, eine Reisegenehmigung. Einige Betroffene schrieben im Herbst 1975 über den Umweg verwandtschaftlicher Beziehungen an Gerhard Löwenthal, andere direkt an das ZDF und die Magazinredaktion. Sie wollten, dass ihre Situation einer breiten Öffentlichkeit bekannt werden soll, sie suchten Unterstützung, um nicht den DDR-Behörden, der SED und der Betriebsleitung alleine gegenüberzustehen. Löwenthal resümierte später,

149 Vgl. www.hdg.de/lemo/html/dokumente/NeueHerausforderungen_vertragKSZESchlussakte/index.html.

aus Pflichtgefühl – »ein SOS im Äther darf man nicht verklingen lassen«[150] – den Bedrängten geholfen zu haben, indem er zusammen mit Co-Moderator Fritz Schenk in der Magazinsendung vom 10. Dezember 1975 (dem Tag der Menschenrechte, wie Löwenthal sagte) die entsprechenden Sätze der KSZE-Schlussakte und einige Briefe verlas. Der erste, verfasst von einer Familie Gundermann aus Neuruppin, beschrieb und begründete die Geschichte eines dreimal gestellten und (bis dahin) nicht bewilligten Ausreiseantrags.[151] Mehr als zuvor lautete das Motto des bibelkundigen Löwenthal in diesem Zusammenhang: »Tue den Mund auf für die Stummen und für die Sach' aller, die verloren sind« – einer der Sprüche König Salomons.[152]

»Hilferufe« an Löwenthal waren nicht neu. Nicht zuletzt war schon um 1950 eine enge Bindung der Hörer aus der SBZ/DDR an den RIAS und an den *Hochschulfunk*-Moderator Löwenthal gegeben – Bürger, die sich in politischer Not an die Stelle wandten, die sie als »Stimme der Freiheit« ansahen. Was seinerzeit die Unterdrückung der freien Diskussion an den Universitäten war, kam 1975 und danach als staatliche Repression in Sachen Ausreise und anderer Menschenrechtsangelegenheiten wieder. Es kann höchstens erstaunen, dass Löwenthal diese Kontinuität nicht in seinen Erinnerungen oder anderswo zur Sprache brachte.

Im gleichen Zusammenhang – *Ostblock verweigert Menschenrechte* – strahlte das Magazin den Beitrag *Fall Kerlin*[153] über eine schwer an Multipler Sklerose leidende Frau in Westfalen aus, deren Tochter aus Freiberg / Sachsen als einzige lebende Verwandte die Pflege übernehmen würde – aber an der Ausreise gehindert wurde. Der Öffentlichkeitseffekt dieser Sendung über Anspruch und Wirklichkeit nach »Helsinki« bewog weitere Bewohner der DDR, sich an Löwenthal zu wenden. Am 21. Januar 1976 verlasen Löwenthal und Schenk erneut Namen und Wohnorte der Betroffenen unter dem Titel *Hilferufe von drüben*, falls diese es trotz der Warnungen Löwenthals vor weiteren DDR-Repressalien schriftlich verlangten, sowie Dokumente, auf die sich die Ausreisewilligen berufen können: Auszüge aus der Verfassung der DDR, der Allge-

150 Löwenthal im Gespräch mit Winckler, 16.8.1993, in: Winckler: Ein kritischer Journalist aus Berlin, S. 145.

151 Unternehmensarchiv des ZDF, Bestand *ZDF-Magazin*, Ordner Nr. 32, Sendung vom 10.12.1975, dort wörtliche Wiedergabe.

152 Löwenthal: Ich bin geblieben, S. 277.

153 Vgl. Helmut Kamphausen: Der Fall Kerlin; Unternehmensarchiv des ZDF, Bestand *ZDF-Magazin*, Ordner Nr. 32, Sendung vom 10.12.1975. vgl. Helmut Kamphausen: Der Fall Astrid Kerlin, in: Gerhard Löwenthal/Helmut Kamphausen/C.P. Clausen: Feindzentrale Hilferufe von drüben, Lippstadt: Hilferufe von drüben (Eigenverlag), S. 7–21.

meinen Menschenrechtserklärung und der KSZE-Schlussakte.[154] Bereits am 18. Februar 1976 war im *ZDF-Magazin* ein Beitrag über die Ankunft eines jungen Mannes zu sehen, der genau zwei Wochen nach der Schilderung seines Falles in der Reihe »Hilferufe« bei seinen Eltern »im Westen« eintraf: Ebendiese betonten im Magazin, alleine durch die Fernsehsendung sei die Familienzusammenführung erreicht worden.[155] In unregelmäßigen Abständen kam die Redaktion 1976 bis 1981 auf immer neue Hilferufe zurück. Diese Themenwahl veranlasste das Ministerium für Innerdeutsche Beziehungen, die von Löwenthal ausdrücklich gewünschte Zusammenarbeit (zur Lösung der Fälle) abzulehnen, ja sogar zu versuchen, ein Ende der Reihe *Hilferufe von drüben* herbeizuführen. Denn der Bundesnachrichtendienst hatte nach den ersten ausgestrahlten Hilferufen in einem geheimen Dossier an die Bundesregierung konstatiert, es seien Regimegegner in der DDR verhaftet, andere an der Ausreise gehindert worden. Die Illustrierte *Stern*, deren Chefredakteur Henri Nannen spätestens seit einer *ZDF-Magazin*-Veröffentlichung 1970 über seine Kriegsvergangenheit gegen Löwenthal eingestellt war, fasste zentrale Aussagen dieser BND-Ausarbeitung am 12. Februar 1976[156] zusammen und ergänzte: es gebe eine stillschweigende Übereinkunft zwischen Bundesrepublik und DDR, im Rahmen der Familienzusammenführung eine Anzahl von DDR-Bewohnern ausreisen zu lassen, allerdings müssten die Fälle geheim bleiben. Der Bundesminister für Innerdeutsche Beziehungen, Egon Franke, versuchte am 9. März 1976 in einem Gespräch vergeblich, Löwenthal von einer weiteren Ausstrahlung der »Hilferufe« abzubringen.[157] Welche Relevanz diesem Termin beigemessen wurde, ist daran ersichtlich, dass nicht nur Redakteur Fritz Schenk, sondern Intendant Karl Holzamer und Chefredakteur Rudolf Woller mit Gerhard Löwenthal an der Unterredung teilnahmen. Franke (SPD) versuchte, durch Briefe an Holzamer und seinen Parteifreund, den Mainzer Oberbürgermeister Jockel Fuchs als dem stellvertretenden Vorsitzenden des Fernsehrates, eine *Hilferufe von drüben*-Sondersendung am 23. März 1976 (einem Dienstag zum ungünstig späten Termin um

154 Vgl. Unternehmensarchiv des ZDF, Bestand *ZDF-Magazin*, Ordner Nr. 32, Sendung vom 21.1.1976. Löwenthal zur Frage der Namens- und Adressennennung in der gleichen Sendung: »Wir können daher heute nur die Namen und Adressen derjenigen nennen, die uns ausdrücklich darum baten, damit sie wissen, dass ihr Brief bei uns angekommen ist, und weil sie in der Veröffentlichung einen wirksamen Schutz vor Schikanen und Repersalien [sic!] sehen sowie eine tatkräftige Unterstützung ihrer Bemühungen«.

155 Vgl. Hilferufe von drüben (Der Fall Kaletta). Unternehmensarchiv des ZDF, Bestand *ZDF-Magazin*, Ordner Nr. 33, Sendung vom 18. Februar 1976.

156 Vgl. N.N.: Ein Bärendienst von Löwenthal, in: *Stern*, 29. Jahrgang (1976), Nr. 8, S. 15.

157 Vgl. Andreas H. R. Schmidt: *ZDF-Magazin*, (wie Anm. 16, S. 16), S. 200.

22.45 Uhr) zu verhindern.[158] Tatsächlich verbot Holzamer die Nennung von Namen und Adressen, da er Maßnahmen gegen DDR-Bewohner und eine Verschlechterung der innerdeutschen Beziehungen befürchtete[159]; er hob in einem Leserbrief an die *Welt* hervor, dies sei seine eigenständige Entscheidung gewesen, weder der Fernsehrat noch der Bundesminister für Innerdeutsche Beziehungen hätten ihn beeinflusst.[160] Es ließe sich zugunsten von Holzamer argumentieren, dass in einem totalitären System wie der DDR keine Berechenbarkeit staatlicher Entscheidungen in derart sensiblen Bereichen möglich war: Die DDR war kein Rechtsstaat, vielmehr waren Direktiven der SED und der Staatssicherheit ausschlaggebend. Auf ein Entgegenkommen konnte schnellstens wieder eine »Eiszeit« folgen. Aber selbst wenn Löwenthal auf Namens- und Adressennennung verzichtete, waren fatale Folgen für einen Briefeschreiber nicht auszuschließen: So wurde ein Ehepaar verhaftet und zu Gefängnisstrafen verurteilt.[161] Es kam im weiteren Verlauf der Magazin-Rubrik *Hilferufe* sogar vor, dass sich MfS-Mitarbeiter als ZDF-Bedienstete ausgaben und diejenigen verhafteten, die an das *ZDF-Magazin* geschrieben hatten.[162]

Am Mittag des 22. März 1976 schickte Löwenthal (»mit freundlichen Grüßen«) ein Fernschreiben mit Vermerk (»eilt sehr – bitte sofort auf den Tisch«) an Bundesminister Franke: Ob dessen Ministerium mit ihm die Liste der 70 »Hilferufenden« überprüfen wolle, damit diejenigen Fälle, deren Abschluss bevorstehe, von der Veröffentlichung ausgenommen werden können? Dieses Schreiben erfolgte, wie Löwenthal darin bemerkte, auf Initiative von Intendant und Chefredakteur. 24 Stunden später teilte Egon Franke (ohne Grußformel) per Fernschreiben Löwenthal mit, das Ministerium für Innerdeutsche Beziehungen werde mit dem *ZDF-Magazin*-Moderator nicht zusammenarbeiten, denn »diskrete, nichtoeffentliche Bemuehungen« zur Hilfe der Betroffenen seien erfolgreich. Dem ging ein Telefonat des Staatssekretärs Edgar Hirt vom gleichen Ministerium mit Co-Moderator Fritz Schenk voraus.[163] In der Sendung selbst ließ Löwenthal eine Schrifttafel einblenden, auf der zu lesen war: »Nur öffent-

158 Vgl. Protokoll der Bundestagssitzung vom 1.4.1976 mit der Frage von Claus Jäger (CDU) und der Antwort des Parlamentarischen Staatssekretärs im Bundesministerium für Innerdeutsche Beziehungen, Herold, wiedergegeben in: *Das Parlament*, 10.4.1976, S. 3.

159 Vgl. Anmoderation Löwenthals; Unternehmensarchiv des ZDF, Bestand *ZDF-Magazin*, Ordner Nr. 33, Sendung vom 23.3.1976.

160 Vgl. Karl Holzamer: Ich entschied allein, in: *Die Welt*, 26.3.1976, wiedergegeben nach: Andreas H. R. Schmidt: ZDF-Magazin, (wie Anm. 16, S. 16), S. 202.

161 Anmoderation zu: Dem SED-Terror entkommen; Unternehmensarchiv des ZDF, Bestand *ZDF-Magazin*, Ordner Nr. 57, Sendung vom 23.12.1987.

162 ASD, Berlin: »SSD«-Spitzel gaben sich als ZDF-Mitarbeiter aus, in: *Die Welt*, 29.4.1977; Unternehmensarchiv des ZDF, Zeitungsausschnittsammlung 11.4/6-4.53 *ZDF-Magazin*.

163 Vgl. Fernschreiben Frankes an Löwenthal vom 23.3.1976; Unternehmensarchiv des ZDF, Bestand *ZDF-Magazin*, Ordner Nr. 33, Akte zum Sendetag 23.3.1976.

liche Aktionen können unseren Brüdern in Osteuropa helfen. Sie haben mir selbst nicht nur die Freiheit gebracht, sondern auch das Leben gerettet.« Das Zitat stammte von dem ehemaligen politischen Häftling Ludek Pachman. Löwenthal und Co-Moderator Schenk trugen weitere Fälle anonymisiert vor, gleichzeitig blieben Interviews mit namentlich vorgestellten Westdeutschen zum Zwecke der Familienzusammenführung ungesendet. Die Moderatoren warnten darüber hinaus die Ausreisewilligen, sich allzu stark auf das *ZDF-Magazin* zu verlassen: Den Ausreiseantrag müssen die Betroffenen selbst stellen, Benachteiligungen werden folgen, über die Erfolgsaussicht lasse sich nichts prognostizieren (Löwenthal wiederholte dies sinngemäß in der Sendung vom 21. Juli 1976)[164]; es kann also nicht behauptet werden, er habe DDR-Bewohner rücksichtslos in den »Westen« locken wollen. Die Moderatoren nannten die Anschriften des Bundesministeriums für Innerdeutsche Beziehungen und des Innenministeriums der DDR (an letzteres sollten sich Ausreisewillige mit ihrem Antrag wenden, an ersteres Westdeutsche mit dem Wunsch nach Familienzusammenführung).[165] In *Ich bin geblieben* behauptete Löwenthal, eine Magazinsendung sei abgesetzt worden.[166] Anhand der Sendungsprotokolle ist jedoch nachweisbar, dass es sich nur um einen Beitrag Helmut Kamphausens handelte, der nicht ausgestrahlt wurde.

Am 1. April 1976 begründete Franke seine Meinung in einer Aktuellen Stunde des Deutschen Bundestags[167] mit der Gefährdung der Personen, deren Namen Löwenthal (von ihm abfällig als »dieser Herr, der sich [...] beschwert hat« etikettiert) bekanntgegeben hatte. Dem entgegnete der CSU-Bundestagsabgeordnete Claus Jäger, indem er einen der Briefe aus der DDR an Löwenthal verlas: »Sehr geehrter Herr Löwenthal! ... Ich bin fest entschlossen, mein Recht durchzusetzen, selbst wenn es mich unbegründet in eines ihrer Gefängnisse bringen würde. Mein Lebensziel heißt, jetzt die Freiheit zu erlangen. Daß Sie meinen Namen nennen, versteht sich, und ich bitte Sie sehr darum, daß Sie das tun.«[168] Löwenthal verwies April 1976 in einem Brief (ohne Datumsangabe in *Ich bin geblieben* wiedergegeben) an Franke auf den ausdrücklichen Wunsch der Betroffenen nach Öffentlichkeit – und wies ihnen zugleich die Verantwortung für

164 Vgl. Anmoderation zu: Hilferufe von drüben; Unternehmensarchiv des ZDF, Bestand *ZDF-Magazin*, Ordner Nr. 34, Sendung vom 21.7.1976.

165 Vgl. Hilferufe von drüben. Sondersendung; Unternehmensarchiv des ZDF, Bestand *ZDF-Magazin*, Ordner Nr. 33, Sendung vom 23.3.1976, S. 12. Im gleichen Ordner ist auch der nicht gesendete Teil der Sendung archiviert.

166 Vgl. Löwenthal: Ich bin geblieben, S. 371.

167 Vgl. Egon Franke: Für eine sinnvolle Deutschlandpolitik (Bundestagsrede am 1.4.1976), abgedruckt in: *Das Parlament*, 10.4.1976, S. 6.

168 Claus Jäger: Diese Regierung muß endlich handeln! (Bundestagsrede am 1.4.1976), wiedergegeben in: Das Parlament, 10.4.1976. S. 4.

eventuelle Folgen zu. Darüber hinaus äußerte Löwenthal den Verdacht[169], die Ostberliner Regierung übe Druck auf die Bundesregierung aus, dem *ZDF-Magazin* die Ausstrahlung der Hilferufe zu erschweren. Beweisen konnte er dies bis 1989/90 nicht. Aus den Unterlagen der Staatssicherheit entnahm Löwenthal aber nach der Wiedervereinigung, dass die DDR auf die Bundesregierung massiv einwirkte, um die Reihe *Hilferufe von drüben* zu stoppen.[170] An der Kontroverse Franke-Löwenthal kann erstaunen, dass beide nach ihren Erfahrungen im Nationalsozialismus (Franke war aus politischen Gründen zweieinhalb Jahre im Zuchthaus und später in einem Strafbataillon) nicht zu einem Konsens über die Unterstützung politischer Häftlinge und politisch Verfolgter in totalitären Systemen zusammenfanden. Die Debatte selbst spielte sich entlang der üblichen bekannten Frontlinien ab: SPD da, CSU dort.

Nicht nur die Tatsache einer Sondersitzung des Deutschen Bundestags unterstreicht, wie sehr die Reihe *Hilferufe von drüben* Gegenstand einer politisch-publizistischen Debatte geworden war. Sie wurde zum Thema der Justiz. Am 21. Januar 1976 stellte ein wegen Mordes verurteilter, ehemaliger Häftling aus Berlin (West) namens Dietrich Derz Strafanzeige bei der Staatsanwaltschaft gegen Löwenthal wegen »Vergehens nach Paragraph 241a Abs. 2 StGB«, weil dieser durch die Namensnennungen die »Hilferufenden« der Gefahr, politisch verfolgt zu werden, ausgesetzt habe.[171] Der *Spiegel*, der bereits mehrfach eine ablehnende Kritik an Löwenthal übte, veröffentlichte diese Nachricht; weitere Informationen gingen aus den folgenden Ausgaben des Hamburger Nachrichtenmagazins aber nicht hervor, so dass es offenbar nicht zu einer Eröffnung des Verfahrens kam. Derz selbst gehörte dem betroffenen Personenkreis der DDR-Ausreisewilligen nicht an; seine Motivation ist daher eher im Bereich der Wichtigtuerei zu suchen. Möglicherweise war er von der DDR-Staatssicherheit angeworben.

Ein Staatsbediensteter der DDR schrieb im *Spiegel* im Frühjahr 1978, durch die Ausstrahlung der *Hilferufe* hätte sich die Einschaltquote des *ZDF-Magazins* in der DDR zunächst erheblich gesteigert. Als den Zuschauern aber klar wurde, dass die Hilfsmöglichkeiten des ZDF sehr begrenzt waren und sogar »Hilferufende« verhaftet wurden, sei das Interesse an Löwenthals Sendereihe sehr deutlich zurückgegangen.[172]

169 Vgl. Brief Löwenthals an Franke, abgedruckt in Gerhard Löwenthal: Ich bin geblieben, S. 372 ff., hier S. 373.

170 Vgl. Gerhard Löwenthal: Politische Mobilmachung gegen die »Hilferufe von drüben« im ZDF-Magazin, in: Feindzentrale Hilferufe von drüben, Lippstadt: Hilferufe von drüben (Eigenverlag), 1993, S. 22–32, hier S. 25.

171 Vgl. N.N. Register. Berufliches, in: *Der Spiegel*, 30. Jahrgang (1976), Nr. 10, S. 172.

172 Vgl. Anonymer Staatsbediensteter der DDR: »Künftig auch wieder mehr an uns denken«. Die Bedeutung des Westfernsehens für DDR-Bewohner, in: *Der Spiegel*, 32. Jahrgang (1978) Nr. 17, S. 41–44.

Dazu kann angemerkt werden, dass der anonyme Autor m.E. ein Mitarbeiter der Staatssicherheit war, der in diesem Artikel ein sinkendes Interesse der DDR-Bewohner am Westfernsehen suggerierte – ganz gleich, ob es sich um Unterhaltungssendungen oder politische Magazine handelte.

Fünf Jahre später ging der Jurist Richard Albrecht in der Zeitschrift *Vorgänge* (die der Humanistischen Union nahe steht) auf die Hilferufe ein[173], die Löwenthal 1981 aber längst nicht mehr im Fernsehen ausstrahlte. Von »Hilferufenden« könne keine Rede sein, so Albrecht, vielmehr handle es sich um Menschen, die Löwenthal zum Verlassen der DDR anstachle.

Löwenthal betonte, dass ihn keiner der Antragsteller wegen Nennung von Name und Wohnort verklagt habe; demgegenüber habe er viel Dankbarkeit erfahren[174] (Dankesbriefe befinden sich tatsächlich im Nachlass). Aus Beiträgen in Publikumszeitschriften geht hervor, dass ehemalige »Hilferufende«, einschließlich politischer Häftlinge, ihre Ausreise auf Löwenthal zurückführten.[175] Schon am 23. März 1976 zitierte er im Fernsehen aus dem Brief einer Familie, deren Hilferuf er genau acht Wochen zuvor verlesen hatte.[176] Löwenthal über die »Hilferufenden«: »Das sind jene, die bereits mehrfach Anträge gestellt hatten, die also den Behörden drüben längst als Ausreisewillige bekannt waren und die schon vielfältigen Schikanen ausgesetzt waren.« Genauer äußerte er sich 1978: Es würden nur die Hilferufe von Häftlingen oder solchen Menschen gesendet, die mit ihrer Festnahme aus politischen Gründen rechnen (also bereits längst als »Feinde« vermerkt sind). Löwenthal sprach in diesem Zusammenhang von verzweifelten Menschen, die die Namensnennung ausdrücklich wünschten, um verhaftet und dann von der Bundesrepublik freigekauft zu werden.[177]

Löwenthal konnte sich durch Äußerungen nicht nur von Ludek Pachman, sondern auch von anderen, international bekannteren Regimekritikern bestärkt fühlen. Alexander Solschenizyn bat 1975 in seiner Rede vor dem amerikanischen Gewerkschaftsbund AFL/CIO:

173 Vgl. Richard Albrecht: Hilferufe – »von drüben«?, in: *Vorgänge. Zeitschrift für Gesellschaftspolitik*, Nr. 51 (20. Jahrgang 1981, Heft 3), S. 36 ff. Es fallen einige unzutreffende Behauptungen Albrechts auf: So schrieb er, Löwenthal/Hausens Buch habe »mit Atomen leben« geheißen und habe ein Plädoyer für »Atomrüstung« dargestellt.

174 Vgl. Interview mit Löwenthal, 16.8.1993, in: Stefan Winckler: Ein kritischer Journalist aus Berlin, S. 146.

175 Bernd Weber: Eine Familie rief um Hilfe – und wurde gehört, in: *Funk-Uhr*, 28. Jg. (1979), Nr. 8 (o.S.). Bodo Land: ZDF-Magazin. Und von da an waren wir nicht mehr allein, in *Hörzu*, 24. Jg. (1979), Nr. 46, (o.S.); beide sind archiviert in: Unternehmensarchiv des ZDF, Zeitungsausschnittsammlung, 11.4/6-4.53.

176 Vgl. Unternehmensarchiv des ZDF, Bestand *ZDF-Magazin* Ordner Nr. 33, Sendung vom 23.3.1976, S. 10 f.

177 Hans-Dieter Fischer: Können Sie überhaupt helfen, Herr Löwenthal?, in: *Hörzu*, 23. Jg. (1978), Nr. 4, S. 14 ff.

»Innere Angelegenheiten gibt es nicht mehr auf unserem eng gewordenen Planeten... Die kommunistischen Führer warnen Sie: Mischt euch nicht in unsere inneren Angelegenheiten ein, laßt uns unsere Bürger in Ruhe unterdrücken ... Ich aber sagen Ihnen: Bitte, mischt euch soviel ihr könnt in unsere innere Angelegenheiten ein ... Wir bitten euch, mischt euch ein!«[178]

Ähnlich äußerte sich Andrej Sacharow.[179]

Hatte die Ausstrahlung der Hilferufe Erfolg? Mit anderen Worten: Ließ die DDR wenigstens einen Teil der genannten Häftlinge frei, erlaubte das Regime den ausreisewilligen Menschen das »Verlassen der Republik«? Zweifellos war der DDR-Führung die Bekanntgabe von Menschenrechtsverletzungen durch Löwenthal sehr unangenehm, denn sie strebte nach internationaler Anerkennung, Wirtschaftskontakten und Einfluss mittels der DKP in der Bundesrepublik. Insofern ist die Annahme, die Veröffentlichung von »Hilferufen« habe zu Freilassungen geführt, berechtigt. Beispielsweise konnte der Germanist Hellmuth Nitsche nach einhundert Tagen Haft in die Bundesrepublik ausreisen. Ein anderer Fall: Der Schlosser Detlef Siebert war wegen Fluchtversuchs anderthalb Jahre in Haft. Nach seiner Freilassung aus dem Gefängnis stellte er 13 Ausbürgerungsanträge – vergeblich. Als er mit Arbeitsverweigerung drohte, wurde er verhaftet. Aus dem Gefängnis schrieb er an westdeutsche Verwandte, die seinen Brief an das *ZDF-Magazin* weiterleiteten, wo Löwenthal sein Anliegen viermal vorstellte. Dann gelangte Siebert, von der Bundesregierung für 50.000 Mark freigekauft, in den »Westen«. Hätte ihn die DDR auch ohne Löwenthals Sendungen freigelassen? Das kann nicht bewiesen werden. Jedenfalls schrieb er an den *ZDF-Magazin*-Redaktionsleiter: »Ich bin davon überzeugt, daß die Veröffentlichung meines Anliegens in Ihrer Sendung einen großen Anteil an meinem Erfolg hatte. Nochmals vielen Dank.«[180] Auch die Tochter der MS-kranken Frau Kerlin durfte im Sommer 1976 in die Bundesrepublik übersiedeln. Welchen Anteil das Löwenthal-Magazin und der Beitrag des Redakteurs Helmut Kamphausen daran hatten, ist aber nicht zu belegen. Ein weiteres Maß für Erfolg der Reihe waren verbesserte Haftbedingungen. Rainer Bäurich, der wegen eines Briefes an Franz Josef Strauß und zweier Ausreiseanträge inhaftiert worden war, geht davon aus, dass die Veröffentlichung seines Falles unter anderem im *ZDF-Magazin* und der Zeitung *Hilferufe von drüben* Erleichterung in der

178 Solschenizyn, zitiert in: Claus P. Clausen: So entstand Hvd, in: Gerhard Löwenthal/Helmut Kamphausen/Claus P. Clausen: Feindzentrale Hilferufe von drüben, (wie Anm. 153, S. 207), S. 33–50, hier S. 35.

179 Sacharow-Zitat in der Abmoderation zum Sacharow-Beitrag; Unternehmensarchiv des ZDF, Bestand *ZDF-Magazin*, Ordner Nr. 26, Sendung vom 12.9.1973.

180 Hans-Dieter Fischer: Können Sie überhaupt helfen, Herr Löwenthal?, in: *Hörzu*, 23. Jg. (1978), Nr. 4, S. 14f.

Haft und letztlich die Freilassung brachte. Als Strauß im Juli 1983 zum ersten Mal Erich Honecker traf, übergab er ihm eine Liste mit den Namen von neun Häftlingen, deren Zukunft er als Prüfstein für die Gewährung des Milliardenkredits ansah. Löwenthal, der nach eigenen Angaben mit Strauß freundschaftlich verbunden war, hatte mit seinem »Expertenwissen« die Liste (jedenfalls als Rohentwurf) erstellt.[181]

Insgesamt strahlte das *ZDF-Magazin* 33 Beiträge der Reihe *Hilferufe von drüben* in den Jahren 1975 bis 1979 aus. Die meisten Beiträge stammen aus dem Jahr 1977.[182] Bereits Anfang 1978 waren 1500 »Hilferufe« an das ZDF gelangt.[183] Eine Kritiker-Jury der Fernsehillustrierte *Hörzu* des Axel-Springer-Verlags ehrte Gerhard Löwenthal ausdrücklich wegen der bislang gesendeten »Hilferufe« mit der Verleihung der Goldenen Kamera.[184] Die Familie Löwenthal überreichte diesen Preis als Dauerleihgabe dem Mauer-Museum Haus am Checkpoint Charlie, wo im Dezember 2006 eine Ausstellung über die Hilferufe eröffnet wurde. Weil er sich, so das Bundespräsidialamt, »nachdrücklich für politische Häftlinge im kommunistischen Machtbereich engagiert hat«, erhielt Löwenthal am 23. Februar 1979 auf Vorschlag des rheinland-pfälzischen Ministerpräsidenten Bernhard Vogel das Bundesverdienstkreuz am Bande.[185] Löwenthal sah sich »stellvertretend für die vielen tausend Menschen« geehrt, »die in der DDR eingekerkert sind, nur weil sie in die Freiheit wollen«[186] – also für seine Klientel.

Handelte es sich nach Löwenthals Meinung bei der Veröffentlichung der Hilferufe um ein Patentrezept, inhaftierten oder schwer schikanierten Menschen im anderen Teil Deutschlands zu helfen? Die beste Hilfe für benachteiligte, bedrohte oder gar verhaftete Antragsteller könne, so Löwenthal, nur eine Kombination aus zwischenstaatlichen, vertraulichen Verhandlungen und öffentlichen Aktionen darstellen.[187] Stattdessen favorisierte die Bundesregierung einzig und alleine die Methoden der »stillen Diplomatie«.

Die Vielzahl an Hilfegesuchen machte es der *ZDF-Magazin*-Redaktion unmöglich, wirksame Hilfeleistungen für jeden zu vermitteln, selbst zu erbringen oder gar

181 Vgl. Gerhard Löwenthal: Rainer Bäurichs Manifest, in: Feindzentrale Hilferufe von drüben, Lippstadt: Hilferufe von drüben (Eigenverlag), 1993, S. 194–211.

182 Vgl. Produktionsnachweise.

183 Vgl. Hans-Dieter Fischer: Können Sie überhaupt helfen, Herr Löwenthal?, in: *Hörzu*, 23. Jg. (1978), S. 14 f.

184 Vgl. N.N.: Gruppenbild mit Damen und »Goldener Kamera«, in: *Berliner Morgenpost*, 25.2.1978, S. 1; ACDP, NL Löwenthal, 01-763-023; N.N.: Wer küßt denn Gerhard Löwenthal?, in: *Welt am Sonntag*, 26.2.1978, S. 1; ACDP, NL Löwenthal, 01-763-023.

185 Vgl. Albrecht, Hilferufe »von drüben«, S. 36. Bundespräsident war Walter Scheel.

186 N.N.: Menschen, die Geschichte(n) machen. Löwenthal: Bundesverdienstkreuz für »DDR«-Häftlinge, in: *Bild*, 2.3.1979, ohne Seitenangabe; ACDP, NL Löwenthal, 01-763-024.

187 Vgl. Löwenthal: Ich bin geblieben. S. 369–377.

die »Fälle« angemessen zu betreuen. Dies konnte nicht die Aufgabe einer Magazinredaktion im öffentlich-rechtlichen Fernsehen sein, die bestenfalls eine Öffentlichkeit dafür zu sensibilisieren vermochte. Auf Initiative Löwenthals gründete der katholisch-konservative Journalist Claus P. Clausen im Januar 1978 den Verein Hilferufe von drüben e.V. in Lippstadt (wo Clausen ein Verlag mit Druckerei zur Verfügung stand), der sich zugleich um die Unterstützung der Freigelassenen in Westdeutschland kümmerte – von Behördengängen bis zu einer Versorgung mit den wichtigsten Einrichtungsgegenständen. Die Finanzierung erfolgte zunächst ausschließlich durch Geld- und Sachspenden aus privater Hand, während die Bundesregierung Kohl später Mittel des Innerdeutschen Ministeriums bewilligte. Eine viermal im Jahr erscheinende Zeitung informierte über politische Häftlinge in der DDR.[188] Der Vorsitzende des Vereins Hilferufe von drüben e.V. (Hvd), Clausen, stellte Dezember 1982 fest, von 241 in der Vereinszeitung veröffentlichten Hilferufen alleine in jenem Jahr seien 154 durch Freikauf oder Ausreise erfolgreich gelöst worden.[189]

Für das Ministerium für Staatssicherheit der DDR hatte dieser Verein eine hohe Relevanz. Es stufte Hilferufe von drüben als wichtigen Teil der »strategischen Gesamtkonzeption [...] im Kampf gegen die sozialistischen Staaten« ein, obwohl Hvd vor 1982 jeglicher staatlicher Zuschüssen entbehrte und sich auf die Betreuung der politisch Verfolgten in der DDR und der Freigekauften im Westen beschränkte. Das Mielke-Ministerium legte 25 Aktenbände über den als feindliche Organisation gekennzeichneten Verein Hvd an, von denen 3553 Seiten in 16 Ordnern erhalten sind. Ihnen ist zu entnehmen, dass 83 Inoffizielle Mitarbeiter angesetzt waren. Die Methoden der Stasi bestanden im Ausspionieren und Verunsichern des Hvd-Vorstands sowie in dem Versuch, in Lippstadt Stimmung gegen Hvd zu machen. Dennoch konnte diese Bürgerinitiative fortgeführt werden, und die Teilnehmerzahl von mindestens 200 freigekauften ehemaligen politischen Häftlingen an den Jahrestreffen blieb konstant.[190] Denn jeweils am ersten Dezember trafen sich diejenigen ehemaligen DDR-Häftlinge,

188 Vgl. Claus P. Clausen: So entstand Hvd, in: Gerhard Löwenthal/Helmut Kamphausen/Claus P. Clausen: Feindzentrale Hilferufe von drüben, S. 33–50; ders.: »Hilferufe« und die Politik. In: Gerhard Löwenthal/Helmut Kamphausen/Claus P. Clausen: Feindzentrale Hilferufe von drüben, S. 51–76; vgl. Gerhard Löwenthal: Politische Mobilmachung gegen die »Hilferufe von drüben« im ZDF-Magazin, in: Feindzentrale Hilferufe von drüben, Lippstadt: Hilferufe von drüben (Eigenverlag), 1993, S. 22–32.

189 Vgl. Helmut Kamphausen: Die »Hvd«-Berichte im ZDF-Magazin, in: Gerhard Löwenthal/Helmut Kamphausen/C.P. Clausen: Feindzentrale Hilferufe von drüben, (wie Anm. 153, S. 207), S. 110.

190 Vgl. Gerhard Löwenthal: Feindorganisation »Kontra«, in: Ders./Helmut Kamphausen/C.P. Clausen: Feindzentrale Hilferufe von drüben. Lippstadt: Hilferufe von drüben (Eigenverlag), 1993, S. 249–280.

die im Laufe des Jahres freigekauft worden waren, bei Hvd in Lippstadt. Das *ZDF-Magazin* berichtete darüber, Autor war Helmut Kamphausen.[191]

Insbesondere mit den *Hilferufen von drüben* im *ZDF-Magazin* hatte sich Löwenthal von der Rolle des »Kritikers an Mißständen« – vgl. das Konzept der politischen Magazine einschließlich des *ZDF-Magazins* – zu einem journalistischen »Anwalt«[192] weiterentwickelt, der sich auf die Seite einer bestimmten gesellschaftlichen Gruppe stellte, ihr eine Öffentlichkeit verschaffte und ihre Interessen vertrat: Insbesondere mahnte er die zugesicherten Menschenrechte für diese Gruppe an. Sein Klient waren diejenigen Menschen in der DDR, die wegen der in Helsinki zugesagten Rechte Benachteiligungen bis hin zur Haft zu erleiden hatten. Das besondere war, dass diese Gruppe ihre Interessen im System des »real existierenden Sozialismus« nicht selbst risikolos oder gar erfolgreich vertreten konnte. In den Massenmedien der Bundesrepublik, insbesondere im Fernsehen, hatten die Betroffenen sonst nur wenige oder überhaupt keine Fürsprecher – mit anderen Worten: Sie wurden weitgehend ignoriert; die Fernsehzuschauer hatten an ihrer Situation nur ein geringes Interesse. In Westdeutschland und überhaupt in der westlichen Welt entstanden vielmehr Beiträge sozial engagierter, linker Journalisten über Unterprivilegierte der eigenen Gesellschaft – oder solche, die sie dafür hielten. Im *Stern* beispielsweise war seinerzeit eine redaktionelle Linie zugunsten der Kriegsdienstverweigerung, für das Recht auf Abtreibung, für die sexuelle Revolution erkennbar. Löwenthal war einer der wenigen Konservativen, die sich ebenfalls eines Klienten annahmen. Löwenthal sah die Deutschen in der DDR als unterprivilegiert an, und die am stärksten bedrängten Menschen stellten er und seine Mitarbeiter im Magazin vor. Er schaltete sich nicht in eine politisch-publizistische Debatte, wie es sie beispielsweise zum § 218 StGB gab, ein, sondern trat damit eine Debatte von Politikern und Journalisten los. Überzeugt davon, dass in der DDR keine Freiheit bestehe, und politische Gängelung bis hin zu Haftstrafen für politische Gegner an der Tagesordnung sei, nahm Löwenthal nicht nur gezielt Partei für diese Per-

191 Vgl. Helmut Kamphausen: Die »Hvd«-Berichte im ZDF-Magazin, in: Gerhard Löwenthal/Helmut Kamphausen/C.P. Clausen: In: Feindzentrale Hilferufe von drüben, (wie Anm. 153, S. 207), S. 89–154. Produktionsnachweise vom 6.12.1978 (DDR-Häftlinge sammeln sich), 5.12.1979 (Interview Kurt Michaelis u. a.), 3.12.1980 (Deutsche helfen Deutschen), 2.12.1981 (Häftlinge von drüben brauchen Hilfe), 1.12.1982 (Ehemalige DDR-Häftlinge brauchen Hilfe), 30.11.1983 (Politische Häftlinge von drüben berichten, dazu Interview mit Karl-Heinz Rutsch), 12.12.1984 (Politische Häftlinge klagen an (Haftbedingungen in der DDR), 11.12.1985 (Politische DDR-Häftlinge mißhandelt), 10.12.1086 (Brutalitäten in DDR-Zuchthäusern, Spendenkonto »Häftlingshilfe«), 9.12.1987 (10 Jahre Hilferufe von drüben). Autor war stets Helmut Kamphausen.

192 Vgl. Morris Janowitz: Professional Models in Journalism: the Gatekeeper and the Advocate, in: *Journalism Quaterly*, 52. Jahrgang (1975), S. 618–626. Vgl. Hans-Heinz Fabris: Medienjournalismus und Bürgerkommunikation. Tendenzen und Alternativen der journalistischen Arbeit, in: Rundfunk und Fernsehen, 29. Jahrgang (1981), S. 200–210. Vgl. Wolfgang Donsbach: Legitimitätsprobleme des Journalismus, Freiburg: Alber, 1982, S. 47–55.

sonengruppe, sondern versuchte, mit dem Kontakt zum zuständigen Bundesminister für Innerdeutsche Beziehungen politische Maßnahmen zu ihren Gunsten in Gang zu bringen. Löwenthal war sich der Rolle des journalistischen Anwalts bewusst und verglich sich selbst mit Emile Zola, der Partei für den unschuldig verurteilten Offizier Alfred Dreyfus ergriff.[193]

Unmittelbar nach seiner Pensionierung im Januar 1988 übernahm Löwenthal die Ehren-Präsidentschaft des Vereins Hilferufe von drüben in Lippstadt. In der gleichnamigen Vereinszeitung war Löwenthal seitdem immer wieder als Autor präsent.[194] Zuvor, während seiner hauptamtlichen Tätigkeit als Journalist einer öffentlich-rechtlichen Anstalt, hatte er keine offizielle Vereinsfunktion übernommen, sogar auf die Mitgliedschaft verzichtet, um Kontroversen über eine Vermischung von beruflichem und privatem Engagement zu vermeiden. So waren die Reden Löwenthals auf den alljährlichen Treffen des Vereins mit Bedacht nicht im *ZDF-Magazin* ausgestrahlt worden. Er unterstützte dennoch den Verein, indem er beispielsweise Axel Springer[195] für die Finanzierung der ersten Ausgabe der Vereinszeitung in Höhe von einhunderttausend Exemplaren gewann.[196]

Ende 1991 löste sich Hilferufe von drüben e.V. auf, nachdem die Deutsche Einheit im völkerrechtlichen Sinne vollendet war. Seine Aufgaben übertrug er dem Bund der Stalinistisch Verfolgten in Leipzig, dem Löwenthal anschließend als Vorstandsmitglied angehörte.[197] 1995 kümmerte sich Löwenthal um eine Wiederbelebung des Vereins Hilferufe von drüben, weil ehemalige politische Häftlinge aus der DDR mit der öffentlichen Aufarbeitung des SED-Unrechts unzufrieden waren (offenbar waren sie vom Bund der Stalinistisch Verfolgten enttäuscht). Dazu gehörte eine Rehabilitierung der Opfer und die (von Löwenthal als völlig unzureichend angesehene) Entschädigungsregelung. Löwenthal favorisierte es in diesem Zusammenhang, das Entschädigungsgesetz für NS-Opfer von 1953 zu aktualisieren, so dass die Opfer beider totalitärer Systeme gleichgestellt werden.[198]

193 Vgl. *Playboy*-Interview, ACDP, NL Löwenthal, 01-763-016.

194 Vgl. Gerhard Löwenthal: Wir machen weiter!, in: *Hilferufe von drüben*, Nr. 51/1991 (14. Jahrgang), S. 1. Ders.: Von Ludwig Erhard lernen!, in: *Hilferufe von drüben*, Nr. 52/1991 (14. Jahrgang), S. 1. Ders.: Rückblick und Ausblick, in: *Hilferufe von drüben*, Nr. 54/1991 (14. Jahrgang), alle ; ACDP, NL Löwenthal, 01-763-076.

195 Vgl. Aussage von Claus Peter Clausen, in: Anne-Cathrine Jürgens: Vom Helfer der Ausreisebewegung zum Verfolgten der Staatssicherheit. Die Rolle des Vereins »Hilferufe von drüben« bei der ständigen Ausreise aus der DDR. Unveröffentlichte Diplomarbeit, 2008, S. 112.

196 Vgl. Aussage von Clausen, in: ebd, S. 124.

197 Vgl. Brief Löwenthals an Lothar Hädicke vom 22.3.1995; Protokoll der erweiterten Bundesvorstandssitzung des Bundes der Stalinistisch Verfolgten, 2./3.12.1994. beide ; ACDP, NL Löwenthal, 01-763-023.

198 Vgl. Interview Michael Girkens mit Löwenthal, 23.5.1995; ACDP, NL Löwenthal, 01-763-098.

Schule und Hochschule

Wie oben beschrieben, war Löwenthal nach 1946 gleichzeitig Medizinstudent und Reporter. An der Universität erlebte er den wachsenden, unaufhaltsamen Einfluss der sowjetischen Besatzungsmacht und der SED; dadurch formte sich sein antitotalitäres Bewusstsein. Als eine Umkehr der Universität Unter den Linden nicht mehr möglich war, unterstützte der erst 25-jährige Löwenthal die Gründung der Freien Universität. So war er von Anfang an mit dem Thema Hochschulen und Politik konfrontiert. Das Thema Schule war für ihn spätestens 1960 ein persönliches Anliegen, als ihn der Deutsche Schulverein in Paris – die Elternvertretung an der Deutschen Schule, die sein ältester Sohn Thomas besuchte – zum Vorsitzenden wählte. Der zweitgeborene Sohn Stefan geriet um 1970 unter den Einfluss linksgerichteter Lehrer und stand zwar nicht im persönlichen, aber im politischen Gegensatz zu seinem Vater.[199] Als Leiter des *ZDF-Magazins* spielten für Gerhard Löwenthal die Themen Schule und Hochschule sehr bald eine Rolle, denn die Studentenbewegung war mit Ablauf des Jahres 1968 keineswegs verebbt. So sendete er in der siebenten Ausgabe des Magazins den Beitrag von Dirk Sager *Experiment an der FU*, dem in der neunten

Sendung am 5. März 1969 *Bildungspläne gescheitert* und in der 21. Sendung am 28. Mai 1969 *Wie reformfreudig sind die Rektoren?* von Günter Schubert folgte.[200] Ob diese Beiträge direkt auf Löwenthals Initiative zurückgingen oder von den genannten Redakteuren auch für ein anderes Magazin erstellt worden wären, lässt sich heute nicht mehr rekonstruieren. 1969 sprach er davon, »Ordnungsrecht« alleine reiche nicht aus, vielmehr seien im Hochschulwesen Reformen längst überfällig: eine »Anpassung der Universität an die Gegebenheiten der modernen Gesellschaft« als Angebot an die gemäßigten Studenten. Außerdem sei der »geistige Kampf« mit den »radikalen Gruppen« aufzunehmen.[201] Zugleich müssten sich Spitzenpolitiker – die Vorsitzenden der Bundestagsparteien – den kritischen Fragen von Jugendvertretern stellen. Es gäbe »kaum etwas wichtigeres«.[202] Löwenthal zeigte sich 1971 überzeugt, eine Reform des Bildungswesens sei Ende der sechziger Jahre vonnöten gewesen, um dieses an die Herausforderungen der 70er und 80er Jahre heranzuführen. Doch habe Willy Brandt zu hohe und damit falsche Erwartungen geweckt. Neomarxistische Utopien zur »kompletten Ummodelung« sollten begraben und vielmehr »vor allem realisierbare Formen der Modernisierung unseres Bildungswesens« vorgenommen werden.

199 Auskunft von Dr. Ingeborg Löwenthal, September 2006.

200 Vgl. Produktionsnachweise.

201 An- und Abmoderation des Beitrags über die Universität Heidelberg; Unternehmensarchiv des ZDF, Bestand *ZDF-Magazin*, Ordner Nr. 3, Sendung vom 9.7.1969.

202 Löwenthals Anfangsmoderation zu: Jugend ohne Antwort; Unternehmensarchiv des ZDF, Bestand »ZDF-Magazin«, Ordner Nr. 3, Sendung vom 25.6.1969.

»Denn das ist es schließlich was wir alle wollen und was wir alle brauchen.«[203] Welche einzelnen Reformen er meinte, sagte er jedoch weder 1969 noch 1971. Erst 1972 äußerte er sich konkreter: Er wünschte angesichts eines, wie er meinte, allzu theorielastigen und zu wenig praxisbezogenen Studiums eine Mitwirkung der Industrie, ja der Wirtschaft im allgemeinen, an den Studienplänen, da bekanntlich die Studenten zu einem erheblichen Teil in die private Wirtschaft wechseln werden.[204] Der dazugehörige Beitrag *Akademiker auf der Schulbank* handelte vor allem von Volkswirten und Maschinenbaustudenten, die mit ihrem Studium unzufrieden waren. In nahezu allen Beiträgen über die Universitäten wandte sich Löwenthal gegen den Versuch von Linksextremisten, Hochschulen zu beherrschen (»in marxistische Kaderschmieden um[zu]wandeln« – die gleiche Formulierung, die er bereits im Hochschulfunk über Universitäten der DDR gebrauchte) und vor allem gegen linksextremistisch motivierte Gewalt an den Universitäten.

Hochschulen kamen im *ZDF-Magazin* fast ausschließlich in den Jahren 1969 bis 1979 vor. Warum dieses Politmagazin in den 1980er Jahren dieses Thema trotz der weiterhin vorhandenen linksextremistischen Hochschulgruppen fast völlig aussparte, bleibt unklar. Insgesamt strahlte Löwenthal 69 Beiträge über Hochschulen, zunächst von Günter Schubert und seit 1970 zum größten Teil von Hermann Kümhoff verfasst, aus. Im Wesentlichen hatten die Beiträge den Linksextremismus[205] an den Universitäten zum Inhalt – gelegentlich auch, welche Initiativen[206] sich gegen jene Tendenzen formieren. Löwenthal war 1972 von der »kommunistischen Unterwanderung unserer Universitäten« überzeugt und versuchte daher, die »deutsche Öffentlichkeit aus ih-

203 Löwenthals An- und Abmoderation des Beitrags von Hermann Kümhoff: Was wird aus der Bildungsreform?; Unternehmensarchiv des ZDF, Bestand *ZDF-Magazin*, Ordner Nr. 18, Sendung vom 3.11.1971; sowie: Anmoderation zu: Finanzierung des Bildungswesens; Unternehmensarchiv des ZDF, Bestand *ZDF-Magazin*, Ordner Nr. 13, Sendung vom 20.1.1971.

204 An- und Abmoderation zu: Akademiker; Unternehmensarchiv des ZDF, Bestand *ZDF-Magazin*, Ordner Nr. 23, Sendung vom 27.12.1972.

205 Deutsche Universitäten unter kommunistischem Druck: Das war der Titel dreier Beiträge am 26.1.1972, die die Auseinandersetzungen an den Universitäten in Frankfurt, Hamburg und Heidelberg beschrieben. Das *ZDF-Magazin* stellte Vorkommnisse an der Uni Heidelberg in einer Reihe von Beiträgen, gesendet am 22.10.1972 (Autor: Bormann), 29.11.72 (Bormann), am 6.12.72 (Bormann, Kümhoff, Fischer), am 13.12.1972 (Schütze/Bechthold), am 20.12.1972 (Kümhoff/Bechthold) und am 14.2.1973 (Bechthold) vor. Desweiteren: Freiburg: Linker Terror an der Uni, 9.7.1975; Terror an UNI München, 7.7.1976; Zustand Universität Heidelberg, 27.10.1976; Volksfront an Universitäten, 5.1.1977; Uni Marburg von Linken ruiniert, 22.6.1977; Linke Studenten wollen Streik, 23.11.1977.

206 Vgl. Produktionsnachweise mit den Beitragstiteln: Freiheit für die Wissenschaft mit Kongreßbericht (Löwenthal/Kümhoff, 18.11.1970); Zwei Jahre Bund Freiheit der Wissenschaft (Kümhoff, 22.11.72), Schweigende Mehrheit wird wach (Bechthold, 16.5.73), Studenten gegen linken Terror (Kümhoff, 12.12.1973), Universität: Demokraten gegen Radikale (Kümhoff, 29.3.78), Konservative Studenten sammeln sich (Kümhoff, 21.11.79).

rem Wohlstands-Dornröschenschlaf« aufzuwecken. Besonderes Augenmerk richtete er zusammen mit dem Redakteur Kümhoff auf die Freie Universität Berlin und die Ruprecht-Karls-Universität Heidelberg. Linksradikale seien dabei, die parlamentarische Demokratie offen zu verhöhnen und ihre Zerschlagung zu fordern; Meinungsterror werde praktiziert, junge Menschen fielen auf »dumme Schlagworte« und »billige Redensartei« [sic!] herein. Diesem »verfassungsfeindliche[n] Treiben« müsse mit allen Mitteln Einhalt geboten werden. So habe an der »ehemals Freien Universität« das neue Universitätsgesetz die Missstände nicht beheben können; mit dieser Meinung stützte sich Löwenthal auf eine »Resolution von 210 Hochschullehrern, die eine Novellierung des Gesetzes forderten«. Die FU Berlin stünde stellvertretend für das Legalisieren »linksradikaler Umtriebe« »durch schlechte Hochschulgesetze«.[207] Gegen Löwenthals Mitarbeiter Lutz Bormann erhob der *Stern* Anfang 1973 den Vorwurf, er hätte Krawalle an der Heidelberger Universität inszeniert, d.h. Studenten aufgefordert, Gewalt vor der Kamera auszuüben, unnötigerweise die Polizei gerufen und ohne ersichtlichen Grund ein Feuerlöschgerat als Waffe aufgestellt. Das ZDF klagte und erreichte durch eine einstweilige Verfügung, dass der *Stern* diese Behauptungen nicht mehr aufstellte. Der *Stern* wollte diese Gerichtsentscheidung nicht annehmen, aber das ZDF setzte sich in der Hauptsachklage unter Einschluss einer umfangreichen Beweisaufnahme vor Ort durch, und die Zeitschrift hatte die Verfahrenskosten zu zahlen.[208]

In Bezug auf den Psychologie-Professor Peter Brückner (er stand im Verdacht, die Baader-Meinhof-Bande zu unterstützen) stellte Löwenthal fest, er sei ein »Prediger der Revolution«; das reiche, um ihn zu disqualifizieren, denn wer das politische System der Bundesrepublik »beseitigen« wolle, könne nicht deren Beamter sein. Löwenthal fragte zugleich nach dem Informationsstand des Verantwortlichen für Brückners Berufung, Niedersachsens Kultusminister Peter von Oertzen.[209]

Das Thema Schule kam bis August 1970 nicht explizit im seinerzeit wöchentlich ausgestrahlten *ZDF-Magazin* vor. Zwei Beiträge im September 1970 folgten. Löwenthal wandte sich gegen linksradikale Inhalte im Schulunterricht. Über Schulen und Schulpolitik entstanden 40 Magazinbeiträge. Löwenthal erklärte in seinen Reden,

207 An- und Abmoderation FU; Unternehmensarchiv des ZDF, Bestand *ZDF-Magazin*, Ordner Nr. 16, Sendung vom 26.5.1971.

208 Enno von Löwenstern: *Stern* gibt im Rechtsstreit mit dem ZDF-Magazin auf, in: *Die Welt*, 26.3.1975; Unternehmensarchiv des ZDF, Zeitungsausschnittsammlung, 11.4/6-4.53 *ZDF-Magazin.*

209 Vgl. Löwenthals Moderationen zu den Beiträgen: Deutsche Universitäten unter kommunistischem Druck, und: *Der Fall Brückner*; Unternehmensarchiv des ZDF, Bestand *ZDF-Magazin*, Ordner Nr. 19, Sendung vom 26.1.1972. Siehe auch die Äußerungen im gleichen Sinne in der Anmoderation: Marburger Kongreß; Unternehmensarchiv des ZDF, Bestand *ZDF-Magazin*, Ordner Nr. 21, Sendung vom 5.7.1972.

Schüler würden in SPD-regierten Bundesländern zum Klassenkampf erzogen.[210] Marxistische Kultusminister wie etwa Ludwig von Friedeburg in Hessen hätten Teile der Universitäten, insbesondere die geisteswissenschaftlichen Fakultäten, marxistischen Dozenten überlassen, deren »Indoktrination« schließlich an die Schulen in Form der »Konflikttheorie« gelangt sei. Löwenthal meinte damit, in den Schulen (vor allem in Hessen) würden gesellschaftliche Vorgänge ausschließlich als Konflikte dargestellt. Solche Lehren brächten das Schwinden der Autorität mit sich: der Autorität des demokratischen Staates ebenso wie die der Eltern. Zur Erziehung gehöre, um Löwenthals »positive« Begriffe zusammenzufassen, die Anleitung zu einem harmonischen Miteinander.[211] Anders ausgedrückt: Die Schule habe die Vorteile der Freiheit aufzuzeigen, um die junge Generation auf Entfaltung und Schutz des Rechtsstaats vorzubereiten. »Staatliches und nationales Selbstgefühl« sowie Solidarität (hier offenbar im Sinne von Nächstenliebe gemeint) seien zu entwickeln, denn »ein solches Maß an Selbstverleugnung von Staat und Nation, wie in der Bundesrepublik Deutschland nach 25 Jahren« gäbe es sonst nirgendwo.[212] Dementsprechend erfreut zeigte sich Löwenthal über das Entstehen nicht-linker Schülergruppen als Reaktion auf kommunistische Schülervereinigungen. Dazu mahnte er die Eltern, sie sollten die nicht-marxistischen Gruppen unterstützen.[213]

Europäische Fragen. Einstellungen zur Westintegration und zur Ostpolitik

Europäische Integration

Aus zahlreiche Zitaten Löwenthals geht hervor: Er sah sich als überzeugten Europäer, mehr noch: als Fürsprecher einer politischen Union Westeuropas. Bereits im Mai 1948 nahm er am Kongress der europäischen Bewegungen in Den Haag teil, wo sich

210 N.N.: »In Bayern ist die Welt noch heil«. ZDF-Moderator Gerhard Löwenthal vor überfülltem Saal bei der CSU Rimstig, 23.9.1975; ACDP, NL Löwenthal, 01-763-003.

211 Vgl. Gerhard Löwenthal: Meine Damen und Herren! (Redemanuskript ohne Orts- und Datumsangabe); ACDP, NL Löwenthal, 01-763-009 (aus dem Kontext geht hervor, dass er diesen Vortrag 1978/79 gehalten hatte; über das Publikum war nichts zu erfahren).

212 Löwenthal, der zustimmend und kommentarlos Generalmajor Wagemann zitiert; Unternehmensarchiv des ZDF, Bestand *ZDF-Magazin*, Ordner Nr. 28, Sendung vom 6.2.1974.

213 Abmoderation zu: Schüler gegen Linksdrall; Unternehmensarchiv des ZDF, Bestand *ZDF-Magazin*, Ordner Nr. 26, Sendung vom 27.6.1973. Eine Schülervereinigung *Arbeitsgruppe Frieden in Freiheit*, die Unterschriften zugunsten von Bürgerrechtlern in der UdSSR, erwähnte Löwenthal lobend am 12.6.1974 im *ZDF-Magazin* (vgl. Unternehmensarchiv des ZDF, Bestand *ZDF-Magazin*, Ordner Nr. 28, Sendung vom 12.6.1974).

750 Politiker aus über 30 Ländern zusammenfanden. Ziel des einstimmig verabschiedeten Manifests war die Schaffung einer europäischen Versammlung, die erste Schritte zur Einigung Europas in die Wege leiten sollte.[214] Es sagt einiges über Löwenthals Renommee trotz seiner erst 25 Lebensjahre aus, dass er neben erfahrenen Persönlichkeiten wie beispielsweise Konrad Adenauer drei Jahre nach Kriegsende zu einem internationalen Kongress delegiert war. Offenbar ebneten ihm amerikanische Dienststellen den Weg, da sie ihn höchstwahrscheinlich bereits auf eine weiße Liste (der zu fördernden Personen) gesetzt hatten. Als RIAS-Mitarbeiter war er zudem mit einem amerikanischen Dienstausweis ausgestattet, der ihm die Nutzung amerikanischer Flugzeuge und britischer Militärzüge gestattete. Löwenthal gehörte daneben zu den etwa 150 jungen Westeuropäern, die in einem symbolischen Akt Schlagbäume an der deutsch-französischen Grenze zerstörten, um damit für eine schnelle Einigung Europas zu werben.[215] In seiner ZDF-Sondersendung *Europa im Jahre 10* beschrieb Löwenthal die Stimmung der Europa-Aktivisten, zu denen er gehörte:

»Europa war das große Stichwort jener Tage. Man demonstrierte, weil man genug hatte von Krieg, von Haß und Zerstörung. Man wollte die Verständigung mit den anderen. Mehr instinktiv als mit dem Verstand hatte die Jugend eine Unruhe erfaßt, die die Politiker zum Handeln aufrufen wollte. Damals erreichte die Europa-Begeisterung schnell Höhepunkte, die man heute allzuleicht vergisst.«[216]

Aus einem Gespräch mit dem Präsidenten der deutschen Sektion der Europa-Union, dem Politikwissenschaftler Eugen Kogon, im Jahre 1950 wird Löwenthals Einstellung zu Europa besonders deutlich:

»Wir [als Berliner] wollen eine enge Verbindung nicht nur zu Westdeutschland, zum ganzen Westen, zu West-Europa, und damit sind wir wieder bei der Einigungsfrage. Für uns ist die Frage, dass auch die westeuropäischen Völker sich einigen, das ist für uns die Lebensfrage, denn sie müssen enger zueinander kommen. Und neben der Frage der deutschen Einheit, die uns ja hier auch sehr stark bewegt, denn wir sind ja die Klammer gewissermaßen hier, die heute Deutschland noch zusammenhält. Darüber bewegt uns ja noch die Frage der europäischen Einheit.«[217]

214 Dokumente zum Europäischen Kongress im Haag, in: Wilhelm Cornides (Hrsg.): Europa-Archiv. Zeitgeschichte, Zeitkritik, Verwaltung, Wirtschaftsaufbau. Bd. 3: 1948. Oberursel: Verlag Europa-Archiv, 1949.

215 Vgl. Löwenthal: Ich bin geblieben, S. 214. Das ist der einzige Nachweis. Über den Kongress siehe F.A. Kramer: Die Proklamation Europas: Ein Kongreß, der Geschichte macht, in: *Rheinischer Merkur*, 3. Jg. (1948), Nr. 20, S. 3–4.

216 Europa im Jahre 10. Bilanz und Ausblick anlässlich eines Jubiläums. Ein Bericht von Gerhard Löwenthal. 26.3.1967.

217 Gerhard Löwenthal: Europa-Viertelstunde, S. 3; ACDP, NL Löwenthal, 01-763-029.

Was Ostmitteleuropa und Osteuropa anging, folgte Löwenthal der Überlegung Eugen Kogons, dass die Völker dort ihre Kultur, gerade auch ihr Nationalbewusstsein, nicht verlieren dürften, wenn denn in Zukunft eine Einigung des gesamten Europas gelingen sollte. Kogon hob als Grundbedingung die Geltung der Menschenrechte hervor: eine Forderung, die Löwenthal aus der eigenen schmerzhaften Erfahrung des NS-Herrschaft später zu einem wesentlichen Bestandteil des ZDF-Magazins machte. Kogon beschrieb anschließend ein Vorhaben seiner Organisation, der Europa-Union, den Völkern »Kern-Europas« einen »europäischen Bundespakt« vorzulegen, um sie für das Konzept der europäischen Einigung zu gewinnen. Löwenthal regte daneben an, einen Friedensvertrag »durch ein europäisches Statut zu ersetzen« (ein Gedanke, den er jedoch nicht weiter entwickelte).[218]

Nachdem Löwenthal in der Nachkriegszeit eher den Sozialdemokraten nahestand, entfernte er sich von ihnen unter anderem deswegen, weil sie die Westintegration der Bundesrepublik in den fünfziger Jahren ablehnten; eine Ausnahme war Carlo Schmid, frankophil und pro-europäisch, doch weitab von Löwenthals Heimatstadt Berlin lebend. Entsprechend schwand Löwenthals Faszination für Kurt Schumacher wegen dessen betont nationaler Haltung in derselben Frage[219] (die sozialistische, ja teilweise marxistische Einstellung Schumachers hatte Löwenthal ohnehin nie geteilt). Dadurch wird klar, welchen hohen Rang die Europäische Integration in seinem Denken einnahm. Um so überzeugender wirkten auf ihn Konrad Adenauer und möglicherweise auch schon der Nachwuchspolitiker Franz Josef Strauß mit ihrer Einstellung, nur ein möglichst starkes vereinigtes (West-) Europa werde die Wiedervereinigung herbeiführen können.[220] Diese Einstellung vertrat er auch als Moderator des *ZDF-Magazins*.[221] Die Unterzeichnung der Römischen Verträge 1957 schien ihm, dem stellver-

218 Vgl. Gerhard Löwenthal: Gespräch mit Eugen Kogon (RIAS Berlin, Politik: Europa-Viertelstunde), 19.3.1950. ACDP, NL Löwenthal, 01-763-029.

219 Gerhard Löwenthal im *Playboy*-Manuskript; (wie Anm. 250, S. 103).

220 Zum genaueren Verständnis zwei Zitate. Adenauer: »Wir werden Berlin und wir werden den deutschen Osten nicht anders wieder bekommen als über ein vereintes Europa!« (S. 8106). Strauß: »Wir wollen die Deutsche Einheit in Freiheit wiederherstellen; aber wir wissen auch, daß die Lösung all dieser Fragen nicht alleine durch unseren guten Willen herbeigeführt werden kann, sondern nur durch ein geeintes Europa, das weiß, was es will, und das als Verhandlungspartner ernst genommen wird. […] Wer auf den Anschluß der Bundesrepublik an die Gemeinschaft der freien Völker verzichtet, gibt die deutsche Einheit preis, ob er will oder nicht, ob er es weiß oder nicht. Die verhängnisvolle These, die manchmal auch in der SPD angeklungen ist: Zuerst Einheit, dann Europa, wird von uns mit der klaren Parole beantwortet: Über die Einheit Europas zur Wiedervereinigung Deutschlands!«, in: Verhandlungen des Deutschen Bundestages, 1. Wahlperiode 1949, Stenographische Berichte Bd. 10 von der 182. Sitzung am 9. Januar 1952 bis zur 197. Sitzung am 29. Februar 1952. Bonn: Bonner Universitäts-Druckerei Gebr. Scheur, S. 8095–8133, hier S. 8125.

221 Vgl. Anmoderation England; Unternehmensarchiv des ZDF, Bestand *ZDF-Magazin*, Ordner Nr. 16, Sendung vom 16.6.1971.

tretenden Intendanten des SFB, so bedeutsam, dass er diesem Ereignis als Reporter beiwohnte[222]: Schließlich handelte es sich um nichts Geringeres als die Gründung der Europäischen Wirtschaftsgemeinschaft und der (für den Wissenschaftsjournalisten Löwenthal zweifellos hochinteressanten, heute aber fast vergessenen) Europäischen Atomgemeinschaft. Über »Europa« als politisches und wirtschaftliches Projekt nicht nur zu berichten, sondern dafür zu werben, mag er nicht nur als ZDF-Korrespondent in Brüssel Mitte der 1960er Jahre beabsichtigt haben, sondern schon 1960. Er bewarb sich als eine Art Europa-Korrespondent beim Freien Fernsehen: Die von ihm vorgesehene Reihe *Was gibt es Neues aus Europa?* beabsichtigte offenbar die Frage nach den Fortschritten im Sinne der Römischen Verträge zu stellen, oder allgemeiner: Wie wird das »Nebeneinander« der westeuropäischen Staaten zu einem »Miteinander«?

Löwenthal gelang es, ein freundschaftliches Verhältnis zu zwei Protagonisten der europäischen Einigung zu entwickeln: dem deutschen Christdemokraten Walter Hallstein und dem belgischen Sozialisten Paul Henri Spaak. Er war der Überzeugung, Hallstein müsse als EWG-Kommissionspräsident seine Arbeit den Fernsehzuschauern vermitteln, um sie zumindest verständlich, wenn nicht sogar populär zu machen. Dahinter stand Löwenthals Einstellung, das Ziel der europäischen Einigung »in die Köpfe und Herzen der Bürger hineinzutragen«. Noch 1987 stellte Löwenthal fest, die EWG- und EG-Verträge stellten den »wichtigsten Beitrag zum Frieden in Europa« dar, da die wirtschaftliche Verflechtung – mit ihren Vorteilen für Deutschland – einen westeuropäischen Krieg unmöglich gemacht habe. An der gleichen Stelle appellierte Löwenthal »an die kommende Generation«, »auf den Weg der europäischen Einigung voranzugehen und das Tempo zu beschleunigen«[223], also auf eine politische Union hinzuwirken.

Derartige Meinungsäußerungen waren nach den am 11. Juli 1963 vom Fernsehrat geschaffenen »Richtlinien für die Sendungen des ZDF« durchaus statthaft, ja sogar erwünscht. So hieß es dort im Artikel IV.3: »Das Programm [des ZDF als Ganzes] soll die Bemühungen um die Einigung Europas fördern.«[224] In der Gegenwart haben sich Korrespondenten des öffentlich-rechtlichen Rundfunks und Fernsehens mehr Zurückhaltung aufzuerlegen.

An bedeutsamen Einzelthemen mangelte es dem selbsternannten Europa-Anhänger und Atlantiker Löwenthal als ZDF-Korrespondent in Brüssel nicht, denn das Jahrzehnt nach Unterzeichnung der Römischen Verträge stand im Zeichen der Europäischen Integration, insbesondere auf dem Gebiet der Wirtschaftspolitik durch Ab-

222 Vgl. Löwenthal: Ich bin geblieben, S. 257.
223 Gerhard Löwenthal: Ich bin geblieben, S. 258.
224 Richtlinien für die Sendungen des *Zweiten Deutschen Fernsehens*, in: Ernst W. Fuhr: ZDF-Staatsvertrag, S. 202–205.

bau der Zölle und Schaffung eines Gemeinsamen Marktes. Die stärker den nationalen Interessen geschuldete Politik Frankreichs schuf dennoch Probleme. So zog Staatspräsident Charles de Gaulle 1965/66 die französischen Fachminister zeitweise aus dem EWG-Ministerrat zurück (Politik des leeren Stuhls). Um so größer war Löwenthals spürbare Genugtuung über den mangelnden Erfolg de Gaulles im ersten Gang der Präsidentschaftswahl Dezember 1965, da der Staatspräsident offenbar von einem Teil seiner Anhängerschaft im Stich gelassen wurde, überdies zugunsten eines klar Europafreundlichen Kandidaten [Francois Mitterand]. Löwenthal überdeutlich: »Jedenfalls muß der General zur Kenntnis nehmen, daß das Denkmal, zu dem er sich selbst gemacht hat, am 5. Dezember vom Sockel heruntergeholt wurde.«[225] Seine überaus kritische Haltung gegenüber dem »selbstherrlichen [...] Monarchen«[226] de Gaulle machte er erneut deutlich, als er 1969, nach Start des *ZDF-Magazins*, gefragt wurde, welchen Staatsmann er am liebsten ausführlich interviewen möchte. Antwort: de Gaulle – warum dieser »in seiner Politik stets das Gegenteil von dem tut, was er als Ziel seiner Politik erklärt: Europa zu vereinigen«. [227] Charles de Gaulle war tatsächlich kein Gegner des europäischen Gedankens, sondern Verfechter einer französisch-deutschen Union als Kern Europas, dem sich einige wenige andere Staaten anschließen würden. Auf deutscher Seite waren vor allem Konrad Adenauer und Franz Josef Strauß, wenn nicht gar der süddeutsch-katholische Teil der CDU/CSU von dieser Idee angetan. Dem national denkenden Franzosen de Gaulle erschien eine solche Union für Frankreich weit günstiger als das supranationale Konzept eines »Europas der Sechs«.

Löwenthal fragte in seiner Sondersendung *Europa im Jahre 10* März 1967 die maßgeblichen westeuropäischen Außenpolitiker, inwieweit sie mit den europapolitischen Entwicklungen der vergangenen Dekade zufrieden waren. Er drängte dabei gegenüber Adenauer auf einen weiteren Zusammenschluss der EWG-Staaten (Löwenthal: »[...] aber auf dem Wege zu einem vereinten Europa ist eine politische Union sicher notwendig«), während Adenauer Perspektiven aufzeigte, wie eine politische Einigung Europas erreicht werden könne.

Zum Auftakt der deutschen Präsidentschaft im europäischen Ministerrat mahnte Löwenthal Juni 1967 eine weitere Fusion und ebenso eine Erweiterung der Europäischen Gemeinschaften an. Die neue einheitliche Kommission möge unabhängig agieren und sich keine Kompetenzen nehmen lassen (hier befürchtete Löwenthal offenbar Einwirkungsversuche de Gaulles zugunsten Frankreichs und zuungunsten des

225 Kommentar vom 6.12.1965 zu Wahlen in Frankreich; ACDP, NL Löwenthal, 01-763-101.

226 Moderation Referendum; Unternehmensarchiv des ZDF, Bestand *ZDF-Magazin*, Ordner Nr. 2, Sendung vom 23.4.1969.

227 Gerhard Löwenthal in: W. G.: Kritiker finden das ZDF-Magazin zu seicht, doch der Polit-Moderator meint: »Ich packe jedes heiße Eisen an«, in: *Abendzeitung*, 5.3.1969; ACDP, NL Löwenthal, 01-763-090.

europäischen Einigungsprozesses). Was die Bundesregierung angehe, so solle sie die besten Persönlichkeiten auf die wichtigsten Plätze schieben und außerdem die Kommunikation zwischen Bonn und der Kommission verbessern – diesbezüglich hätte bislang einiges im Argen gelegen. Löwenthal forderte ein »klares Europakonzept« der Bundesregierung, verbunden mit der persönlichen Anwesenheit deutscher Fachminister im Ministerrat. Was die Erweiterung um Großbritannien angeht, so kritisierte Löwenthal erneut de Gaulle sehr direkt: Es sei »unertraeglich, daß in Paris und nicht im Bruessel ueber die Aufnahme neuer Mitglieder in die Gemeinschaft beschlossen werden soll, eine Aufnahme, die im EWG-Vertrag ja ausdruecklich vorgesehen ist«.[228]

Am 27. Juli 1967 hob Löwenthal das Auftreten der europäischen Gemeinschaften als Verhandlungspartner der Vereinigten Staaten bei den GATT-Gesprächen hervor, denn dort konnte eine Zollsenkung um 35 Prozent vereinbart werden. Auch einer gemeinsamen Landwirtschaftspolitik sei Europa näher gekommen. Knapp stellte er die deutschen Kommissionsmitglieder vor. Er schloss mit der Hoffnung auf einen baldigen Beitritt Englands (Löwenthal sprach vorzugsweise von England und nicht von Großbritannien: vermutlich, weil der breiten Masse der Zuschauer »England« der geläufigere Begriff war), da das Ende der Ära de Gaulle entgegenrücke.[229] Käme es nicht zu einem Beitritt Großbritanniens, wäre das »für uns alle eine Katastrophe«.[230] Mit anderen Worten, so Löwenthal 1971: die Erweiterung der EWG sei »zwingende Notwendigkeit«.[231]

Wie sehr Löwenthal auf »Fortschritte«, in diesem Falle auf Erweiterung der Europäischen Gemeinschaften setzte, wird anhand seiner überhaupt nicht verborgenen Emotionen in einem ZDF-Beitrag Ende 1967 deutlich: Europa gehe es schlecht, vielleicht sogar sehr schlecht, da die Ministerratssitzung in Uneinigkeit über die Aufnahme von Beitrittsverhandlungen mit Großbritannien endete. Frankreich – genauer: Staatspräsident de Gaulle – hatte sich mit einem Nein durchgesetzt. Löwenthal prophezeite eine »Stagnierung der Gemeinschaftsarbeit« für die kommenden Monate. Er lobte Bundesaußenminister Willy Brandt für seinen vehementen Einsatz zugunsten von Beitrittsverhandlungen mit Großbritannien.[232]

Eine Etappe auf dem Weg zur Einigung Europas war die Zollunion 1968. Zwar registrierte Löwenthal erfreut die drastische Zollsenkung in den Jahren zuvor, bedauerte

228 Kommentar Gerhard Löwenthal, ZDF, 28.6.1967; ACDP, NL Löwenthal, 01-763-101.

229 Vgl. Kommentar Gerhard Löwenthal (ZDF), 27.7.1967; ACDP, NL Löwenthal, 01-763-101.

230 Abmoderation zu: Labour; Unternehmensarchiv des ZDF, Bestand *ZDF-Magazin*, Ordner Nr. 14, Sendung vom 17.3.1971.

231 Anmoderation zu: Fragen an den Außenminister; Unternehmensarchiv des ZDF, Bestand *ZDF-Magazin*, Ordner Nr. 16, Sendung vom 23.6.1971.

232 Gerhard Löwenthal: (Korrespondentenbeitrag) Live aus Bruessel am 19.12.1967; ACDP, NL Löwenthal, 01-763-101.

aber: Die Zollkontrollen »behindern nicht nur die Errichtung eines echten gemeinsamen Marktes, sie haben vor allem eine psychologische Wirkung. Sie verdunkeln im Bewusstsein der Bürger die politische Bedeutung des europäischen Einigungswerks. Solange man Kontrollen an den Grenzen unterworfen wird, muss der Eindruck entstehen, es habe sich nichts geändert. Deshalb müssen sie verschwinden«.[233] Erfreut, doch nicht vollständig befriedigt über die Zollunion der EWG-Staaten zeigte sich Löwenthal in seinem Kommentar vom 1. Juli 1968, denn es seien noch nicht »alle Handelshemmnisse abgebaut« worden. »Die Schlagbäume an den Grenzen hätten an diesem Tage verschwinden und zum alten Eisen geworfen werden müssen«, so Löwenthal. Die Chance, den Bürgern die Idee der europäischen Einigung sichtbar zu machen, sei geradezu vertan worden, wenn erst wenige Tage zuvor – und nicht gleich nach Fassung des Grundsatzbeschlusses zur Zollunion – Vorschläge zur Vereinfachung der Grenzformalitäten vorgelegt würden. Die lösbaren Probleme der wirtschaftlichen Integration würden nicht ernsthaft angepackt, stattdessen erginge sich der Ministerrat in Lippenbekenntnissen. So sei es um den Einigungsprozess Mitte 1968 schlecht bestellt.[234]

In einem Schreiben an den Intendanten Karl Holzamer betonte Löwenthal am 3. Februar 1968, dass er gerne als ZDF-Korrespondent in Brüssel bleiben möchte, denn er habe sich »so sehr mit der europaeischen Sache verbunden und identifiziert, dass mir der Weggang aus Bruessel sehr schwer fallen wuerde in einem Augenblick, wo die europaeische Entwicklung an einem entscheidenden Punkt angelangt ist und gegenwaertig eine schwierige Phase durchlaufen wird«. Außerdem ließen ihn familiäre Gründe, nicht zuletzt der Besuch seiner Söhne auf der Europäischen Schule in Brüssel, nur ungern einen Abschied von Brüssel planen, schreibt er weiter.[235]

Übrigens ist das europäische Denken Löwenthals auch in praktischer Hinsicht nachzuvollziehen, wenn er in seinem Konzept für das *ZDF-Magazin* seinen wichtigsten Mitarbeitern eine Rundreise durch England, Frankreich und Belgien empfiehlt, um die dort gesendeten Fernsehmagazine anzuschauen und gerade auch deren »ganzen Arbeitsstil zu studieren«. Solche Kontakte sollen verstärkt werden, um zu einer möglichst intensiven Zusammenarbeit mit ausländischen Fernsehanstalten zu kommen, die »gerade auf dem Magazinsektor besonders wichtig und fruchtbar […] sein kann«.[236]

233 10 Jahre Europa. Ein Bericht von Gerhard Löwenthal, gesendet im ZDF am 26.3.1967.

234 Gerhard Löwenthal, Kommentar im ZDF, 1.7.1968; ACDP, NL Löwenthal, 01-763-101 (nicht vollständig archiviert).

235 Schreiben von Gerhard Löwenthal an Karl Holzamer vom 3.2.1968, Anhang, S. 8 »Streng vertraulich. D: Persönliche Situation«. ACDP, NL Löwenthal, 01-763-016.

236 Gerhard Löwenthal: Das woechentliche Magazin, 3.2.1968, S. 4; ACDP, NL Löwenthal, 01-763-016.

Löwenthal erhielt im Dezember 1969 als erster Journalist die Silbermedaille der Europäischen Gemeinschaften »für hervorragende Verdienste um die europäische Information«.[237] Der Generalsekretär der Europa-Union, Gerhard Eickhorn, gratulierte Löwenthal, dieser habe sich »in der Tat um eine fortschrittliche Politik um die Europaeische Einigung und um die Abwehr [von] neuem Nationalismus« verdient gemacht.[238] ZDF-Intendant Karl Holzamer lobte in seinem Glückwunschschreiben Löwenthals »intensive Bemuehungen um die Verstaerkung des europaeischen Gedankens«.[239] Rüdiger von Wechmar, ein mit Löwenthal befreundeter Journalist im Amt des stellvertretenden Regierungssprechers, gratulierte, Löwenthal habe »die Medaille wirklich verdient«.[240]

Es lässt sich zusammenfassen, dass Löwenthal ein Idealist der europäischen Integration war, ohne dabei das Ziel der deutschen Einheit aus den Augen zu verlieren. Je besser sich die Europäischen Gemeinschaften zusammenfügten, desto besser sei es auch um die Deutschen bestellt: »Alles, was Europa schwächt, schwächt auch unsere Position. Daß der Beitritt Englands und der skandinavischen Länder Europa stärkt, ist unbestritten. Nur Moskau und Paris haben ein Interesse, Europa kleinzuhalten. Dieses Spiel sollten wir nicht länger mitmachen.«[241] Von einem Staatenverbund, der die Gesetzgebung Deutschlands zu etwa 80 Prozent bestimmt, war das EWG- bzw. EG-Europa zu Löwenthals Zeit als hauptberuflich wirkender Journalist noch weit entfernt.

Löwenthal, so lässt es sich schließen, wirkte in Brüssel als Journalist mit zwei Zielen. Er wollte über wichtige politische Aktionen informieren. Dazu gehörte die Auswahl der zu bearbeitenden Informationen im Büro, die Auswahl der zu besuchenden Pressekonferenzen, die Auswahl der Interviewpartner. Dieses Bemühen um Neutralität und Unparteilichkeit, gewissermaßen das englische Modell des »Spürhundes«[242] auf der Suche nach Informationen, füllte Löwenthal trotz der hohen Arbeitsbelastung (die Kommissionen der europäischen Gemeinschaften, Belgien, Niederlande, Luxemburg und ab 1966 das NATO-Hauptquartier waren Gegenstand seiner journalistischen Tätigkeit) nicht aus. Vielmehr sah er seine Aufgabe, zusätzlich als journalistischer »Missionar« (Renate Köcher) die europäische Einigung zu predigen, also zum Politiker mit anderen Mitteln zu werden. Dies geht außer aus seinen Kommentaren

237 Vgl. Die Welt, 22.12.1969; ACDP, NL Löwenthal, 01-763-21.

238 Telegramm von Gerhard Eickhorn an Gerhard Löwenthal, 18.12.1969; ACDP, NL Löwenthal, 01-763-023

239 Karl Holzamer fernschriftlich an Gerhard Löwenthal, 17.12.1969; ACDP, NL Löwenthal, 01-763-023.

240 Rüdiger Frhr. von Wechmar per Brief an Gerhard Löwenthal, 29.12.1969; ACDP, NL Löwenthal, 01-763-023.

241 Löwenthal, zitiert in: Paul W. Wenger: Ein Super-Chalfont, in: *Rheinischer Merkur*, 10.11.1967; ACDP, NL Löwenthal, 01-763-101.

242 Renate Köcher: Spürhund und Missionar, (wie Anm. 117, S. 168).

aus seinen nachträglichen Betrachtungen dieser Zeit zwanzig Jahre später hervor. Wir kennen von zahlreichen Auslandskorrespondenten ein solches Eintreten gegen politische Missstände. In jener Zeit war es die Ablehnung des Vietnamkriegs, später der publizistische Kampf gegen Militärdiktaturen in Lateinamerika. Das Eintreten für ein bestimmtes Anliegen ist hingegen seltener.

Als Redaktionsleiter des *ZDF-Magazins* beschäftigte sich Löwenthal weiterhin mit der Frage nach der europäischen Einigung – wenn auch nicht vorrangig. Das *ZDF-Magazin* startete am 8. Januar 1969 zwar bezeichnenderweise mit einem Beitrag, der den Einigungsskeptiker Charles de Gaulle wiederum einer scharfen Kritik unterzog.[243] Während des ganzen Jahres 1969 waren jedoch nur wenige Beiträge über Europapolitik im Magazin zu sehen. Ein Beitrag des *ZDF-Magazins* vom 18. Juni 1969 behandelte das Meinungsbild der Franzosen zur Europäischen Integration. Ein französisches Institut hatte die Daten erhoben. Bei einem Plebiszit über die Vereinigten Staaten von Europa wollen 61 Prozent der Franzosen dafür stimmen. Laut einer anderen Erhebung seien 47 Prozent der Franzosen bereit, »einer zentralen Institution in Europa gewisse politische Entscheidungen zu übertragen«. Daraus schloss Löwenthal als entschiedener Anhänger der europäischen Integration, die Stunde sei da, »neue Chancen für die politische Einigung Europas zu nutzen«. Nach einem Stillstand unter Präsident de Gaulle könne man jetzt vielleicht weiter kommen. Hoffentlich ziehe die französische Politik daraus die Folgerung einer verstärkten europäischen Zusammenarbeit. Neue Gelegenheiten der politischen Einigung Europas seien zu nutzen, die Bundesregierung sei nach den Wahlen im Herbst 1969 diesbezüglich angesprochen.[244]

Am 3. Dezember 1969 gestaltete Löwenthals früherer Brüsseler Mitarbeiter Friedrich Mönckmeier, nunmehr Redakteur des *ZDF-Magazins*, den Beitrag *Auftrieb für Europa*. Löwenthals Titelformulierung verrät seine Befriedigung über den Verlauf und die zu erwartende künftige Entwicklung, dass die Bundesregierung auf ihre Vorschläge zur Integration zurückkommen werde, Frankreichs neuer Staatspräsident Georges Pompidou keine Erweiterungsverhandlungen mehr blockiere wie es sein Vorgänger getan hatte, und ein Klima des Vertrauens unter den Teilnehmern bereits entstanden sei. Löwenthal: »Sicher bleibt für manchen ein letzter, mutiger Schritt, der große Durchbruch auch im politischen Bereich, aus. Aber jedenfalls, was erreicht werden konnte, war nicht wenig.«[245]

Das *ZDF-Magazin* kam 1970 mehrfach auf die Europa-Politik zurück. Ein sehr ausführlicher Beitrag vom 18. März 1970 trug den Titel »Europäer fordern politische

243 Vgl. *ZDF-Magazin*-Beitrag: Servan-Schreiber über de Gaulle, 8.1.1969.

244 Abmoderation: Franzosen für Europa; Unternehmensarchiv des ZDF, Bestand *ZDF-Magazin*, Ordner Nr. 3, Sendung vom 18.6.1969.

245 Gerhard Löwenthal: Anmoderation zu: Europa, 3.12.1969; ACDP, NL Löwenthal, 01-763-070.

Union«, er enthielt Stellungnahmen des EG-Kommissionspräsidenten Jean Rey, den Regierungschefs der Benelux-Staaten und von Walter Hallstein. Am 27. Mai 1970 rief Löwenthal, sich auf Umfrageergebnisse stützend, die Bundesregierung zu verstärkten Anstrengungen für ein vereintes Europa auf.[246]

Wir finden am 1. Juli 1970 die Beiträge *Britische Argumente für Europa* von Werner Rulf sowie *Italien: Unkenntnis über EWG* von Norbert Harlinghausen, eine Woche zuvor *EWG-Gegner in England* ebenfalls von Rulf. In der Anmoderation des Italien-Beitrags sprach Löwenthal von der »Verpflichtung (für uns) die Idee der europäischen Einigung mit allen Kräften zu unterstützen«; dabei wurde aber nicht klar, ob er mit »uns« seine Redaktion, seine Fernsehanstalt, die politischen Journalisten insgesamt oder das Volk meint. Anlässlich einer Zweidrittelmehrheit der befragten Bürger in der EWG für den Beitritt Englands rief Löwenthal in der gleichen Zwischenmoderation die Politiker zur Weiterentwicklung der EWG zu einer politischen Gemeinschaft auf: »Die Politiker können handeln, sie müssen handeln, und nicht mit halbem Herzen, nicht beeinflußt vom nationalstaatlichen Denken vergangener Zeit: Jetzt und heute können und müssen sie handeln. Die Menschen in ihren Landen erwarten es von ihnen.«[247] Dieser nach heutigem Maßstab pathetisch klingende Aufruf passt in der Tat besser zu einer Zeit des Journalismus, in der ein bekenntnishafter Zug weit häufiger war als heute.

So war es konsequent, am 8. Juli 1970 eine gesamte Sendung zum Thema *Europäische Gemeinschaft: Neutrale vor der Tür* (gemeint waren zunächst das in Beitrittsverhandlungen stehende Dänemark, Irland, Norwegen und Großbritannien) auszustrahlen. Anlass dafür dürfte Deutschlands Übernahme der turnusmäßigen EWG-Präsidentschaft[248] gewesen sein. Zu diesem Zweck war das *ZDF-Magazin* mit dem ORF und der SRG-Zürich zusammengeschaltet. Die EWG wurde »aus dreifacher Sicht« dargestellt: *Ein Österreicher sieht Deutschland, ein Schweizer sieht Österreich* und *ein Deutscher sieht die Schweiz.* Anschließend diskutierten die Redaktionsleiter der beteiligten Fernsehmagazine, und zum Schluss befragte Löwenthal den zuständigen Bundesminister des Auswärtigen, Walter Scheel. Ihm gegenüber äußerte Löwenthal die Ansicht, die »westeuropäische Integration« solle schnell vorangetrieben werden, damit in dieser Generation noch die politische Union erreicht werde. An einzelnen Vorzügen der EWG hob er die Freizügigkeit der Arbeitnehmer hervor, dann den Nutzen der Wirtschaft aus dem Gemeinsamen Markt. Es müssten aber ein Parla-

246 Gerhard Löwenthal: Bürgermeinung nicht geheim; Unternehmensarchiv des ZDF, Bestand *ZDF-Magazin*, Ordner Nr. 9, Sendung vom 27.5.1970.

247 Gerhard Löwenthal: Moderation zwischen den Beiträgen über Italien und England. Unternehmensarchiv des ZDF, Bestand *ZDF-Magazin*, Ordner Nr. 10, Sendung vom 1.7.1970.

248 Vgl. Anmoderation zu: England; Unternehmensarchiv des ZDF, Bestand *ZDF-Magazin*, Ordner Nr. 10, Sendung vom 24.6.1970.

ment (hier meinte Löwenthal offenbar ein mit umfassenderen Rechten ausgestattetes, eventuell direkt gewähltes Parlament) und eine »demokratisch legitimierte Exekutive« geschaffen werden – also die Eckpunkte einer politischen Union.[249]

Löwenthal konzipierte darüber hinaus ein »europäisches Magazin« zusammen mit SRG und ORF, was angesichts der sehr nah liegenden Sendezeiten und vor allem der weitgehend gemeinsamen Sprache als geradezu avantgardistisch für das Jahr 1970 erscheint. Wegen unterschiedlicher Eigenheiten, wohl auch wegen der verschiedenen länderspezifischen Themen,[250] gelangte die Idee nicht über das Versuchsstadium hinaus. Nicht einmal eine Fortsetzung der Diskussionsrunde, von Löwenthal ausdrücklich gewünscht, kam zustande.

Was den Beitritt Großbritanniens angeht, so Löwenthal am 13. Oktober 1971, hoffe er sehr, dass das britische Parlament dem Beispiel der Oxford Union (dem noblen Debattierclub der Universität) folgen werde und für einen EWG-Beitritt des Landes stimmen werde.[251] Dem großen politischen (und keineswegs nur wirtschaftlichen) Vorhaben »Europäische Gemeinschaft« sei es zumindest gelungen, den Frieden dieser Region zu sichern.[252]

In einem Artikel für das *Westfalen-Blatt* vom 21. November 1970 bedauerte Löwenthal das Ergebnis der EWG-Außenminister-Konferenz in München: Dem großen Erfolg der Wirtschaftsgemeinschaft folge leider keine gemeinsame, »übernationale« Außenpolitik. Ein Plan zur Herstellung einer politischen Union, genauer: ein Stufenplan zur Schaffung des europäischen Bundesstaates, fehle. Ein solcher sei keine »Utopie«, sondern »zwingende Notwendigkeit« angesichts der Diskussion um Überlegungen für eine Wirtschafts- und Währungsunion (»Werner-Plan«). Der visionären, illusorischen Ostpolitik sei mit gleicher Tatkraft eine Westpolitik zur Seite zu stellen. »Man weiß doch inzwischen vor allem in Bonn, daß es in Europa nur wirklich vorangehen kann, wenn Nationalstaats- und Souveränitäts-Ideologien nicht mehr praktische Schritte zum echten Zusammenschluß Europas blockieren können.« […] »Das Ziel kann hier nicht hoch genug angesetzt werden. […] Die Bundesregierung sollte schnellstens vorschlagen, dem Werner-Plan einen Plan für eine politische Entsprechung der Wirtschafts- und Währungsunion beizugeben«, denn die wirtschaftliche und politische Einigung Europas müsste gleichzeitig erfolgen – entsprechend der Ver-

249 Gerhard Löwenthal: Interview mit Scheel und Diskussionsbeitrag; Unternehmensarchiv des ZDF, Bestand *ZDF-Magazin*, Ordner Nr. 10, Sendung vom 8.7.1970.

250 Löwenthal, wiedergegeben in: Andreas H. R. Schmidt: *ZDF-Magazin*, (wie Anm. 16, S. 16), S. 96.

251 An- und Abmoderation zum Beitrag Oxford: Studenten für Europa von Werner Rulf; Unternehmensarchiv des ZDF, Bestand *ZDF-Magazin*, Ordner Nr. 18, Sendung vom 13.10.1971.

252 Vgl. Anmoderation zu: England; Unternehmensarchiv des ZDF, Bestand *ZDF-Magazin*, Ordner Nr. 23, Sendung vom 3.1.1972.

träge von Paris und Rom. Es sei keine ferne Zukunftsaufgabe, sondern »die Verpflichtung dieser Generation«.[253]

Am 10. Mai 1971 forderte Löwenthal im *Westfalen-Blatt* vehement, eine europäische Währungs- und Wirtschaftsunion zu schaffen, damit aus ihr ein »echter Stabilitätsblock in der Weltwirtschaft« werde. Nur dann ist einerseits eine Reform des internationalen monetären Systems (Löwenthal spielte damit auf die Freigabe der Wechselkurse an) und andererseits eine politische Einigung Europas möglich, »die unerläßlich ist, damit die Amerikaner nicht ihr Interesse an Europa verlieren«. Ganz allgemein galt für Löwenthal, dass gemeinsame Probleme europäischer Staaten »nur noch gemeinsam« gelöst werden können. Dabei solle die Bundesregierung mit einer aktiven Westpolitik vorangehen.[254] Für Löwenthal stand seit der Nachkriegszeit außer Frage, dass angesichts der Sowjetisierung Ostmitteleuropas ein Gegengewicht im Westen Europas geschaffen werden muss. Adenauer konnte – gegen die SPD – die Bundesrepublik durch die Westintegration zu einem verlässlichen Vertragspartner machen und ihr nach der totalen Niederlage von 1945 Ansehen verschaffen. Mit anderen Worten: Die Westintegration machte die junge Bundesrepublik überhaupt erst wieder handlungsfähig in der Außenpolitik. Zwischenzeitlich habe die SPD ihre Einstellung zu Europa geändert: Sie wolle jetzt durch eine Zusammenarbeit mit linken Parteien im Europaparlament ein sozialistisches Europa schaffen, nicht zuletzt, um ihre innenpolitischen Ziele in Deutschland umsetzen zu können. Daher komme der ersten direkten Wahl zum Europäischen Parlament eine so große Bedeutung zu.[255] Schon im Dezember 1978 hatte Löwenthal auf die Möglichkeit einer Mehrheit aus Sozialisten und Kommunisten im Europäischen Parlament hingewiesen.[256]

Nach 1970 behandelte Löwenthal das Thema *Europäische Integration* immer seltenerer im *ZDF-Magazin*: acht Beiträge 1971, zwei Beiträge 1972, drei Beiträge 1973 (darunter ein von ihm selbst erstellter: *Europa in der Bewährungsprobe*) und einer 1974.[257] Grund dafür dürfte die Konzentration auf die Themenkreise »real existierender Sozialismus« sowie innenpolitische Themen wie Schule/Hochschule/Linksradikale gewe-

253 Gerhard Löwenthal: Wo bleibt die politische Union?, in: *Westfalen-Blatt*, 21.11.1970; ACDP, NL Löwenthal, 01-763-021.

254 Gerhard Löwenthal: Zeit zum Handeln, in: *Westfalen-Blatt*, 10.5.1971; ACDP, NL Löwenthal, 01-763-021. Auch im *ZDF-Magazin* bekundete Löwenthal seine Hoffnung, dass eine Wirtschafts- und Währungsunion bald eingeführt würde (Anmoderation zu: EWG; Unternehmensarchiv des ZDF, Bestand *ZDF-Magazin*, Ordner Nr. 14, Sendung vom 10.2.1971).

255 Vgl. Gerhard Löwenthal: Der Gastkommentar. Weichenstellung, in: WNZ (*Wetzlarer Neue Zeitung*), 9.6.1979; ACDP, NL Löwenthal, 01-763-026. Siehe auch: Gerhard Löwenthal: Europäische Volksfront (Manuskript), in: WNZ, 16.12.1978; ACDP, NL Löwenthal, 01-763-009.

256 Gerhard Löwenthal: Der Gastkommentar. Europäische Volksfront, in: WNZ, 16.12.1978, o. S.; ACDP, NL Löwenthal, 01-763-026.

257 Vgl. Produktionsnachweise des *ZDF-Magazins*.

sen sein. Dies gilt um so mehr für die Zeit nach 1973, als das ZDF die Sendezeit von Löwenthals Magazin halbierte und mit dem *Auslandsjournal* 1974 ein ausschließlich der Politik in anderen Staaten, um nicht zu sagen: auf anderen Kontinenten, gewidmetes Magazin schuf.

Nachdem das ZDF Löwenthals Magazin auf einen Zwei-Wochen-Senderhythmus reduziert hatte, drängte Löwenthal auf einen Ausgleich. Unter anderem schlug er eine Sendung namens *Deutschland und Europa* vor, die viermal im Jahr ausgestrahlt werden sollte. Es sollte um außen-, wirtschafts-, sozial- und innenpolitische Themen gehen.[258]

Löwenthal bedauerte im Mai 1976, dass sein journalistischer Einsatz für die Europäische Integration weitgehend in Vergessenheit geraten ist, bzw. die Öffentlichkeit eben diese seine Einstellung ignorierte. Gleichzeitig zeigte sich Löwenthal über die Entwicklung der Europäischen Integration enttäuscht: Sie ging ihm zu langsam. Als Ursachen machte er ein geringeres Interesse der jüngeren Generation an der europäischen Vereinigung und eine Prioritätenverschiebung der deutschen Außenpolitik von der West- zur Ostpolitik unter der vorangegangenen Bundesregierung Brandt/Scheel aus.[259]

Dass ihm sein Anliegen der Europäischen Integration weiterhin viel bedeutete, geht aus einer Selbstcharakterisierung im Brief an Reinhard Gehlen, den ehemaligen Präsidenten des Bundesnachrichtendienstes, von 1977 hervor: »als Journalist, der es sich zur Aufgabe gemacht hat, konsequent für die Erhaltung der Freiheit, die Wiederzusammenführung unseres geteilten Vaterlandes und die Einigung Europas zu kämpfen.«[260]

In den letzten Jahren seines Lebens hatte sich Löwenthals Einstellung zur europäischen Integration geändert – wie er selbst im Alter von 75 Jahren bekannte. Ein europäischer Bundesstaat scheitere an den nationalen Identitäten der einzelnen europäischen Völker. Nach der Wiedervereinigung könne sich Deutschland nicht hinter »Europa verstecken«, sondern müsse seine nationalen Interessen definieren, anstatt vor den anderen die nationalstaatliche Souveränität aufzugeben. Anzustreben sei nicht mehr der europäische Bundesstaat, sondern ein »Bund souveräner Staaten«. Die Einheitswährung Euro wollte er 2002 noch nicht eingeführt sehen, weil er – trotz grundsätzlicher Zustimmung zu einer gemeinsamen Währung angesichts einer gemeinsamen Politik – an der bereitwilligen Aufgabe nationaler Vorrechte auf dem

258 Vgl. Brief Löwenthals an Helmut Kohl (Verwaltungsratsvorsitzender des ZDF) am 5.1.1976; ACDP, NL Löwenthal, 01-763-008.

259 Vgl. Gerhard Löwenthal im Interview-Manuskript von H.D. Fischer und A. Walter, Mai 1976; ACDP, NL Löwenthal, 01-763-009.

260 Archiviert im ACDP, NL Löwenthal, 01-763-101.

Feld der Währungspolitik zweifelte.[261] Doch selbst als später Skeptiker gegenüber der Europäischen Union sah Löwenthal die europäische Integration, wenigstens in ihren Gründungsidealen, als Positivum an: So sei die »Vermeidung der Fehler von Versailles nach der Beseitigung Hitlers durch die Schaffung der Europäischen Gemeinschaft« das »einschneidendste Ereignis für die Welt« gewesen.[262]

Dass Löwenthal nach dem Zusammenbruch von Warschauer Pakt und COMECON – »dem Sowjetimperium« – die europäische Integration als weniger wichtig und realisierbar betrachtete, mag eine leicht zu verstehende Erklärung sein. Für ihn war das Europa-Projekt nicht nur ein Projekt zur Schaffung und Mehrung des Wohlstands und zur Beseitigung von »Erbfeindschaften«, sondern stets auch ein Gegengewicht gegen den »Ostblock«, mit anderen Worten: Ein zersplittertes, verarmtes und möglicherweise zerstrittenes Westeuropa könne der Sowjetunion kaum standhalten. Dabei dachte er wohl weniger an eine kriegerische Auseinandersetzung, als an eine allmähliche Einflussnahme der riesigen, militärisch starken UdSSR auf die weit kleineren Staaten Westeuropas. Als sich die UdSSR in unterschiedliche Nationalstaaten auflöste, war die Gefahr viel geringer geworden und die unbedingte Notwendigkeit der Europäischen Einigung entsprechend zurückgegangen. Zugleich hatten sich Mißtrauen und Gegnerschaft der westeuropäischen Staaten in Partnerschaft verwandelt, man denke nur an den Gemeinsamen Markt und den Binnenmarkt.

Stimmte Löwenthal in seiner Einstellung zur europäischen Vereinigung mit den Deutschen in den westlichen Besatzungszonen und der Bundesrepublik überein – oder gab es einen Gegensatz? Seine Einstellung bildete keine Ausnahmeerscheinung innerhalb der akademischen Jugend und auch nicht innerhalb der Westdeutschen: Fast alle (92 Prozent) der zu diesem Thema repräsentativ befragten Studenten hatten Dezember 1947 von der Idee der »Vereinigten Staaten von Europa« gehört. Einer Zweidrittelmehrheit erschien sie interessant. Und vor allem: 70 Prozent der Studenten (und genau die Hälfte aller Jugendlichen) war dafür, jeweils zwölf Prozent waren dagegen. Gleichgültig war der Gedanke 18 Prozent der Studenten und 37 Prozent der Jugendlichen insgesamt. Bei einer Befragung der Gesamtbevölkerung im April 1952 herrschten optimistische Erwartungen vor (59 Prozent), während 27 Prozent keine Änderungen in der Zukunft vermuteten. Skeptische und pessimistische Erwartungen waren selten zu hören (sechs und acht Prozent). Eine große Mehrheit (59 Prozent) hielt den Zusammenschluss einzelner Länder zu den »Vereinigten Staaten Europas« für durchführbar (versus 17 Prozent »geht nicht« und 24 Prozent »unmöglich zu

261 Vgl. Löwenthal im Interview gegenüber Wolf-Albert Rahm am 5.12.1997. Online im Internet: www.jungefreiheit.de/Archiv.364.0.html.

262 Löwenthal im JF-Fragebogen, in: *Junge Freiheit*, 4.12.1998. Online im Internet: www.jungefreiheit.de/Archiv.364.0.html.

sagen«).[263] Im Falle einer Abstimmung hätten im September 1955 68 Prozent dafür votiert, sieben Prozent dagegen gestimmt, 25 Prozent wären unentschieden (Zahlen für Dezember 1956, als sich die Westbindung weiter gefestigt hatte: 75 vs. 5 vs. 20 Prozent).[264] Im Oktober 1961 erklärten gar 81 Prozent, für die europäischen Einigung stimmen zu wollen (vier Prozent: dagegen), 1967 waren es 78 Prozent (sechs Prozent dagegen, 16 Prozent unentschieden).[265]

In den 1970er Jahren fragte das Institut für Demoskopie: »Sind Sie dafür oder dagegen, daß sich die EG (...) zur politischen Gemeinschaft eines Vereinigten Europa weiterentwickelt?« Die Einstellungen waren während des ganzen Jahrzehnts vom März 1970 bis zum März 1979 sehr stabil: zwischen 68 und 73 Prozent waren dafür, zwischen neun und elf Prozent waren dagegen, zwischen 18 und 21 Prozent waren unentschieden.[266]

Eine besonders hohe Relevanz wollte aber kaum jemand der Europäischen Vereinigung beimessen: die Lösung der wirtschaftlichen und sozialen Probleme hatte eine weit höhere Priorität.[267]

Ostpolitik in Europa

Sehr viel häufiger als mit der Europäischen Integration wird Löwenthals Name mit der Kritik an der Ost- und Deutschlandpolitik assoziiert.

Was hatte die Außenpolitik der Bundesrepublik Deutschland bis 1969 erreicht? Die Bundesrepublik war fest in NATO, OECD und den Europäischen Gemeinschaften wie vor allem der EWG, ferner einigen Unter- und Sonderorganisationen der UN integriert, mit zahlreichen Staaten der »Dritten Welt« bestanden diplomatische Beziehungen. Von besonderer Bedeutung war der Botschafteraustausch mit Israel 1965. Die Bundesrepublik war zwar außenpolitisch handlungsfähig und zu einem erheblichen Teil souverän geworden (die große Leistung Konrad Adenauers), aber die Beziehungen zu den ostmitteleuropäischen Staaten waren schwach entwickelt, da diese die DDR als ihren Vertragspartner im Warschauer Pakt und dem RGW anerkannt hatten

263 Vgl. Elisabeth Noelle und Erich Peter Neumann (Hrsg.): Jahrbuch der öffentlichen Meinung 1947-1955. Allensbach: Verlag für Demoskopie, 1956, S. 339–342.

264 Vgl. Elisabeth Noelle und Erich Peter Neumann (Hrsg.): Jahrbuch der öffentlichen Meinung 1957. Allensbach: Verlag für Demoskopie, 1957, S. 342.

265 Vgl. Elisabeth Noelle und Erich Peter Neumann (Hrsg.): Jahrbuch der öffentlichen Meinung 1965-1967. Allensbach: Verlag für Demoskopie, 1967, S. 454.

266 Vgl. Elisabeth Noelle und Erich Peter Neumann (Hrsg.): Jahrbuch der öffentlichen Meinung 1978-83. München [u. a.]: KG. Sauer, 1983, S. 598.

267 Vgl. Elisabeth Noelle und Erich Peter Neumann (Hrsg.): Jahrbuch der öffentlichen Meinung 1976-77. Allensbach: Verlag für Demoskopie, 1977, S. 92.

und so bewusst von diplomatischen Beziehungen mit Bonn ausgeschlossen blieben (Hallstein-Doktrin). Vor allem schien die friedliche Wiedervereinigung mit der SBZ bzw. der DDR zu einem freiheitlichen demokratischen Staatswesen in immer weitere Ferne gerückt. Nichts verdeutlichte dies mehr als der Bau der Berliner Mauer 1961. War die bisherige politische Linie einer Politik der Stärke gegenüber dem »Osten« damit nicht gescheitert? Sollten vielleicht Verhandlungen geführt werden, um die Mauer wenigstens durchlässiger zu machen? Diese Überlegungen, die insbesondere der Regierende Bürgermeister Willy Brandt und seine Mitarbeiter anstellten, führten in praktischer Hinsicht zu dem ersten Passierscheinabkommen des Berliner Senats mit den Dienststellen der DDR zu Weihnachten 1963.

Nicht wenigen Politikern der demokratischen Linken und vielen Journalisten der ARD sowie der Prestigemedien *Süddeutsche Zeitung*, *Frankfurter Rundschau*, *Stern*, *Die Zeit* und *Der Spiegel* erachteten spätestens 1967 ein völlig neues Konzept der Ostpolitik für notwendig: Henri Nannen, Chefredakteur der seinerzeit um politische Profilierung bemühten Illustrierte *Stern*, besuchte am 28. Februar 1967 den FDP-Vorsitzenden Erich Mende, um ihn für eine radikale Umkehr auf dem Felde der Deutschland- und Ostpolitik zu gewinnen. Offenbar schien ihm die schwierige Lage der FDP, die nach dem Zustandekommen der Großen Koalition in der Opposition verharrte, vielversprechend. Er drängte auf die uneingeschränkte Anerkennung der DDR, Garantie der Oder-Neiße-Linie bereits vor einem Friedensvertrag und das Hinarbeiten auf eine Konföderation. Nannen stellte ausdrücklich die Unterstützung durch die genannten Medien in Aussicht, wenn sich die FDP zu einer solchen Kehrtwende entschließe. Lehne Mende ab, sei er als FDP-Vorsitzender nicht mehr zu halten.[268]

Zum wichtigsten Unterhändler auf deutscher Seite entwickelte sich ein ehemaliger Berliner Kollege Löwenthals: Egon Bahr. Bahr, wie Löwenthal Jahrgang 1922, war 1950 zunächst RIAS-Kommentator, dann Leiter des RIAS-Studios in Bonn, 1953/54 zusätzlich politischer Chefredakteur des RIAS in Berlin. 1960 holte ihn Willy Brandt an die Spitze des Presse- und Informationsamtes des Berliner Senats. Als Brandt nach dem Bau der Berliner Mauer nach neuen Wegen in der Deutschland- und Ostpolitik suchte, war Egon Bahr zusammen mit Heinrich Albertz an theoretischen Überlegungen (»Wandel durch Annäherung«) und praktischen Schritten wie dem Passierscheinabkommen für Berliner (ebenfalls 1963) beteiligt. Im Dezember 1966 folgte er Willy Brandt als Leiter des Planungsstabes in das Auswärtige Amt und wurde damit endgültig vom Journalisten zum Politiker. Im Winter 1969/70 übernahm Bahr die Verhandlungsführung auf deutscher Seite über den Moskauer Vertrag, der die Beziehungen der Bundesrepublik Deutschland mit der UdSSR auf eine neue Grundlage stellen

268 Vgl. Erich Mende: Die FDP. Daten. Fakten. Hintergründe. Stuttgart: Seewald, 1972, S. 220. Vgl. Arnulf Baring: Machtwechsel, (wie Anm. 138, S. 203), 219 f.

sollte. Sein »Gegenüber« war der sowjetischen Außenminister Andrej Gromyko. Löwenthal sorgte sich wegen der – wie er meinte – politischen Unerfahrenheit Bahrs, der dem langjährigen Außenpolitiker Gromyko angeblich keinesfalls gewachsen sei. Demgegenüber resümierte Arnulf Baring rund zehn Jahre später (als die Beziehungen zwischen den Blöcken frostiger geworden waren): »Souverän im Auftreten, nie umständlich, war er ohne Zweifel Gromyko ebenbürtig, ein großartiger Verhandler.«[269] Den taktischen Fehler sah Löwenthal in der Verhandlungsführung Bahrs: »Wir haben viel zu oft, viel zu leicht, viel zu viel nachgegeben.« Bei letzterem Satz berief sich Löwenthal auf die oft gehörte Meinung seiner amerikanischen Freunde.[270] Zu den Hauptkritikpunkten Löwenthals gehörte das hohe Tempo der Ostpolitik, also das Bemühen, möglichst bald einen Vertragsabschluss zu erreichen. In der Tat waren in den ersten 14 Monaten der Bundesregierung Brandt/Scheel die Verträge mit der UdSSR und Polen unterzeichnet, sowie zwei Treffen mit dem DDR-Ministerratsvorsitzenden Willi Stoph zustande gekommen. Löwenthal erklärte diese Beschleunigung der Außenpolitik damit, im Inneren seien eigene Erfolge kaum erreichbar gewesen, da die Bundesrepublik (vor allem bezüglich der Politikfelder Wirtschaft, Finanzen, Arbeit) zum Zeitpunkt des Kanzlerwechsels in vorzüglicher Verfassung gewesen sei.[271] Er hätte eine Ostpolitik als besonders relevanten Teil der Außenpolitik lieber auf einer gemeinsamen Basis der Bundestagsparteien gesehen[272] (und dachte dabei sicher an eine bessere Konsultation der Opposition, oder gar an die Teilnahme von Oppositionspolitikern an den Verhandlungen von 1970; so gehörte 1955 der Sozialdemokrat Carlo Schmid der deutschen Delegation zu den Moskauer Gesprächen Adenauers an). Eine Gegnerschaft oder gar eine persönliche Abneigung[273] gegen Bundesaußenminis-

269 Arnulf Baring: Machtwechsel, (wie Anm. 138, S. 203), S. 279.

270 Gerhard Löwenthal: Freiheit oder Sozialismus. Rede auf der öffentlichen Kreisversammlung der CSU-Kreisverbände München und Starnberg am 20.3.1976, S. 24; ACDP, NL Löwenthal, 01-763-021.

271 Vgl. Löwenthal: Ich bin geblieben, S. 309 f.

272 Vgl. Löwenthal im Interview mit Regierungssprecher Conrad Ahlers; Unternehmensarchiv des ZDF, Bestand *ZDF-Magazin*, Ordner Nr. 20, Sendung vom 3.5.1972.

273 Dass es eine solche Animosität gab, behauptete der *Spiegel* 1972 in *Tief, sehr tief sind wir gesunken*. Nach einer kurzfristigen Absage Scheels, sich im Magazin am 27. Mai 1970 per Live-Schaltung aus Rom zu stellen, habe Löwenthal vor der Sendung intern gedroht: »Das kostet die FDP zwei Prozent, dafür sorge ich«. Dazu ist festzustellen, dass im Frühjahr 1970 überhaupt keine Bundes- oder Landtagswahl stattfand, so dass Zweifel am Wahrheitsgehalt des Zitats angebracht sind. Falls Löwenthal es ausgesprochen hat, stellt sich die Frage, wer es entgegen den ZDF-Bestimmungen nach »draußen« weitergeleitet hat. In der Sendung erklärte Löwenthal nach einigen Worten des menschlichen Verständnisses, eher traurig als wütend, Scheel mangele es am »Interesse der Öffentlichkeit gegenüber«, er gelte vielen in Bonn als »Minister ohne Fortune« (Vgl. Unternehmensarchiv des ZDF, Bestand *ZDF-Magazin*, Ordner Nr. 9, Sendung vom 27.5.1970). Eine Einschätzung, die nicht weit entfernt war von dem Diktum Arnulf Barings in seinem Buch *Machtwechsel*, wonach Scheel erneut »schwach« in sein Ministeramt gestartet sei. Im Fernsehrat

ter Walter Scheel hegte Löwenthal nicht; so sprach er vor der abschließenden Moskau-Reise Scheels »jeder, der es gut meint mit unserem Lande, kann nur hoffen«, dass ein Vertrag gelänge, »der den Interessen aller Deutschen entspricht und der die Billigung des Parlaments finden kann. Ganz gewiß keine leichte Aufgabe«.[274]

Verbleiben wir aber zunächst bei der Vorbereitung der »Neuen Ostpolitik«. Löwenthal hielt das Konzept des Wandels durch Annäherung grundsätzlich für falsch. Der Gegensatz zwischen der Bundesrepublik und der DDR sowie den Vereinigten Staaten und der UdSSR war für ihn in der Ideologie begründet, die sich im Kalten Krieg besonders eindringlich zeigte. Hier Freiheit, dort Totalitarismus – größer konnten die Gegensätze gar nicht sein. Das unterschied die Ostpolitik von vornherein von der Aussöhnung mit den gleichfalls demokratischen Staaten wie Frankreich und dem Konzept der Europäischen Einigung, so seine Überzeugung. Die Sowjetunion war seiner Analyse zufolge nicht bereit, den ideologischen Kampf von der Propaganda bis hin zu Stellvertreterkriegen gegenüber der »kapitalistischen« Welt aufzugeben. Diese Überlegung wurde durch niemand geringeren gestützt als durch Leonid Breschnew selbst, der einige Jahre später (1976) die Maxime Lenins erneut beschwor: Der Klassenkampf zwischen Kommunisten und Kapitalisten bleibe bestehen. Diesem, so Breschnew vor dem 26. Parteitag der KPdSU 1976, ist die détente (so der Fachbegriff für »Entspannungspolitik« in der westlichen Welt) quasi als taktisches Manöver untergeordnet, denn »niemand soll erwarten, daß sich Kommunisten auf Grund der Entspannung mit kapitalistischer Ausbeutung abfinden, oder daß die Monopolisten zu Anhängern der Revolution würden«. Alle Nationen würden in etwas fernerer Zukunft sozialistisch, denn wenn auch der Kapitalismus Zeit gewonnen habe (gegenüber Lenins Erwartungen), werde er gesetzesmäßig, geradezu zwangsläufig der Revolution durch die arbeitenden Massen unterliegen.[275]

stellte Karl-Hermann Flach (FDP) fest, Löwenthal habe in der Magazinsendung vom 27. Mai 1970 aus »persönlicher Verärgerung« über eine sehr kurzfristige Absage Scheels »den Herrn Bundesaußenminister abqualifiziert. Damit sei die Grenze dessen, was einem Moderator am Bildschirm zugestanden werden dürfe, überschritten worden. Es gehe um das Benehmen am Bildschirm, nicht etwa um eine Beschränkung der Freiheit der Meinung«. Dem stimmten Intendant Holzamer und Chefredakteur Dietrich zu, Holzamer erteilte Löwenthal eine Rüge. Am 14. Juni 1970 klärten Löwenthal und Scheel die Angelegenheit in einem persönlichen Gespräch. Vgl. Niederschrift der Fernsehratssitzung vom 3. Juli 1970; ACDP, NL Löwenthal, 01-763-016. Von dieser »Aussöhnung« schreibt der *Spiegel* in *Tief, sehr tief…* nichts. Fällt mit einer solchen verkürzten Schilderung im *Spiegel* dessen Vorwurf, Löwenthal arbeite unfair, auf das »Nachrichtenmagazin« selbst zurück?

274 Abmoderation zu Marx-Interview; Unternehmensarchiv des ZDF, Bestand *ZDF-Magazin*, Ordner Nr. 10, Sendung vom 22.7.1970.

275 Vgl. Arkadij Nikolajewitsch Schewtschenko: Mein Bruch mit Moskau, Bergisch Gladbach: Gustav Lübbe, 1985, S. 340 f.

Egon Bahr hingegen ging davon aus, die Spitzenkader des »real existierenden Sozialismus« seien im Grunde unsicher und reagierten daher mit der »eisernen Faust« gegen Opposition jeder Art. Erkenne der Westen die »Realitäten« an, werden die sowjetisch kontrollierten Staaten mehr Freiheiten für ihre Völker zulassen. Dann seien sogar in einer späteren Phase zwei gutnachbarschaftlich zusammenwirkende deutsche Staaten möglich.[276] Überhaupt könnten die waffenstarrenden Blöcke NATO und Warschauer Pakt langfristig überwunden und durch ein europäisches Sicherheitssystem ersetzt werden. Eben dazu bedürfe die Bundesrepublik Deutschland allerdings der Zusammenarbeit mit der Sowjetunion. Von den Vereinigten Staaten sei wenig zu erwarten: Die Westmächte seien, wie sich schon am 13. August 1961 gezeigt habe, alleine auf Sicherung ihrer Rechte in den Westsektoren bedacht. Gegen Bahr konnte argumentiert werden: Eine solche Politik der guten Nachbarschaft von Bundesrepublik und DDR blendete eine Unterstützung von Menschenrechtsaktivisten vollkommen aus, denn dies hätten die UdSSR und die ostmitteleuropäischen Staaten als »Einmischung in die inneren Angelegenheiten« gewertet und deren »Unsicherheit« verstärkt.

Nicht zuletzt war nach Löwenthals Ansicht der Aufbau eines streng vertraulichen Gesprächskanals der deutschen Sozialdemokraten mit Hilfe italienischer Kommunisten ein Vertrauensbruch gegenüber Bundeskanzler Kurt Georg Kiesinger, ja ein Verstoß gegen die Tradition der bundesrepublikanischen Außenpolitik. Noch mit großem zeitlichem Abstand – und zwar in seinen Erinnerungen 1987 und im Gespräch mit dem Verfasser 1993 – rügte Löwenthal diese Vorbereitung der »neuen Ostpolitik«.[277] Was war geschehen? In Rom trafen sich Ende 1967 die SPD-Abgesandten Egon Franke, Leo Bauer und Fred Wiesemann mit Vertretern der Kommunistischen Partei Italiens zu einem Gedankenaustausch. Die KPI sagte zu, Kontakte zur SED herzustellen. Gegenüber dem KPI-Vorsitzenden Luigi Longo stellte Willy Brandt Anfang 1968 die Zulassung einer kommunistischen Partei in der Bundesrepublik in Aussicht, wenn es zu menschlichen Erleichterungen in der DDR käme. Die Gespräche von Sozialdemokraten mit italienischen Kommunisten gingen März 1968 in München weiter, diesmal war Egon Bahr beteiligt. Tatsächlich ermöglichte Bundesjustizminister Gustav Heinemann 1968 die Wiedergründung einer völlig an der DDR orientierten kommunistischen Partei in der Bundesrepublik (der DKP), die eine Fortsetzung der 1956 vom Bundesverfassungsgericht verbotenen KPD darstellte. Als diese Kontakte öffentlich

276 Vgl. Timothy Garton Ash: Im Namen Europas. München: Carl Hanser, 1993, S. 261–267.
277 Vgl. Schlussmoderation; Unternehmensarchiv des ZDF, Bestand *ZDF-Magazin*, Ordner Nr. 35, Sendung vom 8.12.1976; Vgl. Löwenthal: Ich bin geblieben, S. 296–308; diese Gespräche kritisierte Löwenthal immer wieder, so 1976 im Rahmen seiner Reden unter dem Titel »Freiheit oder Sozialismus« in Düsseldorf und Starnberg.

bekannt wurden, geriet die Bundesregierung in eine Krise, denn Kanzler Kiesinger, selbst außenpolitisch ambitioniert, fühlte sich hintergangen.

Der erste der Ostverträge war der Moskauer Vertrag[278], unterzeichnet am 12. August 1970. Die politisch-publizistische Debatte um den deutsch-sowjetischen Vertrag begann wenige Wochen nach Willy Brandts Amtsantritt als Bundeskanzler im Oktober 1969. Am 7. Januar 1970 sprach Löwenthal im *ZDF-Magazin* von einer Forderung des sowjetischen Außenministers Andrej Gromyko an den deutschen Botschafter Helmut Allardt, die Bundesregierung solle definitiv auf alle Bemühungen zur Wiedervereinigung verzichten. Das gehe aus einem geheimen Telegramm Allardts an das Auswärtige Amt hervor. Daraufhin erklärte der SPD-Fraktionsvorsitzende im Deutschen Bundestag, Herbert Wehner, dies sei »uraltes Blech«. Derartige Indiskretionen behinderten die Verhandlungen, zumal Vertraulichkeit vereinbart worden war, ließ das Auswärtige Amt den gleichen Zeitungsartikeln zufolge verlauten.[279] Die rhetorische Frage Löwenthals, ob denn der Unwille Brandts, über die Deutsche Einheit zu reden, auf Gromykos Forderung zurückzuführen sei, dürfte die Außenpolitiker im Bundeskanzleramt besonders verärgert haben. Zuvor, am 17. Juni 1970, fragte Löwenthal in einem von ihm erstellten Beitrag: *Was geschah in Moskau?* – damit meinte er die auch von Baring in seinem Standardwerk *Machtwechsel* erkannte Geheimniskrämerei der Delegation von Egon Bahr im Zusammenhang mit den deutsch-sowjetischen Verhandlungen.[280] Als Zielsetzungen führte der Vertrag die Aufrechterhaltung des Friedens und die Entwicklung der Beziehungen zwischen den europäischen Staaten auf. Zu diesem Zwecke verpflichteten sich UdSSR und Bundesrepublik Deutschland zur Unverletzlichkeit der Grenzen in ihrem seinerzeitigen Verlauf und zur Achtung der territorialen Integrität aller Staaten in Europa. Am Tag der Unterzeichnung befragte Löwenthal im *ZDF-Magazin* den dafür zuständigen Bundesminister des Auswärtigen, Walter Scheel, und Franz Josef Strauß als Vertreter der Opposition.

Der zweite »Ostvertrag« galt den deutsch-polnischen Beziehungen (Warschauer Vertrag[281]), unterzeichnet am 7. Dezember 1970. Die Vertragspartner stellten fest, dass die Oder-Neiße-Linie die polnische Westgrenze bildet. Die bestehenden Grenzen seien unverletzlich, Gebietsansprüche bestünden nicht, Streitfragen seien künftig

278 Vertragstext online im Internet: www.documentarchiv.de/brd/1970/moskauer-vertrag.html.

279 Vgl. Georg Schröder: Gromyko soll Forderungen gestellt haben. Verlangt Moskau von Bonn Verzicht auf Wiedervereinigung?, in: *Die Welt*, 9.1.1970, S. 1, und elf weitere Zeitungsartikel zu diesem Thema; ACDP, NL Löwenthal, 01-763-070. Artikel sind auch im Unternehmensarchiv des ZDF, Zeitungsausschnittsammlung 11.4/6-4.53 archiviert.

280 Vgl. Arnulf Baring: Machtwechsel, (wie Anm. 138, S. 203), S. 279 f.

281 Wortlaut online im Internet: www.documentarchiv.de/brd/1970/warschauer-vertrag.html sowie mit ausführlicher Erörterung in: Presse- und Informationsamt der Bundesregierung (Hrsg.): Der Vertrag zwischen der Bundesrepublik Deutschland und der Volksrepublik Polen. Bonn: bpa, 1970.

mit friedlichen Mitteln zu lösen. Polen und die Bundesrepublik Deutschland würden künftig an Normalisierung und Ausbau ihrer Beziehungen arbeiten. Im *ZDF-Magazin* vom 25. November 1970, kurz vor Unterzeichnung des Abkommens, hatte sich Löwenthal ausschließlich mit diesem Thema auseinandergesetzt: Es werde hierzulande höchst kontrovers diskutiert, es habe die Bundesrepublik Deutschland in zwei Meinungslager gespalten. Jedenfalls sei aus dem Gewaltverzichtsvertrag ein Grenzanerkennungsvertrag geworden. Die Bundesregierung habe eine Grenze, die das Potsdamer Abkommen nicht als solche, sondern als »Linie« bezeichnet, anerkannt. Vor allem aber sei die jetzt anerkannte bestehende Grenze nicht mit der Oder-Neiße-Linie des Potsdamer Abkommens identisch, sondern verlaufe nahe Stettin eindeutig westlich von ihr, einen Streifen von 780 Quadratkilometern einschließlich Stettins zugunsten Polens umfassend. Löwenthal kommentierte: »Damit bedeutet nach meiner Meinung Scheels Unterschrift die Sanktionierung eines eklatanten Bruchs des Potsdamer Abkommens«, und fährt fort, die jetzt anerkannte Grenzlinie sei erst im Oktober 1945 zwischen der SMAD und der Polnischen Provisorischen Regierung vereinbart und Januar 1951 festgeschrieben worden.[282] Er wusste offenbar nicht, dass ein geheimer Vertrag zwischen der UdSSR und ihrem polnischen Partner, dem Lubliner Komitee, die Zugehörigkeit Stettins zu Polen bereits 1944 festgelegt hatte.[283]

Löwenthal rügte den Satz, »Die Bundesregierung hat ferner darauf hingewiesen, dass sie nur im Namen der Bundesrepublik Deutschland handeln kann« (damit war offenbar der Friedensvertragsvorbehalt gemeint). Demgegenüber, so Löwenthal, habe die Bundesregierung laut Präambel des Grundgesetzes für alle Deutschen zu sprechen sowie insbesondere auf Freiheit und Einheit Deutschlands hinzuwirken. Zudem müsse die endgültige Festlegung der Grenzen laut Deutschlandvertrag von 1954 einer Friedensvertragsregelung vorbehalten bleiben. Löwenthal betonte abschließend, »wir alle« wollten Frieden, Verständigung und kein Unrecht durch eine neue Vertreibung. Da das Ziel einer Völkerversöhnung noch weit entfernt ist und der Weg dorthin schwierig, sei eine »möglichst breite Übereinstimmung« hierzulande vonnöten.[284]

In einem Artikel für das *Westfalen-Blatt* vom 28. November 1970 wiederholte Löwenthal seine Kritik aus der Magazinsendung und nannte die Unterzeichnung durch Bundeaußenminister Walter Scheel einen »völlig unverständliche[n] Vorgang«. Nicht zuletzt habe die Bundesregierung in ihrer Note an die Westmächte vom 18. November 1970 die Mitvertretungspflicht für die Deutschen in der DDR ausdrücklich aufgegeben und sich damit gegen den Grundsatz der Wiedervereinigung gestellt, der in der

282 Unternehmensarchiv des ZDF, Bestand *ZDF-Magazin*, Ordner Nr. 13, Sendung vom 25.11.1970.
283 Vgl. kj.: Nachlese zum Jahresschluß, in: *Die Zeit*, 25. Jahrgang (1971), Nr. 1. Online im Internet: www.zeit.de/1971/01/Nachlese-zum-Jahresschluss.
284 Protokoll der *ZDF-Magazin*-Sendung vom 25.11.1970; ACDP, NL Löwenthal, 01-763-062.

Präambel des Grundgesetzes verankert sei. Löwenthal deutete an, dass er eine außenpolitische Linie bevorzuge, die die rechtlichen Fragen offen lasse und auf die Wiedervereinigung ausgerichtet sei.[285] Am 12. Dezember 1970 kam Löwenthal auf den deutsch-polnischen Vertrag zurück, indem er die polnische Presse sinngemäß zitierte: Dort werde das Abkommen als »Grenzanerkennungsvertrag« bezeichnet.[286] Noch im Jahre 1987 sprach Löwenthal, in diesem Punkt dem Bund der Vertriebenen und seinen Landsmannschaften entsprechend, von Breslau als einer Stadt in »Ostdeutschland«.[287]

Im *ZDF-Magazin* präsentierte Löwenthal zusammen mit seinem Co-Moderator Fritz Schenk – der als »geborener Sozialdemokrat« (Titel seiner Autobiographie) die veränderte Ausrichtung der SPD in der Ostpolitik und die Aufnahme von neomarxistischem Personal in die SPD ähnlich wie Löwenthal ablehnte – Bundestagsabgeordnete, die zu den SPD-internen »Bedenkenträgern« im Zusammenhang mit der Ostpolitik gehörten (wie Klaus-Peter Schulz[288]) und diejenigen, die die Fraktionen der Koalitionsparteien aus Protest gegen die Ostpolitik unmittelbar zuvor verlassen hatten, während sich die Debatte um die Ratifizierung der Ostverträge auf ihren Höhepunkt zubewegte. So zum Beispiel Franz Seume, einen Berliner Politiker. Löwenthal ließ ihn mit seinen inhaltlichen Einwänden gegen die Ostverträge ausführlich zu Wort kommen und gab ihm Gelegenheit, auf seine Kritiker zu antworten. Es ließe sich darüber diskutieren, ob Löwenthal diesen »Hinterbänklern« einen übermäßig großen Raum zur Selbstdarstellung bot. Dem kann entgegnet werden, Seume sei ein Traditions-Sozialdemokrat gewesen, 46 Jahre zuvor der SPD beigetreten, Mitarbeiter Kurt Schumachers und Ernst Reuters, ein wichtiger Berliner Regionalpolitiker, als solcher ein Bekannter Löwenthals seit den späten 1940er oder zumindest seit den 1950er Jahren.[289] Löwenthal holte darüber hinaus Experten in die Sendung, die mit ihm übereinstimmten, wie den Botschafter a. D. Hans Berger, der die Ostverträge als »verhängnisvoll« rügte.[290] Auch die zweifelsohne werbende Vorstellung des Buches *SOS für Europa*, das sich fast völlig mit der Ostpolitik aus ablehnender Perspektive befasste, durch seinen Verfasser Heinrich Windelen (CDU) mittels eines Interviews kann als

285 Vgl. Gerhard Löwenthal: Bruch des Potsdamer Abkommens, in: *Westfalen-Blatt*, 28.11.1970; ACDP, NL Löwenthal, 01-763-021.

286 Gerhard Löwenthal: Den Ausweg versperrt, in: *Westfalen-Blatt*, 12.12.1970; ACDP, NL Löwenthal, 01-763-021.

287 Anmoderation zu: Wiesbaden: Partnerschaft mit Breslau problematisch; Unternehmensarchiv des ZDF. Bestand *ZDF-Magazin*, Ordner Nr. 56, Sendung vom 1.4.1987.

288 Moderation und Interview Löwenthals mit Klaus Peter Schulz; Unternehmensarchiv des ZDF, Bestand *ZDF-Magazin*, Ordner Nr. 13, Sendung vom 6.1.1971.

289 Interview Gerhard Löwenthals mit Franz Seume; Unternehmensarchiv des ZDF, Bestand *ZDF-Magazin*, Ordner Nr. 20, Sendung vom 8.3.1972.

290 Interview Gerhard Löwenthals mit Hans Berger; Unternehmensarchiv des ZDF, Bestand *ZDF-Magazin*, Ordner Nr. 20, Sendung vom 15.3.1972.

Meinungsbeeinflussung gegen die Ostpolitik Brandts betrachtet werden.[291] Im Vorfeld der Ratifizierung und des konstruktiven Misstrauensvotums gegen Bundeskanzler Brandt widmete Löwenthal ausnahmsweise eine ganze Sendung einem einzigen Thema: den »Protokollnotizen« der Bahr-Gromyko-Gespräche zum Moskauer Vertrag 1970. Auszüge aus den Verhandlungen waren vor der *ZDF-Magazin*-Sendung bekanntgeworden und in so unterschiedlichen Medien wie dem koalitionsfreundlichen *Spiegel* und der oppositionsnahen Illustrierte *Quick* sowie den überregionalen Qualitätszeitungen bereits veröffentlicht worden. Dabei ging es um Aussagen Bahrs und Scheels, die im völligen Gegensatz zu bisherigen Verhandlungspositionen, und darüber hinaus im Widerspruch zur vorangegangenen Außenpolitik der Bundesrepublik und zu Positionen der Bundesregierung standen: Gewaltverzichtsvertrag bedeute Grenzvertrag (Bahr), er sei für die Oder-Neiße-Grenze (Scheel). Die Bundesregierung befürchtete, die Außenpolitik könnte durch diese Indiskretionen leiden, weil das Vertrauen schwände: Es waren darin Aussagen der sowjetischen Außenpolitiker Andrej A. Gromyko und Valentin M. Falin gedruckt worden. Sämtliche Protokollauszüge seien aus dem Zusammenhang gerissen und daher für die parteipolitische Auseinandersetzung untauglich. In jedem Falle erwies sich die Veröffentlichung der »Protokollnotizen« vor einem Millionenpublikum im Fernsehen als Belastung für die Bundesregierung und der sie tragenden Parteien. So sprach Walter Scheel von »kriminelle[n] Akte[n]« und Annemarie Renger von »Diebstahlverfälschung«, »Verzerrung« und »verbrannter Erde«; entscheidend sei stattdessen der Vertragstext. Demgegenüber bestand die Opposition auf der Authentizität der Notizen. Löwenthal holte für seine monothematische Sendung vier Gegner (Alfons Goppel, Gerhard Schröder, Walter Hallstein, Klaus-Peter Schulz) und einen Fürsprecher (Staatssekretär Paul Frank) der Ostpolitik heran: eine für das *ZDF-Magazin* untypische einseitige Auswahl[292], die vielleicht auf Terminprobleme der Koalitionsvertreter zurückzuführen ist.

Ausführlicher als mit dem Moskauer und dem Warschauer Vertrag setzte sich Löwenthal im *ZDF-Magazin* mit den Verhandlungen zum Viermächte-Abkommen[293] über Berlin vom September 1971 auseinander. Jene Übereinkunft der UdSSR, USA, Großbritannien und Frankreich sollte laut Vertragstext helfen, Spannungen und Unsicherheit im Zusammenhang mit Berlin abzubauen. Nicht zuletzt sollte der Transit für Menschen und Güter von und nach Berlin (West) erleichtert werden. Gleichzeitig bestätigte der Vertrag, dass Berlin (West) kein »konstitutiver Teil« der Bundesrepu-

291 Gespräch mit Heinrich Windelen; Unternehmensarchiv des ZDF, Bestand *ZDF-Magazin*, Ordner Nr. 20, Sendung vom 22.3.1972.

292 Neues Material aus Bonn: Die Moskauer Protokollnotizen; Unternehmensarchiv des ZDF, Bestand *ZDF-Magazin*, Ordner Nr. 20, Sendung vom 19.4.1972.

293 Vertragstext online im Internet: www.chronik-der-mauer.de/index.php/de/Start/Detail/id/593845/page/0

blik Deutschland sei, so dass staatliche Institutionen der Bundesrepublik Deutschland keine Verfassungs- und Amtsakte in Berlin (West) vornehmen konnten. So fanden zwischen 1971 und 1989 weder Plenarsitzungen des Bundestages noch Bundespräsidentenwahlen in Berlin (West) statt; damit war eine langjährige Forderung der UdSSR erfüllt. Löwenthal bedauerte in diesem Zusammenhang, dass die Bundesrepublik einseitig, von sich aus, auf Sitzungen der Bundestagsausschüsse in Berlin verzichtet habe.[294]

Löwenthal widmete den Verhandlungen und dem Ergebnis des Viermächteabkommens über Berlin viel Sendezeit. So entstanden zwei Magazinsendungen, die sich fast ausschließlich der Situation in Berlin 1971 annahmen und die wesentlich durch Interviews mit Befürwortern und Gegnern der Neuen Ostpolitik die Lage zu beschreiben versuchten. Hinzu kamen sechs Magazinbeiträge, die der freie Mitarbeiter Helmut Kamphausen erstellt hatte, ein Streitgespräch über die Berlin-Regelung (Jens Feddersen vs. Matthias Walden, geleitet von Löwenthal) sowie ein Doppelinterview mit Kurt Mattick (SPD) und Richard von Weizsäcker (CDU).[295] Angesichts dieser parteipolitisch verschiedenen Studiogäste lässt sich feststellen, dass Löwenthal eine möglichst vollständige Darstellung des Sachverhalts anstrebte, wie es für eine Sendung des öffentlich-rechtlichen Fernsehens auch entsprechend dem ZDF-Staatsvertrag (Vermeidung von Einseitigkeiten) beabsichtigt werden sollte. Löwenthal selbst war, wie die Bundesregierung und der Senat Berlins, an einer möglichst starken, »selbstverständlichen« Bundespräsenz in Berlin (als Zeichen der Zugehörigkeit zur Bundesrepublik vorgenommene offizielle Akte wie Bundestagssitzungen, Wahl des Bundespräsidenten) interessiert. Daher bedauerte er schon 1970, dass sich die Zahl der Fraktionssitzungen von SPD und FDP in Berlin verringert habe. Es sei ein schlechtes Zeichen vor den Verhandlungen, wenn sich die Bundesrepublik »zurückdrängen« las-

294 Moderation; Unternehmensarchiv des ZDF, Bestand *ZDF-Magazin*, Ordner Nr. 16, Sendung vom 7.7.1971.

295 *ZDF-Magazin* am 28.7.1971: *Berlin-Verhandlungen weiter kontrovers*. Löwenthal führte dazu Interviews mit Egon Bahr, Wilfried Ahrens (Journalist der *Quick*, Löwenthal-Freund), Klaus-Peter Schulz (Berliner Sozialdemokrat, der sich gegen die Ostpolitik wandte, langjähriger Bekannter Löwenthals) und dem CDU-Außenpolitiker Werner Marx. Der einzige nicht auf Berlin bezogene Beitrag beschäftigte sich mit dem Krieg um Bengalen (7:58 min). Am 15.12.1971: *Berlin Problematik*. Interviews mit Egon Bahr, Klaus Schütz, Heinrich Lummer und Werner Marx; Fragen an Axel Springer; Trailer Abgeordnetenhaus und Berlin Chronik. Interview mit Regierungssprecher Conrad Ahlers und Stellungnahme des Völkerrechtlers Otto Kimminich am 21.7.1971. Interviews mit Mattick und von Weizsäcker am 25.8.1971. Streitgespräch Feddersen-Walden am 1.9.1971, Leitung: Gerhard Löwenthal. Beiträge: Sorgen um Berlin, 7.7.1971; ACDP, 01-763-062; Kontroverse um Berlin-Verhandlungen, 21.7.1971; Überblick zur Berlin-Regelung (einleitend zum Streitgespräch), 1.9.1971; Berlin-Abkommen doppeldeutig (15.9.1971); DDR-Echo auf Berlin-Abkommen (29.9.1971); Berlin-Papiere mangelhaft (22.12.1971); Autor all dieser Beiträge: Helmut Kamphausen. Vgl. Produktionsnachweise des *ZDF-Magazins*.

se.[296] Wenn es zu einer sogar von den westlichen Alliierten anvisierten Verminderung der Bundespräsenz in Berlin (West) käme, wollte Löwenthal diese nur dann gutheißen, wenn dafür die vier Mächte den freien und sicheren Zugang nach Berlin (West) und verbesserte Bewegungsmöglichkeiten der West-Berliner in Ost-Berlin ebenso garantieren wie die faktisch bestehenden kulturellen, wirtschaftlichen, finanziellen und rechtlichen Bindungen Berlins an die Bundesrepublik. Dazu müsse die UdSSR »unsere Realitäten« anerkennen sowie Zugeständnisse bezüglich der DDR-Präsenz in Ost-Berlin (hier dachte er wohl an einen Abbau der Hauptstadtfunktion und der Wehrpflicht) und in Bezug auf eine »selbständige politischen Einheit West-Berlin« machen, damit ein »gleichgewichtiges«, auf Leistung und Gegenleistung beruhendes Abkommen erzielt werde.[297] Im Sommer 1972 sah sich Löwenthal in seiner Skepsis angesichts »Unklarheiten im Text« und »Auslegungsdifferenzen« bestätigt; so seien Sofortbesuche von West-Berlinern jenseits der Mauer nach wie vor nicht möglich. Andererseits: Abkommen werden häufig von den vertragsschließenden Seiten unterschiedlich ausgelegt.

Ein mehrfach behandeltes Thema des *ZDF-Magazins* war im Zusammenhang mit den Vier-Mächte-Verhandlungen 1971 das sowjetische Anliegen, in Berlin (West) ein Generalkonsulat zu errichten. Löwenthal lehnte dies ab, denn eine solche Einrichtung sei immer ein Ort der Propaganda und des Geheimdienstes.[298]

Vielmehr wünschte er sich von der Bundesregierung und von ihrem ostpolitischen Beauftragten Egon Bahr, sie mögen die UdSSR auf die Anerkennung der »bestehenden wirklichen Lage« Berlins (West) drängen: Wenn auch Berlin de jure kein gleichberechtigtes Bundesland sei, so habe es de facto sehr viel mit einem Bundesland gemein.[299] Mit der Formulierung von der »bestehenden wirklichen Lage« griff Löwenthal einen Kernsatz der sowjetischen Unterhändler aus den Moskauer Vertragsverhandlungen auf, der aber auch dann gelten sollte, wenn er der UdSSR zum Nachteil gereiche. Offenbar trieb hier Löwenthal die Sorge um, die Bundesrepublik gäbe wiederum nach oder zeige mangelndes Interesse, und die sowjetische Präsenz in Berlin (West) erhöhe sich durch die Ansiedlung weiterer sowjetischer Institutionen. Löwenthal sah die Gefahr, ein Generalkonsulat der UdSSR könne die sowjetische Auffassung von West-Berlin als »selbständige politische Einheit« untermauern, insbesondere dann, wenn

296 Gerhard Löwenthal: Anmoderation zu: Bundespräsenz in Berlin, Unternehmensarchiv des ZDF, Bestand *ZDF-Magazin*, Ordner Nr. 11, S. 7 f.

297 An- und Abmoderation zu: Berlin-Status; Unternehmensarchiv des ZDF, Bestand *ZDF-Magazin*, Ordner Nr. 14, Sendung vom 10.3.1971.

298 Abmoderation zu: Berlin; Unternehmensarchiv des ZDF, Bestand *ZDF-Magazin*, Ordner Nr. 17, Sendung vom 21.7.1971.

299 Vgl. Gerhard Löwenthal: Berlin bleibt der Prüfstein, in: *Westfalen-Blatt*, 28.6.1971; ACDP, NL Löwenthal, 01-763-070.

es nicht der UdSSR-Botschaft in Bonn unterstehe und in eigenständige Verhandlungen mit dem Berliner Senat trete.[300] Damit befand sich Löwenthal im grundsätzlichen Gleichklang mit dem amerikanischen Präsidenten Richard Nixon und dem US-Außenministerium, aber im Gegensatz zu Egon Bahr, der West-Berlin als »drittes Phänomen« neben der Bundesrepublik Deutschland und der DDR bezeichnet haben soll (letzteres bestritt er gegenüber Löwenthal im *ZDF-Magazin* vom 28. Juli 1971). Ferner sei er kein Fürsprecher eines UdSSR-Generalkonsulats in Berlin mehr, so Bahr.[301]

Deutlicher, ja einseitiger als im Fernsehen konnte Löwenthal in seinen Zeitungskommentaren seine eigenen Meinungen präsentieren. So rügte Löwenthal im konservativen *Westfalen-Blatt* (das gelegentlich als nördlichste CSU-Zeitung Deutschlands bezeichnet wurde)[302] die mangelnde Bereitschaft der Bundesregierung, mit der Opposition in Sachen Ostverträge zusammenzuarbeiten:

»Gewiß, eine Regierung soll und kann sich ihr Regierungsprogramm, das sich in einigen wesentlichen Gedanken von den Vorstellungen der Opposition unterscheidet, nicht durch das Einräumen eines permanenten Vetos verwässern lassen. Wenn es aber um zukunftsentscheidende Probleme der Außenpolitik wie um unser Verhältnis zum Osten und zum Westen, um die Beziehungen der beiden Teile unseres Landes zueinander und vor allem um Leben oder Sterben Berlins geht, dann wäre die Regierung gut beraten, wenn sie mehr Gemeinsamkeit pflegen würde und wenn sie realistisch, offen und ehrlich den Menschen in dieser Republik Grundlagen und Konsequenzen ihrer Politik erklären würde.«[303]

Den letzten »Ostvertrag« unterzeichneten die deutschen und tschechoslowakischen Vertragspartner, bei weitem weniger beachtet, am 11. Dezember 1973 in Prag. Er beinhaltete die Aufnahme diplomatischer Beziehungen und eine Zusammenarbeit auf verschiedenen Politikfeldern. Es bestünden keine Gebietsansprüche, die Grenzen seien unverletzlich. Löwenthal präsentierte dazu einen Beitrag Kamphausens, der der Bonner Außenpolitik (wiederum) Nachgiebigkeit[304] vorwarf: eine Auffassung, die sich mit der Einstellung der CDU/CSU-Bundestagsfraktion deckte.

300 Vgl. Interviews Löwenthals dazu mit Regierungssprecher Conrad Ahlers, Staatssekretär Egon Bahr, Klaus Dieter Schulz und dem Journalisten Wilfried Ahrens im *ZDF-Magazin*; ACDP, NL Löwenthal, 01-763-070.

301 Protokoll dazu im ACDP, NL Löwenthal, 01-763-062; Vgl. Anmoderation zu: Berlin; Unternehmensarchiv des ZDF, Bestand *ZDF-Magazin*, Ordner Nr. 17, Sendung vom 28.7.1971.

302 N.N.: Richtige Richtung, in: *Der Spiegel*, 25. Jg. 1971, Nr. 47, S. 100–105, dort S. 100. Online im Internet: www.spiegel.de/spiegel/print/d-44914760.html.

303 Gerhard Löwenthal: In Bonn ist alles anders, in: *Westfalen-Blatt*, 15.2.1971; ACDP, NL Löwenthal, 01-763-021.

304 CSSR-Vertrag: Bonn gab nach; Unternehmensarchiv des ZDF, Bestand *ZDF-Magazin*, Ordner Nr. 27, Sendung vom 12.12.1973.

Der Tenor der Prestigemedien *Süddeutsche Zeitung*, *Frankfurter Rundschau*, *Stern*, *Der Spiegel* und der politischen ARD-Sendungen trug allmählich zu einer Zustimmung der Bevölkerungsmehrheit zur Neuen Ostpolitik bei. Im November 1969 waren 31 Prozent der Bevölkerung dafür, Brandt solle vor Aufnahme der Verhandlungen mit Polen erklären, die Oder-Neiße-Grenze sei endgültig, 47 Prozent fanden dies »nicht richtig«. Im August 1972 – die Ratifizierung stand bevor – war fast die Hälfte der Befragten (49 Prozent) der Ansicht, es sei richtig gewesen, die Oder-Neiße-Linie anzuerkennen (25 Prozent: »die Bundesrepublik hätte das nicht tun sollen«). Der Grundvertrag mit der DDR polarisierte stärker: 41 Prozent der Befragten meinten, damit sei die deutsche Teilung endgültig beschlossen, während 40 Prozent die »Wiedervereinigung [als] keineswegs ausgeschlossen« ansahen.[305] So stimmte Löwenthal 1972 diesbezüglich nicht mit der Bevölkerungsmehrheit überein, sondern eher mit einer, allerdings starken, Minderheit.

Löwenthal bedauerte darüber hinaus, dass die deutsche Ostpolitik zur sowjetischen Westpolitik geworden sei, jedenfalls im Ergebnis, weil sie den »Sowjets unbeabsichtigt in die Hände gespielt hat und ihnen das Vordringen in der westlichen Welt ermöglicht hat«.[306] Darüber hinaus kritisierte Löwenthal, dass die Ostpolitik, insbesondere durch Kredite an Polen und Jugoslawien zu sehr niedrigen Zinsen, die der Steuerzahler letztlich subventioniere, erheblichen finanziellen Schaden verursacht habe. Zahlungen an die DDR und zinslose Kredite (Swing) hätten der Bevölkerung dort keine Vorteile gebracht, im Gegenteil, Abschottung und Unterdrückung hätten zugenommen.[307] Insgesamt sah Löwenthal die Deutschland- und Ostpolitik der Bundesregierung Brandt/Scheel sowohl vom theoretischen Ansatz her (»illusionär«) und von der praktischen Aushandlung (»überhastet«) als verfehlt an. »Die Vertragspolitik der Bundesregierung hat der kommunistischen Seite durch unwiderrufliche politische Konzessionen, so meine ich, die Tür geöffnet und der DDR den Zutritt zur internationalen Bühne geebnet.« Damit spielte Löwenthal auf den UNO-Beitritt der DDR 1973 an. »Die angeblichen Gegenleistungen der anderen Seite hingegen stehen nicht in den Vertragstexten und sind jederzeit rücknehmbar. Einiges erleben wir zur Zeit

305 Erich Peter Neumann/Elisabeth Noelle-Neumann (Hrsg.): Jahrbuch der öffentlichen Meinung, 1968-73. Allensbach: Verlag für Demoskopie, 1974, S. 505–528.

306 Gerhard Löwenthal: Freiheit oder Sozialismus. Rede auf der öffentlichen Kreisversammlung der CSU-Kreisverbände München und Starnberg am 20.3.1976; ACDP, NL Löwenthal, 01-763-021.

307 Vgl. Gerhard Löwenthal: Milliarden für die Ostpolitik. Gastkommentar in der *Wetzlarer Neuen Zeitung*, 29.11.21975; ACDP, NL Löwenthal, 01-763-020.

bereits.«[308] Wie sahen denn überhaupt »Gegenleistungen« nach Löwenthals Dafürhalten aus? Wenn die Bundesrepublik Deutschland Erich Honecker als Staatsgast mit Hymne und Ehrenkompanie (Löwenthal: »unerträglich«) empfange, bedeute dies, so Löwenthal, eine eindeutige Aufwertung. Eine angemessene Gegenleistung der DDR bestünde in der endgültigen Aufhebung des Schießbefehls, dem Abriss der Mauer und Gewährung der Freizügigkeit. Die Bundesrepublik gebe sich mit Reiseerleichterungen zufrieden, anstatt eine »operative und aktive Deutschland-Politik« umzusetzen. Die Bundesregierung habe gemäß der Präambel des Grundgesetzes und dem Urteil des Bundesverfassungsgerichts vom 31. Juli 1973 auf die Wiedervereinigung zu drängen. Der Deutschland-Vertrag mit den Westmächten 1954 und der Harmel-Bericht 1967 zeigten auf, dass die Bundesrepublik damit nicht allein stehe. [309]

Dass die Neue Ostpolitik langfristige sowjetische Positionen in Vertragsform goss und somit bekräftigte, sah Löwenthal angesichts der Konferenz über Sicherheit und Zusammenarbeit in Europa (Helsinki) 1975 bestätigt. Deren zentraler Begriff der »kollektiven Sicherheit« gehe auf den sowjetischen Außenminister Wjatscheslaw M. Molotow im Jahre 1954 zurück.[310] Seit Ende der sechziger Jahre arbeitete die UdSSR auf diese Konferenz hin. Insofern lehnte er die häufig nach ihrem Schauplatz genannte Helsinki-Konferenz zunächst ab (»die sinnloseste Konferenz, die es je gegeben hat«[311]). Löwenthal meinte jedoch nach deren Abschluss, man müsse die Vertragspartner insbesondere in der Frage der Menschenrechte beim Wort nehmen und die unterzeichneten Bestimmungen einfordern.[312] Überhaupt war die Einmischung in die »inneren Angelegenheiten«, vor der Breschnew stets warnte, im Sinne einer Unterstützung politischer Häftlinge und Bürgerrechtler für Löwenthal ein wichtiges Mittel der Ostpolitik. Dabei berief er sich auf Solschenizyn, der um »Einmischung« ausdrücklich gebeten hatte. Anstatt auf die Freiheit abzuzielen (Löwenthal sah bereits 1977, drei Jahre vor Solidarnosc und ein Jahr vor der Wahl eines Papstes polnischer Nationalität ein »Gespenst der Freiheit in Osteuropa umgehen«), habe sich der Westen einlullen las-

308 Anmoderation zu: DDR auf Kollisionskurs; Unternehmensarchiv des ZDF, Bestand *ZDF-Magazin*, Ordner Nr. 27, Sendung vom 14.11.1973. Im gleichen Sinne: »Natürlich müssen wir mit dem Osten reden, aber nicht unter Zeitdruck und immer ein [sic!] Blick auf unsere eigenen Interessen und auf die unserer Verbündeten«, in: Unternehmensarchiv des ZDF, Bestand *ZDF-Magazin*, Ordner Nr. 13, Sendung vom 6.1.1971.

309 An- und Abmoderation zu: Honecker – ein ›Ausländer‹ auf Heimatbesuch; Unternehmensarchiv des ZDF, Bestand *ZDF-Magazin*, Ordner Nr. 57, Sendung vom 2.9.1987.

310 Vgl. Löwenthal-Rede am 21. Mai vor der Jungen Union in Möhnesee-Körbecke; ACDP, NL Löwenthal, 01-763-009, S. 11 f.

311 Gerhard Löwenthal: Unterwanderung und Zerstörung der Freiheit (gedruckter Redetext, ohne Datum), S. 34; ACDP, NL Löwenthal, 01-763-009.

312 Vgl. Löwenthal-Rede am 21. Mai vor der Jungen Union in Möhnesee-Körbecke, S. 15; ACDP, NL Löwenthal, 01-763-009.

sen, der UdSSR Technik geliefert und Kredite vergeben: zu seinem eigenen Schaden, genau wie es Lenin 1921 beabsichtigt habe.[313]

Löwenthal fühlte sich in seiner Meinungsbildung durch zahlreiche Briefe aus der DDR (schon vor den *Hilferufen von drüben*) und Gespräche mit geflohenen Augenzeugen[314] bestätigt. Er forderte daher die Bundesregierung angesichts ihrer Vorleistungen auf, »menschliche Erleichterungen« aktiv einzutreiben.[315]

Wie stellte sich Löwenthal eine »echte Entspannung«, die er durchaus wünschte[316], zwischen Ost und West vor? 1977 zitierte er zustimmend den mit ihm befreundeten Vorsitzenden des US-Gewerkschaftsbundes AFL/CIO George Meany. Dieser forderte einen Rüstungsstop, einen Rückzug der UdSSR von ihren außenpolitischen Interessengebieten einschließlich des Nahen Ostens und ein Ende des ideologischen Kampfes mit dem Westen.[317]

Nach den zahlreichen Beiträgen über Verhandlungen und Abschluss der Ostverträge versuchte Löwenthal noch stärker als zwischen 1969 und 1972 zusammen mit seinen Mitarbeitern die Unzulänglichkeit des Vertragspakets, besser: den unzureichenden *Wandel durch Annäherung*, zu dokumentieren. Dies geschah zum einen durch den Verweis auf die weiterhin schlechten Beziehungen[318], durch Interviews mit und Beiträge über Opfer kommunistischer Menschenrechtsverletzungen wie politischen Gefangenen, Regimekritikern (die er immer als Bürgerrechtler bezeichnete und

313 Vgl. Gerhard Löwenthal: Unterwanderung und Zerstörung der Freiheit (gedruckter Redetext, ohne Datum), S. 41; ACDP, NL Löwenthal, 01-763-009; Löwenthal-Rede am 21. Mai vor der Jungen Union in Möhnesee-Körbecke; ACDP, NL Löwenthal, 01-763-009, S. 15 f.

314 Vgl. Moderation zu: Zonengrenze immer gefährlicher; Unternehmensarchiv des ZDF, Bestand *ZDF-Magazin*, Ordner Nr. 29, Sendung vom 24.7.1974.

315 Abmoderation zu: Menschliche Erleichterungen; Unternehmensarchiv des ZDF, Bestand *ZDF-Magazin*, Ordner Nr. 29, Sendung vom 7.8.1974.

316 Vgl. Gerhard Löwenthal: Meine Damen und Herren! (Redemanuskript ohne Orts- und Datumsangabe); ACDP, NL Löwenthal, 01-763-009 (aus dem Kontext geht hervor, dass er diesen Vortrag 1978/79 gehalten hatte. Um welches Publikum es sich handelte, ist nicht zu ersehen), S. 7.

317 Vgl. Löwenthal-Rede am 21. Mai vor der Jungen Union in Möhnesee-Körbecke; ACDP; NL Löwenthal, 01-763-009, S. 13.

318 Ein Beispiel: Löwenthal sprach von »neuen brutalen Schikanen auf den Zufahrtswegen nach Berlin« und von den unzureichenden Telefonverbindungen zwischen beiden Teilen der Stadt; Unternehmensarchiv des ZDF, Bestand *ZDF-Magazin*, Ordner Nr. 13, Sendung vom 27.1.1971.

nie als Dissidenten)[319] wie Alexander Solschenizyn[320], Andrej Sacharow[321] und dessen Frau Jelena Bonner sowie Vladimir Bukovskij[322], Vladimir Maximow[323] und vielen weiteren. Er teilte deren moralischen Rigorismus, was auf seine Erfahrungen als Verfolgter im Dritten Reich und Zeuge der Berliner Nachkriegszeit zurückzuführen ist. Er, der im Dritten Reich keine Hilfe aus dem Ausland erhalten konnte, fühlte sich verpflichtet, den Bedrängten im zeitgenössischen Totalitarismus zu helfen: »Die Menschen dort rechnen damit, daß wir das, was sie dort unter Lebensgefahr produzieren, aufnehmen, verbreiten und kommentieren. Sie möchten nichts anderes, als daß Filme, Tonbänder und Samisdat-Literatur hier bekannt werden.«[324] Entsprechend erregte er sich über einflussreiche Persönlichkeiten des öffentlichen Lebens hierzulande, die sich

319 Beiträge im *ZDF-Magazin* lt. Produktionsnachweisen: Kesseltreiben gegen sowjetische Bürgerrechtler, 5.9.1973; Sowjetunion verletzt Menschenrechte, 29.10.1975; Bürgerrechtler von drüben, 14.9.1977; Sowjets verfolgen Helsinki-Gruppen, 1.3.1978; Bürgerrechtler mahnt den Westen (Kusnezow), 20.6.1979; Bürgerrechtler Schtscharanski weiter in Lebensgefahr, 23.3.1983; Der Fall Achmetow/ Der Fall Achmetow und Orlow, 10.8.1983; KGB-Terror gegen Bürgerrechtler, 8.8.1984; Sacharow-Spielfilmszene, 5.9.1984; KGB-Sacharow-Film und Interview C. Gerstenmeier, 5.9.1984.

320 Beiträge im *ZDF-Magazin* lt. Produktionsnachweisen: Solschenizyn klagt an, 9.1.1974; Stimmen zu Solschenizyn, 23.1.1974; Solschenizyn deportiert, 20.2.1974; Solschenizyn mahnt den Westen, 9.7.1975; Entspannung – Illusionen zerrinnen (Ausschnitt Interview Solschenizyn), 3.3.1976; Exklusiv-Interview Natalja Solschenizyn, 12.4.1978; US-Gewerkschaft unterstützt Bürgerrechtler, 10.10.1979; Russische Bürgerrechtlerinnen protestieren – Interview Wosnessenskaja Goritschewa, 30.7.1980; Bürgerrechte in Osteuropa unterdrückt, 10.9.1980; Bürgerrechtler aus Ost und West in Madrid aktiv, 19.11.1980; Internationale Helsinki-Vereinigung in Madrid gegründet, 3.12.1980; Ginsburg: Westsender unerläßlich, 25.2.1981; Alexander Solschenizyn: Der Westen versagt, 27.78.1983; Besuch im Exil bei Alexander Solschenizyn, 7.3.1984 und Sondersendung am 7.3.1984.

321 Beiträge im *ZDF-Magazin* lt. Produktionsnachweisen: Direktgespräch mit Andrej Sacharow, 12.9.1973; Sacharow mahnt freie Welt, 15.10.1975; Sacharows Kampf um Menschenrechte, 26.11.1975; Nobelpreisträger Sacharow kritisiert Sowjetsystem, 10.12.1975; Gespräch mit Nobelpreisträger Sacharow, 7.1.1976; Cellist Rostropowitsch spielt für Sacharow, 27.2.1980; Sacharow-Tochter appelliert an die Welt, 7.5.1980 und 2.12.1981; Andrej Sacharow: 60zigster Geburtstag in der Verbannung, 20.5.1981; Sacharow-Komitees, 8.9.1982; Internationaler Widerstand, Teil II: Interview Frau Sacharow, 1.6.1983; Sacharow-Initiative mit Interview Frau Sacharow, 15.6.1983; Hungerstreik für Sacharow, 29.6.1983; Bildversteigerung für Sacharow, 27.7.1983; Freie Welt kämpft um Leben der Sacharows, Teile 1–3, 30.5.1984; KGB-Gehirnwäsche für Sacharow, 25.7.1984.

322 Beiträge im *ZDF-Magazin* lt. Produktionsnachweisen: Der Fall Bukovskij. Interview mit C. Gerstenmeier, 12.1.1972; Hilferuf für Vladimir Bukovskij, 4.9.1974; Stimme der Freiheit – Interview Wladimir Bukovskij, 22.12.1976.

323 Beiträge im *ZDF-Magazin* lt. Produktionsnachweisen: Russische Stimme für Carters Menschenrechtskurs (Interview W. Maximow), 20.7.1977; Gespräch mit Wladimir Bukovskij, 20.12.1978; Internationale Solidarität für Andrej Sacharow, 19.10.1983.

324 Löwenthals Abmoderation zum Beitrag über Wladimir Bukovskij; Unternehmensarchiv des ZDF, Bestand *ZDF-Magazin*, Ordner Nr. 19, Sendung vom 12.1.1972.

nicht oder nur wenig des Schicksals der Dissidenten annahmen, sondern stattdessen Beziehungen zur Nomenklatur pflegten.

Zum anderen nutzte Löwenthal, unterstützt durch seinen russisch sprechenden exiltschechischen Mitarbeiter Vladimir Vesely, das Expertenwissen von »Renegaten« – also ehemaligen Kommunisten, die im *ZDF-Magazin* als »Kronzeugen« über kommunistische Geheimdienstoperationen und Menschenrechtsverletzungen aussagten. Der ranghöchste unter ihnen war General Jan Sejna, ab 1963 Vorsitzender der Organisation der Kommunistischen Partei im tschechoslowakischen Verteidigungsministerium. Als ihm wegen Korruptionsverdachts und wegen eines misslungenen Putschplanes im beginnenden Prager Frühling die Verhaftung drohte, setzte er sich nach den Vereinigten Staaten ab und arbeitete der CIA zu.[325] Er war am 5. Juli 1972 und am 23. August des gleichen Jahres im *ZDF-Magazin* zu sehen. Sejna erklärte die – wie er sagte – »sowjetische Strategie«, wonach die UdSSR die Staaten der Erde in drei Kategorien aufgeteilt habe: Die erste Gruppe bestehe aus jenen, in denen hinter dem Rücken politischer Persönlichkeiten wie zum Beispiel Nasser pro-sowjetische Kräfte aufgebaut werden können. Die zweite Kategorie bildeten Staaten, in denen eine Revolution gute Aussichten auf eine kommunistische Machtübernahme bietet. In den Staaten der dritten Kategorie sollten durch Gewalt, Gewaltdrohung und Desinformation Krisen geschaffen werden, die einen pro-sowjetischen Umsturz begünstigten. Diese Worte Sejnas legten nahe, dass es der UdSSR keineswegs um »Entspannung« ging, als vielmehr um Imperialismus. Selbst die Einberufung einer Konferenz für Sicherheit und Zusammenarbeit in Europa diene der Schwächung der NATO, weil sie den amerikanischen Einfluss in Europa vermindere, ja möglichst einen amerikanischen Truppenabzug bewirke.[326] Ausführlich sprach der geflohene tschechoslowakische Geheimdienst-Major Bittman über eine Desinformationskampagne gegen die Bundesrepublik am 18. April 1973, am 25. April des gleichen Jahres und am 8. Januar 1975.[327] Ein anderer Kronzeuge war der geflohene Major des tschechoslowakischen Geheimdienstes, Josef Frolik, in der Sendung vom 21. Juli 1976. Er beschrieb die Aktionen des CSSR-Nachrichtendienstes in der Bundesrepublik, in anderen NATO-Staaten und den Entwicklungsländern, wobei er auch hochrangige tschechoslowakische Diploma-

325 Vgl. David Stout: Jan Sejna, 70, Ex-Czech General and Defector, in: *New York Times*, 30.8.1997. Online im Internet: Online im Internet: www.nytimes.com/1997/08/30/world/jan-sejna-70-ex-czech-general-and-defector. Zur Biographie Sejnas vgl.: http://en.wikipedia.org/wiki/Jan_ Sejna.

326 Vollständiges Interview Veselys mit Sejna ist zusammen mit Löwenthals Anmoderation archiviert: ACDP, NL Löwenthal, 01-763-064.

327 Vollständige Moderations- und Interviewabschrift; ACDP, NL Löwenthal, 01-763-064.

ten als Geheimdienstoffiziere entlarvte.[328] Als Frolik in einem weiteren *ZDF-Magazin*-Interview vom Oktober 1976 dem CSSR-Staatsoberhaupt Gustav Husak unterstellte, im zweiten Weltkrieg das slowakische Pendant der SS unterstützt zu haben, drohte die tschechoslowakische Regierung mit Arbeitsbeschränkungen für bundesdeutsche Journalisten, falls der Beitrag tatsächlich ausgestrahlt werden sollte, und forderte eine förmliche Distanzierung der Bundesregierung. Löwenthal ließ sich von der Ausstrahlung des Beitrags nicht abbringen.[329]

Löwenthal selbst interviewte am 17. August 1977 den Ex-KGB-Offizier Myagkov und strahlte am 26. April 1978 ein Gespräch mit Ex-General Grigorenko, einem namhaften Dissidenten, aus.[330]

Löwenthal und sein Stellvertreter Schenk hielten Kontakt zu bundesdeutschen Sowjetologen und DDR-Forschern, die ihnen zwar geradezu konspirativ Forschungsergebnisse, Informationen und Einschätzungen zugänglich machten, in den Sendungen aber nicht genannt werden wollten bzw. Auftritte vor der Kamera vermieden.[331] Diese Wissenschaftler fürchteten offenbar, bei ihren Kollegen und Studenten in Misskredit zu geraten, wenn sie »bei Löwenthal im ZDF« aufträten.

Außer den Interviews mit Personen, die aus eigenem Erleben aussagekräftige Informationen liefern konnten, rückte Löwenthal zahlreiche Gegebenheiten, die die Unmenschlichkeit des »real existierenden Sozialismus« belegen sollten, ins *ZDF-Magazin*. Dabei handelte es sich um Gefängnisse für politische Gefangene[332] einschließlich

328 Vgl. *ZDF-Magazin*-Sendungen vom 21.7.1976 und 4.8.1976; ACDP, NL Löwenthal, 01-763-064. Veröffentlicht auch in *Die Welt*, 22.7.1976; Unternehmensarchiv des ZDF, Zeitungsausschnittsammlung, 11.4/6-4.53.

329 Vgl. unter anderem: dpa: Protest Prags gegen ZDF-Sendung, in: *Tagesspiegel*, Berlin, 15.10.1976; Unternehmensarchiv des ZDF, Zeitungsausschnittsammlung, 11.4/6-4.53 *ZDF-Magazin*.

330 Vgl. Produktionsnachweise.

331 Vgl. Fritz Schenk: Ehedem »Kalte Krieger« und isolierte Randfiguren, in: FAZ, 24.8.1993, Nr. 195, S. 8. Online im Internet: http://fazarchiv.faz.net/webcgi?WID=69443-6250718-03904_5.

332 Beiträge im *ZDF-Magazin* lt. Produktionsnachweisen: Irrenhaus für Andersdenkende, 22.12.1971; Von drüben zurück: Politische Gefangene«, 8.11.1972; Erinnerungen eines Verfolgten, 22.11.1972; 1000 Sowjetische Straflager enttarnt, 21.3.1973; DDR-Häftling berichtet, 9.5.1973; Protest gegen die politische Psychiatrie, 18.7.1973; Am Pranger: Sowjetische Gefangenenlager, 17.4.1974; Politische Psychiatrie, 26.6.1974; Sowjetische Folterpraxis, 27.11.1974; Freigekaufte DDR-Häftlinge berichten, 11.12.1974; Sowjetisches Straflager gefilmt, 7.1.1976; Bürgerrechtler filmten Sowjet-KZ, 9.11.1977; Zum Tag der Menschenrechte: Augenzeugenberichte und Hilferufe (verschiedene Fälle), 7.12.1977; Terrorurteil gegen SED-Kritiker Bahro, 5.7.1978; Die Moskauer Terrorurteile, 19.7.1978; Verfolgte von drüben berichten, 25.10.1978; DDR-Häftlinge sammeln sich, 6.12.1978; Erlebnisse im Zuchthaus Brandenburg, 6.6.1979; Aktion »Freiheit für Nico Hübner«, 6.6.1979; Sitzstreik für Nico Hübner, 4.7.1979; Bericht aus dem Zuchthaus Cottbus – Interview Dieter Simon, 1.8.1979; Gespräch mit Niko Hübner, 24.10.1979; Niko Hübner vor Studenten, 5.12.1979; DDR-Häftlinge klagen an – Interview Dr. Schälicke, 5.12.1979; GFM-Protestaktionen, 5.12.1979; »Reiseführer« zu sowjetischen Straflagern, 2.7.1980; Gerd Knesel: Lied aus dem Gulag, 8.10.1980; Cottbus-Häftlinge appellieren an KSZE – Interview F. Ortlepp,

des Archipels Gulag der UdSSR und des Missbrauchs der Psychiatrie zur Bekämpfung politischer Gegner, die innerdeutsche Grenze[333], die Wirtschaftssituation oder Beschreibungen allgemeinerer Art[334]. In Bezug auf die innerdeutsche Grenze fürchtete

17.12.1980; 10 Jahre GfM 24.3.1982; Situation von Häftlingen drüben, 8.9.1982; Sowjetische Psychiatrie, 29.6.1983 und 13.6.1983; Brandenburg-Häftling Rainer Bäurich in Freiheit, 21.9.1983; Politische Häftlinge klagen an (Haftbedingungen in der DDR), 12.12.1984; Ostberlin verschärft politische Verfolgung, 9.1.1985; Haftzustände in der »DDR«, 12.6.1985; Terror in Zuchthäusern drüben, 5.2.1986; Dokumentation zu Menschenrechten drüben, 20.8.1986; Häftlinge in sowjetischen Uran-Minen, 3.9.1986; Interview Siegmar Faust (Thema KZs in der DDR), 7.1.1987; DDR-Häftlinge klagen an, 2.9.1987; Dem SED-Terror entkommen, Gespräch mit politischem Häftling D. Richter, 23.12.1987.

333 Beiträge im *ZDF-Magazin* lt. Produktionsnachweisen: Berliner an der Mauer, 14.4.1971; Großbaustelle Zonengrenze, 2.8.1972; Tötungsautomaten an der Zonengrenze, 25.10.1972; Tod eines Flüchtlings, 24.1.1973; Nürnberg: Berliner Mauer abgerissen, 4.4.1973; Kalter Krieg an der Zonengrenze, 4.9.1974; Unruhe an der Elbgrenze, 30.10.1974; Hindernisse im kleinen Grenzverkehr, 8.1.1975; Rückzug auf der Elbe, 22.1.1975; Streit um Elbe geht weiter, 28.5.1975; Elbgrenze: Bonn zum Verzicht bereit, 11.6.1975; Keine Entspannung an der Zonengrenze, 23.7.1975; Elbgrenze weiter problematisch, 21.1.1976; Justizskandal um Tötungsautomaten, 9.6.1976; Die tödliche Grenze, 18.8.1976; Provokationen an der Zonengrenze, 5.1.1977; 25 Jahre Todesstreifen an der Zonengrenze, 22.6.1977; SED-Provokationen auf der Elbe, 20.7.1977; Zonengrenze vor und nach den Verträgen, 21.12.1977; Kein Friede an innerdeutscher Grenze, 15.3.1978; Interview Hacker, 15.3.1978; DDR-Spitzeltruppe verschärft Grenzkontrolle, 10.5.1978; Schiffahrt nach Berlin weiter unbefriedigend, 22.11.1978; Tötungsautomat findet keinen Richter, 4.7.1979; DDR-Todesgrenze kostet Milliarden, 15.8.1979; SED-Regime von UNO angeklagt (Ostberlin verweigert Zahlungen für Grenzschäden), 3.6.1981; Todesschüsse an der Grenze, 15.7.1981; Jugend fährt zur Mauer, 29.7.1981; 20 Jahre Berliner Mauer, 12.8.1981; Interview Dr. Rothenbächer, 12.8.1981; 54000 Tötungsautomaten gegen Menschenrechte (Interv. Flüchtling Hans Brandt), 24.2.1982; Grenzzwischenfall, 7.4.1982; Schmidt von Honecker getäuscht (Elbegrenze, 16.6.1982; SED-Grenzgesetz verschleiert Schießbefehl 16.6.1982; DDR-Zoll schikaniert Reisende, 14.7.1982; SED-Druck auf Bonn wegen Elbe-Grenze, 28.7.1982; DDR-Grenze: Bollwerk gegen Menschenwürde, 6.4.1983; Tod eines Transitreisenden muß geklärt werden, 20.4.1983; Schikanen auf Transitstrecken nach drüben, 4.5.1983; Neue Grenzsperren ersetzen Todesautomaten, 3.10.1984; Amerikaner an Zonengrenze, 14.11.1984; Grenzsoldaten und Schießbefehl, 12.6.1985; DDR schikaniert Ostsee-Segler, 30.10.1985; 35 Jahre DDR-Grenzsperren, 5.8.1987.

334 Beiträge im *ZDF-Magazin* lt. Produktionsnachweisen: Von drüben geflüchtet, 26.1.1972; Eindrücke von drüben, 5.4.1972; DDR-Flüchtlinge berichten, 5.4.1972; Innerdeutsche menschliche Erschwernisse, 28.3.1973; Warum Flucht von drüben?, 8.8.1973; Warum DDR-Ärzte fliehen, 22.8.1973; DDR auf Kollisionskurs, 14.11.1973; DDR-Flüchtlinge unter Druck gesetzt, 23.11.1973; Polizeistaat DDR, 6.2.1974; DDR-Propaganda, 24.7.1974; SED will Deutsche Nation tilgen, 2.10.1974; 30 Jahre danach: Kalter Friede, 14.5.1975; DDR-Chefarzt erkämpft Ausreise, 9.6.1976; Ostberlin bricht Transitabkommen, 18.8.1976; Fluchthilfeorganisationen von Ost-Agenten unterwandert, 13.10.1976; Anklagen gegen DDR-Zwangsadoptionen, 10.11.1976; SED-Staat schikaniert Ausreisewillige, 24.11.1976; Vertragsverstöße, 18.1.1978; SED-Kampfgruppen als Militärverband, 22.6.1978; SED-Kampfgruppen: getarnte Militärverbände, 8.11.1979; Teurer Müllvertrag mit Ost-Berlin, 31.1.1979; DDR-Schulen erziehen zum Haß, 11.4.1979; Ostberlin schürt Kalten Krieg, 25.4.1979; Ostberlin verschärft Strafrecht, 1.8.1979; DDR-Jugendhaft – Aktion der Schüler-Union Hamburg, 15.8.1979; Diskussion mit ehemaligen DDR-Bürgern über Entspannung drüben erlebt, 29.8.1979; DDR-Feiern verschleiern Dauerkrise, 10.10.1979; DDR lässt Kinder Krieg proben, 19.12.1979; Entspannung drüben erlebt – Interview Dr. Werner Schälicke, 30.1.1980; Verschleierte Kinderarbeit in der DDR, 13.2.1980; 30 Jahre Militarismus

Löwenthal, dass die Bundesregierung Schmidt »die bisherige Regelung aufgebe, nach der die ganze Breite der Elbe zur Bundesrepublik gehört, und einer Grenzfestlegung auf der Mitte der Elbe zustimmt«.[335] Die Aufgabe von Hoheitsrechten auf der Elbe, möglicherweise erst de facto, dann de jure, hätte zur Folge gehabt, dass dort DDR-Bewohnern die Flucht zusätzlich erschwert worden wäre.

Für Löwenthal war es Teil des psychologischen Kalten Krieges, über die Repression mittels Gegebenheiten, ehemaligen Opfern und Kronzeugen zu informieren und sie zu verdammen. Dabei ging er bewusst von einem Leitsatz der Psychologischen Kriegführung aus: »Wiederholen, wiederholen, wiederholen, wiederholen, wiederholen! Solange, bis die Leute es endlich kapiert haben: daß Afghanistan Unrecht geschieht; daß in der DDR die Menschen menschenunwürdig behandelt werden« – obwohl sogar eigene Redakteure über diese Konzentration auf bestimmte Themen »stöhnen«.[336]

Zwar waren die Sowjetunion und die DDR Themenschwerpunkte, doch vor allem dank Vesely sowie dem ehemaligen Kommunisten und späteren Regimegegner Ludek Pachman erschienen im *ZDF-Magazin* 34 Beiträge über die Tschechoslowakei[337], nachdem dieses Nachbarland ansonsten von 1969 bis 1989 sehr selten im Fernsehen

drüben, 26.3.1980; Ostberlins Gestapo 30 Jahre alt, 7.5.1980; der 13. August von drüben dargestellt, 13.8.1980; Auch »DDR« zunehmend in der Krise, 27.8.1980; Ostberlin verstärkt Militarisierung, 22.10.1980; Innerdeutsche Lage verhärtet, 5.11.1980; Salzgitter registriert SED-Terror, 19.11.1980; 25 Jahre NVA: Parteiarmee der SED, 14.1.1981; Vergleich Bundesrepublik/DDR« – Wirtschaftsziel der SED nicht erreicht, 8.4.1981; SED verplant auch Schrebergärtner (Privatsphäre DDR), 22.4.1981; Osthandel als politische Waffe, 30.6.1982; Militarisierung der Kinder drüben, 11.8.1982; Militärdrill in »DDR«-Schulen, 2.11.1983; DDR-Militärpresse, 14.11.1984; DDR-Versorgungsprobleme, 6.2.1985; DDR-Scheinparlament von SED beherrscht, Interview Prof. Seifert, 30 Jahre Nationale Volksarmee, 19.2.1986; 40 Jahre SED, 16.4.1986; Hindernisse im deutsch-deutschen Jugendaustausch, Interview Prof. Nitsche, 14.5.1986; SED-Professor enthüllt Stasi-Praktiken, 23.7.1986; DDR: Planerfüllung kontra Umweltschutz, 3.9.1986; Milliarden aus Bonn für kranke DDR-Wirtschaft, 22.7.1987; DDR-Wirtschaft weiter im Rückstand – Bilanz DDR-Wirtschaft, Live-Interview von Berg, 5.8. 1987; DDR-Baukolonnen, 16.9.1987; DDR-Kindergartenerziehung, 25.11.1987.

335 Anmoderation Löwenthals zum Beitrag Helmut Kamphausens: Elbe-Grenze; Unternehmensarchiv des ZDF, Bestand *ZDF-Magazin*, Ordner Nr. 31, Sendung vom 28.5.1975.

336 Vgl. Löwenthal im Interview mit Winckler, in: Stefan Winckler: Ein kritischer Journalist aus Berlin, S. 143.

337 Beiträge im »ZDF-Magazin«: Prozesswelle in der CSSR, 9.8.1972; CSSR: Geistige Freiheit erdrückt, 10.1.1973; Prager Frühling ausradiert, 22.8.1973; Schweigemauer durchbrochen: Pavel Kohout, 26.9.1973; Interview Pachman, 10.7.1974; Jahrestag Occupation [sic!], 21.8.1974; CSSR – heute, 21.8.1974; CSSR – Terror gegen Kirche, 25.6.1975; CSSR-Diktator Husak kollaborierte mit Nazis, 13.10.1976; Kampf um Bürgerrechte, 19.1.1977; Kampf um Menschenrechte – Interviewausschnitt des Holl. Fernsehens mit Pavel Kohout, 16.2.1977; Geheimfilm aus Prag I und II, 6.7.1977; Kritische Stimmen zum Husak-Besuch, 12.4.1978; Prag: 10 Jahre nach dem Überfall, 16.8.1978; Prager Frühling nicht vergessen – Interview Skutina, 17.1.1979; Bürgerrechtler in Prag klagen an, 15.8.1979; Prag nach 13 Jahren, Interview Dr. Mlynar, 12.8.1981; CSSR-Gefängnisse erstmals gefilmt, dazu Interview mit Ludek Pachman, 26.8.1981; 15 Jahre CSSR-Okkupation, 24.8.1983.

behandelt wurde – abgesehen von den Jahrestagen der sowjetischen Invasion. Sie stammten durchweg aus den siebziger Jahren und erinnerten häufig an die Niederschlagung des Prager Frühlings sowie an die Repression in diesem mitteleuropäischen Land. Wegen des Todes von Vesely und der zunehmenden Schwerpunktsetzung des Afghanistan-Krieges im Magazin rückte die Tschechoslowakei fast ganz aus Löwenthals Blickfeld, so dass er nach 1979 nur fünf Beiträge über die CSSR ausstrahlte.

Löwenthal gehörte in den siebziger Jahren der Freien Gesellschaft zur Förderung der Freundschaft mit den Völkern der Tschechoslowakei an – zusammen mit Ludek Pachman[338], der den Vereinsvorsitz übernommen hatte. Diese vergleichsweise wenig bekannte Vereinigung bemühte sich um die Unterstützung der Bürgerrechtler in der Charta 77.[339]

Nach dem Fall des Eisernen Vorhangs nahm Löwenthal die Gelegenheit, die Tschechoslowakei und ihre Nachfolgestaaten zu besuchen, nicht wahr[340]; andere Themen, wie die Aufarbeitung der DDR-Staatssicherheit, waren ihm offensichtlich wichtiger.

Was aber dachte Willy Brandt über den Redaktionsleiter des *ZDF-Magazins*, nachdem sich Löwenthal geradezu regelmäßig voller Skepsis zur »Entspannungspolitik« und zur SPD-FDP-Koalition äußerte? Hier lohnt der Vergleich Löwenthals mit Axel Springer, dem anderen einflussreichen Kontrahenten Brandts in Sachen Ostpolitik. Brandt, den Springer in den späten fünfziger und frühen sechziger Jahren in Berlin maßgeblich unterstützte, respektierte den Großverleger als Gegner, und sah ihn nach Auskunft des damaligen stellvertretenden Regierungssprechers Rüdiger von Wechmar als menschlich geradlinig und anständig an. Der SPD-Vorsitzende erinnerte sich dabei wohl an den massiven Einsatz Springers zugunsten Berlins und seines »Regierenden« von 1957 (Amtsantritt Brandts) bis zum Passierscheinabkommen 1963, das Springer bedenklich fand. Völlig anders war die Einstellung Brandts zu Löwenthal, in dessen Magazin der damalige Bundesaußenminister 1969 noch dreimal Rede und Antwort stand. Er billigte dem leitenden Angestellten einer öffentlich-rechtlichen Fernsehanstalt keine grundsätzliche Kritik an einer parlamentarisch abgesicherten Regierungspolitik zu. Denn dies sei ja geradezu Missbrauch eines Fernsehmagazins, dessen Anspruch einer »kritischen Orientierung« dem Kampagnenjournalismus ge-

338 Vgl. Kurt Hirsch: Rechts von der Union. München: Knesebeck und Schuler, 1989, S. 292 f. Da es sich bei Hirsch um einen Stasi-Mitarbeiter handelte, ist seine Einschätzung jenes Vereins (»extrem entspannungsfeindlich«) von DDR- und CSSR-Interessen bestimmt.

339 Dies geht aus Löwenthals Hinweis auf eine Unterschriftenaktion der Gesellschaft zur Förderung der Freundschaft mit den Völkern der Tschechoslowakei hervor; Unternehmensarchiv des ZDF, Bestand *ZDF-Magazin*, Ordner Nr. 36, Sendung vom 8.6.1977. Ausführlicher: Beitrag: Kritische Stimmen zum Husak-Besuch von V. Vesely; Unternehmensarchiv des ZDF, Bestand *ZDF-Magazin*, Sendung vom 12.4.1978 und dazugehörige Moderation Löwenthals.

340 Auskunft von Dr. Ingeborg Löwenthal, 17.4.2008.

wichen sei. Die Auseinandersetzung mit Löwenthal überließ Brandt den Fernsehratsmitgliedern aus SPD und FDP (wie es in derartigen Konflikten üblich ist).[341] Er selbst verzichtete bereits ab der Jahreswende 1969/70 auf Auftritte im *ZDF-Magazin*. Brandt übersah dabei, dass ein Fernsehmagazin keine Staats-Sendung und erst recht keine Abteilung der Regierungs-PR sein konnte, sondern ein Produkt einer öffentlich-rechtlichen Anstalt. Indem er einem bundesdeutschen Magazin im öffentlich-rechtlichen Fernsehen die Legitimation wegen einer kritischen, aber nicht feindlich-propagandistischen Haltung bestritt, war er ähnlich wie die CDU der sechziger Jahre im Fall *Panorama* intolerant gegenüber anderen Journalistenmeinungen – was verwundern mag, denn schließlich war er selbst Journalist gewesen, im Gegensatz zu den konservativen *Panorama*-Gegnern. Ferner hätte der rhetorisch hochbegabte Brandt möglicherweise Zuschauer durch Auftritte im Magazin für sich gewinnen können.

Dass Löwenthal den im März 1985 zum Generalsekretär der KPdSU aufgerückten Michail Gorbatschow von Anfang an sehr kritisch betrachtete, mag nicht verwundern. Hatte nicht schon Leonid Breschnew stets vom Frieden geredet – aber seine Truppen in die Tschechoslowakei und nach Afghanistan geschickt? Überhaupt war Afghanistan für Löwenthal der Gradmesser für den vorgeblichen Friedenswillen der Sowjetunion. Gorbatschow setzte den Krieg weiter fort, unter brutaleren Bedingungen als zuvor.[342] Eine wirkliche détente beinhalte vielmehr den Rückzug der UdSSR aus Angola und anderen Ländern, der Verzicht auf Terror-Unterstützung, die Achtung der Menschenrechte und des Selbstbestimmungsrechts der ostmitteleuropäischen Völker.[343] Außerdem fiel Löwenthal auf, dass sich Gorbatschow in seinen Reden sehr stark auf Lenin bezog.[344] Dies sprach gegen die These, Gorbatschow sei in innen- wie außenpolitischer Hinsicht ein »Reformer«, der das Machtmonopol der KPdSU reduziere, so die totalitären Erstarrungen auftaue und dadurch Flexibilität in den auswärtigen Beziehungen an die Stelle von Kompromisslosigkeit setze. Selbst die Entlassung Andrej Sacharows und seiner Ehefrau Jelena Bonner aus der Verbannung in der Stadt Gorki ließ bis Ende 1986 auf sich warten.

341 Vgl. Rüdiger von Wechmar, in: Ilka Ennen: Die Kommunikations- und Informationspolitik Willy Brandts, Magisterarbeit, Mainz 1996, S. CXXXIX (Interview im Anhang). Vgl. Willy Brandts Brief an Gerhard Löwenthal vom 18.10.1971, zitiert in Ilka Ennen, Magisterarbeit 1996, S. 53.

342 Anmoderation zu: Sowjetkrieg in Afghanistan geht weiter; Unternehmensarchiv des ZDF, Bestand *ZDF-Magazin*, Sendung vom 18.3.1987. Anmoderation zu: Medizinische Versorgung in Afghanistan katastrophal; Unternehmensarchiv des ZDF, Bestand *ZDF-Magazin*, Ordner Nr. 56, Sendung vom 1.4.1987.

343 Abmoderation zu: Abrüstung Perle; Unternehmensarchiv des ZDF, Bestand *ZDF-Magazin*, Ordner Nr. 56, Sendung vom 18.3.1987.

344 Anmoderation zu: Polittheater in Moskau; Unternehmensarchiv des ZDF, Bestand *ZDF-Magazin*, Ordner Nr. 56, Sendung vom 18.2.1987.

Löwenthal ging Anfang 1987 davon aus, dass Gorbatschow zwischen »Reformeifer und Systembeharrung« schwanke, wobei jedoch das sowjetische System überhaupt nicht von Grund auf reformierbar sei: Echte Reformen in Richtung Demokratie brächten den Totalitarismus zum Einsturz. So bleibe es mit Gorbatschow bei Worten anstelle von Taten, zumal die höheren Parteifunktionäre im Zentralkomitee echte Veränderungen verhinderten.[345]

So glaubhaft, wie im Westen angenommen, sei Gorbatschows Reformwille ohnehin nicht, denn er berufe Kader mit KGB-Vergangenheit in Spitzenpositionen oder beschäftige sie weiter. Er sei vielmehr ein »Medienprofi« und »Meister der Propaganda«, während Ronald Reagan für Löwenthal ein »Meister der Kommunikation« war.[346] Schon mit dem negativ besetzten Wort »Propaganda« (wer denkt da nicht an Goebbels?) setzte Löwenthal den KP-Generalsekretär im Gegensatz zu seinem Idol Reagan.

Die ersten Jahre Gorbatschows an der Spitze der KP waren gekennzeichnet durch seine Verwendung der Begriffe »Glasnost« und »Perestrojka«. Als Journalist von jeher um die exakte Bedeutung von Begrifflichkeiten bemüht (und vielleicht in Erinnerung an die unmittelbare Nachkriegszeit, als er etwas Russisch lernte), stieß Löwenthal auf weitere Übersetzungsmöglichkeiten der beiden Leitbegriffe. »Glasnost« ließe sich nicht nur mit »Offenheit«, sondern auch mit »Öffentlichkeit« und Public Relations übersetzen. Löwenthal äußerte dazu rückblickend im Jahre 1998: »Genau das war es und nichts anderes.« Die politische Linie habe sich nicht verändert, sie werde nur verbindlicher und weltoffener propagiert. Und was Perestrojka betrifft, so werde das Wort zwar mit »Umbau« übersetzt, bedeute aber »Atempause« (peredischka). Löwenthal fühlte sich nachträglich bestätigt durch das Sachbuch eines KGB-Überläufers in den Westen, Anatoliy Golitsyn, »Perestrojka Deception« (1995), wonach es sich bei der Perestrojka um ein Täuschungsmanöver handele. Der Untergang der UdSSR im Dezember 1991 bedeutete für Löwenthal jedoch nicht das »Ende der Geschichte«. Der Kommunismus sei nicht tot, jedenfalls habe ihm noch niemand seine Leiche zeigen können. Vielmehr habe sich die internationale kommunistische Bewegung 1994 mit 22 Parteien in Sofia neu organisiert; Löwenthal sprach von der »Wiedergründung der Komintern« (dabei ignorierend, dass jener Zusammenschluss bei weitem einflussloser

345 An- und Abmoderation zu: Interview Prof. Voslensky; Unternehmensarchiv des ZDF, Bestand *ZDF-Magazin*, Ordner Nr. 56, Sendung vom 4.2.1987; An- und Abmoderation zu: Gorbatschow – Reformer oder Blender?, in: Unternehmensarchiv des ZDF, Bestand *ZDF-Magazin*, Ordner Nr. 56, Sendung vom 15.4.1987.

346 An- und Abmoderation zu Polittheater in Moskau; Unternehmensarchiv des ZDF, Bestand *ZDF-Magazin*, Ordner Nr. 56, Sendung vom 18.2.1987.

war als die Kommunistische Internationale). Eine Zukunft für die kommunistischen Bewegungen sah er in Mittel- und Osteuropa.[347]

Dass die Deutsche Einheit in absehbarer Zeit komme, wusste Löwenthal schon 1987/88, nachdem Gorbatschow den Verzicht auf Armeeeinsätze gegen die Demokratiebewegung in den Warschauer-Pakt-Staaten erklärt hatte. Da auf Dauer keine Diktatur überlebensfähig sei, stoße die SED-Herrschaft daher an ihre zeitlichen Grenzen. So forderte er im Januar 1989 zusammen mit Studenten im sog. »Deutschen Manifest« eine »aktive Wiedervereinigungspolitik«.[348]

Weltpolitik und außereuropäische Fragen

Einstellung zu den Vereinigten Staaten

Löwenthal fühlte sich den USA derart verbunden, dass er sie gegenüber dem Verfasser als sein »zweites Vaterland« bezeichnete. Das war in den 1990er Jahren. Wie kam er zu dieser Einstellung? Amerika war zunächst eine maßgebliche Siegermacht über das nationalsozialistische Deutschland und daher für Löwenthal zumindest indirekt lebensrettend. Im Sommer 1945 überlegte sich Löwenthal durchaus, ob er nicht nach den USA auswandern sollte. Im Jahr darauf war ein amerikanischer Sender, zunächst völlig unerwartet und ungeplant, sein erster Arbeitgeber. Dass es dort, in den Westsektoren seiner Heimatstadt Berlin, nicht zur kommunistischen Machtübernahme im Zuge des Staatsstreichs vom 30. November 1948 kam, war den amerikanischen Interessen und den dort stationierten US-Truppen zu verdanken. Mehr als alles andere verdeutlicht die Luftbrücke, die die westlichen Sektoren mit Lebensmitteln und Kohle versorgte, die Verbundenheit zwischen den Berlinern und den Vereinigten Staaten. Die Freie Universität, an deren Gründung sich Löwenthal beteiligte, wäre ohne das politische Votum der zuständigen Amerikaner wohl nicht entstanden – jedenfalls nicht während der Blockade 1948. Ohne die finanzielle Unterstützung in den darauffolgenden Jahren und einem engen wissenschaftlichen Austausch mit den USA ist die FU ebenfalls nicht denkbar.

347 Vgl. Gerhard Löwenthal: Agitation und Psychokrieg kommunistischer Diktaturen, in: *Zeit-Fragen*, 1/1998, wiedergegeben online im Internet: www.konservativ.de/zf/agitprop.htm#a1; Heidi Müller-Gerbes: »Altkader des kalten Krieges«. Journalist Gerhard Löwenthal referiert in Wiesbaden über Wiederkehr des »Roten Phönix«, in: FAZ, 12.2.1998, Nr. 36, S. 53.

348 Vgl. Man hat oft den Eindruck, die Täter sind interessanter als die Opfer. Interview mit dem Journalisten Gerhard Löwenthal. Online im Internet: www.staatshehlerei.org/archiv/schwenke/scw_011200.htm (Dez. 2000). Näheres über das Manifest und die Studenten war nicht herauszufinden.

Löwenthal lernte 1951 die Vereinigten Staaten in ihrer Vielfalt im Rahmen eines mehrmonatigen Bildungsaufenthaltes aus eigener Anschauung kennen. In den frühen siebziger Jahren wollte Löwenthal als ZDF-Korrespondent nach Washington wechseln, unter der Voraussetzung, die CDU/CSU gewinne die auf das Jahr 1973 angesetzte Bundestagswahl (die zwischenzeitlich auf den November 1972 vorgezogen wurde) und sein journalistischer Beitrag zu den innen- und ostpolitischen publizistischen Konflikten werde weniger wichtig werden.[349] Die eindeutige Niederlage der CDU/CSU ließ ihn jedoch in Deutschland verbleiben. Ob andere, beispielsweise familiäre Gründe hinzukamen, ist gut vorstellbar, aber mangels Belegen nicht nachzuweisen.

Löwenthal machte die deutsch-amerikanischen Beziehungen mehrfach zum Thema des *ZDF-Magazins*. So fragte er in der Sendung vom 16. Juni 1971 den als Amerika-freundlich bekannten Bundestagsabgeordneten Kurt Birrenbach (CDU), ob sich Amerika von Europa abwende und sich dies insbesondere durch Truppenreduzierungen verwirkliche. Auch wenn der Antrag des amerikanischen Senators Michael Mansfield, die Hälfte der amerikanischen Truppen abzuziehen, keine Mehrheit fand: Jeder zweite amerikanische Senator sei für einen teilweisen Rückzug der US-Truppen aus Europa, erklärte Birrenbach. Löwenthal fragte im Anschluss daran besorgt: »Was können die Europäer tun, insbesondere auch die Bundesrepublik tun, nach Ihrer Meinung und nach Ihren Gesprächen in Washington, um diesen Prozeß aufzuhalten?« und gibt das Stichwort »eine stärkere Übernahme von Verteidigungs…« vor: eine Auffassung, die von der US-Administration (Nixon) zuvor ausgesprochen worden war. Löwenthal stellte darüber hinaus fest: »Man hat den Eindruck, der Traum von der Partnerschaft zwischen einem vereinigten Europa [hier ist wieder Löwenthal als Fürsprecher eines zusammengeschlossenen Westeuropa spürbar] und Amerika ist ausgeträumt.« Birrenbach sah ein geeintes Europa aber weit kritischer: Amerika würde jedes einzelne Land [der NATO] verteidigen, aber keinen Europa-Staat, der eine eigene Identität im Unterschied oder gar Gegensatz zur NATO entwickelt hat. Als Birrenbach sagte, Europa müsse amerikanischen Interessen entgegenkommen, hakte Löwenthal nicht nach oder widerspricht gar. Eine solche Aussage war vielmehr in seinem Sinne.[350]

Löwenthal hatte in den Vereinigten Staaten zahlreiche Freunde, nicht zuletzt in einflussreichen Stellungen wie dem State Department, mit denen er über die Ostpolitik Willy Brandts diskutierte.[351] Wiederholt nannte er in Gesprächen mit dem Verfasser als Beispiel den Namen George Meany. Allerdings war Löwenthal, der sich selbst

349 Vgl. Enno von Loewenstern: Nach den Proteststimmen ein Boykott für Löwenthal geplant, in: *Die Welt*, 18.9.1973; ACDP, NL Löwenthal, 01-763-021.

350 Vgl. Interview Löwenthal/Dr. Birrenbach; ACDP, NL Löwenthal, 01-763-084, und in: Unternehmensarchiv des ZDF, Bestand *ZDF-Magazin*, Ordner Nr. 16, Sendung vom 16.6.1971.

351 Vgl. Gerhard Löwenthals Rede am 21.5.1977 vor der Jungen Union in Möhnesee-Körbecke, S. 13; ACDP, NL Löwenthal, 01-763-009.

eine »enge Bindung an die amerikanische Politik«[352] bescheinigte, kein bedingungsloser Gefolgsmann jeder amerikanischen Administration. Die Präsidenten aus den Reihen der Demokratischen Partei, John F. Kennedy, Jimmy Carter und Bill Clinton vermochten ihn weniger zu überzeugen (ein Wahlsieg von Michael Dukakis 1988 wäre in seinen Augen ein »Betriebsunfall« gewesen[353]). Carter kommt in Löwenthals seinerzeitigen Aussagen eher selten vor, doch stimmte dessen menschenrechtsorientierte Außenpolitik (vertreten insbesondere durch Minister Cyrus Vance) und der entschiedene Antikommunismus des Nationalen Sicherheitsberaters Zbigniew Brzeziński (ein prominenter Vertreter der Totalitarismustheorie) anfangs stark mit Löwenthals Einstellungen überein. So beurteilte Löwenthal 1977 den »an analytischer Schärfe und an schonungsloser Offenheit nicht zu übertreffende[n] Menschenrechtsbericht« des US-Außenministers vor dem Kongress als das »bemerkenswerteste Dokument internationaler Politik seit vielen Jahren«[354].

Löwenthals Bild von Carter dürfte sich allerdings nach 1977 eingetrübt haben: Die Unberechenbarkeit und das zögerliche Verhalten Carters verärgerten und verunsicherten die Verbündeten in der NATO sowie die Fürsprecher Amerikas im Allgemeinen. Man denke nur an den Stopp der Neutronenwaffenproduktion 1978, die Idee Carters, die UdSSR in den Nahost-Friedensprozess mit einzubeziehen, oder gar (politische Symbolik!) an die Umarmung Breschnews durch Carter anlässlich der Unterzeichnung von SALTII. Unabhängig von seiner Person und Parteizugehörigkeit des Amtsinhabers forderte Löwenthal eine stärkere Unterstützung des US-Präsidenten durch die europäischen Mitglieder des Nordatlantikpakts.[355]

Von Henry Kissinger, dem deutschstämmigen Nationalen Sicherheitsberater und Außenminister, unterschied sich Löwenthal in der Bewertung der sowjetischen Regimekritiker wie insbesondere Alexander Solschenizyn. Kissinger, einer der wichtigsten Protagonisten der Entspannungspolitik, gab ebenso wie »seine« Präsidenten Richard Nixon und Gerald Ford der Vertragspolitik mit der sowjetischen Führung den Vorzug vor einer demonstrativen, symbolgeladenen Unterstützung der Bürgerrechtler. So nahm sich auch Ford nicht die Zeit, Solschenizyn im Weißen Haus zu empfangen. Löwenthals Vorwurf, Kissinger habe Angola in die Hand der Kommunis-

352 Gerhard Löwenthal: Meine Damen und Herren! (Redemanuskript ohne Orts- und Datumsangabe); ACDP, 01-763-009 (aus dem Kontext geht hervor, dass er diesen Vortrag 1978/79 gehalten hatte).

353 Gerhard Löwenthal: Politik für Deutschland (Vortrag), in: *Neue Westfälische*, Kreisausgabe Paderborn, 17.9.1988; ACDP, NL Löwenthal, 01-763-025.

354 Anmoderation zu: Michnik; Unternehmensarchiv des ZDF, Bestand *ZDF-Magazin*, Ordner Nr. 36, Sendung vom 8.6.1977.

355 Vgl. Gerhard Löwenthal: Kanzler auf Ostkurs, in: *Deutschland-Magazin*, 5/1980, S. 16; ACDP, NL Löwenthal, 01-763-105/2.

ten fallen lassen,[356] war ein Fehlschluss: Die Demokraten im US-Kongress hatten der Ford-Administration die vorgesehenen Finanzmittel gestrichen, so dass Angola nicht von den dortigen Bündnispartnern Washingtons gehalten werden konnte.

Einen Präsidenten bewunderte Löwenthal außerordentlich: Ronald Reagan (1981-89). Löwenthal beabsichtigte nach dessen Amtsantritt sogar, als ZDF-Reporter nach Washington zu wechseln, damit dieser Korrespondentenposten nicht in die »falschen«, [d. h. Reagan-kritischen] Hände« falle. Franz Josef Strauß redete ihm dies aus, weil er Löwenthal als Magazin-Leiter in einer wichtigeren Rolle hierzulande sah[357] (zur gleichen Zeit bot ihm das ZDF den Korrespondentenposten in London an, nachdem das *ZDF-Magazin* wegen gesunkener Einschaltquoten intern in Frage gestellt worden war; Löwenthal konnte sich allerdings mit der Weiterführung des Magazins durchsetzen)[358]. Reagan bekunde nicht nur wiederholt seinen Friedenswillen, sondern belege ihn durch eine glaubwürdige Politik – was von der Linken in arroganter Weise ignoriert oder bestritten werde. Gerade angesichts der militärischen Überlegenheit des Warschauer Pakts komme es darauf an, den Vereinigten Staaten und insbesondere Reagan zu vertrauen.[359] Den sicherheitspolitischen Standpunkt der Reagan-Administration präsentierte Löwenthal den Zuschauern außer in eigenen Kommentaren durch Interviews mit amerikanischen Regierungsmitgliedern wie dem Staatssekretär Fred Iklé und dem Präsidentenberater Richard Allen.[360]

Es gelang Löwenthal und dem ZDF, für die 300. Sendung des Magazins nicht etwa einen deutschen Politiker oder Wissenschaftler, sondern Richard Nixon für einen Auftritt zu gewinnen – als ehemaligen US-Präsidenten und damit als hochrangigen Zeitzeugen der »Weltpolitik« (Löwenthal), um ihn über die Erwartungen und (wie Löwenthal es sah) die ungenügende Realität der Entspannungspolitik zu befragen.[361] Nixon sollte, so lässt sich der Gesprächsverlauf deuten, als Kronzeuge der von Löwenthal als misslungen angesehenen détente auftreten.

356 Vgl. Gerhard Löwenthal: Die Bedrohung der Freiheit (ohne Datum); ACDP, NL Löwenthal, 01-763-009, S. 6.

357 Vgl. Brief Löwenthals an Strauß vom 4.9.1987; ACDP, NL Löwenthal, 01-763-049.

358 Walther Guthermuth: Löwenthals Magazin verliert die Zuschauer, in: *Neue Ruhr-Zeitung*, 1.6.1981; Unternehmensarchiv des ZDF, Zeitungsausschnittsammlung 11.4.6-4.53 ZDF-Magazin.

359 Vgl. Anmoderation zu: Reagan; Unternehmensarchiv des ZDF, Bestand *ZDF-Magazin*, Ordner Nr. 49, Sendung vom 15.6.1983.

360 Vgl. Interviews Löwenthals mit Fred Iklé und Richard Allen; Unternehmensarchiv des ZDF, Bestand *ZDF-Magazin*, Ordner Nr. 49, Sendung vom 2.11.1983.

361 Vgl. Interview Löwenthal – Nixon am 23.4.1980; ACDP, NL Löwenthal, 01-763-033. Presseecho zu Nixons Auzritt im Unternehmensarchiv des ZDF, Zeitungsausschnittsammlung, 11.47-4.53 ZDF-Magazin.

Löwenthal war Redner einer Solidaritätskundgebung der Konservativen Aktion für die USA und Reagan am 9. Juni 1982 in Berlin – sie war gewissermaßen eine Gegenkundgebung zu einer linken, teilweise in Krawalle ausartenden Veranstaltung ebenda. Löwenthal erklärte, Reagan habe seit seinem Amtsantritt ein »Friedensprogramm« mit zahlreichen Abrüstungsmaßnahmen vorgeschlagen – anstelle von bloßen Rüstungsbegrenzungen (*Strategic Arms Reduction Talks* START anstelle von *Strategic Arms Limitation Talks* SALT). Dank Reagan seien überhaupt erst die Abrüstungsverhandlungen in Genf möglich geworden. Es sei unzulässig, die USA mit der UdSSR auf eine Stufe zu stellen, weil damit der »Unterschied zwischen einer freiheitlichen Demokratie und einer totalitären Diktatur« übertüncht werde. In deutschem Interesse sei »ein starkes Bündnis, ein handlungsfähiges Amerika, ein militärisches Gleichgewicht in Europa und weltweit«. Nicht etwa die Vermittlerrolle zwischen Ost und West (die gar nicht realisierbar sei), sondern »die Zusammenarbeit mit dem neuen Amerika, das unter Präsident Reagan bereit ist, weltpolitische Verantwortung zu übernehmen, muß das Leitziel Nr. 1 der deutschen Politik sein und bleiben«. Als Leistungen Amerikas seit 1945 nannte Löwenthal:

»Die Menschen im freien Teil Deutschlands verdanken Freiheit, Frieden und Wohlstand sich selbst und Amerika. Amerikaner waren es, die 1945 das hungernde Volk der Besiegten fütterten. Amerikaner zündeten durch den Marshall-Plan die ersten Stufen des Wiederaufbaus. Ohne Amerikas Dollars hätte es nie ein deutsches Wirtschaftswunder gegeben. Ohne Amerikas atomaren Schild wäre die Bundesrepublik Deutschland in den Sog der eurasischen Kontinentalmacht UdSSR geraten, wäre gefallen, wie Berlin gefallen wäre, wenn nicht US-General Lucius D. Clay die blockierte Stadt gerettet hätte. Von den Vereinigten Staaten beschirmt stieg die Bundesrepublik Deutschland zu einem der meistbeneideten und meistbewunderten Gemeinwesen auf. Nie haben Deutsche mehr Freiheit, mehr Sicherheit, mehr Wohlstand besessen, als im Schutz und Schatten der USA. Und wir versprechen hier heute an dieser Stelle dem amerikanischen Präsidenten und dem ganzen amerikanischen Volk, wir, das ist der größere Teil der Deutschen, das ist das anständige Deutschland, das nicht vergessen wird. Unterpfand der amerikanischen Bereitschaft, die Deutschen notfalls zu verteidigen, sind 300.000 in unserer Republik stationierte amerikanische Soldaten. Nie wird Amerika seine Söhne am Rhein abschreiben – wenn wir sie nicht freiwillig vertreiben. Solange sie da sind, kann die schnarchende Mehrheit ruhig schlafen. Aber nur solange! […]
Nicht nur unser politischer Verstand und unsere Sicherheitsinteressen, sondern vor allem auch die klare Erkenntnis vom gemeinsamen Freiheitsideal, das Deutsche und Amerikaner verbindet, verlangen eine herzliche Begrüßung des amerikanischen Präsidenten. Wir müssen froh und dankbar sein, daß ein weiteres Mal ein amerikani-

scher Präsident zu uns nach Deutschland kommt und [...] selbstverständlich auch Berlin besucht. [...] Ohne amerikanischen Schutz wäre Berlin längst im GULAG verschwunden.«[362]

Offensichtlich ist die ganze pro-amerikanische (oder besser: pro-Reagan-) Ausrichtung der Konservativen Aktion zumindest teilweise auf Löwenthal zurückzuführen. So war er außerdem Schirmherr einer »Verschickung« junger deutscher Konservativer nach den Vereinigten Staaten, wo sie im Laufe eines Vierteljahres sich nicht nur weiterbilden, sondern für ein besseres Deutschlandbild jenseits des Atlantiks werben sollten.[363] Aus den Quellen geht allerdings nicht hervor, ob diese Absicht tatsächlich umgesetzt werden konnte.

Es mag nicht überraschen, dass Löwenthal im *ZDF-Magazin* zahlreiche Beiträge ausstrahlte, die sich zugunsten der amerikanischen Sicherheitspolitik unter Reagan verwenden ließen und die er mit seinen An- und Abmoderationen zusätzlich amerikafreundlich gestaltete. Dies galt um so mehr für seine Aussagen im publizistischen Konflikt um den »NATO-Doppelbeschluss«. Worum handelte es sich? Auf Initiative des damaligen Bundeskanzlers Helmut Schmidt beschloss die NATO am 12. Dezember 1979, 112 Mittelstreckenraketen vom Typ Pershing 2 und 464 Cruise Missiles in Westeuropa aufzustellen, falls Abrüstungsgespräche über die landgestützten Mittelstreckenraketen in Europa scheitern sollten. Im Herbst 1980 formierte sich insbesondere in Westeuropa eine Friedensbewegung, die die künftige Aufstellung amerikanischer Raketen ablehnte. Ungefähr ab diesem Zeitpunkt wurde die Nachrüstung zu einem großen publizistischen Streitpunkt vor allem zwischen *Spiegel* und *Stern* auf der einen, *Welt* und *ZDF-Magazin* auf der anderen Seite. Überhaupt sah die Friedensbewegung die Nachrüstung als ein amerikanisches Vorhaben an (es handelte sich um amerikanische Waffen), zumal sich Ronald Reagan nach seiner Wahl zum Präsidenten dieses Vorhaben zu eigen machte. Löwenthal strahlte erstmals am 28. Januar 1981 einen Beitrag über die geplante Raketenaufstellung unter dem aussagekräftigen Titel *Nachrüstung der NATO unerläßlich* aus. Am 3. Juni des gleichen Jahres informierte Redakteur Ernst Martin über *Sowjetpropaganda gegen Nachrüstung*, am 26. August 1981 interviewte Löwenthal den CDU-Außenpolitiker Werner Marx als Befürworter: *Ist die Nachrüstung wirklich nötig?*. Als die Aufstellung der amerikanischen Raketen näher rückte, befragte Löwenthal den Staatssekretär im Verteidigungsministerium, Peter Kurt Würzbach (24. August 1983). Gleichzeitig übte er Kritik an den Demons-

362 Gerhard Löwenthal auf einer Veranstaltung der Konservativen Aktion, 9.6.1982 im ICC Berlin; ACDP, NL Löwenthal, 01-763-020.

363 Vgl. Ludek Pachman, Bundesvorsitzender: (Rundschreiben) an alle Mitglieder, Freunde und Förderer der Konservativen Aktion, Hamburg, Juni/Juli 1982; Archiv der Konservative Aktion.

tranten gegen die Nachrüstung: Sie würden die gegenwärtig schon bestehenden und ständig wachsenden sowjetischen Atomwaffenarsenale ignorieren oder verharmlosen.[364] Diese Friedensbewegung sei sehr stark heterogen, kein einheitlicher Block, sondern eine Vielzahl von Grüppchen. Natürlich seien es mehrheitlich keine Kommunisten, sondern »viele überzeugte Gesinnungspazifisten, viele ehrenwerte, gutgläubige, auch naive Menschen, zumal junge Leute, die wirklich an ihre Sache glauben. Aber sie wissen in der Regel nicht, wer sie lenkt – und finanziert«. Ein großer Teil der Organisatoren und sogar der Ordner seien Linksextremisten. Löwenthal zitierte ausführlich den Vorsitzenden der Kommunistischen Internationale, Dimitri Manuilski, der 1931 erklärt hatte: Die UdSSR werde eine Friedensbewegung in den kapitalistischen Staaten entfachen, um diese Länder erst einzuschläfern und dann anzugreifen[365]. Zum »Schutze unseres Friedens in Freiheit«, so Löwenthal etwas pathetisch, sei die Nachrüstung nötig.[366]

Am 19. Oktober 1983 strahlte Löwenthal Interviews mit Prof. Walther Hofer und dem mittlerweile gegen die Kommunisten auftretenden Schauspieler Yves Montand (ein Renegat, der sich bis zur Niederschlagung des Prager Frühlings zur KP bekannte) aus. Als konservativen Experten bot Löwenthal am 29. Juni 1983 und am 2. November 1983 den CDU-Politiker Jürgen Todenhöfer zum Thema *Abrüstungsgespräche in Genf* auf, als Vertreter der US-Administration sprachen Fred Iklé und Richard Allen am 2. November. Zu den deutsch-amerikanischen Beziehungen insbesondere auf dem Feld der Sicherheitspolitik leitete Löwenthal am 4. November 1981 eine Diskussion mit US-Verteidigungsminister Caspar Weinberger und den ZDF-Journalisten Dieter Kronzucker und Gustav Trampe. Am 4. April 1984 holte Löwenthal in der 500. Sendung Henry Kissinger und Helmut Kohl vor die Kamera.[367] Mit anderen Worten: Löwenthal zog gleichgesinnte Politiker und Experten heran, die seine Meinung untermauerten. Dies war und ist in einem politischen Magazin legitim, während der Nachrichtenjournalismus derartige Einseitigkeiten zu vermeiden hat. Ende 1983 hob Löwenthal hervor, dass die Ankündigung einer sowjetischen Nach-Nachrüstung ein Bluff der »Abrüstungsverweigerer« in Moskau sei. Vielmehr seien die neuen sowjetischen Raketen Teil einer Vorrüstung, die schon 1981 begonnen habe.[368] Löwenthal hätte aber hinzufügen

364 Anmoderation zu: Sowjetische Rüstung; Unternehmensarchiv des ZDF, Bestand *ZDF-Magazin*, Ordner Nr. 49, Sendung vom 10.8.1983. Auch: Anmoderation zu Interview Würzbach; Unternehmensarchiv des ZDF, Ordner Nr. 49, Sendung vom 24.8.1983.

365 Abmoderation zu: Bonn; Unternehmensarchiv des ZDF, Bestand *ZDF-Magazin*, Ordner Nr. 49, Sendung vom 24.8.1983.

366 Anmoderation zu: Interview Würzbach; Unternehmensarchiv des ZDF, Bestand *ZDF-Magazin*, Ordner Nr. 49, Sendung vom 24.8.1983.

367 Vgl. Produktionsnachweise des *ZDF-Magazins*.

368 Vgl. Moderation; Unternehmensarchiv des ZDF, Bestand *ZDF-Magazin*, Ordner Nr. 50, Sendung vom 30.11.1983.

können, dass die SS-21 kein Fortsetzungsmodell der Mittelstreckenrakete SS-20 war, sondern eine sehr viel leichtere Kurzstreckenrakete.[369] Ferner wünschte Löwenthal, die NATO solle verstärkt konventionelle, d.h. nicht-atomare Waffen aufrüsten, um den diesbezüglichen sowjetischen Vorsprung nicht größer werden zu lassen.[370]

1984 war Löwenthal Fürsprecher der Strategischen Verteidigungsinitiative (SDI). Bereits im Weltraum sollten – so die Absicht Reagans – angreifende Raketen zerstört werden. Löwenthal fand Bedenken der europäischen NATO-Partner, sie könnten nicht unter diesen »Schild« genommen werden, zwar verständlich. Doch seien die Forschungen dazu gerade erst angelaufen.[371] 1986 geriet SDI erneut ins Gespräch, als Reagan in seinen Verhandlungen mit Gorbatschow in Reykjavik einen Verzicht auf SDI ablehnte. Löwenthal unterstützte die Position des Präsidenten, indem er gleich drei Fürsprecher der Strategischen Verteidigungsinitiative zu Interviews in das *ZDF-Magazin* holte: General Lothar Domröse, US-Botschafter Richard Burt und Verteidigungsminister Manfred Wörner. Sie sagten aus, dass die Sowjetunion seit den frühen 1960er Jahren an einer eigenen Raketenabwehr im Weltraum forschte und ab Mitte der 1970er Jahre entsprechende Anti-Satelliten-Flugkörper besaß.[372]

Im Dezember 1985 lobte Löwenthal Ronald Reagan für seine »Standfestigkeit« beim ersten Gipfeltreffen mit Michail Gorbatschow. Reagan sei »maßvoll fest und gleichzeitig verhandlungsbereit« gewesen, ausgehend von den grundlegenden Prinzipien der Menschenrechte und des Selbstbestimmungsrechts für alle Völker.[373]

Im Frühjahr 1986 begrüßte Löwenthal unter dem Titel *Danke, Herr Präsident* ausdrücklich den US-amerikanischen Bombenangriff auf den, so Löwenthal, »Terroristenchef« Gaddafi. Es habe sich um eine Aktion gegen »Terroristenzentralen« gehandelt, die von den übrigen NATO-Staaten beschämenderweise nicht unterstützt worden sei. Mit dem Schlag gegen Libyen habe Reagan den Beschluss des Weltwirtschaftsgipfels von 1978, den Terrorismus »energisch« zu bekämpfen, endlich einmal umgesetzt. In seiner Meinung zu Gaddafi stimmte Löwenthal mit der Außenpolitik der Vereinigten Staaten überein, die Gaddafi die Unterstützung des Terrorismus[374]

369 Vgl. http://de.wikipedia.org/wiki/Liste_der_nuklearen_Boden-Boden-Raketen.

370 Vgl. An- und Abmoderation zu: Rüstung; Unternehmensarchiv des ZDF, Bestand *ZDF-Magazin*, Ordner Nr. 49, Sendung vom 1.6.1983.

371 An- und Abmoderation zu: Abrüstung; Unternehmensarchiv des ZDF, Bestand *ZDF-Magazin*, Ordner Nr. 50, Sendung vom 2.5.1984.

372 Protokolle in: Unternehmensarchiv des ZDF, Bestand *ZDF-Magazin*, Ordner Nr. 55, Sendung vom 15.10.1986.

373 Gerhard Löwenthal: Erfolg für Reagan, in: *Deutschland-Magazin*, 12/1985, S. 20; ACDP, NL Löwenthal, 01-763-018.

374 Vgl. Aussage des Staatssekretärs im State Department, David Newsom, zuvor US-Botschafter in Libyen, zitiert und ausführlich ergänzt in: Claire Sterling: Das internationale Terrornetz. Aufbau, Organisation, Finanzierung, Aktion. München: Scherz, 1981, dort S. 272ff.

in aller Welt nachsagte. In diesem Zusammenhang rügte Löwenthal die mangelnde Solidarität – wie er es sah – der von Hans Dietrich Genscher verantworteten bundesdeutschen Außenpolitik gegenüber den Vereinigten Staaten, auch was den »Hinterhof der USA« angehe. Im ursprünglichen Manuskript Löwenthals, das er wohl aus Platzgründen gekürzt hatte, lobte Löwenthal ferner die von Reagan angeordnete Invasion der Karibikinsel Grenada am 25. Oktober 1983, die »den Menschen [...] Freiheit und die Erfüllung des Selbstbestimmungsrechts« gebracht habe. Diese Aktion habe die »Rettung der gesamten Region vor der Ausbreitung des sowjetisch-kubanischen Stützpunktsystems ermöglicht«.[375] Zum Vergleich: Der Bundesminister des Auswärtigen, Genscher, verzichtete bewusst auf eine Bewertung, während Hans-Jürgen Wischnewski und Horst Ehmke für die SPD ebenso wie die Grünen die Vereinigten Staaten mit Blick auf das Völkerrecht scharf rügten. Selbst die CDU/CSU war mit dem amerikanischen Vorgehen nicht einverstanden.[376] So nahm Löwenthal auch hier eine uneingeschränkte Position zugunsten von Reagans Entscheidungen ein, womit er sich von der ansonsten US-freundlichen CDU/CSU abhob.

Eines der großen Themen in den außenpolitischen Diskursen der 1980er Jahre waren die Bürgerkriege in Nicaragua und El Salvador. Das Problem Mittelamerikas sei, so Löwenthal: Die Menschen dort wollen Freiheit, und sind dabei auf die Vereinigten Staaten angewiesen, denn Kommunisten vor allem in Nicaragua strebten die Durchdringung dieser Region an.[377] So rückte Löwenthal auch bezüglich Lateinamerikas die Frage nach Freiheit oder Kommunismus in den Mittelpunkt, obwohl sich dort angesichts von Armut und Gewalt zahlreiche Menschen hauptsächlich nach menschenwürdiger Arbeit, Rechtssicherheit und Frieden sehnten.

Im November 1986, nach dem amerikanisch-sowjetischen Gipfeltreffen von Reykjavik, lobte Löwenthal den amerikanischen Präsidenten für dessen Absage an »Fallensteller« Gorbatschows Abrüstungsvorschläge.[378] Reagan hatte sich einem Verzicht auf SDI, dem amerikanischen Abwehrsystem im Weltraum, verweigert. Dass ein Bild Reagans mit persönlicher Widmung auf Löwenthals Schreibtisch stand[379], mag angesichts von Löwenthals Bewunderung (um nicht zu sagen: Begeisterung) und seinem Einsatz für den US-Präsidenten nicht verwundern. Als Reagan, der sich von Gorbat-

375 Gerhard Löwenthal: Danke, Herr Präsident (22.4.1986); ACDP, NL Löwenthal, 01-763-018. Auch in seiner An- und Abmoderation zu dem Beitrag Grenada heute im *ZDF-Magazin* erklärte Löwenthal – wenn auch weniger direkt –, die Invasion sei notwendig gewesen.

376 Verhandlungen des Deutschen Bundestages, 10. Wahlperiode (1983), Bonn 1983, S. 1995–2007.

377 Vgl. Gerhard Löwenthal: Nicht solche Töne, bitte!, in: *Deutschland-Magazin*, 5/1984, S. 14; ACDP, NL Löwenthal, 01-763-105/2.

378 Gerhard Löwenthal: Fallensteller Gorbatschow, in: *Deutschland-Magazin*, 11/1986, S. 16; ACDP, NL Löwenthal, 01-763-105/2.

379 Vgl. Löwenthal im Brief an Franz Josef Strauß vom 4.9.1987; ACDP, NL Löwenthal, 01-763-049.

schow zunehmend beeindruckt zeigte, 1987 jedoch weitreichende Abrüstungsverträge unterzeichnete, war Löwenthal zum Gegner in der Sache geworden: Die »doppelte Null-Lösung« gefährde die Sicherheit, argwöhnte Löwenthal im Dezember 1987,[380] denn die Abrüstung der Mittelstreckenraketen lasse die sowjetische Überlegenheit auf dem Gebiet der konventionellen Waffen, der Kurzstreckenraketen, der biologischen und chemischen Waffen um so deutlicher hervortreten. Es wäre besser gewesen, bei eben diesen Waffen mit der Abrüstung zu beginnen.[381] Er stellte sich hinter die Aussage seines Interviewpartners John Silber, wonach ein weitreichendes Abrüstungsabkommen Truppenrückzüge der UdSSR aus Afghanistan, Nicaragua und Kuba hätte festschreiben müssen, ebenso das Recht auf Freizügigkeit der Sowjetbürger und eine Nachprüfung der betroffenen Waffenarsenale selbst.[382]

Die Wiedervereinigung haben die Deutschen, so Löwenthal, den amerikanischen Präsidenten Ronald Reagan und George Bush senior zu verdanken, »die sich im Unterschied zu den anderen ›Freunden‹ weitsichtig und vorbehaltlos dafür einsetzten«.[383]

Unterschied sich Löwenthals Amerika-Bild von der Bevölkerungsmeinung? So beliebt amerikanische Kultur in Deutschland war und ist, die Politik der USA fand seit dem Höhepunkt des Vietnam-Kriegs immer mehr Widerspruch. Zwar wiesen die Deutschen in der Bundesrepublik und West-Berlin über Jahrzehnte ein per saldo positives Amerika-Bild auf.[384] Einzelne politische Schritte der USA riefen hingegen Widerwillen hervor: 1982 war eine Mehrheit gegen den von Löwenthal journalistisch verfochtenen Nachrüstungsbeschluss. Gleichzeitig verlor Ronald Reagan deutlich an Sympathie, während mehr als die Hälfte der Befragten die Demonstrationen der Friedensbewegung anlässlich seines Bonn-Besuches guthießen.[385] Noch eindeutiger waren die Unterschiede zwischen der Bevölkerungsmeinung und Löwenthals Auffassung über den fast schon populär zu nennenden Michail Gorbatschow.[386]

380 Vgl. Gerhard Löwenthal: Raketenvertrag gefährdet Sicherheit, in: *Deutschland-Magazin*, 12/1987, S. 16; ACDP, NL Löwenthal, 01-763-105/2.

381 Moderationen Löwenthals zu den Beiträgen Gipfelbericht Washington am 9.12.1987 und Erhöht Raketenabbau Kriegsgefahr am 25.11.1987; Unternehmensarchiv des ZDF, Bestand *ZDF-Magazin*, Ordner Nr. 57.

382 An- und Abmoderation sowie Gespräch mit John Silber; Unternehmensarchiv des ZDF, Bestand *ZDF-Magazin*, Ordner Nr. 57, Sendung vom 23.12.1987.

383 Löwenthal per E-Mail und Fax an Dr. Joachim Huber, *Tagesspiegel*, 28.12.2001; ACDP, NL Löwenthal, 01-763-098.

384 Vgl. unter anderem: Elisabeth Noelle-Neumann/Renate Köcher (Hrsg.): Allensbacher Jahrbuch der Demoskopie 1984-92, Bd. 9, München: K.G. Saur, S. 964.

385 Vgl. Elisabeth Noelle-Neumann/Edgar Piel (Hrsg.): Allensbacher Jahrbuch der Demoskopie 1978-1983, Bd. 8, S. 613.

386 Vgl. Elisabeth Noelle-Neumann/Renate Köcher (Hrsg.): Allensbacher Jahrbuch der Demoskopie 1984-92, Bd. 9, München: K.G. Saur, S. 970.

Einstellung zu Israel

Seine erste Reise nach Israel unternahm Löwenthal recht spät: Ende 1969, also 21 Jahre nach der Gründung des jüdischen Staates. Er erstellte einen Beitrag über den bisherigen israelischen Botschafter in Bonn, Asher Ben Nathan[387] (gesendet am 7. Januar 1970). Mit anderen Worten: In den Jahren von 1948 bis 1969 hatte Löwenthal anderen Themen wie der Selbstbehauptung West-Berlins, dem Wissenschaftsjournalismus und der europäischen Einigung den Vorzug gegeben, privates Interesse am jüdischen Staat hatte er offenbar wenig. Die Aufnahme diplomatischer Beziehungen zwischen Israel und der Bundesrepublik Deutschland 1965 sowie der für Israel siegreiche Sechstagekrieg (der die Wiedervereinigung Jerusalems mit sich brachte) dürfte Löwenthals Interesse geweckt haben.

Israel und der Nahost-Konflikt waren vergleichsweise selten Thema des *ZDF-Magazins*. Die meisten Beiträge stammen aus den Jahren 1969 bis 1973, die restlichen von 1979 bis 1983. Die Unterbrechung erklärt sich m.E. mit der Einrichtung einer eigenen wöchentlichen außenpolitischen Sendereihe des ZDF *Auslandsjournal* und einer gleichzeitigen Halbierung der Sendezeit des *ZDF-Magazins*, so dass Löwenthal den Schwerpunkt verstärkt auf den Themenkreis DDR/Hilferufe von drüben legte.

Löwenthal sprach außerdem mit Außenminister Abba Eban (25. Februar 1970) und war beteiligt am Beitrag *Beziehungen Deutschland-Israel* (19. März 1969). Zwei Filme waren aus Israel angekauft (*Raketen bedrohen Israel*, *Interview Golda Meir*, beide 10. März 1971).

Die gesendeten 22 Beiträge und Löwenthals Moderationen unterstützten den Staat Israel. Dies erklärt sich aus einer Verbundenheit mit Israel als einem »Bollwerk des Westens« inmitten einer feindlichen Umwelt, das sich einerseits der pro-sowjetischen arabischen Staaten erwehren muss und das andererseits von Terroranschlägen der PLO ständig betroffen ist. Ein Sieg Ägyptens und Syriens im Jom-Kippur-Krieg bedeutete, so Löwenthal, dass der »Westen im Nahen Osten ausgespielt« hätte.[388] Die PLO konnte seinerzeit kaum auf Sympathien hoffen, da sie erst 1992/93 zu Verhandlungen bereit war. Diese Haltung Löwenthals brachte ihm den Hass und sogar Morddrohungen von Palästinensern ein, insbesondere wegen zweier aus Israel angekaufter Beiträge im *ZDF-Magazin* (siehe oben).

387 Vgl. Löwenthal: Ich bin geblieben, S. 189; Beitrag von Gerhard Löwenthal: Bei Ben Nathan in Israel; Unternehmensarchiv des ZDF, Bestand *ZDF-Magazin*, Ordner Nr. 6, Sendung vom 7.1.1970.

388 Abmoderation zu: Hintergründe des Kampfes gegen Israel; Unternehmensarchiv des ZDF, Bestand *ZDF-Magazin*, Ordner Nr. 27, Sendung vom 17.10.1973; Abmoderation zu: Israel; Unternehmensarchiv des ZDF, Bestand *ZDF-Magazin*, Ordner Nr. 17, Sendung vom 14.7.1971.

1974 schrieb Löwenthal in einem Zeitungskommentar, die Bundesrepublik Deutschland trage wegen des Massenmords an den Juden eine »besondere Verantwortung dafür, daß wenigstens die Überlebenden in sicheren und verteidigungsfähigen Grenzen leben können«.[389] Nach der Shoah sei es verständlich, dass viele Israelis die Aufnahme diplomatischer Beziehungen zu Deutschland mit Zurückhaltung betrachteten.[390]

Auf die Frage eines Interviewers »Identifizieren Sie sich mit Israel?« antwortete Löwenthal 1978, »Ja, sicher«. Als »fanatischen Zionisten« wollte er sich allerdings nicht sehen (dies ließe sich aus seinem schriftlichen Nachlass nicht belegen), vielmehr als einen Deutschen, der »starken Anteil« nimmt. Zwar bestand keine konkrete Absicht zur Auswanderung nach Israel, doch hätte er ein Leben dort einer linken oder rechten Diktatur in Deutschland vorgezogen.[391] Im Jahre 1978 auf die seinerzeitige Situation Israels angesprochen, erklärte er: »Ich vertrete seit vielen Jahren den Standpunkt, dort unten kann es eigentlich nur Frieden geben, wenn die unmittelbar am Konflikt Beteiligten sich zusammensetzen und das Problem in ihre eigenen Hände nehmen, und wenn diese Region nicht mehr Spielball der Großmächte ist« (dabei dachte er wohl an die UdSSR, die zeitweise in Ägypten, in Syrien und vor allem bei der PLO Einfluss ausübte). Insofern begrüßte Löwenthal die Bemühungen des inzwischen an Amerika orientierten ägyptischen Präsidenten Anwar al-Sadat, mit Israel zu einer Übereinkunft zu kommen, die schließlich 1979 in die Räumung des Sinai durch Israel und in einen Friedensvertrag mündete. Er verstand das Streben Israels, seine Grenzen so zu ziehen, dass seine Sicherheit aus eigener Kraft gewährleistet ist, als »völlig legitim«. Die Völkerrechtswidrigkeit des israelischen Siedlungsbaus im Westjordanland erörterte er nicht. Angesichts der palästinensischen Flüchtlingslager warf er »bestimmten fanatischen palästinensischen Führern« vor, ihre eigenen Landsleute bewusst in Armut und Not als »revolutionäres Potential« zu halten, obwohl viele Millionen Dollar für die palästinensische Menschen angekommen seien. Es liege an den Palästinensern, etwas aufzubauen, wie es ihnen in Jordanien oder Saudi-Arabien gelungen sei.[392] In einem Kommentar für die *Wetzlarer Neue Presse* unter dem Titel *Deutsch-israelische Beziehungen auf dem Nullpunkt* (1979) rügte Löwenthal, Deutschland vernachlässige die Beziehungen zu Israel, und unterstütze vielmehr zu einseitig die arabische Positionen betonende Resolution der Europäischen Gemeinschaft zum Nahost-Konflikt.

389 Gerhard Löwenthal: Der Gastkommentar. Erpressung – und kein Ende?, in: WNZ, 14.1.1974; ACDP, NL Löwenthal, 01-763-018.

390 Löwenthal gegenüber Ben Nathan; Unternehmensarchiv des ZDF, Bestand *ZDF-Magazin*, Ordner Nr. 6, Sendung vom 7.1.1970.

391 Gespräch Löwenthals mit Bruno Manz, in: *Playboy*, 1978; ACDP, NL Löwenthal, 01-763-016.

392 Vgl. Manuskript des *Playboy*-Interviews, ungekürzt; ACDP, NL Löwenthal, 01-763-016 (unveröffentlichte Passage).

Stattdessen verdiene der Friedensprozess zwischen Israel und Ägypten Unterstützung, insbesondere, wenn sich daran weitere arabische Staaten anschlössen. Ein »endgültiger Friede« sei »ohne Lösung der Palästinenserproblematik« unmöglich. Demonstrative Treffen mit Palästinensern wie Jassir Arafat, die auf die Vernichtung Israels abzielten und Mordanschläge begehen ließen, seien zu vermeiden. Auch hier sah Löwenthal einen regionalen Konflikt durch die Brille des West-Ost-Gegensatzes, wenn er unter den Palästinenserführern »Gehilfen Moskaus« zu erkennen glaubte, die »den internationalen Terrorismus anheizen«.[393] (In der Tat ist nachgewiesen, dass sich die PLO auf Ausbildung in und Lieferungen durch die UdSSR einschließlich ihrer Verbündeten verlassen konnte).[394]

Am 25. Februar 1980 gehörte Löwenthal – konsequenterweise – zu den Unterzeichnern eines Aufrufes unter dem Titel *Ein Ereignis von historischer Tragweite* in der *Welt*, den die Deutsch-Israelische Gesellschaft verantwortete. Anlass war die Aufnahme der diplomatischen Beziehungen zwischen Israel und Ägypten. Der Appell, unterzeichnet von deutsch-jüdischen Persönlichkeiten wie Ida Ehre und Heinz Galinski sowie von Politikern aus allen Parteien, forderte »die Anerkennung der Souveränität, der territorialen Integrität und Unabhängigkeit eines jeden Staates im Nahen Osten und das Recht, innerhalb sicherer und anerkannter Grenzen frei von Drohungen und Gewalt leben zu können […], unterstützte umfassende Friedensverhandlungen, die These von der Unteilbarkeit der Stadt Jerusalem und den freien Zugang zu den heiligen Stätten. »Bei den Friedensverhandlungen müssen auch die Rechte und die gerechtfertigten Belange der Palästinenser berücksichtigt werden.« Daher möge sich die palästinensische Bevölkerung in den besetzten Gebieten den Verhandlungen anschließen, die PLO möge »jeden Terror« beenden und das Ziel der Zerstörung Israels aus ihrer Charta streichen.[395]

An dem israelischen Ministerpräsidenten Menachem Begin (1977–1983) bemängelte Löwenthal »sein oft undiszipliniertes und undifferenziertes Verhalten«. Löwenthal verurteilte Begins Aussagen in dessen Kontroverse[396] mit Helmut Schmidt

393 Der Gastkommentar. Deutsch-israelische Beziehungen auf dem Nullpunkt, in: WNZ, 4.8.1979; ACDP, NL Löwenthal, 01-763-026.

394 Claire Sterling: Das internationale Terrornetz. Aufbau, Organisation, Finanzierung, Aktion. München: Scherz, 1981, dort insbesondere S. 286–301.

395 Ein Ereignis von historischer Tragweite, in: *Die Welt*, 25.2.1980; ACDP, NL Löwenthal, 01-763-026.

396 Schmidt hatte sich einem Besuch in Israel verweigert, weil er die Siedlungspolitik im Westjordanland verabscheute, die insbesondere in Begins Regierungszeit eine wichtige Rolle spielte. Eine Kritik Schmidts »vor Ort« hätte möglicherweise einen Eklat herbeigeführt. Gleichzeitig favorisierte Schmidt einen umfassenden Frieden für den Nahen Osten. Der Friede Israels mit Ägypten könne allenfalls ein Anfang sein, so Schmidt. Die Kontroverse wurde durch Schmidts Absicht veranlaßt, die Lieferung von Leopard II-Panzer an Saudi-Arabien zu genehmigen. Deswegen

Mai 1981, tadelte aber auch den Bundeskanzler, der sich vor einem Besuch in Israel drücke und die deutliche Verschlechterung der deutsch-israelischen Beziehungen mitverantworte. Löwenthal: »Das kann sich die Bundesrepublik Deutschland, das können sich die Deutschen, deren Geschichte unabhängig von persönlicher Schuld und Verantwortung des Einzelnen noch lange von Auschwitz überschattet bleiben wird, nicht leisten«. Daraus lässt sich schließen, dass Löwenthal besondere, enge Beziehungen der Bundesrepublik zu Israel gerade auch wegen der NS-»Endlösung der Judenfrage« für erforderlich hielt. Als Freund Israels war Löwenthal empört über Helmut Schmidt, der nach seiner Meinung die PLO – für Löwenthal eine mit »Moskau« verbundene Mörderbande – verharmlose. Löwenthal erinnerte an die Terroranschläge vom September 1972 in München und die Entführung der Lufthansa-Passagiermaschine »Landshut« 1977.

Löwenthal sah die PLO im September 1982, als deren Führung ihren seinerzeitigen Sitz in Beirut verlassen musste, als »wichtigstes Zentrum des internationalen Terrorismus« an, genauer: als »von Moskau dirigierte, ausgerüstete und finanzierte Terrororganisation«, verantwortlich für den Tod von Frauen und Kindern im Norden Israels, sowie für den Mord an 100.000 Libanesen, insbesondere Christen. Fast jeder, der sich als Terrorist betätige, sei in einem palästinensischen Ausbildungslager gewesen. Die Invasion der israelischen Armee in den Libanon 1982 rechtfertigte Löwenthal in seiner Moderation unter Bezug auf die Verbrechen der PLO[397] im Zedernstaat. Dies geschah allerdings vor den Massakern der »christlichen Milizen« in den palästinensischen Flüchtlingslagern Sabra und Schatila unter den Augen der israelischen Armee.

Im Übrigen sah Löwenthal die PLO nicht als Sprecherin des palästinensischen Volkes an, weil sie sich nie durch Wahlen legitimiert habe.[398]

Als israelische Kampfflugzeuge den irakischen Kernreaktor Osirak im Juni 1981 zerstörten, ließ Löwenthal seine Zustimmung dazu im *ZDF-Magazin* durchblicken.

warf Begin im israelischen Wahlkampf Mai 1981 dem Bundeskanzler vor, er sei geldgierig und arrogant, und zog einen Vergleich Saudi-Arabiens mit dem nationalsozialistischen Deutschland im Zweiten Weltkrieg wegen der angeblichen Gefahr eines neuen Holocausts. Begin zog einen weiteren Bogen der Gegenwart zur Vergangenheit, indem er behauptete, Schmidt hätte als Offizier der deutschen Wehrmacht Kriegsverbrechen an den Juden begünstigt.

397 Im *ZDF-Magazin* waren zwei Beiträge zum Krieg Israel-Libanon zu sehen: PLO-Terror im Libanon, Autor: Friedrich Mönckmeier, 30.6.1982; ein Beitrag mit dem gleichen Titel des israelischen Fernsehens zeigte das ZDF-Magazin am 25.8.1982. Protokoll davon; ACDP, NL Löwenthal, 01-63-012.

398 Vgl. Gerhard Löwenthal: Zum Kanzlerstreit mit Israel, in: *Deutschland-Magazin*, 6/1981, S. 18; Gerhard Löwenthal: Ein Schlag gegen den Terrorismus, in: *Deutschland-Magazin*, 9/1982, S. 18, beide in: Gerhard Löwenthals gesammelte Kolumnen aus dem DEUTSCHLAND-MAGAZIN (1987-1987); ACDP, NL Löwenthal, 01-763-105/2.

Durch diese Aktion Menachem Begins sei der Bau einer irakischen Atombombe verhindert worden.[399]

Löwenthals Haltung gegenüber Israel hob sich kaum ab von der Israel-freundlichen Einstellung der meisten Deutschen insbesondere nach dem Sechstagekrieg 1967. Erst 1981 trübte sich die Einstellung vieler Deutscher zu Israel durch die Schmidt/Begin-Kontroverse ein.

Aus der Shoah leitete Löwenthal keine Kollektivschuld der Deutschen, sondern eine »fortdauernde Verantwortung« Deutschlands für Israel ab, die sich die deutschen Politiker im Zusammenhang mit dem Nahost-Konflikt gut einprägen sollten, so Löwenthal 1979.[400]

Löwenthal fühlte sich mit Israel nie so eng verbunden wie Axel Springer. Der Verleger, ein konservativer Protestant mit zunehmender religiöser Neigung, besuchte Israel erstmals 1966, wo er sich unter dem Eindruck der Stadtteilung – eine Parallele zu Berlin –, der Begegnung mit Bürgermeister Teddy Kollek und angesichts der Schuld des NS-Staates sehr rasch mit Israel identifizierte. Wenige Monate später kaufte sich Springer ein (privat genutztes) Apartment in Jerusalem und setzte sich mit seinen beruflichen Möglichkeiten sehr stark für Israel ein, teils durch seine Zeitungen beispielsweise im Sechstagekrieg, teils durch großzügige Spenden. Andererseits wirkte er wie ein Lobbyist für Israel, etwa bei seinem Treffen 1967 mit US-Präsident Lyndon B. Johnson, wo er die Aufnahme Israels in die NATO vorschlug, oder bei Gesprächen mit deutschen Politikern, wo er sich vehement für eine eindeutige Unterstützung Israel einsetzte. So verwundert es nicht, dass Springer bei den israelischen Eliten höchste Anerkennung genoss.[401]

Einstellung zu Südafrika und seinen Nachbarstaaten

Ein weiteres Thema, das im Zusammenhang mit Löwenthal erörtert werden soll, war Südafrika in den 1980er Jahren. Löwenthal warf den Organisatoren und Teilnehmern der Demonstrationen gegen die Regierung Südafrikas Einseitigkeit vor: Sie verzichteten völlig oder zumindest weitgehend auf jeglichen Protest gegen die Menschenrechtsverletzungen und gegen politische Morde durch Kommunisten. Er warf ihnen vor, die historischen, politischen, ethnischen, wirtschaftlichen Verhältnisse Südafrikas

399 An- und Abmoderation zu: Die irakische Atombombe; Unternehmensarchiv des ZDF, Bestand *ZDF-Magazin*, Ordner Nr. 44, Sendung vom 17.6.1981.

400 Vgl. Gerhard Löwenthal: Sabotage am Frieden, in: *Deutschland-Magazin*, 8/1979, S. 16; ACDP, NL Löwenthal, 01-763-105/2.

401 Vgl. Hans Peter Schwarz: Axel Springer. (wie Anm. 148, S. 68), S. 412 ff., 444–448.

nicht zu kennen.[402] Es erschien Löwenthal ungerecht, dass Michail Gorbatschow einen Vertrauensvorschuss erhielt, obwohl er (so Löwenthals gedankliche Linie) den Krieg in Afghanistan fortsetze und einem »unreformierbaren« System vorstehe, während »eine Regierung / ein Land, das bewiesen hat, dass es zu einschneidenden Reformen bereit ist«, nämlich Südafrika, kein Vertrauen genieße. Weiter: »Wenn Präsident Botha und jetzt Präsident de Klerk mit schwarzafrikanischen Staatschefs zusammentreffen – und diese Einladung zu Gegenbesuchen annehmen und wahrnehmen: Wo nimmt man dann eigentlich bei uns die Berechtigung her, die Rep. SA [Republik Südafrika, d.V.] zu verfemen?!« [403]

Südafrika war für Gerhard Löwenthal ein wichtiges Thema, was sich an seiner Funktion als Kuratoriumsvorsitzender der Deutsch-Südafrikanischen Gesellschaft e.V.[404], an den Beiträgen im *ZDF-Magazin* und im *Deutschland-Magazin* sowie an mehreren Reisen (so zum Beispiel in der zweiten Hälfte des März 1988, als der Abbau der Rassentrennung bereit eindeutig nachweisbar war und er an Vorträgen und Gesprächen auf Vermittlung der südafrikanischen Regierung teilnahm) erkennen lässt.

Eine erste Reise nach Südafrika unternahm Löwenthal mit seiner Ehefrau 1974, als die Rassentrennung (»kleine Apartheid«) noch sehr strikt im Alltagsleben praktiziert wurde. Dies missfiel ihm.[405] Er lehnte, wie aus Notizen zu einem seiner Vorträge und eben nicht nur aus seinen Fernsehmoderationen hervorgeht,

»jede Art von Diskriminierung auf Grund verschiedener Hautfarbe oder Rasse vorbehaltlos ab. Das ist für mich als Verfolgter des Naziregimes, der fast seine gesamte Familie in den Konzentrationslagern der Nazis verloren hat, eine pure Selbstverständlichkeit. […] Es wäre also eine bodenlose Unverschämtheit, einem damals verfolgten deutschen Juden zu unterstellen, er habe Sympathien für ein ›rassistisches‹ System. Was sich in Südafrika abgespielt hat, hat mit Rassismus am wenigsten zu tun. Es geht nicht um Rassenkampf, sondern um Klassenkampf – von außen geschürt, ge-

402 Vgl. Gerhard Löwenthal: Linke Heuchelei. Demaskierung politischer Einseitigkeit, in: Student, Nr. 87 (Febr. 1980); ACDP, NL Löwenthal, 01-763-026; Gerhard Löwenthal: Heuchelei um Vietnam, in: *Deutschland-Magazin* 1/1979, S. 16. ACDP, NL Löwenthal, 01-763-026; ferner: Vortrag am 28.2.1980 in Heidelberg, S. 8; vgl. An- und Abmoderation zu: Tschechen fanden Freiheit in Südafrika; Unternehmensarchiv des ZDF, Bestand *ZDF-Magazin*, Ordner Nr. 54, Sendung vom 30.4.1986.

403 Notizen Löwenthals ohne Orts- und Datumsangabe; dem Inhalt zufolge (Erwähnung von Egon Krenz) ist auf die zweite Oktober- oder die erste Novemberhälfte 1989 zu schließen; ACDP, NL Löwenthal, 01-763-091.

404 Vgl. Deutsch-Südafrikanische Gesellschaft e.V. DSAG, Adressenverzeichnis, Stand: Juli 1990. Mitglieder waren u.a. SKH. Otto von Habsburg, die CDU-Politiker Erik Blumenfeld und Wilfried Böhm, die CSU-Politiker Hans Graf Huyn und Fritz Pirkl, der Politikwissenschaftler Werner Kaltefleiter (vgl. ebd., S. 1).

405 Auskunft von Ingeborg Löwenthal, 14.12.2007.

steuert, angefeuert. Zu einer fairen Beurteilung sind weit gründlichere Kenntnisse erforderlich, als sie die meisten Kritiker haben. Genauso kategorisch lehne ich Terror als Mittel für Veränderungen in der Politik ab. Veränderungen in Staat und Gesellschaft können im Sinne unserer demokratischen Vorstellungen nur durch friedlichen Dialog aller betroffenen Gruppen erreicht werden. Evolution statt Revolution – Dialog statt Gewalt. So heißt für mich die Losung für die Lösung der schwierigen Probleme in Südafrika!«[406]

Für einen »positiven« Magazinbeitrag vom 30. April 1986 unter dem Titel *Tschechen fanden Freiheit in Südafrika* bedankte sich der Konsul der Republik Südafrika, Stauch, bei Löwenthal per Briefpost.[407] Zugleich finden sich zwei Dankesbriefe des südafrikanischen Botschafters aus dem gleichen Jahr im Nachlass. Der Diplomat lobte einen *ZDF-Magazin*-Beitrag zum Thema *Sanktionen gegen Südafrika sinnvoll?* mit den Worten:

»Ich habe die betreffende Sendung mit großem Interesse gesehen und war von der äußerst sachlichen, ausgewogenen und objektiven Berichterstattung zu diesem sonst mit viel Emotionen [sic!] beladenen Themenkomplex sehr angetan. [...] Ich möchte Ihnen zu dieser Sendung gratulieren und Ihnen gleichzeitig dafür danken und würde mich freuen, wenn wir uns in absehbarer Zeit mal wieder zu einem ausführlichen Gespräch treffen könnten«.

Der andere Dankesbrief bezog sich auf einen Artikel über SWAPO und ANC, erschienen in einer Ausgabe des *Deutschland-Magazins*, das Löwenthal dem Botschafter schicken ließ.[408] In jenen Jahren verfügte Löwenthal über einen guten Ruf bei den zuständigen südafrikanischen Behörden: Eine spätere Reise vom 17. bis 25. März 1988 organisierte und zahlte das südafrikanische Außenministerium[409] (nachdem der Staat wesentliche Bestandteile der Rassentrennung bereits abgebaut hatte). Daraus zu

406 Handschriftliche Notiz Löwenthals, ohne Datum, wohl kurz nach Amtsantritt von Präsident de Klerk 1989, offenbar für seinen Vortrag bei der Deutsch-Südafrikanischen Gesellschaft Düsseldorf am 15.12.1989; ACDP, NL Löwenthal, NL Löwenthal, 01-763-091. Entsprechend äußerte sich Löwenthal auch in der *ZDF-Magazin*-Sendung vom 21.8.1985 gegen Apartheid und Rassismus; demgegenüber sei die »Gleichwertigkeit aller Menschen das wichtigste Ziel, dass es in einem demokratischen Staat zu erreichen gilt«; ACDP, NL Löwenthal, 01-763-014.

407 Vgl. Brief des Konsuls Stauch, Südafrikanisches Konsulat Frankfurt, 6.5.1986; ACDP, NL Löwenthal, 01-653-024.

408 Briefe des Südafrikanischen Botschafters, persönlich, an Gerhard Löwenthal, Privatadresse, vom 9.6.1986 (Thema *Deutschland-Magazin*-Beitrag) und vom 11.8.1986 (Thema Fernsehbeitrag); ACDP, NL Löwenthal, 01-763-024.

409 Ministerium des Auswärtigen in Südafrika: Willkommen in Südafrika (Broschüre); Programm der Rundreise in Südafrika März 1988; ACDP, NL Löwenthal, 01-763-091.

schließen, Löwenthal sei von seinen Gastgebern geradezu »gekauft«, greift allerdings bei einer derart kantigen, kritischen Persönlichkeit mit seinerzeit mehr als 40 Jahren Berufserfahrung und völliger finanzieller Unabhängigkeit zu kurz. Darüber hinaus informierte ihn die Botschaft des Landes über die politischen Weichenstellungen.[410]

Zur Verstärkung und Begründung seiner eigenen politischen Position zu Südafrika, Namibia und Angola lud Löwenthal aussagefähige Personen als Experten ein oder suchte sie auf. So erklärte der in den 1930er Jahren vor Hitlers antisemitisch motivierter Diskriminierungspolitik nach Südafrika geflohene Rudolf Jordan im *ZDF-Magazin*, der Westen solle Südafrika helfen, sich von der Apartheid abzukehren.[411]

Löwenthal wünschte, Europa solle »Südafrika auf seinem Weg zu mehr Gleichberechtigung aller Bevölkerungsgruppen« zu ermuntern. Das aber sollte »aus einer Position der freundschaftlichen Verbundenheit heraus erfolgen und nicht aus einer feindseligen Überheblichkeit«. Er zählte im gleichen Zeitungsartikel verschiedene Wendepunkte der südafrikanischen Politik auf: die parlamentarische Vertretung von Farbigen und Indern sowie die Waffenstillstandsabkommen Südafrikas mit seinen nördlichen Nachbarn.[412] Damit stellt Löwenthal fest, dass in Südafrika ein Reformprozess zugunsten der Nicht-Weißen, zunächst einmal der Asiaten und Mischlinge, im Gang war. Mit dieser Einstellung unterschied er sich von Bundesaußenminister Genscher, der »Apartheid« als nicht reformierbar betrachtete. Löwenthal sah zugleich den Abbau der Rassentrennung als durchaus weitgediehen an. Sein Wort von den »Bevölkerungsgruppen« verlangt besondere Aufmerksamkeit. Denn er meinte damit nicht »die Schwarzen« und »die Weißen«. Im Gegenteil:

»Südafrika ist ein Vielvölker(stämme)staat. Es gibt im politischen Sinne keine Mehrheiten. Es gibt d i e schwarze Mehrheit nur im Sinne der Hautfarbe. Aber welche himmelweiten Unterschiede gibt es zwischen den einzelnen schwarzen Stämmen! Zulus und Xhosas hassen sich. Es gibt für Südafrika keine e i n f a c h e n Lösungen. Wer von d e n Schwarzen und/oder d e n Weißen redet, decouvriert sich als Ignorant oder demagogischer Ideologe.«[413]

Einen weiteren Vorzug Südafrikas nannte Löwenthal im *ZDF-Magazin*: Es war kein totalitärer Staat, im Unterschied zu den Mitgliedern des Warschauer Pakts. In einem

410 Vgl. Schreiben der südafrikanischen Botschaft vom 20.2.1989 an Löwenthal; ACDP, NL Löwenthal, 01-763-091.

411 Vgl. Anmoderation und Interview Löwenthals mit Dr. Rudolf Jordan: Reformer brauchen Vertrauen, *ZDF-Magazin* vom 25.6.1986; ACDP, NL Löwenthal, 01-763-014.

412 Vgl. Gerhard Löwenthal: Bothas Besuch in Bonn. Südafrikanische Realpolitik, in: WNZ, 2.6.1984. ACDP, NL Löwenthal, 01-763-018.

413 Notizen Löwenthals, ohne Datums- und Ortsangabe, möglicherweise auf einer Südafrika-Reise März 1988 entstanden; ACDP, NL Löwenthal, 01-763-091.

Beitrag vom 30. April 1986 hoben tschechische Einwanderer hervor, dass sie aus einem totalitären Staat in ein Land kommen, wo sie sich selbst verwirklichen und wo auch Schwarze bei entsprechenden Anstrengungen wirtschaftlich erfolgreich sein können.[414] Die wirtschaftliche und soziale Lage der Schwarzen sei nicht durchweg vom Elend gekennzeichnet: Soweto sei kein Slum, sondern »die größte Baustelle Südafrikas«, in der sich zumindest bescheidener Wohlstand leicht nachweisen ließe.[415]

Dem gewaltsamen Widerstand setzte Löwenthal die Aussagen der auf friedliche Überwindung des Apartheid-Systems setzenden Schwarzen entgegen. So präsentierte er den »Betroffenen« Lucas Mangope, Präsident des Homelands Bophutatswana, als »schwarze Stimme der Vernunft« (Titel des Beitrags im *ZDF-Magazin*). Mangope sei, so Löwenthal, als Gegner von Boykottmaßnahmen und Investitionsstops im Einklang mit der »großen Mehrheit der gemäßigten schwarzen Führer im südlichen Afrika« – eben jene, die schlechtere Zugangschancen zu den Medien haben als Gewaltprediger.[416] Anstelle der gewaltsamen »Befreiungsbewegung« ANC gab Löwenthal den auf friedliche Änderungen bedachten Schwarzen Mangosuthu Buthelezi und Salomon Rhatebe (Minister des Homelands Bophuthatswana) die Möglichkeit, ihre Einstellungen im Interview zu erklären.[417] Buthelezi wandte sich bereits im *ZDF-Magazin* am 17. Oktober 1984 gegen die Forderung, südafrikanische Produkte zu boykottieren. Löwenthal verstärkte in seiner abschließenden Moderation die Aussage Buthelezis, »dem das Wohl seiner Menschen am Herzen liegt und der auf einen friedlichen Wandel im Zusammenleben der ethnischen Gruppen in Südafrika setzt«, mit dem Hinweis auf die »doppelte Moral« der Boykott-Befürworter, die Wirtschaftssanktionen gegen kommunistische Staaten ablehnten und den Niedergang nach dem gewaltsamen Systemwechsel in Rhodesien/Zimbabwe ignorierten. Als Christ lehnte Buthelezi Gewalt grundsätzlich ab, wie er gegenüber Löwenthal erklärte.[418] In ähnlicher Weise verurteilte der katholische Erzbischof Denis Eugen Hurley (Durban), von Löwenthal befragt, Gewalt als Mittel der Politik.[419] Demgegenüber ließe sich aber fragen, ob diese

414 Vgl. angekaufter Film der tschechischen Bürgerrechtler Vladimir Skutina und Jindrich Bernhard sowie An- und Abmoderation Gerhard Löwenthals; Unternehmensarchiv des ZDF, Bestand *ZDF-Magazin*, Ordner Nr. 54, Sendung vom 30.4.1986.

415 Vgl. Beitrag: Schwarze Siedlung Soweto kein Slum sowie An- und Abmoderation Löwenthals; Unternehmensarchiv des ZDF, Bestand *ZDF-Magazin*, Ordner Nr. 52, Sendung vom 9.1.1985.

416 *ZDF-Magazin*-Beitrag in der Sendung vom 27.11.1985, vgl. Produktionsnachweis; An- und Abmoderation Löwenthals ist archiviert; ACDP, NL Löwenthal, 01-763-014. Mangope war ab 1972 Chief Minister und ab 1977 Präsident des nur von Südafrika als unabhängiger Staat anerkannten Homeland Bophutatswana.

417 Sendung vom 21.8.1985, vgl. Produktionsnachweise.

418 Vgl. Buthelezi-Interview und Löwenthals Moderation vom 17.10.1984 ist vollständig archiviert; ACDP, NL Löwenthal, 01-763-004; ebenfalls in: Unternehmensarchiv des ZDF, Bestand *ZDF-Magazin*, Ordner Nr. 51, Sendung vom 17.10.1984.

419 *ZDF-Magazin*-Beitrag, archiviert; ACDP, NL Löwenthal, 01-763-091.

schwarzen Stammeshäuptlinge nicht von der weißen Regierung stark abhängig, vielleicht sogar »gekauft« waren, denn ihre *homelands* konnten ohne oder gar gegen Pretorias Wohlwollen nicht existieren.

Mit heftigen Worten bemängelte Löwenthal, dass »schwarze Terroristen-Organisationen mit unseren Steuergeldern« unterstützt werden.[420] Im Übrigen seien ANC und SWAPO »kommunistisch gesteuert«, also von der Sowjetunion abhängig – wie es auch der ehemalige Kommunist Bartolomew Hlapane als »Kronzeuge« vor einem amerikanischen Kongress-Untersuchungsausschuss darlegte, dessen Auftritt Löwenthal sowohl 1983 als auch 1985 ausschnittsweise in einem Beitragsfilm im *ZDF-Magazin* zeigte.[421] So sah Löwenthal den Ost-West-Konflikt, genauer: den politisch-messianischen Anspruch der UdSSR und ihrer Verbündeten, weltweit den Klassenkampf zu schüren oder zumindest zu unterstützen, in Südafrika und den benachbarten Staaten verwirklicht. Bezeichnend, dass Löwenthal auf *Ostberlins Brückenköpfe in Afrika*, so der Titel eines Beitrags von Helmut Kamphausen, hinwies: Gemeint war die Beratertätigkeit von DDR-Offizieren beim »Aufbau und der Kontrolle der Geheimdienste, der Polizei und des Gefängniswesens«. Außerdem sei Ostberlin aufgrund der internen Aufgabenverteilung im Ostblock für Waffenlieferungen an afrikanische Staaten zuständig«[422]. Folgt man dem Politikwissenschaftler Werner Kaltefleiter, war Löwenthal mit seiner Linie, die Meinung gemäßigter schwarzer Häuptlinge in die Debatte einzubeziehen, auf dem richtigen Weg: Die Stammeszugehörigkeit beeinflusse die Wahlentscheidung stark, Buthelezi könne mit mindestens jeder vierten Stimme der Schwarzen rechnen, Bischof Tutu und selbst Nelson Mandela blieben hingegen wohl unter fünf Prozent. Spätestens seit 1990 wissen wir allerdings, dass dies ein Irrtum war, denn der ANC verzeichnet seitdem in den gesamt-südafrikanischen Wahlen regelmäßig etwa zwei Drittel der Wählerstimmen.[423]

Dass *Südafrika auf dem Weg zum Frieden* sei (Titel des Beitrags vom Löwenthal im *ZDF-Magazin* vom 13. Juni 1984), bewahrheitete sich nur für die auswärtigen und nicht für die innerstaatlichen Beziehungen; Löwenthal bezog sich auf die südafrikanische Außenpolitik gegenüber den bislang strikt feindlichen Nachbarstaaten mit dem Ziel, die Stützpunkte des ANC in Mosambik und der SWAPO in Angola aufzulösen, und gutnachbarschaftliche Beziehungen in der Region des südlichen Afrika zu

420 Löwenthals Vortrag in Tutzing, 28.1.1978, S. 19; ACDP, NL Löwenthal, 01-763-026.

421 Vgl. *ZDF-Magazin*-Beitrag: Schwarzer Terror von Moskau gesteuert; ACDP, NL Löwenthal, 01-763-014.

422 Abmoderation zu: Ostberliner Brückenköpfe; Unternehmensarchiv des ZDF, Bestand *ZDF-Magazin*, Ordner Nr. 42, Sendung vom 30.1.1980.

423 Vgl. Werner Kaltefleiter: Reform oder Umsturz? Wie es um Südafrikas Lage wirklich steht, in: *Die politische Meinung*, 30. Jahrgang (1985), Heft 222, S. 30–35.

schaffen.[424] Mochten diese zwischenstaatlichen Beziehungen die Waffen direkt an den Grenzen schweigen lassen, so blieb in Südafrika selbst die Gewalt vor allem in den Townships bestehen.

Eben diese Gewalt, und v. a. die Polizeigewalt gegen Schwarze, bildeten das Hauptthema der politischen Medien hierzulande im Zusammenhang mit Südafrika. Der *Spiegel*, der als meinungsbildendes Medium für sein Publikum, für Journalisten und Politiker einen sehr hohen Rang einnahm und einnimmt, bezog eine Position, die sich von Löwenthals Einstellung klar unterschied: Erstens bezeichnete der *Spiegel* Präsident Botha nur wenige Male in einer frühen Phase als Reformer, viel häufiger aber als jemanden, der in ultra-konservativer Tradition stehe und seine Reform-Ansätze bald wieder vergessen habe.[425] Zweitens kamen diejenigen zu Wort, die die Beseitigung der Apartheid unter Einbeziehung von Wirtschaftssanktionen forderten und dabei nicht etwa gemäßigte Experten und Politiker, sondern den ANC stützten.[426] So verzichtete der *Spiegel* darauf, Buthelezi zu interviewen, obwohl sich dieser wiederholt in Europa aufhielt. Löwenthal konnte sich fast ausschließlich auf die Einschätzung Kaltefleiters stützen, der Südafrika auf einem guten Weg sah, die Aufhebung diskriminierender Gesetze hervorhob und daher Sanktionen strikt ablehnte.[427] Der Historiker Jörg Fisch (stellvertretend für viele Politik- und Geschichtswissenschaftler) bemerkte zwar große Veränderungen verglichen mit der Hoch-Zeit der Apartheid, war sich aber sicher, dass die Botha-Regierung durch alle Verfassungsänderungen (die die Schwarzen weiterhin ausschlossen, nur die Mischlinge und Inder integrierte) den Kern der weißen Vorherrschaft erhalten wollte.[428]

Das *ZDF-Magazin* sendete unter Löwenthals Redaktionsleitung, den Produktionsnachweisen zufolge, 15 Beiträge über die Republik Südafrika[429] (einschließlich Wie-

424 Beitrag im *ZDF-Magazin* vom 13.6.1984 ist archiviert im ACDP, NL Löwenthal, 01-763-004.

425 Von »vorsichtiger Reform« und einer »zaghaften Apartheidsreform« ist im *Spiegel* angesichts des auf Inder und Mischlinge erweiterten Wahlrechts die Rede (*Der Spiegel* 36/1984, S. 16 ff.).

426 Nehmen wir das Jahr 1985 als Vergleichszeitraum. Der Präsident des ANC, Oliver Tambo, konnte seine Meinungen im *Spiegel*-Gespräch, *Der Spiegel* Nr. 33/1985, S. 88, kundtun, ebenso Bischof Desmond Tutu als ANC-Anhänger und Sanktionen-Befürworter (Spiegel Nr. 49/1985, S. 148). Die Regierung kam mit Polizeiminister LeGrange zu Wort (Nr. 9/112), das Gespräch war durch Konfrontation gekennzeichnet.

427 Vgl. Werner Kaltefleiter: Reform oder Umsturz? Wie es um Südafrikas Lage wirklich steht, in: *Die politische Meinung*, 30. Jahrgang (1985), Heft 222, S. 30–35.

428 Jörg Fisch: Geschichte Südafrikas, München: dtv, 1990, S. 346 ff. und 362 ff.

429 ZDF-Magazin-Beitrag Schwarzer Terror, Teil 1 und 2: Interview Kosonguizi, 1.6.1983, Autor jeweils C.P. Clausen. Weitere Beiträge: Südafrika auf dem Weg zum Frieden, 13.6.1984, Autor: G. Löwenthal. Schwarzer Führer gegen Südafrika-Boykott – Interview Buthelezi, 17.10.1984, Autor: G. Löwenthal; ACDP, NL Löwenthal, 01-763-004. Schwarze Siedlung Soweto kein Slum. Soweto – größte Baustelle Südafrikas; 9.1.1985, Autor: C.P. Clausen. Südafrika im Blickpunkt – Interview Prof. Kunert, 21.8.1985, Autor: U. von Kampen. Anmoderation Löwenthals dazu; ACDP, NL Löwenthal, 01-763-014. ANC/SWAPO kommunistisch gesteuert, Interview Hlapane,

derholung von Beiträgen oder Ausschnitten aus Beiträgen) sowie vier Beiträge über Namibia und drei Beiträge über Angola.[430]

Insgesamt unterschied sich der Journalist Löwenthal bezüglich Südafrika von der Mehrheit seiner deutschen Berufskollegen, die sich mit diesem Thema beschäftigten: Er holte kompetente Personen, die dem ANC widersprachen oder aus einer anderen Sicht die politische Wirklichkeit kommentierten, vor die Kamera: insbesondere Buthelezi. Demgegenüber kamen in den Nachrichtensendungen des öffentlich-rechtlichen Fernsehens, so Löwenthal, meistens »Erzbischof Desmond Tutu, Reverend Alan Boesak, die Herren Beyers, Naude, Wolfram Kistner, Oliver Tambo und Winnie Mandela« kommentierend zu Wort: »bei Licht besehen sind das genau die Kräfte, die man dem ANC, der UDF [außerparlamentarisches Oppositionsbündnis] und der SACP [Kommunistische Partei] zuordnen muß; aber auch einige Gewerkschaftsfunktionäre sind zur Sprache gekommen«. Ebendiese verträten aber nicht die Mehrheitsmeinung unter den Schwarzen. Denn diese seien einer Emnid-Umfrage zufolge zu 70 bis 75 Prozent für eine Machtbeteiligung von Schwarz und Weiß, die auf friedlichem Wege durch Verhandlungen herbeizuführen sei. Nur rund 25 Prozent der befragten Schwarzen seien für einen gewaltsamen Übergang einschließlich politischer Streiks. Daraus lässt sich schließen, dass Löwenthal in der Endphase der Präsidentschaft Bothas eher mit der Mehrheitsmeinung der Schwarzen in Südafrika übereinstimmte als seine Kollegen, die offenbar die radikalen Kräfte den Gemäßigten wie Buthelezi vorzogen – die reformerischen Südafrikaner kamen sehr selten in den deutschen Medien zu Wort, im Gegensatz zum ANC und seinen Fürsprechern.[431]

Um sich Meinungen zu bilden, informierte sich Löwenthal in einem breiten Spektrum. Dies lässt sich anhand der nachgelassenen Quellen rekonstruieren. Monographien terroristischer oder kommunistischer Herkunft (ANC, Südafrikanische KP)

21.8.1985; Autoren: C.P. Clausen, G. Löwenthal. Interview Buthelezi, 21.8.1985, Autor: G. Löwenthal. Bophutatswana – acht Jahre nach der Unabhängigkeit – Interview Minister Salomon Rhatebe, 21.8.1986, Autor: C.P. Clausen. Südafrika: Schwarze Stimme der Vernunft: Interview Mangope, 27.11.1985, Autor: G. Löwenthal. Tschechen fanden Freiheit in Südafrika, Autor: V. Skutina (Ankauf), 30.4.1986, Autor: V. Skutina. Südafrika: Reformer brauchen Vertrauen, Interview Dr. Jordan, 25.6.1986. Sanktionen gegen Südafrika sinnvoll?, Interview Ronald Miller; Erklärstück Südafrika, 6.8.1986, beide Beiträge von Löwenthal selbst. Kirche und Südafrika I und II, 24.6.1987, Autor: M. Stroh.

430 Savimbis Kampf um Freiheit in Angola, 30.4.1984, Autor: G. Löwenthal. Freiheitsbewegung in Angola kampfbereit, 9.7.1986, Autor: G. Löwenthal. Angola: UNITA-Chef Savimbi appelliert an Europa, 12.11.1986, Autor: G. Löwenthal.

431 Vgl. Michael Stroh: Südafrika, wie es im Fernsehen kaum vorkommt, in: Bürger fragen Journalisten e.V. (Hrsg.): Südafrika. Berichterstattung in den deutschen Medien (III. Erlanger Medientage), Erlangen 1988, S. 67–75. Stroh, der zahlreiche Beiträge zu unterschiedlichen Themen für das *ZDF-Magazin* verfaßte, macht allerdings keine genaueren Angaben zu Wortlaut und Repräsentativität der Befragung.

sowie Broschüren, die Gewalt und politischen Radikalismus verteidigen, fehlen hingegen, und auch von der rechten Opposition (Konservative Partei, Herstigte Nasionale Partei), die für die strikte Apartheid vergangener Zeiten eintrat, hat Löwenthal keine Publikationen bezogen. Vielmehr finden sich im Nachlass Hintergrundinformationen wie die zweibändige Anthologie *Südafrika – Krise und Entscheidung*[432], die Beiträge aller wichtigen südafrikanischen politischen Gruppen enthält. Die beiden Bände beinhalten zunächst Aufsätze zu grundlegenden geographischen, historischen und soziologischen Fragen, daneben die Stellungnahmen der politisch relevanten Gruppen einschließlich der auf Reformen setzenden Regierung Botha. Der Sammelband *Brücken über die Apartheid* von Thomas Kruchem enthält ebenfalls die unterschiedlichen Meinungen zur Lage Südafrikas 1985, wobei hier aber neben Theologen, Wirtschaftsführern, Gewerkschaftsfunktionären, Wissenschaftlern und Journalisten »kleine Leute« wie eine weiße Sekretärin, eine schwarze Lehrerin, schwarze Studenten und andere ihre Haltung erläutern. Aufsätze von Wissenschaftlern und Journalisten, nicht aber die Stellungnahmen von radikalen Schwarzen oder Weißen finden sich in dem Sonderheft der *Politischen Studien*, der Zeitschrift der CSU-nahen Hanns-Seidel-Stiftung, aus dem Jahre 1986. Die Publikation bietet wiederum vor allem Hintergrundinformationen. Nicht ein bedingungsloser Umsturz, sondern ein Ausgleich wird favorisiert: »Den Weißen, jedenfalls allen vernünftig Denkenden, ist inzwischen klar geworden, daß sich 23 Millionen Schwarze nicht von vier Millionen Weißen und Indern regieren lassen. Die Apartheid wird und muß aufgehoben werden. Der Streit geht um die konkreten Schritte, die zu einem fairen, von allen Beteiligten akzeptierten Frieden am Kap der Guten Hoffnung führen. Entweder-Oder-Lösungen gibt es nicht; es gibt auch keine raschen Lösungen.«[433] Grundlegende Informationen boten ihm die Veröffentlichungen aus dem Schweizer Verlag Protea: Die Kritik an den vielfach geforderten Wirtschaftssanktionen (sie seien »kontraproduktiv«) und ihren dort als doppelzüngig charakterisierten Wortführern wie Erzbischof Tutu hat er bezeichnenderweise unterstrichen.[434] Einige weitere Broschüren nehmen explizit gegen Sanktionen Stellung[435], andere heben die kommunistische Unterwanderung und die terroristischen Metho-

432 Bayerische Landeszentrale für politische Bildungsarbeit (Hrsg.): Südafrika. Krise und Entscheidung. München 1987.

433 Johannes Hempel: Editorial. In der Wagenburg überleben, in: *Politische Studien*, S. 1 f., hier S. 2.

434 Pio Eggstein: Südafrika 1988/89. Tatsachen – Entwicklungen – Hintergründe. Flaach (Schweiz), 1989, dort vor allem S. 38 ff. Ulrich Schlüer: Südafrika im Umbruch. Eine politische Bestandsaufnahme. Flaach 1990.

435 Günther L. Karcher: Sanktionen gegenüber Südafrika – Versuch einer Versachlichung der Diskussion (Deutsche Afrika-Stiftung, Heft 54), Bonn, o. J.; Henry Puhe/Klaus Peter Schöppner: Boykotte und Sanktionen. Die Meinung der südafrikanischen Früchtearbeiter (Schriftenreihe des Mittelstands-Instituts Niedersachsen, Nr. 19/88), Hannover 1988. Clarion Call, Vol. 3, 1988; David Hoile: Understanding Sanctions, London 1988.

den des ANC und der SWAPO hervor[436]. Mehrere Ausgaben der Zeitschrift deutscher Staatsbürger mit südafrikanischem Wohnsitz, *WIR in Südafrika* finden sich im Nachlass – deren Ziel war die Verbreitung günstiger Nachrichten über Südafrika, verbunden mit einer oft polemischen Kritik an den ANC-freundlichen Kirchenvertretern und an der marxistischen Fundamentalopposition gegen die Rassentrennung – ohne dass sie aber eine Neuauflage der Rassentrennung offen propagiert hätte. Löwenthal rezipierte ferner die Öffentlichkeitsarbeit der südafrikanischen Botschaft[437] in Bonn und der südafrikanischen Generalkonsulate in Deutschland[438] sowie die Broschüren der Deutsch-Südafrikanischen Gesellschaft e.V.

Nicht zuletzt konnte sich Löwenthal auf die Einschätzungen seines Freundes Franz Josef Strauß[439] stützen, der wiederum als einer der ganz wenigen »westlichen« Politiker bei Pieter Willem Botha in hohem Ansehen stand, die Burenrepublik mehrfach besuchte und ebenfalls auf einen schrittweisen friedlichen Abbau der Apartheid setzte.

Bezüglich Namibia holte Löwenthal ein Regierungsmitglied vor die Kamera, das keiner der von der UdSSR unterstützten Organisationen angehörte. Dieser Politiker widersprach dem immer wieder von den hiesigen Medien suggerierten Eindruck, die South West Africa's People Organisation sei als »Befreiungsorganisation« die legitime Vertreterin der Bevölkerung von Namibia: Pfarrer Peter Kalangula erklärte weiterhin, die deutsche Öffentlichkeit und vor allem die Evangelische Kirche in Deutschland seien sehr einseitig informiert und bevorzugten die SWAPO. Diese hatte die Wahlen boykottiert, um – so Kalangulas Meinung – eine Niederlage zu vermeiden. Wie üblich, konfrontierte Löwenthal den Interviewpartner mit Behauptungen seiner Gegner, um ihm Gelegenheit zur Verteidigung zu geben: Handelte es sich bei der namibischen Regierung um ein Marionetten-Regime an den Fäden Südafrikas?[440]

436 Henning von Löwis of Menar: Der Afrikanische National-Kongress (ANC) – Moskaus Speerspitze gegen Südafrika (Deutsche Afrika-Stiftung Schriftenreihe, Heft 40), Bonn 1986; Uwe Vogel/Günter Poser: Afrika und die deutsche Sicherheit (hrsg. von der Deutschen Afrika-Stiftung), Bonn 1980.

437 Südafrikanische Botschaft: Das ist Südafrika, Bonn 1989.

438 Südafrikanisches Generalkonsulat: Der Ausnahmezustand in Südafrika, o. J.; dass.: Das Arbeitsrecht in Südafrika, o. J.; dass.: Das Bildungswesen für Schwarze in Südafrika, o. J.; dass.: Wirtschaftliche Entwicklungen der schwarzen Völker Südafrikas, o. J.; dass.: Kinder und Jugendliche in Haft, o. J.; Konsulat der Republik Südafrika, Frankfurt (Hrsg.): Perspektiven über Südafrika, 1989.

439 In einem Brief an Löwenthal vom 27.7.1987 lobte ihn Strauß eingehend für seine im Magazin geäußerte Einstellung über Südafrika; ACDP, NL Löwenthal 01-763-049.

440 Vgl. *ZDF-Magazin*-Beitrag: Namibia-Vertreter schreibt an evangelischen Pfarrer (Kalangula), 23.9.1981, Autor: G. Löwenthal; ACDP, NL Löwenthal, 01-763-012. SWAPO-Terror in Namibia, 30.5.1984, Autor: C.P. Clausen, Hungerkatastrophe in Südwestafrika/Namibia, 8.8.1984, Autor: C.P. Clausen. Namibia: Schwarze Anti-Terror-Truppe gegen SWAPO, 28.5.1986, Autor: A. Niemetz.

In der *ZDF Magazin*-Sendung vom 30. Mai 1985 war Löwenthal mit einem Beitrag aus Angola im Gespräch mit Jonas Savimbi, dem einst anti-kolonialen und seit 1975 antikommunistischen, von Amerika unterstützten Guerillaführer, zu sehen. Ziel der UdSSR, so Savimbi, sei die Kontrolle über Südafrika. Da der Präsident Südafrikas, Botha, eine Verständigungspolitik gegenüber seinen Nachbarstaaten begonnen habe, seien seine Initiativen zu unterstützen. Der Westen solle nicht wieder, wie 1975, »schlafen«, sondern »die Sowjets aufhalten«. In diesem Sinne ruft Savimbi auf, in »globalen strategischen Kategorien« zu denken, und die UdSSR im südlichen Afrika ebenso wie in Polen oder Afghanistan als Feind zu betrachten. In der Abmoderation wünschte sich Löwenthal »häufiger so klare Worte«, wie er sie nun von Savimbi gehört habe.[441]

In einem Magazin-Beitrag vom 12. November 1986 anlässlich der Europa-Reise Jonas Savimbis kommentierte Löwenthal dessen Kritik an der Anwesenheit (vor allem) kubanischer Truppen in Angola und dessen Plädoyer für einen friedlichen Abbau der Apartheid mit den Worten: »Eine Stimme der Vernunft, ein Afrikaner, der um die Schwierigkeiten der Probleme im südlichen Afrika genau weiß, der für die Unabhängigkeit seines Volkes kämpft, dessen Worte in Europa gehört werden und dessen Ringen um Freiheit und Selbstbestimmung unterstützt werden muß.«[442]

So stellte sich Löwenthal unmissverständlich auf die antikommunistische Seite in den Stellvertreterkriegen der Dritten Welt. Das Interesse Löwenthals am südlichen Afrika lässt sich mit den reichhaltigen Rohstoffen, die im Falle einer kommunistischen Machtübernahme (nach dem Muster von Angola und Mosambik) für den Westen schwer zu ersetzen seien[443], erklären, wohl auch mit der Befürchtung, die Nachbarstaaten könnten sich dann ebenfalls an der UdSSR orientieren. So sah Löwenthal die Auseinandersetzungen in und um das südliche Afrika, auch schon den antikolonialen Kampf der Frelimo (Befreiungsfront Mosambiks) gegen die Kolonialmacht Portugal[444], zu einem wesentlichen Teil durch die Brille des Ost-West-Konflikts: was angesichts der Rolle der kommunistischen Bewegungen, der Waffenlieferungen aus der UdSSR an die angolanische Bürgerkriegspartei MPLA und den dort eingesetzten kubanischen Truppen auch nachvollziehbar ist.

Mit seiner Warnung vor sowjetischen und kubanischen Einfluss in den vom portugiesischen Kolonialmutterland gelösten Gebieten lag Löwenthal nicht falsch. Henning

441 Vgl. Gerhard Löwenthal: Savimbis Kampf für Freiheit in Angola (Manuskript eines *ZDF Magazin*-Beitrags vom 30.4.1984) ; ACDP, NL Löwenthal, 01-763-004.

442 Gerhard Löwenthal: UNITA-Chef Savimbi appelliert an Europa (Interview); ACDP, NL Löwenthal, 01-763-014.

443 Gerhard Löwenthal: Die Bedrohung der Freiheit (ohne Datum), S. 7; ACDP, NL Löwenthal, 01-763-009.

444 Vgl. An- und Abmoderation zu: Lutheraner; Unternehmensarchiv des ZDF, Bestand *ZDF-Magazin*, Ordner Nr. 16, Sendung vom 2.6.1971.

von Löwis of Menar beschrieb im Jahre 1977, wie wertvoll die Unterstützung der DDR für die Befreiungsbewegungen der Ex-Kolonien sei: Ostberlin schickte medizinisches und militärisches Fachpersonal, sandte Güter, und bildete Afrikaner aus. [445]

Einstellung zu Afghanistan

Afghanistan als moslemisch-traditionalistisch geprägtes Land in Innerasien, das kaum beachtet war von der Öffentlichkeit Westeuropas und Amerikas, spielte vor 1980 für Gerhard Löwenthal überhaupt keine Rolle: Es tauchte in seinem journalistischen Werk nicht auf. Warum? Zum einen zwang die halbierte Sendezeit des *ZDF-Magazins* seinerzeit zu einer Konzentration auf die Kernthemen Deutschlandpolitik, Terrorismus, Schulpolitik, während das wöchentlich ausgestrahlte *Auslandsjournal* des ZDF bei weitem stärker auf die Staaten der Dritten Welt mit ihren inneren Konflikten und Modernisierungsversuchen eingehen konnte. Zum anderen wuchs der sowjetische Einfluss in Afghanistan eher schleichend und von der deutschen Öffentlichkeit so gut wie unbemerkt. So blieb der gewaltsame Systemwechsel von König Sahir Schahs Monarchie zu Präsident Mohammed Dauds Republik im Jahre 1973 in Europa weitgehend ohne Echo. Daud versuchte ab 1975 immer stärker, sein (noch) blockfreies Land aus der Abhängigkeit von der UdSSR zu befreien, die er selbst zuvor gefördert hatte. Nach einer Verhaftungswelle gegen linke Oppositionelle gelangte am 27. April 1978 die Demokratische Volkspartei Afghanistans, eine kommunistische Organisation, durch einen blutigen Putsch an die Macht. War dieser Putsch von langer Hand durch die Sowjetunion vorbereitet worden, oder geschah er eher spontan, um die inhaftierten Gesinnungsgenossen vor der Hinrichtung zu bewahren? Diese Frage ist wohl nicht eindeutig zu beantworten. Jedenfalls stießen die neuen Machthaber in den folgenden anderthalb Jahren auf den Widerstand großer Teile des Volkes; zahlreiche Afghanen flohen seinerzeit in das benachbarte Pakistan. Die Regierung hatte Mühe, das Land zu beherrschen: Aufständische kontrollierten 23 von 28 Provinzen. Gleichzeitig kamen selbst nach Angaben des afghanischen Innenministeriums bis zum November 1979 12.000 Menschen alleine in den Gefängnissen von Kabul zu Tode. Im Sommer 1979 begann die Unterstützung traditionalistischer, antikommunistischer Kräfte durch die CIA, die nach Auffassung des amerikanischen Nationalen Sicherheitsberaters Zbigniew Brzezinski eine sowjetische Besetzung des Landes herbeifüh-

445 Vgl. Henning von Löwis of Menar: Das Engagement der DDR im Portugiesischen Afrika, in: *Deutschland-Archiv*, 10. Jahrgang (1977), Heft 1, S. 32–42. Ders.: Solidarität und Subversion. Die Rolle der DDR im südlichen Afrika, in: *Deutschland-Archiv*, 10. Jahrgang (1977), Heft 6, S. 643–648.

ren sollte: Die UdSSR solle in einen Guerillakrieg ähnlich dem früheren Vietnamkrieg gezogen werden[446], in der Hoffnung, dass der moslemische Süden der Sowjetunion dadurch destabilisiert werde. Nach angeblichen »Hilferufen« der regierenden, aber in zwei verfeindete »Fraktionen« gespaltenen Kommunisten schickte Leonid Breschnew am 27. Dezember 1979 Kampftruppen: Löwenthal nannte dies »Überfall«[447]. Zugleich ersetzte Breschnew Präsident Hafisullah Amin durch Babrak Karmal, den Vertreter des bislang von der Regierung ausgeschlossenen KP-Flügels. Mehrfach forderte die UNO-Vollversammlung den Abzug der sowjetischen Truppen, der erst im Frühjahr 1988 erfolgte. Im Lande selbst verstärkte sich der Widerstand derart, dass die durchaus heterogenen Rebellengruppen 80 Prozent des Landes beherrschten und sich die Regierung nur in den großen Städten halten konnte (in denen es allerdings auch zu Kampfhandlungen kam). Über zwei Millionen Afghanen waren bis 1983 in die Nachbarländer Iran und vor allem nach Pakistan geflohen.[448]

Nachdem Afghanistan zum Schauplatz eines Stellvertreterkrieges geworden war, strahlte das *ZDF-Magazin* 60 Beiträge über dieses Land aus.[449] Davon waren 20 Beiträge von Löwenthal alleine (meist Interviews) oder von Löwenthal zusammen mit einem Redakteur verfasst.[450] Erstmals kam er am 2. Januar 1980, fünf Tage nach der Invasion, auf Afghanistan zu sprechen. 1985 suchte er selbst Widerstandskämpfer in Afghanistan auf und stellte darüber einen Beitrag für das *ZDF-Magazin* her (im Vorfeld dürfte ihn der befreundete CDU-Politiker Jürgen Todenhöfer beraten haben, der 1980 Afghanistan aufsuchte). Er zeigte die Zerstörungen durch Bomben in Dörfern und Feldern sowie Minenopfer in einer grenznahen pakistanischen Klinik in Peshawar. Löwenthal fragte einen Afghanen, was die Einheimischen »am dringendsten von

446 www.mixprox.de/USA speziell/brzezinski zu Afghanistan.htm; Andreas von Bülow: »Das sind Spuren wie von einer trampelnden Elefantenherde« (Interview). Online im Internet: www.uni-kassel.de/fb5/frieden/themen/Terrorismus/von buelow.html.

447 Anmoderation zu: US-Admiral warnt den Westen; Unternehmensarchiv des ZDF, Bestand *ZDF-Magazin*, Ordner Nr. 42, Sendung vom 30.1.1980; Anmoderation zu: Sowjetischer Vernichtungskrieg in Afghanistan; Unternehmensarchiv des ZDF, Bestand *ZDF-Magazin*, Ordner Nr. 51, Sendung vom 17.10.1984; ebenso: Anmoderation zu: Afghanistan im Norden; Unternehmensarchiv des ZDF, Bestand *ZDF-Magazin*, Ordner Nr. 52, Sendung vom 9.1.1986; Anmoderation zu: Sowjetischer Vernichtungskrieg in Afghanistan; Unternehmensarchiv des ZDF, Bestand *ZDF-Magazin*, Ordner Nr. 51, Sendung vom 12.12.1984. Anmoderation zum Beitrag *Außenpolitik korrigieren*; Unternehmensarchiv des ZDF, Bestand *ZDF-Magazin*, Ordner Nr. 57, Sendung vom 23.12.1987.

448 Vgl. G. Moltmann: Die politische Entwicklung von 1973 bis 1983, in: Paul Bucherer-Dietschi/Christoph Jentsch (Hrsg.): Afghanistan. Ländermonographie. Liestal 1986, S. 263–301.

449 Laut Produktionsnachweisen. Beim ersten Beitrag am 9.4.1980 handelte es sich um ein Gespräch Löwenthals mit einem englischen Journalisten, der Afghanistan bereist hatte. Siehe Unternehmensarchiv des ZDF, Bestand *ZDF-Magazin*, Ordner Nr. 42, Sendung vom 9.4.1980.

450 Vgl. Produktionsnachweise.

den westlichen Hilfsorganisationen brauchen«. Nicht nur als Berichterstattung, sondern als Akt der Solidarität kann dieser Beitrag verstanden werden. Seine Relevanz wird ersichtlich, dass Löwenthal als Redaktionsleiter die lebensgefährliche Reise auf sich nahm. Seine Motivation führte er in der ihm eigenen Offenheit auf:

»Man kann das ganze Elend – Not, Tod und Verzweiflung des sowjetischen Krieges in diesem Lande – nur dann ermessen, wenn man einmal ein paar Tage mit den Freiheitskämpfern, den Mujahedin hier in den Bergen und Tälern Afghanistans unterwegs gewesen ist, immer wieder vorbei an zerbombten, zerstörten Dörfern, wo vor allem die Zivilbevölkerung, Kinder und Frauen und alte Leute am meisten zu leiden haben. Wenn man das einmal gesehen hat, dann weiß man, warum der Westen Afghanistan nicht vergessen darf und warum wir dazu verpflichtet sind, den Menschen, die mit einem unglaublichen Idealismus und einem unglaublichen Glauben an ihre Religion diesen Krieg hier führen, zu helfen. Zu schrecklich ist das, was einem hier auf Schritt und Tritt an Grausamkeiten begegnet.«[451]

Kennzeichnend ist, dass Löwenthal den Widerstand gegen die Besatzer als »Freiheitskampf« und die Guerilla dementsprechend als »Freiheitskämpfer« ansah. Häufig nannte er Spendenkonten zu humanitären Zwecken, speziell zugunsten der Flüchtlingslager.[452] Dafür und für die gezeigten Beiträge hat sich der Verein Union Aid for Afghan Refugees am 26. Juli 1987 herzlich in einem Schreiben an Löwenthal bedankt, ebenso der Verein für afghanische Flüchtlingshilfe am 26. Mai 1987.[453]

Immer wieder waren im *ZDF-Magazin* afghanische Augenzeugen des Krieges zu hören. So erklärte der afghanische Historiker Sayd Majrooh im Magazinbeitrag *Bürgerrechtler aus Ost und West werden aktiv* November 1980, eine halbe Million Afghanen sei bereits ums Leben gekommen und zwei Millionen Afghanen seien geflohen. Weiterhin nannte er die sowjetischen Waffen beim Namen: Gas, Bomben, Minen. Der Generalsekretär des Islamischen Rates zur Befreiung Afghanistans zeigte im Anschluss daran auf, dass die UdSSR mit dem Afghanistan-Krieg gegen sechs der zehn Grundprinzipien der KSZE-Schlussakte verstoßen hatte: angefangen mit der Verlet-

451 Löwenthal im *ZDF-Magazin*-Beitrag *Afghanistan heute* vom 3.4.1985; ACDP, NL Löwenthal, 01-763-092.

452 Von »Freiheitskämpfern« sprach Löwenthal im Zusammenhang mit den Mujaheddin grundsätzlich, so auch in seinen letzten Magazinsendungen am 9.12.1987 und 23.12.1987. Ebenso nannte er stets die Kontonummer für die humanitäre Hilfe, so zum Beispiel in Abmoderation Afghanistan, Sendung vom 2.4.1986; ACDP, NL Löwenthal, 01-763-014, und in seiner letzten Magazinsendung vom 23.12.1987. Vgl. Unternehmensarchiv des ZDF, Bestand *ZDF-Magazin*, Ordner Nr. 57. Auflistung der Afghanistan-Beiträge anhand der Produktionsnachweise im ACDP, NL Löwenthal, 01-763-092.

453 Vgl. Brief von Dr. T. Nassery; ACDP, NL Löwenthal, 01-763-092.

zung der territorialen Integrität und Souveränität aller Staaten und mit der Anwendung von Gewalt.[454]

Als Experten holte Löwenthal mehrfach den Konservativen Jürgen Todenhöfer MdB (CDU) ins Studio des *ZDF-Magazins*, dessen Aussagen mit seiner eigenen Einstellung zu Afghanistan sehr stark übereinstimmten. Todenhöfer forderte, »wir [müßten] den völkerrechtswidrigen Krieg in Afghanistan anklagen« mit all seinen Menschenverlusten, Vertreibungen und Fluchtbewegungen (was Löwenthal bekanntlich tat); Todenhöfer sprach von einer doppelten Moral des Westens, der früher gegen die amerikanische Kriegführung in Vietnam demonstriert habe und heute schweigt, und fragte nach der Verantwortung Gorbatschows.[455]

Als Rentner setzte sich Löwenthal weiterhin für die Afghanen ein: ein Indiz für die Relevanz, die er dem Thema beimaß. So beauftragte ihn die Mitgliederversammlung des Vereins für afghanische Flüchtlingshilfe (VAF) am 14. September 1987 zum Leiter des Projekts *Gläsernes Afghanistan*[456] ab dem 31. Dezember 1987, also nach Ende seiner hauptamtlichen Tätigkeit beim ZDF. In dieser Eigenschaft besuchte er 1988 zweimal Pakistan und einmal Washington. Er beabsichtigte eine enge Zusammenarbeit mit dem Afghan Media Resource Center (AMRC). Dieser war von der United States Information Service (USIS) begründet worden und konnte sich auf Finanzmittel stützen, die der amerikanische Senat (wohl als Anschubfinanzierung) zur Verfügung gestellt hatte. Einnahmen sollten im wesentlichen durch die internationale Vermarktung der journalistischen Beiträge erzielt werden, nachdem der VAF/Union Aid weitere 10.000 Mark für die Kameraausrüstung und ähnliches vorgeschossen hatte.[457] *Gläsernes Afghanistan* wurde insbesondere von Todenhöfer, der sich spätestens seit einer Afghanistan-Reise 1980 mit den Mujahedin solidarisch fühlte, in Gang gesetzt, weil er

454 Vgl. *ZDF-Magazin*-Beitrag vom 19.11.1980: Bürgerrechtler aus Ost und West in Madrid aktiv; ACDP, NL Löwenthal, 01-763-012.

455 Vgl. Interview Dr. Jürgen Todenhöfer in der *ZDF-Magazin*-Sendung vom 22.7.1987; ACDP, NL Löwenthal, 01-763-007.

456 Im Rahmen des Projekts *Gläsernes Afghanistan* wurden Afghanen an Kameras ausgebildet, um die Kriegsschäden in ihrer Heimat der Weltöffentlichkeit zeigen zu können. Vgl. Brief des Vereins afghanische Flüchtlingshilfe an Löwenthal vom 26.5.1987; ACDP, NL Löwenthal, 01-763-092; Franz Tartarotti: Gläsernes Afghanistan. Projektstruktur (27.3.1987); ACDP, NL Löwenthal, 01-763-092; VAF: Vorstandsbeschluss der außerordentlichen Mitgliederversammlung vom 4.4.1987 in Bonn über das Projekt: Gläsernes Afghanistan, in: ebd. Protokoll der Vorstandssitzung vom 1.5.1987, in: ebd.; Tartarotti: Projekt: Gläsernes Afghanistan. Stand: 31.12.1987, in: ebd. Gerhard Löwenthal: Report on Project »Gläsernes Afghanistan« (GA), ohne Datum und Unterschrift, doch Löwenthals Autorenschaft geht aus dem Zusammenhang (»my regular TV-Programm ›ZDF-Magazin‹«) hervor. Den Text faßte er nach seiner Reise nach Peshawar von Ende Februar 1988/Anfang März 1988 ab.

457 Vgl. Brief Löwenthals an Dr. N. Assad (Verein für afghanische Flüchtlingshilfe), Bonn, vom 15.9.1989; ACDP, NL Löwenthal, 01-763-092.

ebenso wie Löwenthal eine stärkere Berichterstattung westlicher Fernsehjournalisten über den Krieg und seine Folgen vermißte.[458]

Löwenthal selbst verzichtete auf eine Honorierung, abgesehen von der Kostenerstattung der damit verbundenen Reisen.[459] Als das Ende des Projekts – die sowjetischen Truppen waren 1989 abgezogen worden – bevorstand, erklärte Löwenthal seine grundsätzliche Bereitschaft, weiterhin die Afghanen unterstützen zu wollen.[460] *Gläsernes Afghanistan* litt zeitweise an internen Querelen. So warf ein Mitglied (Name geht aus dem Brief nicht hervor) des VAF Löwenthal vor, Versprechen nicht eingehalten zu haben: Die Lieferung von Kameras sei ausgeblieben, das erstellte Filmmaterial sei nicht im ZDF ausgestrahlt worden[461] (was sich mit dem Ende des *ZDF-Magazins* und der Pensionierung Löwenthals erklären ließe). Zugleich war sich Löwenthal der Unzulänglichkeiten bewusst: ein vierwöchiger Kamerakurs kann keine professionelle Journalistenausbildung ersetzen.

Über Löwenthals Haltung zur Herrschaft der Taliban und zum Krieg der USA in Afghanistan nach 2001 liegen keine Quellen vor.

Löwenthal informierte sich aus Quellen des afghanischen Exils, das sich mit den Mujahedin identifizierte[462], aus den Veröffentlichungen der in der Schweiz befindlichen Stiftung Bibliotheca Afghanica[463] sowie aus Publikationen des US-amerikanischen Außenministeriums[464].

458 So Löwenthal in: Report on Project *Gläsernes Afghanistan* (GA), S. 3.

459 Vgl. Brief Löwenthals an Dr. N. Assad, 16.2.1988; ACDP, NL Löwenthal, 01-763-092.

460 Vgl. Brief Löwenthals an Dr. N. Assad, Bonn, vom 15.9.1989; ACDP, NL Löwenthal, 01-763-092.

461 Vgl. N.N.: Mein Reisebericht nach Peshawar (auf VAF-Briefpapier), Datum fehlt; ACDP, NL Löwenthal, 01-763-092.

462 Das waren: *Afghanistan Tribune*, Heft 2/1986: Afghanistan-Hearing in Bonn: Sowjetische Nomenklatura auf der Anklagebank, hrsg. von der Federation of Afghans & Afghan Students Abroad e.V, Karlsruhe; *Afghanistan*, Heft Heft 2/1984: Fünf Jahre sowjetischer Invasion; hrsg. von der Afghans League Abroad e.V, Essen; Said M. Zediqian: 27. April 1978. Schwarzer Tag in der Geschichte Afghanistans. Reppenstedt 1987; *Al-Sobh*, Doppel-Ausgabe März 1987 (Zeitschrift der Hezb-i-Islami Afghanistan), Zweig Europa, Bonn; Writers Union of Free Afghanistan (Hrsg.): Afghanistan today, Peshavar (Pakistan) 1986.

463 Paul Bucherer-Dietschi/Christoph Jentsch (Hrsg.): Afghanistan. Ländermonographie. Liestal 1986; Paul Bucherer-Dietschi: Afghanistan. Ein Volk kämpft um seine Freiheit. Das Land und seine Bevölkerung. Am Kreuzweg der Kulturen, Liestal o. J.; ders. [u. a.]: Afghanistan 1984/85. Besetzung und Widerstand. Liestal 1985; Afghanistan 1985/86. Besetzung und Kriegführung der UdSSR. Liestal 1986.

464 International Communcation Agency (Hrsg.): Afghanistan. Der Kampf um die Freiheit. Deutsche Ausgabe: Bonn: Embassy of the United States, o. J., Afghanistan. Der Kampf im fünften Jahr, Bonn: U.S. Information Service. Embassy of the United State of America, 1984. Unite States Department of State, Bureau of Public Affairs (Hrsg.:): Afghanistan. Seven Years of Soviet Occupation (Special Report No. 155), Washington 1986. Dass.: Afghanistan. Eight Years of Soviet Occupation (Special Report No. 173), Washington 1987.

Einstellung zu Lateinamerika und anderen Konfliktherden der Dritten Welt

Hatte Löwenthal an den politischen Gegebenheiten Lateinamerikas Interesse? In den siebziger und achtziger Jahren des 20. Jahrhunderts war der journalistische Blick hierzulande auf die lateinamerikanischen Staaten durch eine scharfe Kritik an den dortigen politischen Strukturen gekennzeichnet. Die Länder wurden weitgehend als bitter arme, rechts-autoritäre Militärdiktaturen eingestuft, die zur Unterdrückung politischer Gegner die Folter anwandten. Löwenthal war sich der katastrophalen Missstände in Lateinamerika bewusst, doch warnte er vor »marxistischen Experimenten«[465] als Heilmittel. Chile fand in den ersten vier Jahren des *ZDF-Magazins* nur einmal Berücksichtigung: der Beitrag *Landraub in Chile* am 31. März 1971 übte Kritik an Enteignungen und Landbesetzungen im Lande des Sozialisten Salvador Allende. Ganz allgemein: Löwenthal wollte sich von dort kein »Elend borgen«[466], um mit Bildern von »sozialer Ungerechtigkeit«, Slums und Armut gegen den »Kapitalismus« zu argumentieren. Vielmehr strahlte er am 19. September 1973 (acht Tage nach dem Putsch General Pinochets gegen Allende) einen weiteren antisozialistischen Beitrag *Allendes Hinterlassenschaft* aus und ließ am 26. September 1973 ein Interview mit einem vor Ort in Santiago anwesenden Journalisten, der Vorzüge des Putschs etwa in bezug auf die Lebensmittelversorgung herausstrich, folgen: *Augenzeuge berichtet aus Chile.* Darin drückte Löwenthal seine Hoffnung aus, die Demokratie werde bald wieder in Gang kommen.[467] Acht Wochen später war im *ZDF-Magazin* ein Gespräch Friedrich Mönckmeiers mit Patricio Aylwin, dem Vorsitzenden der Christdemokraten Chiles, und ein Kurzinterview mit dem Junta-Innenminister Oscar Bonilla, beide unter dem Titel *Tatsachen über Chile* zu sehen. Am 20. März 1974 ließ Löwenthal den sicherheitspolitischen Sprecher der CDU/CSU-Bundestagsfraktion, Karl Miltner, ausführlich dazu zu Wort kommen, ob bei der Aufnahme von Flüchtlingen aus Chile Sicherheitsbedenken bestehen, mit anderen Worten: ob Terroristen unter den Asylbewerbern seien (Miltner war dieser Überzeugung, während der anschließend knapp zitierte damalige Bundesinnenminister Genscher keine Bedenken äußerte).[468]

Am 2. April 1975 präsentierte Löwenthal den Beitrag von Jürgen Koch, *Chile sucht Weg aus der Wirtschaftskrise*, dem sich in der gleichen Sendung ein Interview mit

465 Anmoderation zu: Chile; Unternehmensarchiv des ZDF, Bestand *ZDF-Magazin*, Ordner Nr. 15, Sendung vom 31.3.1971.

466 Helmut Schelsky: Das geborgte Elend, in: Ders.: Der selbständige und der betreute Mensch. Stuttgart: Seewald, 1976, S. 111–116.

467 Augenzeuge berichtet aus Chile; Unternehmensarchiv des ZDF, Bestand *ZDF-Magazin*, Ordner Nr. 27, Sendung vom 26.9.1973.

468 An- und Abmoderation zum Beitrag und zum Interview mit Miltner; Unternehmensarchiv des ZDF, Bestand *ZDF-Magazin*, Ordner Nr. 28. Sendung vom 20.3.1974.

Staatspräsident Augusto Pinochet anschloss. Am 27. Januar 1982 war es wieder Löwenthal persönlich, der einen Beitrag für das *ZDF-Magazin* über Chile erstellte: ein Interview mit Julio Dittborn (einem Ökonomen und Raffineriedirektor deutsch-chilenischer Herkunft) über *Chiles Weg aus der Wirtschaftskrise*.[469] Dittborn legte anhand ausgewählter Kennziffern dar, dass sich sein Land auf dem Weg der wirtschaftlichen Gesundung befinde – insbesondere im Vergleich zum wirtschaftlich katastrophalen letzten Jahr der sozialistischen Regierung Allende 1973. Sorgen bereite im Grunde nur die Arbeitslosigkeit. Löwenthal gestand ihm zu, das »chilenische Modell sei im großen und ganzen erfolgreich«, konfrontierte Dittborn aber auch mit dem Schlagwort, die Reichen seien reicher, die Armen ärmer geworden (was Dittborn, nicht überraschend, stark relativierte).[470]

Löwenthal hatte Chile im Herbst 1978 »zum ersten Male bei seiner dornenreichen Wiedergeburt nach dem von Allende angerichteten marxistischen Chaos«, so seine Worte, persönlich aufgesucht. Hier galt seine Solidarität einem Land, das er als Opfer einer Verleumdungskampagne der »vereinigten Linken« ansah. Er schätzte Chile als »innenpolitisch weitgehend befriedet« ein, immerhin habe die Bevölkerung zu zwei Dritteln für und zu einem Drittel gegen die neue Verfassung gestimmt. Damit sah er die autoritäre Staatsform in einem weit günstigeren Licht als den Totalitarismus, wo keinesfalls so viele Gegenstimmen erlaubt würden. Schattenseiten verhehlte Löwenthal nicht: Es gebe Blutvergießen und Folter. Und Folter lehne er unter allen Umständen ab. Doch wollte Löwenthal gerecht sein, wenn die Bevölkerungsmehrheit den neuen Staat gutheißt, und sich wirtschaftliche Erfolge geradezu wundersam eingestellt haben. Löwenthal betonte seine Abscheu vor der »doppelten Moral« der Linken, die zu Menschenrechtsverletzungen der Kommunisten schweige, aber Chile weltweit anprangere. Die makroökonomische Lage, die Löwenthal anhand der Eckdaten beschrieb, sei um so mehr anzuerkennen, da Chile von Entwicklungshilfe ausgeschlossen und daher vollkommen auf seine eigene Kraft angewiesen sei. Selbst für die Ärmsten habe sich die Situation deutlich verbessert, die Kindersterblichkeitsrate habe sich halbiert. Abschließend stellte er General Fernando Matthei, Junta-Mitglied für Soziales, Erziehung und Gesundheit, vor – einen deutschstämmigen Chilenen, der »nach einer Übergangszeit« die Macht an gewählte Politiker zurückzugeben wünschte – »allerdings bestimmt nicht wieder an jene, die mithalfen beim Untergang Chiles«.[471] Damit meinte er (unausgesprochen) neben den linken Verbündeten Sal-

469 Alle Angaben lt. Produktionsnachweisen des *ZDF-Magazins*.
470 Protokoll des *ZDF-Magazin*-Beitrags; ACDP, NL Löwenthal, 01-763-012.
471 Gerhard Löwenthal: Impressionen von einer Reise (Manuskript, ohne Datum); ACDP, NL Löwenthal, 01-763-020.

vador Allendes die Christdemokraten, die 1970 im Parlament für Allende als neuen Präsidenten stimmten.

Im Sommer 1987 rückte Chile verstärkt in das Blickfeld von Politik und Publizistik in Deutschland. Die christdemokratischen Politiker Norbert Blüm und Heiner Geißler favorisierten die Aufnahme von 14 Chilenen als Asylanten in der Bundesrepublik, um diese vor der Hinrichtung zu bewahren. Löwenthal lehnte die Aufnahme strikt ab, denn die Chilenen seien keine politisch verfolgten Demokraten, sondern Kriminelle. Er stützte sich bei seiner Beurteilung auf die Stellungnahme der deutschen Botschaft in Santiago de Chile und des Bundesinnenministeriums. Zugleich rügte er in einem Brief an den Intendanten Dieter Stolte die seiner Ansicht nach journalistisch unzureichenden Aussagen des ZDF-Korrespondenten Klaus Henning Arfert in der anstaltsinternen Konkurrenzreihe *Kennzeichen D*: Es fehlten, so Löwenthal, in Arferts Beitrag relevante Angaben zu den Straftaten, die den Angeklagten zu Last gelegt wurden, über ihre Mitgliedschaft in der »Terrororganisation MIR« (Löwenthal), Lebensläufe und ähnliches mehr.[472]

Gerhard Löwenthal besuchte Paraguay und Chile auf Einladung der Ludwig-Frank-Stiftung[473] für fünf Tage Anfang 1982. Darüber erstellte er einen Reisebericht für das *Deutschland-Magazin*. Er betonte, Paraguay sei unter dem »realistisch denkenden«, deutschstämmigen Präsidenten Alfredo Stroessner ein Hort der politischen sowie wirtschaftlichen und sozialen Stabilität (keine Putschversuche, kein Terrorismus) im ansonsten unruhigen Lateinamerika. Gleichwohl werde Stroessner heftig von internationalen Sozialisten wegen seines Antikommunismus bekämpft. Und außerdem sei Paraguay eines der deutschfreundlichsten Länder der westlichen Erdhalbkugel. So habe Paraguay eine gerechte Beurteilung verdient. Schattenseiten? Löwenthal verhehlte nicht die erheblichen Demokratiedefizite und die Armut weiter Teile der Bevölkerung. Immerhin weise die langsame, aber kontinuierliche Industrialisierung, gestützt auf den Itaipu-Staudamm, auf eine vielversprechende wirtschaftliche Entwicklung hin.

Lateinamerika war kein Schwerpunktthema Löwenthals. Während die südliche Hemisphäre für viele bundesdeutsche Journalisten ein wichtiges Thema wegen der dort verbreiteten Gegensätze zwischen Arm und Reich war, und das Elend abseits

472 Vgl. Brief Löwenthals an Dieter Stolte vom 17.7.1987; ACDP, NL Löwenthal, 01-763-049. Anmoderation Afghanistan; Unternehmensarchiv des ZDF, Bestand *ZDF-Magazin*, Ordner Nr. 57, Sendung vom 19.8.1987.

473 Die Ludwig-Frank-Stiftung, gegründet 1977, setzte sich aus (ehemaligen) Sozialdemokraten zusammen, die sich auf der Basis des Godesberger Programmes gegen neomarxistische Einflüsse wandten. Langjähriger Vorstandsvorsitzender (bis 1999) war Hans-Günter Weber, Oberstadtdirektor a. D. von Braunschweig. Benannt ist die Vereinigung nach dem sozialdemokratischen Reichstagsabgeordneten Ludwig Frank, der sich 1914 freiwillig an die Front meldete und fiel. Damit ist die sozialdemokratische Tradition und die patriotische, um nicht zu sagen: nationale Linie schon im Namen erkennbar.

der großen Katastrophen von Bangladesh 1971 und Äthiopien 1984/85 seinen Nachrichtenwert hatte, behandelte Löwenthal einige wenige Male den südamerikanischen Kontinent mit seinen autoritären politischen Systemen als Teil des Ost-West-Konflikts. Den seiner Ansicht nach von Kommunisten, Sozialisten und linken Journalisten (»vereinigte Linke«, »links-konformistische Publizistik«) verleumdeten Staaten Chile und Paraguay wollte er, der grundsätzlich kein Anhänger von Militärjuntas und des Autoritarismus war, Gerechtigkeit widerfahren lassen. Ihn erbitterte, dass diese weit entfernten Länder wegen Menschenrechtsverletzungen an den Pranger gestellt wurden, während politisch motivierte Verhaftungen im geographisch nahen sowjetischen Machtbereich, vor allem im SED-regierten Teil Deutschlands, nicht im gleichen Maße verurteilt wurden. Er dürfte mit Alexander Solschenizyn übereingestimmt haben, der den zeitweise »rechts-autoritär« regierten Staaten Griechenland, Spanien und der Türkei zubilligte, weder über eine mit Tötungsanlagen bestückte Staatsgrenze noch über psychiatrische Kliniken zur Unterdrückung politischer Gefangener zu verfügen.[474]

Allgemeiner ausgedrückt: ein autoritäres Regime beinhaltet (stark vereinfacht) im Gegensatz zum Totalitarismus, speziell dem Marxismus-Leninismus, weit mehr bürgerliche und wirtschaftliche Freiheiten, keine politische Ersatzreligion als sakrosankte Staatsideologie, auf eine erzwungene Massenmobilisierung wird verzichtet, es gibt keine Kaderpartei mit gleichgeschalteten Massenorganisationen und Medien, häufig sind sogar regierungskritische Medien und Vereinigungen geduldet (die allerdings bei Überschreitung bestimmter Grenzen mit Beschlagnahmung, Suspendierung und Verbot rechnen müssen), die Kirchen können vergleichsweise frei wirken, es existiert kein Waffenverbot für Privatleute, »nur« Regimegegner werden benachteiligt oder bestraft, es gibt keinen »Revolutionsexport«. Das Bild Chiles unter Pinochets Herrschaft war weniger einheitlich als das der UdSSR: Der politische Soziologe Juan Linz stellte fest, es sei allgemein überraschend gewesen, »ein relativ großes Maß an Toleranz gegenüber Aktivitäten, Veröffentlichungen, Meinungsumfragen und dergleichen zu finden, die selbst am Ende der liberaleren Franco-Zeit undenkbar gewesen wären«. Die im gleichen Absatz aufgeführten »Schattenseiten« des Andenstaates wird das Regime vermutlich gegenüber einem auswärtigen Besucher wie Löwenthal (der den zumeist linksgerichteten Veröffentlichungen hierzulande über das Regime ohnehin misstraute) zu verbergen gewusst haben: Gewalt und (teilweise) Rechtlosigkeit auch nach der Konsolidierung der Junta.[475] Hinzu kam vielleicht, dass die Erwartungen Lö-

474 Solschenizyn im Beitrag: Kesseltreiben gegen sowjetische Bürgerrechtler; Unternehmensarchiv des ZDF, Bestand *ZDF-Magazin*, Ordner Nr. 26, Sendung vom 5.9.1973.

475 Juan Linz: Typen politischer Regime und die Achtung der Menschenrechte, in: Eckhard Jesse (Hrsg.): Totalitarismus im 20. Jahrhundert. Eine Bilanz der internationalen Forschung. Baden-Baden: Nomos, 1999, S. 519–571, dort S. 544.

wenthals an ein Land wie Paraguay sehr niedrig waren, und die Öffentlichkeitsarbeit des Stroessner-Staates ihn geschickt anzusprechen verstand. Des Weiteren unternahm Löwenthal eine Besucher-Tour durch die Colonia Dignidad in Chile (vielleicht, wie Lothar Bossle, in Absprache mit Franz Josef Strauß)[476], doch versteht es sich beinahe von selbst, dass ihm dort nur eine »heile Welt« vorgespielt (oder: vorgegaukelt) wurde.

Eindeutiger als in Südamerika sah Löwenthal in Mittelamerika, namentlich Nicaragua, den Krieg der Ideologien toben. Dort erkannte er eine massive Einflussnahme seitens der UdSSR und ihrer Verbündeten. In »marxistischen Revolutionsregimen« erkannte er eine »Gefahr für den Frieden«, wobei er offensichtlich an »Revolutionsexport« durch Staaten wie Kuba in Richtung der bürgerkriegsbelasteten Länder El Salvador und Nicaragua dachte. Hier sei die Sowjetunion gefordert, die Lage zu entspannen.[477]

Gegenüber den Stellvertreterkriegen insbesondere in Afghanistan und ferner dem südlichen Afrika spielte der Vietnamkrieg für Löwenthal eine geradezu geringe Rolle. In einer der ersten Sendungen des *ZDF-Magazins* warnte er vor einer Eskalation des Krieges[478] Den ersten amerikanischen Truppenrückzug sah er im *ZDF-Magazin* vom 9. Juli 1969 nicht als Beginn einer erfreulichen Lösung, sondern mit Sorge: »Das Ringen um die politische Zukunft des Landes wird in den kommenden Monaten wohl zum entscheidenden Problem in Asien werden.« Äußerst unwahrscheinlich, so Löwenthal in einer wohl aus Zeitgründen gestrichenen Stelle seines Manuskripts, sei eine Honorierung des US-Truppenabzugs durch Nordvietnam bei den Friedensverhandlungen (typisch für Löwenthal: die Warnung vor einseitigen Gesten des guten Willens gegenüber Kommunisten). Darüber hinaus hielt Löwenthal an der Dominotheorie fest, wonach der Fall Südvietnams an Hanoi »ungeheure Auswirkungen auf ganz Asien« zeitigen werde.[479] Im darauffolgenden Jahr zeigte Löwenthal allerdings Verständnis für die weltweite Kritik an Richard Nixons Entscheidung, den Vietnamkrieg durch die Entsendung amerikanischer und südvietnamesischer Truppen nach Kambodscha auszuweiten. Bedenken seien legitim. Dennoch seien die moralische Entrüstung und der Hass gegen Amerika verfehlt. Vielmehr sei Kambodschas einstige Neutralität nicht von Amerika, sondern von »den Kommunisten verletzt wor-

476 Gero Gemballa: »Colonia Dignidad«: ein deutsche Lager in Chile (Reihe rororo aktuell, hrsg. von Ingke Brodersen und Freimut Duve). Reinbeck: Rowohlt, 1988, S. 155.

477 An- und Abmoderation Mittelamerika; Unternehmensarchiv des ZDF, Bestand *ZDF-Magazin*, Ordner Nr. 51, Sendung vom 19.9.1984. Auch: An- und Abmoderation Kuba in El Salvador; Unternehmensarchiv des ZDF, Ordner Nr. 49, Sendung vom 10.8.1983.

478 Anmoderation zu: Kraftprobe in Vietnam; Unternehmensarchiv des ZDF, Bestand *ZDF-Magazin*, Ordner Nr. 2, Sendung vom 12.3.1969.

479 Abmoderation zu: Vietnam; Unternehmensarchiv des ZDF, Bestand *ZDF-Magazin*, Ordner Nr. 3, Sendung vom 9.7.1969.

den« (es stimmt, dass der Ho Chi Minh-Pfad durch Kambodscha führte, doch zog die US-Invasion 1970 das Königreich der Khmer verstärkt in den Indochina-Krieg hinein). Die Gegner der amerikanischen Vietnampolitik sollten sich fragen, wie es um ein künftiges Demonstrationsrecht bestellt wäre, so zitierte Löwenthal einen Kommentar aus der FAZ, wenn sich die USA aus Europa zurückzögen. Auch im Interesse von Amerikas innenpolitischer Situation seien Besonnenheit und Klugheit in der US-Vietnampolitik gefragt.[480] Das autoritäre System im Kriegsland Südvietnam sah Löwenthal am 18. April 1973 (also nach dem Abzug amerikanischer Kampftruppen) ähnlich differenziert wie die Militärdiktaturen Lateinamerikas: Südvietnam sei zwar kein westlich-demokratisches System, aber dort könnten »die Menschen sicher menschenwürdiger und freier leben [...] als im kommunistischen Machtbereich«.[481]

Einstellung zur Technik – das Beispiel Kernenergie

Was sagte, was schrieb Gerhard Löwenthal über eines seiner Leib- und Magenthemen: die friedliche Nutzung der Atomkraft?

In einem Rundfunkkommentar vom 24. August 1955 erläuterte Löwenthal, warum Deutschland auf dem Gebiet der Kernenergie so weit zurückliege: Schuld sei der weitgehende Verzicht der Nationalsozialisten auf Grundlagenforschung zugunsten kurzfristig militärisch verwertbarer Ergebnisse, und mehr noch der verlorene Zweite Weltkrieg selbst. Bis 1955 seien weitere Chancen vertan worden. Jetzt aber, so fordert Löwenthal, »muss der deutschen Forschung und der deutschen Industrie nunmehr mit aller Kraft die Möglichkeit gegeben werden, zur friedlichen Anwendung der Atomenergie beizutragen. Es muss alles getan werden, um den wissenschaftlichen und technischen Nachwuchs auszubilden, der zur weiteren Entwicklung unbedingt erforderlich ist«. Die Begegnung mit deutschen Atomwissenschaftlern in Genf hatte ihn, wie er aussagte, in dieser Meinung bestätigt. Außerdem seien gerade den kleineren Staaten verbesserte Möglichkeiten gegeben, da die »Atomgroßmächte« einen Informationstransfer angekündigt hätten. Löwenthal sah Anwendungsbedarf der Atomenergie auf nahezu jedem wirtschaftlichen und technischen Gebiet.[482]

Als sich der Bundestagsausschuss für Atomfragen in Bonn konstituierte, nutzte Löwenthal die Gelegenheit, den zuständigen Bundesminister Franz Josef Strauß nach

480 An- und Abmoderation zu *Amerika in der Krise*; Unternehmensarchiv des ZDF, Bestand *ZDF-Magazin*, Ordner Nr. 9, Sendung vom 13.5.1970.

481 Anmoderation; Unternehmensarchiv des ZDF, Bestand *ZDF-Magazin*, Ordner Nr. 25, Sendung vom 18.4.1973.

482 Vgl. Wann beginnt das Atomzeitalter? Kommentar von Gerhard Löwenthal, SFB I, 24.8.1955; ACDP, NL Löwenthal, 01-763-103.

der Entwicklung der Kernkraft in den bevorstehenden Jahren zu fragen. Löwenthal betrachtete die friedliche Nutzung der Atomkraft als »segenbringende Macht für den menschlichen Wohlstand«, »das Atomzeitalter kann also durchaus ein hoffnungsvolles, blühendes, glückliches Zeitalter werden«. Jeder müsse sich mit diesem Thema beschäftigen.[483] In einem Interview mit Senatsrat Dr. Gehlhoff (Senatsverwaltung für Volksbildung) erörterte Gerhard Löwenthal die Frage nach der Entwicklung der Kernkraft in Berlin – wo 1938 erstmals die Kernspaltung durch Otto Hahn und Fritz Straßmann in Gang gesetzt wurde. Löwenthal wies darauf hin, dass sich die Kosten eines kleineren Kernreaktors auf 75 Millionen Mark belaufen und die anvisierten zwei Millionen Mark aus dem Berliner Haushalt nicht der Rede wert seien. Er äußerte den Wunsch, dass Berlin sich dem westdeutschen Forschungsniveau annähert und sich längerfristig in der weltweiten Atomforschung einen Namen macht.[484] Ein Vierteljahr später kam Löwenthal im Gespräch mit Gehlhoff auf diese Fragen zurück und betonte eingangs die Relevanz von Atomforschung in Berlin. Anlass war die Planung eines Atomforschungsinstituts.[485] Eine weitere Sendung folgte am 2. Juli 1956: Bundesatomminister Franz Josef Strauß erläuterte gegenüber Löwenthal, wie die Bundesregierung die Erforschung und Anwendung der Kernenergie in Berlin unterstützen werde. Löwenthal erwähnte die Diskussion um Strahlenschäden in der Öffentlichkeit und befragte ihn dazu.[486] In einem Hintergrundbeitrag – der Ausstrahlungstermin ist nicht in den Sendeprotokollen aufgeführt – versuchte Löwenthal die Öffentlichkeit angesichts von Nachrichten über eine radioaktive Belastung der Luft zu beruhigen. Zum einen, so Löwenthal, äußerten sich neben Fachleuten Inkompetente in der Öffentlichkeit, zum anderen würden Nachrichten verkürzt wiedergegeben, nicht zuletzt würden wissenschaftliche Texte nicht verstanden oder nicht gelesen. Bestanden also nach Löwenthals Meinung keine Risiken in der Anwendung der Kernkraft, die er mit der industriellen Revolution verglich? Eine Bedrohung bestehe durchaus, »wenn nicht mit äußerster Sorgfalt und Gewissenhaftigkeit alle möglichen Schädigungen erforscht und alle nur denkbaren Schutzmaßnahmen getroffen werden«. Aus der Atmosphäre, so zitierte Löwenthal den zuständigen Minister Strauß, sei »keine Gefährdung durch

483 Bericht aus Bonn. Gespräch mit Atomminister Franz-Josef Strauß, SFB I, 12.2.1956; ACDP, NL Löwenthal, 01-763-103.

484 Vgl. Gerhard Löwenthal: Gespräch mit Senatsrat Dr. Gehlhoff über die Förderung der Atomforschung in Berlin (Aktuelles aus dem Kulturleben). 16.1.1956, SFB 1; ACDP, NL Löwenthal, 01-763-103. Der Vorname Gehlhoffs war dort nicht verzeichnet.

485 Vgl. Gerhard Löwenthal: Aus dem Tagesgeschehen, 1. Beitrag: Atom-Institut in Berlin. SFBI, 9.4.1956; ACDP, NL Löwenthal, 01-763-103.

486 Gerhard Löwenthal: 1., Atomminister Franz-Josef Strauß und Senatsrat Dr. Gehlhoff über Atomfragen, Reaktor für Berlin, Strahlenschutz, Radioaktivität der Luft u. a. (Aktuelles aus dem Kulturleben) SFBI, 2.7.1956; ACDP, NL Löwenthal, 01-763-103.

atomare Strahlung zu befürchten«, dies hätten Nobelpreisträger wie Otto Hahn und Werner Heisenberg festgestellt. Löwenthal hob abschließend die Vorzüge gegenüber den Nachteilen hervor:

»Es sollte sich jeder einzelne Bürger einmal mit den Tatsachen vertraut machen und von den umwälzenden positiven Möglichkeiten der friedlichen Atomenergieverwendung möglichst viel zu erfahren versuchen; er wird dann leicht feststellen, daß die Hoffnung auf ein besseres, leichteres Leben mit Atomen die Furcht vor den bösen Seiten des Atoms bei weitem überwiegt.«[487]

Derart von den Chancen der Kernenergie beeindruckt, entwickelte Löwenthal mit dem Wissenschaftsredakteur des *Tagesspiegels*, Josef Hausen, die Idee, darüber ein populärwissenschaftliches Buch zu schreiben. Die beiden Autoren legten es im März 1956 vor: *Wir werden durch Atome leben*. Der Titel war provokant, denn die Furcht vor einem bald ausbrechenden Atomkrieg war Mitte der 1950er Jahre weit verbreitet.[488] Die Doppel-Monographie entstand auf der Grundlage von Referaten, die auf der erwähnten UNO-Konferenz über die friedliche Nutzung der Kernenergie zu hören waren. Es war, so Löwenthal/Hausen, das »größte Wissenschaftlertreffen aller Zeiten«, das »zum ersten Mal die Tür einer neuen Welt weit aufgestoßen« hatte, »deren geistige Bewältigung oder Nichtbewältigung zur Schicksalsfrage der Menschheit werden kann«. »Die Genfer Atomkonferenz [...] bildet den Ausgangspunkt für eine weltweite Zusammenarbeit, deren Ziel es sein muß, die mächtigen Energiequellen des Atoms sinnvoll und für friedliche Zwecke auszunutzen, um so den allgemeinen Lebensstandard auf eine Höhe zu heben, die bisher nur erträumt werden konnte« (S. 15). Derart optimistisch, begannen Löwenthal/Hausen ihr Plädoyer für die wirtschaftliche Nutzung der Atomenergie. Sie standen mit dieser Einschätzung, die aus heutiger Sicht, nach den Kernkraftwerksunfällen von Harrisburg und Tschernobyl sehr schwärmerisch klingen mag, keineswegs alleine. Ein Land, das eine industrielle Großmacht sein wolle, komme an einer Nutzung der Atomenergie (der Begriff »Kernkraft« ist jüngeren Datums) nicht vorbei. Es ist wohl der naturwissenschaftlich kompetentere Co-Autor Dr. Josef Hausen – ehemals »technisch-naturwissenschaftlicher Referent« der *Frankfurter Zeitung*, Pressechef des Vereins Deutscher Chemiker und Chefredakteur

487 Archiviert im ACDP, NL Löwenthal, 01-763-103.

488 Einer Umfrage zufolge waren 71 Prozent der Deutschen in der Bundesrepublik der im Juni 1954 der Meinung, sie seien in ihrer Wohngegend »nicht sicher vor Atombomben«. Vgl. Elisabeth Noelle/Erich Peter Neumann: Jahrbuch der öffentlichen Meinung, Bd. 1: 1947-1955, Allensbach: Verlag für Demoskopie, 1956, S. 357. 51 Prozent machten sich im November 1956 Sorgen, »daß in diesem Jahr ein neuer Weltkrieg ausbrechen könnte« (versus 49 Prozent). Vgl. Elisabeth Noelle und Erich Peter Neumann (Hrsg.): Jahrbuch der öffentlichen Meinung, Bd. 2. Allensbach: Verlag für Demoskopie, 1957, S. 361.

der Zeitschrift *Kunststoffe*[489], der mit den Grundlagen des Atomaufbaus in das Thema einführte und ausführlich die Eigenschaften des Atomkerns beschrieb. Er wies auf die Energie hin, die sich durch Kernspaltung aus einem Kilogramm Uran gewinnen lässt, und die so groß ist wie die elektrische Arbeit aus 2,5 Millionen Liter Benzin oder 2600 Tonnen Kohle (S. 30). Es folgte eine knappe Geschichte der Atomforschung. Löwenthals Beitrag dürfte eher die wirtschaftliche Argumentation gewesen sein. Der Weltenergieverbrauch werde in den kommenden Jahrzehnten durch Industrialisierung und Bevölkerungswachstum steigen; gleichzeitig werden Öl- und Kohlevorkommen abgebaut. So führe an einer Nutzung des Urans in den Atomkraftwerken kein Weg vorbei. Dies gelte auch mit Blick auf die hohen Transportkosten der riesigen Öl- und Kohlemengen in entlegene Gebiete. Zwar seien die Baukosten eines Atomreaktors weit höher als die eines Kohlekraftwerks, nicht zuletzt wegen der Strahlenschutzmaßnahmen (erstmals werden in jenem Buch Nachteile aufgeführt!), doch werde es künftig wohl möglich sein, diese Kosten auf das herkömmliche Baukostenniveau von Kraftwerken zu senken. Überhaupt seien Atomkraftwerke in sehr unterschiedlichen Ländern bereits in Bau, der Atomantrieb von Schiffen, Flugzeugen und Lokomotiven sei geplant (S. 60–86). Löwenthal/Hausen verschwiegen keineswegs die Risiken:

»Ausgebrannte Brennstoffelemente sind daher starke Strahler, sie senden verschiedene Arten von radioaktiven Strahlen aus […] Alle diese Strahlen sind für Lebewesen, Menschen sowohl wie Tiere und Pflanzen, eine große Gefahr. Daher ist die Atom-Asche eine Gefahrenquelle. Sie ist es nicht nur momentan, sondern auf lange Zeit hinaus, denn ihre Strahlung klingt erst in Monaten und Jahren ab.« (S. 170)

Die Lagerung des Atommülls sei wegen der verhältnismäßig geringen Menge weniger problematisch. Dennoch stellte der Rezensent des Süddeutschen Rundfunks, Friedrich Deich, fest, Löwenthal und Hausen hätten sich so stark an den Ergebnissen der Genfer Atomkonferenz orientiert, dass sie das, was dort an Risiken verschwiegen worden war, nicht im Buch erörterten. Die Autoren hätten zu wenig die künftig zu erwartenden Schädigungen des Erbgutes berücksichtigt.[490] Auf diese Frage gingen die Autoren auf S. 189 ein – »daraus ergibt sich, dass insbesondere die genetischen Wirkungen der Atomstrahlen ganz außerordentlich ernst genommen und alle Anstrengungen, international zu breitester wissenschaftlicher Zusammenarbeit zu kommen, unternommen werden müssen, um die hier auftretenden Fragen zu lösen«. Forschungsergebnisse seien aber bislang rar. Das Problem, die Arbeitnehmer der Kraftwerke und

489 Vgl. Klappentext: Hausen, Josef/Löwenthal, Gerhard: Wir werden durch Atome leben. Berlin: Lothar Blanvalet, 1956.

490 Friedrich Deich: Werden wir durch Atome leben?, in: Wir sprechen über neue Bücher. Süddeutscher Rundfunk, 29.6.1956; ACDP, NL Löwenthal, 01-763-047.

die Anwohner vor radioaktiver Strahlung zu schützen, werde mit dem Ausbau der Kernkraft zunehmen. Diesbezüglich beruhigten Löwenthal/Hausen, die im Reaktor Beschäftigten könnten nur durch Betriebsfehler oder Materialmängel geschädigt werden, und der Bevölkerung drohe normalerweise gar keine Gefahr. Untersuchungen in zwei Atomkraftwerken hätten keine Strahlenschädigungen bei den Mitarbeitern ergeben. Nicht nur in der Energiegewinnung sei die Atomspaltung vielversprechend, sondern auch in der Medizin und der Biologie (S. 207–266), etwa in der Krebstherapie, der Diagnostik, der Sterilisierung von Nahrungs- und Verbandsmitteln sowie zwecks Ertragssteigerungen in der Landwirtschaft durch Mutation von Pflanzen. So erschien den Autoren Löwenthal und Hausen die Atomenergie als riesige Chance für die Menschheit bei vergleichsweise geringen oder noch zu senkenden Kosten. Der Schaden könne minimiert werden.

Ob die Arbeitsteilung der Autoren so verlief wie der Rezensent Friedrich Deich es erfahren haben will (Löwenthal soll recherchiert, Hausen formuliert haben) ist nicht mehr zu verifizieren. Dagegen spricht die Fähigkeit des Funk-Universitäts-»Machers«, sich in komplizierte Sachverhalte einzuarbeiten und sie möglichst verständlich zu präsentieren. Dass das Buch auf den Referaten der Atomenergiekonferenz basierte, wird durch die Quellenangaben im Anhang unterstrichen. Demgegenüber hatte Hausen die Fachkompetenz, die Löwenthal fehlte.

Eine zweite, neu bearbeitete Auflage folgte noch im gleichen Jahr. Das Buch wurde in verschiedene Sprachen übersetzt: italienisch, serbokroatisch, niederländisch, portugiesisch.[491] Die Autoren erhielten 1958 dafür den Preis »Premio Europeo Cortina Ulisse« verliehen.[492]

Der *Spiegel* rezensierte:

»Die überwiegend richtige und in der zweiten Hälfte instruktive Darstellung des Atomkomplexes wäre jedoch erst dann vollständig, wenn der Verleger dem etwas einseitig optimistischen ersten noch einen zweiten Band nachschicken würde, etwa unter dem Titel »Wir können durch Atome sterben.«[493]

Im Nachlass Löwenthals sind 96 fast nur zustimmende Besprechungen erhalten, so etwa von der Fachzeitschrift *Ingenieur der Deutschen Bundespost*:

491 Vgl. online-Katalog Deutsche Bibliothek – results/shortlist. Online im Internet: www.dispatch.opac/ddb.de (Suchbegriff: Gerhard Löwenthal). Briefwechsel Löwenthals mit dem Verlag Lothar Blanvalet von 1959 und 1960; ACDP, NL Löwenthal, 01-763-047.

492 Vgl. *Il Gazettetino*, 14. Gennaio 1958, S. 5 ; ACDP, NL Löwenthal, 01-763-047. Berliner Morgenpost, 14.1.1958; ACDP NL Löwenthal, 01-763-21.

493 N.N.: Bücher. Neu in Deutschland, in: *Der Spiegel*, 10. Jahrgang (1956), Nr. 29, S. 46.

»Das Buch ist eine spannende und erschöpfende Aufzählung dessen, was bisher in Kernspaltung auf der ganzen Welt erreicht wurde. Die vielgestaltigen Kernmeiler, die sogenannten Kern- oder Atomreaktoren, werden in Wort und Bild erläutert und die Leistungen bestehender oder geplanter Kernkraftwerke angegeben. Sodann wird die unerschöpfliche Nutzanwendung der Spaltungsnebenstoffe, der Isotopen, in Medizin, Landwirtschaft und Technik behandelt.«[494]

Beim Lesen der Rezensionen wird deutlich, wie sehr diese Jahre von einem Glauben an den technischen Fortschritt ohne nennenswerte Nachteile erfüllt waren: »Das Atomzeitalter kann also ein hoffnungsvolles, blühendes, glückliches Zeitalter werden, in dem wir durch Atome leben werden«.[495]

Einen frühen Fernsehauftritt hatte Löwenthal am 14. April 1959, als er für den Sender Freies Berlin im Deutschen Fernsehen (ARD) das Thema *Wir werden durch Atome leben* im Nachmittagsprogramm vorstellte.[496] An anderer Stelle ist eine 25-minütige *Jugendstunde* im ARD-Nachmittagsprogramm unter dem gleichen Titel für den 25. Mai 1959 nachgewiesen.[497] Ob es sich dabei um eine Terminverschiebung oder eine Wiederholung handelt, war nicht zu klären. Über das Thema des Atomtechnik-Buches hielt Löwenthal am 14. Juni 1956 einen Filmvortrag bei der Urania Berlin e.V. in der TU Berlin.[498]

Nach seinem Abschied vom SFB besuchte Löwenthal einen weiteren UN-Kongress über Kernkraft im Oktober 1957 in Wien. Auch 30 Jahre später ist er stolz auf das Gespräch mit dem Vorsitzenden der sowjetischen Atomenergiebehörde, Wasilij S. Jemeljanow.[499]

Während seiner Korrespondentenzeit am EWG-Standort Brüssel spielte das Thema Kernkraft keine nachweisbare Rolle, doch kam es zunehmend im *ZDF-Magazin* ab 1980 zum Tragen – als die Bevölkerung immer stärker gegen Kernkraft eingestellt war und die Grünen ihren Aufschwung erlebten. Hier wiesen bereits die Titel der Beiträge eine klare Kernkraft-freundliche Tendenz auf, beginnend mit einem Interview Löwenthals mit dem Physiker Edward Teller unter dem Titel *Kernenergie*

494 Ingenieur der Deutschen Bundespost, Düsseldorf, Heft 4/156 (keine Jahresangabe); ACDP, 01-763-047.

495 N.N.: Fluch oder Fortschritt. Wir werden durch Atome leben, in: *Kieler Nachrichten*, 19.5.1956. ACDP, NL Löwenthal, 01-763-047.

496 Schreiben des SFB, Fernsehen-Kulturredaktion, an Löwenthal vom 3.3.1959; ACDP, NL Löwenthal, 01-763-047.

497 Programm vom Montag, den 25. Mai 1959, erfaßt von Christina Motta. Online im Internet: www.tvprogramme.net/50/1959/19590525.htm.

498 Ehrenkarte, archiviert im ACDP, NL Löwenthal, 01-763-090.

499 Löwenthal: Ich bin geblieben, S. 236.

ist beherrschbar[500] (18. Juni 1980), gefolgt von: *Wirtschaft braucht Kernenergie* (Ernst Martin, 28. Januar 1981) *Bürger für Kernkraft* (Christian Reichel, 29. Dezember 1982), *Kernkraftwirtschaft setzt Informationen statt Panikmache* (Michael Stroh, 26. November 1986), *Atomenergie – Betriebsräte contra Ideologie* (*Brauchen wir Kernenergie?*) (M. Stroh, 21. Januar 1987). Repräsentativ für Löwenthals Einstellung zur Kernkraft ist folgendes Zitat:

»Seit Jahren führt die Entschlußlosigkeit der deutschen Energiepolitik zu schweren Schädigungen in einem wichtigen Bereich der deutschen Volkswirtschaft. Viele Milliarden sind in der Kernkraftwerksindustrie blockiert. Hunderttausende von Arbeitsplätzen könnten geschaffen oder erhalten werden. Dieser Zustand trifft nicht in erster Linie die Großindustrie, sondern überwiegend mittelständische Betriebe.«[501]

Die verstärkte Nutzung der Kernkraft könne die Abhängigkeit der westlichen Welt von arabischem Öl und russischem Erdgas vermindern (wobei die Vorräte an Kohle allzu begrenzt und die Verbrennung obendrein umweltschädlich sei) und somit weit über die Energieversorgung hinaus außenpolitisch wirksam sein. Dazu solle die Debatte um die Kernkraft »von irrationalen Ängsten befreit« werden.[502] Löwenthal blieb also seinen Überzeugungen auch bezüglich der Atomenergie treu.

Die Einstellung Löwenthals zur Kernenergie blieb nicht immer unwidersprochen – auch wenn Löwenthal häufig mit den Autoren von Beiträgen identifiziert wurde, die von Fernsehjournalisten anderer Redaktionen stammten. So fragte ein Anrufer, auf Christian Reichels Beitrag über Strahlenbelastung reagierend, »Wieviel Schmiergeld bekommt Herr Löwenthal von der Atomlobby?«. 49 weitere ablehnende Anrufer fragten: »Was versteht Löwenthal überhaupt von Atomenergie?«, »Ist das ganze für die Atomindustrie?«, »Die kerntechnischen Anlagen werden verharmlost und als ungefährlich dargestellt. Wie kann Löwenthal das verantworten?«. 16 Zuschauer wollten ihn zu diesem Beitrag am Telefon sprechen (es braucht wohl kaum hinzugefügt werden, dass es unüblich für Moderatoren ist, nach der Sendung mit einzelnen Zuschauern zu diskutieren). Dem standen drei zustimmende Anrufe gegenüber.[503] Eine solche verneinende Haltung der Mehrheit der Anrufer war – soweit es aus den wenigen Protokollen über Zuschauerreaktionen abzulesen ist – durchaus typisch. Immer wieder warfen Zuschauer Löwenthal »Einseitigkeit« vor.

500 ACDP, NL Löwenthal, 01-763-012.

501 Unternehmensarchiv des ZDF, Bestand *ZDF-Magazin*, Ordner Nr. 45, Sendung vom 1.7.1981.

502 Abmoderation Edward Teller; Unternehmensarchiv des ZDF, Bestand *ZDF-Magazin*, Sendung vom 18.6.1980.

503 Informations- und Presseabteilung – Öffentlichkeitsarbeit – : Ergebnis-Protokoll des Telefondienstes; Unternehmensarchiv des ZDF, Bestand *ZDF-Magazin*, Ordner Nr. 56, zur Sendung vom 10.6.1987.

In seinen Reden ging Löwenthal selten auf das Thema Kernkraft ein. Wir finden eine Äußerung von ihm von 1978/79, wonach die wirtschaftliche Nutzung der Atomenergie selbstverständlich mit Gefahren behaftet sei, die allerdings nicht größer seien als bei anderen technischen Innovationen und Industrieanlagen. Weiter meinte er, Bürgerinitiativen würden versuchsweise von Kommunisten unterwandert, denen an einer Verschlechterung des Industriestandortes Bundesrepublik Deutschland gelegen sei.[504]

Die zahlreichen ablehnenden journalistischen Beiträge über Kernenergie spätestens seit der Reaktorkatastrophe von Tschernobyl veranlassen zu der Frage, ob Löwenthal eine Außenseiterposition innerhalb seiner Kollegen vertrat, ob es eine mehrheitliche Einstellung zugunsten der Atomwirtschaft gab und wie Politiker die Kernenergie beurteilten. Sozialwissenschaftliche Daten liegen für den Zeitraum von 1965 bis 1988 vor.[505] Die wenigen Beiträge im politischen Teil der einflussreichen Printmedien aus den Jahren 1965 bis 1969 werteten die Kernkraft eher wohlwollend als ablehnend. Schwankungen kennzeichneten die Jahre bis 1973. Insgesamt lässt sich aber sagen, dass die *Süddeutsche Zeitung*, die *Frankfurter Rundschau* und vor allem der *Stern*, sowie auf konservativer Seite die *Welt* und die FAZ per saldo für die Kernkraft auch noch im erweiterten Zeitraum 1965 bis 1973 eintraten. Zwischen 1974 und 1986 vertrat als einziges Prestigemedium[506] die *Welt* in ihrem Politik-Teil häufiger wohlwollende als negative Urteile über Kernkraft, während die FAZ (geringfügig), alle anderen genannten Prestigemedien dagegen deutlicher negative Wertungen über Kernkraft enthielten. Über Löwenthal lässt sich also schließen, dass er seine überaus positive Einstellung zur Kernkraft beibehielt, wodurch er sich vom Medientenor (jedenfalls was die politischen Journalisten angeht) unterschied. Die Kernkraftwerksunfälle von Sellafield/Windscale in England, Harrisburg in den Vereinigten Staaten und im ukrainischen Tschernobyl änderten an seiner Haltung nichts. Vielmehr seien

504 Gerhard Löwenthal: Meine Damen und Herren! (Redemanuskript ohne Orts- und Datumsangabe); ACDP, 01-763-009 (aus dem Kontext geht hervor, dass er diesen Vortrag 1978/79 gehalten hatte), S. 10f.

505 Vgl. Hans Mathias Kepplinger: Die Kernenergie in der Presse. Eine Analyse zum Einfluß subjektiver Faktoren auf die Konstruktion von Realität, in: *Kölner Zeitschrift für Soziologie und Sozialpsychologie*, 40. Jahrgang (1988), S. 640–658.

506 Unter Prestigemedien sind in Anlehnung an Hans Mathias Kepplinger diejenigen Zeitungen und Zeitschriften zu verstehen, die sich erstens an ein großes, überregionales Publikum wenden, und zweitens sowohl von Journalisten anderer Medien (Regionalzeitungen beispielsweise) und von Politikern zur Meinungsbildung genutzt werden. So sind diese Medien von großem politischem Einfluß. Während bis in die frühen achtziger Jahre die Zeitschriften *Stern* und *Spiegel* (beide links bis linksliberal) sowie die eher linken *Frankfurter Rundschau* und *Süddeutsche Zeitung*, die wirtschaftsliberal-konservative *Frankfurter Allgemeine* und die proamerikanisch-konservative *Welt* als Prestigemedien galten, ist seitdem der Einfluß des *Stern* zurückgegangen, und mit *Focus* ein neues Nachrichtenmagazin hinzugekommen.

Kernkraftwerke in der UdSSR und ihren Verbündeten »unsicher« wegen der »systembedingten Missachtung menschlichen Lebens, das hinter der hektischen Gewinnung von waffenreinem Plutonium zurückzustehen hat«.[507] »Tschernobyl« tauge nicht als Gegenargument. Dort seien die notwendigen Sicherheitsregeln nicht eingehalten worden. Löwenthal ging sogar so weit, zu sagen: Vom Beginn der friedlichen Nutzung der Kernkraft 1948 bis zum Frühjahr 1986 habe sich »kein einziger durch Strahlen verursachter tödlicher Unfall in einem Kernkraftwerk« ereignet.[508] Im Jahre 1986, dem Tschernobyl-Jahr, sei es in den 19 deutschen Kernkraftwerken dank der hohen technischen Zuverlässigkeit und Wirtschaftlichkeit zu keinem Störfall gekommen, der Menschen gefährdet hätte.[509]

Löwenthal zählte zu der Mehrheit der Deutschen in der Bundesrepublik und in Berlin (West), die für »Atomforschung« (wie man seinerzeit sagte) in Deutschland eingestellt war: 53 Prozent waren September 1956 dafür, 25 Prozent dagegen, 22 Prozent unentschieden. Je höher die Schulbildung, desto stärker war die Sympathie für Kernforschung hierzulande ausgeprägt: 85 Prozent der Befragten mit Abitur waren dafür. Im Übrigen sollte diese Kernforschung mit den anderen europäischen Ländern zusammen angepackt werden (51 Prozent insgesamt, davon 77 Prozent der Befragten mit Abitur).[510] In den siebziger Jahren, die nicht zuletzt durch eine Protestbewegung gegen die Kernkraft gekennzeichnet waren, wuchs die Skepsis. Forderungen nach Sicherheit, die früher der Bevölkerung wohl weniger bewusst war, nahmen zu. Februar 1972 stimmten 61 Prozent der Antwortvorgabe zu: »Die Atomkraft kann an sich der Menschheit sehr viel nützen, aber nur dann, wenn wir lernen, vernünftig damit umzugehen« (Mai/Juni 1973: 64 Prozent, Januar 1977: 60 Prozent). 13 Prozent meinten, »die Atomkraft wird sicherlich einmal der ganzen Menschheit Nutzen und Vorteil bringen (1973: 13; 1977: 9), zwölf Prozent meinten: »Wahrscheinlich wird die Atomkraft uns schaden, weil sehr zweifelhaft ist, ob wir lernen, sie vernünftig zu gebrauchen« (1973: 11; 1977: 18). »Die Atomkraft führt so gut wie sicher zur Vernichtung, weil es eines Tages zum Atomkrieg kommen wird«: sechs Prozent, 1973: fünf Prozent, 1977: neun Prozent.[511]

507 Gerhard Löwenthal: Liegt Tschernobyl in Deutschland? In: WNZ (*Wetzlarer Neue Zeitung*), 7.6.1986; ACDP, NL Löwenthal, 01-763-018.

508 Löwenthal im Interview mit Winckler, in: Stefan Winckler: Ein kritischer Journalist aus Berlin, S. 146.

509 Abmoderation zu: Atomenergie – Betriebsräte contra Ideologie; Unternehmensarchiv des ZDF, Bestand *ZDF-Magazin*, Ordner Nr. 56, Sendung vom 21.1.1987.

510 Vgl. Elisabeth Noelle und Erich Peter Neumann (Hrsg.): Jahrbuch der öffentlichen Meinung 1957. Allensbach: Verlag für Demoskopie, 1957, S. 363.

511 Vgl. Elisabeth Noelle und Erich Peter Neumann (Hrsg.): Jahrbuch der öffentlichen Meinung 1968–73. Allensbach: Verlag für Demoskopie, 1973, S. 442. Vgl. Elisabeth Noelle-Neumann (Hrsg.): Jahrbuch der öffentlichen Meinung 1976–77. Allensbach: Verlag für Demoskopie, 1977, S. 184.

Eine andere, sehr einfache Fragestellung von 1975/76 zeigt das Kippen der ursprünglich wohlwollenden Einstellung der Bevölkerungsmeinung sehr deutlich auf: »Angenommen, hier in der Nähe wäre ein Kernkraftwerk geplant, und die Bevölkerung würde darüber abstimmen: Wie würden Sie persönlich entscheiden – dafür oder dagegen?« Im Mai 1975 waren die Kernkraftanhänger in der Überzahl: 40 Prozent dafür, 28 Prozent dagegen, 32 Prozent unentschieden. Im September 1976 war das Meinungsbild ausgeglichen: 36 Prozent dafür, 36 Prozent dagegen, 29 Prozent unentschieden. Im Dezember 1976 blieb die Zahl der Befürworter gleich, die Gegner kamen auf 47 Prozent, unentschieden waren lediglich 18 Prozent.[512] Es fällt dabei auf, dass sich immer mehr Menschen ein Urteil über die Kernkraft zutrauten, wobei sie jedoch fast alle auf die Medienmeinungen angewiesen waren.

In den späten siebziger und frühen achtziger Jahren des 20. Jahrhunderts folgte die Bevölkerungsmeinung in der Bundesrepublik Deutschland dem Medientenor und sah die Kernkraft eher negativ. 1985 wurde wieder ein Überhang von Vorzügen gegenüber Nachteilen gemessen, bis die Medienbeiträge über den Tschernobyl-GAU vom April 1986 die Ablehnung der Kernkraft massiv ansteigen ließ.[513]

In der Politik war nicht nur Franz Josef Strauß ein sehr starker Fürsprecher der Kernenergie. Der Autobiograph Strauß selbst wunderte sich noch unmittelbar vor seinem Tode 1988, wie überschwenglich die SPD 1956 den Einsatz von Reaktoren forderte; kaum anders, kaum weniger enthusiastisch, als es Löwenthal/Hausen in ihrem Buch taten. Die Sozialdemokraten wollten offenbar als Partei nicht nur des gesellschaftlichen, sondern auch des technisch-wirtschaftlichen Fortschritts gelten, wenn dieser Arbeitsplätze und damit Wohlstand schafft.

Beziehungen und Einstellungen zu Parteien, Politikern und Gewerkschaften

Gerhard Löwenthal gehörte niemals einer Partei an, denn er wollte seine journalistische Unabhängigkeit nicht durch Parteidisziplin in Gefahr bringen. Im Gegensatz dazu waren beispielsweise die Magazin-Redaktionsleiter Franz Alt (CDU), Peter Merseburger (SPD) und Claus-Hinrich Casdorff (FDP) Mitglieder unterschiedlicher Parteien.

512 Vgl. Elisabeth Noelle-Neumann (Hrsg.): Jahrbuch der öffentlichen Meinung 1976–77. Allensbach: Verlag für Demoskopie, 1977, S. 186.

513 Vgl. Hans Mathias Kepplinger: Die Kernenergie in der Presse. Eine Analyse zum Einfluß subjektiver Faktoren auf die Konstruktion von Realität, in: *Kölner Zeitschrift für Soziologie und Sozialpsychologie*, 40. Jahrgang (1988), S. 640–658.

Freunde und Gesinnungsgenossen: Gerhard Löwenthal mit Franz Josef Strauß

Solange er seinen Hauptwohnsitz in Berlin innehatte – bis 1958 – wählte Löwenthal die SPD.[514] Er war kein dogmatischer Linker – das wird schon aus seinem Brief aus Wilton Park 1948 deutlich – sondern stand etwas links von der Mitte, was jedenfalls in Berlin kein Gegensatz zu christdemokratischen Positionen sein musste: Im Westteil Berlins regierte ab Ende 1948 ein Allparteiensenat, und auch mit seinem Schwiegervater Ernst Lemmer hatte er nach Auskunft von Ingeborg Löwenthal kaum sachpolitische Differenzen.[515] Löwenthal war nicht der Verfechter eines linken Programms, sondern war überzeugt, in der SPD gebe es die sympathischeren, zugkräftigeren Persönlichkeiten: Ernst Reuter, Max Brauer, Wilhelm Kaisen, Georg August Zinn, Herbert Weichmann, Fritz Erler.[516] Reuter, Brauer (Hamburg) und Kaisen (Bremen) bildeten den pragmatischen Bürgermeisterflügel der SPD, der die europäische

514 Vgl. Vortrag Löwenthals bei der Deutsch-Atlantischen Gesellschaft, S. 9; ACDP, NL Löwenthal, 01-763-021; Vgl. Gerhard Löwenthal: »Ich gehöre zur kämpferischen Mitte«, in: *Hessenkurier*, Mai 1975; ACDP, NL Löwenthal, 01-763-003.

515 Gespräch des Verfassers mit Dr. Ingeborg Löwenthal am 10.9.2007.

516 Noch 1976 nennt Löwenthal Erler einen der brillantesten Köpfe des Deutschen Bundestags; Unternehmensarchiv des ZDF, Bestand *ZDF-Magazin*, Ordner Nr. 34, Sendung vom 4.8.1976.

Integration gegenüber rein nationalstaatlichen Konzepten favorisierte[517] (womit Löwenthals Wertschätzung erklärt ist) und der für eine pragmatische Linie anstelle des dogmatischen Sozialismus bekannt war. Doch auch ein Europa-Skeptiker wie Kurt Schumacher war für viele junge Menschen wie Löwenthal eine moralische Autorität und damit ein politische Persönlichkeit von größter Ausstrahlung. Schumacher, ein Preuße, lehnte stets die Nationalsozialisten (mit denen er vor 1933 einen Kompromiss vermied, weswegen er jahrelang in Konzentrationslagern gefangen war) und Kommunisten (für ihn undemokratische Agenten einer fremden Macht) ab. Schumachers Streben galt der Demokratie mit linken Elementen (man denke an die Sozialisierung der Schlüsselindustrien) und nicht einer Diktatur des Proletariats.

In Berlin war es Ernst Reuter, der nicht nur Gerhard Löwenthal faszinierte (so zitierte er Reuter voller Zustimmung beispielsweise zum Thema Menschenrechte fast 20 Jahre nach seinem Tode im *ZDF-Magazin*[518]), sondern die Stimme des übergroßen, freiheitlich gesonnenen Teils der Stadt war, insbesondere während der Blockade 1948/49 und als Regierender Bürgermeister. Die SPD hatte nicht nur einen großen Anteil von NS-Gegnern und NS-Verfolgten in ihren Reihen, sondern wandte sich in entschieden antitotalitärer Einstellung gegen die Politik der sowjetischen Dienststellen und der SED. Diese Linie brachte der SPD in Berlin bei weitem bessere Wahlergebnisse (64 Prozent auf dem Höhepunkt der Blockade Dezember 1948) ein als der CDU, so dass die Sozialdemokraten wegen ihrer wiederholten absoluten Mehrheiten durchaus als Berlin-Partei gelten konnten.

Fritz Erler ist der einzige überregional wirkende Politiker, den Löwenthal als sozialdemokratische Persönlichkeit der frühen Bundesrepublik nach dem Tode Schumachers (1952) hervorhebt. Erler machte sich als verteidigungspolitischer Sprecher der SPD einen Namen; weniger bekannt ist, dass er aus Berlin stammte, wegen Widerstands gegen den Nationalsozialismus zu einer Zuchthausstrafe verurteilt und in Konzentrationslagern gefangengehalten wurde. Eben dies dürfte Löwenthals Einstellung ihm gegenüber beeinflusst haben.

Noch 1973 gedachte Löwenthal in einer *ZDF-Magazin*-Sendung des einstigen SPD-Fraktionsvorsitzenden im Reichstag, Otto Wels, aus Anlass seines 100. Geburtstags. Er schafft dabei einen Bezug zur Gegenwart: »In einer Zeit, in der die SpD [sic!] in einer schweren Auseinandersetzung mit ihrem linken Flügel verwickelt ist, kann das Beispiel dieses aufrechten Mannes vielleicht dazu beitragen, so manchem in der

517 Vgl. Löwenthal im Interview mit dem Verfasser, 16.8.1993, in: Winckler: Ein kritischer Journalist aus Berlin, S. 147; Löwenthal: Ich bin geblieben, S. 291; Weichmann als »einer der wirklich großen Sozialdemokraten« erwähnte Löwenthal am 25.3.1976 anlässlich einer Rede in Uhingen; ACDP, NL Löwenthal, 01-763-022. Gerhard Löwenthal: Verrat in Berlin, in: *Ostpreußenblatt*, 30.6.2001. Online im Internet: www.webarchiv-server.de/pin/archiv01/2601ob04.htm.

518 Unternehmensarchiv des ZDF, Bestand *ZDF-Magazin*, Ordner Nr. 23, Sendung vom 27.12.1972.

SPD die Kraft zum Widerstand gegen radikale Systemzerstörer zu stärken.«[519] In einem zeitgeschichtlichen Beitrag zur Urabstimmung in der Berliner SPD 1946 über die Vereinigung mit der KPD schlug Löwenthal den Bogen zu den Sozialdemokraten, die aus politischen Gründen in der DDR inhaftiert waren. »Sie meinen, ihre Partei hätte sich viel eher und entschiedener von kommunistischen Gruppierungen in der Bundesrepublik abgrenzen müssen. Sie befürchten, daß bei den Verhandlungen mit Moskau und Ostberlin vergessen wird, warum sie einmal in die Gefängnisse geworfen worden sind.« Mit ihnen konnte er sich identifizieren: »Nicht zurückweichen – das war das Motto der Sozialdemokraten 1946 in Berlin. Es kann heute gar nicht anders lauten.«[520]

Wie viele NS-Verfolgte stand Löwenthal darüber hinaus sämtlichen Versuchen der »Restaurierung« eher ablehnend gegenüber. Denn dass Machtkonzentration in der Wirtschaft – Stichwort: Schwerindustrie – und ein allzu großer Teil der bürgerlichen Politiker – Stichwort: Ermächtigungsgesetz – Hitler begünstigt habe, ließ sich so einfach nicht von der Hand weisen. Dagegen hatte die SPD eine weiße Weste, mag er gedacht haben.

Wenige Jahre nach Reuters Tod 1953 zeigte er sich fasziniert vom neuen Regierenden Bürgermeister Willy Brandt (1957-66) – was sein Schwiegervater Ernst Lemmer und die Ehefrau Ingeborg Löwenthal nicht so recht verstehen konnten: Ihnen erschien Brandt mehr als »Verkäufer« oder »Darsteller« von Politik und weniger als politischer Planer und Macher.[521] Noch in den sechziger Jahren soll Ernst Lemmer über seinen Schwiegersohn Gerhard Löwenthal scherzhaft gesagt haben: »Um Gottes willen, der rote Gerhard, der wird eine schöne Sendung machen.«[522] Der gebürtige Lübecker Brandt verstand es in der Tat besser als andere Politiker im Westteil der gespaltenen Stadt, die Massen anzusprechen und für sich zu gewinnen. Auf seinen Auslandsreisen zeige sich Brandt als gewinnender Vertreter Berlins, während er in Westdeutschland der Protagonist einer erneuerten pro-atlantischen Sozialdemokratie Godesberger Prägung war. In den Jahren 1959 bis 1968 war Löwenthal als Beamter in Paris und als Korrespondent in Brüssel nicht ausreichend mit der inneren Entwicklung der Bundesrepublik vertraut, um sich mit den hiesigen Parteien detailliert auseinanderzuset-

519 Anmoderation zum Beitrag: Otto Wels; Unternehmensarchiv des ZDF, Bestand *ZDF-Magazin*, Ordner Nr. 26, Sendung vom 12.9.1973.

520 An- und Abmoderation zu: Berlin; Unternehmensarchiv des ZDF, Bestand *ZDF-Magazin*, Ordner Nr. 15, Sendung vom 31.3.1971.

521 Aussage von Dr. Ingeborg Löwenthal gegenüber dem Verfasser am 10.9.2007.

522 Lothar Labusch: An Löwenthal scheiden sich die Geister. Die Praktiken des ZDF-Moderators im Beschuß der eigenen Kollegen, in: *Kölner Stadt-Anzeiger*, 24.12.1970, zitiert in Andreas H. R. Schmidt, *ZDF-Magazin*, (wie Anm. 16, S. 16), S. 80f.

zen. Zurück in Deutschland, wählte er 1969 die CDU[523], da die Große Koalition eine recht gute Arbeit vollbracht und noch einige große Aufgaben vor sich habe. Eine Beeinflussung der Wähler lag ihm fern, weil er seinen journalistischen Auftrag im ersten Magazin-Jahr in der Information sah – beispielsweise stellte er verschiedene neue Minister wie Horst Ehmke und Helmut Schmidt im *ZDF-Magazin* ausführlich vor.

Zum endgültigen Zerwürfnis mit der Sozialdemokratie kam es (nach Auseinandersetzungen um *Wählermeinung nicht geheim* im Sommer) im Winter 1969/70, nachdem der SPD-Medienreferent Lothar Schwartz, noch von der Auseinandersetzung um *Wählermeinung – nicht geheim* berührt, Löwenthal im November 1969 vorgeworfen hatte, dieser hätte den CDU-Bundesparteitag im Stile einer »Hofberichterstattung« für das Magazin aufbereitet. Die Angriffe der SPD setzten sich fort, als Löwenthal am 3. Dezember 1969 in seiner Abmoderation zu einem Interview mit Berlins Regierendem Bürgermeister Klaus Schütz mehr geistige Führung im Kampf gegen den gewalttätigen Linksextremismus gefordert und sich von Schütz' Antworten enttäuscht gezeigt hatte. Fünf Wochen später zog die Aussage Löwenthals, der sowjetische Außenminister Gromyko verlange einen Verzicht der Bundesrepublik auf alle Wiedervereinigungsbemühungen, für ein erhebliches Presseecho und für Kritik seitens der SPD nicht nur gegen Löwenthal selbst, sondern gegen den politischen Journalismus des ZDF insgesamt – als ob das Zweite Deutsche Fernsehen eine Kampagne gegen die Bundesregierung fahre. Löwenthal zeigte sich verletzt: Er beteilige sich keineswegs an einem publizistischen Feldzug gegen die Regierung Brandt/Scheel, sondern stehe für geistige Unabhängigkeit, habe sogar mehr Freunde in der neuen Regierung als in ihrer Vorgängerin. Die Vorwürfe der Sozialdemokraten brächten nichts als Unsicherheit in den Redaktionen und sogar beim technischen Personal ein. Trotz mancher Differenzen in der Deutschland- und Ostpolitik, so Löwenthal, habe er der SPD grundsätzlich einmal die Regierungsverantwortung gewünscht, jetzt frage er sich angesichts der Unsachlichkeiten, ob er »nicht doch falsch damit gelegen« habe. Im Übrigen habe die SPD um kein Gespräch zur Beilegung der Differenzen nachgesucht.[524] So zerbrach das gute Gesprächsklima[525] sozialdemokratischer Funktionsträger mit Löwenthal, der sich gleichzeitig immer stärker im Wohlwollen der CDU/CSU sonnen konnte und den einflussreiche, eher linke Medien wie *Spiegel*, *Zeit* und *Stern* immer weniger nach journalistischen als vielmehr nach politischen Kriterien charakterisierten: Löwenthal stehe der CDU/CSU nahe oder sei wenigstens auf dem Feld der Deutschland- und

523 Laut Aussage seines Sohnes Thomas Löwenthal gegenüber dem Verfasser im September 2006.

524 Vgl. Löwenthal-Zitate in: Karl H. Schwarz und Peter Sperling: Mainzelmänner bleiben standhaft, in: *Welt am Sonntag*, 25.1.1970, S. 3; ACDP, NL Löwenthal, 01-763-070.

525 Vgl. N.N.: »Tief, sehr tief sind wir gesunken«, in: *Der Spiegel*.

Ostpolitik konservativ, wenn nicht sogar rechts.[526] Demgegenüber erklärte Löwenthal in einem Schreiben an den SPD-nahen Parlamentarisch-Politischen Pressedienst PPP, er fühle sich der parlamentarischen Demokratie und nicht nur einer Partei verpflichtet[527] – mit diesem Bekenntnis zur freiheitlichen demokratischen Grundordnung unterstrich er seine Absicht, das politische System der Bundesrepublik Deutschland zu unterstützen, wie es darüber hinaus der ZDF-Staatsvertrag vorgab.

Mit Sozialdemokraten, die der Deutschland- und Ostpolitik sowie der Öffnung der SPD zur neomarxistischen Linken kritisch-ablehnend gegenüberstanden, blieb Löwenthal freundschaftlich verbunden, nicht zuletzt wenn es sich um Berliner oder Mitteldeutsche handelte, die schlechte Erfahrungen mit der Politik in der SBZ oder der DDR gemacht hatten: zum Beispiel Klaus Peter Schulz, Helmut Bärwald, und sein wichtigster Magazin-Mitarbeiter Fritz Schenk. Diese sahen sich selbst häufig als authentische, antitotalitäre Sozialdemokraten im Sinne Kurt Schumachers, fühlten sich jedoch von der SPD (die die ideologische Auseinandersetzung mit den kommunistischen Parteien nach 1969 zurückschraubte) immer weniger vertreten, oder gar aus der Partei »gemobbt«.[528]

Ein weiterer Grund für den Gegensatz zur SPD dürfte der Wandel der SPD von einer Arbeitnehmerpartei hin zu einem Auffangbecken für Neomarxisten gewesen sein, die 1967/68 unter roten Fahnen durch die Großstädte zogen und ihre Abneigung, um nicht zu sagen: Hass, gegen die Bundesrepublik und die USA zum Ausdruck brachten. So wandte sich Löwenthal heftig gegen jegliche Zusammenarbeit von Jungsozialisten und Kommunisten, und wusste sich darin einig mit »konservativen« Sozialdemokraten wie Hermann Schmidt-Vockenhausen.[529]

Umgekehrt weigerten sich sozialdemokratische Politiker zeitweise, im *ZDF-Magazin* aufzutreten. So teilte am 11. Februar 1976 der Pressesprecher der SPD-Bundestagsfraktion, Knut Terjung, dem Autor des *ZDF-Magazin*-Beitrags *Rentenkassen leeren sich*, Friedrich Merz, mit, keiner der zuständigen Experten seiner Fraktion sei bereit, im *ZDF-Magazin* aufzutreten. Diese Absage, so Terjung, sei nicht auf Zeitmangel zurückzuführen, sondern läge an der »journalistischen Qualifikation« des Maga-

526 Vgl. beispielsweise Dieter Wagner: Die Magazin-Männer tauschen die Rollen, in: *Süddeutsche Zeitung*, 28.1.1970; ACDP, NL Löwenthal, 01-763-070.

527 Löwenthal, zitiert in: PPP Informationsbrief, 9.1.1970, S. 3; ACDP, NL Löwenthal, 01-763-070.

528 Vgl. autobiographische Beschreibungen in: Konrad Löw (Hrsg.): Verratene Treue. Die SPD und die Opfer des Kommunismus. Köln: Kölner Universitätsverlag, 1994. Klaus Peter Schulz, Jahrgang 1915, war Journalist in Berlin, 1959 als Leiter des dortigen Büros von Inter Nationes Löwenthals Vorgesetzter in Sachen Öffentlichkeitsarbeit für Berlin, später MdB und MdEP. Löwenthal erwähnte ihn in *Ich bin geblieben*, S. 240. Auftritt Schulz im *ZDF-Magazin* am 6.1.1971, Vgl. Unternehmensarchiv des ZDF, Ordner Nr. 13.

529 Vgl. Abmoderation SPD; Unternehmensarchiv des ZDF, Bestand *ZDF-Magazin*, Ordner Nr. 14, Sendung vom 24.2.1971.

zins (Terjung selbst war 1970 Mitarbeiter des *ZDF-Magazins*). Daher waren zu diesem Thema nur die Sozialexperten der CDU/CSU und der FDP zugegen, da Bundesarbeitsminister Walter Arendt ebenfalls nicht zur Verfügung stand.[530] Am 8. Juli 1976 übermittelte der SPD-Bundesvorstandssprecher Lothar Schwartz die Absage des sozialdemokratischen Bundesgeschäftsführers Holger Börner, die weder mit dem Thema noch mit der Person des Redakteurs Friedrich Merz zu tun habe:

»[...] Der Bundesgeschäftsführer der SPD ist nicht bereit und hält es für eine Zumutung, in einer Sendung wie dem ›ZDF-Magazin‹ aufzutreten, die sich durch einen chronischen Mangel an Sachlichkeit und Fairneß gegenüber der deutschen Sozialdemokratie auszeichnet. Im Übrigen hat sich Herr Börner schon zu wiederholten Malen in Interviews [...] zum ›Helfer-Handbuch‹ der CDU/CSU geäußert. Allerdings – um dies noch einmal zu unterstreichen – nicht für eine Sendung, deren Leiter und sogenannter Moderator in diesem Handbuch dreimal als Rechtspropagandist verzeichnet ist.«

Merz hatte Börner um eine Stellungnahme für das *ZDF-Magazin* zum »Helfer-Handbuch« gebeten, einer SPD-Wahlkampfpublikation, die wirkliche und angebliche Unterstützer der Unionsparteien aufführte. Offenbar, um eine schlechte Öffentlichkeitswirkung für die SPD zu vermeiden, wiegelte Börner jedoch ab, es gebe keinen Interview-Boykott, vielmehr sei die Absage seine persönliche Entscheidung.[531] Es mag kein »offizieller« SPD-Beschluss existiert haben, das Magazin zu »boykottieren«, aber eine Tendenz, auf Auftritte im Magazin und vor allem auf Gespräche mit Löwenthal zu verzichten. So weigerten sich Sozialdemokraten zeitweise, unter Leitung Löwenthals Streitgespräche mit Christdemokraten zu führen. Hier lag es eindeutig an der Person Löwenthal, denn unter Gesprächsführung Fritz Schenks konnten diese »Rededuelle« stattfinden. Als der Redakteur Friedrich Mönckmeier sich um ein Streitgespräch der Spitzenpolitiker Willy Brandt und Karl Carstens im Magazin bemühte, erklärte ihm der stellvertretende SPD-Sprecher Uwe Carsten Heye am 13. August 1976, es bestehe neben Terminproblemen »auch die Schwierigkeit, bei SPD-Politikern überhaupt die Zusage für Auftritte im ZDF-Magazin zu bekommen«. Darauf antwortete Mönckmeier, die SPD könne keine Ausgewogenheit der Magazin-Aussagen fordern, wenn sie

530 Vgl. Brief von Redakteur Friedrich Merz an Rudolf Woller vom 12.2.1976; Unternehmensarchiv des ZDF, Bestand *ZDF-Magazin*, Ordner Nr. 33, und Auftritt Katzer MdB (CDU) und Schmidt MdB (FDP) im Beitrag: Rentenkassen leeren sich, am 18.2.1976; Unternehmensarchiv des ZDF, ebd.

531 Friedrich Wilhelm Hymmen (hy): Schwartz begründet Börners Boykott des »ZDF-Magazins«, in: *epd/Kirche und Rundfunk* 55-56/1976, S. 7a-7b; N.N.: Kein Boykott der SPD gegenüber dem *ZDF-Magazin*, in: *epd/Kirche und Rundfunk* Nr. 67/1976, S. 6 f.

selbst die Chancen dazu verweigere.[532] Dass Brandt neben anderen diese Einladung in das *ZDF-Magazin* ausschlug, kann zusätzlich mit dem Brandt-kritischen Interview erklärt werden, dass Löwenthal unmittelbar zuvor mit dem Sohn Fritz Erlers unter dem Titel *Fritz Erler contra Willy Brandt* geführt hatte.[533] Dem Problem der Interview-Verweigerung versuchte Löwenthal Herr zu werden, indem er (oder ein Redakteur) aussagekräftige Stellungnahmen von SPD-Politikern zu den entsprechenden Themen aus anderen Quellen verlas.[534] Außer der SPD sagte die ihr nahestehende Industriegewerkschaft Metall Interviews aus politischen Gründen ab: Sie verweigerte eine Stellungnahme mit der Begründung, im *ZDF-Magazin* gebe sie grundsätzlich keine Erklärung ab.[535]

Wie aber stand Löwenthal zu einem Politiker, dem viele eher konservative Bürger nachsagten, er sei im Grund einer der ihren, lediglich in der »falschen« Partei? Helmut Schmidt ist fast auf den Tag genau vier Jahre älter als Gerhard Löwenthal. Er sah, wie Löwenthal, das Kriegsende als Chance, sich eine breite politische und philosophische Bildung anzueignen. Antworten fand er, wie Löwenthal, nicht in den geschlossenen Denksystemen utopischer oder gar totalitärer Denker – auch nicht im Marxismus – sondern bei Karl Popper. So mag es nicht überraschen, dass Schmidt und Löwenthal in der Ablehnung des studentischen Radikalismus von 1967 und danach übereinstimmten, ebenso im Neomarxismus der Jusos eine Gefahr erkannten. Es war Schmidt, der gegen zahlreiche Anträge der Jungsozialisten auf SPD-Parteitagen, etwa zur Abschaffung des Maklerberufs, Stellung nahm (was Löwenthal gelegentlich ebenso zitierte wie weitere Stellungnahmen »rechter« Sozialdemokraten). Der Satz Karl Schillers, »Genossen, laßt die Tassen im Schrank« hätte ebenso von seinem akademischen Schüler und Nachfolger im Ministeramt, Helmut Schmidt, stammen können. Dennoch übte Löwenthal eine massive Kritik an Schmidt, den er als »Hans Albers der SPD« verhöhnte: Schmidt spiele den »Macher« und Parteirechten, das Sagen in der SPD hätte in Wahrheit Willy Brandt als Vertreter des internationalen Sozialismus.[536]

532 Friedrich Mönckmeier: Aktennotiz. Telefonate mit SPD-Bonn; Unternehmensarchiv des ZDF, Bestand *ZDF-Magazin*, Ordner Nr. 34, Akte zur Sendung vom 18.8.1976; Friedrich Mönckmeier: an das praesidiumsmitglied der spd, herrn wilhelm droescher (fernschreiben vom 12.8.1976); Unternehmensarchiv des ZDF, Bestand *ZDF-Magazin*, Ordner Nr. 34, Akte zur Sendung vom 18.8.1976. Siehe ferner epd: Börner boykottiert das »ZDF-Magazin«; Unternehmensarchiv des ZDF, Zeitungsausschnittsammlung, 11.4/6-4.53 ZDF-Magazin.

533 Vgl. ZDF-Magazin-Beitrag: Fritz Erler contra Willy Brandt, von Gerhard Löwenthal; Unternehmensarchiv des ZDF, Bestand *ZDF-Magazin*, Ordner Nr. 34, Sendung vom 4.8.1976.

534 Vgl. Aussage Löwenthals in: Andreas H. R. Schmidt: *ZDF-Magazin*, (wie Anm. 16, S. 16), S. 199.

535 Schlussmoderation; Unternehmensarchiv des ZDF, Bestand *ZDF-Magazin*, Ordner Nr. 37, Sendung vom 9.11.1977.

536 Vgl. Gerhard Löwenthal: Freiheit oder Sozialismus, S. 9 f. (Rede ohne Orts- und Datumsangabe, vermutlich 1976); ACDP, NL Löwenthal, 01-763-009.

Löwenthal sah Schmidt auf dem Feld der Sicherheitspolitik grundsätzlich als Gleichgesinnten an, denn Schmidt sei ein »überzeugter Atlantiker«. Als Verteidigungsminister ließ sich Schmidt im Dezember 1969, kurz nach seinem Amtsantritt, ausführlich von Löwenthal befragen.[537] Löwenthal zitierte noch acht Jahre später aus dessen Buch *Strategie des Gleichgewichts* (1970) völlig zustimmend die Aussage: die UdSSR arbeite darauf hin, Westeuropa unter Kontrolle zu bekommen.[538] Es war Schmidt, so kann diese Übereinstimmung weiterhin erklärt werden, der 1978/79 den NATO-Doppelbeschluss initiierte, und daran festhielt, als sich sehr große Teile der Sozialdemokratie davon abwandten. Diese konsequente Haltung Schmidts erkannte Löwenthal ausdrücklich an.[539] Der Doppelbeschluss der Verteidigungs- und Außenminister des Nordatlantikpakts besagte, dass die NATO als Antwort auf die neu dislozierten sowjetischen Mittelstreckenraketen (die als SS-20 bezeichnet wurden) ihrerseits 464 Cruise Missiles und 108 Pershing II-Raketen stationieren werde (»Nachrüstung«). Gleichzeitig bot die NATO der UdSSR an, über die Abrüstung eben jener Raketen zu verhandeln. Als ein Zeichen guten Willens rüstete die NATO tausend Atomsprengköpfe ab, so dass der Nordatlantikpakt quantitativ eine Abrüstung vornahm, in qualitativer Hinsicht eine Modernisierung in Aussicht stellte. Gegen die Nachrüstungsabsicht innerhalb des Doppelbeschlusses formierte sich noch während der Kanzlerschaft Schmidts die Friedensbewegung. Nicht zuletzt durch das Beispiel Willy Brandts wandte sich die Sozialdemokratie mehr und mehr von Helmut Schmidt und seinem Verteidigungsminister Hans Apel ab (Löwenthal schien es, als predige Schmidt »in weiten Teilen seiner Partei vor tauben Ohren«[540]). Mit anderen Worten: die SPD rückte nach links, weg von der Politik der Vereinigten Staaten. Dies führte, neben wirtschafts- und finanzpolitischen Kontroversen, zum Ende von Schmidts Kanzlerschaft.

Zustimmend zitierte Löwenthal aus einer Bundestagsrede von 1975 Schmidts Meinung zu den ideologischen Ursachen des Terrorismus – bezeichnenderweise in einem Brief an Willy Brandt, dem er die Verharmlosung der linken Wurzeln des Terrorismus vorwarf (hier wäre es zutreffender gewesen, er hätte von den linksextremen Wurzeln geschrieben, und Marx, Bakunin, Netschajew und Lenin zitieren können). Löwenthal war mit Schmidt der Meinung, eine überzogene Toleranz in Verbindung mit dem Aufgeben eigener Standpunkte habe den Terror der Baader-Meinhof-Bande

537 Vgl. Interview für das *ZDF-Magazin* vom 3.12.1969 ist archiviert im ACDP, NL Löwenthal, 01-763-070.

538 Vgl. Gerhard Löwenthal: Die Vierer-Bande, in: *Deutschland-Magazin* 2/1978, S. 16; ACDP, NL Löwenthal, 01-763-105/2.

539 Vgl. Löwenthal: Ich bin geblieben, S. 309

540 Anmoderation Löwenthals zum Beitrag: Moskaus Friedenskampagne; Unternehmensarchiv des ZDF, Bestand *ZDF-Magazin*, Ordner Nr. 44, Sendung vom 8.4.1981.

begünstigt. Mit Zustimmung zitierte Löwenthal, der ein dreigliedriges Schulsystem favorisierte, Schmidts Einstellung zur Wahlfreiheit von Eltern und Schüler zwischen den verschiedenen Schulformen: weniger um Schmidt zu unterstützen, sondern um gegen die Bremer SPD zu argumentieren, die flächendeckend die Gesamtschule als Einheitsschule in der Hansestadt einführen wollte.[541]

Löwenthal war davon überzeugt, dass Schmidt Kompromisse mit der entschiedenen Linken in seiner Fraktion machen musste: So sah er den Bundeskanzler nach dem sehr knappen Wahlsieg von SPD und FDP 1976 daran gehindert, »wenigstens eine minimale Verbesserung der Bekämpfung terroristischer Mörder durchzusetzen«, da er auf die Stimmen »sozialistischer Abweichler« in der SPD-Fraktion wie Manfred Coppik und Karl-Heinz Hansen angewiesen war.[542] Von linken Kräften in der SPD abhängig, sei Schmidt zu »unwürdigen Eiertänzen« gezwungen und könne daher nicht mehr so reden, wie er in Wahrheit denke. Dies gelte aber nicht nur für die Sicherheits-, sondern auch für die Energiepolitik. Schmidt müsse auf Landesparteitagen Zugeständnisse machen, um seine grundsätzlich zustimmende Einstellung zur Kernenergie zu verteidigen[543] (dass Schmidt für Kernkraft sei, seine Partei aber mehrheitlich dagegen, erklärte Löwenthal schon am 28. September 1977 im *ZDF-Magazin*).[544]

Im *ZDF-Magazin* kam Löwenthal am 28. Mai 1975 auf Helmut Schmidt zu sprechen. Der Redakteur Ernst Martin zog ein Jahr nach dem Kanzlerwechsel Bilanz. Löwenthal sprach in der An- und Abmoderation eher beiläufig von »ständig sich widersprechenden Voraussagen des Kanzlers über den angeblichen Wirtschaftsaufschwung«, dabei bezog er sich auf Schmidt-Zitate im Beitrag seines Redakteurs. Löwenthal hielt sich wohl auch deswegen zurück, weil Gerüchte um eine erneute Kanzlerschaft Willy Brandts in Umlauf waren, und er, Löwenthal, Schmidt als das kleinere Übel gegenüber seinem Vorgänger ansah. Zehn Wochen vor der Bundestagswahl, in der Sendung vom 21. Juli 1976, nahm Löwenthal in seiner Moderation stark wertend zu Schmidt Stellung: Schmidt habe für »Aufregung«, ja für »weltweite Empörung« bei den »Verbündeten« und »Freunden« gesorgt, selten sei das »einhellige Echo« über ihn so »negativ gewesen«. Um was ging es? Schmidt hatte erklärt, Großbritannien, Frankreich, die USA und die Bundesrepublik Deutschland würden Kredite an Italien verweigern, falls dort die Kommunistische Partei an der Regierung beteiligt würde. Diese Äußerung Schmidts fiel nicht etwa in einer öffentlichen Rede, sondern in ei-

541 Abmoderation Schulstreit; Unternehmensarchiv des ZDF, Bestand *ZDF-Magazin*, Ordner Nr. 42, Sendung vom 12.3.1980.

542 Vgl. Gerhard Löwenthal: Die Vierer-Bande, in: *Deutschland-Magazin* 2/1978, S. 16; ACDP, NL Löwenthal, 01-763-105/2.

543 Vgl. Gerhard Löwenthal: Ein Kanzler auf dem Drahtseil, in: *Deutschland-Magazin*, 12/1979, S. 16; ACDP, NL Löwenthal, 01-763-105/2.

544 Vgl. Unternehmensarchiv des ZDF, Ordner Nr. 37, Sendung vom 28.9.1977.

nem Hintergrundgespräch mit Journalisten. Löwenthal rügte, Schmidt habe »nicht das erste Mal in kurzer Zeit [...] widersprüchliche und aus der Sicht der Betroffenen zumindest taktlose Bemerkungen über andere Länder« gemacht. Erst wenige Wochen zuvor habe er in einer kommunistischen Regierungsbeteiligung in Italien »nicht unbedingt« eine Katastrophe gesehen. Löwenthal führte einige weitere, wie er es nannte, »Fettnäpfchen« und »Scherbenhaufen« Schmidts auf. Die Abmoderation schloß er mit einer Karikatur: »Kaiser Wilhelm II. [...] ermuntert den Kanzler: Man bloß nicht beirren lassen, lieber Helmut!«[545] Diese Worte erschienen im Wahlkampf wie Öl ins Feuer der (allerdings nicht erwähnten) Opposition und wirken übertrieben. Andererseits mögen Politmagazine der ARD mit den Spitzenkandidaten der Unionsparteien ähnlich umgegangen sein. Und die veröffentliche Meinung wichtiger ausländischer Staaten (samt der Meinung der maßgeblichen Politiker) zu einem deutschen Bundeskanzler hat durchaus Platz in einem Fernsehmagazin.

Löwenthals Kritik an Schmidt verstärkte sich zu Beginn des Bundestagswahlkampfs 1980; sicher stand dies im Zusammenhang mit der Kanzlerkandidatur seines Freundes Franz Josef Strauß. Nun fand sich kein Verständnis für Schmidts Aussagen, oder gar der Versuch einer Verteidigung. In der Februar-Ausgabe des *Deutschland-Magazins* 1980 rügte Löwenthal Schmidt, den er im Titel den »Kanzler der Illusionen« nannte, die sowjetische Besetzung Afghanistans aus seiner Neujahrsansprache ausgeblendet zu haben. Löwenthal verübelte Schmidt weiterhin, in einem Interview Januar 1980 die sowjetische Politik zu verharmlosen: Der seinerzeitige Bundeskanzler hatte erklärt, er habe der Sowjetunion nie das Ziel der Weltherrschaft unterstellt, vielmehr die Aufrechterhaltung des Friedens als fundamentales Interesse der UdSSR aufgeführt.[546] Empört zeigte sich Löwenthal über Schmidts Aussage, Entspannung sei (nach geographischen Regionen) teilbar, denn »in Afrika gibt es keine Verträge«. Insofern sei Entspannung unabhängig von den Stellvertreterkriegen in Afrika. Mit derartigen Sätzen habe Schmidt die UdSSR ermutigt, ihre Interessensphäre auszudehnen.[547] Löwenthal war bewusst, dass Schmidt als Kabinettsmitglied die Ostpolitik der Regierung Brandt/Scheel mitgetragen hatte. Es war ebenfalls Schmidt, der in seiner ersten Regierungserklärung als Bundeskanzler 1974 die Fortsetzung der Ostpolitik ankündigte und diese ohne Mitwirkung Brandts und Bahrs umsetzte. Löwenthal dazu im *Deutschland-Magazin* 1980: »Diese Entspannungspolitik war das größte Täuschungs-

545 Moderation Löwenthals zum Beitrag »ein Jahr Helmut Schmidt«; Unternehmensarchiv des ZDF, Bestand *ZDF-Magazin*, Ordner Nr. 31, Sendung vom 28.5.1975; Beitrag Löwenthals *Schmidt-Zitate*, Unternehmensarchiv des ZDF, Bestand *ZDF-Magazin*, Ordner Nr. 34, Sendung vom 21.7.1976.

546 Vgl. Gerhard Löwenthal: Kanzler der Illusionen; ACDP, NL Löwenthal, 01-763-105/2.

547 Gerhard Löwenthal: Kanzler auf Ostkurs, in: *Deutschland-Magazin* 5/1980, S. 16; ACDP, NL Löwenthal, 01-763-105/2.

manöver der Sowjetunion nach dem Zweiten Weltkrieg. Schmidt und Genossen können (oder wollen) das nicht eingestehen. Sie wollen (oder können) ihre Politik nicht ändern. Sie sind zum Sicherheitsrisiko geworden. Es ist höchste Zeit für einen Wechsel in Bonn.«[548]

Auch an Löwenthals Kolumne *Stoppt den Kanzler des Versagens!* vom September 1980 unmittelbar vor der Bundestagswahl fällt die massive Konfrontation mit Schmidt auf. Es ging Löwenthal zum einen darum, Schmidt als »Sozialisten« zu kennzeichnen: Dazu führte er zwei Zitate des Bundeskanzlers von 1976 und 1977 auf, in denen sich der Kanzler zu einer »sozialistischen« Politik bekannte und die Marktwirtschaft als unsozial einstufte. So wollte Löwenthal offenbar dem guten Eindruck Schmidts auf viele bürgerliche Wähler entgegenwirken. Zum anderen zitierte Löwenthal zahlreiche finanzpolitische Kennziffern, insbesondere über die staatliche Verschuldung, und ging auf die seiner Einschätzung zufolge unzureichende innere Sicherheit ein. Löwenthal schloss mit den Worten: »Dies sind nur einige der gravierenden Posten aus dem langen Katalog des Versagens von Helmut Schmidt und seinen Genossen. Am 5. Oktober muß darunter endlich ein Schlußstrich gezogen werden.«[549]

Löwenthals *Deutschland-Magazin*-Kolumne anlässlich des Kanzlerwechsels am 1. Oktober 1982 ist keinesfalls ein halbwegs verständnisvoller »Nachruf«, sondern eine völlige Negativkritik an Schmidt wegen dessen »Verrats«-Kampagne gegen die FDP zum Ende seiner Kanzlerschaft bzw. im Vorfeld der hessischen Landtagswahl. Löwenthal fühlte sich, wie es scheint, an die oft polemischen Wortbeiträge Schmidts aus dessen Oppositionspolitiker-Tagen erinnert. Löwenthal: »Der Abgeordnete Schmidt-Hamburg, vor kurzem noch unter seiner einstigen Amtsbezeichnung Bundeskanzler bekannt, hat seine staatsmännische Rolle endgültig abgelegt und reist nun als Demagoge durchs Land.«[550]

So war Löwenthals Bild von Schmidt ambivalent. Er bevorzugte ihn, den »Macher«, gegenüber dem eher als »Träumer« eingeschätzten Willy Brandt – und sah ihn wohl als »Einäugigen« unter den »blinden« Sozialdemokraten.

Gegenüber Konrad Adenauer war Löwenthal zunächst skeptisch. Das mag verschiedene Gründe gehabt haben: Adenauers hohes Alter kann als das wohl trivialste Argument dienen; die Distanz des Rheinländers zu Berlin und – früher schon – zu Preußen dürfte einen stärkeren Ausschlag gegeben haben, ferner stimmte die äußerst knappe

548 Gerhard Löwenthal: Kanzler der Illusionen, in: *Deutschland-Magazin* 2/1980, S. 16; ACDP, NL Löwenthal, 01-763-105/2.

549 Gerhard Löwenthal: Stoppt den Kanzler des Versagens, in: *Deutschland-Magazin* 9/1980, S. 16; ACDP, NL Löwenthal, 01-763-105/2.

550 Gerhard Löwenthal: Die Lüge vom Verrat, in: *Deutschland-Magazin*, 11/1982, S. 18; ACDP, NL Löwenthal, 01-763-105/2.

Entscheidung des Deutschen Bundestags 1949 für Adenauer als Bundeskanzler Löwenthal bedenklich (konnte angesichts der großen Probleme der frühen Bundesrepublik eine derart kleine Regierungsmehrheit ausreichen?). Er, der junge RIAS-Reporter, fragte immerhin den betagten Bundeskanzler, wie jener sich fühle, nachdem seine eigene Stimme den Ausschlag gegeben hatte.[551] Mit Adenauers Antwort »gewählt ist gewählt« war der Gesprächsfaden schneller durchschnitten als er gewoben worden war. Die Europäische Integration war das gemeinsame Anliegen der katholischen Christdemokraten Konrad Adenauer, Alcide de Gasperi und Robert Schuman. Ferner lobte Löwenthal rückblickend die Politik Adenauers einer Annäherung Deutschlands an Israel.[552] Zu seinem 99. Geburtstag erinnerte Löwenthal mit Hilfe einiger aussagekräftiger Zitate an den verstorbenen ersten Bundeskanzler.[553]

Mit der CDU/CSU gab es spätestens nach der von Löwenthal missbilligten ersten Regierungserklärung Willy Brandts 1969 wachsende Gemeinsamkeiten in der Deutschland- und Ostpolitik, nachdem zuvor insbesondere die Europa- und Sicherheitspolitik der CDU/CSU (die Westintegration) Löwenthals Beifall gefunden hatte. Der neue Oppositionsführer im Bundestag, Rainer Barzel (CDU) betonte auf pathetische Weise in seiner Erwiderung auf den Bundeskanzler eingangs die sehr hohe Bedeutung, die die CDU/CSU-Fraktion den Menschenrechten in der DDR beimesse (»Wir bleiben dem deutschen Volk, dem unser erstes Wort gilt, vor Geschichte und Gewissen verantwortlich, die Menschenrechte und deren Anerkennung für alle Deutschen zu erringen«) – das war ja auch seit der frühen Nachkriegszeit ein zentrales Anliegen Löwenthals. Barzel sprach von besten innenpolitischen Bedingungen, die Brandt vorfinde (Löwenthal kam in seinen Memoiren zum gleichen Schluss) und bot eine parteiübergreifende Zusammenarbeit in den wichtigsten Fragen der Nation an (was sich Löwenthal 1970 im Zusammenhang mit den Ostverträgen auch wünschte). Barzel mahnte an, weiterhin mit der »kritischen Jugend« zu reden (Löwenthals Forderung an Kiesinger Anfang 1969), und Europa im Sinne der Römischen Verträge zu vereinigen (die zentrale Aussage des ZDF-Korrespondenten Löwenthal in Brüssel, gerade auch in seinen Sondersendungen von 1967). Wie Löwenthal vermisste auch Barzel in der Regierungserklärung Brandts die Wiedervereinigung als Zielbestimmung: davon nicht zu sprechen, bedeute eine Aufgabe des Alleinvertretungsanspruchs. Implizit tauchte auch das später von Löwenthal als Grundsatz der Deutschlandpolitik propagierte Wort von »Leistung und Gegenleistung« auf. Dies bedeute: Verhandlungen zwischen Bundesrepublik und DDR v. a. über bessere Kontaktmöglichkeiten zwi-

551 Löwenthal: Ich bin geblieben, S. 210.
552 Vgl. Schlussmoderation; Unternehmensarchiv des ZDF, Ordner Nr. 57, Sendung vom 23.12.1987.
553 Moderation; Unternehmensarchiv des ZDF, Bestand *ZDF-Magazin*, Ordner Nr. 30, Sendung vom 8.1.1975.

schen den Deutschen über den Eisernen Vorhang hinweg.[554] Barzel und die CDU/CSU befürworteten, wie Löwenthal, ein Treffen von Bundeskanzler und DDR-Ministerratsvorsitzendem.[555] Bezüglich des Moskauer und des Warschauer Vertrags von 1970 entwickelte sich ein Dissens zwischen Löwenthal und dem kompromissfähigen Barzel: Löwenthal stand mit seiner Ablehnung weit mehr im auf Konfrontation setzenden Lager der CSU, in der Nähe zu Franz Josef Strauß, den Konservativen in der Union sowie den Vertriebenenverbänden. Hauptkritikpunkt: Die Anerkennung der »Realitäten« käme sowjetischen Forderungen weit entgegen, während deutsche Interessen, v. a. das Selbstbestimmungsrecht und menschliche Erleichterungen, auf der Strecke blieben. In *Ich bin geblieben* betonte Löwenthal zusätzlich seine hohe Wertschätzung für den außenpolitischen Experten der CSU, Karl Theodor Freiherr von und zu Guttenberg.[556] Auch dieser beklagte eine völlige Abkehr der Bundesregierung Brandt von der Ost- und Deutschlandpolitik der Vorgängerregierungen; erschwerend sei die Nicht-Konsultation der CDU/CSU-Bundestagsfraktion und die unzureichende Konsultation der NATO-Bündnispartner gewesen. Guttenberg rügte (wie Löwenthal), dass Brandt in seiner ersten Regierungserklärung von den »zwei deutschen Staaten« sprach, und damit der DDR eine Gleichberechtigung neben der Bundesregierung zuerkannt habe.[557] Darüber hinaus stellte Guttenberg zahlreiche Versäumnisse im Detail, also in der praktischen Durchführung der Vertragsverhandlungen, zum Schaden der Bundesrepublik Deutschland fest. Sehr ähnlich wie Guttenberg äußerte sich auch Löwenthals häufig konsultierter und gleichgesinnter Gesprächspartner Werner Marx MdB (CDU): Brandt habe die Kontinuität der Ost- und Deutschlandpolitik bereits in der Regierungserklärung verlassen, Bahr sei als theoretischer Urheber der Neuen Ostpolitik der falsche Unterhändler.[558]

In der CDU/CSU-Bundestagsfraktion (deren Vorsitzender Karl Carstens zur 300. *ZDF-Magazin*-Sendung herzlich gratulierte)[559], vor allem im konservativen Flügel, war Löwenthal in den 1970er Jahren sehr angesehen. Franz Josef Strauß und Jürgen Todenhöfer waren häufige Gäste im Magazin. Wilfried Hasselmann telegrafierte anlässlich des 250. *ZDF-Magazins* an Gerhard Löwenthal:

554 Deutscher Bundestag: Verhandlungen des Deutschen Bundestags, Stenographische Berichte, Band 71: 6. Wahlperiode, 6. Sitzung am 29.10.1969, Bonn 1970, S. 37–46.

555 Christian Hacke: Die Ost- und Deutschlandpolitik der CDU/CSU. Wege und Irrwege der Opposition seit 1969 (Bibliothek Wissenschaft und Politik, Bd. 12). Köln: Verlag Wissenschaft und Politik, 1975, S. 28 f.

556 Gerhard Löwenthal: Ich bin geblieben, S. 311–314.

557 Vgl. Karl-Theodor zu Guttenberg: Die neue Ostpolitik. Wege und Irrwege (Texte + Thesen, Bd. 11). Osnabrück: Verlag A. Fromm, 1971, S. 7–14.

558 Vgl. Deutscher Bundestag: Verhandlungen des Deutschen Bundestages, Stenographische Berichte, 6. Wahlperiode, Bd. 79, 172. Sitzung am 24.2.1972, Bonn 1972, S. 9859–9869.

559 Telex von Karl Carstens vom 26.5.1976; ACDP, NL Löwenthal, 01-763-009.

»[…] die cdu in Niedersachsen schaetzt Sie als einen engagierten kritischen journalisten und als aufrechten, kaempferischen demokraten. Wir fuehlen uns mit ihnen fest verbunden, weil wir wissen, dass es ihnen als einem unabhängigen und konstruktiven kritiker des politischen Lebens um das ganze deutschland geht […].«[560]

Gleichzeitig diskutierten konservative Kreise über eine bundesweite »Vierte Partei«, d.h. eine konservative Partei rechts der CDU, orientiert an Franz Josef Strauß. Löwenthal war vor der Bundestagswahl 1976 wohl wegen der zu erwartenden knappen Mehrheitsverhältnisse Gegner eines solchen Parteiprojekts, nachdem sich Strauß von derartigen Überlegungen distanziert hatte, und der Mitgliederstamm der Aktionsgemeinschaft Vierte Partei nur 3.000 Personen umfasste. Er sah eine Zersplitterung des konservativen Lagers voraus, da eine solche Partei unter fünf Prozent bliebe, und ihre Stimmen auf Kosten der Union gingen.[561] Als sehr viel aussichtsreicher betrachtete er eine Ausdehnung der CSU auf das gesamte Bundesgebiet: also eine engere Bindung der Konservativen außerhalb Bayerns an Strauß. Ein derartiger Beschluss der CSU-Landesgruppe, sich aus der CDU/CSU-Fraktion zu lösen und damit eine Ausdehnung der CSU auf das Bundesgebiet außerhalb Bayerns vorzubereiten, war von kurzem Bestand; selbst Strauß war »umgefallen«, denn jener »Kreuther Beschluss« hätte zugleich eine Erweiterung der CDU nach Bayern mit sich gebracht. Dass Strauß von der Idee einer bundesweiten CSU Abstand nahm, enttäuschte Löwenthal.[562]

Löwenthal lernte Strauß 1956 persönlich kennen, als er den bayerischen Politiker, seinerzeit im Amt des Bundesatomministers, dazu bewegen konnte, das Vorwort zu dem Buch *Wir werden durch Atome leben* zu verfassen. Während seines Auslandsaufenthalts 1959 bis 1968 dürfte Löwenthal wenig Kontakt mit Strauß gehabt haben. Wohl wegen der Persönlichkeit des hochintelligenten, manchmal metaphernreich oder auch polemisch formulierenden Strauß, wegen der entschiedeneren Oppositionshaltung gegenüber SPD und FDP in der Frage der Ostpolitik sowie ihrer unbestritten pro-amerikanischen und pro-europäischen Einstellung favorisierte Löwenthal die CSU gegenüber der CDU – zumal sich dort die antipreußischen, fast schon separatistischen und konservativ-klerikalen Einstellungen der Nachkriegszeit nahezu aufgelöst hatten. Es versteht sich fast von selbst, dass Löwenthal auch die innenpolitischen Forderungen der CSU teilte: Strauß sprach bereits in seiner für einen engen Kreis von Parteifunk-

560 Telex von Wilfried Hasselmann, Vorsitzender der CDU Niedersachsen, vom 15.5.1974 an Gerhard Löwenthal; Unternehmensarchiv des ZDF. Bestand *ZDF-Magazin*, Ordner Nr. 28, Anlage zur Sendung vom 15.5.1974.

561 Vgl. Gerhard Löwenthal: Die »Vierte Partei« – ein verfehltes Experiment, in: *Deutschland-Magazin*, 4/1976, S. 16; ACDP, NL Löwenthal, 01-763-105/2; ZDF-Star Löwenthal: »Bin kein Parteimitglied«, in: *Oberpfälzer Nachrichten*, 28.7.1976; ACDP, NL Löwenthal, 01-763-009.

562 Vgl. Interview mit Löwenthal im *Playboy*, 1978; ACDP, NL Löwenthal, 01-763-008.

tionären bestimmten und daher sehr ehrlichen Rede in Sonthofen November 1974 von der Alternative Freiheit vs. Sozialismus.[563] Der CSU-Vorsitzende legte Wert darauf, die RAF-Terroristen der politischen Linken zuzuordnen,[564] wie es Löwenthal auch tat. Zwar äußerten sich alle Bundestagsfraktionen besorgt über die Sympathisantenszene, doch ging Strauß am weitesten, indem er Terror-Sympathisanten in den Fraktionen von SPD und FDP zu verorten glaubte, und die Anwälte der Baader-Meinhof-Bande bezichtigte, ihre Klientel zu steuern.[565] Die SPD war nach Überzeugung von Strauß teilweise mit Linksextremisten durchsetzt und mit Linksextremisten verbündet[566] (ein wichtiger Kritikpunkt Löwenthals an den Sozialdemokraten), wie er es am 11. Mai 1976 im Bundestag aussprach. Das besondere Augenmerk Strauß‹ (neben der Finanzpolitik) galt dem Ost-West-Konflikt, den er, wie Löwenthal, als weltweites Phänomen einstufte. So setzte er sich in der Bundestagsdebatte zur Entwicklungspolitik vom 27. Oktober 1977 mit der »weltweit operierende[n] Strategie Moskaus« am Beispiel Afrikas auseinander (wie es Löwenthal auch tat), da dort vor allem in Angola und am Horn von Afrika »ein knallhartes Pokerspiel um weltpolitische Machtverteilung« stattfände. Im südlichen Afrika zeige sich die kommunistische Einflussnahme durch sowjetische Waffenlieferungen und den Einsatz kubanischer Truppen zugunsten der Befreiungsbewegung MPLA.[567] Bezüglich der innerdeutschen Grenze gebrauchte Strauß sehr deutliche Worte, bis hin zum Vergleich mit den nationalsozialistischen Konzentrationslagern[568] (auch er war von der Totalitarismustheorie überzeugt). In all diesen Standpunkten waren sich Löwenthal und Strauß sehr stark einig.

Als sich 1979 der niedersächsische Ministerpräsident Ernst Albrecht Hoffnungen auf die Kanzlerkandidatur machte, war es Löwenthal, der ihn im *Deutschland-Magazin* als kompromißlerisch und wenig grundsatztreu, im Gegensatz zu dem als

563 Die Sonthofener Rede von Franz Josef Strauß, in: Heino Kaack/Ursula Kaack (Hrsg.): Parteien-Jahrbuch 1975. Dokumentation und Analyse der Entwicklung des Parteiensystems der Bundesrepublik Deutschland im Jahre 1975 (Studien zum politischen System der Bundesrepublik Deutschland, Bd. 16). Meisenheim am Glan: Anton Hain, S. 256–266, hier S. 258.

564 Vgl. Deutscher Bundestag: Verhandlungen des Deutschen Bundestages, 8. Wahlperiode 1976, 46. Sitzung vom 5.10.1977, Bd. 103 (1977), S. 3469–3485, dort S. 3485.

565 Die Sonthofener Rede von Franz Josef Strauß, in: Heino Kaack/Ursula Kaack (Hrsg.): Parteien-Jahrbuch 1975. Dokumentation und Analyse der Entwicklung des Parteiensystems der Bundesrepublik Deutschland im Jahre 1975 (Studien zum politischen System der Bundesrepublik Deutschland, Bd. 16). Meisenheim am Glan: Anton Hain, S. 256–266, hier S. 259.

566 Deutscher Bundestag: Verhandlungen des Deutschen Bundestages, Stenographische Berichte, 7. Wahlperiode, 240. Sitzung am 11.5.1976, Bd. 98, S. 16832–16843, hier S. 16832 ff. Ferner: Deutscher Bundestag: Verhandlungen des Deutschen Bundestages, 7. Wahlperiode, Stenographische Berichte, 8. Sitzung am 24.1.1973, Bd. 81, Bonn 1976, S. 169 ff.

567 Verhandlungen des Deutschen Bundestages, Stenographische Berichte, 8. Wahlperiode, Bd. 103, Bonn 1977, S. 4041–4051, dort 4045 ff.

568 So am 11. Mai 1976, vgl. Verhandlungen des Deutschen Bundestages, Stenographische Berichte, 7. Wahlperiode, Bd. 98, Bonn 1976, S. 16832–16843; S. 16820.

hochkompetent beschriebenen Strauß, beurteilte.[569] Wie nah Löwenthal zu Strauß stand, im Unterschied zu dem weithin als liberal eingestuften Christdemokraten Albrecht, und wie er selbst Politik zu machen versuchte, wird desweiteren ersichtlich anhand einer Begebenheit aus dem Jahr 1976: Löwenthal war bei Ernst Albrecht, um ihn zu interviewen. Ein Anruf von Helmut Kohl unterbrach das Gespräch. Löwenthal konnte mithören, wie Albrecht dem CDU-Vorsitzenden zusagte: Er werde entgegen einer tags zuvor beschlossenen Abmachung an einem Gespräch mit Bundeskanzler Helmut Schmidt teilnehmen, um die Ratifizierung des Vertrags mit Polen in die Wege zu leiten. Löwenthal teilte das, was er mitgehört hatte, dem außenpolitischen Sprecher der CDU/CSU-Fraktion Werner Marx und Franz Josef Strauß mit.[570] Mehr noch: Löwenthal war es, der zu einem nicht genannten Zeitpunkt zwischen Strauß und Kohl vermittelte und so die Kommunikation zwischen beiden Politikern wiederherstellte.[571] So war Löwenthal weit mehr als ein Journalist, vielmehr ein Mensch, der in die Politik eingriff – wie schon 1969, als er die CDU-Führung am Wahlabend vor einer SPD-FDP-Koalition zu warnen versuchte.

Die Werbung für Franz Josef Strauß, seinen »langjährigen Freund«[572] war für Löwenthal im Vorfeld der Bundestagswahl 1980 ein wichtiges Anliegen (siehe dazu das Kapitel 2: Politisches Engagement außerhalb des Fernsehens). Er schätze Strauß wegen seiner Tugenden (»ein Mann mit dem Mut auch zur unbequemen Wahrheit«). Dementsprechend würde, so Löwenthal, die deutsche Politik wieder tugendhafter: »Unser Land braucht Strauß, damit die deutsche Politik wieder verläßlich und ehrlich gegenüber unseren Bürgern, vertrauenswürdig gegenüber unseren ausländischen Freunden und berechenbar für unsere östlichen Vertragspartner wird.«[573] Im *Deutschland-Magazin* vom Juni 1980 plädierte Löwenthal für Strauß, weil der CSU-Vorsitzende als Adenauer-»Schüler« zunächst einmal ein guter Deutscher und überzeugter Europäer sei (hier haben wir erneut Löwenthals Parteinahme für die europäische Integration). Löwenthal betonte als moderner, freiheitlicher Konservativer die Werte von Adenauer und Strauß: Freiheit anstelle von Sozialismus, was in der Anwendung eine Politik der Sozialen Marktwirtschaft bedeute. In der Außenpolitik stehe Strauß, so Löwenthal, für die »Festigung des freien Teil Deutschlands und des freien Teil Europas durch Eindämmung des imperialistischen Sowjetkommunismus mit Hilfe einer realistischen

569 Vgl. Gerhard Löwenthal: David ohne Schleuder, in: *Deutschland-Magazin*, 7/1979, S. 16; ACDP, NL Löwenthal, 01-763-105/2.

570 Vgl. Franz Josef Strauß: Die Erinnerungen. Berlin: Siedler, 1989, S. 512 f.

571 Vgl. Löwenthal: Ich bin geblieben, S. 382.

572 Brief Löwenthals an Wei Aimiao, Direktor des Instituts of Contemporary International Relations in Beijing/China vom 6.1.1986.

573 Vgl. Gerhard Löwenthal: Strauß – wer denn sonst?, in: *Deutschland-Magazin*, 6/1980, S. 18; ACDP, NL Löwenthal, 01-763-105/2.

Friedenspolitik anstelle von ›Entspannungs‹-Illusionen«. Damit meint Löwenthal, Strauß werde eine Ostpolitik der Leistung und Gegenleistung versuchen.[574] Mit diesem Argument verteidigte Löwenthal den Kredit, den Franz Josef Strauß 1983 der DDR vermittelte.

Zu Straußens 72. Geburtstag 1987 wünschte ihm Löwenthal, er möge »noch lange [...] [seine] so wichtige Funktion in der deutschen Politik wahrnehmen«, zumal sich die »Bonner Politik« in »miserablem Zustand« befände – die CDU/CSU war in der Bundestagswahl im Januar 1987 um vier Prozentpunkte zurückgefallen, wichtige Vorhaben wie eine Steuerreform standen bevor – so dass es Straußens Aufgabe sei, »hier immer wieder mahnend und korrigierend einzugreifen«. Löwenthal mag dabei an das »Sommertheater« um die Asylgewährung für 14 Chilenen gedacht haben, für die sich Heiner Geißler und Norbert Blüm eingesetzt hatten. Grundsätzlich galt für Löwenthal: »Es gibt eben keinen anderen deutschen Politiker, der über die gleiche Erfahrung und ein vergleichbares Ansehen in der Welt verfügt«. Daraus zog Löwenthal den Schluss, Strauß müsse sich in den politischen Debatten »unüberhörbar« zu Wort melden, aber seinen Äußerungen auch Taten folgen lassen. Hier spielt Löwenthal auf eine gewisse Zögerlichkeit Straußens an, der sich erst nach einigen Gläsern Wein zur Kanzlerkandidatur 1979/1980 überreden ließ. Eine Kurskorrektur der Bundesregierung Kohl sei dringend nötig, um nicht immer mehr konservative Stammwähler zu verlieren.[575]

Privat kamen Strauß und Löwenthal immer wieder zusammen oder tauschten sich schriftlich aus.[576] Ein Beispiel: Der bayerische Ministerpräsident schrieb unverzüglich dem »lieben Gerd« einen Genesungswunsch, als dieser plötzlich in eine Klinik eingeliefert werden musste.[577] Löwenthal setzte seine Hoffnungen nicht nur in der Bundespolitik auf Strauß. Wie eng das Vertrauensverhältnis war, wird deutlich anhand eines Briefs, in dem Löwenthal den CSU-Vorsitzenden um Unterstützung für seine weitere Bildschirm-Aktivität bat und zugleich seine Bedenken gegen die künftige Besetzung des Chefredakteurs- und des Programmdirektorpostens äußerte:

»Lieber Franz Josef,
Anbei Kopie meines Briefes an Helmuth [sic!] Kohl. Du bist jetzt der Einzige, der hier noch helfen kann. Ich bitte Dich herzlich darum. Dieses eine Mal nur erinnere ich an die Freundschaft, die uns verbindet, an die Treue zu Dir, die ich unbeirrt bewiesen habe.

574 Vgl. Gerhard Löwenthal: Strauß – wer denn sonst?, in: *Deutschland-Magazin*, 6/1980, S. 18; ACDP, NL Löwenthal, 01-763-105/2.

575 Vgl. Brief Löwenthals an Franz Josef Strauß vom 4.9.1987; ACDP, NL Löwenthal, 01-763-049.

576 Auskunft von Dr. Ingeborg Löwenthal.

577 Vgl. Franz Josef Strauß an Gerhard Löwenthal, 22.3.1983; ACDP, NL Löwenthal, 01-763-098.

Sorge bitte im Interess [sic!] der gemeinsamen Sache dafür, dass ich meine Arbeit ungehindert fortsetzen und möglichst verstärken und ausweiten kann. Wenn wir schon zu einem faulen Kompromis [sic!] in den Personalentscheidungen gezwungen werden sollten, dann muss wenigstens endlich ein Ausgleich für die Halbierung meiner Sendezeit garantiert werden!
In herzlicher Verbundenheit
Dein Gerhard«[578]

Löwenthal zählte sich aber nicht zum »Hofstaat«[579] von Strauß, so dass er von dessen streng geheimgehaltenen privaten Finanzgeschäften[580] höchstwahrscheinlich nichts wusste. Ferner war der langjährige bayerische Finanzminister und spätere Ministerpräsident Max Streibl ein Duzfreund Löwenthals [581], ebenso wie der CSU-Außenpolitiker Hans Graf Huyn.[582]

Als SPD und FDP 1969 erste Angriffe auf Löwenthal richteten, war es Helmut Kohl, der sich als Fernsehratsmitglied mehrfach für das Magazin und seinen Moderator einsetzte. Doch erlebte Löwenthal Enttäuschungen, insbesondere, als er 1975 auf einen Brief an Kohl – seinerzeit Verwaltungsratsvorsitzender des ZDF – keine Antwort erhielt. Es ging Löwenthal um die seiner Überzeugung zufolge ungünstige Besetzung der Posten von Programmdirektor (Dieter Stolte) und Chefredakteur (Reinhard Appel) sowie um seine eigene Zukunft als Magazinmoderator. Er wollte Kohl vor medienpolitischen Fehlern warnen.[583]

Nach Auskunft von Ingeborg Löwenthal gegenüber dem Verfasser (24. Juni 2008) war das Verhältnis Kohls zu Löwenthal insgesamt kühl, um nicht zu sagen: eher schlecht. Dies mag an der Freundschaft Löwenthals zu dem deutlich konservativeren

578 Brief Gerhard Löwenthals an Franz Josef Strauß, 30.11.1975; ACDP, NL Löwenthal, 01-763-008. Eine Antwort des CSU-Politikers liegt im ACDP nicht vor.

579 Löwenthal: Ich bin geblieben, S. 381. Zweifellos ist »Hofstaat«, auch von Löwenthal in Anführungsstriche gesetzt, ein Euphemismus. Schon der 1970 verstorbene Strauß-Mitarbeiter sagte, Strauß tendiere zu »Halbseidenem« (Wilhelm Schlötterer: Macht und Mißbrauch. Franz Josef Strauß und seine Nachfolger. Köln: Fackelträger, [3]2009, S. 177). Ex-Kultusminister und Politikwissenschaftler Hans Maier sprach von einem »Kreis bedingungslos ergebener Leute« (Schlötterer, Macht und Mißbrauch, S. 180).

580 Dazu mehr in: Schlötterer, Macht und Mißbrauch, insbesondere S. 133–181, sowie: Thomas Schuler: Strauss. Die Biographie einer Familie. Frankfurt: Scherz, 2006, S. 200–207. Friedrich Zimmermann dazu: »Das hätte jemand mal wagen sollen, da mitzureden«, Schlötterer, S. 167.

581 Vgl. Brief Max Streibls an Löwenthal vom 8.1.1979; ACDP, NL Löwenthal, 01-763-023.

582 Vgl. Briefwechsel Löwenthal – Graf Huyn zum Thema Genscher im Mai 2000; ACDP, NL Löwenthal, 01-763-073.

583 Vgl. Briefe Löwenthals an Kohl vom 30.11.1975 und 8.12.1975; ACDP, NL Löwenthal, 01-763-008. Kopie archiviert in: ACDP, NL Marx, I-356-A317.

Franz Josef Strauß gelegen haben, dem der Magazinmoderator eindeutig den Vorzug gab. Im *ZDF-Magazin* war Kohl auffallend selten zu sehen. Vor der Bundestagswahl 1976 war der Unions-Spitzenkandidat Kohl für mehr als ein Jahr nicht im Magazin zu Gast. Dies kann weiterhin damit erklärt werden, dass Löwenthal nicht den Generalisten Kohl, sondern den jeweiligen Experten aus der Fraktion zu Sachfragen heranzog.

Für Löwenthal war die Forderung nach einer »geistig-moralischen Wende«[584], die Kohl als Oppositionsführer immer wieder angemahnt hatte, eine schlichte Notwendigkeit. Denn »noch nie war es wichtiger, eine wertorientierte Gemeinschaft zu verwirklichen«, so Löwenthal über die Kanzlerschaft Kohls. Es sei schon einer der Mängel der sozialliberalen Bundesregierungen gewesen, »Werte und Tugenden zu negieren«, sie teilweise sogar zu verteufeln. Löwenthal bemängelte an der CDU-Führung (einschließlich des Vorsitzenden Kohl), sie nähme »feministisches Geschwafel à la Süßmuth und antinationale und multikulturelle Phrasen eines Heiner Geißler wichtiger«, während »eine ganz große Mehrheit der deutschen, gerade auch in der jungen Generation« auf eine werteorientierte Politik warte.[585] Löwenthal ging allerdings nicht auf einzelne Werte ein, und er unterschied in jenem Aufsatz auch nicht zwischen Werten und Tugenden.

Löwenthal erkannte ausdrücklich die verbesserten Kennziffern der Wirtschafts- und Finanzpolitik unter Kohls Verantwortung an,[586] vermisste hingegen klassisch-konservative Anliegen: eine Verringerung der Zuwanderung durch Änderung der Asylpolitik, eine Verminderung der Abtreibungszahlen durch Änderung des Paragraphen 218, eine stärker pro-amerikanisch ausgerichtete Außenpolitik (seinerzeit ging es konkret um die Strategische Verteidigungsinitiative SDI, die Löwenthal favorisierte), eine mittelstandsfreundliche, die Schaffung von Arbeitsplätzen begünstigende Wirtschaftspolitik, ein Abschied von der bisherigen, noch zu sehr »sozialliberalen« Ost- und Deutschlandpolitik.[587] Allgemein gesprochen: Die CDU müsste ein Image

584 Darunter ist eine Stärkung christlich-konservativer (Religion, Familie, Vaterland, Nation, Leistung …) gegenüber linken und linksliberalen Werten (Gleichheit, Emanzipation, Selbstverwirklichung u. ä.) zu verstehen. Auswirkungen einer geistig-moralischen Wende wären insbesondere in der Kulturpolitik (andere Maßstäbe bei der Förderung von Film und Theater, dreigliedriges Schulsystem statt Gesamtschule) sowie in der Justizpolitik (Betonung der Strafe gegenüber Resozialisierung von Tätern) deutlich geworden. Die Idee der geistig-moralischen Wende war eine Reaktion auf neomarxistische Inhalte der »68er« ebenso wie auf die gelegentlich als sozialistisch oder auch übermäßig liberal charakterisierte Politik von SPD und FDP.

585 Gerhard Löwenthal: Kohl ohne geistiges Konzept, in: *Mitteilungen. Mitteilungsblatt der Gesellschaft für Kulturwissenschaft e.V.*, Juli 1994, S. 25–30.

586 So im Vorfeld der Landtagswahlen in Niedersachsen: Gerhard Löwenthal: Mut zum Handeln, in: *Deutschland-Magazin*, 4/1986, S. 16; ACDP, NL Löwenthal, 01-763-105/2.

587 Vgl. Gerhard Löwenthal: Die Quittung, in: *Deutschland-Magazin*, 6/1985, S. 20; ACDP, NL Löwenthal, 01-63-105/2.

haben, das die Wähler zu der Überzeugung bringe: Sie sind dort auf Dauer gut aufgehoben seien, nach dem Motto: »Wir sind zuständig in den großen Fragen – wie es zum Beispiel der CSU in Bayern gelungen ist«. Zugleich warnte Löwenthal vor einer Öffnung der CDU zur linken Mitte, zuungunsten der konservativen Stammwähler.[588]

Im *Deutschland-Magazin* schrieb er dem seinerzeitigen Bundeskanzler und CDU-Vorsitzenden eine lange Liste ins Stammbuch: Er solle »seine Politik öffentlich präziser vertreten, in der Partei seinen Mann stehen, den Koalitionspartner in die Schranken weisen, das Bild innerer Streitigkeiten revidieren, souveräne Gestaltungskraft mit offensiver Überzeugungskraft demonstrieren, Gewißheit vermitteln, dass er Erfolg auf Dauer verbürgen kann«. Es läge am Kanzler, seine Richtlinienkompetenz wahrzunehmen. Gleichzeitig sah Löwenthal jüngere, weniger konservative CDU-Bundestagsabgeordnete sehr kritisch: jene, die ihre älteren Kollegen wie etwa Alfred Dregger als »Stahlhelm-Fraktion« bezeichneten, oder namentlich Volker Rühe, der einer »Bindungswirkung« der Ostverträge über eine Wiedervereinigung Deutschlands hinaus das Wort geredet haben soll.[589]

Löwenthal gestand Kohl allerdings das »historische Verdienst« um die deutsche Einheit zu. Zwar habe Kohl sie nicht herbeigeführt, aber in der »historischen Situation […] die Chance ergriffen und das Richtige getan«. Wer diese Leistung nicht würdige, der sei »im Grunde ein charakterloser Schurke«. Löwenthal riet im gleichen Interview dazu, den »großen Staatsmann« Kohl von dem Parteivorsitzenden zu unterscheiden, denn letzterer habe im Zusammenhang mit den Parteispenden »nicht zu entschuldigende Fehler« gemacht.[590] So war es für Löwenthal 2000 ein Anliegen, im Namen des Vereins Hilferufe von drüben e.V. eine Veranstaltung mit Altbundeskanzler Kohl zum zehnten Jahrestag der Deutschen Einheit in der Leipziger Nikolaikirche zu organisieren.[591] Kohl sagte jedoch postwendend in einem sehr knapp gehaltenen Brief ohne Begründung ab.[592]

In der Zeit nach Kohls Abwahl blieb Löwenthal ein Kritiker der CDU. Ihr fehle es an wirkungsvoller Öffentlichkeitsarbeit: Weder die Fehleinschätzungen der SPD in der Vergangenheit bezüglich der Deutschen Einheit noch das zurückgehende Wirt-

588 Vgl. Löwenthal im *ZDF-Magazin* vom 16.9.1987; ACDP, NL Löwenthal, 01-763-007.

589 Vgl. Gerhard Löwenthal: Skandal, in: *Deutschland-Magazin*, 11/1985, S. 14; ACDP, NL Löwenthal, 01-763-105/2.

590 Interview mit Löwenthal: »Es war einer der glücklichsten Tage«. Gerhard Löwenthal über zehn Jahre deutsche Einheit, die heutige Parteienlandschaft, Europa und die heutige Denkmalkultur, in: *Junge Freiheit*, 29.9.2000 (Nr. 40). Online im Internet: www.jf-archiv.de/archiv00/400yy9.htm.

591 Vgl. Claus Peter Clausens Entwurf des Veranstaltungshinweises; ACDP, NL Löwenthal, 01-763-073.

592 Vgl. Brief Helmut Kohls an Gerhard Löwenthal, in: ACDP, NL Löwenthal, 01-763-049.

schaftswachstum werde propagandistisch genutzt. Durch ihre mangelnde Kommunikationsfähigkeit sei die CDU zum »Club der Unbekannten« verkommen.[593]

Spätestens ab 1973, als Kohl den Parteivorsitz nach der Wahlniederlage übernahm, stand Löwenthal konservativen Landesverbänden der Christdemokraten wie der CDU Baden-Württemberg und der CDU Hessen nahe (und gerade auch den Landesvorsitzenden Hans Filbinger und Alfred Dregger) – man denke nur an die Verwendung des Slogans »Freiheit oder Sozialismus« im Südweststaat anlässlich der Bundestagswahl 1976 (auch wenn der Gebrauch dieses Mottos im Wahlkampf nicht unbedingt auf Löwenthal zurückgehen muss, denn auch Elisabeth Noelle-Neumann riet den Unionsparteien, die Wähler vor diese Alternative zu stellen).

Dregger und Löwenthal stimmten in ihrer verfassungspatriotischen Haltung überein (Dregger: »Das Grundgesetz, unsere Verfassung, war nach Diktatur und Krieg die erste große Gemeinschaftsleistung des demokratischen Deutschland. Unter seiner Geltung wurde die Bundesrepublik zum freiesten, in mancher Hinsicht wohlhabendsten und vor allem sozialsten Staat der deutschen Geschichte«). Im gleichen Atemzug benannte Dregger die zu jener Zeit vorhandenen Krisensymptome: »Verunsichert werden sie [die Bürger] auch durch den Wortradikalismus der Systemveränderer, der hier und da in Gewalt umschlägt, durch die revolutionäre Situation an einigen Universitäten, durch die Umfunktionierung mancher Schulen, durch den Abbau bisher für sicher gehaltener Wertvorstellungen und Institutionen, [...] und durch die Unsicherheit und Schwäche, mit der die Regierung diesen Erscheinungen begegnet bzw. nicht begegnet.«[594] Mit dieser Einstellung war seine Kritik an denen verknüpft, die er für Verfassungsfeinde hielt: Die Jungsozialisten seien bereits teilweise linksextremistisch. Der SPD-Vorsitzende Willy Brandt bleibe passiv und inkonsequent. Schon einmal, 1933, hätten beide totalitären Extreme eine deutsche Republik zerstört. Dregger mahnte in dieser Rede die »Freihaltung des Staatsdienstes von Verfassungsfeinden«, die »Abgrenzung der demokratischen Parteien von verfassungsfeindlichen Kräften«, problematisierte das imperative Mandat, forderte die »Orientierung der schulischen Erziehung am Grundgesetz« und wollte die »Universitäten in die Rechts- und Verfassungsordnung des demokratischen Staates« eingefügt sehen. Als Kernbestand der deutschen Politik nannte er die Westorientierung und die soziale Marktwirtschaft. Eine völlig gegenteilige Ordnung sei der sowjetische Sozialismus, in dem die Gewerkschaften alles andere als eine Arbeitnehmervertretung praktizierten, indem sie vom einzelnen Arbeitnehmer eine höhere Arbeitsleistung erzwingen und ihn zum Sozialis-

593 Löwenthal im Interview mit Matthias Bäkermann und Moritz Schwarz am 13.7.2001 in der Wochenzeitung *Junge Freiheit*. Online im Internet: www.jungefreiheit.de/Archiv/364.0.html.

594 Deutscher Bundestag: Verhandlungen des Deutschen Bundestages, Stenographische Berichte, Bd. 86, 7. Wahlperiode, 79. Sitzung am 14.2.1974. Bonn 1974, S. 5002.

mus (den er als Klassengesellschaft der Staats- und Parteifunktionäre beschrieb) erziehen. Wie Löwenthal fühlte sich Dregger angesichts linksextremistischer, gewalttätiger Studenten an die Aussagen (nicht nur an die Methoden) des NS-Studentenbundes erinnert. Selbst eine Machtergreifung von DKP und dem [Marxistischen] Spartakusbund an den Hochschulen erschien ihm möglich.[595] Dregger ließ keinen Zweifel an seiner kompromisslosen Ablehnung der innerdeutschen Grenze und an seiner Verbundenheit mit dem ganzen Deutschland und Berlin, wobei er auch 1983 keine andere Wortwahl fand als in den Jahren vor den Ostverträgen: »Wer die Zonengrenze zwischen West- und Mitteldeutschland betrachtet, (Zuruf von den GRÜNEN: Zone?) kann diese blutige und angsterzeugende Grenze mitten durch Deutschland nicht als Zeichen des Friedens bezeichnen [...]. Wer die Teilung der deutschen Hauptstadt durch Mauer, Stacheldraht, Minen und Schießbefehl erlebt, kann diesen völlig anomalen Zustand nicht als Frieden bezeichnen.«[596]

Ein weiterer konservativer CDU-Politiker, den Löwenthal schätzte, war Karl Carstens. Um ihn entbrannte 1975 ein Rechtsstreit, denn der sozialdemokratische Bundestagsabgeordnete Günter Metzger hatte Carstens der Falschaussage in einem Ausschuss bezichtigt. Es ging um angeblich illegale Waffenlieferungen und die Rolle des BND in Carstens' Zeit als Staatssekretär im Bundeskanzleramt 1968/69. Löwenthal verließ seine berufliche Rolle als Journalist, indem er drohte, seine Kenntnisse über Waffenexporte unter Verantwortung der sozialliberalen Bundesregierung zu verbreiten, falls die »Kampagne« gegen Carstens nicht beendet werde. Auf Druck von Bundeskanzler Schmidt gab Metzger nach, und das Verfahren endete mit einem Vergleich. Als wenig später eine neue Debatte um Carstens entbrannte – ein ehemals nominelles NSDAP-Mitglied wie Carstens dürfe nicht Bundespräsident werden, meinten seine Kritiker – veröffentlichte Löwenthal die NSDAP-Mitgliedsnummer des bisherigen Bundespräsidenten Walter Scheel, die er, offenbar aufgrund guter Beziehungen, im Berliner Document Center recherchiert hatte.[597] Demzufolge hatte sich Löwenthal gleich zweimal innerhalb kürzester Zeit wirkungsvoll zugunsten eines konservativen Kandidaten für das höchste Staatsamt eingesetzt. Ob Löwenthal allerdings einen entscheidenden Einfluss auf den Diskurs um Scheels NSDAP-Mitgliedschaft hatte, kann angezweifelt werden: Der Wochenzeitung *Die Zeit* zufolge bekannte Scheel selbst, der Hitlerpartei angehört zu haben.[598]

595 Vgl. ebd., S. 5002–5012.

596 Deutscher Bundestag: Verhandlungen des Deutschen Bundestages, 10. Wahlperiode (1983), 6. Sitzung am 6.5.1983, Bd. 124, Bonn 1983, S. 268 ff., hier S. 269.

597 Vgl. Löwenthal: Ich bin geblieben, S. 346.

598 Vgl. Kurt Becker: Schatten der Vergangenheit. Scheel, Carstens und das höchste Amt im Staat, in: *Die Zeit*, Nr. 47/1978, S. 1. Online im Internet: www.zeit.de//1978/47/die-schatten-der-vergangenheit.

Nach der friedlichen Revolution in der DDR stellte sich auch für Löwenthal die Frage nach einer freiheitlich-konservativen Kraft auf deren Gebiet. Die CDU konnte nach mehr als 40 Jahren als Blockpartei kaum in diesem Sinne eingestuft werden. Zahlreiche neue Gruppen entstanden, die wenigstens auf lokaler Ebene beanspruchten, als Parteien mitzureden und mitzuwirken. Die Freie Deutsche Union, vertreten durch ihren Vorsitzenden Martin Wisser, beauftragte Gerhard Löwenthal am 14. Januar 1990, ihre »medienpolitischen Interessen vorzunehmen«.[599] Um was handelte es sich bei dieser Partei namens FDU? Am 1. Dezember 1989 von ehemaligen Mitgliedern der Liberaldemokratischen Partei Deutschlands (also einer der Blockparteien) gegründet[600], lehnte sie im Gegensatz zu den meisten Bürgerrechtlern und den DDR-Sozialdemokraten jegliche Form von »Sozialismus« eindeutig ab, bekannte sich hingegen zu einer sozial und ökologisch verpflichteten Marktwirtschaft und zur Einheit Deutschlands. Sie fühlte sich einem christlichen Menschenbild verpflichtet.[601] Die Freie Deutsche Union ging schon am 20. Januar 1990 in der Deutschen Sozialen Union auf, gemeinsam mit elf anderen Kleinparteien, von denen die ebenfalls Ende 1989 entstandene CSU in der DDR die bekannteste ist. Die DSU sah sich als Schwesterpartei von CDU und CSU; inhaltliche Schwerpunkte der FDU finden sich im DSU-Programm ausgebaut und weiterentwickelt wieder. Unterstützung erhielt sie insbesondere von der CSU aus München. Gerhard Löwenthal wirkte nicht nur als ihr publizistischer, sondern als ihr politischer Berater[602] und hielt zahlreiche Reden, so beispielsweise für die DSU in Güstrow im Rahmen einer »Mahn- und Gedenkveranstaltung anlässlich der Machtergreifung Hitlers«.[603]

Bei der Volkskammerwahl am 18. März 1990 erzielte die DSU mit der Forderung nach schnellstmöglicher Wiedervereinigung 6,3 Prozent, während ihr Wahlbündnispartner CDU – begünstigt durch ihre höhere Mitgliederzahl, ihren »Apparat« und die Gleichnamigkeit mit Helmut Kohls Partei – auf 40,9 Prozent kam. Weitere Wahlen 1990 brachten der DSU Ergebnisse unter fünf Prozent. Ihre Spitzenpolitiker Peter Michael Diestel und Hans Wilhelm Ebeling wechselten im Sommer 1990 zur CDU. Der Beitritt der DDR zur Bundesrepublik Deutschland bedeutete, dass das Hauptanliegen dieser Partei erfüllt war, während gleichzeitig der wirtschaftliche Zusammenbruch der DDR andere und neue Antworten erforderte. Für die DSU trat Gerhard Löwenthal

599 Freie Deutsche Union: Vertrag; ACDP, NL Löwenthal, 01-763-087.

600 Vgl. www.ddr89.de/ddr89/a/a_f.html.

601 Vgl. Gründungsaufruf und Vorläufiges Programm; ACDP, NL Löwenthal, 01-763-087.

602 Vgl. »Man muß klare Fronten schaffen«. Gerhard Löwenthal gegenüber Matthias Bäkermann und Moritz Schwarz in *Junge Freiheit* vom 13.7.2001. Unter www.jungefreiheit.de/Archiv/364.0.html.

603 Einladung; ACDP, NL Löwenthal, 01-763-087. Der Vortragstext Löwenthals ist vollständig archiviert im ACDP, NL Löwenthal, 01-763-104.

trotz der geringen Aussichten zur Bundestagswahl am 2. Dezember 1990 in Berlin auf dem zweiten Platz[604] der Landesliste an, allerdings ohne Mitglied der Partei zu sein (er blieb sich treu, auf Parteimitgliedschaften zu verzichten). Für die DSU entschied er sich nicht nur wegen ihres Programms: Es müsse eine grundgesetztreue Ergänzung der CDU im konservativen Milieu geben, war spätestens seit Mitte der 1970er Jahre seine Überzeugung, und dafür setzte er sich in zahlreichen Rednerauftritten 1990 ein.[605] Er selbst begründete seinen Einsatz für die Deutsche Soziale Union, damit, dass die DSU die einzige von Stasi-Vergangenheiten unbelastete Fraktion in der Volkskammer stellte,[606] wie er meinte. Bereits 1990 und stärker noch in den folgenden Jahren zeigte es sich, dass die DSU wegen ihrer zu geringen Mandatszahlen keine konservative Alternative rechts der CDU mehr sein konnte. Es mangelte im Gegensatz zu Westdeutschland und insbesondere zu Bayern an einem Mittelstand und einer christlichen Bevölkerung in der (Ex-) DDR, die die Stammwählerschaft für die DSU hätten bilden können. Statt auf die DSU konzentrierte Löwenthal seine Hoffnungen, den linken Parteien PDS und Die Grünen eine Partei rechts der Mitte entgegenzusetzen, auf die Deutsche Partei. Dabei handelte es sich um den Versuch, die gleichnamige Partei wieder zu beleben, die unter ihrem Vorsitzenden Heinrich Hellwege von 1949 bis 1960 zu den Koalitionspartnern der CDU/CSU gehört hatte, aber danach allmählich in der CDU aufging. Beim Lesen des Programms wird schnell klar, da es sich um eine freiheitlich-konservative, dem Grundgesetz verpflichtete Partei handelte – was Löwenthals Einstellungen entsprach. Ob er am Programm selbst mitarbeitete, ließ sich nicht zweifelsfrei belegen. Jedenfalls entspricht die Passage über die »Deutsche Einheit – Aufbau Mitteleuropas« sehr stark den Interessen und den Aussagen Löwenthals an anderer Stelle: Die innere Einheit Deutschlands zu vollenden, stelle eine »nationale Herausforderung« dar; politisch Verfolgte der SBZ und der DDR seien voll zu rehabilitieren und aus den Vermögenswerten des »SED-Unterdrückungsapparats bzw. dessen Erben« zu entschädigen. Die Schuldigen seien unter Aufhebung der Verjährungsfrist strafrechtlich zu verfolgen, mit den Opferverbänden sei eng zusammenzuarbeiten.[607] Die Deutsche Partei blieb politisch völlig erfolglos.

Im November 2001 beauftragte Löwenthal den ihm vertrauten Schuldirektor Heiner Hofsommer, einen ehemaligen hessischen CDU-Landtagsabgeordneten, konser-

604 Vgl. N.N..: Parteien. Vorauseilende Zerknirschung, in: *Der Spiegel*, 44. Jahrgang (1990), Nr. 45, S. 56.

605 Aussage von Dr. Ingeborg Löwenthal gegenüber dem Verfasser am 10.9.2007.

606 Vgl. Löwenthals Aussagen im redigierten Interview gegenüber Michael Girkens, Bielefeld, am 23.5.1995; ACDP, NL Löwenthal, 01-763-076.

607 Aussage von Gerhard Löwenthal *off the records* gegenüber dem Verfasser; er unterstütze diese Partei, August 1993. Johannes von Campenhausen (V.i.S.d.P.): Deutsche Partei: Inhalte, Ideen und Ziele (Faltblatt), ca. 1993, dort vor allem S. 3.

vativ gesinnte Bürger mit dem Büroleiter Ronald Schills, Dirk Nockemann, im Raum Bad Hersfeld zusammenzubringen, um die Attraktivität der Schill-Partei außerhalb Hamburgs zu testen. Immerhin hatte die Partei Rechtstaatlicher Offensive (PRO) mehr als 19 Prozent bei den Bürgerschaftswahlen September 2001 erzielt, und ohne sie hätte es keinen Machtwechsel in Hamburg zugunsten des neuen Bürgermeisters Ole von Beust (CDU) gegeben. Die Stimmenzahl für diese neue Partei zeige, so Löwenthal, die Schwäche der CDU auf: Sie »dokumentiert die Unzufriedenheit selbst langjähriger CDU-Wähler mit der Unfähigkeit dieser Partei, bürgerlich-konservative Positionen energisch und überzeugend zu vertreten und sich dem Zeitgeist konsequent zu verweigern«. Die CDU müsse sich, erst recht nach der Niederlage bei der Bundestagswahl, unbedingt um einen konservativen Bündnispartner bemühen, der die rechts (aber nicht rechtsextrem) orientierten Wähler für sich gewinnen könnte. Die CDU selbst solle »zu einer wirklich konservativ zu nennenden Politik zurückkehren, zu der die Durchsetzung einer echten Werteordnung ebenso gehört wie die Schaffung eines demokratisch legitimierten Nationalbewusstseins mit europäischer Gesinnung«. Mit Entsetzen quittierte Löwenthal gleichzeitig die Einstellung von CDU/CSU-Politkern, die SED-Vergangenheit der PDS möge nicht wieder aufgewärmt werden.[608] Nach dem aus seiner Sicht gelungenen Treffen in Hessen lernte Löwenthal Anfang Januar 2002 auf Vermittlung Hofsommers Schill persönlich kennen – in den Amtsräumen von Hamburgs Ersten Bürgermeister von Beust, dessen Stellvertreter Schill war. Neben Hofsommer und Löwenthal waren zwei weitere Teilnehmer aus Hessen anwesend. Sehr schnell hatten Schills Gäste den Eindruck, der Innensenator habe die Tragweite seiner Politik gar nicht erkannt, denn er wollte seine Partei auf Hamburg beschränkt sehen. Gerade auch Löwenthal favorisierte eine deutschlandweite Ausdehnung: Die PRO solle als konservative Partei bereits zur Bundestagswahl am 22. September 2002 mit Landeslisten antreten. Dabei nahm er in Kauf, dass ihr die organisatorischen Voraussetzungen fehlten. Schill, der sich der Beratung durch den bayerischen Innenminister Günther Beckstein rühmte, wollte jedoch nur antreten, wenn Angela Merkel und nicht Edmund Stoiber Kanzlerkandidat der CDU/CSU sei.[609] Völlig unkritisch gegenüber Schill war Löwenthal nicht: Er erkannte Formatdefizite des Hamburgers in politischem und menschlichem Sinne, nicht zuletzt dessen Hedonismus (bereits damals waren Gerüchte um den Kokainkonsum Schills im Umlauf). Im Übrigen hatte Löwenthal die Chancen einer neuen Partei bei Bundestagswahlen weit überschätzt:

608 Vgl. Gerhard Löwenthal: Parteien. Dem Zeitgeist verfallen. Gerhard Löwenthal über die Haltung der CDU zu PDS und Schill. Online im Internet: webarchiv-server.de/pin/archiv01/4401ob01.htm.

609 Auskunft von Heiner Hofsommer, 15.11.2008.

Als die PRO schließlich doch, gegen den anfänglichen Willen Schills, zur Bundestagswahl 2002 antrat, kam sie nur auf 0,8 Prozent der Wählerstimmen.

Schlecht war Löwenthals Bild von den als »pseudo-liberal« charakterisierten Freien Demokraten: Löwenthal verübelte der FDP, der »Drei-Pünktchen-Partei«[610], wie er sie in zahlreichen Reden mit Blick auf ihr seit 1969 bestehendes Parteilogo nannte, die Regierungskoalition mit den Sozialdemokraten 1969 bis 1982. Sie habe sich zum Steigbügelhalter der Sozialisten gemacht.[611] Dies könne zu ihrem Untergang, dem Unterschreiten der Fünf-Prozent-Klausel bei der nächsten Bundestagswahl, führen, wenn die NLA (National-Liberale Aktion) antrete und so die FDP spalte.[612] Löwenthals Überlegungen – mag auch hier der Wunsch Vater des Gedankens gewesen sein – waren nicht abwegig, denn die Austritte von FDP-Bundestagsabgeordneten wie dem Ex-Parteivorsitzenden Erich Mende, Heinz Starke und Siegfried Zoglmann waren Symptome einer Unzufriedenheit der rechten, nationalliberalen FDP-Politiker. Bei den Landtagswahlen in Hessen im Oktober 1970 ergab sich hingegen ein mehr als ausreichendes Ergebnis für die FDP, während die NLA rasch zerfiel.

Wie beurteilte Löwenthal die Inhalte der Regierungspolitik 1969 bis 1982? Wer sage, die FDP bremse sozialdemokratische Politik, der müsse bedenken, dass die Bundesregierung einem Zug entspreche, der in die falsche Richtung fahre. Bremsen helfe dabei kaum, vielmehr müsse die Richtung korrigiert werden.[613] Die FDP sei an der Neuen Ostpolitik mitschuldig. Er nahm es der FDP, insbesondere ihrem Spitzenpolitiker Hans Dietrich Genscher, übel, dass sie ihre ostpolitischen Einstellungen auch im Regierungsbündnis mit CDU und CSU beibehalte. Überhaupt: Dass die CDU/CSU »von der kleinsten, ständig am Rande des Überlebens bei Wahlen dahin stolpernden Partei« abhängig war, ja an der Umsetzung maßgeblicher konservativer Forderungen wie einer effizienten Kriminalitätsbekämpfung, einer Verschärfung des Abtreibungsrechts (hier gebrauchte Löwenthal die christlich-konservativ geprägte Formulierung:

610 Gerhard Löwenthal: Vom Senkrechtstarter zum Unterseeboot, in: *Deutschland-Magazin* 4/1977, S. 16; ACDP, NL Löwenthal, 01-763-105/2; Gerhard Löwenthal: Freiheit oder Sozialismus (Tonband-Manuskript einer Rede vor der öffentlichen Versammlung der CSU-Kreisverbände München und Starnberg), 20.3.1976 (hier auch das Wort »pseudo-liberal«), in: ACDP, NL Löwenthal, 01-763-021, dort S. 3. Gerhard Löwenthal: Freiheit oder Sozialismus (Vortrag vor der Ordentlichen Mitgliederversammlung der Arbeitsgemeinschaft Blankstahlhandel e.V. am 24.3.1976 in Düsseldorf); ACDP, NL Löwenthal, 01-763-021, dort S. 3 f.

611 Vgl. Gerhard Löwenthal: Berlin – eine nationale Aufgabe, in: *Deutschland-Magazin* 1/1977, S. 16; ACDP, NL Löwenthal, 01-763-105/2.

612 Abmoderation FDP; Unternehmensarchiv des ZDF, Bestand *ZDF-Magazin*, Ordner Nr. 12, Sendung vom 7.10.1970.

613 Vgl. Gerhard Löwenthal: Freiheit oder Sozialismus (Tonband-Manuskript einer Rede vor der öffentlichen Versammlung der CSU-Kreisverbände München und Starnberg), 20.3.1976 In: 01-763-021, dort S. 3. Ders.: Vortrag des Gerhard Löwenthal in den Allgaier-Werken/Uhingen am 25.III.76; ACDP, NL Löwenthal, 01-763-022.

»massenhafte Tötung ungeborenen Lebens«) und einer »operativen Deutschlandpolitik« (durch die Wiedergründung des Forschungsbeirats für die Wiedervereinigung Deutschlands) gehindert werde, empörte Löwenthal.[614] Die FDP sei nichts anderes als eine »typische Pendlerpartei«, mal mit Sozial- und mal mit Christdemokraten verbündet, aber seit Jahren die Richtlinien der Politik bestimmend, und dies auch noch zuweilen mit »erpresserischen Mitteln«.[615] Diese grundsätzliche Ablehnung der seinerzeitigen FDP bedeutete jedoch nicht, dass er einzelnen FDP-Politikern jede Anerkennung verweigert hätte. So lobte er im Juni 1972 Bundesinnenminister Hans Dietrich Genscher für seine »erfreulicherweise eindeutige Rede« zur Inneren Sicherheit im Bundestag.[616]

Im Jahre 1992 sorgte der Rücktritt Genschers als Bundesminister des Auswärtigen für Verwunderung. Die Diskussion um Gründe und Anlässe gewann neue Nahrung, nachdem die Magnetbänder der DDR-Auslandsspionage 1998 entschlüsselt worden waren. Dabei kam der Deckname einer wichtigen Quelle aus Genschers unmittelbarer Umgebung zum Vorschein. Löwenthal fragte, ob Genscher deswegen zurückgetreten war, oder ob der FDP-Politiker selbst diese Quelle gewesen sein könnte. Löwenthal zeigte in diesem Zusammenhang seine Verwunderung über die Biographie Genschers, der in der SBZ zum Jurastudium zugelassen worden war, ohne aus einer Arbeiterfamilie zu stammen oder amtlich anerkanntes Opfer des Faschismus zu sein. Des Weiteren hätten die amerikanischen Außenpolitiker Genscher auch von den Gesprächen George Bushs und Helmut Kohls im Vorfeld der Deutschen Einheit in Camp David Februar 1990 ausgeschlossen, während sein Amtskollege James Baker zugegen war. In Washington solle ein »top secret«-Dossier über ihn existieren, so Löwenthal.[617] Bei seinen Mutmaßungen stützte sich Löwenthal auf einen Artikel in der Zeitschrift »Soviet Analyst«, die er für seriös hielt. Dort stand, Genscher sei als Einflussagent von Alexander Bessmertnych, dem Leiter der entsprechenden UdSSR-Spionageabteilung, geführt worden.[618]

614 Vgl. Gerhard Löwenthal: Kohl ohne geistiges Konzept, in: *Mitteilungen*, Juli 1994, S. 25–30.
615 Gerhard Löwenthal: Die CDU von Debakel zu Debakel, in: *Criticon* 125, Mai/Juni 1991, S. 115f.
616 Anmoderation: Interview Schäfer; Unternehmensarchiv des ZDF, Bestand *ZDF-Magazin*, Ordner Nr. 21, Sendung vom 7.6.1972.
617 Vgl. Gerhard Löwenthal: Der große Unbekannte?, in: *Das Ostpreußenblatt*, 3.7.1999, S. 3, und in: Gerhard Löwenthal: Genscher II (Arbeitstitel), Manuskript für *Das Ostpreußenblatt*, veröffentlicht unter: *Der große Unbekannte* im *Ostpreußenblatt* 2000. Beide sind archiviert im ACDP, NL Löwenthal, 01-63-073.
618 Vgl. Briefwechsel Löwenthal – Hans Graf Huyn, sowie: Gerhard Löwenthal: Ein großer Unbekannter. Manuskript vom 22.7.2000 für das *Ostpreußenblatt*, sowie Gerhard Löwenthal: (ohne Titel). Manuskript für die Frankfurter Internet-Zeitung vom 19.6.2000, allesamt; ACDP, 01-763-073; ACDP, NL Löwenthal, 01-763-073.

Der Liberale Genscher seinerseits dürfte Löwenthals freiheitlicher Werteorientierung zugestimmt haben, allerdings bei Meinungsverschiedenheiten in den Fragen der Umsetzung. So schrieb er zu Löwenthals 70. Geburtstag am 8. Dezember 1992: »Lieber Herr Löwenthal, vieles gemeinsam, manches gegensaetzlich – das verbindet. Zur Vollendung des 70. Lebensjahres uebermittle ich Ihnen meine herzlichsten Gruesse.«[619] Persönlich dürfte der Umgang demnach nicht so schlecht gewesen sein, wie es Löwenthals Kritik an der FDP vermuten lässt. So war Genscher mehrfach Gast Löwenthals in Wiesbaden[620], was seine Witwe auf das gute Verhältnis Genschers zu Ernst Lemmer zurückführt.[621]

Die PDS war für Löwenthal nichts anderes als die Fortsetzungspartei (eben nicht: »Nachfolgepartei«) der SED. Denn die SED sei nicht aufgelöst, sondern nur umbenannt worden. Mit der PDS in Berlin eine Regierung zu bilden, sei Verrat an der Freiheit.[622]

Die 1970er Jahre waren gegenüber dem vorangegangenen Jahrzehnt durch das neuartige Phänomen der Anti-Kernkraftbewegung gekennzeichnet. Aus dieser ökologischen Bewegung, die in einem heftigen Gegensatz zu Löwenthals wirtschafts- und wissenschaftsvertrauender Einstellung stand, erwuchs die Partei Die Grünen. Deren pazifistische und Amerika-kritische Einstellung, die sich insbesondere gegen den NATO-Nachrüstungsbeschluss manifestierte, sowie das demonstrative Auftreten in Freizeitkleidung im Bundestag muss Löwenthals heftigen Widerwillen und nicht nur eine politische Gegnerschaft erregt haben. In seinem journalistischen Werk hat Löwenthal die »sonstigen politischen Vereinigungen«, aus denen die Grünen entstanden, erst spät zur Kenntnis genommen. In dem Beitrag *Grüne und Linksextremismus* des *ZDF-Magazins* zitierte Löwenthal ausführlich Erkenntnisse des Bundesamtes für Verfassungsschutz, die dieser aus öffentlich zugänglichen Quellen (wie Löwenthal betont) gewonnen hatte:

»Knapp ein Zehntel der zusammen 94 Mitglieder der Landesvorstände der GRÜNEN, mit Ausnahme von Berlin, war früher in linksextremistischen Zusammenschlüssen tätig. Ähnliches gilt auch für ein Achtel der 35 Landtagsabgeordneten, ein Drittel der 27 Bundestagsabgeordneten und für vier von sieben GRÜNEN-Mitgliedern des Europäischen Parlaments.«

619 Brief Hans Dietrich Genschers an Gerhard Löwenthal; ACDP, NL Löwenthal, 01-763-002.
620 Mitteilung von Ingeborg Löwenthal am 31.8.2008.
621 Mitteilung von Ingeborg Löwenthal am 9.10.2008.
622 Vgl. Löwenthal im Interview mit Matthias Bäkermann und Moritz Schwarz in *Junge Freiheit* vom 13.7.2001. Online im Internet: www.jungefreiheit.de/Archiv/364.0.html.

Im Folgenden nannte Löwenthal die früheren Mitgliedschaften grüner Einzelpersonen in linksextremistischen Vereinigungen und den terroristischen Hintergrund von grünen Mandatsträgern und einem ihrer Parlamentskandidaten. Die Grünen seien folglich eine Risiko-Gruppe, was durch das Urteil des Bundesverfassungsgerichts erhärtet werde: Die Grünen böten keine Gewähr dafür, dass sie das Geheimschutzinteresse beachten. So könnten ihre Bundestagsabgeordneten von der parlamentarischen Kontrolle der Geheimdienste ausgeschlossen bleiben. Löwenthal gab dem Verfassungsschutz ausdrücklich recht: »Trotz Mitgliedschaft in einem Parlament ist die Sammlung von Erkenntnissen über Personen sicher dann geboten, wenn extremistische Aktivitäten bekannt sind. Täte der Verfassungsschutz dies nicht, wäre dies eine schwere Amtspflichtverletzung.«[623] Die Grünen verstünden sich als »Grundsatzopposition« und erteilten »dem Staats- und Wirtschaftssystem der Bundesrepublik Deutschland« eine klare Absage. In Stichpunkten zitierte er Forderungen aus dem Kommunalwahlprogramm dieser »neue[n] Linkspartei«, wobei er den Eindruck eines Horrorkatalogs weltfremder, wirtschaftsfeindlicher Programmpunkte zu suggerieren versuchte. Die Partei, so Löwenthal in seinem Schluss, »steht in Gegnerschaft zur westlichen Verteidigung, betreibt die Nicht-Anerkennung der Rechtsordnung im Konfliktfall, verachtet das Wiedervereinigungsgebot des Grundgesetzes, hält Moskau für friedfertiger als Washington«. Die Grünen seien im Grunde marxistisch, sie strebten »Antikapitalismus und Ausdehnung der Sozialpolitik ohne Grenzen« an. [624]

In ähnlicher Weise zitierte Löwenthal kurz nach dem Zerbrechen der ersten rotgrünen Koalition in Hessen aus einer Untersuchung der Konrad-Adenauer-Stiftung über die Grünen, genauer: die Vergangenheit grüner Funktionsträger im linksextremistischen Milieu einschließlich ihrer Verstöße gegen das Strafgesetzbuch.[625] Insofern sah Löwenthal in den Grünen ausdrücklich keine demokratische Partei, sondern (angesichts ihres Aufrufs zu Sabotage und Boykott der Volkszählung) eine Partei mit »verlottertem Rechtsbewußtsein« und als »antiparlamentarische Gruppierung, die nicht bereit ist, parlamentarische Mehrheitsentscheidungen zu akzeptieren«.[626]

Wie stand Löwenthal zu der Partei Die Republikaner? Deren Vorsitzender Franz Schönhuber fühlte sich in »vielen politischen Bereichen, wie zum Beispiel in Fragen

623 Beitrag von Gerhard Löwenthal: Grüne und Linksextremismus. Unternehmensarchiv des ZDF, Bestand *ZDF-Magazin*, Ordner Nr. 53, Sendung vom 22.1.1986.

624 An- und Abmoderation zu: Wahlnachlese NRW; Unternehmensarchiv des ZDF, Bestand *ZDF-Magazin*, Ordner Nr. 51, Sendung vom 3.10.1984.

625 Abmoderation zu »rot-grüne Schaukelpolitik«; Unternehmensarchiv des ZDF, Bestand *ZDF-Magazin*, Ordner Nr. 56, Sendung vom 18.2.1987.

626 Bei einer Aufzählung der »demokratischen Parteien im Deutschen Bundestag« nennt Löwenthal die Grünen NICHT. Vgl. An- und Abmoderation zu: Volkszählung; Unternehmensarchiv des ZDF, Bestand *ZDF-Magazin*, Ordner Nr. 56, Sendung vom 1.4.1987.

der inneren Sicherheit und der Deutschland-Politik« mit Löwenthal einig. Ob Löwenthal das ebenso sah, ist nicht nachgewiesen. Dem Verfasser erklärte Löwenthal, es habe Gespräche mit Schönhuber gegeben – wie es aus einem Artikel der *Bild*[627] vom 11. Mai 1989 auch hervorgeht. Er habe aber mit Abscheu Schönhubers Erinnerungsband *Ich war dabei* gelesen.[628] Fest steht, dass sich Löwenthal nicht den Republikanern anschloss, vielmehr auf der Liste der neu entstandenen Deutschen Sozialen Union kandidierte und 1993 der Deutschen Partei zuarbeitete.

Von einer Unterstützung der REP mag ihn vieles abgehalten haben, vor allem deren distanzierte Einstellung zum politischen Konzept der Bundesrepublik Deutschland, die Gegnerschaft zur NATO, zu Amerika und zur Europäischen Gemeinschaft. In der Partei selbst mögen nach seinem Dafürhalten zu viele unfähige Parteimitglieder und zu viele Rechtsextremisten gewesen sein. Als partei-externe Einflussfaktoren müssen wohl Vertraute Löwenthals im Verfassungsschutz und in der CDU, vor allem in der CSU in die Überlegung einbezogen werden. So war Löwenthal mit dem Präsidenten des Bundesamtes für Verfassungsschutz, Gerhard Boeden, sehr gut bekannt; Boeden selbst erklärte Mai 1989, die Republikaner seien nicht weit von der Schwelle zum Extremismus entfernt und müßten daher mit Beobachtung rechnen.[629]

Im Übrigen war der Milliardenkredit an die DDR, von Strauß mit Wissen Helmut Kohls und des Staatsministers Philipp Jenninger organisiert sowie von Löwenthal publizistisch unterstützt, ein Anlass für die Gründung der Republikaner, die in ihrem »Stammland« Bayern eine Konkurrenz zur CSU darstellten (dort erzielten sie bei der Europawahl 1989 über 14 Prozent Stimmenanteil). Gegen eine Nähe und Zusammenarbeit Löwenthals mit den REP spricht sein Engagement für andere Kleinparteien, vor allem aber seine guten Beziehungen zu führenden CSU-Politikern wie Max Streibl.

Über die NPD liegen keine Äußerungen Löwenthals vor, weil er sich zu den erfolgreichsten Zeiten dieser Partei als Europa-Korrespondent in Brüssel befand, und diese weithin als rechtsextremistisch bekannte Partei in den Zeiten Löwenthals als Magazinmoderator und Vortragsredner in einem agonieähnlichen Zustand verharrte. Angesichts der (in den 1960er Jahren) zahlreichen Parteifunktionäre mit NS-Vergangenheit und der deutschnationalen, ein Vereintes Europa ablehnenden Einstellung dürfte Löwenthal diese Partei mit Abscheu gesehen haben. Überhaupt war Löwenthal kein

627 Vgl. Karsten Riechers: Gespräche mit Schönhuber. Löwenthal zu den Republikanern, in: *Bild* (München), 11.5.1989; Unternehmensarchiv des ZDF, Aktensammlung Löwenthal, Zeitungsausschnitte, 6.11 1975.

628 Gespräch des Verfassers mit Löwenthal in Wiesbaden, September 1994.

629 Vgl. *Bild*, ebd.

»Mann der Rechten«, sondern Fürsprecher einer »demokratischen Mitte« in einer »Welt der Extreme«, der beispielsweise die Stimmengewinne der italienischen Neofaschisten bedauerte – wie er es in der Abmoderation eines Beitrags über den dortigen »Rechtsruck« ausdrückte.[630]

Neben den Beziehungen und Einstellungen zu Politiker und Parteien bedarf Löwenthals Haltung zu Verbänden einer Untersuchung. Löwenthal trat kurz nach dem Zweiten Weltkrieg dem einzigen lizenzierten Gewerkschaftsbund, dem Freien Deutschen Gewerkschaftsbund, bei. Dabei handelte es sich um die Einheitsgewerkschaft, die verschiedene Strömungen – vom kommunistisch bis christlich, von konfrontativ bis konsensorientiert – in sich vereinigte. Als sich dort aber immer stärker die SED programmatisch und personell durchsetzte, schloss sich Löwenthal der Unabhängigen Gewerkschaftsorganisation UGO an, die, sozialdemokratisch geprägt, ein freiheitlich-demokratisches System anstelle des sich abzeichnenden marxistisch-leninistischen Staates favorisierte. Aus der UGO entwickelte sich der DGB-Landesverband Berlin.

Mit der Integration der Arbeitnehmer in den Staat hätten die Gewerkschaften hierzulande durch ihre Unterstützung und Mitgestaltung der Demokratie eine sehr anerkennenswerte Leistung vollbracht.[631] Ihnen sprach er einen Anteil am Wiederaufbau Westdeutschlands und Berlins zu.[632] Als aber 1975 der DGB-Vorsitzende Heinz Oskar Vetter den Vorsitzenden des sowjetischen Gewerkschaftsbundes Alexander N. Scheljepin als »Kollegen« anerkannte, sogar mit Bruderkuss und Umarmung begrüßte, verließ Löwenthal die Rundfunk-Fernseh-Film-Union im DGB, denn diese Haltung war mit seiner antitotalitären Einstellung unvereinbar.

Grundsätzlich waren für Löwenthal die Gewerkschaften im »real existierenden Sozialismus« den freien Gewerkschaften der westlichen Staaten unähnlich, wenn nicht gar völlig entgegengesetzt. Die UdSSR-Gewerkschaft sei, so Löwenthal, laut ihrer Satzung eine Organisation »zur Überwachung der Normenerfüllung, also zur Ausbeutung der Arbeitskraft« und damit eher der nationalsozialistischen Deutschen Arbeitsfront als einer Gewerkschaft im westlichen Sinne vergleichbar. Was die Person Scheljepins betreffe, so habe dieser »Staatsstreichexperte und Schreibtischmörder« zuvor als KGB-Vorsitzender gewirkt und nachweisbar den Mord an dem ukrainischen Emigrantenführer Stefan Bandera verantwortet. Dies alles sei Vetter seit

630 An- und Abmoderation zu: Italien; Unternehmensarchiv des ZDF, Bestand *ZDF-Magazin*, Ordner Nr. 16, Sendung vom 30.6.1971.

631 Vgl. Abmoderation *Betriebsrat*; Unternehmensarchiv des ZDF, Bestand *ZDF-Magazin*, Ordner Nr. 50, Sendung vom 22.2.1984.

632 Vgl. Rede Löwenthals am 21.5.1977 vor der Jungen Union in Möhnesee-Körbecke, S. 7; ACDP, NL Löwenthal, 01-009763.

langem bekannt.[633] Löwenthal erwähnte in seinem Brief an Vetter ebenso wenig wie in seinem Vortrag vor den Christlichen Gewerkschaften, dass sich schon Vetters Vorgänger Ludwig Rosenberg bei seinem Moskau-Besuch im Jahr 1968 von Scheljepin mit Schulterklopfen und Bruderkuss verabschiedete[634] – was Vetters Verhalten zwar nicht in einem besseren moralischen Licht erscheinen, aber dieses vielleicht weniger überraschend wirken lässt. Den Empfang für Scheljepin behandelte Löwenthal auch im *ZDF-Magazin* (*London: Schreibtischmörder Scheljepin unerwünscht*, 2. April 1975) kritisch-ablehnend.[635]

Sicher hatte sich zuvor schon ein Unbehagen Löwenthals an der SPD-nahen Haltung des DGB aufgestaut, zum Beispiel in der allgemeinpolitischen Frage der Ostverträge. In seinem Selbstverständnis gegenüber Kommunisten hatte sich der DGB stark verändert: So weichte er den Unvereinbarkeitsbeschluss 1973 derart auf, dass er nur noch die Kader der K-Gruppen aus den DGB-Gewerkschaften fernhielt, nicht aber DKP-Mitglieder. Aus all diesen Gründen trat Löwenthal 1975 der Mediengewerkschaft im Christlichen Gewerkschaftsbund (CGB) bei. Für diesen CGB, der 200.000 Mitglieder umfasste[636], hielt er immer wieder Vorträge, so zum Beispiel Mitte 1975 beim Christlichen Metallarbeiterverband[637] und 1980 bei einer Maikundgebung des Christlichen Gewerkschaftsbundes in Bensheim an der Bergstraße. Löwenthal wiederholte seine Auffassung, der DGB sei von einer Einheitsgewerkschaft zu einer »sozialistischen Einseitsgewerkschaft« geworden. Zwar würdigte er, die Gewerkschaften seien gleichberechtigter Partner der Arbeitgeber und ein Ordnungsfaktor in der Tarifpolitik (was 1945 keiner für möglich gehalten hätte), doch sei anlässlich der Europawahlen 1979 die Verfilzung von SPD und DGB deutlich geworden. Mehr noch: Die weitaus meisten Mitglieder der Deutschen Kommunistischen Partei seien zugleich im DGB aktiv. Sie stellten einige Funktionäre, 30 Betriebsgruppen im öffentlichen Dienst und geben 400 Betriebszeitungen heraus.[638]

633 Vgl. Briefe Löwenthals an den Vorsitzenden der Rundfunk-Fernseh-Film-Union, Krammer, vom 4.2.1975, und an Heinz-Oskar Vetter vom 4.2.1975 sowie Vortrag von Herrn G. Löwenthal am 28.2.1980 in Heidelberg; ACDP, NL Löwenthal, 01-763-098. Den Scheljepin-Besuch rügte Löwenthal auch in seiner An- und Abmoderation zu: Schreibtischmörder besucht DGB; Unternehmensarchiv des ZDF, Bestand *ZDF-Magazin*, Ordner Nr. 30, Sendung vom 5.2.1975.

634 Vgl. Peter Stähle: Peinliche Küsse. Mordanstifter Scheljepin in Bonn erwartet, in: *Die Zeit*, 9.8.1968. Online im Internet: www.zeit.de/1968/32/Peinliche-Kuesse?page=all.

635 Unternehmensarchiv des ZDF, Bestand *ZDF-Magazin*, Ordner Nr. 30, Sendung vom 2.4.1975.

636 Ernst Martin: Christliche Gewerkschaften werden aktiv; Unternehmensarchiv des ZDF, Bestand *ZDF-Magazin*, Ordner Nr. 30, Sendung vom 16.4.1975.

637 Vgl. Andreas Hieber: »Ich bin Konservativer!«, in: *Süddeutsche Zeitung*, 23.6.1975; ACDP, NL Löwenthal, 01-763-003.

638 Vgl. hil: Gerhard Löwenthal: »Gewerkschaften sind kommunistisch unterwandert«. Tumulte gestern Nachmittag bei CGB-Veranstaltung in Bensheim, in: *Odenwälder Zeitung*, 2.5.1980. bj: »DGB unterwandert«. Alle Zeitungsbeiträge dazu im ACDP, NL Löwenthal, 01-763-023.

Über Extremisten in den Gewerkschaften sprach Löwenthal am 14. Januar 1980 beim Arbeitgeberverband Heidelberg.[639] Dort hob er hervor, dass der Wiederaufbau Deutschlands nur durch das »partnerschaftliche Verhältnis« der »ideologiefreien« Gewerkschaften zu den Arbeitgebern gelang. So sei er in der Nachkriegszeit ein Fürsprecher der Einheitsgewerkschaft gewesen – was er heute aber nicht mehr sein könne, denn eine neue Generation von Gewerkschaftern wie Detlef Hensche (Gewerkschaft Druck und Papier) habe den DGB im Sinne des Marxismus ideologisiert. Zwar sei der DGB nicht »kommunistisch unterwandert«, denn manche Gewerkschaften seien mehr (namentlich die Gewerkschaft Handel Banken Versicherungen[640]), andere weniger oder gar nicht betroffen. Immerhin spiele die DKP innerhalb des DGB eine Rolle durch die Zahl ihrer Mitglieder und Funktionäre mit Kampfauftrag, dem der DGB nichts entgegensetze, weil er keine Mitglieder verlieren wolle. Diese »Toleranz« führe dazu, dass in einem so sicherheitsrelevanten Betrieb wie dem Flughafen Frankfurt ein DKP-Mitglied dank der Liste der Gewerkschaft ÖTV dem Betriebsrat vorsteht und dem Aufsichtsrat angehört. Wie ließe sich da noch über Sicherheitsmaßnahmen beraten? Insgesamt seien mindestens 25.000 DKP-Mitglieder im DGB. Vor allem in der DGB-Jugend sei kommunistische Programmatik sichtbar.

Anstelle einer Einheitsgewerkschaft favorisierte Löwenthal, wie aus der Presseberichterstattung über seinen Rednerauftritt hervorgeht, eine Konkurrenz auf gewerkschaftlichem Gebiet. Immerhin gebe es bereits den Christlichen Gewerkschaftsbund, die Deutsche Angestelltengewerkschaft DAG und den Deutschen Beamtenbund. Pluralismus sei nicht zu verwechseln mit »englischen Verhältnissen«, die er nicht wolle: Denn sie führten zu mehreren Gewerkschaften innerhalb eines einzigen Betriebs (ein Kennzeichen Großbritanniens vor Margaret Thatchers Amtsantritt).

Löwenthal rief die Arbeitgeber abschließend auf, sich gründlich über dieses relevante Problem zu informieren. Die Rede fand ein Echo in den lokalen Zeitungen, die auch die scharfe Kritik des DGB erwähnten: Der Heidelberger DGB-Kreisvorsitzende sah in Löwenthals Rede den Versuch, die »gesellschaftspolitische Landschaft zu verseuchen«.[641] Am Abend vor seinem Auftritt war im *ZDF-Magazin* ein Beitrag des Redakteurs Friedrich Merz zu sehen, auf dessen Recherchen sich Löwenthal bei seiner Rede offensichtlich stützte: *DKP und Betriebsratswahlen.*

639 Vgl. Schreiben des Arbeitgeberverbandes Heidelberg e.V. an Gerhard Löwenthal vom 14.1.1980 und 13.2.1980; ACDP, NL Löwenthal, 01-763-023. Redemanuskript ebd.

640 Vgl. Anmoderation Gewerkschaften; Unternehmensarchiv des ZDF, Bestand *ZDF-Magazin*, Ordner Nr. 42, Sendung vom 7.11.1979; vgl. An- und Abmoderation Gewerkschaft; Unternehmensarchiv des ZDF, Bestand *ZDF-Magazin*, Ordner Nr. 43, Sendung vom 16.7.1980.

641 *Heidelberger Tageblatt*, 29.2.1980, *Rhein-Neckar-Zeitung*, 1.3.1980 und 6.3.1980, ohne Autoren- und Seitenangabe; ACDP, NL Löwenthal, 01-763-023.

Ferner sah Löwenthal die Gefahr, dass marxistische, auf Klassenkampf bedachte Gewerkschaftsfunktionäre Betriebsräte so »fernsteuern«, d. h. daß diese konfrontativen Gewerkschaftsbeschlüssen folgen und auf eine Sozialpartnerschaft mit den Unternehmern verzichten, ja sogar betriebsfremden Interessen folgen, also gegen das Betriebsverfassungsgesetz verstoßen.[642]

642 Vgl. An- und Abmoderation zu: Betriebsräte ferngesteuert?; Unternehmensarchiv des ZDF, Bestand *ZDF-Magazin*, Ordner Nr. 50, Sendung vom 22.2.1984.

Gerhard Löwenthals Standort im konservativen Spektrum der Bundesrepublik Deutschland

Nachdem sich Löwenthal in den Anfangsjahren des *ZDF-Magazins* in der politischen Mitte verortet und seine Unabhängigkeit gegenüber den im Deutschen Bundestag (und ebenso im ZDF-Fernsehrat) vertretenen Parteien betont hatte, bezeichnete er sich spätestens ab Mitte der 1970er Jahre ausdrücklich als »konservativ«.[1] So charakterisierte er sich in seinen Vorträgen und Zeitschriftenveröffentlichungen, nicht aber in seiner Fernsehsendung (die ja an ein Massenpublikum mit verschiedenen politischen Einstellungen gerichtet war, ausgestrahlt von einer öffentlich-rechtlichen Fernsehanstalt). Häufiger kehrte er seinen Verfassungspatriotismus (u. a. durch die Versendung des Grundgesetzes) und seinen nationalen Patriotismus heraus.

Dieses »Bekenntnis« zum Konservatismus hing wohl damit zusammen, dass seine Werte und Einstellungen den Fernsehzuschauern weitgehend bekannt waren und daher ein Verbergen oder Umschreiben wenig sinnvoll gewesen wäre. Was hatte er also zu verlieren? Zugleich äußerten sich Konservative selbstbewusster, als es 1974/75 zu einer »Tendenzwende«[2] genannten verstärkten konservativen, freiheitlichen und

1 So zum Beispiel in: Freiheit oder Sozialismus. Eine Rede von Gerhard Löwenthal (ohne Orts- und Datumsangabe), S. 2; ACDP, NL Löwenthal, 01-763-009, und: Meinungsfreiheit unter Polizeischutz. Hans Klein und Kurt Ziesel sprachen mit Gerhard Löwenthal, in: *Deutschland-Magazin*, 2/1975, S. 6 ff., dort S. 7, und: Gerhard Löwenthal: Wir sind stolz, Konservative zu sein, in: *Deutschland-Magazin*, 8/1982, S. 16; ACDP, NL Löwenthal, 01-763-024; und in: Vortrag in den Allgaier-Werken in Uhingen am 25.3.1976, sowie: Vgl. Gerhard Löwenthal: Freiheit oder Sozialismus (Vortrag vor der Ordentlichen Mitgliederversammlung der Arbeitsgemeinschaft Blankstahlhandel e.V. am 24.3.1976 in Düsseldorf, S. 1); ACDP, NL Löwenthal, 01-763-021.

2 1974 erschien der von Gerd-Klaus Kaltenbrunner herausgegebene Band *Plädoyer für die Vernunft* mit dem Untertitel *Tendenzwende* in der Reihe Herderbücherei Initiative. Sehr bald entstand eine intellektuelle Debatte um den Begriff »Tendenzwende«. So glaubte (nicht nur) der Politikwissenschaftler Martin Greiffenhagen 1975 einen »politischen Klimawandel« zu erkennen, da nun der »Zeitgeist von rechts« wehe und die Selbstbezeichnung »konservativ« wieder en vogue geworden sei, sogar in der SPD (Martin Greiffenhagen: Freiheit gegen Gleichheit? Zur ›Tendenzwende‹ in der Bundesrepublik (Hoffmann und Campe: Standpunkt). Hamburg: Hoffmann und Campe, 1975, S. 7). Ausführlicher mit interessanten Anmerkungen Martin Greiffenhagen: Neokonservatismus in der Bundesrepublik, in: ders.: Der neue Konservatismus der siebziger Jahre (rororo aktuell). Reinbeck: Rowohlt, 1974, S. 7–22. Auch Kaltenbrunner selbst sah 1974 eine »Wende« zum Konservatismus in Sichtweite (Gerd-Klaus Kaltenbrunner: Die Herausforderung der Konservativen (Herderbücherei INITIATIVE, Bd. 3). Freiburg: Herder, 1974, S. 9.

auch linksliberalen Kritik an der Neuen Linken kam (zumindest im Nachhinein erscheint »Tendenzwende« als ein unzutreffender Begriff, weil nur eine sehr maßvolle Änderung der politischen Kultur im konservativen Sinne nachweisbar ist). Eher lag eine Ernüchterung über die Ergebnisse der Entspannungspolitik, eine abnehmende Anziehungskraft neomarxistischer und sozialistischer Ideen und ein verstärktes Verlangen nach unideologischen »Machern« wie Helmut Schmidt vor; angesichts der Ölkrise, Inflation und Arbeitslosigkeit schienen Visionäre die allmählich anwachsende Zahl von Wechselwählern immer weniger anzusprechen. Die neuerweckte Aufmerksamkeit politischer Gegner für den Begriff »konservativ« sollte allerdings nicht überschätzt werden; in diesem Sinne ist Martin Greiffenhagen zu widersprechen, der eine Renaissance des Konservatismus in jener Zeit zu erkennen glaubte.[3]

Seinerzeit publizierten konservative Autoren unter anderem in der Taschenbuchreihe Herderbücherei INITIATIVE unter der Herausgeberschaft des Privatgelehrten Gerd-Klaus Kaltenbrunner, der bereits 1972 eine umfangreiche »Rekonstruktion des Konservatismus«[4] in Angriff genommen hatte: eine Reaktion auf die Politik der Regierungsparteien SPD und FDP sowie auf den »Marsch durch die Institutionen« (Dutschke) der Protestbewegung, die für einiges Aufsehen auf der anderen Seite des politischen Spektrums sorgte und den Begriff »konservativ«/Konservatismus wieder verstärkt in die politischen und politikwissenschaftlichen Debatten einführen half. Kaltenbrunner gehörte einer jüngeren Generation an: Er wurde 1939 in Wien geboren und ist dort aufgewachsen. Löwenthal war im Gegensatz zu den zumeist promovierten oder habilitierten Autoren (auch Kaltenbrunner selbst war ein vorzüglicher Kenner konservativer Theoretiker von Burke über Tocqueville bis Gehlen) der mit jeweils etwa zehn Aufsätzen auf ungefähr 180 Seiten erscheinenden Bände der Herderbücherei INITIATIVE kein Geistes- oder Sozialwissenschaftler. So versuchte er auch nicht, im *ZDF-Magazin* seine Totalitarismuskritik beispielsweise mit Aussagen des israelischen Politikwissenschaftlers J.L. Talmon zu untermauern, obwohl dessen klare, vergleichsweise leicht verständlichen Aussagen über gemeinsame geistige Wurzeln und Eigenheiten von Sozialismus und Nationalismus als Ausprägungen der »totalitären Demokratie« mit Löwenthals freiheitlichem Konservatismus gut vereinbar gewesen wären. Völlig verschieden war auch seine Reichweite: Der Fernsehjournalist Löwenthal verfügte über ein mehrere Millionen Zuschauer zählendes Publikum, was für die Herderbücherei INITIATIVE praktischerweise nicht zu erreichen war. Seine Abwesenheit in den Bänden der Herderbücherei INITIATIVE lässt sich auch damit erklären, dass er neben seiner Fernsehtätigkeit Reden und Vorträgen den Vorzug

3 Martin Greiffenhagen: Neokonservatismus in der Bundesrepublik, S. 7.

4 Gerd-Klaus Kaltenbrunner (Hrsg.): Rekonstruktion des Konservatismus. Freiburg: Rombach, 1972.

gegenüber wissenschaftlichen Aufsätzen gab. Dennoch gibt es inhaltliche Ähnlichkeiten: Der Band *Das Elend der Christdemokraten*[5] (1977) forderte eine neue Strategie der CDU/CSU, um in Deutschland nach der knapp verlorenen Bundestagswahl wieder die Regierung stellen zu können. Zu diesem Zweck blickten die Autoren auf andere Staaten Europas. Die Forderung, konservativer aufzutreten und aus den Erfahrungen europäischer Christdemokraten zu lernen, war im Sinne Löwenthals, ebenso das Bemühen, die politische Semantik der Linken zu entlarven: Im Band *Sprache und Herrschaft* schrieb beispielsweise der *Welt*-Redakteur Günter Zehm in einem abgedruckten Zeitungsartikel von 1974, das Kürzel »BRD« sei eine Erfindung der DDR, das teils aus politischen Gründen, teils aus Gedankenlosigkeit und Bequemlichkeit in der Bundesrepublik Verbreitung fand[6] (wir erinnern uns an Löwenthals Kampf gegen die Abkürzung im *ZDF-Magazin* 1977). In einem weiteren Band erklärte Kaltenbrunner die Entspannungspolitik (einschließlich der einseitigen Abrüstung) für illusionär, erwähnte den sowjetischen Rüstungsvorsprung und die Unfähigkeit der NATO zur Verteidigung.[7] In Übereinstimmung mit Löwenthal befand sich ein Pamphlet Kaltenbrunners und seiner Autoren gegen neomarxistische Schulpolitik, genauer: gegen die »Rahmenrichtlinien« in Hessen und Nordrhein-Westfalen.[8] In *Europa – Weltmacht oder Kolonie. Wider nationalen Egoismus und Kleinmut* forderte Kaltenbrunner zusammen mit seinen Co-Autoren (ausgenommen Hans-Dietrich Sander) eine politische Einigung Europas.[9]

Im Unterschied zu Löwenthal setzte sich die Herderbücherei INITIATIVE wenig mit der Herrschaftspraxis im »real existierenden Sozialismus« auseinander; wir finden keine ausführliche Kritik an den Menschenrechtsverletzungen und keine Debatte über die Deutschlands- und Ostpolitik. Im Übrigen wandte sich der Herausgeber Kaltenbrunner allmählich immer stärker sehr unterschiedlichen unpolitischen Themen wie Städtebau oder Medikamentenkonsum sowie theologischen Fragen zu.

Im Zusammenhang mit der Selbstbeschreibung als »konservativ« vermied Löwenthal jedes Präfix: Er nannte sich nicht etwa einschränkend »liberalkonservativ« oder »wertkonservativ«. Dass ein Konservativer in der Bundesrepublik Deutschland um die Bewahrung der Freiheit im politischen und wirtschaftlichen Sinn kämpfen

5 Gerd-Klaus Kaltenbrunner: Das Elend der Christdemokraten. Ortsbestimmung der politischen Mitte Europas (Herderbücherei INITIATIVE, Bd. 21). Freiburg: Herder, 1977.

6 Gerd-Klaus Kaltenbrunner: Sprache und Herrschaft. Die umfunktionierten Wörter (Herderbücherei INITIATIVE, Bd. 5). Freiburg: Herder, 1975.

7 Gerd-Klaus Kaltenbrunner (Hrsg.): Bereiten wir den falschen Frieden vor? Vom Gestaltwandel internationaler Konflikte (Herderbücherei INITIATIVE, Bd. 13). Freiburg: Herder, 1976.

8 Gerd-Klaus Klatenbrunner: Klassenkampf und Bildungsreform. Die neue Konfessionsschule (Herderbücherei INITIATIVE, Bd. 2). Freiburg: Herder, 1974.

9 Gerd-Klaus Kaltenbrunner: Europa – Weltmacht oder Kolonie? Wieder nationalen Egoismus und Kleinmut (Herderbücherei INITIATIVE, Bd. 25). Freiburg: Herder, 1978.

müsse, erschien ihm so selbstverständlich, dass er auf den Zusatz »liberal« verzichtete. »Wertkonservativ« mochte er sich gerade auch deshalb nicht nennen, weil diese Bezeichnung durch den Sozialdemokraten Erhard Eppler 1975 in die politischen Diskussionen einging und die »Bewahrung der natürlichen Lebensgrundlagen« meinte, im völligen Gegensatz zu der von Eppler negativ als »strukturkonservativ« gekennzeichneten Bewahrung des politischen Systems (abwertend schrieb Eppler von »Machtstrukturen«) sowie der wesentlichen ökonomischen und sozialen Gegebenheiten.[10] In diesem Sinne war Löwenthal ein Strukturkonservativer, der einer Stärkung der Polizei, einer Belebung des wirtschaftlichen Wachstums und anderen traditionell konservativen Forderungen den Vorzug vor einer Politik gab, die weitreichende Veränderungen zur Verwirklichung sozialer und ökologischer Ziele anstrebte.

Eine Selbstbeschreibung als »konservativ« war im »roten Jahrzehnt«[11], ungeachtet der »Tendenzwende«, eine Seltenheit in der deutschen Publizistik und in den politischen Debatten. Kurt Sontheimer, ein Kritiker des Konservatismus, stellte 1970 fest: »Kaum jemand [der der politischen und wirtschaftlichen Elite angehört] wagt es, sich öffentlich als Konservativen zu bezeichnen, und die Auffassung ist weit verbreitet, daß der Konservatismus als politische Philosophie und Bewegung passé sei.«[12] Das galt jedoch nicht nur für hochrangige Entscheidungsträger. Diejenigen Bürger, die sich selbst rechts der Mitte einordneten, wagten immer weniger, ihre Meinung in der Öffentlichkeit zu äußern, während sich die Bürger links der Mitte, durch das Verstummen der Konservativen ermutigt, um so selbstbewusster zu Wort meldeten (Schweigespirale). Dies hing nicht zuletzt mit dem bekenntnisfreudigen Journalismus der eher linken Printmedien wie *Spiegel* und *Stern* sowie den SPD- und FDP-nahen politischen Fernsehsendungen vornehmlich in der ARD wie *Panorama* und *Monitor* zusammen. Daher war das Meinungsklima eher links-dominiert. Konservative Bürger fürchteten nicht selten die Isolation oder gar die Konfrontation, und äußerten daher ihre politische Meinung immer seltener gegenüber Fremden oder weniger vertrauten Personen. So bezeichnete sich die CDU in ihrem Berliner Programm von 1971 als »moderne Volkspartei«, die den gesellschaftlichen Fortschritt fördern und die Bedingungen für eine freie Selbstentfaltung der Person schaffen«[13] wollte – sie stellte

10 Erhard Eppler: Ende oder Wende. Von der Machbarkeit des Notwendigen. Stuttgart [u. a.]: Kohlhammer, 1975, S. 28–37.

11 Gerd Koenen: Das rote Jahrzehnt. Unsere kleine deutsche Kulturrevolution. Köln: Kiepenheuer und Witsch, 2001.

12 Kurt Sontheimer in Evangelische Kommentare, zitiert nach: Martin Greiffenhagen: Neokonservatismus in der Bundesrepublik, S. 7.

13 Vgl. Christlich Demokratische Union Deutschlands: Das Berliner Programm der Christlich Demokratischen Union Deutschlands, 2. Fassung, in: Siegfried Hergt (Hrsg.): Parteiprogramme. Grundsatzprogrammatik und aktuelle politische Ziele von PD, CDU, CSU, FDP, DKP, NPD. Opladen: Heggen-Berlag, [8]1975, S. 97–139.

damit einen sozialistischen neben einen liberalen Begriff. Das Wort »konservativ«, auch in einer Kombination mit »freiheitlich« oder »christlich«, sucht der Leser vergebens. Ebenso vermied ihr Parteiprogramm von 1975, die Mannheimer Erklärung, die Selbstbezeichnung »konservativ«, stattdessen nannte sie sich »sicher, sozial und frei«. Dementsprechend wollte die CDU mit »neuen Ideen« die Herausforderungen wie zum Beispiel die »Neue Soziale Frage« (Initialen groß geschrieben) angehen. Nur wenig anders verhielt sich in diesem Punkt die CSU, die sich trotz der stärkeren »schwarzen« Prägung Bayerns nur an einer einzigen Stelle des Grundsatzprogramms von 1977 als »konservativ« bezeichnete.[14]

Konservative, die an Universitäten, Fachhochschulen und Gymnasien lehrten, hatten sehr häufig eine Mehrheit von Kollegen neben oder gar gegen sich, die sich im progressiven Lager links der Mitte bis hin zum Linksradikalismus verorteten. Manch ein ursprünglich eher konservativer Publizist oder Wissenschaftler hielt sich im Sinne der »Schweigespirale« nicht nur zurück, sondern paßte sich an. Das galt jedoch nicht für die Journalisten des Springer-Verlags und auch nicht für Gerhard Löwenthal, der dadurch umso stärker das Opfer von Kollegenkritik (*Der Spiegel* im Herbst 1972, siehe oben) und für konservative Bürger zu einer Leitfigur wurde.

Gerd-Klaus Kaltenbrunner resümierte 1971, der Konservatismus werde entweder totgeschwiegen oder verketzert: »eine konservative Haltung in Politik, Gesellschaft und Kultur wird in breitesten Kreisen als irrelevant, wenn nicht gar als pervers eingeschätzt, gesellschaftlich als Sabotage auf der Fahrt in eine heilere Zukunft, individuell als ein extremer Fall von Pathologie, von moral insanity. Mit einer Mischung von Scham, Widerwillen und Gereiztheit reagiert man auf dieses lästige Phänomen, und so nimmt es nicht wunder, daß konservativ heute durchwegs ein Synonym für reaktionär, restaurativ, indolent, repressiv, autoritär, antidemokratisch, rechtsradikal oder faschistisch ist. Der Konservative gilt als Verkörperung des ewig-Gestrigen, als Sand im Getriebe des Fortschritts; ihm haftet der Ruf an, für eine geschichtlich überholte, wenn nicht gar endgültig verlorene Sache zu plädieren und soziale Errungenschaften abbauen zu wollen.«[15]

Auch wenn Kaltenbrunner etwas verallgemeinerte (als ob es keine konservativen Vereine, Gruppen, Verbände etc. in- und außerhalb der politischen Sphäre gegeben hätte), so beschrieb er einigermaßen zutreffend das Meinungsklima, in dem sich nur wenige Journalisten als konservativ zu erkennen gaben. Er selbst forderte von der de-

14 Vgl. Unsere Politik für Deutschland. Mannheimer Erklärung der Christlich Demokratischen Union Deutschlands, in: Siegfried Hergt (Hrsg.): Ergänzungsband Parteiprogramme (Heggen-Dokumentation 1). Leverkusen-Opladen: Heggen, 1975, S. 112–149; Vgl. Grundsatzprogramm der Christlich-Sozialen Union, in: Peter Gutjahr-Löser/Theo Waigel (Hrsg.). Die Grundsatzdiskussion in der CSU, Bd. 1: Studien, Berichte, Dokumente. München: Olzog, 1977, S. 145–197.

15 Gerd-Klaus Kaltenbrunner: Der schwierige Konservatismus, S. 20 f.

mokratischen Rechten, sich als konservativ zu bezeichnen oder diese Zuschreibung jedenfalls nicht zu bestreiten, den eigenen geistigen Standort auch selbst zu definieren, den Utopisten zu misstrauen (und deren Pläne kritisch zu prüfen), die Demokratie gegen die Demokratisierung zu verteidigen, praktische politische Anliegen anstelle abstrakter Entwürfe zu erörtern, angebliche historische Gesetzesmäßigkeiten zu bestreiten (hier meint er unausgesprochen die Marx'sche Auffassung von der Geschichte als einer Abfolge von Klassenkämpfen), und sich lieber an Denkern von heute als an gestrigen Theoretikern zu orientieren. Das alles charakterisierte auch Löwenthals Denken.

Löwenthal und Kaltenbrunner unterscheiden sich am meisten, wie aus Kaltenbrunners »Zehn Gebote für Konservative und solche, die es werden wollen« geschlossen werden kann, in der Forderung nach theoretischer Grundlegung des Konservatismus: »Begreife, dass der Konservative heute und morgen einer fundierten Theorie bedarf, also gerade dessen, wozu er sich bislang oft und nicht ohne Stolz für unfähig erklärte«, so der Österreicher.[16]

Als NS-Verfolgter war Löwenthal von vornherein von solchen Konservativen zu unterscheiden, die als Angehörige der vorhergehenden Generation bereits unter Hitlers Herrschaft politisch oder publizistisch tätig waren, wie der ehemalige SS-Sturmbannführer und SD-Spitzel Giselher Wirsing (auch wenn dieser vom Anti-Amerikanisten im Nationalsozialismus zum Amerika-Fürsprecher nach 1945 wurde, als er Chefredakteur von *Christ und Welt* war) oder Hans-Georg von Studnitz (der als Nationalkonservativer, Charles de Gaulles Frankreich gegenüber Amerika vorziehend, die Wiedervereinigung und die realitätsferne Rückgabe der ehemaligen deutschen Ostgebiete anmahnte, und daher einen neuen Bismarck anstelle des Westbindungspolitikers und überzeugten Europäers Adenauer wünschte).[17]

Seine zukunftsgerichtete, praktische Orientierung trennte den Journalisten Löwenthal um so mehr von konservativen Theoretikern der Vergangenheit wie etwa Edmund Burke (1729–1797), aber auch von dem konservativen jüdischen Geisteswissenschaftler Hans-Joachim Schoeps (1909–1980), der sich für die Rekonstruktion Preußens und für eine Monarchie einsetzte, also seine Leitbilder in zurückliegenden Jahrzehnten verortete. Einen Bezug auf konservative Persönlichkeiten aus Epochen vor 1945 finden wir bei Löwenthal nirgends. Dazu fühlte er sich zu sehr als Journalist und überhaupt nicht als Historiker oder Philosoph. Auch die französische Neue Rechte eines Alain de Benoist, beginnend mit dem voluminösen Band »Vu de Droite«

16 Gerd-Klaus Kaltenbrunner: Der schwierige Konservatismus. Definitionen. Theorien. Porträts. Herford: Nicolaische Verlagsbuchhandlung, 1975, S. 157–160.

17 Hans Georg von Studnitz: Bismarck in Bonn. Bemerkungen zur Außenpolitik. Stuttgart: Seewald, 1964.

(1975) blieb in Löwenthals Lebenswerk ohne Erwähnung, obwohl die Neue Rechte (Nouvelle Droite) als eine Antwort auf die Neue Linke entstand und daher grundsätzlich nicht ganz ohne Reiz für Löwenthal war. Löwenthal dürfte sich, falls er das Buch überhaupt zur Kenntnis nahm, von den »ethnopluralistischen«, US-feindlichen Gedankengängen Benoists abgestoßen gefühlt haben. Mehr noch: Benoist unterstellte den Vereinigten Staaten, sie seien grundsätzlich gegen die Wiedervereinigung Deutschlands.[18] Auch mit Armin Mohler, dem sympathisierenden Kenner der Konservativen Revolution und der Nouvelle Droite, hatte er nicht viel gemein: Hier bildete Löwenthals Freiheitsorientierung den Unterschied. Ein Vergleich mit der neuen konservativen Intelligenz der 1990er Jahre, entstanden um die Autoren Rainer Zitelmann, Ulrich Schacht und Heimo Schwilk, hinkt, da Löwenthal als Ruheständler nur noch von geringem Einfluss war und wenig Interesse auf sich zog.

Lohnt sich ein Vergleich Löwenthals mit William S. Schlamm? Schlamm, 18 Jahre älter als Löwenthal, wurde im seinerzeit österreichischen Galizien geboren, war in seiner Jugend Kommunist, erlebte 1928 den Ausschluss aus der Kommunistischen Partei Österreichs (wegen »Abweichlertums«, also Nonkonformismus) und bewegte sich in sozialistisch-pazifistischen Kreisen – seine Mitarbeit an der *Weltbühne* ist dafür ein Beleg. Während der Moskauer Schauprozesse wandte er sich endgültig vom Marxismus-Leninismus ab und entwickelte sich, als Renegat, in den Vereinigten Staaten zum Konservativen; seit jener Zeit war er auch amerikanischer Staatsbürger. Im Gegensatz zu Löwenthal erreichte Schlamm in den späten 1950er Jahren eine überregionale Bekanntheit als konservativer Publizist (Löwenthal bewunderte seinerzeit noch Willy Brandt) mit dem vielverkauften Buch *Die Grenzen des Wunders* (1959), dem eine Kolumnistentätigkeit beim *Stern* und bei der *Welt am Sonntag* folgte. Als Löwenthal mit dem *ZDF-Magazin* einen hohen Bekanntheitsgrad erreichte, war Schlamm längst nicht mehr die polarisierende rechtskonservative Reizfigur mit hohem Bekanntheitsgrad, die er war, als seine Vorträge an deutschen Universitäten heftige Proteste hervorriefen: Allein das ließe einen Vergleich etwas konstruiert erscheinen. In den 1970er Jahren verfügte Schlamm als Herausgeber der Monatszeitschrift *Zeitbühne* über eine Lesergemeinde (mehr als 18.000 Abonnenten im Januar 1974[19]), war allerdings kaum noch Gegenstand darüber hinaus reichender publizistisch-politischer Debatten. 1978 verstarb er. Es fällt auf, dass Schlamm nie ein Mann der Mitte war, sondern zunächst ein Vertreter der äußersten Linken, später ein Protagonist der amerikanischen Rechten im Umfeld Joseph McCarthys. Löwenthal hingegen betonte seinen Standpunkt in der Mitte, immer deutlicher auch innerhalb des Konservatismus, wollte aber kein »rechter Flügelhauptmann« sein. Zwar stimmten Löwenthal und Schlamm in der un-

18 Alain de Benoist: Kulturrevolution von rechts. Krefeld: Sinus, 1985, S. 56, S. 128 f.

19 Vgl. William S. Schlamm: Über 18000 Abonnements, in: *Zeitbühne*, 3. Jg. (1974), Heft 2, S. 2.

bedingten Ablehnung des Kommunismus (und des Nationalsozialismus) überein. Im Unterschied zu Schlamm waren von Löwenthal nie Äußerungen über die eventuelle Notwendigkeit eines atomar geführten Angriffskrieges gegen die UdSSR zu hören. Schlamm war mindestens so sehr wie Löwenthal ein Gegner der »Entspannungspolitik«, doch übertraf seine Kritik diejenige Löwenthals bei weitem: Die Bundesrepublik befände sich mit den sozialistischen Staaten Europas im Krieg, daher sei der »Brandt-Breschnew-Pakt« (mit dieser Anlehnung an den Begriff des Hitler-Stalin-Pakts meinte er den Moskauer Vertrag!) »mit allen parlamentarischen und gesellschaftlichen Mitteln zu zerreißen«.[20] Derartige Gedankengänge waren bei Schlamm keine Seltenheit: »Angesichts einer verwilderten und entschärften Opposition wird der grobe Leninist [Herbert Wehner] 1976 die Regierungsmacht um so fester an sich reissen – um diese Macht in einer ›Konföderation‹ mit Honecker zu verewigen.«[21] Schlamm deutete also an, dass der Fraktionsvorsitzende der SPD der eigentliche Machthaber sei (angesichts der Führungsschwäche des Bundeskanzlers Willy Brandt, dem Schlamm einen »selbstmörderischen Ost-Kurs«[22] nachsagte) und als Leninist notfalls putschartig die Macht ergreifen werde, um die Westbindung der Bundesrepublik zugunsten einer Vertragsgemeinschaft mit dem unzweifelhaften Leninisten Erich Honecker zu verlassen! Zwar gibt es keine Hinweise, dass Löwenthal dieser Kakotopie Schlamms zustimmte (gehen wir daher davon aus, dass er es nicht tat), doch waren sich beide einig in der Notwendigkeit einer Vierten Partei, bei der es sich nur um eine erweiterte CSU handeln konnte (wie es Schlamm in dem genannten Aufsatz nahelegt), um die Christdemokraten an die Regierung zu bringen. Heftiger als bei Löwenthal fiel bei Schlamm auch die Kritik an der CDU aus, der er zahlreiche strategische und taktische Fehler vorwarf (im Unterschied dazu verbündete sich Löwenthal, wie an anderer Stelle dargestellt, mit konservativen Politikern der CDU, der CSU und Wissenschaftlern aus deren Umfeld).[23] Größer war Schlamms Ablehnung Willy Brandts, den er auch persönlich herabsetzte (»drittklassiger Lebemann«[24]), was Löwenthal vermied: Schlamm behauptete, von Brandt stamme kein einziger Gedanke (und erst recht kein Satz), den man im Gedächtnis behalten hätte, denn er sei der »mehr oder minder reine Tor«. Auch für bundesdeutsche Probleme, die in fast allen westlichen Industrieländern ebenso auftreten, wie Inflation, Wirtschaftsschwäche, Hochschulkrise, macht

20 Schlamm in der *Welt am Sonntag*, 13.9.1970, zitiert nach: Susanne Peters: William Schlamm und die Qual des Friedens, in: Frank-Lothar Kroll (Hrsg.): Die kupierte Alternative. Konservatismus in Deutschland nach 1945. Berlin: Dunker & Humblot, 2005, S. 299–322, dort S. 321.

21 William S. Schlamm: »Zeitbühne«. Die nächsten zwei Jahre, in: *Zeitbühne*, 3. Jg. (1974), Heft 1, S. 7–10, dort S. 9.

22 Ders. : »Staatsmänner« und Staatsmänner, in: *Zeitbühne*, 3. Jg. (1974), Heft 3, S. 2–5, Dort S. 4.

23 Vgl. »Staatsmänner« und Staatsmänner, in: *Zeitbühne*, 3. Jg. (1974), Heft 3, S. 2–5.

24 William S. Schlamm: Strauß – wer sonst?, in: *Zeitbühne*, 4. Jg. (1975), Heft 4, S. 4–8, dort S. 5.

er Brandt persönlich verantwortlich.[25] Dagegen ist Strauß für Schlamm »genialisch«, »weitaus der intelligenteste, gebildetste und erfahrenste Politiker Deutschlands«, der beste aller möglichen Kanzlerkandidaten. Allerdings hindere ihn seine Emotionalität einerseits, die »CDU-Bürokratie« andererseits, Spitzenkandidat zu werden:[26] eine Meinung, die mit Löwenthals Wertschätzung für Strauß stark übereinstimmte.

Bei allen Unterschieden (im Stil) und Gemeinsamkeiten (der Werte, aber nicht immer der Meinungen) zwischen Schlamm und Löwenthal ist ein Blick auf die anderen Autoren der *Zeitbühne* hilfreich, denn dort finden sich einige Aufsätze in geistiger Nähe zu Löwenthals Aussagen: Ähnlich wie Löwenthal verurteilte der Journalist Bruno Bandulet die chilenische Volksfrontregierung Allende und stellte die Möglichkeit eines demokratischen Sozialismus in Abrede.[27] Senator Henry M. Jackson beschrieb die verschlechterte Menschenrechtssituation und die zunehmende Aufrüstung (die auch Eugen Gerstenmeier beim Namen nannte) in der UdSSR im Zeitalter der Entspannung.[28] Ähnlich ist die Haltung Eugen Gerstenmeiers, die auch Löwenthal immer wieder vertrat: Die »Entspannung« sei eine Täuschung, ja Selbsttäuschung, denn die UdSSR rüste weiter auf. [29]

Löwenthal hatte durch seinen freiheitlichen und demokratischen Wertekanon einerseits und durch seine Sympathie für zeitgenössische antitotalitäre dissidente Geistesströmungen in Osteuropa andererseits weit mehr mit den amerikanischen und britischen Konservativen gemein als mit dem traditionellen deutschen, eher antidemokratischen, antiwestlichen Konservatismus (wie ihn Helga Grebing in ihrer Studie *Konservative gegen die Demokratie*[30] noch für die 1960er Jahre nachzuweisen glaubt), der ja gerade auch von der amerikanischen und britischen Besatzungsmacht einer Kollaboration mit dem Nationalsozialismus verdächtigt wurde (nicht immer zu Unrecht) und der durch die re-education aus dem politischen Leben entfernt werden sollte. Die geistige Nähe Löwenthals zum britischen Konservatismus (wo die entsprechende Partei »conservativ« im Namen trägt) ist daran ablesbar, dass er sehr stark von Margaret Thatcher beeindruckt war: Vor allem stimmte er ihrer Außenpoli-

25 Vgl. William Schlamm: Plädoyer für einen kleinen Mann, in: *Zeitbühne*, 3. Jg. (1974), Heft 3, S. 8–12, dort S. 9.

26 Vgl. ders.: Strauß – wer sonst?, in: *Zeitbühne*, 4. Jg. (1975), Heft 4, S. 4–8.

27 Vgl. Bruno Bandulet: Wie war es in Chile?, in: *Zeitbühne*, 3. Jg. (1974), Heft 1, S. 31–36. Eine ähnliche Meinung zum Putsch vertrat auch Nena Ossa: Brief aus Santiago de Chile, in: *Zeitbühne*, 3. Jg. (1974), Heft 3, S. 24–29.

28 Henry M. Jackson: Der US-Senat und Solschenizyn, in: *Zeitbühne*, 3. Jg. (1974), Heft 3, S. 12–19.

29 Eugen Gerstenmeier: Etikettenschwindel »Entspannung«, in: *Zeitbühne*, 3. Jg. (1974), Heft 4, S. 15–21, dort S. 15.

30 Vgl. Helga Grebing: Konservative gegen die Demokratie. Konservative Kritik an der Demokratie in der Bundesrepublik (kritische Studien zur Politikwissenschaft). Frankfurt: Europäische Verlagsanstalt, 1971.

tik gegenüber der UdSSR (»Schon seit langem hatte ich erkannt, dass die Sowjets die Entspannungspolitik schamlos ausnutzen, um die Schwäche des Westens aufzuspüren und Unruhe zu stiften. Ich kannte die Bestie«[31], so Thatcher) und ihrer »konservativen Revolution« in Bezug auf Wirtschaft und Sozialwesen zu (auch wenn Löwenthal die Soziale Marktwirtschaft einer freien Marktwirtschaft vorzog). In einer Rede von 1977 zitierte Löwenthal voller Zustimmung eine Aussage der seinerzeit international noch wenig bekannten konservativen Parteivorsitzenden Thatcher, wonach Sozialisten langfristig einen teuren Umverteilungs- und Betreuungsstaat errichten, der dem Bürger gerade einmal ein »Taschengeld« zum Kauf von Zigaretten, Schnaps und ähnlichem übrigließe.[32] Die Bewunderung für Thatcher mag Löwenthal dazu motiviert haben, nach 1980 verstärkt Wirtschaftsthemen im *ZDF-Magazin* mit marktwirtschaftlicher Aussage zu präsentieren. In Bezug auf das Politikfeld Wirtschaft vermisste er den von Helmut Kohl angekündigten Politikwechsel (»Wende« in geistig-moralischer und ökonomisch-fiskalischer Hinsicht). Mehr als das Thema Wirtschaft dürfte das Bestreben Thatchers und vor allem Reagans um eine ideologische Auseinandersetzung mit der Sowjetunion und eine stärker militärgestützte Außenpolitik einschließlich der Unterstützung antikommunistischer Kräfte unter anderem in Afghanistan und Nicaragua Löwenthal fasziniert haben. In diesem Zusammenhang fällt ein Gleichklang Löwenthals mit dem größten Zeitungsverleger der Bundesrepublik auf.

Das Kriegsende bedeutete für den gebürtigen Altonaer Axel Springer (1912–1985) zwar keine Erlösung von Demütigung, Entrechtung und dem Schrecken der politischen Verfolgung (wie sie Löwenthal erlebte), doch fühlte sich der ausgesprochene Individualist und Hedonist Springer zu einem nicht unerheblichen Teil auch befreit und weniger besiegt. Jedenfalls war der Beginn der Besatzungszeit für ihn gleichbedeutend mit neuen, verbesserten Chancen.

In der unmittelbaren Nachkriegszeit wünschte sich Springer, dem krankheitsbedingt die Teilnahme am Krieg erspart geblieben war und der den Nationalsozialisten von jeher skeptisch bis feindlich gegenübergestanden hatte, eine Erziehung, genauer: eine »Umerziehung«, der Deutschen zur Demokratie: Es käme darauf an, die Leser »über den Streit der politischen Richtungen und Meinungen in Tagesfragen hinweg auf gedankliche Wege zu führen, die die Bildung eines politischen Bewusstseins – als erste Grundlage jeder politischen Meinung – gestattet«.[33] Löwenthal erklärte im Zusammenhang mit seinem Abituraufsatz ähnliches.

31 Margaret Thatcher: Downing Street No. 10, Düsseldorf: Econ, 1993, S. 136.

32 Vgl. Löwenthal-Rede am 21. Mai 1977 vor der Jungen Union in Möhnesee-Korbecke, S. 7; ACDP, NL Löwenthal, 01-763-009.

33 Hans Peter Schwarz: Axel Springer. (wie Anm. 148, S. 68), S. 121.

Wie Löwenthal hegte Springer Sympathien für den pragmatischen, in der politischen Verantwortung stehenden »Bürgermeisterflügel« der SPD, zunächst insbesondere für den Hamburger Bürgermeister Max Brauer[34], später für den Regierenden Bürgermeister Berlins, Willy Brandt. Ihn unterstützte Springer mit seinen Zeitungen vor allem von 1957 bis 1963, während Löwenthal 1959 ein halbes Jahr lang ausländischen Journalisten die schwierige Lage West-Berlins aufzeigte, wobei auch viele Treffen mit Willy Brandt hinzugehörten.

Weit mehr als die meisten Bundesdeutschen, nicht viel anders als der Berliner Löwenthal, fühlte sich Springer mit Berlin verbunden – und das nicht etwa als Sonntagsredner, sondern als politischer Publizist, der in seinen Zeitungen immer wieder auf die Situation der geteilten Stadt aufmerksam machen ließ. Der Unternehmer Springer investierte beträchtliche Summen in Berlin, der Privatmann Springer verlegte seinen ersten Wohnsitz dorthin. Axel Springer war in den späten fünfziger und frühen sechziger Jahren Wähler der SPD. Denn der Verleger sah die Sozialdemokraten als »eindeutig am meisten auf das ganze Vaterland ausgerichtete Partei«[35] – und unterstützte mit seinen Zeitungen Brandt als Sprecher des freien Berlin in der Welt. Früher als Löwenthal, der seinerzeit noch in Brüssel arbeitete und sich der Integration Westeuropas widmete, brach Springer mit Brandt und Bahr: Die beiden SPD-Politiker versuchten sich an neuen Wegen in der Ostpolitik, während Springer auf einem kompromißlosen Antikommunismus verharrte. Gleichzeitig entwickelte Springer, auch darin Löwenthal ähnlich, eine Freundschaft zu Franz Josef Strauß, dessen Wahlkampfslogan »Freiheit oder Sozialismus« den Beifall des Großverlegers fand.[36]

Darüber hinaus lässt sich leicht aufzeigen, dass die vier Grundsätze, die jeder Journalist der im Axel Springer Verlag produzierten Zeitungen seit 1967 billigen muss, mit Löwenthals Einstellungen deckungsgleich sind:

»1., das unbedingte Eintreten für die friedliche Wiederherstellung der deutschen Einheit in Freiheit;
2., die Aussöhnung zwischen Juden und Deutschen; dazu gehört auch die Unterstützung der Lebensrechte des israelischen Volkes;
3., die Ablehnung jeglicher Art von politischem Extremismus,
4., die Bejahung der freien sozialen Marktwirtschaft.«[37]

34 Vgl. Springer gegenüber Löwenthal in der ZDF-Sendung *Zeugen des Jahrhunderts*, 2.5.1982, S. 23; ACDP, NL Löwenthal, 01-763-093.

35 Gerhard Naeher: Axel Springer. Mensch Macht Mythos. Erlangen: Straube, 1993, S. 304. Springer wählte nach eigenem Bekunden SPD, dazu siehe ebd., S. 339.

36 Vgl. Hans Peter Schwarz: Axel Springer. (wie Anm. 151, Kapitel 2), S. 557.

37 Axel Springer: Viel Lärm um ein Zeitungshaus (Rede vor dem Übersee-Club Hamburg, 26.10.1967), in: Axel Springer: Von Berlin aus gesehen. Stuttgart: Seewald, 1972, S. 139–158, hier S. 152.

Wie Löwenthal kritisierte Springer in seinen Reden und durch seine Zeitungen die Menschenrechtsverletzungen im sowjetischen Herrschaftsbereich gegen Regimekritiker, den Einmarsch der sowjetischen Truppen in die Tschechoslowakei 1968 und die Schüsse auf polnische Arbeiter 1970. Wie Löwenthal sah Springer die Situation der Berliner und der DDR-Bewohner durch die Entspannungspolitik nicht verbessert (vielmehr war er wie Löwenthal von Willy Brandts Formulierung, es existierten zwei Staaten in Deutschland, schockiert, denn sie schien ihm ein Schritt in Richtung Anerkennung der DDR[38]); die Annäherung des Westens habe keinen Wandel herbeigeführt. Seine besondere Aufmerksamkeit galt der innerdeutschen Grenze, insbesondere dem Schießbefehl. Anstatt die Neuen Ostpolitik mit journalistischen Mitteln wohlwollend zu begleiten (wie zahlreiche überregional arbeitende Journalisten), führte er in seinen Zeitungen und in zahlreichen Ansprachen eine auf grundsätzliche Änderungen abzielende publizistische Auseinandersetzung mit der DDR und der UdSSR (wie auch Löwenthal, schon im Hochschulfunk und später im *ZDF-Magazin*).[39] Für Springer stand außer Frage, dass ein wiedervereinigtes Deutschland ein freiheitlich-demokratischer Staat sein müsse, mit anderen Worten: Einheit um jeden Preis, oder eine Wiedervereinigung mit weitreichenden Zugeständnissen an die Kommunisten, kam für ihn nicht in Frage. Folgende Charakterisierung Springers durch den Politikwissenschaftler Hans Peter Schwarz lässt sich auf Löwenthal übertragen, wenn das Wort »Zeitungen« durch »Aussagen« ersetzt wird: »Jedenfalls war Springer von allen deutschen Kritikern der kommunistischen Regime mitten in Europa der unbeirrbarste und der einflußreichste. Er begriff seine Zeitungen als moralische Widerlager zur offiziellen Politik, die er für verhängnisvoll hielt.«[40]

Wie Löwenthal zeigte sich Springer mit dem Viermächteabkommen über Berlin unzufrieden: die westlichen Unterhändler müssten die DDR-Präsenz in Berlin auf die Tagesordnung setzen, Bundeskanzler Willy Brandt müsste sein Schweigen darüber beenden und so protestieren, wie er es als Regierender Bürgermeister in Berlin 1961 getan hatte. Berlin müsste als künftige Hauptstadt eines wiedervereinigten Deutschlands angesehen werden, mit einer möglichst engen Anbindung seines westlichen Teils an die Bundesrepublik.[41]

38 Vgl. Hans Peter Schwarz: Axel Springer, (wie Anm. 148, S. 68), S. 487.

39 Vgl. Axel Springer: Berlin, 6. Oktober 1966 (Rede zur Einweihung des Springer-Verlagshauses in der Kochstraße), in: Von Berlin aus gesehen, S. 23–30; ders.: Für Recht und Freiheit gibt es keinen Ersatz, in: ders.: Von Berlin aus gesehen, S. 76–80.

40 Hans Peter Schwarz: Axel Springer, (wie Anm. 148, S. 68), S. 660.

41 Vgl. Axel Springer: Die Zukunft Berlins – Deutschlands Schicksal, in: ders.: Von Berlin aus gesehen, S. 67–71; Ders.: Offensive gegen Berlin, in: ders.: Von Berlin aus gesehen, S. 81–90, hier S. 84f.

Früher und weit intensiver als Löwenthal setzte sich Springer für die Beziehungen zwischen Deutschland und Israel ein. Hier mag das Erlebnis der Hitler-Jahre und eine damit verknüpfte Scham Springers ausschlaggebend gewesen sein, der während der Judenverfolgung ein vergleichsweise angenehmes Leben führen konnte. Hinzu kam eine Bewunderung für die Selbstbehauptung des westlich orientierten Staates Israel, dessen Feinde von der UdSSR unterstützt wurden. Israel war weitgehend deckungsgleich mit dem Heiligen Land, das für den zunehmend christlichen Springer ohnehin von hoher Bedeutung war. Schließlich war die Wiedervereinigung der geteilten Stadt Jerusalem ein Hoffnungszeichen für den Wahl-Berliner Springer. Auch Löwenthal war die Lage Israels als westlich-demokratische Insel bewusst; Jerusalem kam dagegen in seinen Schriften trotz der zentralen religiösen Bedeutung kaum vor, abgesehen von einer Dienstreise zur Jahreswende 1969/70.

Wie Löwenthal sah sich auch Springer als Mann der »radikalen Mitte«. Wie jener lehnte Springer eine Kollektivschuld der Deutschen ab.[42] Bezogen auf die Innenpolitik der Bundesrepublik Deutschland, waren Springer und seine Zeitungen ebenso wie Löwenthal nicht »regierungstreu«, sondern »staatsloyal«, wie es Matthias Walden in völliger Übereinstimmung mit Springer formulierte. Sowohl der *ZDF-Magazin*-Leiter als auch der Zeitungsverleger sahen sich als Patrioten.[43] Die auch von ihm als »rechtsradikal« bezeichnete NPD werde von seinen Zeitungen ebenso bekämpft wie die SED, so Springer. Wie Löwenthal sah auch Springer in Heinrich Böll einen Sympathisanten des Baader-Meinhof-Terrorismus, ja mehr noch: »einen politische Wirrkopf und Staatsverächter«, der aus Enttäuschung über seinen schriftstellerischen Abstieg zu einem »widerlichen Deutschen« geworden sei.[44]

Die Marktwirtschaft sei, so Springer, die relativ fairste Wirtschaftsordnung – ein ideales Wirtschaftssystem gebe es ebenso wenig wie einen idealen Staat.[45] Wie Löwenthal sah sich auch Springer als einen »westlich« orientierten, im angelsächsischen Sinne denkenden Konservativen[46], der die Freundschaft mit den Vereinigten Staaten zu einem seiner wichtigsten Anliegen machte, denn die USA schienen Springer als Schutzmacht für Berlin (West) und als Bündnispartner der Bundesrepublik unent-

42 Vgl. Axel Springer: Von Berlin aus gesehen, in: Axel Springer: Von Berlin aus gesehen, S. 13–20; ders.: Berlin ist die Klammer für beide Teile Deutschlands, in: ebd., S. 40–55, hier S. 46; ders.: Israel ist nicht irgendein Staat, in: ders.: Von Berlin aus gesehen, S. 129–132, hier S. 131.

43 Vgl. ders.: Berlin, 6. Oktober 1966 (Rede zur Einweihung des Springer-Verlagshauses in der Kochstraße), in: Von Berlin aus gesehen, S. 23–30; Dialog mit Axel Springer, in: Axel Springer: Von Berlin aus gesehen, S. 257–278, hier S. 265 f.

44 Axel Springer an Matthias Walden am 23.12.1983, zitiert in: Hans Peter Schwarz: Axel Springer. (wie Anm. 148, S. 68), S. 604.

45 Vgl. Axel Springer: Vor Amerikanern gesprochen, in: Axel Springer: Von Berlin aus gesehen, S. 31–39, hier S. 34 f.

46 Vgl. Dialog mit Axel Springer, in: Axel Springer: Von Berlin aus gesehen, S. 257–278, hier S. 266.

behrlich. So mag es kaum überraschen, dass Springer ein Anhänger Ronald Reagans war: »Selten habe ich mich über einen Wahlsieg so gefreut wie über den von Reagan.«[47] Springer war nicht nur von der Totalitarismustheorie überzeugt, vielmehr setzte er den DDR-Sozialismus mit dem Nationalsozialismus gleich: »Manchmal ist mir so, als ob wir im Jahr 1932 wären. Die Roten in der Zone sind die Nachfolger der Braunen ... Die Geschichte wiederholt sich doch oft. Nur die Vorzeichen sind verändert.«[48] Die aufbegehrenden Studenten des Jahres 1968, die durch massive Krawalle gegen den Springer-Konzern (bis hin zum Anbrennen von Auslieferungsfahrzeugen) hervortraten, schienen ihm grundsätzlich nicht anders als die SA 35 Jahre zuvor; so sehr er Hochschulreformen befürwortete, so sehr lehnte er gewalttätigen Radikalismus ab.[49] Von Löwenthal unterschied sich Springer hingegen in seiner Einstellung zu einem vereinigten Europa: Ein »Europa der Vaterländer« im Sinne de Gaulles zog er vor.[50]

Löwenthal und Springer stimmten auch darin überein, keiner Partei beizutreten und sich um kein politisches Mandat zu bewerben (im Gegensatz zu Rudolf Augstein, der der FDP angehörte und für kurze Zeit ein Bundestagsmandat bekleidete). Beide galten als »umstritten«, d. h. ihre hier aufgeführten Einstellungen wirkten polarisierend.

Wer von Axel Springers politischen Einstellungen spricht, kann aus gutem Grund mit Matthias Walden fortfahren: Dieser war ein freiheitlich-konservativer Journalist, den Löwenthal sehr schätzte, mit dem er politisch stark übereinstimmte und der ein persönlicher Freund war. Er steht hier auch stellvertretend für jene Journalisten des Axel-Springer-Verlags, die sich mit der UdSSR und der DDR auseinandersetzten. 1927 geboren als Eugen W.O. Baron von Sass, wuchs er in einem anti-nazistischen Elternhaus auf. In der Nachkriegszeit wirkte er als Journalist in seiner Heimatstadt Dresden: Er machte sich für eine unabhängige CDU und eine von der FDJ unangetastete Junge Union in der sächsischen Hauptstadt stark. 1950 floh v. Sass nach Berlin, legte sich wegen seiner in Dresden verbliebenen Eltern ein Pseudonym zu und arbeitete zunächst beim RIAS (wie Löwenthal, Bahr und Schwarze), dann als Chefkommentator beim Sender Freies Berlin (wo Löwenthal zeitweise ebenfalls in leitender Stellung tätig war). Ein Studium einer Geistes- oder Sozialwissenschaft nahm er, wie Löwenthal, nicht auf. Ab 1981 war Walden, beim zunehmend SPD-politisierten SFB wegen seiner freiheitlich-konservativen, strikt antitotalitären Einstellungen mittlerweile nicht mehr wohlgelitten, Mitherausgeber der *Welt* und sollte Axel Springers Nachfolger an der

47 Vgl. Hans Peter Schwarz, Axel Springer. (wie Anm. 148, S. 68), S. 602.

48 Springer im November 1959 gegenüber dem amerikanischen Journalisten George Bailey, zitiert nach: Hans Peter Schwarz: Axel Springer, (wie Anm. 148, S. 68), S. 294; vgl. ebd., S. 513 und S. 653 (noch im September 1985, kurz vor seinem Tode).

49 Hans Peter Schwarz: Axel Springer, (wie Anm. 148, S. 68), S. 468 f.

50 Vgl. Dialog mit Axel Springer, in: Axel Springer: Von Berlin aus gesehen, S. 257–278, hier S. 271.

Spitze des Verlages werden, doch starb er bereits 1984, noch vor Springer. Er sah sich als »Mann der Mitte«, der aus einer freiheitlichen Werteorientierung heraus Links- und Rechtsradikalismus gleichermaßen bekämpfte, und den realitätsfernen Status-quo-ante-Konservatismus eines Hans Christoph Seebohm (wonach das Münchner Abkommen geltendes Recht sei) ebenso ablehnte wie Richard Jaegers Forderung nach Wiedereinführung der Todesstrafe.[51] Im Zentrum seiner journalistischen Arbeit stand in jenen Jahren des kalten Krieges allerdings die Auseinandersetzung mit der DDR. Walden erinnerte in den Dokumentarfilmen *Die Mauer* und *Stacheldraht*[52] – beide aus dem Jahre 1961 – an die nunmehr in Beton gegossene Spaltung der Stadt. Vor allem kam er in seinen Rundfunkbeiträgen und Schriften[53] immer wieder auf die Unmenschlichkeit der innerdeutschen Grenze zurück: Für ihn war sie ein Dauerthema, worin er und Löwenthal völlig übereinstimmten.

Ebenso wie Löwenthal lehnte er das Konzept des »Wandels durch Annäherung« (für ihn »Wandel durch Anbiederung«[54]) ab, denn er erkannte darin eine Verharmlosung des »real existierenden Sozialismus« bei gleichzeitiger Ausgrenzung der Kritiker im Westen als »kalte Krieger«. Überhaupt war für ihn »Entspannung« »eines der dümmsten, abstraktesten und gefährlichsten Schlagworte dieser Zeit« angesichts der völligen Gegensätzlichkeit von »freiheitlicher Demokratie und kommunistischer Zwangsherrschaft«. Löwenthal nutzte eine ähnliche Ausdrucksweise. Überdies, so Walden, sei Spannung in der Natur unentbehrlich, und auch in der Politik von Vorteil.[55] Der Ost-West-Konflikt, so Walden, »die Auseinandersetzung zwischen Freiheit und Zwang, hatte den Westen erfahren gemacht, seine Sinne geschärft, im Osten zu dramatischen Schwierigkeiten der Diktaturen geführt, sie zu Reduktionen der Gewalt gezwungen, die als Erfolg der zwei jahrzehntelangen geistigen Offensive[n] des Westens gelten konnten, während die Rückfälle – zum Beispiel der Überfall auf die Tschechoslowakei – geeignet waren, die Gefahr der Illusion im Westen zu bannen«.[56] Die Entspannungspolitik habe kaum etwas Positives für die Bundesrepublik und Berlin (West) gebracht: »Aber nachdem die Bundesrepublik fast alles gegeben und nur wenig mehr als Nichts bekommen hatte, war das entzückte Entspannungsgetue eine Geschmacklosigkeit, die Werbung für gutnachbarschaftliche Partnerschaft der ›DDR‹ ein Selbstbetrug, die Verdrängung der Gedanken und der Worte zum Sterben an den Grenzen ein verhängnisvoller Opportunismus.« Sehr bald nach Unterzeichnung der

51 Vgl. Ansgar Lange: Der konservative Moralist. Erinnerung an Matthias Walden, in: *Die neue Ordnung*, 59. Jg. (2005), Nr. 3. Online im Internet: www.die-neue-ordnung.de/32005/AL.html.

52 Vgl. www.amazon.de/Die-Berliner-Mauer-Stacheldraht-DVD/dp/B001MTJ3EC.

53 Bspw. in: Kassandrarufe (wie Anm. 160, S. 72), S. 47–58, S. 73–76.

54 Matthias Walden: Kassandrarufe, (wie Anm. 160, S. 72), S. 60 und S. 178.

55 Matthias Walden: Kassandrarufe, (wie Anm. 160, S. 72), S. 9 f., S. 40.

56 Ebd., 18.

Verträge habe die DDR dagegen verstoßen. Rechte einzuklagen, sei sehr schwer für die westliche Seite. Das Gefühl der Unsicherheit sei in Berlin (West) nach wie vor groß, wenn nicht sogar gestiegen.[57]

Selbst in einem Detail wie der Kritik an der herzlichen Begrüßung Scheljepins durch den DGB-Vorsitzenden Vetter waren sich Löwenthal und Walden einig.[58] Löwenthal und Walden sahen übereinstimmend die Situation der politischen Gefangenen in der UdSSR durch die Entspannungspolitik verschlechtert, weil sich der Westen weniger für sie einsetzte.

Das Viermächteabkommen über Berlin 1971 sah Walden als einen Erfolg der UdSSR an, da es die bundesdeutsche Präsenz in Berlin (West) vermindere und Berlin (Ost) als »Hauptstadt der DDR« erhalte. Auch der Grundlagenvertrag trage zu wenig die »Handschrift« der Bundesrepublik Deutschland, meinte Walden. Die Annäherung habe innenpolitisch zu einem Wandel geführt, und zwar zu einer Suche sehr weit links stehender Sozialdemokraten nach gemeinsamen Wurzeln mit Kommunisten.[59] In der SPD habe die Entspannungspolitik einen Bruch zu den freiheitlichen, antikommunistischen Einstellungen eines Kurt Schumacher, Ernst Reuter und Fritz Erler, ja selbst des früheren Regierenden Bürgermeisters Willy Brandt herbeigeführt.[60] Ähnliche Bestandsaufnahmen waren auch von Gerhard Löwenthal zu hören und zu lesen. Das Freiheitsbewusstsein in der Bundesrepublik Deutschland insgesamt sei zurückgegangen, diagnostizierte Walden.[61]

Es erübrigt sich an dieser Stelle beinahe, zu betonen, dass Walden als designierter Nachfolger Springers ein Verfechter der Freundschaft mit den Vereinigten Staaten und der Aussöhnung mit Israel war. Und ebenso wie Löwenthal sah Walden in Heinrich Böll einen Terror-Sympathisanten, und ebenso wie in der Kontroverse um den oben erörterten *Spiegel*-Artikel kam es deswegen zu einer gerichtlichen Auseinandersetzung: Walden hatte nach der Ermordung des Berliner Kammergerichtspräsidenten Günter von Drenkmann in einem Kommentar für die ARD geäußert, »der Boden der Gewalt wird durch den Ungeist der Sympathie mit den Gewalttätern gedüngt. Jahrelang werfen renommierte Verlage revolutionäre Druckerzeugnisse auf den Markt. Heinrich Böll bezeichnete den Rechtsstaat, gegen den sich die Gewalt richtete, als »Misthaufen«. Böll klagte dagegen; er hätte dies nicht gesagt oder geschrieben. Erst

57 Vgl. ebd., S. 76–79, S. 87.

58 Vgl. ebd., S. 16.

59 Matthias Walden: »Konvergenz« – nicht nur eine Theorie?, in: Siegfried Kappe-Hardenberg (Hrsg.): Wohin treibt Deutschland? Velbert: blick + bild Verlag, 1973, S. 36–53.

60 Matthias Walden: Kassandrarufe, (wie Anm. 160, S. 72), S. 44.

61 Ebd., S. 33 ff.

1981, in der fünften Instanz, bekam der Kölner Schriftsteller Recht.[62] Auch diese Auseinandersetzung war von einer publizistisch-politischen Debatte begleitet worden.

Wie Löwenthal lehnte auch Walden »BRD« als »entseelte Kurzform« für Bundesrepublik Deutschland ab.[63] Das Kürzel »DDR« setzten sowohl Löwenthal als auch Walden, der wie Löwenthal auch noch in den 1970er Jahren von der »Zone« und vom »SED-Staat« schrieb, in Anführungszeichen.[64] Begriffe wie »Gewaltherrschaft der SED« mochten in den Jahren der Kanzlerschaft Brandts und Schmidts unmodern geworden sein, unzutreffend seien sie aber nicht.[65]

Walden war nicht nur Antikommunist, sondern er war wie Löwenthal antitotalitär. Er kritisierte sehr entschieden die Wiedereinstellung NS-belasteter Personen (»die alten Nazis in der CDU«) in den öffentlichen Dienst und die Bundeswehr. Er habe dieses Thema nach eigenem Bekunden von allen Fernsehjournalisten am härtesten ausgefochten. Auch habe er den einstigen NSDAP-»Parteigenossen« Kurt Georg Kiesinger als Bundeskanzler nicht gewollt.[66] Rechte, antidemokratisch-konservative Systeme wie Francos Herrschaft in Spanien lehnte er eindeutig ab: Antikommunismus musste für ihn stets mit der Freiheit verknüpft sein.

Wie Löwenthal wies er auf die Zunahme von Extremisten in den Gewerkschaften hin: kommunistische Unterwanderung, in der Berliner GEW sah er sogar kommunistische Majorisierung.[67] Wie Löwenthal sah er im Radikalismus der Außerparlamentarischen Opposition und ihrer Nachfolger keine Bereicherung und keine Notwendigkeit: »Zwanzig Jahre war unser Volk ohne Radikalismus ausgekommen. Warum sollte es ihn nun brauchen? Was hatte sich geändert? Ach ja – die Gesellschaftsformen hatten sich verkrustet. Wenn sie nur mit Radikalismus aufgebrochen werden könnten, dann würden sie bluten, nicht heilen. Wenn der Wiederaufbau Deutschlands nur ohne Radikalismus und in unverletzter Freiheit möglich war, dann wird auch seine Erhaltung nur ohne Radikalismus oder gegen Radikalismus möglich sein.«[68]

Löwenthal und Walden waren sich in der Einschätzung Henri Nannens als eines selbstgefälligen, den Bürgerrechtskämpfern in Prag und Warschau bestenfalls gleichgültig gegenüberstehenden Kolportageschreibers einig, der der nach links ausschla-

62 www.boellundkoeln.de/cms/boell-der-koelner/boell-und-presse/walden-prozess.

63 Vgl. Matthias Walden: Kassandrarufe, (wie Anm. 160, S. 72), S. 65.

64 Vgl. ebd., S. 23 ff.

65 Vgl. ebd., S. 29.

66 Matthias Walden in der Sendung 1968 – *Tage des Aufstands* der Talkshow *Club 2* des ORF am 13.6.1978, abrufbar unter www.youtube.de, Suchbegriff: Matthias Walden. Dabei handelte es sich um eine Fernsehdiskussion mit Daniel Cohn-Bendit, Rudi Dutschke, Günter Nenning und Kurt Sontheimer.

67 Matthias Walden: Kassandrarufe, (wie Anm. 160, S. 72), S. 84.

68 Ebd., S. 105.

genden politischen Mode folgte und obendrein ein mit kriminellen Mitteln entstandenes Abhörprotokoll (Telefonat Kohl-Biedenkopf) im Jahre 1975 drucken ließ.[69]

Im Ganzen betrachtet, teilte der um fünf Jahre jüngere Walden Löwenthals Werte und Einstellungen. Unterschiede lassen sich weniger im Inhalt als in der Form ausmachen: Wo Löwenthal seine großenteils einfach gehaltenen Aussagen gerne mit Zitaten von Experten, Augenzeugen und Betroffenen untermauerte, war Walden ein fast schon metaphernfreudiger Formulierungskünstler von höherer analytischer Qualität. Beispielsweise schrieb Walden im Zusammenhang mit den Neuen Linken:

»Mancher, dem die Demokratie nach 20 Jahren des Wiederaufbaues als fade Suppe erschien, vergriff sich in den Gewürzen. Mancher, dem das Salz der Opposition nicht scharf genug war, liebäugelte mit dem Pfeffer des Radikalismus, auch wenn er selbst kein Radikaler war. [...] Als so etwas [Radikalismus von unten als Antriebsmittel für Reformen von oben] behauptet wurde, wäre es höchste Zeit gewesen, nicht mehr nur über die Radikalen zu sprechen, sondern auch über die kühnen Köche, die das Gericht, von dem wir lebten, mit dem Gewürz des Radikalismus würzen wollten. Denn was sie für Pfeffer hielten, könnte sich nach dem Verzehr als Zyankali herausstellen. Vor den Folgen der gepriesenen Würze würde ein nachträglicher Hinweis auf eine bedauerlich falsche Dosierung jedenfalls nicht geschützt haben.«[70]

Löwenthal ist sinnvollerweise mit den Persönlichkeiten zu vergleichen, die entscheidend durch die frühen, sehr stabilen und wirtschaftlich erfolgreichen Jahre der Bundesrepublik geprägt worden sind und zugleich in Berlin die deutsche Teilung als außerordentlich schmerzhaft wahrnahmen. Dazu zählten nicht nur politische Journalisten des Axel-Springer-Verlages. Ein Vergleich mit dem genau vier Jahre jüngeren, ebenfalls in Berlin geborenen und aufgewachsenen Journalisten Joachim Fest (der 1965/1966 *Panorama* leitete) erscheint jedoch nur auf den ersten Blick sinnvoll: Zu verschieden waren die Themen Fests von denjenigen Löwenthals. Eher schon werden wir in Bezug auf gemeinsame konservative Werte bei Johannes Gross fündig, der mit Löwenthal befreundet[71] war. Gross, 1932 in Neunkhausen/Westerwald geboren, 1999 gestorben, studierte Jura und Philosophie. Zusammen mit Rüdiger Altmann gründete er die Zeitschrift *Civis*, übernahm die Korrespondentenstelle der *Deutschen Zeitung* in Bonn und bald darauf deren Ressort Politik. Mit 30 Jahren war er, in dieser Hinsicht ein junger Aufsteiger wie Löwenthal zehn Jahre zuvor, Leiter des politischen Ressorts des Deutschlandfunks und mit 36 Jahren Intendant der Deutschen Welle. Einem brei-

69 Ebd., S. 249–257.
70 Ebd., S. 102 f.
71 Lt. Mitteilung von Dr. Ingeborg Löwenthal.

ten Publikum wurde Gross, hauptamtlich Chefredakteur der Zeitschrift *Capital*, als Moderator der Bonner Runde im ZDF bekannt (1977–1984): dies war die Diskussion der Parteivorsitzenden von CDU, CSU, SPD und FDP.

Gross, einer der bekanntesten Publizisten der 1970er Jahre, zeigte sich, weniger national als strikt freiheitlich und anti-egalitär orientiert, als scharfsinniger Kritiker neu-linker Ideen wie beispielsweise der Demokratisierung[72]: Demokratisierung werde immer nur für Institutionen und Gruppen in den westlichen Demokratien gefordert, nicht aber für die (dies doch eigentlich viel stärker bedürfenden) Staaten im sowjetischen Machtbereich. Sie diene »fast immer der Bauernfängerei und dem Selbstbetrug«, meine gar nicht Herrschaftserringung des Volkes (demos), sondern »nur Verlangen sehr weniger, die der Allgegenwart des Wortes und den Prozess der Demokratisierung selbst besorgen. Demokratisierung der römisch-katholischen Kirche, der Universitäten und Schulen, der Wirtschaft etc. hat nämlich nicht Demokratie im Sinn […], sondern bezweckt regelmäßig ganz anderes: neue Einflußprivilegien für eine neue, an der Macht bislang nicht oder nicht genügend beteiligte Gruppe« – also Oligarchie. Daher sei Demokratisierung in einer Demokratie rückschrittlich.[73] Die Polemik gegen die Leistungsgesellschaft, getragen von der auf Systemüberwindung bedachten »Freizeitgesellschaft an den Hochschulen«, gelte v. a. den »›Experten‹, die nicht leicht für den Umsturz zu gewinnen sind«; wohlgemerkt: nicht zufällig richte sie sich gegen Leistungsträger in den westlichen Systemen, nicht im Sozialismus.[74] Der Zustand der Bundesrepublik Deutschland in den frühen 1970er Jahren sei gekennzeichnet durch das Bröckeln der jahrhundertealten öffentlichen Moral, indem Pornographie öffentlichkeitsfähig werde, Eltern, Lehrer, Professoren und Polizei in Frage gestellt werden – und diese Autoritäten zurückweichen.[75]

Gross wandte sich darüber hinaus gegen die zahlreichen und fast schon all-umfassenden Reformbestrebungen, neuen Politikfelder und neuen politische Begriffe, die nach 1969 an Bedeutung gewannen:[76] »Medienpolitik« sei nichts anderes als eine Verschleierungsvokabel der frühen 1970er Jahre, die für eine Ausweitung journalistischer Mitbestimmung zu Lasten des betreffenden Verlegers stehe – zweifellos ein linkes Projekt[77] (Löwenthal hatte währenddessen seine redaktionsinternen Konflikte zu überstehen). Gross rügte bereits in den 1970er Jahren (das genaue Datum war nicht angegeben) eine mangelnde konservative Programmatik der CDU (ein Thema

72 Vgl. Johannes Gross: Wie das Wunder in die Jahre kam. Essays zu Deutschland. Düsseldorf: Econ, 1994, S. 16 ff.

73 Johannes Gross: Absagen an die Zukunft. Frankfurt; Berlin: Ullstein, 1974, S. 144 f.

74 Ebd, S. 149 ff.

75 Ebd., S. 152 f.

76 Vgl. ders.: Wie das Wunder in die Jahre kam, S. 67 ff.

77 Ders.: Absagen an die Zukunft, S. 146 ff.

Löwenthals nach der verlorenen Bundestagswahl 1972) und, damit verbunden, die als zu groß empfundene Macht ihres Arbeitnehmerflügels.[78] Gross stellte sich mit seinen Einstellungen, darin Löwenthal ähnlich, unter anderem in den Widerspruch zu einer Neutralisierung[79] der alten Bundesrepublik, und bekannte sich »politisch unkorrekt« als Gegner von Quotenregelungen.[80] »Neue Politik« wie etwa Umweltpolitik war weder Löwenthals noch Gross' Sache: »Die Utopie wandelt sich zur Alternative mit dem Ziel der innerweltlichen Selbsterlösung des Menschen. Dazu gehören eine Lust nach Armut, das Verlangen nach Emanzipation als Freistellung von Zwängen der Sozialstruktur und der Trieb nach Umweltschutz, der nur oberflächlich erklärbar ist durch seine unzweifelhafte Rationalität, der in Wahrheit abstellt auf eine Art Heiligsprechung der Natur. In den Katalog politischen Handelns läßt sich dergleichen nicht aufnehmen.«[81]

Das Selbstbestimmungsrecht sei unteilbar, so Gross: Während es der evangelische Weltkirchenrat ausdrücklich den Schwarzen im seinerzeit noch portugiesisch beherrschten Angola zubillige, müsse es selbstverständlich auch für die Völker östlich des Eisernen Vorhangs gelten, über die die politisierten Theologen kein Wort verloren hatten. Gross nannte dieses Ausweichen eine »feige Rücksicht auf den weltpolitischen Status Quo, das Bedürfnis, sich der üblichen lateinamerikanisch-afroasiatischen Blickverengung im Hinblick auf die Menschenrechte gefällig zu erweisen«.[82] Darin stimmte er mit Löwenthals Kritik an den sowjetischen Menschenrechtsverletzungen und dem unzureichenden Protest westlicher Menschenrechtsaktivisten an den sowjetischen Praktiken überein.

Wie Löwenthal und Noelle-Neumann widersprach Gross der von linken Publizisten wie Günter Grass und Heinrich Böll wiederholt aufgestellten Behauptung, das »rechte« oder »konservative« Lager sei in den Medien stark, zu stark vertreten. Die Konservativen seien nicht einmal durch das zu definieren, wofür sie stünden, sondern nur durch die sie einigende Gegnerschaft zum Sozialismus. Im Gegensatz zu den Konservativen seien die Linken stärker in den öffentlich-rechtlichen Rundfunkanstalten vertreten, und sie (die Linken) verstünden es auch, sich gemeinsam zu präsentieren (etwa in Form von Anthologien).[83] Gross verzichtete allerdings darauf, sich wie Löwenthal explizit als eine Art Einzelkämpfer oder gar als Fels in der Brandung bzw. Schwimmer gegen den Strom darzustellen. Im Zusammenhang mit Schriftstellern war

78 Vgl. ders.: Unsere letzten Jahre. Fragmente aus Deutschland 1970-1980. München: dva, 1980, S. 57.
79 Vgl. ders.: Wie das Wunder in die Jahre kam, S. 260 f.
80 Vgl. ders.: Wie das Wunder in die Jahre kam, S. 273 f.
81 Vgl. ders.: Unsere letzten Jahre. S. 11.
82 Ders.: Absagen an die Zukunft. Frankfurt; Berlin: Ullstein, 136 f.
83 Ders.: Absagen an die Zukunft, S. 53–56.

Gross schon 1967 davon überzeugt, dass die deutsche Literatur (er nannte keine Namen) das Vorhandensein vorzüglicher Eigenheiten der Bundesrepublik wie die politische Stabilität und den im Wachsen begriffenen Sozialstaat völlig bestreite. Diese Haltung ähnelte Löwenthals Kritik an den von ihm noch zusätzlich (es war die Zeit terroristischer Anschläge) der übermäßigen Staatsferne, ja Staatsfeindlichkeit bezichtigten Literaten der 1970er Jahre, stammt allerdings schon von 1967 und ist damit älter als der Baader-Meinhof-Terrorismus. Mehr noch: Die Schriftsteller seien Außenseiter, und wollen es auch sein (bspw. Günter Grass und Heinrich Böll):

»Aber da die Literaten, die von Politik wenig verstehen und wenig verstehen müssen, eine starke Neigung haben, Politisches auszusagen, was meistens zu Texten von nicht sehr hoher Qualität führt, so entsteht ein absurder Dialog zwischen Politikern, die keine Sprache mehr haben, und Literaten, die sich zum Amt politischer Ratgeber und moralischer Mahner der Nation genötigt fühlen.«[84]

Was die Interpretation der Zeitgeschichte angeht, so standen Löwenthal und Gross (nicht überraschend) als Konservative im Gegensatz zur marxistischen Deutung. Konservatismus und Faschismus sind für beide nicht geistesverwandt: »Wo Faschismus irgendwo bedeutend aufgetreten ist, lag schon völlige Erschöpfung des Konservatismus vor.« Es kann auch keine Sympathie für den Faschismus, der im Übrigen nicht mehr drohe, geben: »Der Faschismus ist wesentlich negativ; er kennt Feinde, aber keine Zukunft. Die positiven Ziele sind artifiziell und beliebig [...] Heute ist Faschismus nur in wenigen Fällen möglich [...].«[85]

Bei all dieser Übereinstimmung gab es formale Unterschiede: Mehr als Löwenthal übte er sich in der Analyse und weniger in der präzisen Beschreibung von Missständen und der direkten Meinungsäußerung. Genauer: Während sich Löwenthal als bekenntnisfreudiger Fernsehmoderator und häufig als polemischer Kolumnist des *Deutschland-Magazins* in die politisch-publizistischen Debatten einmischte, war Gross der mit hervorragenden geisteswissenschaftlichen Kenntnissen ausgestattete distanzierte, feinsinnige Betrachter. Dadurch wirkte er, der in der Sache Löwenthals Einstellungen etwa zur Friedensbewegung[86] oft teilte, »sanfter«, gemäßigter. Kaum vorstellbar, dass Gross Wahlkampfreden gehalten oder verfasst hätte, oder dass er sich zu Franz Josef Strauß bekannt hätte; mag sein, dass er zu sehr der Bildungsbürger war, dem populistische, schrille Töne nicht lagen. Seine Sache war es weit eher, im Hintergrund zu beraten: So arbeitete er zusammen mit Rüdiger Altmann Bundeskanzler Ludwig Erhard zu. Oder anders ausgedrückt: Er war ein Publizist der »alten«

84 Ders.: Die Deutschen. Frankfurt a. M.: Scheffler, 1967, S. 13.
85 Ders.: Unsere letzten Jahre, S. 274.
86 Vgl. ders.: Phönix in Asche, S. 111 ff.

Bundesrepublik Deutschland und eindeutig für ihre Westbindung eingestellt. Der Unterschied zu Löwenthal, dem Berliner, lag darin, dass sich Gross, stets im Einzugsgebiet des Rheins lebend, der Lage der Deutschen in der DDR weniger explizit widmete (abgesehen vom Herbst 1989, als das Thema DDR nicht mehr auszublenden war): So handelte sein Buch *Die Deutschen* aus dem Jahre 1967 hauptsächlich von der Verfassungswirklichkeit in der Bundesrepublik; zugleich fand Gross die Selbstdarstellung und politische Leistung der Bundesrepublik Deutschland reziprok zu ihrer unbestrittenen Wirtschaftsleistung. Als Chefredakteur von *Capital* griff Gross bevorzugt Gesellschaftspolitik aus Unternehmerperspektive auf. Zugleich fehlte ihm, der die ironische Zuspitzung praktizierte und zahlreiche Aphorismen im Magazin der *Frankfurter Allgemeinen Zeitung* unter der Rubrik *Notizbuch* ersann, die im *ZDF-Magazin* schon optisch erkennbare Anspannung (um nicht zu sagen: Verbissenheit) und der bekenntnishafte, missionarische und advokatorische Zug Löwenthals, sei es in Bezug auf Europa oder in Bezug auf die DDR. Im Gegensatz zu Löwenthal erschien Gross, bei aller Ablehnung linker Politik, völlig gelassen. So schrieb er 1980: Der linke SPD-Flügel sei aufgrund seiner mangelnden Qualität keine Aufregung wert; und wenn er sich mit Kommunisten verbünde, schwäche er sich nur selbst.[87] Ähnlich seine Meinung zu Egon Bahr, der gar nicht die Bedeutung besäße, die »ihm seine zahlreichen Gegner andichten. Bahr ist ein altmodischer, linker Patriot, genauer: ein Mann, dessen Ziel seit langem die Wiederherstellung der nationalen Einheit ist. Bahr, Wehner und Brandt wünschen eine andere Außenpolitik, und offensichtlich kann der Bundeskanzler Schmidt sie nicht daran hindern, das öffentlich zu sagen«.[88]

Diese Unaufgeregtheit, mit der Gross die Einschätzung über die SPD als uneinige, profilschwache Partei vortrug, ist mit seiner von Löwenthal so unterschiedlichen Biographie, insbesondere der Jugendjahre, zu erklären, wo Gross eben keiner Verfolgung der Nationalsozialisten und der damit verbundenen Todesangst ausgesetzt war, und daher auch nicht zum Kämpfer gegen Extremisten werden brauchte.

Gross' Einstellung zu den Veränderungen der Bundesrepublik Deutschland im sozialliberalen Jahrzehnt 1970-1980, jenes leise Unbehagen, soll wegen ihrer eleganten Zuspitzung ausführlich zitiert werden: Die 1970er Jahre hätten »als das Jahrzehnt der Verheißungen begonnen, als das der Enttäuschungen gingen sie zu Ende. Das gilt für alle Seiten: für die linken Utopisten, die noch schneller mit dem Latein am Ende waren, als sie es in den Schulen abschaffen konnten, wie für die konservativen Beschwerdeführer, die aus dem Scheitern ihrer volksbeglückenden Gegner auf eine Tendenzwende schlossen; ein Kater macht aber noch keine Bekehrung. Die Kulturrevolution lief, Bürokratie geworden, weiter, niemand hatte ein Gegenkommando gegeben,

87 Vgl. ders.: Unsere letzten Jahre, S. 62 f.
88 Vgl. ebd., S. 63.

keine Viererbande wurde enttarnt. Ein barbarischer Affekt gegen Besitz und Bildung, Gesetz und Gesittung war in die Pädagogik eingedrungen, zum Prinzip des Kulturbetriebs geworden und geblieben: ein provinzieller Rückgriff aufs Vergangene, Antiwestliche, eine Burschenherrlichkeit von links, echt deutsch und durch kein Stirnrunzeln der älteren, der umerzogenen Generation aus der Welt zu schaffen. Die politische Opposition verhielt sich konstruktiv nach dem Motto: Nachgeben ist seliger denn Übelnehmen«.[89] An anderer Stelle: Die SPD sei »nicht glücklich mit Willy Brandt, der so viele Hoffnungen erweckt hat, ohne wesentliche zu erfüllen«.[90] Die CDU biete keine ernstzunehmende Alternative: in Westeuropa sei die Christliche Demokratie nach dem Abgang Adenauers, Schumans und de Gasperis noch immer im Abstieg begriffen. Die FDP? Gross betonte die grundsätzlichen Vorzüge einer dritten Partei, die eine alleine nicht mehrheitsfähige sozialistische oder christliche Partei in personeller wie programmatischer Hinsicht benötige. Bemerkenswerterweise hob er keinen einzigen Politiker der FDP oder einen Programmpunkt hervor[91] – ein Zeichen der Unzufriedenheit? Konservativ und in Übereinstimmung mit Löwenthal ist die Kritik Gross' an der – wie er meint – allzu schwächlichen Bekämpfung des Terrorismus: »jahrelanges Zögern, Leugnen einer politischen Gefahr, Aufatmen und konsequenzlose Beruhigung nach jedem Einzelfall [...]. Politik, Justiz und Polizei sind gegen den Terrorismus noch immer nicht gerüstet.«[92] Löwenthal und Gross stimmten überein in Bezug auf die Bürgerinitiativen der späten 1970er Jahre: Sie seien stets gegen etwas gerichtet, wollten Behörden- oder Parteienmaßnahmen verzögern oder verhindern, seien geprägt von gekränkten Menschen, angeführt von eigennützigen Personen, von Manipulierern und politischen Nutznießern wie z. B. Kommunisten umgeben, und enthielten »am Rande der Wissenschaft Publizierende« oder »evangelische Junggeistliche auf der Suche nach Legitimation ihrer Existenz«.[93] Gross sah die Regierungszeit von Brandt/Scheel und Schmidt/Genscher gekennzeichnet durch eine allzu soziale und allzu linksliberale Politik, die auf unterschiedlichen, wenn nicht gar allen Politikfeldern Schäden nach sich gezogen hätte: so z. B. vermehrte Krankmeldungen aufgrund einer großzügigen Lohnfortzahlungsregelung. Gross resümierte, »mit der allgemeinen Liberalisierung hatten sich Anarchie und Terror erhoben, die dann die Entliberalisierung provozierten – am Ende steht ein Rechts- und Geisteszustand, der die Ära des angeblich konservativen Adenauer als Idealzeit freiheitlicher Träumer erscheinen läßt«.[94]

89 Ders.: Unsere letzten Jahre, S. 10.
90 Ebd., S. 60.
91 Ebd., S. 65–69.
92 Ebd., S. 82 f.
93 Ebd., S. 87 f.
94 Ebd., S. 91 f.

Es überrascht angesichts dieser konservativen Einstellungen nicht, dass fast die gesamte Redaktion des *Stern* geradezu in einen Aufstand geriet, als der Verlag Gruner + Jahr nach der Hitler-Tagebuch-Affäre Johannes Gross als Chefredakteur (zusammen mit Peter Scholl-Latour) dieser betont linksliberalen Zeitschrift installieren wollte, da sie eine politische »Kursänderung« durch den »erzkonservativen« Gross befürchtete. Zahlreiche *Stern*-Leser unterstützten den Widerstand der Redaktion durch Leserbriefe.[95] Gezwungenermaßen verzichtete Gross.[96]

Da sich Löwenthal als deutschen Patrioten jüdischen Glaubens sah, lohnt es sich, diesen Begriff weiter zu erörtern. Dabei stieß der Verfasser auf den Historiker Michael Wolffsohn. Denn dieser bezeichnete sich als »deutschjüdischen Patrioten«[97], und Löwenthal nannte ihn einen Freund.[98] Wolffsohn, geboren 1947 in Tel Aviv, kehrte 1954 mit seinen Eltern nach Deutschland zurück. 1967 unterbrach er das Studium der Geschichte und der Politikwissenschaft (in Berlin), um in Israel seinen Wehrdienst abzuleisten. Seit 1981 wirkt er als Professor für Neuere Geschichte an der Universität der Bundeswehr in München.[99] Als deutschjüdischer Patriot und als deutscher Patriot jüdischen Glaubens standen Wolffsohn und Löwenthal im Gegensatz zum Zentralrat der Juden in Deutschland, der sich bewusst nicht als deutsch-jüdisch bezeichnet; sie unterscheiden sich von dessen ehemaligen Vorsitzenden Ignatz Bubis, der sich als »deutscher Staatsbürger jüdischen Glaubens« betrachtete, also eine größere Distanz zu Deutschland beanspruchte.

Zu den ähnlichen Persönlichkeiten des konservativen Spektrums gehörte Elisabeth Noelle-Neumann, Jahrgang 1916. Sie wuchs als Fabrikantentochter in Berlin-Steglitz auf, studierte Zeitungswissenschaften, Geschichte und Amerikanistik in Berlin und Königsberg. Als Austauschstudentin weilte sie 1938 in Columbia, Missouri. Dieser erste Amerika-Aufenthalt führte zu dem Thema ihres Lebens (und zunächst ihrer Dissertation): Massenbefragungen über Politik und Presse. Journalistische Tätigkeiten für die Wochenzeitung *Das Reich* und die *Frankfurter Zeitung* folgten. Dem Nationalsozialismus stand die entschiedene Individualistin skeptisch gegenüber. Nach dem Krieg gründete sie zusammen mit ihrem Ehemann Erich Peter Neumann das Institut für Demoskopie in Allensbach. Als Professorin für Publizistikwissenschaft schuf

95 »Bitte lassen Sie sich nicht unterkriegen«, in: *Stern*, 36. Jg. (1983), S. 9, 11.

96 N.N.: Tage, die den Stern erschütterten, in: 36. *Stern*, Jg. (1983), S. 20–28 und 226ff., v.a. S. 23f., 27. Auch der *Spiegel* bezeichnete Gross als »erzkonservativ« N.N.: »Stern«. »Das ist eine ungeheuere Geschichte«, in: *Der Spiegel*, 37. Jg. (1983), Nr. 20, S. 114–120, hier S. 114.

97 Michael Wolffsohn: Keine Angst vor Deutschland! Berlin: Ullstein, 1992, S 11ff.

98 Gerhard Löwenthal: Aufgaben der Medien in der Demokratie (Vortrag Sommerkongress des Vereins zur Förderung der psychologischen Menschenkenntnis am 25.7.1995); ACDP, NL Löwenthal, 01-763-104.

99 www.wolffsohn.de.

Elisabeth Noelle-Neumann eine Art *Mainzer Schule der Kommunikationswissenschaft*, die wegen ihrer kritischen Haltung zu meinungsbildenden Journalisten manchen Widerspruch von Fachkollegen fand. Politisch stand Noelle-Neumann stets den CDU-Spitzen Adenauer, Erhard und Kohl nahe, ohne jedoch der CDU oder einer anderen Partei beizutreten (das wissenschaftliche Erkenntnisstreben hatte für sie Vorrang). Von Konrad Adenauer, dem »großen Staatsmann«, war sie fasziniert, nicht nur wegen seiner politischen Leistungen, sondern auch wegen seines Muts und seiner Intelligenz.[100] Ludwig Erhard, ein strikt freiheitlich denkender Konservativer, war ihr ein Freund[101], und Helmut Kohl wusste ihren fachkompetenten Rat zu schätzen (z. B. geht der Wahlkampfslogan zur Bundestagswahl 1987 – »Weiter so!« – auf sie zurück).[102] Der Bundesregierung Kohl/Genscher billigt sie, fast schon im Stil eines Wahlkampffaltblatts, wirtschaftliche und finanzpolitische Erfolge zu, und kommt zu dem Schluss: »ein glückliches Land«.[103] Noelle-Neumann bewunderte den SPD-Politiker Carlo Schmid wegen seiner westlich-europäischen Einstellung.[104] Noch im Jahre 2006 bezeichnete sie Franz Josef Strauß als »brillante[n] Politiker«[105] – ein Urteil, das sich mit Löwenthals Meinung völlig deckte.

Während Löwenthal, den sie »einen aufrichtigen Freund, guten Journalisten und sehr anregenden Gesprächspartner« nannte und für die Standhaftigkeit seiner Einstellung lobte[106], bei einem amerikanischen Rundfunksender in Deutschland seine berufliche Laufbahn begonnen hatte, war Noelle-Neumann im gleichen Jahrzehnt durch die Anwendung amerikanischer Forschungsmethoden in ihrem Beruf hervorgetreten. Sie pflegte Kontakte zu amerikanischen Sozialwissenschaftlern, war wiederholt Gastprofessorin an der University of Chicago und stand zeitweise an der Spitze der amerikanisch dominierten World Association For Public Opinion Research.

Noelle-Neumanns zentraler Wert war die Freiheit, die sie auch mit »Glück« verband. Damit meinte sie die Freiheit, aktiv das eigene Schicksal durch harte Arbeit im Verbindung mit einem gewissen Risiko zu gestalten und zu verantworten, anstatt geradezu in Anarchie zu verfallen oder sich von allen Lebensrisiken frei sein zu wün-

100 Vgl. Elisabeth Noelle-Neumann: Die Erinnerungen. München: Herbig, 2006, S. 174–185.

101 Ebd. S. 237. Nicht ohne Grund war Noelle-Neumann auch eine der Beitragsautorinnen zur Festschrift für Ludwig Erhard.

102 Ebd., S. 225 f. Es war Helmut Kohl, der an der Errichtung eines Lehrstuhls für Noelle-Neumann an der Johannes Gutenberg-Universität in Mainz maßgeblich beteiligt war.

103 Vgl. Elisabeth Noelle-Neumann: Demoskopische Geschichtsstunde. Vom Wartesaal der Geschichte zur deutschen Einheit. Osnabrück: Fromm, 1991, S. 56.

104 Elisabeth Noelle-Neumann: Die Erinnerungen, S. 173.

105 Ebd., S. 288.

106 Vgl. Elisabeth Noelle-Neumann im Interview gegenüber Moritz Schwarz in der Wochenzeitung *Junge Freiheit* vom 23.3.2007. Online im Internet: www.jungefreiheit.de/Archiv.364.0.html.

schen.[107] Gegenüber der Gleichheit möge die Freiheit daher Priorität genießen.[108] Diese Einstellung entsprich dem amerikanischen Grundsatz des pursuit of happiness: nach seinem persönlichen Glück zu streben, ist eben nur in Freiheit möglich. Umgekehrt kam sie bei Besuchen in der DDR zu der Überzeugung, die Menschen dort, im unfreien Teil Deutschlands, seien zu einem erheblichen Teil unglücklich.[109] Dies entsprach der Überzeugung Löwenthals, die Bewohner der DDR seien brutal unterdrückt und sehnten sich daher nach einer freiheitlichen Ordnung. Noelle-Neumann hielt stets an der Deutschen Einheit als Zielvorstellung und am Gefühl der Zusammengehörigkeit der Deutschen in der Bundesrepublik und der DDR fest: Aus Anlass der Wiedervereinigung verfasste sie eine Monographie, die Ergebnisse enthält, die diese Einstellungen stützen. Wenn sich Bildungsinstitutionen dieses Nationalgefühls als konstruktive und nicht als aggressive Eigenheit annähmen, sei damit auch der Bekämpfung des Rechtsradikalismus gedient, »der ein Ergebnis davon ist, die nationale Frage zum Tabu zu erklären«.[110]

Dass die Staatsfahne ein notwendiges politisches Symbol ist, bejahte sie: Sie sei ein allgemeinverständliches Zeichen.[111]

Noelle-Neumanns Freiheitsorientierung bedeutete aber nicht, dass sie eine Anhängerin des Liberalismus gewesen wäre: Vielmehr betonte sie im gleichen Zusammenhang die Notwendigkeit der konservativen Werte »Gemeinnutz geht vor Eigennutz, Pflichterfüllung, Opferbereitschaft« für eine funktionierende Gesellschaft.[112] Nicht Freiheit von, sondern Freiheit zu etwas war ihr Credo.

Marxistischen Theorien in der Kommunikationswissenschaft stand Noelle-Neumann völlig ablehnend gegenüber, was ihr eine heftige Opposition der Neuen Linken an der Universität Mainz einbrachte – bis hin zu lärmerfüllten Vorlesungsstörungen und sogar Morddrohungen, die erst Ende 1989 (wohl nicht zufällig) mit dem Zusammenbruch der DDR ihr Ende fanden.[113]

107 Vgl. Noelle-Neumann im Interview gegenüber Michael Klonovsky in *Focus*, 3. Jg. (1995), Nr. 51, S. 76–80. Online im Internet: http://www.focus.de/politik/deutschland/deutschland-sagen-sie-mal-elisabeth-noelle-neumann--_aid_155843.html.

108 Vgl. Elisabeth Noelle-Neumann: Zauber der Freiheit. Dankesrede zur Verleihung des Hanns-Martin-Schleyer-Preises am 7. Mai 1999, in: Die soziale Natur des Menschen. Beiträge zur empirischen Kommunikationsforschung (Alber-Broschur, Bd. 28), Freiburg, Alber: 2002, S. 190–198, hier S. 197 f.

109 Vgl. Elisabeth Noelle-Neumann 2006, S. 271.

110 Vgl. Elisabeth Noelle-Neumann: Demoskopische Geschichtsstunde. Osnabrück: Fromm, 1991, S. 73.

111 Vgl. ebd., S. 29.

112 Vgl. Noelle-Neumann im Interview zu Michael Klonovsky in *Focus*, 3. Jg. (1995), Nr. 51, S. 76–80. Online im Internet: http://www.focus.de/politik/deutschland/deutschland-sagen-sie-mal-elisabeth-noelle-neumann--_aid_155843.html.

113 Vgl. Elisabeth Noelle-Neumann: Die Erinnerungen, S. 289; vgl. Jürgen Wilke: Gründung und

Noelle-Neumann bekannte sich auch zum Nationalstolz – beispielsweise angesichts der Leistungen deutscher Komponisten[114] (dazu paßt Löwenthals Forderung nach einem »gesunde[n] Nationalbewußtsein«[115]). Im Gegensatz zu zahlreichen Intellektuellen hob sie positive Eigenschaften hervor: Nationalstolz korreliere mit dem Stolz auf die eigene Arbeit, mit der Arbeitsmoral und der Verteidigungsbereitschaft.[116]

Konservative Werte und Tugenden tauchen explizit immer wieder als Antwortvorgabe in den von ihr konzipierten Befragungen auf: beispielsweise Freude an der Arbeit, Fleiß, Leistungsbewusstsein.[117] Ausdrücklich politisch äußerte sich Noelle-Neumann in ihren Schriften selten, doch lässt sich aus der letztgenannten Veröffentlichung ihr Bedauern über einen Werteverfall in der Bundesrepublik Deutschland (den andere Sozialwissenschaftler wie Helmut Klages als »Wertewandel« betrachten)[118] herauslesen: die Zustimmung zu den bürgerlichen Tugenden sowie zu den eher konservativ zu nennenden religiösen, politischen und sexuellen Normen sei von 1967 bis 1972 deutlich abgesunken. Als Ursache sah sie die Lehre Theodor Adornos, die traditionelle Weitergabe von Werten der Eltern an ihre Kinder müsse unterbrochen werden, um einen neuen Nationalsozialismus zu verhindern.[119] Sie konnte dem Wertewandel nichts Positives abgewinnen.

Was das Kriegsende angeht, so war dieses nicht nur für Gerhard Löwenthal, sondern auch für Elisabeth Noelle-Neumann ihrer Aussage zufolge eine »Befreiung«. Doch wünscht sie sich in den politischen Debatten der letzten Jahrzehnte mehr Verständnis für jene Deutschen, die 1945 alles verloren hatten – materiellen Besitz und geistige Orientierung. In Bezug auf den Nationalsozialismus galt ihr Mitgefühl den »zahllosen Opfern der Deutschen«, aber auch der Deutschen selbst.[120]

Die wohl stärkste Affinität zu Löwenthals Themen und Thesen unter den konservativen Zeitschriften weisen einige der Hefte des Instituts für Demokratieforschung in Würzburg aus. Das Institut wurde geleitet von dem Soziologieprofessor Lothar Bossle,

Entwicklung des Instituts für Publizistik, in: ders. (Hrsg.): Die Aktualität der Anfänge. 40 Jahre Publizistikwissenschaft an der Johannes-Gutenberg-Universität Mainz. Köln: Herbert von Halem Verlag, 2005, S. 13–40, dort S. 23 ff.

114 Vgl. Elisabeth Noelle-Neumann: Die verletzte Nation. Stuttgart: dva, [2]1988, S. 17. Dies.: Demoskopische Geschichtsstunde, S. 31.

115 Anmoderation Deutschland; Unternehmensarchiv des ZDF, Bestand *ZDF-Magazin*, Ordner Nr. 51, Sendung vom 25.7.1984.

116 Vgl. Elisabeth Noelle-Neumann: Demoskopische Geschichtsstunde, S. 45–55, dort S. 54.

117 Vgl. Elisabeth Noelle-Neumann: Die verletzte Nation, S. 42–45. Vgl. Dies.: Werden wir alle Proletarier. Zürich: Edition Interfrom, 1978.

118 Vgl. dazu das Themenheft Wertewandel der Zeitschrift *Aus Politik und Zeitgeschichte*, B 29/2001.

119 In einer neueren Veröffentlichung: Elisabeth Noelle-Neumann/Thomas Petersen: Zeitenwende. Der Wertewandel 30 Jahre später, in: *Aus Politik und Zeitgeschichte*, B29/2001, S. 15–22.

120 Elisabeth Noelle-Neumann: Die Erinnerungen, S. 136 f.

dessen Berufung auf Franz Josef Strauß und den bayerischen Kultusminister Hans Maier zurückgegangen war. Löwenthal war an der Gründung beteiligt. Bossle war, wie in dieser Arbeit mehrfach verdeutlicht, ein Freund und »Mitstreiter« Löwenthals. Aufgabe des privaten, aber lose mit der Universität Würzburg verbundenen CSU-nahen Instituts war es, die »wissenschaftlichen Bedingungen für eine freiheitlich-rechtsstaatliche Demokratie zu erforschen und stets auf Gefährdungen hinzuweisen, die sich der Beständigkeit und Vertiefung der Demokratie entgegenstellen«.[121] Mit journalistischen Mitteln hat sich Löwenthal ebenfalls um die Festigung der Demokratie (die für ihn ebenfalls nur eine freiheitliche, rechtsstaatliche Ordnung sein konnte) bemüht. Das Institut für Demokratieforschung war Herausgeber zweier Schriftenreihen, an denen sich Löwenthal selbst aber nicht beteiligte: *Schriften zur Zeit* und *Reden zur Zeit*. Die zweitgenannte Reihe enthält eine erhebliche Anzahl von Redemanuskripten, mit denen sich Löwenthal sehr stark im Einklang befand. Die abgedruckten Beiträge sind von wissenschaftlichen Charakter; sie unterschieden sich stilistisch von den Moderationen und den Kolumnen Löwenthals. Die wichtigsten Aussagen seien hier ohne Anspruch auf Vollständigkeit aufgeführt: Der Informatiker Karl Steinbuch, der in mehreren konservativen Vereinigungen mit Löwenthal zusammenarbeitete, hob den Wert der Freiheit gerade auch gegenüber dem demokratischen Sozialismus hervor.[122]

Die Unruhe im Ostblock (Heft 5), verfaßt von Botho Kirsch, dem früheren Leiter der Osteuropa-Redaktion der Deutschen Welle, konstatierte Mißerfolge der Entspannungspolitik. Die UdSSR und ihre Verbündeten seien vehement bestrebt, einen Informationsaustausch zwischen Ost und West zu verhindern.[123]

Der ehemalige Diplomat und CSU-Bundestagsabgeordnete Hans Graf Huyn trug in seiner Bundestagsrede vom 23. März 1977 Fälle politischer Inhaftierung vor – sehr ähnlich den *Hilferufen von drüben*. Das Institut für Demokratieforschung veröffentlichte die Rede. Denn der freigewählte Bundestag sei »der richtige Ort, an dem wir uns aus unserer Verantwortung für Deutschland als Ganzes auch mit den politischen Häftlingen in Mitteldeutschland befassen müssen«. Die Bundesregierung müsse wie andere Regierungen auch gegen die politisch motivierten Misshandlungen im sowjetischen Machtbereich protestieren.[124]

121 Lothar Bossle: Einführung in die Schriftenreihe »Schriften zur Zeit«, in: Institut für Demokratieforschung (Hrsg.): Militärdiktatur und Caudillismus in Lateinamerika (Schriften zur Zeit, Bd. 1), S. 5 f., dort S. 5.

122 Karl Steinbuch: Plädoyer für die Selbständigkeit (Reden zur Zeit, hrsg. vom Institut für Demokratieforschung, Heft 4). Würzburg: Johann Wilhelm Naumann, 1977.

123 Vgl. Botho Kirsch: Die Unruhe im Ostblock (Reden zur Zeit, hrsg. vom Institut für Demokratieforschung, Heft 5). Würzburg: Johann Wilhelm Naumann, 1977.

124 Hans Graf Huyn: Menschenrechte und Selbstbestimmung (Reden zur Zeit, hrsg. vom Institut für Demokratieforschung, Heft 7). Würzburg: Johann Wilhelm Naumann, 1977.

Der Politikwissenschaftler Konrad Löw, der eine strikt antitotalitäre und antimarxistische Einstellung vertritt, war gewiss nicht zufälligerweise auch Mitglied der Konservativen Aktion. Löwenthal und er stimmten in der Haltung zu den Menschenrechtsverletzungen in der UdSSR und ihren Verbündeten überein. Im Heft 22 der *Reden zur Zeit* kritisierte Löw eingangs den Linksradikalismus von Studenten der Freien Universität. Ausführlich beschrieb er das unterschiedliche Verfassungsrecht der Bundesrepublik und der DDR, wobei er den Grundrechtsbegriff der DDR als inhaltsleer und pervertiert einstufte.[125]

Der Journalist Helmut Bärwald, der wegen seiner Kritik an der Ostpolitik 1971 seinen Posten als Leiter des SPD-Referats für gesamtdeutsche Fragen niederlegte und die SPD verließ, war sich mit Löwenthal einig, dass es sich bei dem Extremistenbeschluss um ein notwendiges »Fernhalten von Verfassungsfeinden aus dem öffentlichen Dienst« handelt, durch den die Freiheit geschützt wird. Der Kampf der Kommunisten und ihrer Verbündeten dagegen erfolge mit Hilfe des »Giftworts« Berufsverbote. Bis in die Wortwahl hinein stimmten Löwenthal und Bärwald über die Situation in der DDR im Heft 25 der vom Institut für Demokratieforschung herausgegebenen Reihe *Reden zur Zeit* nach dem KSZE-Abkommen überein: »Doch zur selben Zeit wuchert der Ungeist der Menschenverachtung, der Unmenschlichkeit in Deutschlands unfreiem Teil. Da werden die Todesfallen an der Demarkationslinie quer durch Deutschland verstärkt; die Zahl der Tötungsmaschinen wird erhöht, deren technische Perfektion noch perfektionistischer; die Minenfelder werden ›modernisiert‹ und die Alarm- und Sicherheitsanlagen verbessert. Die westdeutschen Genossen der Ostberliner Menschenverächter tönen indes von Menschenrechten und Grundfreiheiten, die in der Bundesrepublik Deutschland mit Füßen getreten würden.« Auch Bärwald setzte die DDR in Anführungszeichen. Die »Verfassungs- und Demokratiefeinde« bedrohten die Innere Sicherheit durch ihren ›Marsch durch die Institutionen‹ und durch den ›Berufsverbotekampf‹, der einen ›psychopolitischen Krieg gegen die Bundesrepublik Deutschland und ihre freiheitlich-demokratische Grundordnung‹ darstellte.[126]

Was den Extremismus angeht, so erörterte Günther Deschner, seinerzeit Redakteur der *Welt*, die Einflussnahme von Kommunisten und ihren Verbündeten auf Rechtsextremisten, deren Gefahrenpotential sie gleichzeitig hochspielen.[127] Auch die-

125 Vgl.: Konrad Löw: Menschenrechte und Haß-Ideologie (Reden zur Zeit, hrsg. vom Institut für Demokratieforschung, Heft. 2). Würzburg: Johann Wilhelm Naumann, 1977.

126 Vgl. Helmut F. Bärwald: Giftwort »Berufsverbote« und Innere Sicherheit (Reden zur Zeit, hrsg. vom Institut für Demokratieforschung, Bd. 25), Würzburg: Johann Wilhelm Naumann, dort insbesondere S. 15 f.

127 Vgl. Günther Deschner: Die Rolle des Rechtsextremismus in der Bundesrepublik Deutschland für die West- und Bündnisstrategie der Kommunisten (Reden zur Zeit, hrsg. vom Institut für Demokratieforschung, Heft 28). Würzburg: Johann Wilhelm Naumann, 1977.

se Aussagen entsprachen Löwenthals Äußerungen gegenüber Ruth Fischer, als er 1949 die neugegründeten Rechtsparteien als vom KGB unterstützt ansah. 1981 fragte Löwenthal im *ZDF-Magazin*, ob Neonazismus in Westdeutschland nicht teilweise von der DDR gesteuert werde.

Bezüglich der Europäischen Integration war sich Löwenthal mit Otto von Habsburg einig, der nicht nur die bevorstehende Direktwahl des Europäischen Parlaments würdigte, sondern auch grundsätzlich die Vereinigung Westeuropas als notwendigen Schritt angesichts des »sowjetischen Hegemonialstrebens« forderte. Mehr noch: Das politische Europa dürfe sich nicht auf Westeuropa beschränken oder ausschließlich als »Gemeinsamer Markt« existieren.[128] Auch sein Antikommunismus, der die Kritik am seinerzeit im Aufwind befindlichen Eurokommunismus mit einschloss, stimmte mit Löwenthals Aussagen völlig überein.

Löwenthal war sich auch mit Fritz Schenk über die Unmöglichkeit eines freiheitlichen Sozialismus[129] sowie mit Franz Josef Strauß über die sowjetische Einflussnahme im südlichen Afrika einig.[130]

Die Liste der Übereinstimmungen ließe sich fortsetzen, u. a. mit der Rede des Journalisten Heinz Pentzlin *Die Gefährdung der sozialen Marktwirtschaft* (Heft 41, 1979), die vor sozialdemokratischer Wirtschafts- und Finanzpolitik, also vor dem demokratischen Sozialismus, warnte.

Von Löwenthals Themenschwerpunkten sind allerdings jene Ausgaben der *Reden zur Zeit* zu unterscheiden, die explizit christliche Fragestellungen behandelten, so beispielsweise ein Aufsatz über Papst Pius XII., oder sich unpolitischer Themen widmeten, z. B. über den *Beitrag der Ernährungswirtschaft zu einer gesunden, ausgewogenen Ernährung in den 80er Jahren*.[131]

128 Vgl. Otto von Habsburg: Für Gerechtigkeit und menschliche Entfaltung in einem freiheitlichen Europa (Reden zur Zeit, hrsg. vom Institut für Demokratieforschung, Heft 20). Würzburg: Johann Wilhelm Naumann, 1977.

129 Vgl. Fritz Schenk: Demokratischer Sozialismus – eine Utopie (Reden zur Zeit, hrsg. vom Institut für Demokratieforschung, Heft 21). Würzburg: Johann Wilhelm Naumann, 1977.

130 Vgl. Franz Josef Strauß: Analyse der weltpolitischen Situation (Reden zur Zeit, hrsg. vom Institut für Demokratieforschung, Heft 10). Würzburg: Johann Wilhelm Naumann, o. J. (1975 oder 1976). Ebenso in der Bundestagsdebatte vom 27. 10.1977, in: Deutscher Bundestag: Verhandlungen des Deutschen Bundestages, 8. Wahlperiode 1976, Bd. 103 (1977), S. 4045.

131 Herbert Schambeck: Pius XII. und der Weg der Kirche (Reden zur Zeit, hrsg. vom Institut für Demokratieforschung, Heft 37). Würzburg: Johann Wilhelm Naumann, 1977. Gerhard Rüschen: Beitrag der Ernährungswirtschaft zu einer gesunden, ausgewogenen Ernährung in den 80er Jahren (Reden zur Zeit, hrsg. vom Institut für Demokratieforschung, Bd. 47). Würzburg: Johann Wilhelm Naumann, 1979.

Schlussbetrachtung

Am Anfang von Löwenthals politischer Entwicklung stand die doppelte Erfahrung des Totalitarismus: Nach dem persönlichen Erleiden des Nationalsozialismus mit seinen Demütigungen, der Diskriminierung aus sogenannten »rassischen Gründen« und vor allem der über Jahre anhaltenden Gefahr, deportiert oder gar ermordet zu werden, und nachfolgend wegen der immer totalitärer werdenden Politik der UdSSR und der SED in Berlin fühlte sich Löwenthal berufen, gezielt für den demokratischen Verfassungsstaat einzutreten, diesen gegen seine Gegner zu verteidigen und für ihn zu werben. Die unerwartet gute politische und wirtschaftlich-soziale Entwicklung der Bundesrepublik Deutschland nach 1949 erleichterte Löwenthal diese Aufgabe. Damit befand er sich, und zwar so lange er lebte, im Rahmen des antiextremistischen Konsenses, der kennzeichnend für die 1950er und 1960er Jahre war und seit etwa 1968 an Relevanz verlor. Dass die Demokratie gerade auch von ihren Bürgern verteidigt werden müsse, brachte er bereits in seinem Abituraufsatz von Anfang 1946 zum Ausdruck. In der Tat erstaunlich früh! Nach einer verhältnismäßig kurzen »Lehrzeit« gab er zu Beginn des Kalten Krieges die Berufsrolle des um Neutralität bemühten Berichterstatters zu einem erheblichen Teil auf und wandelte sich zu einem bewusst parteiischen (aber nicht parteipolitischen) Journalisten. Jetzt zählte für ihn der Einsatz für ein freies, demokratisches Berlin und für diejenigen, die in der Sowjetischen Besatzungszone und dem Ostteil Berlins keine bürgerlichen Rechte wahrnehmen konnten. Es ließe sich allerdings fragen, warum Löwenthal nicht schon im ersten Nachkriegsjahr die Nachteile sowjetischer Herrschaft im Ostsektor Berlins wahrnahm (Plünderungen und Vergewaltigungen im April/Mai 1945, Beschlagnahmungen, willkürliche Verhaftungen). In der Bundesrepublik Deutschland fand Löwenthal die Freiheit als seinen wichtigsten Wert in befriedigendem Maße verwirklicht, er nahm den Staat als Rechtsstaat wahr und verteidigte ihn als Journalist insbesondere gegen den Terrorismus einschließlich der »Sympathisanten« in den 1970er Jahren, wobei er den Terrorismus als eine Art »abgeleitete Funktion« (um es im Mathematikerdeutsch zu sagen) des Marxismus-Leninismus ansah. Publizistische Kämpfer für die Demokratie waren auch die Moderatoren und die Redakteure des Fernsehmagazins *Panorama* in den 1960er Jahren; im Gegensatz zu ihnen, die betont links im Sinne einer weiteren »Demokratisierung« auftraten, war Löwenthal eher defensiv ausgerichtet: Mit der »Vor-1968er« Bundesrepublik identifizierte er sich nicht nur wegen ihrer Stabilität als demokratischer Verfassungsstaat; auch die Aufbauleistung nach dem Zweiten Weltkrieg dürfte ihn stolz gemacht haben. Daher waren grundlegende Veränderungen nicht seine Sache. Durchaus aber befürwortete er einige »Reformen«, um den Staat (»unser aller Staat«, so Löwenthal Juni 1972 im Zusammenhang mit der Baader-Meinhof-Bande)[1] angesichts neuer politischer Phänomene wie der APO als handlungsfähig zu erhalten. So hieß er verschiedene politische, rechtliche, pädagogische Veränderungen, die durchaus als »Brüche« mit den jahrzehntelang bestehenden und gewohnten Gegebenheiten interpretiert werden konnten (wie die Große Strafrechtsreform und die Sexualerziehung[2] 1969) noch im ersten Jahr des *ZDF-Magazins* gut (was sein damaliges Image als »etwas links der Mitte stehend« belegt). Sehr bald schon schien ihm die Vielzahl an innen- wie außenpolitischen Veränderungen einerseits, der tiefgreifende Wertewandel (den er als Werteverfall wahrnahm) andererseits und zusätzlich die Gewalttätigkeit der Linksextremisten zu einem Gefahrenbündel anzuwachsen, wie es in den ersten zwanzig Jahren der Bundesrepublik Deutschland nicht annähernd bestand. Darin war er dem Sozialdemokraten Hermann Lübbe, zuvor Staatssekretär für Hochschulangelegenheiten in Düsseldorf, vergleichbar, und auch Karl Steinbuch, Heinz-Dietrich Ortlieb, Helmut Schelsky und Thomas Nipperdey fühlten sich in den 1970er Jahren in diesem Sinne nicht mehr in oder bei der SPD, sondern zunehmend im konservativen Milieu zuhause. Seine Aufgabe sah er nun als Warner und Mahner, der sich den konservativen Standpunkten beispielsweise von Franz Josef Strauß immer mehr annäherte und nicht ohne Grund die Präsidentschaft der betont konservativen Deutschland-Stiftung übernahm. Ihm schien die Bundesrepublik Deutschland ab 1969/70 aus den Fugen geraten zu sein, die Stabilität des Staates (ein konservatives Anliegen) bedroht, seine geistige und wirtschaftliche Leistungsfähigkeit (ebenfalls ein konservatives Anliegen) angesichts einer Linksverschiebung an Schulen und Hochschulen in Frage gestellt, und eine militärische Unterlegenheit gegenüber der UdSSR verbunden mit einem schwindenden Freiheitsbewusstsein fast schon festgeschrieben. Wie kann ein solches Gemeinwesen – so mag er gedacht haben – selbstbewusst sein, wie kann es abwehrfähig gegenüber dem Kommunismus sein (dem es Vorleistungen erbringe, ohne gleichwertige Gegenleistungen einzuholen), wenn »wir« (das Volk) derart »tief, tief sinken«, d. h. eine schweigende zur schlafenden Mehrheit wird, mit der eine Handvoll Extremisten, ungewollt begünstigt durch schlechte Gesetze, absichtsvoll unterstützt von intellektuellen und Möchtegern-intellektuellen »Sympathisanten«, macht, was sie

1 Anmoderation: Interview Schäfer; Unternehmensarchiv des ZDF, Bestand *ZDF-Magazin*, Ordner Nr. 21, Sendung vom 7.6.1972. Unterstreichung im Original.
2 Vgl. An- und Abmoderation zu dem Beitrag Sexualerziehung; Unternehmensarchiv des ZDF, Bestand *ZDF-Magazin*, Ordner Nr. 1, Sendung vom 12.3.1969.

will. Hier sei ein Widerstand im Rahmen der Gesetze notwendig.[3] Diese klare Einstellung für den demokratischen Verfassungsstaat sowie gegen Totalitarismus und Extremismus kennzeichnete ihn bis zu seinem Tode. Insbesondere die DDR war für ihn stets, auch nach ihrem Zusammenbruch, der Unrechtsstaat, deren politische Häftlinge eine großzügige Haftentschädigung entsprechend jener der NS-Opfer verdient hätten.

Charakteristisch für Löwenthal war seine Konzentration (um nicht zusagen: Erstarrung) auf die Themenschwerpunkte Berlin – DDR – UdSSR – südliches Afrika – Verteidigung des Staates gegen Extremisten und Terroristen – Europäische Integration (letzterer v. a. vor 1969) – Kernkraft. Im Gegensatz zu Walden sind von ihm keine Beiträge zum Thema (Ex?-)Nationalsozialisten im Staatsdienst vorhanden (so wäre das Thema »Vergangenheitsbewältigung in der Justiz« gerade für einen ehemals politisch verfolgten jüdischen Deutschen von Relevanz gewesen), und auch den Generationengegensatz ab den späten 1960er Jahre thematisierte er nur selten (wohl aber dessen gewalttätigen und extremistischen Ausprägungen bis hin zur Baader-Meinhof-Bande).

Themen der neuen konservativen Intelligenz um Heimo Schwilk und Ulrich Schacht wie die Frage nach der *Selbstbewußten Nation* (Buchtitel von 1994), der Geschichtsdeutung (Historisierung des Nationalsozialismus), die Erörterung neuartiger Gefahren für den demokratischen Rechtsstaat (wie die Islamisierung und der islamistische Extremismus) tauchen in Löwenthals Werk nicht mehr auf. Neben der Selbstbezeichnung »konservativ« können auch die Begriffe »links« und »rechts« in bezug auf Löwenthal geprüft werden. Zumal sie, so grob sie sind, im politischen Sprachgebrauch eine weite Verbreitung finden, und weil speziell Löwenthal häufig den »Rechten« zugeordnet worden ist. Ein »Rechter« wollte er nicht sein, vielmehr verortete er sich in der »radikalen Mitte«. Es scheint in der Tat zu einfach, Löwenthal in der »Mitte« oder »rechts« einzuordnen. Präziser wäre, ihn auf der Links-Rechts-Skala wegen seines demokratischen Konservatismus und seines freiheitlichen Wertekanons der »rechten Mitte« im Sinne von Norberto Bobbio[4] im Unterschied zur extremen Rechten (die die Bundesrepublik und das Grundgesetz sehr stark als Werk der westlichen Alliierten ablehnt und die Nation als absoluten Wert betrachtet) einzuordnen, jedoch auch im Unterschied zur »Mitte«, die liberale und soziale Einstellungen zunehmend zuungunsten des Konservatismus (beispielsweise in den Programmen der CDU) definierte. Im Zusammenhang mit dem Begriffspaar »links« und »rechts« soll angemerkt werden, dass sich das politische Spektrum der Bundesrepublik Deutschland seit den späten 1960er Jahren nach links verschoben hat (daran ändert auch die sog. Tendenz-

3 Vgl. Abmoderation *FU*, Bestand *ZDF-Magazin*, Ordner Nr. 17, Sendung vom 14.7.1971.

4 Vgl. Norberto Bobbio: Rechts und Links. Gründe und Bedeutungen einer politischen Unterscheidung. Berlin: Wagenbach, 1994.

wende um 1974 nichts, als im Gefolge der Ölkrise nicht mehr die »Visionen« des Friedensnobelpreisträgers und nunmehr Guillaume-geschädigten Brandt, sondern der wirtschaftspolitische Sachverstand des »Krisenmanagers« Schmidt gefragt war). Wer vor dem Ende der sechziger Jahre, wie auch Gerhard Löwenthal in der linken Mitte oder als Reformer verortet wurde, fand sich im Zuge der Studentenrevolte und der Akzeptanz neomarxistischer Einstellungen in der SPD als »Rechter« oder zumindest als Konservativer wieder. Nicht nur mit CSU-Politikern, sondern auch mit Persönlichkeiten dieser Gruppen unterhielt Löwenthal seit etwa 1970 Freundschaften, während die Brücken zur SPD fast völlig abbrachen.

Als ZDF-Korrespondent in Brüssel war Löwenthal zum einen Berichterstatter an den politischen Schaltstellen der europäischen Gemeinschaften, der Benelux-Staaten und ab 1966/67 auch der NATO. Dabei war er aber nicht nur der journalistische *gatekeeper*, der aus dem Strom der Ereignisse und Aussagen die bedeutsamen von den weniger erwähnenswerten und belanglosen trennt und so dem Publikum ein Abbild der Realität zu schaffen versucht. Er war gleichzeitig ein Fürsprecher der politischen Union Europas: was wenige Jahre später weitgehend in Vergessenheit geraten sein dürfte. Diese Einstellung Löwenthals mag auf den ersten Blick erstaunen, da er vielen Fernsehzuschauern und journalistischen Kollegen als »rechts« oder als »rechtskonservativ« galt. Aber war nicht die Orientierung nach Europa, der Wunsch nach einem Austausch mit anderen Völkern eine logische, jedenfalls nachvollziehbare Reaktion nach der Isolation der Deutschen im NS-Staat, insbesondere für einen Verfolgten wie Löwenthal? Und war nicht ein Zusammenschluss, zumindest aber ein Zusammenwirken der noch vergleichsweise schwachen westeuropäischen Staaten eine nachvollziehbare Antwort auf die Ausweitung des sowjetischen Imperiums bis nach Mitteleuropa – und zugleich eine Lehre aus Nationalismus und zwei Weltkriegen? Seine Begeisterung für die Vision des vereinigten Westeuropa (diese blieb intakt bis in die 1990er Jahre, also mindestens bis zum Ende des kalten Kriegs), seine starke Zuneigung zu den Vereinigten Staaten (die stabil blieb) und sein Einsatz für die Bürgerrechtler jenseits der Eisernen Vorhangs ab den frühen 1970er Jahren unterschieden ihn stark von dem biedermännischen, selbst-bezogenen »Konservatismus« vieler Besitzbürger, der sich in oberflächlicher Gesellschaftskritik, der Sehnsucht nach vergangenen Zeiten, dem Wunsch nach niedrigeren Steuertarifen und weniger Verwaltungsvorschriften bei gleichzeitigem Desinteresse an allen Sachfragen außerhalb des eigenen Erfahrungshorizonts äußerte. Insgesamt war der Journalist Löwenthal (und das dürfte ihm bewusst gewesen sein) aber kein originärer konservativer Denker, kein »Schöpfer« politischer Ideen. Auf klassische konservative Philosophen oder Staatsmänner des 19. Jahrhunderts verwies er, der keine Geisteswissenschaft studiert hatte, in seinen Schriften nie (auch die antisowjetischen Nouveau Philosophes in Frankreich nutzte er nicht zur Untermauerung seiner Argumentation), und mit der antidemokratischen Konservativen Revolution der 1920er Jahre in Deutschland verband ihn ohnehin nichts. Hinweise auf preußisch-protestantische oder katholisch-abendländische Autoren finden wir in seinem Werk nicht. Er war vielmehr ein Journalist, der sich seine Meinungen durch intensive Recherche (durch Fachliteratur sowie durch Gespräche mit Wissenschaftlern und Politikern) bildete. Er war insofern jemand, der freiheitlich-konservative Werte, Einstellungen und Meinungen nicht neu »erfand«, sondern die Aussagen verbreitete und verstärkte, die ihm im Kampf gegen Linksterrorismus, die Sowjetunion und die DDR zutreffend und bedeutsam erschienen. Dabei bauten seine Meinungen häufig auf dem Inhalt der Beiträge im *ZDF-Magazin* auf, die er bei seinen Redakteuren in Auftrag gegeben hatte. Was die Werte betrifft, so war ihm bis zum Zusammenbruch des »real existierenden Sozialismus« die Freiheit in der Bundesrepublik Deutschland wichtiger als eine nationale Einheit, in der Rechtsstaat und Freiheitsrechte weit weniger zum Tragen gekommen wären. Oder anders ausgedrückt: Ein wiedervereinigtes Deutschland, das mittelfristig in das Fahrwasser der Sowjetunion geraten würde, erschien ihm nicht als anzustrebendes Ziel. Diese Haltung einte ihn mit Adenauer und der CDU/CSU. Nur auf Verfassungspatriotismus und Wohlstand wollte er die Bundesrepublik Deutschland nicht gegründet sehen, auch nicht übermäßig auf die Bewältigung der Hitler-Ideologie und ihrer Verbrechen. Löwenthal war durchaus als Patriot für die Entwicklung eines maßvollen Nationalbewusstseins eingestellt.

Die Erfahrung einer für ihn außerordentlich guten, wenn nicht gar lebensrettenden amerikanischen Besatzungsmacht ließ ihn frühzeitig zu einem »Atlantiker« werden, der die USA als zweites Vaterland und nicht nur als Zweckbündnis-Partner betrachtete. Israel bedeutete ihm als potentielle Zuflucht und als »westliches Land« einiges; die wenigen Beiträge über den jüdischen Staat im *ZDF-Magazin* waren von pro-israelischer Tendenz – denn er sah den Nahost-Konflikt dem Ost-West-Konflikt untergeordnet: Israel war (und ist) ein an Amerika orientierter und von Amerika gestützter demokratischer Staat, während die autoritären arabischen Regime teilweise von der UdSSR begünstigt waren – von der terroristischen PLO und ihrer pro-sowjetischen Orientierung ganz zu schweigen. Doch war der jüdische Staat für Löwenthal kein ausgesprochener Themenschwerpunkt in seinem Journalistenleben, er war ihm kein Herzensanliegen wie für Axel Springer, der sich beruflich und privat sehr stark mit Israel identifizierte. Der Nahostkonflikt war für Löwenthal ein Teil des Ost-West-Konflikts, was er anhand der sowjetischen Unterstützung für die PLO belegen konnte.

Im Gegensatz zu manchen journalistischen Kollegen, die beim RIAS ihre Berufslaufbahn begannen, wie dem Politiker Egon Bahr und dem *Kennzeichen D*-Leiter Hanns Werner Schwarze, blieb Löwenthal seinen Werten und Einstellungen treu. Schwarze war 1953 Leiter der RIAS-Nachrichtenabteilung, also Kollege Löwenthals im gleichen Rundfunksender in derselben Stadt. Mit ihm dürfte er seinerzeit noch weitgehend übereingestimmt haben (antitotalitärer Konsens). Der Mauerbau 1961 änderte Schwarzes Einstellung zur DDR völlig, denn eine Wiedervereinigung unter freiheitlich-demokratischen Vorzeichen konnte er sich nicht mehr vorstellen. Die DDR sei zu nehmen, wie sie ist: Die Informationen über die DDR sollten sachlich aufbereitet und Erfolge des SED-Staates nicht ausgespart werden, so Schwarze.

Den politisch-journalistischen Angriffen insbesondere der DDR gegen die angeblich »imperialistische BRD« setzte Löwenthal zusammen mit den Redakteuren des *ZDF-Magazins* eine permanente grundsätzliche Kritik an den Defiziten und Verbrechen des »real existierenden Sozialismus« entgegen. Dies geschah ansonsten in den Medien der Bundesrepublik und Berlins zunehmend selten, weil Antikommunismus als ewiggestrig oder entspannungsfeindlich verschrien war. Vielmehr galt für viele Journalisten, sich mit den »Realitäten« wie der deutschen und europäischen Spaltung abzufinden, während sehr viele Deutsche, die keine Verwandten oder Freunde in der DDR hatten, sich wenig oder überhaupt nicht für den anderen Teil Deutschlands interessierten. Die verantwortlichen Regierungsmitglieder wie etwa der Bundesminister für Innerdeutsche Beziehungen, Egon Franke, und die Ostpolitiker Willy Brandt und Egon Bahr sahen keine Möglichkeiten, durch eine psychologische Kriegsführung gegen die DDR Verbesserungen für die Menschen dort oder gar in Bezug auf das grundgesetzlich fixierte Gebot der Deutschen Einheit zu erreichen. Vor allem bezüglich der Deutschen in der DDR wird hingegen eine Tugend Löwenthals leicht erkennbar: Hilfe für diejenigen, die er als »bedürftig« oder »unterprivilegiert« ansah (zuvor schon, im noch wöchentlich ausgestrahlten *ZDF-Magazin*, setzte er sich für die von sozialen Missständen Betroffenen etwa im Zusammenhang mit den Heimen in Voccawind und Aumühle, sowie für eine gleiche Bezahlung von Frauen und Männern ein). Praktisch-humanitär gesonnen nahm er die *Hilferufe von drüben* außerordentlich ernst und sendete sie, wenn die Betroffenen es wünschten. Mit seinem Beharren auf der deutschen Einheit entwickelte sich Löwenthal aber immer mehr zu einem »einsamen Rufer«. Selbst die Bundesregierung Kohl wollte die deutsche Einheit nicht auf die »Tagesordnung« setzen (man denke nur an Kohls Wort von »blühendem Unsinn« 1987 über die Forderung des CDU-Bundestagsabgeordneten Bernhard Friedmann, die Bundesregierung möge aktiv auf die deutsche Einheit hinarbeiten) – bis die Implosion der DDR offenkundig war. So sehr sein Engagement für die Menschenrechte zu würdigen ist, so sehr hielt Löwenthal an der nicht ganz richtigen Einschätzung fest, die Deutschen in der DDR seien allesamt gegen ihren Willen quasi Häftlinge ihrer politischen Führung. Zwar war der Juniaufstand 1953 ein Volksaufstand bis in kleinere Städte und Betriebe in der »Provinz« hinein, und die Massenflucht bis zum August 1961 zeigte die Ablehnung der Bevölkerung gegen die SED. Aber schon bald wuchs eine neue Generation heran, die zum Teil die DDR in einem rosigeren Licht als Heimat sah, an deren Aufbau sie und ihre Eltern mitgewirkt haben. Die während des Zweiten Weltkrieges geborenen Bewohner hatten keine Erinnerung an andere Gesellschaftsmodelle. Sie hatten sich in der DDR einzurichten und nahmen die Verbesserungen in der Konsumgüterversorgung ab den frühen 1960er Jahren als Vorzug wahr. Manch einer stützte seinen beruflichen Aufstieg durch den Beitritt zur SED ab. Löwenthal nahm diese nicht gerade kleine Gruppe in seinen Aussagen nicht zur Kenntnis.

Einer Vertragspolitik mit den Warschauer-Pakt-Staaten war Löwenthal, der den Ostverträgen wegen der anhaltenden, ja sogar zunehmenden Überwachung und Verfolgung der DDR-Bewohner und Sowjetdissidenten wenig abgewinnen konnte, nicht abgeneigt, unter der Voraussetzung, dass sie auf dem Prinzip von Leistung und Gegenleistung erfolgen sollte und spürbare Verbesserungen im Grenzverkehr und in Bezug auf Menschen- und Bürgerrechte jenseits des Eisernen Vorhangs ermöglichte. Den Grundsatz der »Liberalisierung durch Stabilisierung«[5] in Osteuropa hielt Löwenthal für illusionär, die Ostverträge selbst für überhastet ausgehandelt. In einem späteren Zusammenhang – der innerdeutschen Politik unter Kohl – meinte Löwenthal[6], Verträge mit Kommunisten seien »immer unter Wahrung der eigenen nationalen Interessen und mit klaren und deutlichen Worten« abzuschließen. Bis es zur Wiedervereinigung komme, sollen die Politiker das Zusammengehörigkeitsgefühl der Deutschen zu stärken versuchen.[7] Kennzeichnend für Löwenthal war es, die amerikanischen Abrüstungsvorschläge zu befürworten, die sowjetischen Angebote wie atomwaffenfreie Zonen, ein »Einfrieren« der Atomwaffen und ähnliches aber als »alte Hüte«[8] abzulehnen (wohl wissend, dass sich die UdSSR ein Wettrüsten nicht mehr leisten konnte, aber ihre zuvor hochgerüsteten Arsenale behalten wollte).

Löwenthal versuchte insbesondere im *ZDF-Magazin*, die Zuschauer mit der politischen Symbolik der Bundesrepublik Deutschland vertraut zu machen. Damit zählte er nicht nur zu einer Minderheit unter den Fernsehjournalisten, sondern auch der Intellektuellen. Die Gruppe 47, Günter Grass, Heinrich Böll und Martin Walser waren fast durchweg scharfe Kritiker der Bundesrepublik Deutschland, über die sie kaum ein gutes Wort verloren. Enttäuschung und Unlust am Staat und seiner Wirtschaftsordnung durchziehen ihre Werke.

Ausgehend von dem weltrevolutionären Anspruch der UdSSR und der »internationalen Solidarität« unter anderen der DDR dachte Löwenthal (ebenso wie die amerikanischen Konservativen um Ronald Reagan) grundsätzlich in globalen Kategorien: Die

5 Timothy Garton Ash: Im Namen Europas, (wie Anm. 276, S. 239), S. 261.

6 Abmoderation zu: Interview Marx; Unternehmensarchiv des ZDF, Bestand *ZDF-Magazin*, Ordner Nr. 51, Sendung vom 8.8.1984.

7 Abmoderation zu: Deutsche Frage; Unternehmensarchiv des ZDF, Bestand *ZDF-Magazin*, Ordner Nr. 51, Sendung vom 22.8.1984.

8 Anmoderation Genfer Verhandlungen vor der Entscheidung/Interview Todenhöfer; Unternehmensarchiv des ZDF, Bestand *ZDF-Magazin*, Ordner Nr. 49, Sendung vom 29.6.1983.

UdSSR sah er in Afghanistan, im mittelamerikanischem Nicaragua und im südlichen Afrika nach der Macht streben, in anderen Regionen als Unterstützer, wenn nicht gar als Hauptdrahtzieher der marxistischen Bewegungen wie MPLA, Frelimo und Robert Mugabes ZANU am Werke. Durch dieses globale Denken – der Ost-West-Konflikt finde nicht nur in Europa, sondern überall statt – unterschied sich Löwenthal von den weitaus meisten anderen politischen Journalisten in der Bundesrepublik Deutschland, die sich aus einer linken Position heraus gegen Menschenrechtsverletzungen und Folter in einzelnen Staaten Lateinamerikas wie insbesondere Chile oder Argentinien wandten, und den Terrorismus kaum in einer globalen Dimension erörterten. Auch wissenschaftliche Monographien behandelten nur selten weltweite Terrornetzwerke, weit häufiger aber die Terroristenszene in jeweils einem Land. Gegenüber dem autoritär regierten Chile nahm Löwenthal eine keineswegs unkritische, aber mit Blick auf Staat und Wirtschaft vergleichsweise wohlwollende Haltung ein. Löwenthal erkannte in Chile Verbesserungen auf vielen Politikfeldern, er nahm eine Dynamik wahr, die er positiv wertete. Demgegenüber spielte er die Verbesserungen, die sich in vielerlei Hinsicht (internationale Beziehungen, Menschenrechte) in der allmählich immer weniger totalitären UdSSR unter Gorbatschow ergaben, herunter, oder bestritt sie. Offenbar erschien ihm die Sowjetunion nach wie vor als »terroristische Diktatur«[9]. Dass sich ein totalitärer Staat über eine geschicktere Selbstdarstellung hinaus erkennbar wandeln kann, schien ihm offenbar unmöglich.

Weit weniger als gegen die Sowjetunion hatte Löwenthal allerdings gegen die andere große kommunistische Macht, gegen China, einzuwenden: Denn die Führung in Peking erhob keinen weltrevolutionären Anspruch und schickte keine Truppen mehr ins Ausland. Vielmehr übte die Volksrepublik China heftige Kritik an der UdSSR. So spielte China in Löwenthals journalistischem Werk, abgesehen von einer Reise nach Peking 1976, eine völlig untergeordnete Rolle.

Im Gegensatz zu seinen sehr stabilen Werten waren die Meinungen Löwenthals im Laufe eines langen Berufslebens und einer sich ständig wandelnden Welt Änderungen unterworfen – auch angesichts der politischen Einstellungswechsel politischer und persönlicher Freunde, denen er fortan nicht mehr vertrauen konnte. Nachdem ihn Willy Brandt um 1960 – weil dieser die Freiheit West-Berlins und die Freundschaft mit Amerika symbolisierte und als Redner, zumal im Vergleich mit anderen Berliner Politikern, am überzeugendsten wirkte – faszinierte, näherte er sich, von jeher leicht für Persönlichkeiten (wie Reuter oder Spaak) zu begeistern, nach 1970 immer stärker an Franz Josef Strauß an. Warum? Weil Strauß für ihn die Freiheit (versus Sozialismus) verkörperte und ebenso die Orientierung an den Vereinigten Staaten, Brandt

9 Matthias Vetter: Terroristische Diktaturen im 20. Jahrhundert. Strukturelemente der nationalsozialistischen und der stalinistischen Herrschaft. Opladen: Westdeutscher Verlag, 1996.

hingegen eine Politik, ab den späten 1960er Jahren die neomarxistische Kräfte in die SPD integrierte und der UdSSR zu weit entgegenzukommen schien. Zu einer Wiederannäherung an Brandt, der bekanntlich die Deutsche Einheit 1989/90 im Gegensatz zu Teilen seiner Partei forderte, kam es nicht mehr. Überhaupt blieb eine Anerkennung des antitotalitären Journalisten, dessen Einschätzung der DDR wenigstens zu großen Teilen zutreffend war, von einstigen Gegnern in Westdeutschland aus. Besser war der Kontakt zu SED-Renegaten wie Günter Schabowski und jüngeren Autoren wie Hubertus Knabe.[10]

Löwenthal war, wie Strauß, von den Vorzügen der friedlich genutzten Kernenergie sehr stark überzeugt: Dabei setzte er voraus, die notwendigen Sicherheitsstandards würden eingehalten. Diese Einstellung behielt er bei, während sich erst die Journalisten der führenden politischen Zeitungen und allmählich auch die Bevölkerungsmehrheit immer stärker gegen die wirtschaftliche Nutzung der Kernkraft wandten. Als Wissenschaftsjournalist war Löwenthal darum bemüht, das Publikum mit dem technischen und wissenschaftlichen Fortschritt sowie den Meinungen der kompetentesten Wissenschaftler vertraut zu machen. Das *Hinterfragen* der Wissenschaft, d.h. die Frage nach dem Eigeninteresse der Wissenschaftler als Gegenpart zu den Interessen der Gesellschaft war den Journalisten bis etwa 1970 weitgehend fremd. Dies galt gleichfalls für Löwenthal, der seinen Optimismus bezüglich des technischen Fortschritts bis zuletzt beibehielt.

Die Soziale Marktwirtschaft war Löwenthal ein wichtiges Anliegen – auch wenn es hinter sein großes Thema, den Ost-West-Konflikt, zurückfiel. Vor allem in der Regierungszeit Helmut Kohls mahnte er wiederholt »Wiederherstellung und Ausbau der Sozialen Marktwirtschaft«[11] an, wobei er sich auf das Wort Kohls von der »Wende« bezog, die er viel zu wenig verwirklicht sah (auf anderen Politikfeldern erkannte er eine noch geringere oder ausgebliebene Umsetzung, und war sich darin mit den Konservativen in der CDU/CSU einig).

Für die frühen siebziger Jahre sind eine Übereinstimmung mit der Bevölkerungsmehrheit und eine nicht unerhebliche Popularität Löwenthals nachgewiesen (siehe oben). Bezüglich einiger Themen wie Wachsamkeit gegenüber Radikalen und Antikommunismus ließe er sich für jene Jahre gar als Sprachrohr oder Spiegel der Bevölkerungsmehrheit bezeichnen. Das änderte sich jedoch ab den späten siebziger Jahren immer mehr. Beispiel: Atomkraftwerke. Oder auch: Gorbatschow und Reagan. Der KPdSU-Generalsekretär und Präsident der UdSSR erreichte schon lange vor dem Vollzug der Deutschen Einheit eine erstaunliche Popularität bei den Deutschen (selbst

10 Gerhard Löwenthal am 12.6.2002 gegenüber dem Verfasser.
11 Anmoderation zu: Subventionen; Unternehmensarchiv des ZDF, Bestand *ZDF-Magazin*, Ordner Nr. 51, Sendung vom 28.11.1984.

das Schweigen der verantwortlichen Organe unmittelbar nach der Katastrophe von Tschernobyl beeinträchtigte den Überhang »gute Meinung von Gorbatschow« nicht wesentlich), während die relative Mehrheit der befragten Deutschen vom amerikanischen Präsidenten laut zehn von 17 Umfragen (1981 bis 1988) »keine gute Meinung« hatte.[12] Löwenthal stand Gorbatschow mit sehr kritischer Distanz gegenüber, da dieser den Krieg in Afghanistan über einen erheblichen Zeitraum – bis 1988 – fortsetzte. Afghanistan war für Löwenthal ein Herzensanliegen. Anders ausgedrückt: Er fühlte sich als journalistischer Anwalt nicht nur der ausreisewilligen und schikanierten DDR-Deutschen, sondern auch der politisch und kulturell von ihm so verschiedenen Afghanen. Er zeigte etwa 60 Beiträge über dieses Land nach der sowjetischen Okkupation, war selbst auf einer Reportagereise »vor Ort« und rief zu Spenden für humanitäre Zwecke, etwa für Invaliden und Verwundete, auf. Dass die Vereinigten Staaten durch eine gezielte Destabilisierung Afghanistans die UdSSR in eine Falle gelockt hatten, um ihr ein »Vietnam« zu bereiten, verschwieg er – entweder, weil es dafür seinerzeit keine Belege gab, oder weil er als parteiergreifender Journalist, als »journalistischer Anwalt« derartige Aussagen (die sich gegen Amerika verwenden ließen) nicht für opportun hielt. Kriegsverbrechen der Mujahedin und verdeckte CIA-Operationen kamen in seinen Texten über Afghanistan nicht vor, denn er wollte kein objektiver Berichterstatter, sondern ein advokatorischer Journalist an diesem Schauplatz des Ost-West-Konflikts sein.

Alles in allem war Löwenthal kein alter oder »Neuer Rechter« (als den ihn die linke Zeitschrift *Vorgänge*[13] 1975 bezeichnete) oder gar Rechtsradikaler: ein freiheitlicher Konservativer, dem alles an der »Bewahrung der [aus seiner Sicht] gesunden Lehren« (Chateaubriand) bürgerliche Freiheit, soziale Marktwirtschaft, Freundschaft zu den USA lag. Sinnvoller Fortschritt sei nur auf der Basis des Bewährten möglich. Seine entschieden positive Haltung zur politischen Vereinigung Westeuropas unterschied ihn zusammen mit seiner sehr stark pro-amerikanischen Einstellung von nationalkonservativen, um nicht zusagen: post-nationalsozialistischen Schreibern. Es erstaunt daher, dass ihn rechts-nationale Schriften wie *Nation Europa* oder Gerhard Freys *National-Zeitung* deswegen nicht angegriffen. Wahrscheinlich galt er ihnen wegen seiner Einstellung in der Ostpolitik als das kleinere Übel gegenüber anderen Fernsehjournalisten.

Löwenthal versuchte außerhalb seiner hauptberuflichen Tätigkeit mehrfach, der Politik der Bundesrepublik zu einer anderen Richtung zu verhelfen. 1990 kandidierte

12 Vgl. Elisabeth Noelle-Neumann/Renate Köcher (Hrsg.): Allensbacher Jahrbuch der Demoskopie, Bd. 9, 1984–1992, S. 969.

13 Achim von Borries: Editorial. Thema: Neue Linke – Neue Rechte, in: *Vorgänge. Zeitschrift für Gesellschaftspolitik*, 14. Jg. (1975), Nr. 15, S. 27 f., dort S. 28.

er vergeblich für den Bundestag. 1976 und 1980 verfehlte die CDU/CSU, von dem Redner und Kolumnisten Löwenthal mit großer Energie unterstützt, die absolute Mehrheit der Bundestagsmandate. 1969 fand sein Hinweis auf laufende Koalitionsverhandlungen (Kühn/Weyer) kein Gehör bei den siegesgewissen Christdemokraten. Hingegen half er mit, Karl Carstens zum Bundespräsidenten zu machen, und Streitigkeiten zwischen Helmut Kohl und Franz Josef Strauß zu schlichten.

Seine größte Wirkung erzielte er durch die Ausstrahlung der *Hilferufe von drüben*, dank der eine nicht genau zu beziffernde Zahl von politischen Häftlingen frei kam. Die Wirkung seiner Rundfunk- und Fernsehsendungen ist m.E. als vergleichsweise gering zu veranschlagen. Denn Hörer und Zuschauer schalten bevorzugt die Sendungen ein, durch deren Aussagen sie sich bestätigt sehen, oder die ihre Einstellungen zumindest nicht ins Wanken bringen.

Wer Löwenthals Einstellungen nicht teilte, hatte eine tendenziell geringe Neigung, seine Sendereihen überhaupt erst anzuschauen. Um eigene Einstellungen vor einer seelisch schmerzhaften Veränderung (kognitive Dissonanz) zu bewahren, ging Löwenthals Aussagen aus dem Weg und nutzte kontrastierende Magazinsendungen wie *Panorama*, *Monitor*, *Kennzeichen D* und *Report Baden-Baden*. So kam es durch Löwenthal im *ZDF-Magazin* zu einem Informationstransfer an Gleichgesinnte, die ohnehin eher konservativen *ZDF-Magazin*-Zuschauer konnten sich dadurch ermutigt fühlen und in Diskussionen selbstbewusster als zuvor auftreten. Die Änderung von Werten (»geistig-moralische Wende«) und Einstellungen blieb weitgehend auf der Strecke. Demgegenüber gelang es Journalisten der ARD, der *Zeit*, von *Spiegel* und *Stern*, der *Süddeutschen Zeitung* und der *Frankfurter Rundschau* zusammen mit politisch engagierten Schriftstellern, Politikern der SPD, des linksliberalen Flügels der FDP, Vertretern der Evangelischen Kirche sowie zahlreichen auf Gesellschaftskritik abzielenden Geistes- und Sozialwissenschaftlern, die postmateriellen Werte zu fördern und Einstellungen der Bundesbürger etwa in Bezug auf die Ostpolitik, Kriegsdienstverweigerung und die Kernkraft zu verändern.

Helmut Schelsky sprach diesbezüglich in seiner Monographie *Die Arbeit tun die anderen* (1974) von einer »Reflexionselite«, ja mehr noch, von einer das diesseitige Heil verkündenden »Priesterherrschaft der Intellektuellen«, die einen Klassenkampf neuer Art mit dem Ziel der »Sinnstiftung« betreibe. Bezogen auf die »Medienelite«, also die Journalisten dieser einflussreichen Medien, musste der Fernsehjournalist Löwenthal mit seinem Konservatismus fast wie ein Ketzer wirken. Folge: Er wurde innerhalb der sich selbst als (gesellschafts-)»kritisch« bezeichnenden Intelligenz als sog. Rechter »verbrannt«, d.h. persona non grata, und konnte folglich auch keinen allzu starken Einfluss auf die Journalisten der Regionalzeitungen entfalten. Umgekehrt hatte er für diejenigen, die er oft als »Ideologen« bezeichnete, Spott übrig (»Sie haben die Intellektuellen, wir haben die Intelligenten«, so Löwenthal in zahlreichen Reden).

Hat Löwenthal seine politischen Ziele erreicht? Der Eiserne Vorhang durch Europa fiel zu seiner großen Freude, aber ohne sein Zutun: Sein Fernsehmagazin war längst eingestellt worden. Franz Josef Strauß verfehlte die Kanzlerschaft, die CDU/CSU erreichte nicht mehr die absolute Mehrheit der Bundestagsmandate. Daher ließ sich Löwenthals Wunsch einer geistig-moralischen Wende zum Konservatismus nicht verwirklichen – und selbst bei entsprechenden Mehrheitsverhältnissen wären Zweifel am Gelingen dieses Vorhabens angebracht gewesen.

Warum blieb Löwenthal, der nicht nur im geographischen Sinne »geblieben« ist, letztlich ohne durchschlagenden politischen Erfolg? Angesichts einer die konservativen Anliegen wenig unterstützenden Wirtschaft und einer CDU, die keine konservative Partei sein wollte oder auch nur neben sich duldete (nicht einmal als potentiellen Koalitionspartner), blieben Löwenthals Vereine und Stiftungen zu sehr auf sich alleine gestellt, um wenigstens annähernd erfolgreich wie die Linke in den publizistisch-politischen Debatten mitzuwirken.

Für einen Erfolg im Sinne Löwenthals wäre eine finanziell üppig ausgestattete *Denkfabrik* und *Kaderschmiede*, eine intellektuell anspruchsvolle konservative, unter den Eliten verbreitete und auf viele Journalisten ausstrahlende Zeitschrift, eine Reihe von regionalen Arbeitskreisen und Zirkeln, die Unterstützung durch Buch- und Zeitungsverlage und möglichst noch konservative (privatwirtschaftlich betriebenen) Rundfunkgesellschaften im vorpolitischen Raum nötig gewesen sowie mindestens eine große Partei; eine »kulturelle Hegemonie« (Gramsci) hätte unter Umständen errungen werden können, wenn ein derartiges vielknotiges Netzwerk gezielt nach und nach Positionen in Exekutive, Legislative und Judikative besetzt hätte. Ein derartiges konservatives Geflecht mit Löwenthal als PR-Experten und als Organisator (nicht aber als theoretischen *Kopf*) hätte eine geistig-moralische Wende sowohl gegen »1968« als auch gegen das sozialliberale Establishment durch ständige wechselseitige Kontakte und eine Beeinflussung der Öffentlichkeit vorbereitet. Derartiges bestand jedoch zu keinem Zeitpunkt. Löwenthal konnte zwar im *ZDF-Magazin* verschiedene Aussagen von Springer-Zeitungen und der politisch konservativen Illustrierten *Quick* wiederholen und dadurch verstärken oder sich jedenfalls mit ihnen abstimmen. Vorbilder einer solchen Vernetzung des politischen mit dem vorpolitischen Raum existieren in den Vereinigten Staaten; sie verhalfen unter anderem Ronald Reagan zur Präsidentschaft.

Nachdem die Unterstützung des eigenen Arbeitgebers, personifiziert durch ZDF-Intendant Dieter Stolte und Chefredakteur Klaus Bresser nicht bestand, verlor Löwenthal seine Zuschauergemeinde und blieb nur noch als Redner vor kleinen Versammlungen, abgesehen von zwei Buchprojekten, in der Öffentlichkeit präsent. Mit der Autorengruppe um Rainer Zitelmann, Karlheinz Weißmann, Heimo Schwilk und Ulrich Schacht wandte sich nach dem Erscheinen der erklärtermaßen rechten

Streitschrift *Anschwellender Bocksgesang* von Botho Strauß eine neue Generation von Konservativen in die politischen Debatten ein, der Gerhard Löwenthal nicht mehr angehörte. Wenn Löwenthal also die zunehmende Akzeptanz linker Werte und Einstellungen nicht verhindern konnte und mit seinen politischen Vereinen weitgehend scheiterte, so hatte dies strukturelle Gründe, die weit über seine Person hinausreichten.

Anhang

Quellen- und Literaturverzeichnis

Archivalische Quellen

I., Archiv für christlich-demokratische Politik ACDP, Konrad-Adenauer-Stiftung, Sankt Augustin:

a, 01-763 NL (Nachlass) Gerhard Löwenthal
01-763-001 Pressekritiken 1969
01-763-002 70. Geburtstag, Glückwunschschreiben, Einladungen
01-763-003 Pressemeldungen 1974–75
01-763-004 Beiträge 1983–1984
01-763-005 Themen 1969–1983
01-763-006 Pressemeldungen 1952; 1968–1970
01-763-007 Beiträge 1987
01-63-008 Korrespondenz, Drohbriefe, Presseartikel
01-763-009 Pressemeldungen 1971–73
01-763-010 Pressemeldungen 1979–81
01-763-011 Pressemeldungen 1971–73
01-763-012 Beiträge 1978–1982
01-763-013 Pressemeldungen 1984–87
01-763-014 Beiträge 1985–86
01-763-016 ZDF-Magazin. Presseartikel, Korrespondenz, Protokolle des Fernsehrates zum ZDF-Magazin u. a. über die Gründung
01-763-018 Kommentare/Reden 1974–1986
01-763-019 Kommentare/Reden 1986–87
01-763-020 Kommentare/Reden 1981–82
01-763-021 Kommentare/Reden 1971–77
01-763-022 Vorträge, Angriffe
01-763-023 Vorträge, Angriffe 1974–86
01-763-024 Vorträge, Angriffe 1973–75
01-763-025 Briefe, Veranstaltungen
01-763-026 Presseartikel, Reden 1978–80
01-763-029 RIAS 1946–49
01-763-030 Ministerium für Staatssicherheit (Materialsammlung)
01-763-033 Pressemeldungen 1986–1987
01-763-049 Korrespondenz. Presseartikel 1984–2002
01-763-050 Korrespondenz, Presseartikel, Leserbriefe

01-763-055 Affäre Guillaume; Bundesnachrichtendienst
01-763-056 MfS-Spionage
01-763-057 ZDF-Magazin 1969–1983
01-763-058 MfS-Spionage 1981–83
01-763-060 Klage Löwenthals gegen Verleger des Buches »Buch des Rechtsextremismus«
01-763-061 Geheimdienste
01-763-062 Ostpolitik 1970–84
01-763-064 Inge Goliath, General Sejna, Major Bittmann, Major Frolick [sic!]
01-763-066 DKP
01-763-068 DDR-Grenzen
01-763-069 DDR-Verfassung
01-763-067 Außenpolitik 1970–80
01-763-070 Geheimhaltungspflicht 1970–76
01-763-071 BRD-Kürzel. Presseartikel, Korrespondenz 1978–84
01-763-073 Rücktritt Genscher
01-763-075 Verlag Menschenrechte DDR
01-763-076 SED-Vergangenheitsbewältigung 1982–2001
01-763-079 Verfassungsschutzakten
01-763-081 Wiedervereinigung/DDR, darin: RIAS-Funkuniversität
01-763-082 Leserbriefe/Glückwunschschreiben an Hilferufe von drüben
01-763-084 Widerstand in der DDR/Verhältnis Amerika-Deutschland/Spion Reggentin
01-763-086 Bahr-Skripte. Sendungsmitschriften, handschriftliche Notizen, Interviewmitschriften 1970–78
01-763-090 Andenken
01-763-091 Südafrika-Reise. Korrespondenz, Interviews
01-763-092 Afghanistan. Korrespondenz, Interviews, VAF, Projekt Gläsernes Afghanistan 1985–1990
01-763-093 Springer-Interview
01-763-094 Drohbriefe 1971–1985
01-763-098 Korrespondenz
01-763-099 70. Geburtstag
01-763-100 75. Geburtstag 1997
01-763-101 BND 1966–90
01-763-102 Anmoderationen 1972–76
01-763-103 RIAS 1950–59
01-763-104 diverse Veröffentlichungen 1981–84
01-763-105/2 Kolumnen Deutschland-Magazin

b, 01-280 NL Ernst Lemmer
01-280-045 Verschiedenes
01-280-145/3 Reden und Veröffentlichungen
01-280-146/5 Zeitungsartikel, Korrespondenz, Berichte

c, 01-356 NL Werner Marx
 01-356-A065 Briefwechsel mit Strauß betr. *ZDF-Magazin*
 01-356-A 138 Streitgespräch Nannen-Löwenthal
 01-356-A 317 Korrespondenz Kohl/Löwenthal betr. *ZDF-Magazin*
 01-356- K049/2 Telefontermine 1980–1985
 01-356 AO 108 Korrespondenz K-M 1977
 01-356 A 277 Korrespondenz L-M, 1971

II., Unternehmensarchiv des ZDF

a, Bestand »ZDF-Magazin« (Protokolle der Moderationen Löwenthals sowie seiner Interviews und Beiträge), Ordner Nr. 1–57.

b, Zeitungsausschnittsammlungen
 6.1/1 Löwenthal
 11.4.6-4.53 ZDF-Magazin

c, Videos von ZDF-Sendungen
 Paul Henri Spaak. Porträt eines Europäers (Reihe: Menschen und Mächte). Ausgestrahlt am 20.4.1966.
 Europa im Jahre 10. Bilanz und Ausblick anläßlich eines Jubiläums. Ein Bericht von Gerhard Löwenthal. Ausgestrahlt am 26.3.1967.
 Interview Gerhard Löwenthal – Willy Brandt zum Thema EWG/politische Union, in: *Heute*-Nachrichten. Ausgestrahlt am 10.4.1967.
 Korrespondentenbericht Löwenthals zu Euratom und Kennedy-Runde, in: *Heute*-Nachrichten. Ausgestrahlt am 11.4.1967.
 Korrespondentenbericht zu den Reaktionen auf Adenauers Tod in Belgien, in: *Heute*-Nachrichten. Ausgestrahlt am 20.4.1967.
 Europa – Traum oder Wirklichkeit. Ausgestrahlt am 2.7, 3.7., 4.7.1968

III., Privatarchiv Dr. Ingeborg Löwenthal

Kopien der BStU, zusammengestellt 2003. Auf Nachfrage teilte der zuständige Bearbeiter der »Birthler-Behörde« (BStU), Volker Seyl, dem Verfasser am 1. September mit 2010 mit, es seien in der Zwischenzeit keine weiteren Akten gefunden oder rekonstruiert worden.

IV., Archiv der Konservativen Aktion im Privatbesitz des Verfassers

Zeitungsausschnitte, Korrespondenz

V., Archiv des Instituts für Demokratieforschung im Privatbesitz des Verfassers

Reihen *Reden zur Zeit* und *Schriften zur Zeit*

VI., Deutsches Rundfunkarchiv. Online im Internet: www.dra.de

Sendeprotokolle der Reihe *Der schwarze Kanal*

VII., Privatarchiv Winckler

Interview des Verfassers mit Karl Holzamer vom 27.10.1993
Produktionsnachweise (Kurzinformation zu jeder Sendung mit Sendedatum, Moderator, Beitragstiteln, Beitragsautoren) des *ZDF-Magazins* vom 8.1.1969 bis 30.3.1988.
Faltblatt der Deutschen Partei (1993)

VIII., Tondokument: Veröffentlicht als CD vom Deutschen Historischen Museum/Abgeordnetenhaus Berlin/ Deutsches Rundfunkarchiv: Reporter Jürgen Graf und Peter Schultze; Gerhard Löwenthal (RIAS-Funkhaus): Die Teilung der Stadtverordnetenversammlung von Groß-Berlin am 6. September 1948 (Reihe: Stimmen des 20. Jahrhunderts).

Gedruckte Quellen

I., Schriften von Gerhard Löwenthal

Hausen, Josef/Löwenthal, Gerhard: Wir werden durch Atome leben. Berlin: Lothar Blanvalet, 1956.
Tages-Themen, in: *Der Spiegel*, 22. Jg. (1968), Nr. 42, S. 17f. (Leserbrief).
»Wählermeinung – nicht geheim«. Der Beitrag des ZDF-Magazins zur Bundestagswahl 1969, in: Institut für Demoskopie (Hrsg.): Wählermeinung nicht geheim. Eine Dokumentation des ZDF. Allensbach: Verlag für Demoskopie, 1969, S. 1–13.
»ZDF-Magazin«, in: Zweites Deutsches Fernsehen (Hrsg.): »ZDF Magazin« »Heute«. Mainz 1969, S. 6–12.
»ZDF-Magazin«, in: Zweites Deutsches Fernsehen (Hrsg.): Jahrbuch des Zweiten Deutschen Fernsehens, Bd. 6 (1969), Mainz 1970.
Die demokratische Verantwortung des Journalisten, in: Festschrift zur Verleihung der Konrad-Adenauer-Preise 1975 für Wissenschaft, Literatur und Publizistik. Breitbrunn/Chiemsee: Deutschland-Stiftung e.V., 1975, S. 18ff.
Die Alternative heißt: Freiheit oder Sozialismus, in: Mut zur Freiheit. Die Dankreden der Konrad-Adenauer-Preisträger 1975, S. 8ff.
»ZDF-Magazin«, in: ZDF-Jahrbuch 1975, S. 47f.
»ZDF-Magazin«, in: ZDF-Jahrbuch 1976, S. 69f.

Gerhard Löwenthal: »Schutz oder Demontage des Rechtsstaates – Der Bundesgrenzschutz und die Medien«, in: Bundesgrenzschutz-Verband (Hrsg.): Amtshilfe und Datenschutz. Konfliktfelder der Polizei im freiheitlichen Rechtsstaat (BGV-Kolleg), Bonn 1981.

»ZDF-Magazin« (Vortrag an der Ruhr-Universität), in: Fischer, Heinz Dietrich (Hrsg.): Fernsehmoderatoren in der Bundesrepublik Deutschland. München: TR-Verlagsunion, 1983, S. 139–146.

»ZDF-Magazin«. Im Blickfeld der reale Sozialismus, in: Zweites Deutsches Fernsehen (Hrsg.): Jahrbuch des Zweiten Deutschen Fernsehens, Mainz 1983.

Fernsehen im Spannungsfeld der Politik (Vortrag im HwK-Foyer, 21.4.1983), in: Karl-Jürgen Wilbert (Hrsg.): Reden wir morgen in Sprechblasen? Auf dem Weg zu einer neuen Mediengesellschaft (Bd. 4 der Schriftenreihe der Handwerkskammer Koblenz), S. 12–20.

(Diskussionsbeitrag, ohne Titel), in: Studienzentrum Weikersheim (Hrsg.): Die Medien – das letzte Tabu der offenen Gesellschaft. Mainz: von Hase und Köhler, 1986, S. 155–159.

Löwenthal, Gerhard: Ich bin geblieben. München: Herbig, 1987.

Wir sind ein Volk!, in: *Hilferufe von drüben*, 13. Jg. (1990), Nr. 51 (1/1990), S. 1.

Wir machen weiter!, in: *Hilferufe von drüben*. Arbeitsgemeinschaft ehemaliger politischer Häftlinge in Deutschland, 14. Jg., Nr. 51, (1/1991), S. 1.

ders./Kamphausen, Helmut/Clausen, Claus Peter: Feindzentrale Hilferufe von drüben. Lippstadt: Hilferufe von drüben (Eigenverlag), 1993.

Von Ludwig Erhard lernen!, in: *Hilferufe von drüben*. Arbeitsgemeinschaft ehemaliger politischer Häftlinge in Deutschland, 14. Jg., Nr. 52 (2/1991), S. 1.

Löwenthal, Gerhard/Kamphausen, Helmut/Clausen, Claus Peter: Einleitung, in: Dies.: Feindzentrale Hilferufe von drüben. Lippstadt: Hilferufe von drüben (Eigenverlag), S. 4 ff.

Politische Mobilmachung gegen die »Hilferufe von drüben« im ZDF-Magazin, in: Löwenthal, Gerhard/Kamphausen, Helmut/Clausen, Claus Peter: Feindzentrale Hilferufe von drüben. Lippstadt: Hilferufe von drüben (Eigenverlag), 1993, S. 22–32.

Rainer Bäurichs Manifest, in: Löwenthal, Gerhard/Kamphausen, Helmut/Clausen, Claus Peter: Feindzentrale Hilferufe von drüben. Lippstadt: Hilferufe von drüben (Eigenverlag), 1993, S. 194–211.

Feindorganisation »Kontra«, in: Löwenthal, Gerhard/Kamphausen, Helmut/ Clausen, Claus Peter: Feindzentrale Hilferufe von drüben. Lippstadt: Hilferufe von drüben (Eigenverlag), 1993, S. 249–280.

Stolpe ausladen!, in: FAZ, 4.3.1994, Nr. Nr. 54, S. 66 (Leserbrief)

SED-Recht ist Unrecht. Online im Internet: www.konservativ.de/hvd/hvd_sed.htm (zuletzt abgerufen am 7.9.2010).

Agitation und Psychokrieg kommunistischer Diktaturen. Online im Internet: www.konservativ.de/zf/agitprop.htm (zuletzt abgerufen am 7.9.2010).

Leserbrief zu »Theo Sommer: Ein großartiges Journalistenleben«, in: *Die Zeit* Nr. 43/1996.

Manipulation und Desinformation in den Medien, in: *Criticon* 144, Oktober/November/Dezember 1994, S. 205.

Ostpolitik: Verrat im Spiel, in: *Criticon* 145, Januar/Februar/März 1995, S. 41.

Die Wut über 128 Worte, in: *Criticon* 146, April/Mai/Juni 1995, S. 79.

Wider den Werteverfall, in: *Criticon* 147, Juli/August/September 1995, S. 184.

Auf dem Weg in eine andere Republik, in: *Criticon* 148, Oktober/November/Dezember 1995, S. 188.

Der Westen im Tiefschlaf, in: *Criticon* 149, Januar/Februar/März 1996, S. 24.

Clintons zweite Amtszeit, in: *Criticon* 152, Oktober/November/Dezember 1996, S. 185.

Verantwortung und Ethik im Journalismus, in: *Criticon* 156, Oktober/November/Dezember 1997, S. 178.

Höppner zerstört den demokratischen Konsens, in: *Criticon* 158, April/Mai/Juni 1998, S. 47.
Meinungsführerschaft verloren, in: *Criticon* 159, Juli/August/September 1998, S. 58.
Anti-BND-Buch, in: *Criticon* 160, Oktober/November/Dezember 1998, S. 22.
Stasi-Akten von Helmut Kohl sperren?, in: *Junge Freiheit*, 14.4.2000, Online im Internet: www.jungefreiheit/Archiv.611.0.html, Suchbegriff »Stasi-Akten von Helmut Kohl sperren?« (zuletzt abgerufen am 20.1.2011).
Journalismus: Schmidt-Eenbohm Münchhausen. Gerichte enthüllen einen Enthüller als Märchenerzähler, in: *Ostpreußenblatt*, o.D. 1998. Online im Internet: www.webarchiv-server.de/pin/archiv98/234o98.htm (zuletzt abgerufen am 20.1.2011).
Wie schillernde Seifenblasen zerplatzt. Autor Schmidt-Eenboom muß weitere Teile seines Buches widerrufen, in: *Ostpreußenblatt*, 9.1.1999. Online im Internet: www.webarchiv-server.de/pin/archiv99/0199o06.htm (zuletzt abgerufen am 20.1.2011).
Magnetbänder der Stasi Spionage enttarnt, in: *Ostpreußenblatt*, 30.1.1999. Online im Internet: www.webarchiv-server.de/pin/archiv99/0499o05.htm (zuletzt abgerufen am 20.1.2011).
Spionage: Der große Unbekannte, in: *Ostpreußenblatt*, 3.7.1999. Online im Internet: www.webarchiv-server.de/pin/archiv99/2699o05.htm (zuletzt abgerufen am 20.1.2011).
Wer hat Angst vor Rosenholz? Bundesregierung will offenbar Öffnung brisanter Stasi-Akten verhindern, in: *Ostpreußenblatt*, 24.6.2000. Online im Internet: www.webarchiv-server.de/pin/archiv00/2500ob05.htm (zuletzt abgerufen am 20.1.2011).
Wer ist der große Unbekannte? Mutmaßungen einer britischen Zeitschrift über einen Meisterspion im Auswärtigen Amt, in: *Ostpreußenblatt*, 14.10.2000. Online im Internet: www.webarchiv-server.de/pin/archiv00/4100ob05.htm (zuletzt abgerufen am 20.1.2011).
Ein Leben für den Frieden. Gerhard Löwenthal zum Tod der aus Ostpreußen stammenden Lea Rabin, in: *Ostpreußenblatt*, 18.11.2000. Online im Internet: www.webarchiv-server.de/pin/archiv00/4600ob02.htm (zuletzt abgerufen am 20.1.2011).
Mielkes und Honeckers willige Helfer. Gerhard Löwenthal über DDR-Kollaborateure in westlichen Medien, in: *Ostpreußenblatt*, 23.6.2001. Online im Internet: www.webarchiv-server.de/pin/archiv01/2501ob27.htm (zuletzt abgerufen am 20.1.2011).
Der rot-rote Putsch. Verrat in Berlin, in: *Ostpreußenblatt*, 30.6.2001. Online im Internet: www.webarchiv-server.de/pin/archiv01/2601ob04.htm (zuletzt abgerufen am 20.1.2011).
»Neue Ostpolitik«. Der Kontaktmann. Im Zwielicht der Geheimdienste: Gerhard Löwenthal über Egon Bahr, in: *Ostpreußenblatt*, 7.7.2001. Online im Internet: www.webarchiv-server.de/pin/archiv01/2701ob06.htm (zuletzt abgerufen am 20.1.2011).
Fragen an Gysi und die PDS: Terrorismus – das Geschäft von Stasi und SED. Heute will man von den Ausbildungslagern für Massenmördern nichts mehr wissen, in: *Ostpreußenblatt*, 6.10.2001. Online im Internet: www.webarchiv-server.de/pin/archiv01/4001ob01htm (zuletzt abgerufen am 20.1.2011).
Parteien: Dem Zeitgeist verfallen. Gerhard Löwenthal über die Haltung der CDU zu PDS und Schill, in: *Ostpreußenblatt*, 3.11.2001. Online im Internet: www.webarchiv-server.de/pin/archiv01/4401ob01.htm (zuletzt abgerufen am 20.1.2011).
Berlin: Volksfront Marsch! Gerhard Löwenthal über die Anbiederung der SPD an die SED/PDS, in: *Ostpreußenblatt*, 15.12.2001. Online im Internet: www.webarchiv-server.de/pin/archiv01/5001ob01.htm (zuletzt abgerufen am 20.1.2011).

II., Interviews mit Gerhard Löwenthal

»Herr Löwenthal, wann machen Sie Schluß?«, in: *Bild am Sonntag*, 28.1.1973, S. 20 (ACDP, NL Löwenthal, 01-763-090).

»Es war einer der glücklichsten Tage«. Gerhard Löwenthal über zehn Jahre deutsche Einheit, die heutige Parteienlandschaft, Europa und die deutsche Denkmalkultur, in: *Junge Freiheit*, 15. Jg. (2000), Nr. 40/2000. Online im Internet: www.jf-archiv.de/archiv00/400yy09.htm (zuletzt abgerufen am 20.1.2011).

Vergangenheitsbewältigung: Gerhard Löwenthal über den Umgang mit dem SED-Staat. Der Konformismus war fürchterlich, in: *Junge Freiheit*, 12. Jg. (1997), Nr. 5. Online im Internet: www.jf-archiv.de/archiv/50aa6.htm (zuletzt abgerufen am 20.1.2011).

»Man muß klare Fronten schaffen«. Gerhard Löwenthal über den Verrat der SPD und die Konfliktunfähigkeit der CDU, in: *Junge Freiheit*, 16. Jg., 13.7.2001. Online im Internet: www.jf-archiv.de/archiv01/291yy09.htm (zuletzt abgerufen am 20.1.2011).

Fragebogen. GERHARD LÖWENTHAL, in: *Junge Freiheit*, 13. Jg. (1998), Nr. 50.

III., Quelleneditionen

a, Veröffentlichte Sendeprotokolle Gerhard Löwenthals

Studenten haben das Wort (RIAS-Hochschulfunk), Sendungen vom
13.2.1951; 20.2.1951; 27.2.1951; 6.3.1951; 13.3.1951; 20.3.1951; 3.4.1951; 11.4.1951; 17.4.1951; 24.4.1951; 8.5.1951; 15.5.1951; 22.5.1951; 29.5.1951; 5.6.1951; 26.6.1951; 10.7.1951; 17.7.1951; 31.7.1951; 14.8.1951; 20.8.1951; 21.8.1951; 28.8.1951; 4.9.1951; 11.9.1951; 18.9.1951; 25.9.1951; 1.4.1952; 8.4.1952; 29.4.1952, veröffentlicht: Berlin: RIAS, 1952.

ZDF-Magazin vom 16.12.1970 (Streitgespräch Nannen-Löwenthal), in: *Rundfunk und Fernsehen*, 19. Jg. (1971), S. 113–134.

b, Sonstige Quelleneditionen

Dokumente zum Europäischen Kongreß in Den Haag, in: Cornides, Wilhelm (Hrsg.): Europa-Archiv. Zeitgeschichte, Zeitkritik, Verwaltung, Wirtschaftsaufbau. Bd. 3: 1948. Oberursel: Verlag Europa-Archiv, 1949.

Forschungsinstitut der Deutschen Gesellschaft für Auswärtige Politik e.V., Bonn, in Zusammenarbeit mit dem Senat von Berlin: Dokumente zur Berlin-Frage 1944–1962, München: R. Oldenbourg, 1962.

Hanauske, Dieter (Hrsg.): Die Sitzungsprotokolle des Magistrats der Stadt Berlin 1945/46 (Schriftenreihe des Landesarchivs Berlin), Bd. 1: 1945, Berlin: Berlin Verlag A. Spitz, 1995.

Ders.: Die Sitzungsprotokolle., Bd. 2: 1946, Berlin: Berlin Verlag A. Spitz, 1999.

Hillgruber, Andreas: Berlin. Dokumente 1944–1961. Darmstadt: Stephan Verlagsgesellschaft, 1961.

Reuter, Ernst: Schriften. Reden. Dritter Band: Artikel. Briefe. Reden 1946 bis 1949, bearbeitet von Hans J. Reichardt. Berlin: Propyläen, 1974.

Literatur

I., Monographien, Nachschlagewerke, Anthologien und Zeitschriftentexte anderer Autoren als Quellen

Albrecht, Richard: Hilferufe – »von drüben«? Wie Herr Löwenthal sich seine ZDF-Magazin-Dissidenten schaffen läßt, in: *Vorgänge.* Zeitschrift für Gesellschaftspolitik, 20. Jg. (1981), Nr. 51, Heft 3/1981, S. 36ff.

Alst, Theo van: Millionenspiele – Fernsehbetrieb in Deutschland. München: Boorberg, 1972.

Baraki, Matin: Gerhard Löwenthal und seine Freunde, in: *Unsere Zeit*, 8.8.2008. Online im Internet: www.dkp-online.de/uz/4032/s0602.htm (zuletzt abgerufen am 20.1.2011).

Bärwald, Helmut F.: Giftwort »Berufsverbote« und Innere Sicherheit (Reden zur Zeit, hrsg. vom Institut für Demokratieforschung, Bd. 25), Würzburg: Johann Wilhelm Naumann, 1978.

Ders.: Eine Trutzburg gegen alle Feinde der Freiheit, in: FAZ, 51. Jg. (1999), 23.12.1999, Nr. 299, S. 56 (Leserbrief).

Baum, Karl-Heinz : Rechter Flügelhauptmann. Zum Tode von Gerhard Löwenthal, in: *Frankfurter Rundschau*, 10.12.2002. Online im Internet: www.cl-netz.kommunikationssystem.de/Medien/Zum-Tode-von-Gerhard-Löwenthal-51240.html (zuletzt abgerufen am 28.9.2009).

Kurt Becker: Schatten der Vergangenheit. Scheel, Carstens und das höchste Amt im Staat, in: *Die Zeit*, Nr. 47/1978, S. 1. Online im Internet: www.zeit.de/1978/47/die-schatten-der-vergangenheit (zuletzt abgerufen am 20.1.2011).

Binkowski, Johannes: Tyrannei durch Sprache (Reden zur Zeit, hrsg. vom Institut für Demokratieforschung, Heft 2). Würzburg: Johann Wilhelm Naumann, 1977.

Bloemer, Klaus: Ist Südafrika noch zu retten?, in: *Die neue Gesellschaft*, 35. Jg. (1988), Heft 5, S. 467.

Böhm, Wilfried: Ein besonderer Helfer, in: *Preußische Allgemeine Zeitung*, 9.12.2002. Online im Internet: http://www.webarchiv-server.de/pin/archiv06/4920061209paz.htm
(zuletzt abgerufen am 20.1.2011).

Böll, Heinrich: »Will Ulrike Gnade oder freies Geleit?«, in: *Der Spiegel*, 26. Jg. (1972), Nr. 3, S. 54–58.

Ders.: »Verfolgt war nicht nur Paulus«. Heinrich Böll zum Böll-Kommentar Diether Possers, in: *Der Spiegel*, 26. Jg. (1972), Nr. 6, S. 60.

Borries, Achim von: Editorial. Thema: Neue Linke – Neue Rechte, in: *Vorgänge. Zeitschrift für Gesellschaftspolitik*, 14. Jg. (1975), Nr. 15, S. 27f.

Bossle, Lothar: Einführung in die Schriftenreihe *Schriften zur Zeit*, in: Gerhard Wilhelm Goldberg: Militärdiktatur und Caudillismus in Lateinamerika (Schriften zur Zeit, hrsg. vom Institut für Demokratieforschung, Bd. 1), Würzburg: Johann Wilhelm Naumann, o.J. (ca. 1977/78), S. 5f., dort S. 5.

Bossle, Lothar (Hrsg.): Chile. Rückfahrt zur Demokratie (Demokratie-Report, Bd. 1), Würzburg: Creator, 1987.

Brachvogel, Hans Horst: Wohin führt unbändiger Haß? (Televisor. Die Woche im Urteil der Hörzu-Kritiker), in: *Hörzu*, 24. Jg. (1969), Nr. 6, S. 12.

Bresser, Klaus: Das Fernsehen als Medium und Faktor der revolutionären Prozesse in Osteuropa und der DDR, in: Peter Christian Hall (Hrsg.): Mainzer Tage der Fernsehkritik, Bd. 23: Revolutionäre Öffentlichkeit. Das Fernsehen und die Demokratisierung im Osten. Mainz: v. Hase und Köhler, 1990, S. 33–45.

Brückl, Hans: »Die deutsche Einheit vollenden«. Gerhard Löwenthal sprach am 20. September 2001 in der Berliner »Gedenkbibliothek zu Ehren der Opfer des Stalinismus«. Online im Internet: http://gedenkbibliothek.de/downloads/texte/veranstaltungsrezensionen/Gerhard_loewenthal_Die_deutsche_Einheit_vollenden_vom_20_09_2001.pdf (zuletzt abgerufen am 20.1.2011).

Brunst, Klaudia: Gerhard Löwenthal. Lust an wuchtiger Polemik, in: *Berliner Zeitung*, 10.12.2002, S. 14.

Bucerius, Gerd: Der Fall Löwenthal. Vier Fälschungen und viele kleine Tricks, in: *Stern*, 23. Jg. (1970), Nr. 53, S. 16–21.

B.,D.: Jagd frei?, in: *Die Zeit*, 25. Jg. (1970), Nr. 43. Online im Internet: www.zeit.de/1970/43/jagd-frei (zuletzt abgerufen am 20.1.2011).

Bürger fragen Journalisten (Hrsg.): Südafrika. Berichterstattung in den öffentlich-rechtlichen Medien (III. Erlanger Medientage). Erlangen: TM-Verlags-GmbH, 1988.

Bürger fragen Journalisten (Hrsg.): Die Rechte und Die Linke in den deutschen Medien (XIII. Erlanger Medientage), Erlangen: TM-Verlags-GmbH, 1998.

Bürger fragen Journalisten e.V.: Wirtschaft Politik Medien. Wer bestimmt unser Schicksal? (XIV. Erlanger Medientage), Erlangen: TM-Verlags-GmbH, 1999.

Casdorff, Claus Hinrich: Magazine im Widerstreit. Grundzüge zeitkritischer Fernseharbeit, in: Alst, Theo van: Millionenspiele – Fernsehbetrieb in Deutschland. München: 1972, S. 83–92.

Deschner, Günther: Die Rolle des Rechtsextremismus in der Bundesrepublik Deutschland für die West- und Bündnisstrategie der Kommunisten (Reden zur Zeit, hrsg. vom Institut für Demokratieforschung, Heft 28), Würzburg: Johann Wilhelm Naumann, 1978. Deutscher Bundestag: Verhandlungen des Deutschen Bundestages, Stenographische Berichte, Bde. 79, 81, 86, 98, 103, 124.

Deutschkron, Inge: Ich trug den gelben Stern. Köln: Verlag Wissenschaft und Politik, 31980.

Dykhoff; Peter: Umfrage. Die Deutschen und ihr Fernsehen, in: *Stern*, 35. Jg. (1982), Nr. 47, S. 239–244.

Ebbinghausen, Frank: Man zeige ihm die Leiche. 12. Folge: Loriot-Männchen – Gerhard Löwenthals ZDF-Magazin (Reihe: Jahrhundertwerke des Fernsehens), in: FAZ, 15.12.1999, Nr. 292, S. 50.

Elm, Ludwig (Hrsg.): Konservatismus heute. Internationale Entwicklungstrend konservativer Politik und Gesellschaftstheorien in den achtziger Jahren. Köln: Pahl-Rugenstein, 1986.

epd (Evangelischer Pressedienst): Dietrich: Es gab keine Pressionen der Parteien, in: *epd/Kirche und Fernsehen*, Nr. 34/1969 (6.9.1969), S. 7 f.

epd: Angriffe aus Bonn und Berlin gegen ZDF-Redakteure, in: *epd/KuF*, Nr. 3/1970 (17.1.1970), S. 6 f.

epd: Keine Fusion von RIAS und SFB, kein Austritt aus der ARD, in: *epd/KuF*, 24/1970 (24.6.1970), S. 10.

epd: ZDF-Fernsehrat diskutierte Löwenthal und Lebach, in: ebd., S. 10 f.

epd: SPD fordert nicht die Ablösung Löwenthals, in: *epd/KuF* 41/1970 (24.10.1970), S. 5 f.

epd: Böll und die Meinungsfreiheit im deutschen Fernsehen, in: *epd/KuF*, 4/1972 (29.1.1972), A. 6 ff.

epd: Löwenthal-Text und Holzamer-Stellungnahme: »Nicht glücklich«, in: *epd/KuF*, 7/1972 (19.2.1972), S. 9 f.

epd: Böll gegen Löwenthal vor dem Kölner Landgericht, in: *epd/KuF*, 13/1972 (8.4.1972), S. 6

epd: DGB wirft »ZDF-Magazin« einseitige Berichterstattung vor, in: *epd/KuF* 45/1971 (27.11.1971), S. 9a-b.

epd: Im Namen des ZDF diffamiert und beleidigt, in: *epd/KuF*, 6/1972 (9.2.1972), S. 6.

Eppler, Erhard: Ende oder Wende. Von der Machbarkeit des Notwendigen. Stuttgart: Kohlhammer, 1975, S. 28–37.

Fabris, Hans Heinz: Medienjournalismus und Bürgerkommunikation. Tendenzen und Alternativen der journalistischen Arbeit, in: *Rundfunk und Fernsehen*, 29. Jg. (1981), S. 200–210.

Feddersen, Jens: Old Henri bei den Mainzelmännchen, in: *Die Zeit*, 25. Jg. (1970), Nr. 52, S. 15. Online im Internet: www.zeit.de/1970/52/Old-Henri-bei-den-Mainzelmaennchen (zuletzt abgerufen am 20.1.2011).

Fest, Joachim: Schwierigkeiten mit der Kritik. Die demokratische Funktion der Fernsehmagazine, in: Longolius, Christian (Hrsg.): Fernsehen in Deutschland. Mainz: v. Hase und Köhler, 1967, S. 105–110.

Fischer, Hans-Dieter: Können Sie überhaupt helfen, Herr Löwenthal, in: *Hörzu*, 25. Jg. (1978), Nr. 4, S. 14 ff.

Fischer, Peter: Was der Geist der Wahrheit bewirkt. Peter Fischer über einen Journalisten, der sich nicht vom Zeitgeist vereinnahmen ließ, in: *Ostpreußenblatt*, 23.6.2001. Online im Internet: www.webarchiv-server.de/pin/archiv01/2501ob13.htm (zuletzt abgerufen am 20.1.2011).

Föllmer, Eva-Maria/Kruck, Klaudia: Ein Vorbild an gelebter Menschlichkeit, in: *Zeit-Fragen* Nr. 51/2002 (16.12.2002). Online im Internet: http://www.zeit-fragen.ch/ARCHIV/ZF_100a/T18.HTM (zuletzt abgerufen am 20.1.2011).

Förster, Andreas: In eigener Sache. Die Stasi und das ZDF – ein sehenswerter Film zu nachtschlafender Zeit, in: *Berliner Zeitung*, 16.11.2006.

Online im Internet: www.berlinonline.de/ berliner-zeitung/archiv/.bin/dump.fcgi/2006/1116/media/0008/index.html (Berliner Zeitung, 20.1.2011)

Franke, Egon: Für eine sinnvolle Deutschlandpolitik (Bundestagsrede am 1.4.1976), abgedruckt in: *Das Parlament*, 10.4.1976, S. 6.

Friedeburg, Ludwig von: Meinungsbildung durch aktuelle Magazinsendungen des Fernsehens, in: *Publizistik*, 14. Jg. (1969), S. 162–172.

Fuhr, Ernst W.: ZDF-Staatsvertrag. Mainz: v. Hase und Köhler, 1972.

Ders.: Grenzen politischer Betätigung von ZDF-Mitarbeitern, in: TV-Courier/Dokumentation Nr. 3-D (3.2.1975), S. 4 ff.

Gehlen, Reinhard: Verschlußsache. Mainz: v. Hase und Koehler, 1980.

Gemballa, Gero: »Colonia Dignidad«: ein deutsches Lager in Chile (rororo aktuell, hrsg. von Ingke Brodersen und Freimut Duve). Reinbeck: Rowohlt, 1988.

Gerstenmeier, Eugen: Laudatio auf Gerhard Löwenthal, in: Festschrift zur Verleihung der Konrad-Adenauer-Preise 1975 für Wissenschaft, Literatur und Publizistik. Breitbrunn/Chiemsee: Deutschland-Stiftung e.V., 1975, S. 15 ff.; ACDP, NL Löwenthal).

Gölz, Manfred: Komturei Niedersachsen, in: *Non Nobis*, 14. Jahrgang (1998), Heft 33, S. 25.

Greiffenhagen, Martin (Hrsg.): Der neue Konservativismus der siebziger Jahre. Reinbeck: Rowohlt, 1974.

Ders.: Neokonservatismus in der Bundesrepublik, in: Ders. (Hrsg.): Der neue Konservativismus der siebziger Jahre. Reinbeck: Rowohlt, 1974, S. 7–23.

Ders.: Freiheit gegen Gleichheit? Zur ›Tendenzwende‹ in der Bundesrepublik (Hoffmann und Campe, Reihe Standpunkt). Hamburg: Hoffmann und Campe, 1975.

Grebing, Helga: Konservative gegen die Demokratie. Konservative Kritik an der Demokratie in der Bundesrepublik (Kritische Studien zur Politikwissenschaft). Frankfurt: Europäische Verlagsanstalt, 1971.

Gross, Johannes: Die Deutschen. Frankfurt: Heinrich Scheffler, 1967.

Ders.: Absagen an die Zukunft. Berlin; Frankfurt: Ullstein, 1974.

Ders.: Unsere letzten Jahre. München: dva, 1980.

Ders.: Die Misere der öffentlichen Gefühle, in: Kunkel, Klaus (Hrsg.): Solidarität mit unserer Zukunft. Köln: informedia, 1982, S. 13–50.

Ders.: Vorwort, in: ders. (Hrsg.): Macht und Moral. Willy Brandt zum 75. Geburtstag. Berlin: Propyläen, 1989, S. 5 ff.

Ders.: (Hrsg.): Macht und Moral. Willy Brandt zum 75. Geburtstag. Berlin: Propyläen, 1989.

Ders.: Phönix in Asche. Kapitel zum westdeutschen Stil. Stuttgart: Deutsche Verlags-Anstalt, 1989.

Ders.: Wie das Wunder in die Jahre kam. Essays zu Deutschland. Düsseldorf: Econ, 1994.

Ders.: Begründung der Berliner Republik. München: dva, 1995.

Gutjahr-Löser, Peter/Waigel, Theo (Hrsg.): Die Grundsatzdiskussion in der CSU. Studien, Berichte, Dokumente. München: Olzog, 1977.

Guttenberg, Karl-Theodor Freiherr von: Die neue Ostpolitik. Wege und Irrwege. Osnabrück: Fromm, 1971.

Habel, Walter (Hrsg.): Wer ist wer? (Das deutsche Who is who?), 1967/68. Berlin: Arani, 1967.

Habsburg, Otto von: Für Gerechtigkeit und menschliche Entfaltung in einem freiheitlichen Europa (Reden zur Zeit, hrsg. vom Institut für Demokratieforschung, Heft 20). Würzburg: Johann Wilhelm Naumann, 1977.

Hacke, Christian: Die Ost- und Deutschlandpolitik der CDU/CSU. Wege und Irrwege der Opposition seit 1969 (Bibliothek Wissenschaft und Politik, Bd. 12). Köln: Verlag Wissenschaft und Politik, 1975.

Hakemi, Sara: Sorg für deine Zukunft. Seit 120 Jahren qualifiziert eine jüdische Organisation Jugendliche, in: FAZ, 19.2.2001, Nr. 42, S. 68.

Hanfeld, Michael: Die radikale Mitte. Gerhard Löwenthal, Westsicht: Am Ende untendurch, obenauf, in: FAZ, 10.12.2002, Nr. 287, S. 38.

Ders./Purschke, Thomas: ZDF-Film »Die Feindzentrale«. Sollte Löwenthal sterben?, in: FAZ, 13.11.2006, Nr. 264, S. 38.

Hartmann, Hans: Ohrfeige für Justitia, in: *Wiesbadener Kurier*, 5.2.1974, S. 3; ACDP, NL Löwenthal, 01-763-090.

Lothar Heinke: Operation Bagage, in: *Tagesspiegel*, 16.11.2006. Online im Internet: www.tagesspiegel.de/medien/operation-bagage/775308.html (zuletzt abgerufen: 20.1.2011).

Hensen, Jürgen (Hrsg.): Erstes Forum des Bundesministers der Justiz am 9. Juli 1991 in Bonn. 40 Jahre SED-Unrecht. Eine Herausforderung für den Rechtsstaat (Sonderdruck der Zeitschrift für Gesetzgebung). München: C.H. Beck, 1991.

Hergt, Siegfried: Ergänzungsband Parteiprogramme (Heggen-Dokumentation 1). Leverkusen-Opladen: Heggen, 1975.

Hess, Otto: (Leserbrief), in: *Der Spiegel*, 26. Jg. (1972), Nr. 46, S. 10.

Historische Kommission beim Landesvorstand der Berliner SPD (Hrsg.): »64 Prozent für die SPD«. Erinnerung an eine Wahl vor 50 Jahren. Mit Beiträgen von Siegfried Heimann, Manfred Rexin [u. a]. Berlin 1999.

Holzamer, Karl: Grundregeln für die Zusammenarbeit im ZDF (Leitordnung), in: ZDF-Jahrbuch 1972, S. 31–34.
Ders.: Das Wagnis. Zum Sehen geboren. Zum Schauen bestellt. Mainz: v. Hase und Köhler, 1979.
Hornung, Klaus (Hrsg.): Mut zur Wende. Krefeld: Sinus, 1985.
Huyn, Hans Graf: Menschenrechte und Selbstbestimmung (Reden zur Zeit, hrsg. vom Institut für Demokratieforschung, Heft 7). Würzburg: Johann Wilhelm Naumann, 1977.
Hymmen, Friedrich Wilhelm (hy): Schwartz begründet Börners Boykott des »ZDF-Magazins«, in: *epd/Kirche und Rundfunk,* Nr. 55/56 (17.7.1976), S. 7a–7b.

Institut für Demoskopie Allensbach: Wählermeinung nicht geheim. Eine Dokumentation des ZDF. Allensbach: Verlag für Demoskopie, 1969.

Janowitz, Morris: Professional Models in Journalism: The Gatekeeper and the Advocate, in: *Journalism Quarterly*, 52. Jg. (1975), S. 618–626 und 662 ff.
Johannes Gutenberg-Universität Mainz: Vorlesungsverzeichnisse SS 1968, WS 1968/69, SS 1970, WS 1970/71.
Jjo: »Verpflichtung für die Freiheit zu streiten«, in: FAZ, 27.1.2001, Nr. 23, S. 84.
Jansen, Herbert: Rechtsaufsicht als Programmaufsicht nicht zulässig. Gutachten von Professor Leibholz für das ZDF liegt vor, in: *FUNK-Korrespondenz*, 21. Jg. (1973), Nr. 34, S. 1–9.
Janßen, Karl-Heinz: Kein Vorbild. Rüge aus der Staatskanzlei für ZDF-Löwenthal, in: *Die Zeit*, 26. Jg. (1972), Nr. 50. Online im Internet: www.zeit.de/1972/50/Kein-Vorbild (zuletzt abgerufen am 20.1.2011).
Jesse, Eckhard: Mit Leidenschaft und Pragmatismus zur Dissertation. Eine gute Dissertation lässt sich planen: Zehn Anregungen für Doktoranden von Prof. Dr. Eckhard Jesse, in: TU-Spektrum. Online im Internet: www-stiftung-aufarbeitung.de/downloads/pdf/jesse_diss.pdf (zuletzt abgerufen am 20.1.2011).

Kaltefleiter, Werner: Reform oder Umsturz? Wie es um Südafrikas Lage wirklich steht, in: *Die politische Meinung*, 30. Jg. (1985), Nr. 222, S. 30–35.
Kaltenbrunner, Gerd-Klaus: Klassenkampf und Bildungsreform. Die neue Konfessionsschule (Herderbücherei INITIATIVE, Bd. 2). Freiburg: Herder, 1974.
Ders.: Die Herausforderung der Konservativen. Absage an Illusionen (Herder Bücherei INITIATIVE, Bd. 3). Freiburg: Herder, 1974.
Ders.: Der schwierige Konservatismus, Definitionen, Theorien, Porträts. Herford, Berlin: Nicolai, 1975.
Ders.: Sprache und Herrschaft. Die umfunktionierten Wörter (Herderbücherei INITIATIVE, Bd. 5). Freiburg: Herder, 1975.
Ders.: Bereiten wir den falschen Frieden vor? Vom Gestaltwandel internationaler Konflikte (Herderbücherei INITIATIVE, Bd. 13). Freiburg: Herder, 1976.
Ders.: Das Elend der Christdemokraten. Ortsbestimmung in der politischen Mitte Europas (Herderbücherei INITIATIVE, Bd. 21). Freiburg: Herder, 1978.
Keiderling, Gerhard: Die Berliner Krise 1948/49. Zur imperialistischen Strategie des kalten Krieges gegen den Sozialismus und der Spaltung Deutschlands. Berlin (West): Das europäische Buch, 1982. (»Dieses Buch erschien zuerst 1982 als Bd. 69 der Schriften des Zentralinstituts für Geschichte der Akademie der Wissenschaften der DDR«).

Kepplinger, Hans Mathias/Hachenberg, Michael/Frühauf, Hermann: Struktur und Funktion eines publizistischen Konfliktes. Die Auseinandersetzung um Heinrich Bölls Artikel »Will Ulrike Gnade oder freies Geleit?«, in: *Publizistik*, 22. Jg. (1977), S. 14–35.

Kepplinger, Hans Mathias (Hrsg.): Angepaßte Außenseiter, Freiburg: Alber 1979.

Ders.: Die Kernenergie in der Presse, in: *Kölner Zeitschrift für Soziologie und Sozialpsychologie*, 40. Jg. (1988), S. 659–683.

Kern, Ingolf: Der wahre Sieger von Adlershof heißt Gerhard Löwenthal: Als Schröder und Stoiber sprachen, ließen es sich die Reporter gut gehen, in: FAZ, 27.8.2002, Nr. 198, S. 35.

Ders.: Das rote Tuch. Gerhard Löwenthal, Ostblick. Hilferufer für drüben, in: FAZ, 10.12.2002, Nr. 287, S. 38.

Kiefer, Marie-Luise: Politische Sendungen im Fernsehen. Angebot, Interesse und Nutzung – eine Infratest-Analyse, in: *Media-Perspektiven*, 2/1973, S. 53–64.

kj.: Nachlese zum Jahresschluß, in: *Die Zeit*, 25. Jg. (1971), Nr. 1. Online im Internet: www.zeit.de/1971/01/Nachlese-zum-Jahresschluss (zuletzt abgerufen am 20.1.2011).

König, Helmut: Eurokommunismus – Chance oder Gefahr (Reden zur Zeit, hrsg. vom Institut für Demokratieforschung, Heft 6). Würzburg: Johann Wilhelm Naumann, 1977.

Kötterheinrich, Manfred/Neveling, Ulrich/Paetzold, Ulrich/Schmidt, Hendrik (Hrsg.): Rundfunkpolitische Kontroversen. Zum 80. Geburtstag von Fritz Eberhard. Frankfurt/M., Köln: Europäische Verlagsanstalt, 1976.

Kramer, F.A.: Die Proklamation Europas: Ein Kongreß, der Geschichte macht, in: *Rheinischer Merkur*, 3. Jg. (1948), Nr. 20, S. 3–4.

Kremp, Herbert: Schreib-Tischler (Leserbrief zur Auseinandersetzung Nannen-Löwenthal), in: *Der Spiegel*, 25. Jg. (1971), Nr. 4, S. 15 ff.

Kuenheim, Hang von: Löwenthal hißte die weiße Fahne, in: *Die Zeit*, 29.10.1971 (Nr. 44), S. 14. Online im Internet: www.zeit.de/1971/44/loewenthal-hisste-die-weisse-fahne (zuletzt aufgerufen am 20.1.2011).

Kubicki, Stanislaw Karol/Lönnendonker, Siegfried (Hrsg.): 50 Jahre Freie Universität Berlin. Berlin: FU Berlin, 1998. Online im Internet:

http://web.fu-berlin.de/APO-Archiv/Online/fub50.pdf (zuletzt abgerufen am 20.1.2011)

Kühn, Detlev: Der bestgehaßte Westjournalist. Nachruf II: GERHARD LÖWENTHAL stand für einen antikommunistischen Kurs/Bespitzelung durch das Ministerium für Staatssicherheit, in: *Junge Freiheit*, 17. Jg. (2002), 13.12.2002. Online im Internet: www.jf-archiv.de/archiv02/512yy13.htm (zuletzt aufgerufen am 20.1.2011).

Kundler, Herbert: RIAS Berlin. Eine Radio-Station in einer geteilten Stadt. Berlin: Reimer, 1994.

Kunkel, Klaus (Hrsg.): Solidarität mit unserer Zukunft. Köln: informedia, 1982.

Arnolf Kutsch: Rundfunk unter alliierter Besatzung, in: Jürgen Wilke (Hrsg.): Mediengeschichte der Bundesrepublik Deutschland (Schriftenreihe Bd. 361), Bonn: Bundeszentrale für politische Bildung, 1999, S. 59–90.

Ders./Pöttker, Horst (Hrsg.): Kommunikationswissenschaft – autobiographisch. Zur Entwicklung einer Wissenschaft in Deutschland. Opladen: Westdeutscher Verlag, 1997.

Lamprecht, Rolf: Bock und Anstand, in: *Der Spiegel*, 26. Jg. (1972), Nr. 52, S. 102.

La Roche, Walther von/Buchholz, Axel (Hrsg.): Radio-Journalismus. Ein Handbuch für Ausbildung und Praxis im Hörfunk. München 1980.

Landesregierung NRW: Ministerialblatt 1972. Düsseldorf 1973.

Leide, Henry: Der schmutzige Antifaschismus der Stasi. Wie Markus Wolf und sein Dienst Gerhard Löwenthal mit gefälschten Dokumenten zum Spitzel der Gestapo machen wollten, in: *Frankfurter Allgemeine Sonntagszeitung*, 19.1.2003, Nr. 3, S. 5.

Leonhard, Wolfgang: Die Revolution entläßt ihre Kinder. Köln: Kiepenheuer und Witsch, 141963.

Löwis of Menar, Henning von: Das Engagement der DDR im Portugiesischen Afrika, in: *Deutschland-Archiv*, 10. Jg. (1977), Heft 1, S. 32–42.

Ders.: Solidarität und Subversion. Die Rolle der DDR im südlichen Afrika, in: *Deutschland-Archiv*, 10. Jg. (1977), Heft 6, S. 643–648.

Longolius, Christian (Hrsg.): Fernsehen in Deutschland. Gesellschaftspolitische Aufgaben und Wirkungen eines Magazins. Mainz: v. Hase & Köhler, 1967.

Ders.: Analyse des VHS-Arbeitskreises Medien. Politische Magazine und ihre Parteien, in: *Das Parlament*, 25. Jg. (1973), Nr. 50, S. 16.

Löw, Konrad: Menschenrechte und Haß-Ideologie (Reden zur Zeit, hrsg. vom Institut für Demokratieforschung, Heft. 2). Würzburg: Johann Wilhelm Naumann, 1977.

Magistrat von Groß-Berlin (Hrsg.): Berlin 1948. Jahresbericht des Magistrats. Berlin: Kulturbuch-Verlag, 1950.

Magistrat von Berlin (Hrsg.): Berlin 1949. Jahresbericht des Magistrats. Berlin: Kulturbuch-Verlag, 1950.

Ders.: Berlin 1950. Jahresbericht des Magistrats. Berlin: Kulturbuch-Verlag, 1951.

Mahlitz, Hans-Jürgen: Sein Leitmotiv hieß »Freiheit«. Hans-Jürgen Mahlitz zum Tod von Gerhard Löwenthal, in: *Ostpreußenblatt*, 14.12.2002. Online im Internet: www.webarchiv-server.de/pin/archiv02/5002ob06.htm (zuletzt abgerufen am 20.1.2011).

Mann, Thomas: Essays. Bd. 4: Achtung, Europa! 1933–1938 (hrsg. von Hermann Kurzke und Stephan Stachovsky). Frankfurt: S. Fischer, 1995

Matthey, Ferdinand: Entwicklung der Berlin-Frage (1944–1971) (Reihe: Aktuelle Dokumente). Berlin: de Gruyter, 1972.

Marx, Karl: Sieg der Kontrerevolution zu Wien, in: *Neue Rheinische Zeitung*, Nr. 136 vom 7.11.1848, wiedergegeben in: Institut für Marxismus-Leninismus beim ZK der SED (Hrsg.): Marx, Karl/Engels, Friedrich: Werke (MEW). Berlin (Ost): Dietz Verlag, 1969, S. 455 ff., dort S. 457.

Meier, Andre: Scharfer Anpfiff. Eine Doppelbiographie von Schnitzler und Löwenthal, in: *Die Zeit*, 54. Jg. (2000), Nr. 3. Online im Internet: www.zeit.de/2000/03/Scharfer_Anpfiff (zuletzt abgerufen am 20.1.2011).

Mende, Erich: Die FDP. Daten. Fakten. Hintergründe. Stuttgart: Seewald, 1972.

Momos: Simplicissimus aus Mainz, in: *Die Zeit*, 26. Jg. (1972), Nr. 10. Online im Internet: www.zeit.de/1972/10/Simplicissimus-ans-Mainz (sic! Zuletzt abgerufen am 20.1.2011).

Ders.: Strauß contra Amnesty, in: *Die Zeit*, 31. Jg. (1977), Nr. 50. Online im Internet: www.zeit.de/1977/50/Strauss-contra-Amnesty (zuletzt abgerufen am 20.1.2011).

Müller-Gerbes, Heidi: »Altkader des kalten Krieges«. Journalist Gerhard Löwenthal referiert in Wiesbaden über Wiederkehr des, Roten Phönix«, in: FAZ, 50. Jg. 12.2.1998, Nr. 36, S. 53.

Müller, Egon Erwin /Müller, Marianne: … stürmt die Festung Wissenschaft. Die Sowjetisierung der mitteldeutschen Universitäten seit 1945 (hrsg. vom Amt für gesamtdeutsche Studentenfragen des Verbandes Deutscher Studentenschaften und »colloquium« Zeitschrift der freien Studenten Berlins). Berlin: Colloquium, 1953.

Nannen, Henri: So manipuliert das ZDF. Offener Brief an Intendant Holzamer, in: *Stern*, 23. Jg. (1970), Nr. 51, S. 15.
Ders.: Der Fall Löwenthal. Wem der Mord paßt, in: *Stern*, 24. Jg. (1971), Nr. 3, S. 16–23.
N.N.: Sender Freies Berlin. Hörer gesucht, in: *Der Spiegel*, Nr. 22 (1954), S. 26 f.
N.N.: Bücher. Neu in Deutschland (Rezension zu: *Wir werden durch Atome leben*, in: *Der Spiegel*, 10. Jg. (1956), Nr. 29, S. 46.
N.N.: Deutschland-Stiftung. Wahrung der Rechte, in: *Der Spiegel*, 21. Jg. (1967), Nr. 11, S. 22 ff.
N.N.: ZDF-Magazin. Schadhaftes Haus, in: *Der Spiegel*, 22. Jg. (1968), Nr. 41, S. 218 f.
N.N.: Fernsehen. Mal zur Brust, in: *Der Spiegel*, 23. Jg. (1969), Nr. 37, S. 43.
N.N.: ZDF-Diskussion, in: *Der Spiegel*, 24. Jg. (1970), Nr. 5, S. 18.
N.N.: Löwenthal. Viele Blößen, in: *Der Spiegel*, 24. Jg. (1970), Nr. 30, S. 63.
N.N.: Nannen/Löwenthal. Gestatten Sie, in: *Der Spiegel*, 24. Jg. (1970), Nr. 52, S. 67 f.
N.N.: »ZDF-Magazin« vom 16. Dezember 1970, in: *Rundfunk und Fernsehen*, 19. Jg. (1971), S. 113–134.
N.N.: ZDF/»Stern«. Knüppel und Sack, in: *Der Spiegel*, 25. Jg. (1971), Nr. 1, S. 52–54.
N.N.: Geheimnisbruch. Mit Eselsohren, in: *Der Spiegel*, 25. Jg. (1971), Nr. 32, S. 21 ff.
N.N.: Personalien. Gerhard Löwenthal, in: *Der Spiegel*, 25. Jg. (1971), Nr. 44, S. 214 ff.
N.N.: Richtige Richtung, in: *Der Spiegel*, 25. Jg. 1971, Nr. 47, S. 100–105, dort S. 100. Online im Internet: www.spiegel.de/spiegel/print/d-44914760.html.
N.N.: Register. Thomas Löwenthal, in: *Der Spiegel*, 26. Jg. (1972), Nr. 6, S. 140.
N.N.: Hausmitteilung. Betr.: Pullach intern, in: *Der Spiegel*, 26. Jg. (1972), Nr. 7, S. 3.
N.N.: Tief, sehr tief sind wir gesunken, in: *Der Spiegel*, 26. Jg. (1972), Nr. 44, S. 75–89.
N.N.: Falsches Spiel, in: *Der Spiegel*, 26. Jg. (1972), Nr. 44, S. 18.
N.N.: Fernsehen. Dumme Sachen, in: *Der Spiegel*, 26. Jg. (1972), Nr. 51, S. 65.
N.N.: »ZDF-Magazin« gerügt, in: *Der Journalist*, 23. Jg. (1973), Nr. 1, S. 22.
N.N.: Stars im Streitgespräch. Magazinmoderator Gerhard Löwenthal und Filmstar Uschi Glas, in: *Hörzu*, 18/1973, S. 34–40.
N.N.: Fernsehen. Wahrer Aufbruch, in: *Der Spiegel*, 27. Jg. (1973), Nr. 37, S. 163 f.
N.N.: Personalien. Petra Unger, in: *Der Spiegel*, 28. Jg. (1974), Nr. 7, S. 138.
N.N.: Register. Rudolf Schönhaber, in: *Der Spiegel*, 28. Jg. (1974), Nr. 9, S. 132.
N.N.: Wahlen. Drücken lassen, in: *Der Spiegel*, 28. Jg. (1974), Nr. 15, S. 47 ff.
N.N.: Register. Gerhard Löwenthal, in: *Der Spiegel*, 28. Jg. (1974), Nr. 19, S. 162.
N.N.: Parteien. Lauter Quallen, in: *Der Spiegel*, 28. Jg. (1974), Nr. 38, S. 30 ff.
N.N.: ZDF-Magazin liegt vorn, in: *Hörzu*, Jg. 29. Jg. (1975), Nr. 40, S. 16.
N.N.: Ein Bärendienst von Löwenthal, in: *Stern*, 29. Jg.(1976), Nr. 8, S. 15.
N.N.: Zitate, in: *Der Spiegel*, 30. Jg. (1976), Nr. 11, S. 19.
N.N.: Börner: »Kein Boykott der SPD gegenüber dem ZDF-Magazin«, in: *epd/Kirche und Rundfunk*, Nr. 67 (28.8.1976), S. 6 f.
N.N.: Personalien. Gerhard Löwenthal, in: *Der Spiegel*, 30. Jg. (1976), Nr. 34, S. 130.
N.N.: Berufliches. Gerhard Löwenthal, in: *Der Spiegel*, 31. Jg. (1977), Nr. 14, S. 240.
N:N.: Sympathisanten. Viele Jemand, in: *Der Spiegel*, 31. Jg. (1977), Nr. 39, S. 33 f.
N.N.: Betr.: Hausmitteilung. Sympathisanten, in: *Der Spiegel*, 31. Jg. (1977) Nr. 41, S. 3.
N.N. (DDR-Funktionär): »Künftig auch wieder mehr an uns denken«, in: *Der Spiegel*, 32. Jg. (1978), Nr. 17, S. 41–45.
N.N.: Wer BRD sagt, richtet Unheil an, in: *Der Spiegel*, 32. Jg. (1978), Nr. 39, S. 36–39.

N.N.: Gewerkschaften. Gleiche Brüder, in: *Der Spiegel*, 33. Jg. (1979), Nr. 28, S. 85 f.
N.N.: Wahlkampf. Straußens Jupp, in: *Der Spiegel*, 34. Jg. (1980), Nr. 35, S. 22–25.
N.N.: Konservative. Lügen, Lügen, Lügen, in: *Der Spiegel*, 40. Jg. (1986), Nr. 28, S. 36–39.
N.N.: Konservative. Bund gebeutelt, in: *Der Spiegel*, 40. Jg. (1986), Nr. 42, S. 122–129.
N.N.: Parteien. Vorauseilende Zerknirschung, in: *Der Spiegel*, 44. Jg. (1990), Nr. 45, S. 56 f.
N.N.: Für den Wähler, in: FAZ, 26.9.1994, Nr. 224, S. 46.
N.N.: Kritik an Äußerungen Friedmans zum Christentum, in: FAZ, 47. Jg., 29.5.1995, Nr. 123, S. 38.
N.N.: Justitia. Persönlichkeitsschutz und Pressefreiheit, in: *Zeit-Fragen*, 45/1998 (1.3.1998), S. 16.
N.N.: Zeitzeugen-Gespräch mit Gerhard Löwenthal, in: FAZ, 53. Jg., 6.3.2001, Nr. 55, S. 69.
N.N.: Gerhard Löwenthal 80, in: FAZ, 54. Jg., 7.12.2002, Nr. 285, S. 6.
N.N.: Gestorben. Gerhard Löwenthal, in: *Der Spiegel*, 56. Jg. (2002), Nr. 51, S. 194.
N.N.: »Das jüdische Totengebet hat mir das Leben gerettet«. Ein Gespräch mit dem Schauspieler Michael Degen, in: FAZ, 58. Jg., 31.10.2006, S. 46.
Noelle, Elisabeth und Neumann, Erich Peter (Hrsg.): Jahrbuch der öffentlichen Meinung 1947–1955. Allensbach: Verlag für Demoskopie, 1956.
Dies.: Jahrbuch der öffentlichen Meinung 1947–1955. Allensbach: Verlag für Demoskopie, 1956.
Dies.: Jahrbuch der öffentlichen Meinung 1965–1967. Allensbach: Verlag für Demoskopie, 1967.
Dies.: Jahrbuch der öffentlichen Meinung 1968–73. Allensbach: Verlag für Demoskopie, 1974.
Dies.: Jahrbuch der öffentlichen Meinung 1976–77. Allensbach: Verlag für Demoskopie, 1977
Dies.: Jahrbuch der öffentlichen Meinung 1978–83. München [u. a.]: K.G. Sauer, 1983.
Dies.: Die Entfremdung. Brief an die Zeitschrift *Journalist*, in: Kepplinger, Hans Mathias (Hrsg.): Angepaßte Außenseiter, Freiburg: Alber 1979, S. 260–281.
Dies.: Die verletzte Nation. Stuttgart: dva, 1984.
Dies.: Über den Fortschritt der Publizistikwissenschaft durch Anwendung empirischer Forschungsmethoden, in: Kutsch, Arnulf/Pöttker, Horst (Hrsg.): Kommunikationswissenschaft – autobiographisch. Zur Entwicklung einer Wissenschaft in Deutschland. Opladen: Westdeutscher Verlag, 1997, S. 36–61.
Dies.: Die Zukunft der Freiheit, in: Karl-Hermann-Flach-Forum (Hrsg.): Die Zukunft der Freiheit. Wiesbaden 1999.
Dies.: Erinnerungen. München: Herbig, 2006.

P., F.: Aus zwei mach drei, in: FAZ, 3.1.2000, Nr. 1, S. 57.
Paczensky, Gerd von: Hände weg von Löwenthal. Auch die Opposition hat Anspruch auf eine wirkungsvolle Plattform im Fernsehen, in: *Stern*, 23. Jg. (1970), Nr. 46, S. 222 ff.
Posser, Diether: »Diese Praxis ist verheerend«, in: *Der Spiegel*, 26. Jg. (1972), Nr. 5, S. 40 f.

Rager, Günther: Die ewige Wiederkehr des Gleichen. Zur Informationsverarbeitung in Gerhard Löwenthals ZDF-Magazin, in: Greiffenhagen, Martin (Hrsg.): Der neue Konservatismus der siebziger Jahre. Reinbeck: rororo, 1974, S. 78–89.
Reich-Ranicki, Marcel: Mein Leben (SPIEGEL-Edition, Bd. 40). Hamburg: SPIEGEL-Verlag, 2006.
Renckstorf, Carsten: Zur Sendung des »ZDF-Magazin« vom 16. Dezember 1970, in: *Rundfunk und Fernsehen*, 19. Jg. (1971), S. 109 ff.
Reufsteck, Michael/Niggemeier, Stefan: Das Fernsehlexikon. München: Goldmann, 2005. Online im Internet: www.fernsehserien.de/search/ZDF-Magazin/ (zuletzt abgerufen am 13.9.2010).

Revermann, Klaus H.: Manipuliert das ZDF-Magazin die öffentliche Meinung?, in: *epd/KuF*, 25/1970 (4.7.1970), S. 1–3.
Richter, F. Roland A.: Gerhard Löwenthal: unbeugsamer Antifaschist. Nachruf, in: *Eigentümlich frei*, Nr. 1/2003, S. 34. Online im Internet: www.ef-magazin.de/archiv/ef/31/inhalt.html (zuletzt abgerufen am 20.1.2011).
Riklin, Alois: Das Berlinproblem. Historisch-politische und völkerrechtliche Darstellung des Viermächtestatus (Abhandlungen des Bundesinstituts zur Erforschung des Marxismus-Leninismus, Bd. VI), Köln: Verlag Wissenschaft und Politik, 1964.
Rosenthal, Hans: Zwei Leben in Deutschland. Bergisch Gladbach: Gustav Lübbe, 1980.
Ruoff, Robert: »Kritik, um jemandem zu helfen ...« Über das Selbstverständnis des Journalisten Franz Alt, in: *FUNK-Korrespondenz*, 28. Jg. (1980), Nr. 37, S. 1 ff.
Ruhland, Walter: Fernsehmagazine und Parteien. Die Darstellung der Parteien in den innenpolitischen Magazinen des deutschen Fernsehens im Bundestagswahljahr 1976 (Hochschul-Skripten Medien). Berlin: Volker Spiess, 1979.

Schädel, Helmut: Grobes statt Aufklärung, in: *Die Zeit*, 39. Jg. (1985), Nr. 41. Online im Internet: www.zeit.de/1985/41/grobes-statt-aufklaerung (zuletzt abgerufen am 20.1.2011).
Schelsky, Helmut: Der selbständige und der betreute Mensch. Politische Schriften und Kommentare. Stuttgart: Seewald, 1976.
Ders.: Das geborgte Elend, in: Der selbständige und der betreute Mensch, Stuttgart: Seewald, 1976, S. 111–116.
Schenk, Fritz: Demokratischer Sozialismus – eine Utopie (Reden zur Zeit, hrsg. vom Institut für Demokratieforschung, Heft 21). Würzburg: Johann Wilhelm Naumann, 1978.
Ders.: Scharfzüngiger Kritiker im Kalten Krieg. Erinnerungen an das ZDF-Magazin – Gerhard Löwenthal feiert seinen 80. Geburtstag, in: *Die Tagespost*, 10.12.2002. Online im Internet: www.die-tagespost.de/Archiv/titel_anzeige.asp?ID=2368 (zuletzt abgerufen am 3.3.2010).
Ders.: Kämpfer für die Einheit Deutschlands. Feindbild aller Linken, in: *Junge Freiheit*, 17. Jg. (2002), Nr. 50. Online im Internet: www.jf-archiv.de/archiv02/502yy21.htm (zuletzt abgerufen am 20.1.2011).
Schimpff, Volker/Nitsche, Henry: Geburtshelfer. Gerhard Löwenthal hat eine ganze DDR-Generation geprägt, in: *Junge Freiheit*, 17. Jg. (2002), Nr. 51. Online im Internet: www.jf-archiv.de/archiv02/512yy12.htm (zuletzt abgerufen am 20.1.2011).
Schmidt-Eenboom, Erich: Undercover. Der BND und die deutschen Journalisten. Köln: Kiepenheuer und Witsch, 1998.
Schmidt-Ospach, Michael: Heinrich Böll, zwischen die Kommentatoren geraten. Zum Streit des Schriftstellers mit dem SWF und einem ZDF-Kommentar, in: *epd/KuF*, 4/1972 (29.1.1972), S. 1 f.
Ders.: Heinrich Böll, zwischen die Kommentatoren geraten, 2. Teil, in: *epd/KuF*, 5/1972 (5.2.1972), S. 24.
Ders.: Das journalistische Selbstverständnis des ZDF-Intendanten. Gerhard Löwenthal bringt nun auch die Polarisierung im ZDF zuwege, in: *epd/K u F*, 6/1972 (12.2.1972), S. 1 f.
Ders.: Vom ZDF-Intendanten kein Wort in Sachen Löwenthal und Böll. Die Entschuldigung der Redakteure und Löwenthals Richtigstellung, in: *epd/KuF*, 7/1972 (19.2.1972), S. 3.
Michael Schmidt-Ospach: Neun Redakteure des ZDF-Magazins bitten um Versetzung. Brief an Prof. Holzamer: »Lösung der Ihnen bekannten Probleme«, in: *epd/KuF*, 22/1971, S. 5 f.

Schoen, Hans Dieter: Vor Selbstzerstörung des Wohlfahrtsstaates (Reden zur Zeit, hrsg. vom Institut für Demokratieforschung, Heft 8). Würzburg: Johann Wilhelm Naumann, 1976.
Schrenck-Notzing, Caspar von (Hrsg.): Lexikon des Konservatismus. Graz: Leopold Stocker, 1996.
Senat von Berlin (Hrsg.): Berliner Schicksal 1945–1952. Amtliche Berichte und Dokumente. Berlin 1952.
Ders. (Hrsg.): Berlin. Ringen um Einheit und Wiederaufbau 1948–1951, Berlin: Heinz Spitzing, 1961.
Schwarze, Hanns Werner: Politische Fernsehmagazine – Unausgewogenheit programmiert?, in: Kötterheinrich, Manfred/Neveling, Ulrich/Paetzold, Ulrich/Schmidt, Hendrik (Hrsg.): Rundfunkpolitische Kontroversen. Zum 80. Geburtstag von Fritz Eberhard. Frankfurt/M., Köln: Europäische Verlagsanstalt, 1976, S. 180–193.
Schreiber, Hermann: Henri Nannen. Drei Leben. Gütersloh: C. Bertelsmann, 1999.
Siegerist, Joachim: Der Mann mit der harten Schale, in: *Hörzu*, 33. Jg. (1978), Nr. 14, S. 13.
Springer, Axel: Von Berlin aus gesehen. Stuttgart: Seewald, 1972.
Stein, Dieter: Gerhard Löwenthal. Abschied von einem Giganten, in: *Junge Freiheit*, 13.12.2002. Online im Internet: www.jf-archiv.de/archiv02/512yy02.htm (zuletzt abgerufen am 20.1.2011).
Ders.: Marx, Thälmann . Löwenthal. Gerhard-Löwenthal-Straße für Berlin, in: *Junge Freiheit*, 22. Jg. (2007), Nr. 48, S. 1.
Steinbuch, Karl: Plädoyer für die Selbständigkeit (Reden zur Zeit, hrsg. vom Institut für Demokratieforschung). Würzburg: Johann Wilhelm Naumann, 1977.
Stolte, Dieter: Respekt vor einem deutschen Leben. Zum Tode von Gerhard Löwenthal, in: *Die Welt*, 10.12.2002. Online im Internet:
http://www.welt.de/print-welt/article293558/Respekt_vor_einem_deutschen_Leben.html (zuletzt abgerufen am 20.1.2011).
David Stout: Jan Sejna, 70, Ex-Czech General and Defector, in: *New York Times*, 30.8.1997. Online im Internet: http://www.nytimes.com/1997/08/30/world/jan-sejna-70-ex-czech-general-and-defector.html. (zuletzt abgerufen: 20.1.2011)
Strauß, Franz Josef: Analyse der weltpolitischen Situation (Reden zur Zeit, hrsg. vom Institut für Demokratieforschung, Heft 10), Würzburg: Johann Wilhelm Naumann, o. J. (ca. 1976/77).
Ders.: Brüllhaufen, Rowdybanden, in: *Die Zeit*, Nr. 39/1979. Online im Internet: www.zeit.de/1979/39/bruellhaufen, rowdybanden
Ders.: Die Erinnerungen. Berlin: Siedler, 1989.
Studienzentrum Weikersheim (Hrsg.): Die Medien – das letzte Tabu der offenen Gesellschaft. Mainz: von Hase und Köhler, 1986.
Studnitz, Hans-Georg: Bismarck in Bonn. Bemerkungen zur Außenpolitik. Stuttgart: Seewald, 1964.
Sweerts-Sporck, Peter: Libyen-Konflikt. Antinomien, in: *Medien-Kritik*, 10. Jg. (1986), Nr. 18, S. 2 ff.
Ders.: Radioaktive Strahlenbelastung. Das ZDF gibt der Wahrheit die Ehre, in: *Medien-Kritik*, 10. Jg. (1987), Nr. 27, S. 2 f.

Tent, James F.: Freie Universität Berlin 1948-1988. Eine deutsche Hochschule im Zeitgeschehen. Berlin: Colloquium, 1988.
Trapmann, Margret: Wohin steuert das politische Programm des ZDF? Anmerkungen zum neuen Programmschema, in: *Funk-Korrespondenz*, 16. Jg. (1968), Nr. 49, S. 1–4.
Tremper, Will: Selbst wenn Sie Gerhard Löwenthal nicht riechen können ..., in: *Jasmin*, 1971 (ohne weiteren Angaben), in: ACDP, NL Löwenthal, 01-763-021 und 01-763-033

Tremper, Will: Meine wilden Jahre. Berlin: Ullstein, 1993.
Verhandlungen des Deutschen Bundestages, Bd. 71: 6. Wahlperiode 1969/70. Bonn 1970.

Usi: Gerhard Löwenthal gestorben, in: *Berliner Morgenpost*, 9.12.2002. Online im Internet:www.morgenpost.de/printarchiv/kultur/article52822/Gerhard_Loewenthal_gestorben.html (zuletzt abgerufen am 20.1.2011).

Walden, Matthias: »Konvergenz« – nicht nur eine Theorie?, in: Siegfried Kappe-Hardenberg (Hrsg.): Wohin treibt Deutschland? Velbert: blick + bild Verlag, 1973, S. 36–53.
Ders.: Kassandra-Rufe. Deutsche Politik in der Krise. München, Wien: Langen-Müller, 1975.
Weidenfeld, Werner: Die Frage nach der Einheit der deutschen Nation (Olzog-Studienbuch). München: Günter Olzog, 1981.
ders./Wessels, Wolfgang (Hrsg.): Europa von A-Z. Taschenbuch der Europäischen Integration (Sonderauflage für die Landeszentrale für politische Bildung), Bonn: Europa Union Verlag 1991.
Wilfert, Otto: Müssen die Fernseh-»Magazine« Moderatoren haben?, in: *Frankfurter Hefte*, 25. Jahrgang (1970), Nr. 11, S. 803–807.
Wördemann, Franz: Konkurrent und Sündenbock. Zur Kritik an politischen Fernsehmagazinen, in: Christian Longolius (Hrsg.): Fernsehen in Deutschland, Bd. 2, Mainz 1969, S. 99–104.
Wrocklage, Hartmuth: Freiheit und Sozialismus, in: *Die neue Gesellschaft*, 23. Jg. (1976), Heft 7, S. 580–583.
Wüst, Jürgen: »Imperialistisches Menschenrechtsgeschrei«. Der Kampf des MfS gegen die Internationale Gesellschaft für Menschenrechte (IGFM) und Amnesty International (AI), in: *Deutschland-Archiv*, 31. Jahrgang (1998), S. 418–427.

Zitelmann, Rainer: Wohin treibt unsere Republik? Berlin: Ullstein, 1994.
Zundel, Rolf: Gerhard Löwenthal, überlebensgroß, in: *Die Zeit*, 24. Jahrgang (1970), Nr. 44. Online im Internet: www.zeit.de/1970/44/Gerhard-Loewenthal-ueberlebensgross (zuletzt abgerufen am 20.1.2011).
Ders.: Strauß-Festival mit Barzel, in: *Die Zeit*, 25. Jg. (1971), Nr. 43 Online im Internet: www.zeit.de/1971/43/strauss-festival-mit-barzel (zuletzt abgerufen am 20.1.2011).
Zytur, Cordula: Machen Köpfe schon ein Programm? Politische Magazine bei ARD und ZDF, in: *FUNK-Korrespondenz*, 21. Jg. (1973), Nr. 24, S. 1–7.
Dies.: Löwenthal und »Kennzeichen D« gegen Quiz und Quark. Was ist mit den ZDF-Informationssendungen nach der Programmstruktur-Reform?, in: FUNK-Korrespondenz, 25. Jg. (1977); Nr. 17, S. 9 ff.

II., Leserbriefe zum Thema Löwenthal in Publikumszeitschriften

Leserbriefe unter der Überschrift »Retter der Nation«, in: *Spiegel*, 26. Jg. (1972), S. 7–11, von: Jürgen Denuell, Wolfgang Mahnke, Lothar Seibel, Lothar Seidel, Karl Joseph Gördel, Reinhard Lauterbach. Klaus Rother, Uwe Böschemeyer/Siegfried Scharrer/Hinrich C.G. Westphal, Hans Holter, W. Wansel, Volker Mutschler, G. Rudolph, Georg A. Pustolka, Hans Vogt, Otto H. Hess, Otto Wagner, Helmut Christiansen, Bernd Nelkner, Renate Kessler.

Leserbriefe im *Stern* unter der Überschrift »Aus dem Fall Nannen wird der Fall Löwenthal«, 24. Jg. (1971), Heft 3, S. 4ff., von: Erna Schwenkpiel, Manfred Schulte, Gerhard Kreuter, H. Möller, Herbert Faeseler, Lale Andersen, Willi Strunk, N. Meidhof, Heinz Schade, Rudolf Zöller, Bernhard Wicki, Herward Beschorner, Dieter Joseph, E.W. Klemm, Helmuth Möhring, G. Bartels, Erwin Horn, Dieter Gütt, Carl A. Kindler, Wilhelm Emmerich, Hans und Marianne Klee.

Leserbriefs unter der Überschrift »Für die Nazis die Haare blond gefärbt«, 24. Jg. (1971), Nr. 4, S. 4 von: Peter Teschke, Gerhard Böckelmann, Fritz Bereiter, Engelhard Erckbömer, Olaf Pinterhaus, Karlheinz Schmieder, Klaus Boele, Georg Lutterbrink, Ernst Schütte, Hans Kleinmann, Walter Sieger, Heribert Dix, Hermann Böhm, Beate Klarsfeld.

Unter der Überschrift »Nazi Nannen?«, ebd., S. 6f.: Rudolf Nagel, Cornelius Langenscheid, Gerhard Göbel, W. Zecker, Axel Silenius.

Leserbriefe in der *Hörzu* unter der Überschrift »›Reizende‹ Moderatoren, Nr. 51/1970, von: Ewald Seifert, Hermann Dumrese, Kurt Hambürger, I. Buhnemann, Jürgen B., Hans und Elisabeth Rieder.

III., Hörfunk- und Fernsehsendungen, die Informationen zu den Fragestellungen dieser Arbeit enthalten

Andrea Lueg: Gefährliches Engagement. Sendereihe zum 60. RIAS-Geburtstag. Online im Internet: www.dradio.de/dlf/sendungen/campus/466674/ (zuletzt abgerufen am 20.1.2011)

Dies.: »Studenten haben das Wort!« – RIAS-Uni-Radio im Kalten Krieg. Sendung vom 6.2.2006. Sendung vom 7.2.2006), in: www.dradio.de/dlf/sendungen/campus/464265/ (zuletzt abgerufen am 20.1.2011).

N.N.: Interview mit William »Bill« Heimlich, in: www.gwu.edu/~nsarchiv/coldwar/interviews/episode-4/heimlich3.html

(zuletzt abgerufen am 20.1.2011)

Vom DIAS zum RIAS – und dann noch mehr als drei Jahrzehnte. Manfred Rexin interviewt Jürgen Graf, in: www.riasberlin.de/rias-hist/rias-hist-graf/riad-graf-inter.html

(zuletzt abgerufen am 20.1.2011).

1968 – Tage des Aufstands, Sendung der Talkshow *Club 2* des ORF am 13.6.1978. Online im Internet: www.youtube.de, Suchbegriff: »Matthias Walden« (zuletzt abgerufen am 20.1.2011).

IV., Quellen, die ausschließlich im Internet zu finden sind

www.bad-bad.de/f_alt/f_alt_01.htm (zuletzt abgerufen am 20.1.2011).

www.batzen.info/th_199809222302_ard.html (zuletzt abgerufen am 20.1.2011).

www.brandserver/de/danubia/Upload/up/Referentenliste.pdf (zuletzt abgerufen am 20.1.2011).

www.ddr89.de/ddr89/a/a_f.html (zuletzt abgerufen am 20.1.2011).

www.deutschesprachwelt.de/archiv/unterzeichner.shtml (zuletzt abgerufen am 20.1.2011).

www.documentarchiv.de/brd/1970/moskauer-vertrag.html (zuletzt abgerufen am 20.1.2011).

www.documentarchiv.de/brd/1970/warschauer-vertrag.html (zuletzt abgerufen am 20.1.2011).

www.gutes-deutsch.de/resolu2.htm (zuletzt abgerufen am 20.1.2011).

www.hdg.de/lemo/html/dokumente/NeueHerausforderungen_vertragKSZESchlussakte/index.html (zuletzt abgerufen am 20.1.2011).

www.imdb.de/title/tt0692776 (zuletzt abgerufen am 20.1.2011).
www.jg-berlin.org/ueber-uns/geschichte.html (zuletzt abgerufen am 20.1.2011).
www.koerber-stiftung.de/en/international-affairs/bergedorf-round-table/database/your-search-for-results-for-a-protocol/protocol-detail/BGlist/die-bewaeltigung-des-lohn-preis-problems-und-die-autonomie-der-sozialpartner.html (zuletzt abgerufen am 20.1.2011).
www.konservativ.de (zuletzt abgerufen am 20.1.2011).
http://de.wikipedia.org/wiki/Liste_der_nuklearen_Boden-Boden-Raketen (zuletzt abgerufen am 20.1.2011).
http://sk.dra.de/grape/Seite6.htm (zuletzt abgerufen am 20.1.2011).
www.staatshehlerei.org/archiv/schwenke/scw_011200.htm (zuletzt abgerufen am 19.1.2011).
www.verfassungsschutz-brandenburg.de/sixcms/media.php/4055/verbotene_rechtsextremistische_organisationen.pdf (zuletzt abgerufen am 20.1.2011).
http://en.wikipedia.org/wiki/Jan_Sejna (zuletzt abgerufen am 20.1.2011).
www.de.wikipedia.org/wiki/stella_goldschlag (zuletzt abgerufen am 20.1.2011).
www.de.wikipedia.org/wiki/Verband_Deutscher_Studentenschaften (zuletzt abgerufen am 20.1.2011).
www.wiltonpark.de/WiltonPark.htm (zuletzt abgerufen am 20.1.2011).
www.wiltonpark.org.uk./en/about-wilton-park/wilton-park-history/ (zuletzt abgerufen am 20.1.2011).
www.zentralratjuden.de/en/article/596.html (zuletzt abgerufen am 20.1.2011).

Darstellungen

Angress, Werner T.: Generation zwischen Furcht und Hoffnung. Jüdische Jugend im Dritten Reich. Hamburg: Hans Christians, 1985.
Asmussen, Nils: Hans-Georg von Studnitz. Ein konservativer Journalist im Dritten Reich und in der Bundesrepublik, in: Vierteljahreshefte für Zeitgeschichte, 45. Jg. (1997), S. 75–119.

Backes, Uwe/Jesse, Eckhard/Zitelmann, Rainer (Hrsg.): Die Schatten der Vergangenheit. Impulse zur Historisierung des Nationalsozialismus. Frankfurt/M., Berlin: Ullstein Propyläen, 1990.
Dies.: Was heißt: »Historisierung« des Nationalsozialismus?, in: Dies. (Hrsg.): Die Schatten der Vergangenheit. Impulse zur Historisierung des Nationalsozialismus. Frankfurt/M., Berlin: Ullstein Propyläen, 1990, S. 25–57.
Backes, Uwe/Jesse, Eckhard: Politischer Extremismus in der Bundesrepublik Deutschland. Neuausgabe 1996 (Schriftenreihe Bd. 272). Bonn: Bundeszentrale für politische Bildung, 1996.
Dies.: Die Links-Rechts-Unterscheidung – Betrachtungen zu ihrer Geschichte, Logik, Leistungsfähigkeit und Problematik, in: Dies. (Hrsg.): Jahrbuch Extremismus und Demokratie, 9. Jg. (1997), S. 13–38.
Dies. (Hrsg.): Vergleichende Extremismusforschung (Reihe Extremismus und Demokratie, Bd. 11). Baden-Baden: Nomos, 2005.

Bamberg, Hans-Dieter: Die Deutschland-Stiftung e.V. Studien über Kräfte der »demokratischen Mitte« und des Konservatismus in der Bundesrepublik Deutschland (Marburger Abhandlungen zur Politischen Wissenschaft, hrsg. von Wolfgang Abendroth, Bd. 23). Meisenheim am Glan: Hain, 1978.

Baring, Arnulf: Machtwechsel. Die Ära Brandt-Scheel. München: dva, 21982.
Norberto Bobbio: Rechts und Links. Gründe und Bedeutungen einer politischen Unterscheidung. Berlin: Wagenbach, 1994.
Bohnsack, Günter: Die Legende stirbt. Das Ende von Wolfs Geheimdienst (Rote Reihe). Berlin: edition Ost, 1997.
Becker, Hartmuth/Dirsch, Felix/Winckler, Stefan (Hrsg.): Die 68er und ihre Gegner. Der Widerstand gegen die Kulturrevolution. Graz: Leopold Stocker, 2003.

Donsbach, Wolfgang: Legitimationsprobleme des Journalismus. Gesellschaftliche Rolle der Massenmedien und berufliche Einstellung von Journalisten. Freiburg, München: Alber, 1982.

Eckert, Michael: Anfänge der deutschen Atompolitik, in: »Vierteljahreshefte für Zeitgeschichte«, 37. Jg. (1989), S. 115–143.
Ennen, Ilka: Die Kommunikations- und Informationspolitik Willy Brandts. Unveröffentlichte Magisterarbeit, Mainz 1996.

Falter, Jürgen W.: »Anfälligkeit« der Angestellten – Immunität der Arbeiter? Mythen über die Wähler der NSDAP, in: Backes, Uwe/Jesse, Eckhard/Zitelmann, Rainer (Hrsg.): Die Schatten der Vergangenheit. Impulse zur Historisierung des Nationalsozialismus. Frankfurt/M., Berlin: Ullstein Propyläen, 1990, S. 265–290.
Fisch, Jörg: Geschichte Südafrikas. München: dtv, 1990.
Fischer, Hans-Dietrich (Hrsg.): Rundfunk-Intendanten – Kommunikatoren oder Manager? (Bochumer Studien zur Publizistik- und Kommunikationswissenschaft, Bd. 20: Rundfunk-Intendanten), Bochum: Studienverlag Dr. N. Brockmeyer, 1979.
Fischer, Petra: Der SFB vor dem Hintergrund Berliner Zeitgeschichte. Online im Internet: www.diss.fu-berlin.de/2007/731/index.html.
Fricke, Karl Wilhelm /Steinbach, Peter/Tuchel, Johannes (Hrsg.): Opposition und Widerstand in der DDR. Politische Lebensbilder. München: Beck, 2002.

Galle, Petra/Schuster, Axel: Archiv- und Sammlungsgut des RIAS Berlin. Ein Findbuch zum Bestand im Deutschen Rundfunkarchiv. Potsdam: Verlag für Berlin-Brandenburg, 2000.
Garton Ash, Timothy: Im Namen Europas. München: Carl Hanser, 1993.
Gerhardt, Gunther: Das Krisenmanagement der Vereinigten Staaten während der Berliner Blockade (1948/49). Intentionen, Strategien und Wirkungen (Historische Forschungen, Bd. 25). Berlin: Duncker & Humblot, 1984.
Gerloff, Kathrin: Gegenspieler. Gerhard Löwenthal, Karl Eduard von Schnitzler. Frankfurt a. M.: Fischer Taschenbuch, 1999.
Gieseke, Jens: Der Mielke-Konzern. Die Geschichte der Stasi 1945-1990. München: dva, 2006.

Haux, Georg: Wissenschaftsjournalisten und Wissenschaftler. Zum Verhältnis der beiden Berufsgruppen am Beispiel des Themas Gentechnologie. München 1989 (unveröffentlichte Diplomarbeit im Fach Zeitungswissenschaft).
Hirsch, Kurt: Rechts von der Union. Personen, Organisationen, Parteien seit 1945. München: Knesebeck & Schuler, 1989.

Hoffmann, Rüdiger: Pressionen auf politische Magazine, in: Aufermann, Jörg/Scharf, Wilfried/Schlie, Otto (Hrsg.): Fernsehen und Hörfunk für die Demokratie. Ein Handbuch über den Rundfunk in der Bundesrepublik Deutschland. Opladen 1979, S. 301–315.

Jesse, Eckhard: Renaissance der deutschen Frage? (Sozialwissenschaftliche Materialien). Stuttgart: Klett, 1987.

Ders. (Hrsg.): Totalitarismus im 20. Jahrhundert. Eine Bilanz der internationalen Forschung. Baden-Baden: Nomos, 21999, S. 519–571.

Ders.: Demokratie in Deutschland. Diagnosen und Analysen (Hrsg. Von Uwe Backes und Alexander Gallus). Köln: Böhlau, 2009.

Jürgens, Anne-Cathrine: Vom Helfer der Ausreisebewegung zum Verfolgten der Staatssicherheit. Die Rolle des Vereins »Hilferufe von drüben« bei der ständigen Ausreise aus der DDR. Unveröffentlichte Diplomarbeit, 2008.

Kepplinger, Hans Mathias: Künstliche Horizonte. Folgen, Darstellung und Akzeptanz von Technik in der Bundesrepublik. Frankfurt: Campus, 1989.

Knabe, Hubertus: Die unterwanderte Republik. Stasi im Westen. Berlin: Propyläen, 1999.

Ders.: Der diskrete Charme der DDR. Berlin: Propyläen, 2001.

Koch, Peter: Willy Brandt. Eine politische Biographie. Berlin: Ullstein, 1988.

Kraus, Hans-Christof (Hrsg.): Konservative Politiker in Deutschland: eine Auswahl biographischer Porträts aus zwei Jahrhunderten. Berlin: Duncker und Humblot, 1995.

Ders.: Vorwort des Herausgebers, in: Konservative Politiker in Deutschland: eine Auswahl biographischer Porträts aus zwei Jahrhunderten. Berlin: Duncker und Humblot, 1995, S. 5–9.

Ders.: Als konservativer Intellektueller in der frühen Bundesrepublik – Das Beispiel Friedrich Sieburg, in: Kroll, Frank-Lothar: Die kupierte Alternative. Konservatismus in Deutschland nach 1945, Berlin: Duncker & Humblot, 2003, S. 267–297.

ders./Nicklas, Thomas (Hrsg.): Geschichte der Politik. Alte und neue Wege (Beiheft der Historischen Zeitschrift, neue Folge, Bd. 44). München: Oldenbourg 2007.

Ders.: Biographie, in: Kraus, Hans-Christof/Nicklas, Thomas (Hrsg.): Geschichte der Politik. Alte und neue Wege (Beiheft der Historischen Zeitschrift, neue Folge, Bd. 44). München: Oldenbourg, 2007, S. 311–332.

Kroll, Frank-Lothar (Hrsg.): Die kupierte Alternative. Konservatismus in Deutschland nach 1945, Berlin: Duncker & Humblot, 2003.

Ders.: Die kupierte Alternative, in: Kroll, Frank-Lothar (Hrsg.): Die kupierte Alternative. Konservatismus in Deutschland nach 1945, Berlin: Duncker & Humblot, 2003, S. 3–24.

Kubina, Michael: Von Utopie, Widerstand und kaltem Krieg. Das unzeitgemäße Leben des Berliner Rätekommunisten Alfred Weiland. Münster: Lit, 2001.

Lampe, Gerhard/Schumacher, Heidemarie: Das Panorama der sechziger Jahre. Berlin: Spiess, 1991.

Ders.: Panorama, Report und Monitor. Geschichte der politischen Fernsehmagazine 1957–1990. Konstanz: UVK Medien, 2000.

Lange, Ansgar: Der konservative Moralist. Erinnerung an Matthias Walden, in: *Die neue Ordnung*, Nr. 3/2005. Online im Internet: www.die-neue-ordnung.de/Nr32005/AL.html (zuletzt abgerufen am 1.8.2010).

Leide, Harry: NS-Verbrecher und Staatssicherheit. Göttingen: Vandenhoek und Ruprecht, 2005.

Leo, Annette: Erich Nelhans, in: Fricke, Karl Wilhelm/Steinbach, Peter/Tuchel, Johannes (Hrsg.): Opposition und Widerstand in der DDR. Politische Lebensbilder. München: Beck, 2002, S. 43–49.

Linz, Juan J.: Typen politischer Regime und die Achtung der Menschenrechte, in: Ders. (Hrsg.): Totalitarismus im 20. Jahrhundert. Eine Bilanz der internationalen Forschung. Baden-Baden: Nomos, 21999, S. 519–571.

Lönnendonker, Siegwart: Freie Universität Berlin. Gründung einer politischen Universität. Berlin: Duncker und Humblot, 1988.

Löw, Konrad: . bis zum Verrat der Freiheit. München: Langen-Müller, 1993.

Ders.: Totalitäre Elemente im originären Marxismus, in: Ders. (Hrsg.): Totalitarismus. Berlin: Duncker & Humblot, ^{2}1993, S. 166–184.

Ders.: »Das Volk ist ein Trost«. Deutsche und Juden 1933-1945 im Urteil jüdischer Zeitzeugen. München: Olzog, 2006.

Lorig, Wolfgang H.: Neokonservatives Denken in der Bundesrepublik Deutschland und den Vereinigten Staaten von Amerika. Opladen: Leske + Budrich, 1988.

Maetzke, Heinrich: Der Union Jack in Berlin. Das britische Foreign Office, die SBZ und die Formulierung britischer Deutschlandpolitik 1945/47 (Wissenschaftsforum Geschichte und historische Hilfswissenschaften, Bd. 1), Konstanz UVK, 1996.

Mecklenburg, Jens: Handbuch Deutscher Rechtsextremismus. Berlin: Elephanten Press, 1996.

Neumann, Bernd: Identität und Rollenzwang. Zur Theorie der Autobiographie (Athenäum Paperbacks Germanistik). Frankfurt/M.: Athenäum Verlag, 1970.

N.N.: Gerhard Löwenthal, in: Munzinger-Archiv/Internationales Biographisches Archiv 10/3, Ordner Lif-Mab.

N.N.: Rüdiger Proske, in: Munzinger-Archiv/Internationales Biographisches Archiv, 14-15/90, Ordner Pi-Pro.

Noelle-Neumann, Elisabeth: Öffentlichkeit als Bedrohung (hrsg. von Jürgen Wilke). Freiburg: Alber, 1976.

dies. in Zusammenarbeit mit Wilhelm Haumann und Thomas Petersen: Die Wiederentdeckung der Meinungsführer und die Wirkung der persönlichen Kommunikation im Wahlkampf, in: Dies./Kepplinger, Hans Mathias/Donsbach, Wolfgang: Kampa. Meinungsklima und Medienwirkung im Bundestagswahlkampf 1998. Freiburg: Alber Reihe Kommunikation, 22000.

Dies.: Die Schweigespirale. Öffentliche Meinung – unsere soziale Haut. München: Langen Müller, 62001.

Dies.: Die Erinnerungen. München: Herbig, 2006.

Peters, Susanne: Zwischen Ideologie und Demagogie. William S. Schlamm und die Qual des Friedens, in: Frank-Lothar Kroll: Die kupierte Alternative. Konservatismus in Deutschland nach 1945, Berlin: Duncker & Humblot, 2003, S. 299–321.

Potthoff, Heinrich: Im Schatten der Mauer. Deutschlandpolitik 1961 bis 1990. Berlin: Propyläen, 1999.

Prüsse, Nicole: Konsolidierung, Durchsetzung und Modernisierung. Geschichte des ZDF. Teil II (1967–1977). Münster: Lit, 1995.

Rehlinger, Ludwig A.: Freikauf. Die Geschäfte der DDR mit politisch Verfolgten 1963–1989. Berlin: Ullstein, 1993.
Reinhold, Ursula/Schlenstedt, Dieter/Tanneberger, Horst: Erster Deutscher Schriftstellerkongreß, 4.–8. Oktober 1947. Berlin: Aufbau-Verlag, 1997.
Riegler, Thomas: Meilensteine des Rundfunks. Daten und Fakten zur Entwicklung des Radios und Fernsehens. Baden-Baden: Verlag für Technik und Handwerk, 2006.
Rupps, Martin: Troika wider Willen. Wie Brandt, Wehner und Schmidt die Republik regierten. Berlin: Propyläen, 2004.

Schievelbusch, Wolfgang: In a cold Crater: Cultural and Intellectual life in Berlin 1945–1948. Berkeley. University of California Press, 1998.
Schlötterer, Wilhelm: Macht und Machtmißbrauch. Franz Josef Strauß und seine Nachfolger. Aufzeichnungen eines Ministerialbeamten. Köln: Fackelträger, 32009.
Schmidt, Andreas H.R.: »ZDF-Magazin«. Entstehung und Entwicklung eines politischen Fernsehmagazins. Unveröffentlichte Diplomarbeit, München 1985.
Sender Freies Berlin (Hrsg.): Die Anfänge der Hörerforschung beim SFB 1954 bis 1957, in: Der Sender Freies Berlin in der Berliner Medienlandschaft. Eine Bestandsaufnahme. Berlin: SFB, 1986.
Schmidt-Eenbohm, Erich: Undercover. Der BND und die deutschen Journalisten. Köln: Kiepenheuer & Witsch, 1998.
Schmitz, Sven-Uwe: Konservativismus. Wiesbaden: VS Verlag für Sozialwissenschaft, 2009.
Schneider, Ullrich: Berlin, der Kalte Krieg und die Gründung der Freien Universität 1945–1948, in: Jahrbuch für die Geschichte Mittel- und Ostdeutschlands, Bd. 34 (1985), S. 37–101.
Schwarz, Hans-Peter: Axel Springer. Die Biographie. Berlin: Propyläen, 2008.
Schwarz, Jürgen (Hrsg.): Der Aufbau Europas. Pläne und Dokumente 1945–80. Bonn: Olsang, 1980.
Steinmetz, Rüdiger: Freies Fernsehen. Das erste privat-kommerzielle Fernsehprogramm in Deutschland (Reihe Kommunikation audiovisuell, Bd. 18), Konstanz: UVK Medien, 1996.
Sterling, Claire: Das internationale Terrornetz. Aufbau, Organisation, Finanzierung, Aktion. München: Scherz, 1981.

Türk, Henning: Die Europapolitik der Großen Koalition 1966–1969 (Schriftenreihe der Vierteljahreshefte für Zeitgeschichte). München: Oldenbourg, 2006.

Wetzel, Jürgen: Office of Military Government for Berlin Sector, in: Weisz, Christoph (Hrsg.): OMGUS-Handbuch. Die amerikanische Militärregierung 1945–1949 (Quellen und Darstellungen zur Zeitgeschichte. Herausgegeben von Institut für Zeitgeschichte, Bd. 35). München: Oldenbourg, 1994, S. 671–738.
Wilke, Jürgen (Hrsg.): Mediengeschichte der Bundesrepublik Deutschland (Schriftenreihe Bd. 361), Bonn: Bundeszentrale für politische Bildung, 1999.
Ders.: Gründung und Entwicklung des Instituts für Publizistik, in: ders. (Hrsg.): Die Aktualität der Anfänge. 40 Jahre Publizistikwissenschaft an der Johannes-Gutenberg-Universität Mainz. Köln: Herbert von Halem Verlag, 2005.
Wilke, Jürgen (Hrsg.): Die Aktualität der Anfänge. 40 Jahre Publizistikwissenschaft an der Johannes-Gutenberg-Universität Mainz. Köln: Herbert von Halem Verlag, 2005.
Winckler, Stefan: Ein kritischer Journalist aus Berlin: Gerhard Löwenthal. Paderborn: Snayder, 1997.

Ders.: Ein Markgraf als williger Vollstrecker des Totalitarismus. Die Biographie des deutschen Berufssoldaten Paul Markgraf (SED) unter besonderer Berücksichtigung seiner Amtszeit als Berliner Polizeipräsident 1945-48/49, in: Timmermann, Heiner (Hrsg.): Die DDR – Analysen eines aufgegebenen Staates. Berlin: Duncker & Humblot, 2001, S. 343–356.

Zitelmann, Rainer: Adolf Hitler. Eine politische Biographie. Göttingen: Muster-Schmidt Verlag, 1989.

Gespräche des Verfassers

mit Prof. Dr. Helmut Grieser, Heiner Hofsommer, Prof. Dr. Klaus Hornung, Dr. Arnd Klein-Zirbes, Hans-Jürgen Mahlitz sowie Dr. Ingeborg Löwenthal und Thomas Löwenthal.